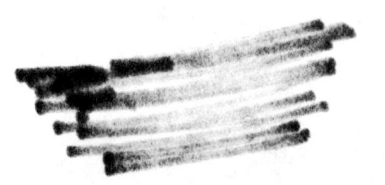

Les prénoms
qui vont
très bien ensemble

PIERRE LE ROUZIC

Les prénoms qui vont très bien ensemble

Symboles, caractères, compatibilités

ALBIN MICHEL

Ouvrage publié sous la direction de Laure Paoli

DU MÊME AUTEUR

Aux Éditions Albin Michel

Un prénom pour la vie

Toute reproduction, même partielle, de cet ouvrage est interdite. Une copie ou reproduction par quelque procédé que ce soit, photographie, microfilm, bande magnétique, disque ou autre, constitue une contrefaçon passible des peines prévue par les lois du 11 mars 1957 et du 5 février 1994.

© Éditions Albin Michel S.A., 2001
22, rue Huyghens, 75014 Paris

www.albin-michel.fr

ISBN 2-226-11703-2

Sommaire

Préface	9
Introduction	13
1 • Mon prénom et les autres	15
2 • Qui c'est qui ?	18
3 • Caractérogramme	26
4 • Un prénom pour demain…	29
5 • Des compatibilités	33
6 • Passeport pour l'avenir	40
7 • Question de confiance	42
Les prénoms pilotes	49
Annexe	447
Index des prénoms	451

Préface

Tant que notre belle humanité ne fera pas de différence entre étiquette et mode d'emploi, on continuera de dénier au prénom la fonction programmatrice dont il est porteur.

Expliquons-nous ! Un enfant vient au monde et, comme tout un chacun, il hérite d'un nom de famille et bénéficie d'un prénom personnel, celui de Jacques, par exemple. Or, selon la vision un peu simpliste que l'on peut avoir actuellement de la question, il semblerait que cette sonorité, Jacques, n'a aucune influence sur la destinée de ce petit qui aurait pu tout aussi bien s'appeler Pierre ou Paul !

Nous, nous prétendons – porteur d'une expérience caractérologique de plus de cinquante ans – que le choix de Jacques a été, en quelque sorte, la signature d'un véritable « contrat de vie » car ce prénom possède des spécificités bien précises qui, au cours de l'existence de l'être considéré, influeront lourdement sur son comportement général. C'est d'ailleurs la thèse que nous avons soutenue dans notre ouvrage *Un prénom pour la vie*, édité à ce jour à plus de deux millions d'exemplaires. Si vous le voulez bien, nous ne reviendrons pas là-dessus !

Le propos que nous avons maintenant l'intention d'aborder se résume parfaitement dans la formule que nous offrons à votre méditation : Quand les prénoms se rencontrent, leur bonne entente est à la base de tous les succès !

C'est donc par la découverte de ces prénoms qui vont si bien ensemble que l'on en vient à se demander si les phénomènes de société ne sont pas essentiellement pilotés par le jeu subtil des compatibilités caractérielles.

En effet, si, comme nous le pensons, le petit Jacques va bien développer son caractère dans le sens d'une volonté bousculante, d'une activité bruyante et d'une émotivité colérique, il serait dramatique, voire criminel, que son entourage parental, affectif, scolaire, puis professionnel, etc., reste dans l'ignorance des termes de l'engagement souscrit à sa naissance, lequel se trouve à la base de toute évaluation psychologique valable !

Très rapidement va donc se poser la question de savoir comment de tels prénoms-caractères s'entendent entre eux si l'on ne veut pas se retrouver face à la fameuse devinette de la rivière à faire traverser par le loup, la chèvre et le chou. Eh oui, au risque de faire souffrir quelque peu notre petit orgueil, nous dirons qu'il existe des prénoms-choux, des prénoms-chèvres et des prénoms-loups ! Ce sont ces appellations que l'ensemble de nos contemporains se partage avec le bonheur que l'on sait…

Car n'oublions pas que l'homme est avant tout un animal interactif dont l'assise sociale, communautaire, s'appuie sur la notion de participation, d'échange de communications, de compromissions, de copinages et, pourquoi pas, de combines, bref, de tout ce que la sagesse populaire désigne par un beau raccourci : « Au moins, lui, il sait renvoyer l'ascenseur ! »

À cette notion émouvante de verticalité placée sous le signe de la nécessité, nous tenterons d'ajouter une dimension horizontale dépendant, celle-ci, du libre arbitre, ceci afin de découvrir le lieu privilégié, le carrefour où se joue le destin de l'homme car les prénoms, en s'approchant les uns des autres, déclenchent des mutations souvent imprévisibles qui vont du coup de foudre au coup de revolver en passant par l'alchimie subtile des amitiés et des collaborations.

Voici donc pour nous l'occasion de mettre au point un véritable « radar d'approche » qui va nous permettre, au-delà de l'échange classique des prénoms, à chaque rencontre nouvelle, de percevoir la sonorité immédiate de la personnalité de l'autre au travers de son schéma de caractère. Autrement dit, de quelle compatibilité de comportement puis-je disposer vis-à-vis de cette relation inattendue ? Que puis-je espérer ou craindre d'elle et comment éviter les pièges qu'elle pourrait éventuellement me tendre ? Savoir entendre et parler le langage de mon partenaire, n'est-ce pas cela le signe de l'amour ?

Mais l'Amour, avec un grand « A » ou un petit « a », n'est pas autre chose que la possibilité que l'on se reconnaît et que l'on accepte de l'autre de privilégier une certaine vision de la projection imaginative et compensatrice de notre « moi » profond. Cette « autre chose » est d'ailleurs « tout » ! Car de même que la foi se cherche un Dieu pour sa croyance, de même l'Amour ne rêve que de se refléter dans l'un de ces « prénoms-miroirs » qui, de Juliette à Béatrice en passant par Marie, nous promettent de nous faire vivre très bien ensemble !

Pierre Le Rouzic

INTRODUCTION

1
Mon prénom et les autres

Introduction

● **La piste aux étoiles**

Les navigateurs de tous les temps – au propre comme au figuré – n'ont cessé de se poser LA question : « Où suis-je ? ». C'est l'interrogation à laquelle, de nos jours, se cramponnent aussi bien le petit patron de chalutier breton que le commandant de l'énorme porte-avions, sans oublier les taxis de nos cités qui, eux aussi, sont pris en charge par les « satellites-pilotes » encombrant notre ciel.

Dans un précédent ouvrage, nous avions répondu à la question : « Qui suis-je ? » par une recherche basée sur la découverte du caractère des prénoms. De même pourrons-nous peut-être, un jour, résoudre le mystère du troisième point d'interrogation : « Où vais-je ? ». En attendant, attelons-nous à ce fameux « Où suis-je ? » qu'il était bon, jadis, de mettre dans la bouche romantique des jeunes filles en fleur s'évanouissant à leur premier baiser. Aujourd'hui, nos charmantes donzelles résistent bien mieux à ce genre de traitement, en supposant que le mot « résistent » soit bien le terme convenable !

Bref ! Ce qu'il m'est important de faire, c'est d'essayer de me situer par rapport à un système donné, qu'il soit social, affectif, professionnel, économique, politique, que sais-je encore ! Je me déplace au sein d'une multitude de points lumineux qui sont mes contemporains et moi, petite étoile entre les étoiles, je cherche anxieusement mon chemin de Saint-Jacques, ma Voie lactée qui devrait me conduire enfin vers l'Étoile désirée. Mais ma route est aussi éclairée par de grands et charitables luminaires comme le Soleil de l'Esprit, la Lune des Nations, la Vénus de l'Amour, le Mercure de l'Argent, etc., autant de phares providentiels jalonnant ma trajectoire et qui me permettent de savoir qui est qui afin de ne pas prendre qui pour quoi, fâcheux quiproquo.

● Je me nomme...

Je me nomme Pierre et voici qu'à un moment de ma vie, je me retrouve devant une table de jeu d'un étrange casino cosmique où je dois parier sur ma propre existence vis-à-vis de partenaires forcément redoutables car il n'existe pas de certitudes quant au comportement d'un individu, fût-il le plus proche de soi.

Donc, si je veux entrer efficacement dans la partie, il me faudra bien, un jour ou l'autre, découvrir les intentions motivantes de ceux qui me sont adjoints ou opposés, adjectifs se permutant aisément !

Mais alors, que faire ? Ignorer le problème en comptant sur le temps qui défait plus qu'il ne résout ? Maudire le destin qui m'a voulu tel que je suis et prendre mes larmes pour une prière ou ma révolte pour une révolution ? Me « dégonfler » ? Attendre des autres une aide qu'ils ne savent pas se donner à eux-mêmes ? Et, pourquoi pas, me mettre à tricher ?

Nous, nous prétendons plus simplement que la première démarche à accomplir consiste à prendre le temps de regarder ses « cartes » et à avoir le courage et la lucidité d'évaluer froidement la valeur de la « main » qui nous est proposée ou qui nous est tendue. Pour cela, il est indispensable de faire appel à toute notre expérience personnelle ainsi qu'à la notion que nous pouvons avoir de l'ambiant qui nous conditionne dans une large mesure car « moi » n'est pas sans « je », comme « eux » ne sont rien sans « nous » ! Autrement dit, la duplicité, à bien entendre, de mon caractère et de ma personnalité doit obligatoirement s'équilibrer dans mon effort de compréhension et de participation à une unité collective.

Au-delà des grandes formules, disons que la réussite ne dépend pas uniquement de la simple accumulation de circonstances miraculeusement favorables. Elle s'attache à une prise de conscience aiguë de la « donne » – pour conserver notre langage ludique – mais aussi de la « stratégie », mot que le dictionnaire définit comme « un ensemble d'actions coordonnées, de manœuvres en vue d'une victoire ».

C'est donc cela que nous vous proposons ! Installez-vous confortablement devant le tapis vert, prenez calmement connaissance des cartes qui vous sont données, définissez bien le ou les buts que vous poursuivez et puis, fort de votre présence à vous-même, retournez les cartes et regardez le partenaire dans le blanc des yeux, là où s'inscrivent comme sur un écran les grandes lignes de son personnage au travers de son prénom.

Alors, les jeux seront faits et tout ira bien !

● Un dernier mot !

Ou plutôt une dernière expression dont je suis le premier à déplorer l'existence car il flotte sur elle comme un sinistre drapeau noir qui nous rappelle bien des défaites ou bien des compromissions. « Ah, si j'avais su ! » C'est, à mon avis, l'une des phrases les plus crucifiantes que je connaisse, contrition « regrettive » de fautes allant de la dégustation sauvage de la confiture de grand-mère aux fiançailles ratées, à la profession choisie au hasard du moment, au mot « cambronnesque » jeté à la tête du patron, etc.

C'est en fonction de tout cela que nous donnerons à notre recherche caractérologique un aspect alertant qui pourra vous faire éviter nombre de catastrophes ou tout au moins en limiter les conséquences ravageuses. Cela ira parfois jusqu'à vous prévenir naïvement qu'un seau d'eau n'a jamais ranimé un âtre mourant et que certains prénoms doivent être pris avec des pincettes lorsque l'on est soi-même un brûlot dérivant. À bon entendeur, le salut !

2
Qui c'est qui ?

Et c'est alors qu'il convient de mobiliser tous les moyens de connaissance de la personnalité des prénoms afin de définir, tout d'abord, son propre caractère pour ensuite approcher celui de l'autre. Pour cela, nous disposons de sept « voies » allant de la découverte des prénoms associés à la représentation « artistique » du tempérament de chacun, en passant par un certain nombre de démarches symboliques que nous vous demanderons d'éprouver avant de les juger.

● Les prénoms associés

À ce propos, il convient de rappeler la nature et la fonction des prénoms pilotes. Nous avons pris le parti, pour des raisons bien précises qu'il serait trop long d'exposer ici mais que vous découvrirez peut-être vous-même tout à l'heure, de déterminer le caractère de 79 cases correspondant à autant de modèles de prénoms, nombre couvrant, selon la tradition, la totalité des possibilités vitales de l'être sur le plan psychique.

Ces 79 prénoms pilotent effectivement des familles de prénoms associés, groupés selon leurs affinités de tempérament et non sur la similitude de sonorités comme on pourrait le penser. Ces prénoms associés ne sont pas des parents pauvres qu'un riche « tonton » abriterait sous son toit car ils bénéficient bien des mêmes privilèges, à quelques détails près, ces petites différences ne changeant en rien leur air de famille. Un prénom pilote comme Marie collectionne près de 210 affiliés qui vont de Béatrice à Zita, en passant par Ève, Grâce, Murielle, Véronique, etc. Signalons, d'autre part, que vous risquez de découvrir dans l'index des prénoms des diminutifs polyvalents, qui correspondent à des appellations pilotes différentes. C'est ainsi que Bert, par exemple, est rattaché à Albert (prénom pilote n° 2), à Berthold (prénom pilote n° 12 : Barthélemy) et à Bertrand (prénom pilote n° 22 : Claude).

Et voilà comment notre caractérologie prénominale nous conduit à la découverte non seulement d'une « étiquette », bien personnelle, mais encore d'une famille nettement plus nombreuse que ce que l'on pouvait imaginer ! Il ne faudrait pas, en effet, que l'on oublie l'importance de cette « âme » de groupe, car la vie des prénoms ressemble parfois à ces grands départs de vacances où, sur le quai encombré de la gare en folie, un petit bonhomme pleure à chaudes larmes sa maman un instant perdue.

● Les « célébrités »

Notre option caractérologique de base – est-il besoin de vous le rappeler ? – consiste à associer un prénom à un type de comportement bien défini que plusieurs dizaines voire plusieurs centaines d'appellations se partagent. Nous ne reviendrons donc pas sur les analogies ou les similitudes que nous avons pu constater entre un Pierre et un Raphaël par exemple, notre rubrique des prénoms associés venant d'éclairer votre lanterne à ce propos.

Ce qui est plus intéressant, voire amusant, de noter, c'est à quel point des personnages célèbres partageant la même « carte d'identité » peuvent manifester des réactions comparables, même si quelque entraînement s'avère nécessaire pour les distinguer au-delà du temps et de l'espace. Que ressort-il de la mise en présence d'un Georges Bernanos et d'un Georges Duhamel ? À quels niveaux se situent les points communs d'un Jean Cocteau et d'un Jean de la Fontaine ?

C'est à ce petit jeu que nous vous convions et les quelques exemples que nous vous donnons ne sont qu'une manière d'amorcer la « pompe » caractérologique qui va bientôt vous permettre de situer rapidement et efficacement la personnalité de votre interlocuteur.

Indispensable aussi bien au plan des relations commerciales ou amicales qu'à celui de la « drague » car, vous le savez bien, messieurs, nos chères compagnes meurent d'envie d'entendre parler d'elles et l'un des plus brillants caractérologues que l'histoire ait connu s'appelait Casanova !

● Les symboles

On a dit des symboles qu'ils étaient le fruit de l'imagination, la « folle du logis » et la ruine de cette raison, raison dévoyée que Rabelais plaçait au niveau des maladies honteuses !

Or chacun sait et ressent, même s'il feint de l'ignorer, qu'il y a plus de sagesse en un petit dessin que dans bien de grands poèmes et que les symboles sont les véritables porte-clefs du temple de l'homme. Bref, vous avez compris que nous attachons une réelle importance aux symboles dont le cher Littré reconnaissait les vertus mystérieuses au point de les qualifier d'indispensables à la compréhension du rôle de l'humanité. C'est en partageant cette opinion que nous vous offrons ce bouquet de correspondances enseignantes qui mêle le feu à la couleur et les nombres à la géométrie subtile de la conscience universelle.

Ces symboles concernent tout ce que l'on ne peut exprimer par crainte d'en dire trop ou pas assez ! Le silence du « trait », la chaleur de la « couleur », l'hésitation du « nombre »... et le reste. Ne me dites pas que l'expression : « Une femme au tempérament de feu » n'évoque rien pour vous ! Ne faites pas semblant d'ignorer à quel point, naguère, la couleur jaune pouvait complexer certains maris ! N'esquivez pas la responsabilité du chiffre face à la « lotomanie » qui dévore notre époque !

Vous les trouverez dans les pages qui suivent, ces symboles, et ils vous ouvriront, nous l'espérons, la Voie royale !

● La devise

Jadis, l'armement de l'homme installé en sa seigneurie réclamait un bouclier, une lance et une devise : le bouclier protégeait l'intégrité du corps, la lance engageait la vaillance de l'âme, la devise en appelait à l'esprit et résumait, souvent d'un mot, la qualité de celui qui la portait et l'entendait défendre. Il en était de même des prénoms, auxquels une devise presque héraldique s'efforçait de donner un visage, comme s'il s'agissait, au travers du mot, de révéler l'esprit qui habitait le porteur de cette sonorité « cristallisante ».

À notre époque, hélas, on ne se prévaut plus que de sa réussite, l'argent n'est plus une couleur héraldique et la devise ressemble bizarrement à du papier-monnaie ! Quant à nous, persuadé que le mot entraîne encore l'acte malgré l'inflation verbale de notre temps, nous pensons qu'une devise peut révéler le caractère d'un être mieux que bien des discours. Souvenez-vous de celle du brave Du Guesclin : « Le courage donne ce que la beauté refuse » ou de celle, éloquente en sa concision dramatique des sires de Bar : « Au feu ! »

Plus humblement et plus simplement aussi, nous vous offrirons les quelques mots qui, le plus souvent, ajoutent au portrait cette petite touche d'âme qui entraîne la sympathie, au sens ancien du terme, à savoir ce qui lie par une affinité élective. Ainsi la devise d'une Madeleine sera-t-elle : Celle qui mesure, qui pèse.

● Les totems

Même si le mot « totem » sent son « technicolor » hollywoodien, il mérite quelque attention car il remonte à la nuit des temps. Depuis toujours, des correspondances symboliques ont été établies entre les différents règnes de la création : l'être innocent comme la colombe et rusé comme le serpent, le chêne immortel et le roseau penchant, la belle-mère qui a une tête de grenouille et la jolie fille aux yeux de biche, sans oublier, bien sûr, le petit cochon qui prospère au cœur de l'homme, tout cela fait partie des rapprochements plus ou moins forcés qui illustrent et relient tous les plans de la création.

Nous allons donc vous proposer à la mode indienne, pour chaque prénom, trois de ces totems liés à leur sonorité constructive – l'animal, le végétal et le minéral –, tous attachés à la personnalité de ce prénom et dont le symbolisme est particulièrement évocateur.

Notre propos, en vous délivrant de telles correspondances, vise à souligner des rapprochements de caractères assez curieux. C'est ainsi que le prénom Charles qui est assimilé analogiquement à l'éléphant pour l'animal, au saule pour le végétal et au fer pour le minéral, traduit bien l'image de force et de sagesse (éléphant), de réflexion et de mélancolie (saule), de dureté de vie et de décision (fer) qui sont les thèmes essentiels de la caractérologie de ce type d'individu et donc de sa famille.

● Les vibrations

Chaque prénom, comme chaque être ou chaque chose appartenant à ce monde, est porteur de vibrations. Le son, la lumière, les ondes radio ou télé et, en général, la matière en son tourbillonnement atomique, sont « vibrations ».

Nous vous proposons donc une espèce d'échelle de Jacob qui, partant de la Terre incarnée, irait au sommet de l'intuition cosmique, passant de 35 000 vibrations par seconde (v/s) à 130 000 v/s – cela étant le maximum de ce qu'un être peut supporter en son existence actuelle – et qui permettrait ainsi de situer l'intensité de l'indice caractérologique de chaque individu.

Comme toute échelle, elle est forcément arbitraire et ne fait que relativiser les seuils limites entre lesquels circulent les taux vibratoires des différents tempéraments liés à leur évaluation caractérologique. Exemple : Albert, 69 000 v/s ou Michel, 114 000 v/s. Il ne s'agit pas là d'un jugement de valeur mais bien de la révélation d'une longueur d'onde sur laquelle on peut capter dans les meilleures conditions les émissions propres à telle ou telle personne et, par voie de conséquence, la mieux comprendre et donc l'aimer mieux...

Ces taux ne sont donnés qu'à titre indicatif et ne manifestent leur véritable intérêt qu'au travers des comparaisons, des rapprochements qui peuvent être établis entre deux ou plusieurs êtres, sans oublier que bien des changements d'intensité – toutefois limités – peuvent se produire selon les modifications de l'ambiant psychologique du sujet au plan du sentiment, des passions, des chocs professionnels ou matrimoniaux, etc. Ainsi, nombre de « coups de foudre » ne sont souvent que le télescopage de deux modes de vibrations analogues de nature provisoire.

● Le Jeu de la Vie

Terminons ce bref survol des quelques moyens d'approcher le secret de la personnalité de l'homme en rappelant qu'il existe depuis des siècles une connaissance des tempéraments basée sur l'étude des visages, ce que nous appelons la physiognomonie. De tous temps, les œuvres des peintres les plus célèbres ont constitué une mine inépuisable de modèles psychologiques rarement exploitée. Quant à nous, nous pensons que chaque prénom est dépositaire d'un certain agencement des traits de l'être révélateurs d'une structure psychologique parlante et qu'il y a là matière à réflexions enrichissantes.

Souvenez-vous des antiques représentations du colérique, du sanguin, du nerveux, du sentimental, de l'amorphe, etc., qui, finalement, loin de disparaître, imbibent encore notre mode de jugement de l'être que nous voyons pour la première fois. Les Anciens l'avaient compris qui répartirent ainsi ces différents types de comportement en 22 catégories correspondant aux 22 lames majeures du tarot des imagiers du Moyen Âge (voir en annexe, p. 447).

À titre anecdotique, nous vous proposerons donc la correspondance existant, par exemple, entre les Bernard et la lame numéro 9 de l'Ermite, en vous invitant à essayer de comprendre comment le symbolisme de cette petite figurine peut se relier à l'architecture complexe du vivant et à ses lignes de force principales. Peut-être découvrirez-vous alors que notre invitation à cette curieuse partie de cartes n'était pas aussi innocente que vous le supposiez de prime abord !

Un philosophe, trop tôt disparu, aurait eu, à un moment de sa courte vie, une illumination qui, hélas, n'a pas fait école : « Quelle erreur d'écrire, disait-il, quelle erreur ! Ce qu'il faut, ce n'est pas écrire, c'est dessiner ! » Chiche !

● Un exemple

Voici maintenant, après les explications nécessaires et suffisantes que nous venons de vous fournir, les sept rubriques précédemment annoncées qui, appliquées au prénom-modèle considéré – Pierre en l'occurrence –, vous apporteront quelques éclaircissements.

69 Pierre

1 • Prénoms associés

Ce sont tous les prénoms, quelle que soit leur origine, qui partagent les mêmes constantes caractérologiques et que vous découvrirez dans l'index de ce volume (p. 451), dont :

Amalric	Irénée	Ralph
Audric	Ladislas	Raphaël
Didier	Manfred	Stancliff
Euxane	Perrin	Turner
Frédéric	Piat	Wladislas
Frédien	Pie	...

2 • Célébrités

Pour vous sentir moins seul, ce trop bref aperçu des personnalités de tous les temps et de tous les lieux qui dépendent de ce type de caractère :

- BRASSEUR Pierre (1905-1972) Comédien *L'insolence tranquille mise au service d'un talent ravageur.*
- CORNEILLE Pierre (1606-1684) Poète *La poésie héroïque d'un siècle enrubanné et sauvage.*
- PÉRIGNON Pierre (Dom) (1639-1715) Bénédictin *Le seul moine capable de faire des bulles sans être pape.*
- RONSARD (de) Pierre (1524-1585) Poète *Il était sourd mais sa Muse était parlante.*
- TEILHARD de CHARDIN Pierre (1881-1955) Paléontologue *Un génie cosmique aux allures iconoclastes.*

3 • Symboles

— Chez Pierre et autres prénoms associés, l'élément de base est le **feu** en son désir de purification, de renouvellement et de recherche de l'illumination mais un feu qui, curieusement, fait bon ménage avec l'eau à laquelle il apporte la passion bouillonnante des amours toujours recommencées.
— La couleur est le **jaune**, couleur intense, signe de rayonnement et d'intelligence, couleur mâle, de volonté, de lumière et de vie à l'exclusion de toute interprétation sournoise.
— Les nombres **30-10-44** indiquent une très forte capacité à se faire percevoir pleinement par les autres, belle souplesse d'adaptation, si les Pierre en ont décidé ainsi !

4 • Devise

L'homme de cœur, c'est-à-dire l'homme qui a découvert le Centre de Vie qui bat en chacun de nous. À partir de cela, tout devient possible car c'est là que gît le principe de la lumière qui est comme le « sang » de l'univers.

5 • Totems

– L'animal totem des Pierre est le **bélier** dont la vocation bousculante et astrologique n'est plus à démontrer. C'est la fougue, la vigueur, de méchants coups de tête, une vitalité reproductrice bien connue !
– Leur végétal est le **chêne** dont les ramifications symboliques sont légion. Signe d'endurance, de force et de sagesse lorsque l'âge apaise les passions. D'où le côté quelque peu druidique de certains Pierre dûment « branchés ».
– Quant à leur minéral, c'est le **cobalt** qui apporte de la résistance aux alliages et de la durée.

6 • Vibrations

Dans le cas du prénom Pierre, cet indice est de **114 000 v/s**, soit un taux de **83 %**. Nous avons donc affaire à des hommes fort efficaces lorsqu'ils le veulent mais soumis néanmoins à des fluctuations d'intérêt ou de volonté qui peuvent fort bien les conduire à décrocher sans motif apparent.

7 • Le Jeu de la Vie

Le prénom Pierre est apparenté à la lame **numéro 1** du tarot des imagiers du Moyen Âge, c'est-à-dire à celle du **Bateleur** qui est comme le meneur de jeu de ces étonnants symboles graphiques qui correspondent à des états psychiques bien définis. Ce Bateleur n'ayant pas attendu la venue des coupeurs d'âme en quatre du début du siècle précédent pour découvrir l'inconscient qui nous agite. Voici donc l'homme de cœur mais aussi le jongleur, le magicien capable de tout car touchant à tout. Par lui, tout est possible ! En lui, tout s'accomplit car c'est le détenteur du secret du monde. Écoutez-le attentivement même au-delà de son ironie mordante.

3
Caractérogramme

Ce que nous vous proposons maintenant, c'est d'engager le dialogue le plus direct possible avec le partenaire caractérologique tel qu'il apparaît au travers de vingt paramètres de base qui dessinent, d'une manière étonnante, la silhouette d'une personnalité. En voici le tableau divisé en quatre secteurs psychologiques :

VOLONTÉ	ACTIVITÉ	ÉMOTIVITÉ	RÉACTIVITÉ
Intuition	Dynamisme	Affectivité	Santé
Études	Affaires	Amour	Sensorialité
Réussite	Voyages	Famille	Argent
Associations	Sociabilité	Enfants	Profession

Chacun de ces paramètres appliqués à un caractère, celui de Pierre par exemple, fait l'objet d'une évaluation sous forme de pourcentage. Dans le cas suivant, je reconnais immédiatement un homme de type « colérique-nerveux », toujours en ébullition, d'une belle émotivité, d'une activité bousculante, un peu chaotique, parfois, car trop sollicitée par des projets nouveaux. Un être indépendant, combatif, familier des coups de tête bruyants et imprévisibles mais démontrant néanmoins une générosité certaine, assoiffé de tendresse et d'amour, souvent brillant, toujours bavard, se fatiguant assez vite des êtres et des choses lorsque la vie le contraint à des « quotidiennetés » usantes... Bref, un personnage plein de charme et d'inattendu qui ne manquera pas de vous séduire ! Merci pour lui !

Voici donc, dessiné avec une réelle objectivité pour laquelle je me rends hommage, le profil de cet être passionnant et c'est cet ensemble d'indices de personnalité que nous appelons un caractérogramme.

Ce caractérogramme, nous vous le présenterons sous la forme de quatre « tableautins » accompagnés de quelques commentaires faisant de cette fiche psychologique un véritable mode d'emploi de l'homme ou de la femme concerné(e).

À la suite de cette introduction, nous vous soumettons un petit lexique (voir p. 44) vous donnant en quelques lignes une définition suffisante des paramètres en question accompagnée d'une « fourchette d'efficience » qui vous permettra de mieux asseoir votre jugement. Nous ajoutons à cela quelques statistiques éclairantes.

Signalons, en passant, que tous ces paramètres ne sont pas mesurés à la même « aune » et que l'on ne peut comparer que ce qui est comparable ! Ainsi, certains indices n'atteignent heureusement pas les 100 %. Imaginez, en effet, ce que pourrait provoquer une réactivité, c'est-à-dire une réponse à des stimulations extérieures, si elle atteignait un tel niveau de manifestation alors que, normalement, elle ne dépasse que rarement 70 % chez les hommes et 75 % chez les femmes. Au-delà, c'est la porte ouverte à toutes les folies, à tous les emballements les plus dangereux. Ce peut être également le signe d'une possible intoxication par des stupéfiants !

Comment ? Vous voulez connaître le degré de réactivité des Pierre ? C'est 70 % ! Pourquoi ? Ça vous intéresse ?

Soyons sérieux et observons, en prélude à l'étude plus fouillée de la personnalité des Pierre, qu'il nous faudra toujours tenir compte de l'air du temps avant d'ériger le moindre pourcentage en ligne de conduite exigeante.

Un peu plus loin, nous découvrirons que les Pierre sont dotés d'une intuition proprement étonnante, estimée à 94 %. Est-ce là une raison pour leur faire une confiance aveugle en les laissant mener nos propres affaires à leur guise ? Non, si nous nous rappelons, justement, que leur réactivité se montre particulièrement aiguë et qu'elle peut à tout instant passer du coup de tête au coup de poker en moins de temps qu'il n'en faut pour le dire. Inquiétant ? Non. L'accélérateur d'une voiture n'est pas inquiétant : c'est, là aussi, l'usage que l'on en fait qui compte. « Élémentaire, mon cher Watson ! »

Volonté : 93 %

Intuition	94 %	Études	87 %
Réussite	90 %	Associations	45 %

Avec les Pierre, il faut parler de « jeu » de la volonté. Pour eux, cet indice de base prend parfois l'allure d'un déguisement. Il existe chez ces hommes une simulation de la volonté comme chez d'autres une simulation de la vertu. Donc, première précaution, se poser le problème : « Tu joues ou tu ne joues pas ? » À d'autres moments, on découvre que ce n'est que de l'entêtement ! Mais alors, quelle intuition ! Ils sont proprement renversants et leur réussite tiendra toujours à leur don d'acrobates. Ils jonglent avec les mots, les idées. Ce sont de vrais « bateleurs », aux études insolites, aux associations catastrophiques.

Activité : 88 %

Dynamisme	98 %	Affaires	90 %
Voyages	100 %	Sociabilité	88 %

L'activité est pour les Pierre cette hydre dont ils ne cessent de couper les têtes « repoussantes ». Un projet chasse l'autre et ils ont un mal fou à tracer le point final d'une entreprise. La fureur de leur dynamisme transforme les affaires en autant de champs clos où ils font leur numéro. Ne les laissez pas déraper ! Exigez rigueur et ponctualité. Si vous riez de leurs facéties, vous êtes perdu. Et puis, il y a cette attirance des ailleurs qui fait des voyages la raison de leur existence. Ne pas être où l'on est ! Comment s'étonner après cela que leur sociabilité soit un cocktail grisant de rêves et d'amours en cavale ?

Émotivité : 50 %

Affectivité	95 %	Amour	90 %
Famille	80 %	Enfants	90 %

Une émotivité volatile. Elle colore leur vie d'un sentiment d'instabilité estompant les lignes du caractère, jouant de la possibilité délicieuse de pouvoir tout remettre à zéro lorsque la vie se fait difficile. La fuite comme l'un des beaux-arts ! En réalité, ils sont secrètement influençables à condition de ne pas les brusquer. Ils ricanent de vos avertissements, mais ils les ruminent à l'aise. Le tout sur fond d'affectivité, d'amour et de famille pleine d'enfants. Enfants eux-mêmes, ils ne comprennent pas que les autres prennent pour du définitif ce qui n'est, à leurs yeux, que la fantaisie d'un instant.

Réactivité : 70 %

Santé	95 %	Sensorialité	95 %
Argent	72 %	Profession	95 %

Contester, c'est vivre ! Râler à propos de tout et de rien, c'est se sentir libre ! À moi les coups de tête, les séparations théâtrales, les situations extrêmes où l'héroïsme cède tout à coup la place à la course à pied ! La santé, heureusement, est là et même un peu là, à la hauteur de la sensorialité qui ajoute son grain de poivre dans chaque plat professionnel ou affectif. L'argent, lui, n'est qu'un bagage qui doit suivre ce qui, hélas, n'est pas toujours le cas. Enfin, la profession mettra la dernière touche au tableau de leur vie, une profession clinquante et pointillée, quand elle n'est pas fantomatique ou incongrue...

4
Un prénom pour demain…

Et c'est ici que surgit une vision plus engageante de cette étude caractérologique à laquelle nous avions eu, un moment, la tentation de donner pour titre *Un prénom pour demain*, afin de dégager une coloration prospective que nous allons essayer de vous présenter maintenant.

Or, en accomplissant cette démarche, nous revient à l'esprit un dicton qu'aimait à ressasser la vieille cavalerie française et que nous adaptons à notre propos : « Jette ton prénom par-dessus l'obstacle du temps et va le chercher ! » En effet, que pouvons-nous attendre des analyses de caractère et des tableaux de compatibilités qui puisse orienter notre action dans les temps à venir ou rectifier une trajectoire quelque peu compromise ? Une synthèse, bien sûr, mais justement une synthèse « actuelle » résolument orientée vers l'avenir car l'engagement du futur se conjugue forcément au présent !

Voici donc un petit schéma qui va nous permettre de suivre la trace de ce fameux verbe, principe de toutes créations et dont dépend la « résonance » de ce prénom qui, en l'occurrence, je vous le rappelle, est le mien : Pierre. Ce portrait prospectif s'articulera autour des cinq thèmes de notre schéma universel à savoir : le subconscient, l'inconscient individuel, l'inconscient collectif, le conscient et, au centre de la figure, le synconscient qui en est la quintessence.

• Le **caractère** est en quelque sorte le **passé** héréditaire de notre personnage issu de l'alchimie étonnante des participations parentales que nous serions bien en peine d'expliquer. D'où me viennent tel ou tel trait de caractère, telle appétence, telles répulsions, etc. ? Oui, qui est capable, à l'heure présente, de traiter le problème de l'hérédité psy-

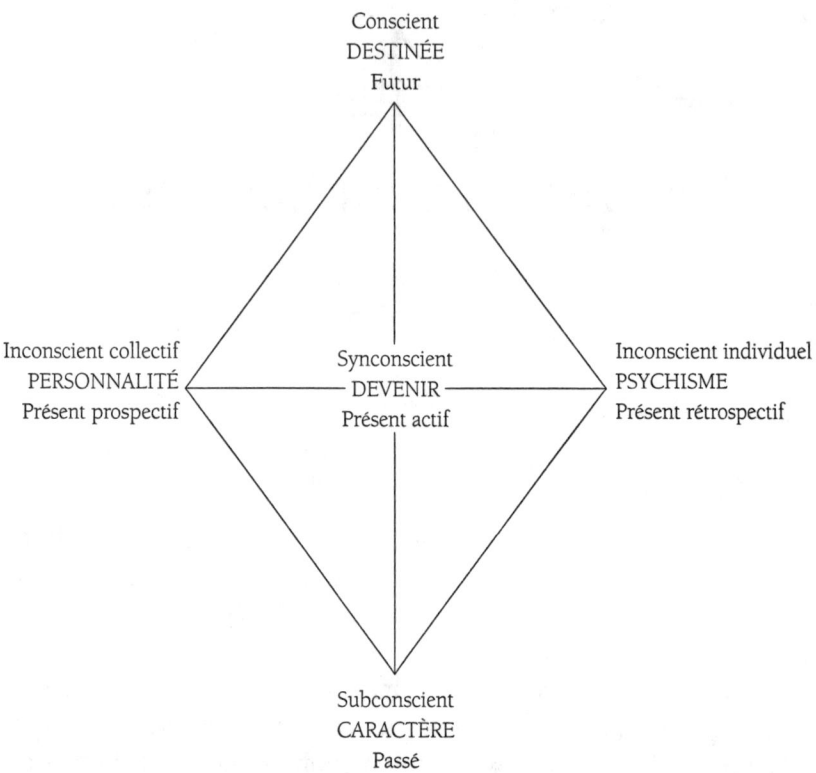

chologique d'une manière exhaustive ou tout simplement raisonnable, au sens fort du terme ?

• Le **psychisme** proprement dit est basé sur l'application de notre formule caractérielle aux besoins et aux nécessités de l'existence quotidienne. Nous entrons dans le monde des relations humaines qui se rattache à l'inconscient individuel et à ses motivations bien souvent mystérieuses et toujours passionnantes. Ici, en particulier, se dessine l'empreinte indélébile laissée par la vie infantile.

• La **personnalité** s'attache à la mise sous tension de notre psychisme au plan des phénomènes de contacts collectifs : relations sociales, économiques, professionnelles, etc. Et c'est à ce niveau, celui de l'inconscient collectif, qu'intervient également la notion d'**archétypes**, de ces réminiscences symboliques d'un passé ancestral qui surgissent souvent d'une manière déconcertante dans notre espace caractériel.

C'est cette personnalité qui fait de moi un être unique, grâce à sa collection d'expériences et de souvenirs constituant le fond de mon originalité présente, et c'est cette personnalité qui s'engagera demain sur le sentier imprévisible de l'aventure humaine.

• La **destinée**, le fameux *fatum* des Anciens, vient couronner notre schéma en additionnant les apports du caractère, du psychisme et de la personnalité. Si je n'avais pas la peur panique de me faire lapider par les gentils tripatouilleurs du « psy », je parlerais de caractère-je, de psychisme-moi, de personnalité-soi pour atteindre enfin la destinée-égo, ce qui serait proprement suicidaire !

• Mais comme j'ai le courage de mon inconscience, j'irai jusqu'au bout et je traiterai de ce **devenir** dont je joue à chaque instant le sort au travers de mes options volontaires, émotives, réactives ou tout simplement actives car, contrairement à ce que pense une vaine élite, c'est par l'acte que se traduit la foi et c'est par l'engagement total que se conquiert la liberté.

Pour vous, amis lecteurs, qui pourriez être heurtés par ce genre de classification acrobatique, je dirai, en toute simplicité, que dans le monde un peu flou de la psychologie « prénominale » que j'expérimente depuis plus d'un demi-siècle, il faut bien se forger un langage propre si l'on veut se comprendre soi-même, mais éviter à tout prix d'en faire la condition incontournable d'un échange soi-disant culturel pour ne pas tomber dans une logomachie ridicule et vite dépassée.

Cela dit, il nous reste à prendre conscience – c'est le cas de le dire ! – de notre entité caractérologique globale en son fonctionnement immédiat, ce que nous pourrions appeler notre « présent actif », et c'est en ce point de notre babillage que nous tomberons dans la « soupe cosmique » – ou comique, selon le cas ! – de la prospective, véritable bouteille à l'encre. Ce sera notre tâche !

Et, comme pour me sortir de ce buisson épineux, voici que le téléphone sonne ! La vie est là ! Je décroche ! Une voix amie me dit : « C'est toi, Pierre ? » Je réponds : « Ah, c'est Bernard ! Justement j'allais... »

Ça y est ! Les cartes, en une fraction de seconde, sont distribuées. Nous savons qui est qui ! La partie commence...

Portrait prospectif

Caractère : 88 %   Psychisme : 90 %   Personnalité : 95 %   Destinée : 91 %   Devenir : 93 %

Les Pierre sont de la race de ceux qui, à force de se tourner vers l'avenir, ne savent plus sur quoi s'asseoir ! Voici incontestablement le prototype de ces hommes du futur à qui il convient d'offrir une carrière d'existence aux développements audacieux. À eux les projets à long terme, à eux les vastes horizons et les larges ambitions où destinée et devenir sont pratiquement synonymes ! Ne privez pas les enfants porteurs de ce prénom d'une fenêtre ouverte sur le monde fascinant des possibles car c'est là qu'ils trouveront un jour leur réalité ! Soyez attentifs, pourtant, car ils ont une fâcheuse tendance à oublier d'où ils viennent et ce qu'ils sont venus faire pour ne plus se préoccuper que de leurs visions anticipantes. Au lieu de s'appuyer sur une inévitable hérédité physique et psychique, ils tentent d'échapper par tous les moyens à cette filiation pourtant bien révélatrice des capacités intellectuelles et instinctives de l'être. Le pourcentage de caractère, quoique bon, s'avère pourtant un peu flou et porteur d'une hésitation assez déséquilibrante avec des refoulements possibles. Mais cela, en principe, ne dure pas !

Pour eux, le mot psychisme sonne comme une parole perdue et ils abordent les problèmes du devenir de l'homme au travers de leur rayonnement convaincant qui donne à leur discours comme à leurs actions une teinte chaleureuse et vivante colorant merveilleusement leur ciel affectif. Plus ils vieillissent, plus ils prennent conscience que nombre de difficultés bloquantes de la vie sont dues au fait que l'on s'attache vraiment trop au côté « mécaniste » de l'aventure humaine. N'oubliez donc pas qu'ils attendent de vous une compréhension sympathique au sens le plus fort du terme.

Face à leur rutilante personnalité, placez donc, si vous le pouvez, une dose suffisante de ferveur en leur proposant une action prospective, cette fameuse foi en l'être humain et en sa personnalité future. Vous multiplierez par cent l'intérêt que ces hommes passionnants et passionnés porteront à vos propos !

5
Des compatibilités

● Quand les prénoms se rencontrent

Chacun d'entre nous a forcément sa petite « nacelle » à la proue de laquelle s'inscrit en lettres bien léchées un joli prénom des familles et... vogue la galère !

Tout cela est parfait et nous en avons suffisamment traité en son lieu et place. Ce qui m'intéresse, en cet instant, c'est de découvrir le monde « interrelatif » auquel j'appartiens : comment puis-je me définir par rapport à ma mante religieuse de belle-mère, à mon patron méfiant et imbu de lui-même, à ma femme dont l'amour se paye souvent de concessions à perpétuité, à mes enfants qui ont décidé que les vaches à lait de parents doivent être comme les grandes douleurs, muettes, à mon propriétaire dont le totem appartient incontestablement au groupe des « vampiridés », etc. ? (Il est bien entendu que toute ressemblance avec des êtres existant ou ayant existé serait non seulement fortuite mais de plus entachée d'une sournoiserie que je réfute absolument !)

Oui, qui d'entre nous, n'a dit un jour : « Ah, cette Jeannine, je ne peux pas la voir en peinture ! » ou bien : « Avec François ? Aucun atome crochu ! » Or, si l'on est honnête avec soi-même et si l'on se donne la peine de réfléchir un tant soit peu, on s'apercevra que l'on n'a rien à reprocher de précis à cette malheureuse Jeannine et que François a toujours eu à notre égard un comportement sans reproche. Et pourtant, ça ne « colle » pas !

À d'autres moments, on s'étonnera que telle ou telle personne ne s'aperçoive pas des attentions que nous lui prodiguons, des avances que nous lui faisons, et qu'elle reste absolument imperméable à nos prévenances. Et puis, plus rarement peut-être, le paradis s'entrouvre, les « âmes-sœurs » se télescopent sur un éclair de joie en forme de coup de foudre et c'est le pied !

Notre but est donc de vous apporter l'occasion de sortir de vous-même et d'admettre que s'il est bon, dans un premier temps, de se considérer, il est urgent, en devenant adulte, de se comparer et c'est alors que se pose la **question des compatibilités**, c'est-à-dire des ententes ou des désaccords pouvant se produire entre deux ou plusieurs personnalités engagées dans la même aventure existentielle et dépendant étroitement de la couleur idiosyncrasique du ou des partenaires.

En cet instant, nous croyons que la vision, même schématique, de ce problème a suffisamment engagé votre curiosité pour prendre immédiatement un exemple précis de l'évaluation des liens relationnels existant entre les prénoms et nous allons donc reprendre le prénom que nous avons choisi égoïstement pour modèle – et pour cause ! – puisqu'il s'agit de Pierre tapi au centre de sa « toile » attachante et confronté à la présence, plus ou moins acceptée, plus ou moins valorisante, des autres éléments de notre grille de caractère.

● Accordez vos prénoms

Nous ne vous ferons pas l'injure de supposer un seul instant que vous n'avez pas saisi la quintessence de cette roue de compatibilités (« Pierre et les autres prénoms ») qui permet de brancher le prénom Pierre sur les 79 entités caractérologiques qui s'y trouvent inscrites, y compris Pierre car il existe, fatalement, un rapport de personnalités entre deux Pierre, comme entre deux Jacqueline ou deux Arthur.

Un mot en passant sur la double représentation circulaire qui se rapporte à une certaine classification des paramètres de base comme la « primarité » et la « secondarité » qu'il serait fastidieux de faire intervenir en cet instant. Tout chef cuisinier qui se respecte possède, bien évidemment, ses petites recettes personnelles. Ah, mais !

En fonction de tout cela, vous imaginez facilement combien il sera intéressant de déterminer le type de communication pouvant exister entre deux êtres et son intensité. Connaître l'équation personnelle d'un homme ou d'une femme que l'on va rencontrer vous donne une meilleure conscience de l'événement à vivre en vous mettant en garde contre des jugements précipités, des insouciances compromettantes ou des propositions hâtives. Le jeu est donc d'une simplicité biblique !

Pierre et les autres prénoms

Moyenne : 67 %
Classement : 27/79

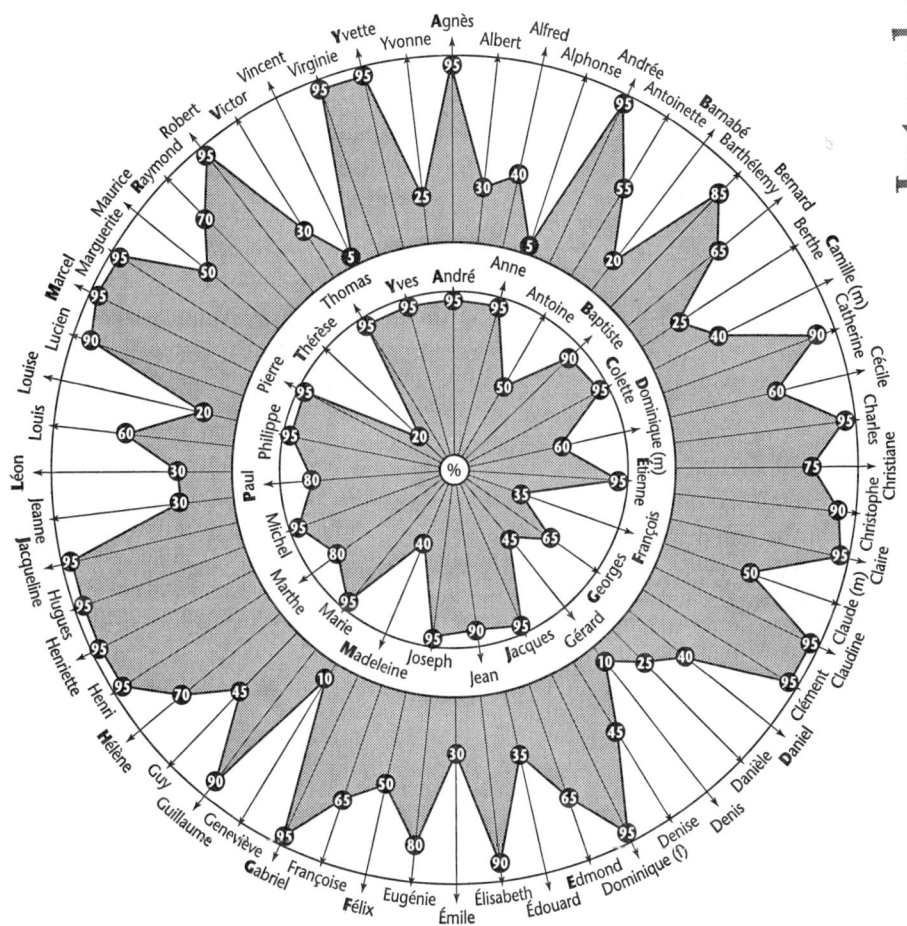

Les roues de compatibilités

Comment notre Pierre s'entend-il avec les autres prénoms ? Surprise, le pourcentage obtenu n'est que relativement modeste : 67 %, ce qui le situe au 27e rang de notre challenge. Il est donc prudent, sinon méfiant, à l'égard des autres et n'aime pas trop que l'on piétine ses fameuses « plates-bandes ». Pierre demande plus à être écouté que suivi et il est plus amateur de « ponctuel » que de « systématique ». C'est un sprinter et non un coureur de fond, les jupes mises à part ! D'un autre côté, les prénoms partenaires l'apprécient vraiment à 78 %, soit au 9e rang. Pierre a donc bien l'« oreille » du public mais quant à la garder longtemps... cela est un autre problème !

Reprenons en main notre schéma pour constater que Pierre ne s'entend avec Vincent qu'à 5 % ce qui, avouez-le, limite singulièrement la surface de congratulations affectueuses unissant les deux hommes. En revanche, le même Pierre se jette littéralement dans les bras de Virginie au nom des 95 % qui régissent le rapport P/V, la pauvre Virginie qui n'en peut mais de tant de flammes manifestées.

Oui, mais voilà ! Si nous consultons le diagramme de réponse qui nous indique les pourcentages d'entente de l'ensemble des prénoms avec Pierre (« Les autres prénoms et Pierre »), nous découvrons des dissonances troublantes dans les alliances de caractères car, si Pierre tend vers Virginie à 95 %, l'inverse n'est pas vrai et Virginie ne considère Pierre que sous l'angle d'un misérable 20 %, ce qui invitera notre ami et néanmoins moi-même à mettre une sourdine à ses violons langoureux.

Même démarche du côté de Vincent qui, lui, se précipite vers Pierre à la vitesse de 95 % alors que, rappelons-le, ce Pierre ne lui accorde son attention qu'à 5 % ! C'est donc au tour de ce dernier de devenir l'objet d'un culte affectif qui va le plonger dans une crise d'eczéma psychique des plus virulentes !

Conclusion : c'est la panique sur les deux fronts et c'est aussi la sublime démonstration de la valeur de cette formule lapidaire dont usaient jadis les Latins déclinants : *Fuguax, seguax. Seguax, fuguax.* (« Fuis-moi, je te suis. Suis-moi, je te fuis. »)

● Le sens du poil

Mais de quelle manière cette caractérologie des prénoms peut-elle bien assurer, plus ou moins, la réussite d'un être dans la vie ?

La réponse est évidemment complexe mais, cependant, il est un grand principe que, malheureusement, notre belle humanité oublie d'appliquer et qui est pourtant d'une simplicité enfantine, c'est celui du « rebrousse-poil » ! En effet, il ne vient à l'idée de personne de caresser un chat de cette manière car ce serait la porte ouverte à tous les drames issus de la réactivité féline et à toutes les cicatrices que l'on peut imaginer.

Or, c'est pourtant à cette manœuvre suicidaire que nous nous livrons tout au long de notre existence et c'est en fonction de cela que nous vous invitons à graver au fronton de votre temple personnel cette devise salvatrice : **L'homme qui réussit est celui qui applique le principe de ne pas agir à contre-courant.**

Les autres prénoms et Pierre

Moyenne : 78 %
Classement : 9/79

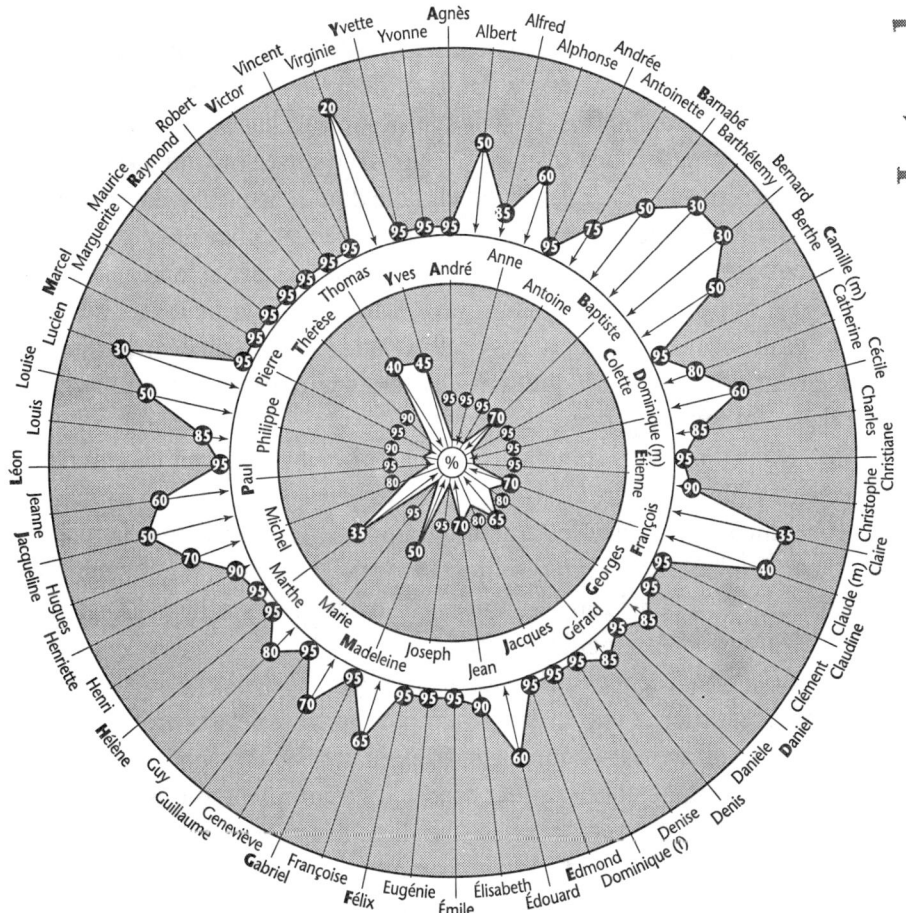

Vérité de La Palice ? Peut-être, mais encore faut-il savoir quel est le bon sens du poil de l'autre et c'est là que nous touchons au nœud du problème que prétend résoudre cette (modeste !) étude. Il ne s'agit pas, bien sûr, de hurler avec les loups ni de renoncer à défendre ses convictions intimes mais bien de prendre la dimension caractérielle d'un événement ou d'un individu pour agir d'une manière efficace et respectueuse du libre arbitre d'autrui.

Dûment prévenu par la lecture de l'ouvrage dont vous disposez, Pierre va adapter son comportement aux lignes-forces de cette situation critique afin d'intégrer dans son mode de raisonnement ce que nous pourrions appeler le « complexe feed-back » qui a pour but d'introduire dans un processus relationnel **la modification de ce qui précède par ce qui suit**. Autrement dit, ayant pris conscience de l'« effet de rebond » imposé à ses paroles ou à ses actes par l'attitude de celui qu'il prenait pour un adversaire, il va opérer un effort de synthèse afin d'harmoniser les deux attitudes contradictoires en question. Vous me suivez ? Ce qu'il vient de faire avec Vincent, il le refera avec Virginie dont il respectera la personnalité indépendante en évitant de lui infliger le supplice de la passion univoque que l'on veut faire partager en l'imposant par la force.

Ce qui prouve en passant que la caractérologie peut être aussi une philosophie et que certains chefs d'État feraient bien de lire attentivement notre petit bouquin pour éviter de faire bêtement confiance à des Adolf ou à des Benito !

Nous disposons donc maintenant de deux yeux pour découvrir le relief d'un caractère : le droit, spécialisé, si l'on peut dire, dans la recherche individuelle, le **caractérogramme** et le gauche pour le phénomène collectif des **compatibilités**. Le vieux « Connais-toi toi-même » et le nouveau « Jamais sans les autres », l'analyse et la synthèse, l'Ancien et le Nouveau Testament !

Combien d'échecs individuels ou collectifs seraient évités si l'on pouvait restituer la vue à nos contemporains ! Les revers professionnels, les naufrages des couples matrimoniaux, les traumatismes psychiques de l'enfance, que sais-je encore…, les incompréhensions sociales, les heurts des nations entre elles. Oui, bien des choses retourneraient à la poussière si nous étions capables d'ajouter un peu d'amour à cette même poussière pour en faire l'onguent magique qui rendit la lumière à l'aveugle de Jérusalem !

- **Et les signes du zodiaque ?**

Oui, au fait, que viennent-ils faire ici ces fameux signes du zodiaque, qui permettent de prospérer à près de cinquante mille astrologues « diplômés », dont la plupart n'arrivent à prédire, pour eux-mêmes, que la ruine de leur client ? Bonne question que nous ramènerons au plan acceptable d'une caractérologie ne négligeant pas l'apport psychologique des symboles zodiacaux basés, on le sait bien, sur une expérience reconnue et acceptée des conditions climatiques de la naissance. Un enfant né au mois d'août n'aura pas les mêmes réactions vitales qu'un autre qui aura vu le jour en pleine tempête de neige en un mois de février réfrigérant.

Et donc, à notre époque où les « interfaces » font florès, on a tendance à privilégier de plus en plus l'aspect astro-caractérologique du bestiaire astral. Il ne saurait être question de passer sous silence les compatibilités existant entre, par exemple, le prénom Pierre et les douze bestioles symboliques qui font la ronde autour de lui. Voici d'ailleurs comment Pierre s'entend avec le signe des autres.

Comment Pierre s'entend avec le signe des autres

Bélier	70 %	Balance	79 %	Ce tableau ne concerne pas le rapport prénom personnel/signe personnel. Il n'y a pas d'autocompatibilité entre Pierre et son propre signe caractérologique.
Taureau	58 %	Scorpion	57 %	
Gémeaux	64 %	Sagittaire	88 %	
Cancer	80 %	Capricorne	62 %	
Lion	67 %	Verseau	67 %	
Vierge	75 %	Poissons	54 %	

6
Passeport pour l'avenir

Lors de la présentation – forcément limitée et discrète – de cette formule de recherches caractérologiques à des « ados » de 14 à 18 ans, nous avons été frappé par l'enthousiasme – le mot n'est pas trop fort – dont ils ont fait preuve à l'idée de posséder en eux ce qu'ils ont appelé une **plate-forme de lancement** vers l'avenir, à la pensée que leur prénom détenait une force projective – pour ne pas dire « prospective » – qui pourrait les relier à plus « neuf » au lieu de jouer les étiquettes d'état civil dans un musée dépassé.

Notre intention de leur proposer de « vivre » les prénoms leur a d'autant plu qu'ils ont vu, dans la possibilité de mieux connaître *a priori* la personnalité de leur partenaire, un remède non négligeable à l'instabilité caractérielle qui est souvent le lot de ces jeunes se débattant au milieu de leur crise d'originalité juvénile. Le mot « pont », voire « interface », est revenu souvent dans leurs propos et nombreux sont ceux qui n'ont pas caché l'envie qu'ils avaient de se servir de ce *vade-mecum* pour tenter de draguer plus « scientifiquement » – plus « consciencieusement », dit l'un d'eux ! – un partenaire moins flou, moins intimidant. En revanche, l'idée d'appliquer ce système de « repérage » à leurs parents n'a pas paru les séduire particulièrement !

Voici d'ailleurs l'ordre des priorités caractérologiques exprimées par notre petit « panel » :
- Faciliter la « drague » ! (Gros score.)
- Choisir ses copains et ses copines.
- Tenter de mieux se définir soi-même.

- Mieux percevoir certaines vedettes du « showbiz ».
- Se trouver un autre prénom dans certains cas...
- Essayer de comprendre les « profs » ! (Petit score.)

Certes, à la vue de cette liste d'une haute portée philosophique, on peut vraiment se demander si le malheureux auteur de cet ouvrage n'a pas fait une crise maniacodépressive. Cependant, il ressort de ces contacts qu'au-delà de l'anecdote se dessine un véritable besoin de communiquer plus intelligemment, de forcer les traits de son caractère et de prendre un peu plus conscience de l'originalité du comportement de chacun.

Et c'est toujours ça de pris, comme disait ma grand-mère !

7
Question de confiance

Mais justement, quelles sont les limites de fiabilité de notre petit jeu caractérologique ? Nous percevons, en effet, la remarque qui pointe au bout de votre langue et qui ne peut être que la suivante : « Dans quelle mesure pouvons-nous faire confiance aux pourcentages de caractère et de compatibilités que vous nous proposez ? » « Bonne question », comme disent les hommes politiques que l'on interroge et qui n'ont pas l'intention de répondre !

Disons tout de suite qu'il ne s'agit là que de tendances car les relations entre les humains sont soumises à trop de variables pour être réduites à une simple évaluation mathématique ou statistique.

Lorsque, dans un profil de caractère, nous indiquons que le dynamisme des Albert, par exemple, n'est que de 73 %, il est bien entendu qu'il ne s'agit pas là d'une précision assimilable à celle d'un taux de change ou d'une mesure de température mais bien d'une orientation de personnalité.

Cette évaluation peut donc varier en plus ou en moins de 3 % selon l'état physique ou psychique du sujet. Mais la « couleur » de la fonction ne se modifie que fort peu en intensité et pas du tout en son « essence ». Une contrariété d'ordre sentimental ou professionnel peut fort bien, par exemple, provoquer une diminution de l'indice de dynamisme et ce n'est pas ici que nous ferons le procès de ces petits riens qui finissent par gâcher tout ! Or, il se trouve que dans le monde mouvant et déconcertant du psychisme, individuel ou collectif, cette approche de l'état dynamique d'un être, dans le cas qui nous occupe, donne une image suffisante de ses possibilités efficientes. Résultat des courses :

les Albert et prénoms associés, d'après notre exemple, ne cherchent pas tellement à casser la boutique !

De toute manière, nous allons découvrir bientôt, au plan des prénoms pilotes, que le caractère d'un homme ou d'une femme de notre époque correspond à un tel « cocktail » de tendances diverses que le phénomène réducteur de l'analyse devra obligatoirement céder la place à une synthèse amplificatrice riche en couleurs et en résonances multiples.

Et c'est maintenant que commence l'aventure !

Aller à la recherche de soi-même fait partie de ces épopées dangereuses où sombrent les Lancelot et d'où émergent quelques rares Dante ! Essayer de s'approcher de la personnalité de l'autre – fût-il le plus proche – sera toujours la source de surprises parfois dramatiques. Aussi, notre caractérologie prénominale se tient-elle à distance des analyses iconoclastes ou sadiques qui veulent ramener l'humain à des circulations « égoutières » et ses sentiments à des appétits « ratiers » !

Un de nos plus illustres comédiens à qui une admiratrice susurrait : « Ah, maître ! Vous connaître dans l'intimité de votre loge !... » répondit d'un air parfaitement dégoûté : « Ah, Madame, quelle horrible idée ! Je ne m'y suis jamais habitué moi-même ! »

Un prénom comme une « queste » ! Pourquoi pas ?

LEXIQUE

ACTIVITÉ: Ensemble des phénomènes physiques et physiologiques correspondant aux réalisations de l'être vivant relevant de la volonté, des tendances, de l'habitude, de l'instinct, etc. La capacité à dépenser une énergie vitale en vue d'un but fixé.

Fourchette:	FAIBLE	MOYEN	BON	TRÈS BON
	15 %-40 %	40 %-70 %	70 %-85 %	85 %-100 %

Statistiques: Pourcentage le plus élevé: 99 % (Michel)
Pourcentage le plus faible: 72 % (Félix)
Moyenne: 90 %

AFFAIRES: La façon dont un être entend s'intégrer à une aventure économique ou financière dans le but d'en tirer un profit certain ou une réputation flatteuse. La possibilité que l'on a de se montrer efficace et convaincant dans ce monde dangereux aux codifications bien particulières.

Fourchette:	FAIBLE	MOYEN	BON	TRÈS BON
	10 %-50 %	50 %-70 %	70 %-90 %	90 %-100 %

Statistiques: Pourcentage le plus élevé: 100 % (19 prénoms)
Pourcentage le plus faible: 45 % (Maurice)
Moyenne: 86 %

AFFECTIVITÉ: L'ensemble des phénomènes d'attachement, domaine de l'agréable et du désagréable, de l'attirance et de la méfiance. C'est le lien qui nous unit aux autres au travers de notre moi le plus intime et engage le dialogue émotionnel avec le partenaire. La sensibilité, les sentiments.

Fourchette:	FAIBLE	MOYEN	BON	TRÈS BON
	20 %-45 %	45 %-60 %	60 %-85 %	85 %-100 %

Statistiques: Pourcentage le plus élevé: 99 % (Joseph)
Pourcentage le plus faible: 70 % (Catherine)
Moyenne: 88 %

AMOUR: Tendance attractive surtout si elle n'a pas pour objet exclusif la satisfaction d'un besoin matériel. Disposition à vouloir le bien d'un autre que soi et à se dévouer à lui. C'est de toute manière un sentiment qui revêt des formes diverses suivant le sujet qui l'éprouve et l'objet qui l'inspire. L'intensité de la passion que l'on peut ressentir pour un autre être.

Fourchette:	FAIBLE	MOYEN	BON	TRÈS BON
	20 %-55 %	55 %-70 %	70 %-85 %	85 %-100 %

Statistiques: Pourcentage le plus élevé: 98 % (Marie)
Pourcentage le plus faible: 50 % (Danièle)
Moyenne: 77 %

ARGENT : L'art de bien administrer une maison, de gérer ses propres biens. Mais c'est aussi l'importance que l'on accorde à l'argent. Le fait de le considérer comme le moteur de son ambition ou la simple condition de sa vie ordinaire. Un indice relativement difficile à interpréter car nous avons affaire ici à la meilleure et à la pire des choses et seule l'intention véritable de son utilisation compte.

Fourchette :

FAIBLE	MOYEN	BON	TRÈS BON ?
0 %-45 %	45 %-60 %	60 %-80 %	80 %-100 %

Statistiques : Pourcentage le plus élevé : 100 % (20 prénoms)
Pourcentage le plus faible : 60 % (Cécile)
Moyenne : 87 %

ASSOCIATIONS : Volonté d'unir ses propres efforts à ceux d'autres personnes se regroupant dans un but bien défini. L'envie de se sentir conforté en ses sentiments ou ses opinions par le jeu d'un consensus reconnu et codifié. Cela va du scoutisme aux sociétés secrètes, en passant par l'École polytechnique et les clubs de pétanque.

Fourchette :

FAIBLE	MOYEN	BON	TRÈS BON
0 %-40 %	40 %-55 %	55 %-75 %	75 %-100 %

Statistiques : Pourcentage le plus élevé : 100 % (13 prénoms)
Pourcentage le plus faible : 30 % (Madeleine)
Moyenne : 70 %

DYNAMISME : Caractère d'un sujet qui met dans ses actions de l'allant, de l'énergie, et fait preuve d'un esprit d'entreprise et de décision. Puissance de travail. Un excès de dynamisme peut parfois conduire à une exagération de la vitalité professionnelle et provoquer un surcroît d'autorité. Lié à l'activité, il risque de créer parfois des confusions d'attribution qui feraient prendre le désir d'agir pour l'action elle-même.

Fourchette :

FAIBLE	MOYEN	BON	TRÈS BON
15 %-50 %	50 %-65 %	65 %-80 %	80 %-100 %

Statistiques : Pourcentage le plus élevé : 100 % (Anne)
Pourcentage le plus faible : 60 % (Félix)
Moyenne : 89 %

ÉMOTIVITÉ : Propriété qu'a l'individu de réagir psychiquement et physiquement à des excitations organiques ou mentales. La sensibilité générale de l'être, le degré de participation au sentiment des autres. Attention, au-delà de 60 %, l'émotivité glisse vers une excitation de plus en plus difficilement contrôlable.

Fourchette :

FAIBLE	MOYEN	BON	EXCESSIF
15 %-25 %	25 %-35 %	35 %-55 %	55 %-100 %

Statistiques : Pourcentage le plus élevé : 75 % (Virginie)
Pourcentage le plus faible : 34 % (Christiane)
Moyenne : 55 %

ENFANTS: L'intérêt porté au monde de l'enfance, à l'insertion du petit être dans le cadre familial, au sens des responsabilités éducatives. Cela peut correspondre à un désir profond de dévouement.

Fourchette:

FAIBLE	MOYEN	BON	TRÈS BON
0 %-50 %	50 %-65 %	65 %-80 %	80 %-100 %

Statistiques: Pourcentage le plus élevé: 100 % (12 prénoms)
Pourcentage le plus faible: 37 % (Vincent)
Moyenne: 77 %

ÉTUDES: Au-delà de l'effort intellectuel visant à acquérir des connaissances, nous parlons là de la plus ou moins grande appétence de l'être pour l'enseignement et ses contraintes.

Fourchette:

FAIBLE	MOYEN	BON	TRÈS BON
0 %-55 %	55 %-70 %	70 %-85 %	85 %-100 %

Statistiques: Pourcentage le plus élevé: 100 % (Jean)
Pourcentage le plus faible: 65 % (Yvonne)
Moyenne: 85 %

FAMILLE: Ce que représente l'ambiant familial pour le sujet. Son désir profond de vivre l'aventure nécessairement « tribale » du groupe parental. Sa volonté de participer ou, au contraire, de s'isoler des responsabilités communautaires.

Fourchette:

FAIBLE	MOYEN	BON	TRÈS BON
0 %-45 %	45 %-60 %	60 %-80 %	80 %-100 %

Statistiques: Pourcentage le plus élevé: 100 % (10 prénoms)
Pourcentage le plus faible: 40 % (Vincent)
Moyenne: 81 %

INTUITION: Forme de connaissance directe et immédiate qui ne recourt pas au raisonnement. Prise de conscience d'un fait, d'une idée, d'un sentiment entraînant la conviction instantanée et absolue. Le « flair »! Ce qui ne se commande pas et provoque souvent une conduite spontanée.

Fourchette:

FAIBLE	MOYEN	BON	TRÈS BON
10 %-45 %	45 %-70 %	70 %-90 %	90 %-100 %

Statistiques: Pourcentage le plus élevé: 98 % (Anne)
Pourcentage le plus faible: 64 % (Hugues)
Moyenne: 84 %

PROFESSION: L'importance que le sujet accorde au choix d'un métier et à son bon exercice. La manière dont il adhère aux règles qui régissent la pratique de cette occupation dont il tire ses moyens d'existence. La dynamisation du secteur professionnel.

Fourchette:

FAIBLE	MOYEN	BON	TRÈS BON
0 %-50 %	50 %-70 %	70 %-85 %	85 %-100 %

Statistiques: Pourcentage le plus élevé: 100 % (37 prénoms)
Pourcentage le plus faible: 50 % (Alfred, Félix)
Moyenne: 90 %

RÉACTIVITÉ: Aptitude d'un être à répondre avec plus ou moins de force et de vivacité à des stimulations extérieures. Bien remarquer la fourchette des pourcentages car, au-dessus d'un certain niveau, cette réactivité devient de l'irritabilité, voire une certaine forme de la maladie de la persécution.

Fourchette:	FAIBLE	MOYEN	BON	EXCESSIF
	15 %-25 %	25 %-45 %	45 %-60 %	60 %-100 %

Statistiques: Pourcentage le plus élevé: 72 % (Agnès)
Pourcentage le plus faible: 25 % (Léon)
Moyenne: 52 %

RÉUSSITE: La possibilité d'obtenir un bon résultat dans ses entreprises avec, en plus de la valeur reconnue, le coup de pouce du sort qui ajoute le succès au mérite. Sans oublier un certain désir de gratifications flatteuses: « Honneurs et fortune » !

Fourchette:	FAIBLE	MOYEN	BON	TRÈS BON
	0 %-50 %	50 %-70 %	70 %-90 %	90 %-100 %

Statistiques: Pourcentage le plus élevé: 100 % (Jacqueline)
Pourcentage le plus faible: 50 % (Barnabé)
Moyenne: 83 %

SANTÉ: Cet indice de vitalité ne détermine pas le niveau de santé ou de maladie mais indique le rendement des ressources profondes de l'être et l'intensité de la réponse qu'il apporte à toutes agressions, biologiques ou psychologiques. Possibilité foncière de vie intense.

Fourchette:	FAIBLE	MOYEN	BON	TRÈS BON
	35 %-60 %	60 %-70 %	70 %-85 %	85 %-100 %

Statistiques: Pourcentage le plus élevé: 98 % (Christophe)
Pourcentage le plus faible: 83 % (Hélène)
Moyenne: 92 %

SENSORIALITÉ: Elle comprend à la fois les cinq sens traditionnels et la sexualité. C'est donc toute une pluralité de modalités sensorielles plus ou moins sophistiquées. Ensemble complexe de pulsions et d'émotions servant à la vie de relations.

Fourchette:	FAIBLE	MOYEN	BON	TRÈS BON
	30 %-40 %	40 %-55 %	55 %-75 %	75 %-100 %

Statistiques: Pourcentage le plus élevé: 98 % (7 prénoms)
Pourcentage le plus faible: 67 % (Virginie)
Moyenne: 87 %

SOCIABILITÉ: C'est, bien évidemment, l'aptitude à vivre en société. C'est donc la recherche et l'étude du contact humain. Cet indice possède de nombreuses ramifications dont il serait vain d'essayer d'établir la liste complète. Cela va de la simple convivialité à la Sécurité sociale!

Fourchette:	FAIBLE	MOYEN	BON	TRÈS BON
	15 %-45 %	45 %-55 %	55 %-75 %	75 %-100 %

Statistiques: Pourcentage le plus élevé: 100 % (Claudine)
Pourcentage le plus faible: 65 % (Antoine, Yves)
Moyenne: 86 %

VOLONTÉ: C'est, naturellement, la faculté de se déterminer librement à l'action en pleine connaissance de cause et après réflexion. C'est la capacité de mettre en œuvre des forces mentales de résistance et de décision. C'est donc un pouvoir et une puissance créatrice qui devraient faire de l'homme un être libre et conscient. Gare à l'entêtement !

Fourchette : FAIBLE   MOYEN   BON   TRÈS BON
              30 %-60 % 60 %-75 % 75 %-85 % 85 %-100 %

Statistiques : Pourcentage le plus élevé : 99 % (Michel)
Pourcentage le plus faible : 73 % (Antoinette, Claude (M))
Moyenne : 90 %

VOYAGES : À notre époque de tumultes déambulatoires, il est important de connaître le degré d'ouverture d'un être sur ce que l'on pourrait appeler le « dépaysement euphorisant ». Mais c'est aussi le déplacement professionnel et le degré d'« erraticité » d'un individu.

Fourchette : FAIBLE   MOYEN   BON   TRÈS BON
              0 %-45 % 45 %-60 % 60 %-75 % 75 %-100 %

Statistiques : Pourcentage le plus élevé : 100 % (24 prénoms)
Pourcentage le plus faible : 25 % (Antoinette)
Moyenne : 77 %

LES PRÉNOMS PILOTES

Agnès   1

1 • Prénoms associés

Ce sont tous les prénoms, quelle que soit leur origine, qui partagent les mêmes constantes caractérologiques et que vous découvrirez dans l'index de ce volume (p. 451), dont :

Abigaëlle	Étiennette	Silvaine
Aimée	Mémona	Steffie
Amicie	Paciane	Stéphanie
Anastasia	Philippa	Sylvie
Chimène	Phillis	Térentiane
Edwige	Sacha	...

2 • Célébrités

Pour vous sentir moins seul, ce trop bref aperçu des personnalités de tous les temps et de tous les lieux qui dépendent de ce type de caractère :

- ANASTASIA (1896-1984) Usurpatrice *Une escroquerie à la dimension d'un drame!*
- BOJAXHIU Agnès (1910-1997) Mère Teresa *Prix Nobel de la paix. Une charité bien ordonnée qui commence par les autres.*
- GRAF Steffie (1969) Sportive *Une enfant de la balle.*
- HÉRY Sylvette (1950) Comédienne *Plus connue sous le nom de Miou-Miou. Une chatte sur un toit brûlant.*
- SOREL Agnès (1422-1450) Courtisane *Une maîtresse royale empoisonnante qui fut royalement empoisonnée.*

3 • Symboles

– Pour Agnès et les autres prénoms associés, l'élément de base est l'**air** volant près de la terre qui confère à ces femmes charmantes un sens aigu du courant d'air, des portes qui claquent, des libertés parfois bousculantes.
– La couleur est le **vert** qui symbolise l'espérance, évidemment. Reste à savoir pour qui ? De toute manière, les Agnès ont souvent un langage de cette couleur rafraîchissante et aiment particulièrement la campagne.
– Elles sont très joueuses mais leurs nombres, **37-39-33**, peuvent leur réserver bien des surprises car elles ont du mal à se fixer, à renoncer à leurs rêves.

4 • Devise

Celle qui survole. Si vous êtes optimiste, c'est la promesse d'une idéalité fonctionnelle qui vous ouvre les portes du paradis ; si vous êtes un tant soit peu méfiant, vous vous souviendrez que ce ne sont pas les oiseaux qui volent le plus loin qui sont forcément les plus fidèles ni les plus faciles à vivre.

5 • Totems

– Le symbole de l'amour partagé est transmis par leur animal totem, le **pigeon voyageur** qui donne des Agnès une image suffisamment parlante pour couper court à tout commentaire disgracieux.

– Leur minéral totem est la **galène** dont les cristaux, convenablement chatouillés, permettaient jadis d'écouter la TSF, ce qui donne aux Agnès un flair peu commun et parfois encombrant pour le mari.

– Ces prénoms ont pour végétal le **tabac** qui rend gaillard et heureux et dont les magiciens indiens d'antan soufflaient la fumée à la figure de leurs guerriers en disant : « La force soit avec toi ».

6 • Vibrations

Dans le cas du prénom Agnès, cet indice n'est que de **88 000 v/s**, soit un taux de **56 %**. Cette relative modération correspond à une furieuse nécessité de capter une force dans la présence de l'autre car, sans être des vampires, les Agnès savent fort bien vous « pomper l'air » et ensuite liquider les bouteilles vides avec une désinvolture touchante. À consommer avec modération !

7 • Le Jeu de la Vie

Le prénom Agnès est apparenté à la lame **numéro 11**, c'est-à-dire à celle de la **Force**, symbole d'une volonté de domination risquant de déboucher sur des séances de dressage appliqué à tous les animaux à deux et à quatre pattes. Même si la représentation des Agnès se traduit par une vierge (!) maîtresse en apparence d'elle-même, il ne faut pas ignorer la puissance brisante d'un tel caractère et éviter à tout prix de les provoquer bêtement car l'expression « force tranquille » ne fonctionne bien que pendant les campagnes électorales, les fiançailles, les flashs publicitaires, etc. Après, mieux vaut « numéroter ses abattis », comme disait le poète !

Volonté : 93 %

Intuition	90 %	Études	80 %
Réussite	90 %	Associations	65 %

Ne cherchez pas l'affrontement avec ce type de femme qui vous voit venir avec vos gros sabots. Son intuition est redoutable et elle improvise des situations complexes avec jubilation. Ne leur racontez pas d'histoires, vous seriez pris à votre propre jeu ; parlez-lui plutôt de son flair, de sa réussite et, si elle vous bouscule un peu trop, ne jouez pas les martyrs, elle adore les achever. Si vous êtes son associé, il vous faudra courir vite pour rester à la même place ou dans la même place. Curieuse, elle vous écoute ! Ennuyée, elle vous « flingue » ! *Achtung Minen !* En dehors de cela, une grande fille toute simple... en apparence !

Activité : 90 %

Dynamisme	92 %	Affaires	85 %
Voyages	95 %	Sociabilité	91 %

Une activité en forme d'activisme. Captivez-la en lui proposant l'action, gardez vos discours pour les lendemains de catastrophes et dites-vous bien qu'elle préfère l'explosion à l'expansion et les voyages improvisés, soudains, aux circuits « imprimés » sur les annonces des voyagistes. Redoutable en affaires mais oublieuse du lendemain. D'une sociabilité démonstrative et hétéroclite. Elle passe aisément du salon au saloon, du MacDo à la Tour d'Argent. Ignore les complexes sociaux. Ne pardonne jamais les coups bas ! Les réalise, elle-même, avec assez de panache pour jouer les locomotives en cette matière.

Portrait prospectif

Caractère : 60 %   Psychisme : 35 %   Personnalité : 75 %   Destinée : 50 %   Devenir : 85 %

On ne peut pas dire que les Agnès soient persécutées par la projection de leur destinée dans le futur ! Elles auraient plutôt tendance à vivre au jour le jour, leur caractère s'éclipsant à loisir devant l'irruption du présent suprêmement actuel. Ne leur faites pas le coup du Livre magique, bourré de « mektoub » et de « Inch'Allah » où tout est écrit mais que personne ne sait lire ! Cette attitude empreinte d'instantanéité, si elle favorise la prise en main immédiate d'une situation donnée, n'en offre pas moins le triste privilège d'ouvrir la porte à toutes les solutions improvisées, à tous les coups de tête les plus compromettants du genre : « Et si j'épousais Patrick ? » Attendez-vous donc à patauger dans des emballements apocalyptiques et des contradictions irréductibles. De plus, elles risquent de vous rendre responsable de l'échec de certaines de leurs tentatives sous le prétexte que vous vous méfiez d'elles.

Et pourtant ! Il y a en elles des ressources que l'agitation de leur psychisme ne saurait totalement occulter. Au fond d'elles-mêmes et au-delà de leur mobilité capricieuse, elles ont vraiment le sentiment d'avoir quelque chose à dire, de le dire bien haut mais que personne ne les écoute ou tout au moins qu'on ne les prend pas au sérieux. Soyez donc attentif à leur propos et essayez de trier le bon grain de l'ivraie pour découvrir leur petite pierre philosophale qui révélera l'or perdu dans le chaos des inutilités quotidiennes !

Ce qu'il y a d'étrange dans le cas des Agnès, c'est que, très souvent, elles se refusent à se voir telles qu'elles sont. D'ailleurs, elles ne vous pardonneront que difficilement les efforts que vous pourrez faire pour les amener à une plus juste appréciation de leur personnalité. Même la flatterie la plus rampante ne les conduira pas à admettre qu'elles sont plus venues sur terre pour remplir une fonction que pour essayer de tuer le temps en se moquant de presque tout ! Bref, vous avez compris qu'on ne peut sauver d'elles-mêmes ces oiseaux sautillants qu'en leur inventant une cage faite d'amour, de compréhension et de fermeté astucieuse. Si vous avez la recette, envoyez-la-moi !

Émotivité : 67 %

| Affectivité | 78 % | Amour | 70 % |
| Famille | 50 % | Enfants | 65 % |

Une émotivité pointue en forme de rampe de lancement. Elle vous explose à la figure et ne vous laisse pas le temps de découvrir pourquoi et comment. La famille, les enfants, font les frais de ce survoltage. Donc, inutile de lui promettre un mariage tranquille et fécond. Elle cédera plus facilement à un désir soudain qu'à un bonheur de conserve. La moralité ne l'encombre que fort peu dans certains cas. Présentez-vous comme un facteur déclenchant dont elle usera ou abusera plutôt que comme une occasion d'accomplir un acte réfléchi. La roulette russe ! En trichant juste ce qu'il faut pour que ce soit drôle !

Réactivité : 72 %

| Santé | 85 % | Sensorialité | 90 % |
| Argent | 90 % | Profession | 60 % |

Toujours sous les ordres du « starter », prête à bondir. D'une susceptibilité assez spéciale ! Elle ne se vexe pas, elle assomme ! Les grandes baffes font partie de son arsenal ordinaire et l'argent n'est jamais pour elle une fin mais bien le moyen d'échapper à l'esclavage, de pouvoir dire m... à son patron quand elle ne le fait pas gratuitement, de satisfaire les fantaisies de sa sensorialité à la polarité éclectique, parfois. Si vous l'avez sous vos ordres, écoutez-la car elle a des réactions souvent intéressantes mais ne discutez pas avec elle ! C'est les sables mouvants ! Ne lui parlez pas de sa santé, elle s'en fout !

Agnès et les autres prénoms

Moyenne : 57 %
Classement : 72/79

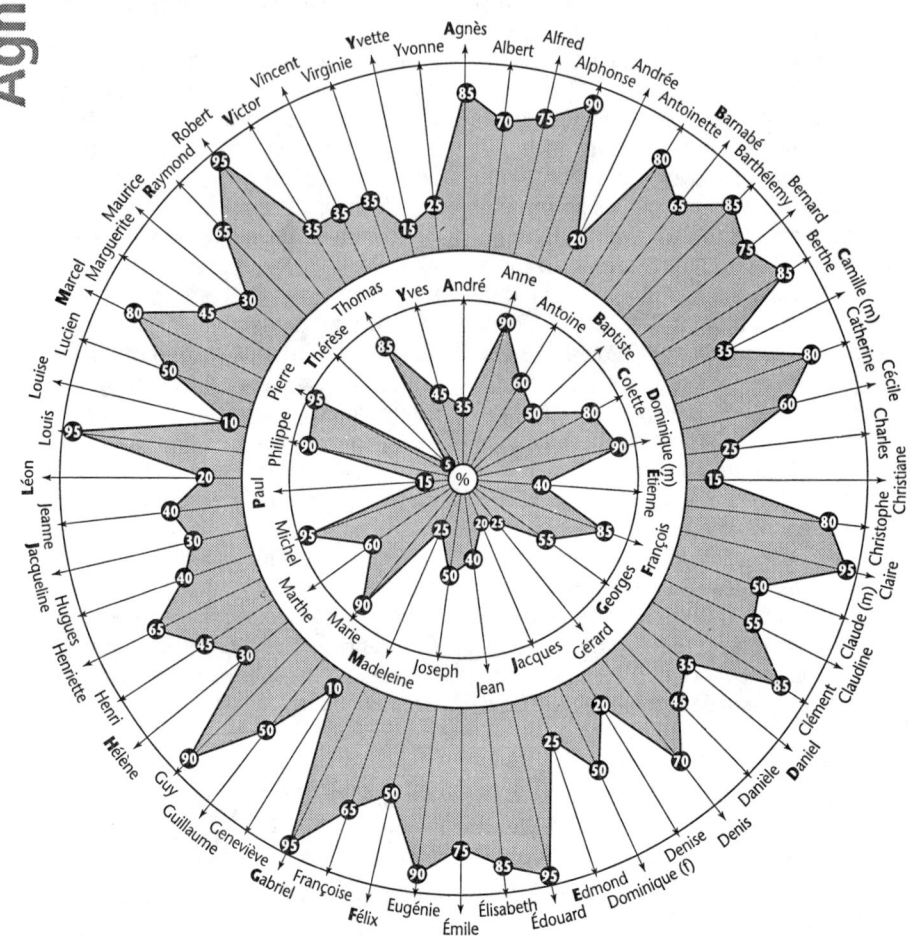

Les roues de compatibilités

Et puis, il existe une autre constatation qui vient renforcer notre thèse de la vie « éclatée » de ces femmes séduisantes et tumultueuses, c'est leur place très modeste au classement des prénoms environnants que les Agnès apprécient modérément, à la moyenne de 57 %. Il est, en effet, des plus discrets : 72e rang sur 79 ! Autrement dit, ce n'est pas chez les « autres » qu'elles iront chercher une base solide de départ pour se propulser dans l'avenir. En revanche, les 79 autres prénoms sont plus attirés par les Agnès, puisque la moyenne de leur entente avec elles atteint les 67 %, soit la place honorable de 35e ! C'est mieux que rien !

Les autres prénoms et Agnès

Moyenne: 67%
Classement: 35/79

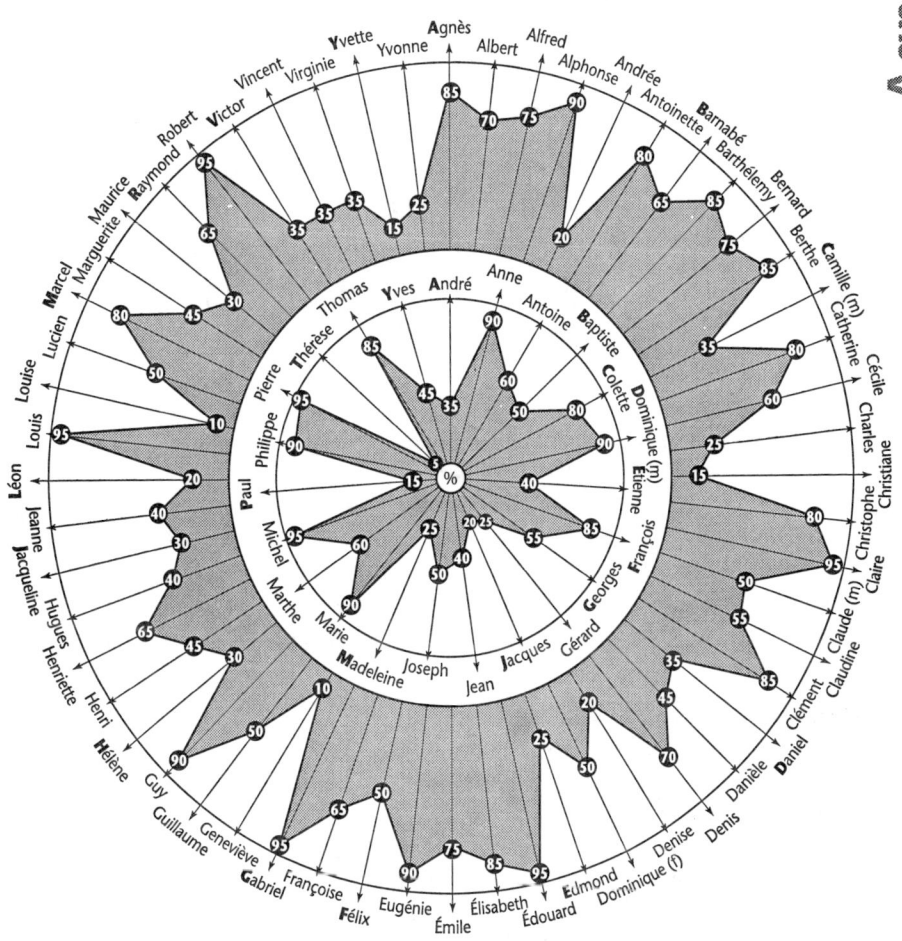

Comment Agnès s'entend avec le signe des autres

Signe	%	Signe	%
Bélier	43%	Balance	75%
Taureau	64%	Scorpion	28%
Gémeaux	70%	Sagittaire	63%
Cancer	80%	Capricorne	42%
Lion	35%	Verseau	77%
Vierge	40%	Poissons	82%

Ce tableau ne concerne pas le rapport prénom personnel/signe personnel. Il n'y a pas d'autocompatibilité entre Agnès et son propre signe caractérologique.

2 — Albert

1 • Prénoms associés

Ce sont tous les prénoms, quelle que soit leur origine, qui partagent les mêmes constantes caractérologiques et que vous découvrirez dans l'index de ce volume (p. 451), dont :

Adelin	Dalbert	Norman
Agobart	Dougan	Radbert
Alban	Duncan	Shanley
Aldebert	Eugène	Tiburce
Astier	Gene	Tobie
Colbert	Griffin	...

2 • Célébrités

Pour vous sentir moins seul, ce trop bref aperçu des personnalités de tous les temps et de tous les lieux qui dépendent de ce type de caractère :

– ALBERT le Grand   (1193-1280)   Théologien   *L'alchimie assassinée.*
– EINSTEIN Albert   (1879-1955)   Savant   *De la relativité de la gloire !*
– FRATELLINI Albert   (1886-1961)   Clown   *La joie de notre éternelle enfance.*
– IONESCO Eugène   (1912-1994)   Écrivain   *Le grand retour des marionnettes.*
– LABICHE Eugène   (1815-1888)   Auteur   *Quand les Français savaient encore rire.*

3 • Symboles

– Chez Albert et chez les autres prénoms associés, l'élément de base est l'**air**, signe d'évasion spirituelle, d'une certaine fuite devant les responsabilités. Les Albert adorant jouer les « filles de l'air » !
– La couleur **bleue** vient renforcer le côté évanescent de ce caractère qui peut surprendre par son manque de maturité, par un comportement ludique dépassé.
– Cet amour du jeu n'abandonne jamais les Albert. Ceux-ci utiliseront leurs nombres pilotes, **14-45-34**, à des fins qui ne seront peut-être pas toujours utiles et risquent même de devenir ruineuses, tout en bénéficiant d'une inconscience rassurante.

4 • Devise

Pour Albert, la devise est plutôt ambiguë : **Celui qui vit dans deux mondes.** Ce qui est le meilleur moyen de s'asseoir entre deux chaises et puis, sans vouloir passer ces deux mondes en revue, on peut se demander s'ils n'auraient pas intérêt à instaurer un système d'alternance plutôt que de courir deux lièvres à la fois ! De toute manière, c'est un être plein d'inattendu, difficile à saisir !

5 • Totems

– Ici, ils participent aussi à cette confusion des genres puisque leur animal totem est l'**hippocampe**, mi-cheval en réduction, mi-poisson « ailé » à qui les Anciens attribuaient le pouvoir de vous transporter à l'instant d'un point à un autre. De la « téléportation », en quelque sorte !
– Leur végétal, la **digitale**, est aussi troublant, à la fois poison et remède pour le cœur.
– Quant au minéral, le **rubis**, s'il est la pierre du bonheur, il peut aussi être l'œil d'un diable !

6 • Vibrations

Dans le cas d'Albert, le taux vibratoire est extrêmement faible, **69 000 v/s**, soit un pourcentage de **36 %**, ce qui laisse la place à toutes les indécisions et va exiger de leur part une reprise en main qu'eux seuls peuvent décider et réaliser. Essayez de leur démontrer que ce qu'ils prennent pour de l'indolence philosophique n'est qu'une glissade dans la neutralité perverse.

7 • Le Jeu de la Vie

Le prénom Albert est apparenté à la lame **numéro 6** du tarot des imagiers du Moyen Âge, celle de l'**Amoureux** qui, elle aussi, insiste sur le côté passif d'un caractère qui semble toujours hésiter entre le vice et la vertu, petit hercule de pacotille jouant souvent les ânes de Buridan et faisant de l'irrésolution la base de sa politique et de ses croyances, sinon de ses amours ! Mais il faut bien savoir que les Albert ne sont jamais abandonnés par le ciel et que plane et planera toujours au-dessus d'eux un petit ange protecteur mais incitateur également, car disposant d'une flèche titillante qui n'est pas toujours celle de l'amour et qui risque de blesser plus d'une susceptibilité. Un peu « empoisonnants », les chers petits !

Volonté : 74 %

| Intuition | 90 % | Études | 85 % |
| Réussite | 85 % | Associations | 95 % |

Il ne faut pas chercher l'homme où il n'est pas ! N'attendez donc pas d'un Albert un exemple à suivre, cherchez plutôt une efficacité. Ne lui faites pas le procès du vouloir, découvrez plutôt son intuition compensatrice, sa prodigieuse capacité à se fondre dans la vision collective d'un problème. Les Albert sont de bons associés, utiles mais déconcertants au niveau des principes. Ils n'en font qu'à leur tête et l'on se demande parfois où ils veulent en venir. Leur réussite est bonne, comme leurs études d'ailleurs. Mais comment s'y prennent-ils ? Et le savent-ils eux-mêmes ? Ils ont horreur de tous interrogatoires !

Activité : 88 %

| Dynamisme | 73 % | Affaires | 70 % |
| Voyages | 95 % | Sociabilité | 79 % |

Cette activité est excellente mais calme. Elle n'explose pas, elle s'installe puissamment avant de se manifester. Ne bousculez pas notre Albert ! Donnez-lui l'impression que vous le comprenez mieux qu'il ne se comprend lui-même. Son dynamisme ne sera jamais provocateur mais accompagnateur. Surtout, ne lui laissez pas croire que c'est vous qui tirez les cartes d'un jeu dont il se refuse à connaître toutes les règles. Et puis, il y a de grands départs inassouvis en lui et s'il vous raconte ses voyages, tous plus ou moins fabriqués, entrez dans la ronde et découvrez le monde avec lui. Il aime...

Portrait prospectif

Caractère : 43 %   Psychisme : 70 %   Personnalité : 43 %   Destinée : 25 %   Devenir : 43 %

Pour éclairer votre lanterne, nous dirons que nos Albert ne se sentent que fort peu concernés par leur projection dans l'avenir. Ils font l'impasse sur la moindre anticipation, soutenus en cela par ce caractère en forme de « patchwork » où se trouve rassemblé tout un échantillonnage de conduites avortées, de projets infantiles, de visions nerveuses face à des situations incompressibles et insolubles. Ils sont particulièrement sensibles au genre de réflexions considérant l'aveuglement sur l'instant qui passe, l'oubli d'un passé qui traîne derrière lui certains clichés débiles ou truqués. Tout cela serait donc capable de vous tricoter ce gentil présent que l'on a trop peur de perdre et que, pourtant, nous ne faisons qu'effleurer ? Il faudra toujours rappeler à ces enfants susceptibles, tantôt tendres, tantôt secrets, que l'homme est le seul animal doté du sens de l'avenir. D'ailleurs, n'est-il pas le seul mammifère à tirer les cartes ?

Ce qui ne colle pas, c'est cette espèce d'inertie chronique qui peut se transformer en refus organisé, voire en masochisme. Expliquez donc à nos chers petits Albert qu'on ne vise bien une cible qu'à partir d'une base stable, que ce n'est pas au cœur d'une tempête que l'on joue aux échecs, qu'il est indispensable de bloquer toutes oscillations caractérologiques avant de traiter de la mise au point d'une trajectoire possible. Le psychisme des Albert, lui, se reprend un peu car il existe au fin fond de ces hommes une réelle timidité qui les empêche de danser trop longtemps sur le volcan et la crainte d'avoir à répondre demain des erreurs de conduite d'aujourd'hui. Ils frissonnent animiquement devant le monde orgiaque qui leur est proposé et, intérieurement, ils retrouvent, dans la position fœtale de leur mental inquiet, la noble posture du plongeur amniotique en train de sucer son pouce ! La personnalité, elle, se recroqueville dans la même mesure que le caractère et le devenir. Alors qui parle, en eux ? Le caractère, forcément héréditaire, ou la personnalité qui devrait représenter l'acquis de leur évolution ? Le flou sera toujours difficile à vaincre.

Émotivité : 57 %

| Affectivité | 90 % | Amour | 70 % |
| Famille | 85 % | Enfants | 95 % |

Cette émotivité est moyenne et, comme toutes les moyennes, elle cache les extrêmes sous un voile de médiocrité tranquille. On croit Albert endormi et on l'oublie un peu. Puis il fait surface et on est surpris, éclaboussé par la richesse de ses sentiments. Une affectivité plus forte que l'amour met un peu la passion au rancart. Évitez surtout avec lui les déclarations ravageuses. Laissez-le s'exprimer le plus librement possible, même s'il semble se noyer dans les détails de son psychisme un peu « tordu » ! Mais vous, parlez-lui famille et enfants avec un zeste de résidence secondaire et le tour est joué !

Réactivité : 40 %

| Santé | 95 % | Sensorialité | 80 % |
| Argent | 75 % | Profession | 100 % |

Ne comptez pas sur Albert pour crier à tout va : « Eurêka ! ». Il semblerait qu'il ne réagisse qu'à ce qu'il a déjà compris, assimilé, reconnu, accepté. L'étonnement chez lui n'est qu'une conclusion, jamais l'excitation d'une approche. Sa sensorialité est soumise à l'affectivité qui, elle, dépend du temps. On ne lit pas un roman d'amour à la lueur des éclairs ! Et puis, il y a la profession ! À ce niveau tout devient possible, c'est le paradis retrouvé, le triomphe du « beau boulot ». Or il a la santé de son métier. Il va jusqu'au bout de son travail et, sachez-le bien, il en connaît un bout ! Et il en parle fort bien !

Albert et les autres prénoms

Moyenne : 56 %
Classement : 73/79

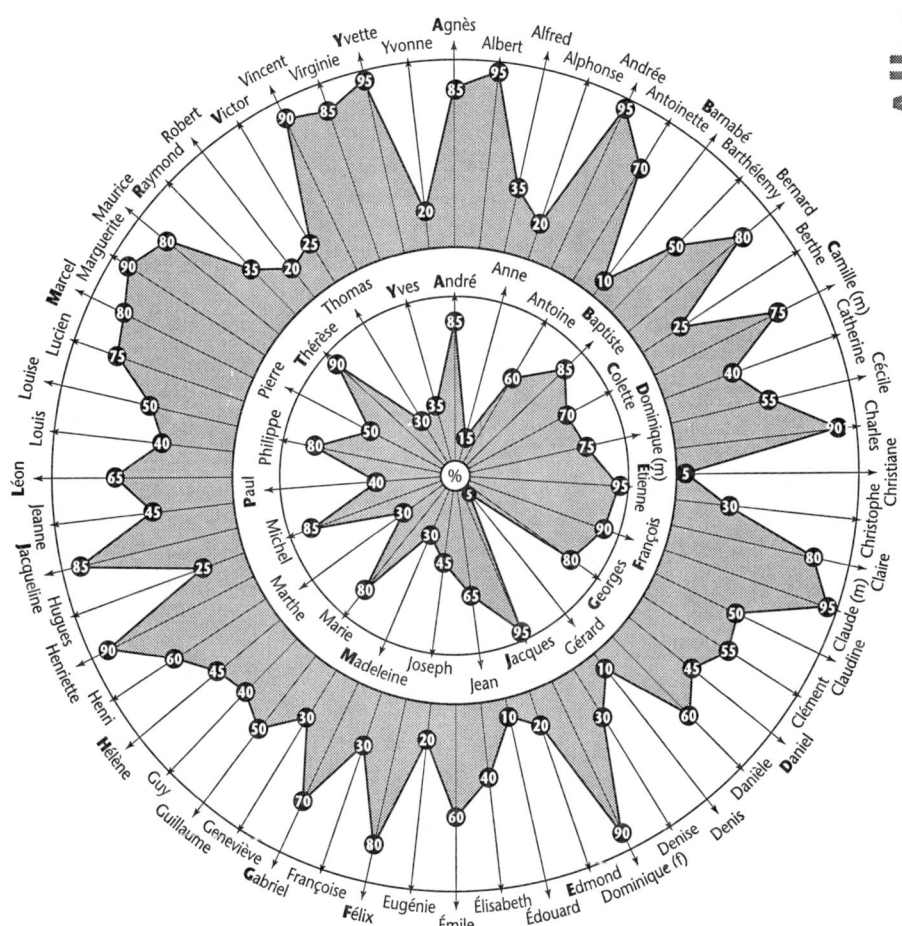

Les roues de compatibilités

Il n'est guère surprenant, après cela, de trouver chez ces hommes une grande frilosité à l'égard des autres prénoms qu'ils n'apprécient, en moyenne, qu'à 56 %, ce qui les place à la 73e place sur 79. En retour, l'assemblée des prénoms leur est assez ouverte, à 69 %, et cette 29e place sur 79 devrait leur redonner sinon plus de confiance en eux, tout au moins le courage de se regarder vivre avec plus de sévérité et de sérénité à la fois. En effet, sans correction de cette fameuse trajectoire, leur caractère risque, en vieillissant, de se figer en une attitude presque hostile à l'égard de la vie d'un monde auquel ils ne participent pas totalement. On se demande parfois si les Albert ne sont pas des naufragés en puissance !

Les autres prénoms et Albert

Moyenne : 69 %
Classement : 29/79

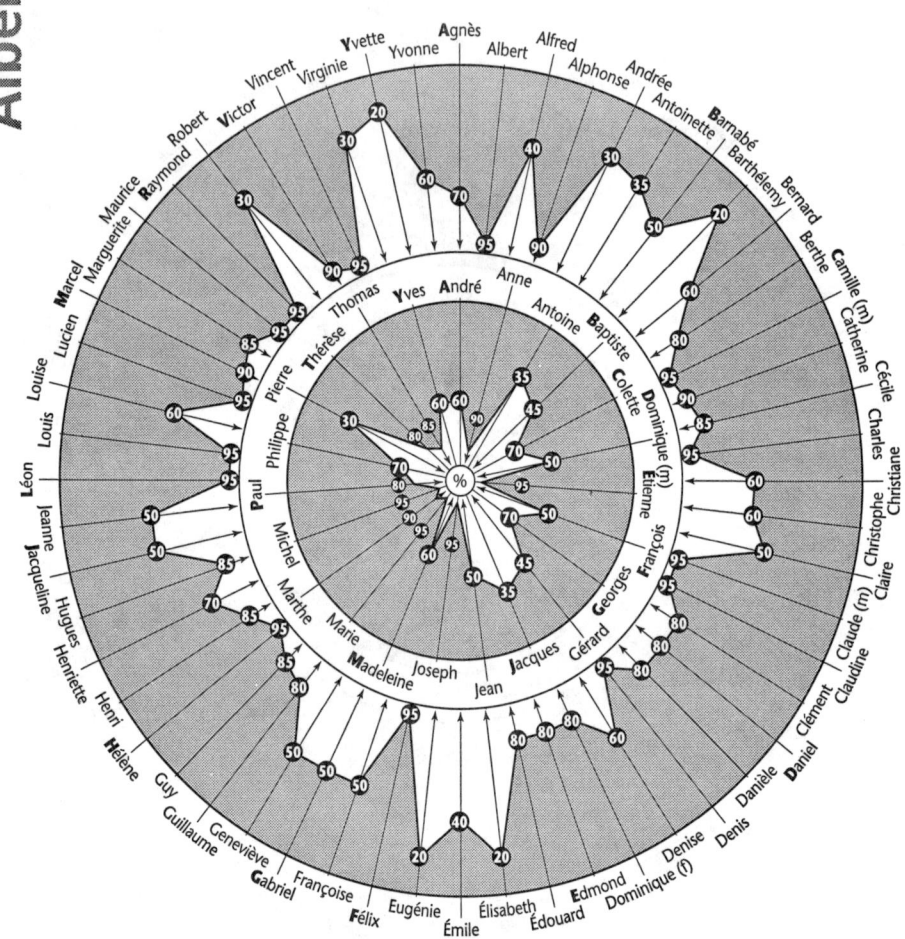

Comment Albert s'entend avec le signe des autres

Bélier	65 %	Balance	84 %	Ce tableau ne concerne pas le rapport prénom personnel/signe personnel. Il n'y a pas d'autocompatibilité entre Albert et son propre signe caractérologique.
Taureau	30 %	Scorpion	17 %	
Gémeaux	80 %	Sagittaire	59 %	
Cancer	52 %	Capricorne	60 %	
Lion	72 %	Verseau	83 %	
Vierge	35 %	Poissons	71 %	

Alfred   3

1 • Prénoms associés

Ce sont tous les prénoms, quelle que soit leur origine, qui partagent les mêmes constantes caractérologiques et que vous découvrirez dans l'index de ce volume (p. 451), dont :

Alf	Lombard	Olen
Aubert	Nalbert	Rogatien
Auffray	Newman	Rutley
Célien	Norbert	Xénos
Gordon	Olaf	Zedekiah
Hagan	Olan	...

2 • Célébrités

Pour vous sentir moins seul, ce trop bref aperçu des personnalités de tous les temps et de tous les lieux qui dépendent de ce type de caractère :

- CASTERET Norbert (1897-1987) Spéléologue *Les grottes de l'avenir.*
- HITCHCOCK Alfred (1899-1980) Réalisateur *Le génie de la figuration.*
- MANESSIER Alfred (1911-1993) Peintre *La peinture qui ose se regarder elle-même.*
- NOBEL Alfred (1833-1896) Mécène *Une œuvre qui n'a pas de prix.*
- SAUVY Alfred (1898-1990) Économiste *Un monde prodigue en économies.*

3 • Symboles

– L'élément **air** donne aux Alfred une espèce d'instabilité apparente assez déconcertante. On a du mal à les saisir et eux-mêmes s'expliquent très mal lorsqu'on les pousse à se définir.
– Leur couleur, le **violet**, joue les balances entre le rouge et le bleu, entre une spiritualité qui leur est bien personnelle et une sérénité reposante. Les Alfred ont la violence en horreur, toutes les violences, y compris celle du travail imposé.
– Leurs nombres, **10-41-4**, sont en majorité féminins donc pairs et provoquent chez eux certaines indécisions scrupuleuses lorsqu'il s'agit d'agir ou de réagir fermement et dans l'instant.

4 • Devise

L'homme qui dort au soleil n'est pas une devise simplement paresseuse comme on pourrait le craindre mais bien l'expression d'un besoin d'équilibre et de raison qui nécessite une méditation nourrissante. Ne les bousculez donc pas. Tout vient à temps... lorsque le temps est beau et que leur entourage ne ressent pas le besoin de se mêler de leurs affaires. Sinon, vous avez le bonjour d'Alfred !

5 • Totems

– L'animal totem, la **couleuvre**, est ce serpent «édenté», si l'on peut dire, qui les amène à prendre très au sérieux tout ce qui touche au mystère de l'univers.

– Leur végétal, le **noisetier**, est un arbuste à la souplesse légendaire qui cache en son feuillage un fruit savoureux bien défendu par une coque résistante. Comme le noisetier, les Alfred captent fort efficacement les vibrations de l'air et de la lumière.

– On comprendra donc que l'**or**, leur minéral, vienne tout naturellement apporter une note «alchimique» à ce tableau. De toute manière, les Alfred sont très attirés par les questions économiques et financières.

6 • Vibrations

Dans le cas d'Alfred, ces vibrations sont bien en rapport avec le psychisme de ce prénom car, à **77 000 v/s**, soit **44 %**, ce n'est pas un tremblement de terre ! Il faudra tenir compte de cela dans leur éducation et ne pas vouloir aller plus vite que la musique car ce sont des coureurs de fond dont les ambitions sont toujours empreintes de sagesse circonstanciée et de patience suffisante.

7 • Le Jeu de la Vie

Une carte royale puisqu'il s'agit de l'**Empereur, lame 4**, un homme mûr, assis et rassis, représentant l'ordre et le conservatisme, ce qui va conduire les Alfred à préférer toute solution sérieuse à l'aventure aux risques imprévisibles. Cela ne veut pas dire qu'ils renoncent aux issues originales, voire étonnantes, qu'ils peuvent donner à certains problèmes mais bien qu'ils privilégieront toujours l'action diplomatique aux «pieds-dans-le-plat». Le propre d'un empereur n'est-il pas de se prendre pour l'État afin de donner à penser qu'il vaut plus que lui-même ?

Volonté : 80 %

| Intuition | 92 % | Études | 80 % |
| Réussite | 60 % | Associations | 62 % |

Les Alfred ont une volonté en forme de parapluie. Elle leur sert surtout à se protéger des actions dérangeantes par des contre-actions retardatrices. Ils ne sont pas paresseux, loin de là, mais l'action pour l'action leur paraît un pléonasme psychologique particulièrement stupide. Ils ont une intuition prodigieuse alliant étrangement l'immobilité à l'efficacité. Leurs études seront évidemment statiques et la bibliothèque est leur Saint des Saints. Ne les bousculez pas, n'exigez rien d'eux mais intéressez-les à une entreprise communautaire. Ils aiment en effet partager leur réussite. Rare et inquiétant pour les vrais paresseux !

Activité : 75 %

| Dynamisme | 73 % | Affaires | 60 % |
| Voyages | 70 % | Sociabilité | 94 % |

Activité et dynamisme se fondent dans la même moyenne quelque peu déconcertante. Avec eux, la politique du «knout» ne donne pas grand-chose. Ils veulent être compris et ne s'ouvrent à vos arguments de conquêtes et de combats que si vous leur démontrez que le travail débouche toujours sur le repos, la lutte sur l'adieu aux armes. Leur timidité naturelle ne les pousse pas vers les affaires et les coups fumants. Évitez à tout prix de les agresser à propos d'un projet qui vous obsède. Jouez par la bande et servez-vous de leur sociabilité pour leur glisser votre message entre le caviar et le saumon.

Portrait prospectif

Caractère : 30 %   Psychisme : 40 %   Personnalité : 34 %   Destinée : 48 %   Devenir : 46 %

Sachez d'emblée que nos Alfred ont le plus grand mal à glisser de la conception à la réalisation. Leur belle intelligence synthétique leur permet d'évaluer une situation d'un simple coup d'œil. Leur intuition les conduit sûrement vers la solution qui leur semble la meilleure. Mais rien, dans leur caractère, ne justifie le fol espoir de voir l'horizon du mental « alfrédien » se colorer d'une aube prometteuse d'agitations efficaces. C'est pourquoi il faudra très tôt orienter l'excellente compréhension de ces jeunes vers des buts à long terme qui les obligeront à prévoir des actions en chaîne et à ne pas vivre simplement au coup par coup dans l'attente de l'intervention du *deus ex machina*. Mais que dire ou que faire pour les inciter à rallonger leur « pont d'envol » afin de décoller avec plus de moyens, plus d'ambition ?

Le psychisme des Alfred saisit parfaitement l'aspect double des choses trop simples, ne s'étonne pas de voir se craqueler l'édifice humaniste et puise même, dans cette dislocation visible des grands principes et des dogmes sublimes, la certitude qu'il est urgent d'attendre que les têtes pensantes de notre « intelligentsia » prennent enfin conscience de la nécessité d'une conversion, du retournement des options existentielles pour se mettre enfin en marche vers un avenir un peu plus cohérent. Si vous n'avez pas à proposer à ces hommes une vision vraisemblable du monde, contentez-vous, comme eux, de regarder passer sur l'agora la foule aux splendeurs bigarrées des penseurs à louer ou même à vendre !

La personnalité des Alfred n'a pas une existence véritablement indépendante. La souplesse de leur caractère, l'attentisme de leur psychisme, se conjuguent pour faire de ce cocktail un surprenant mélange de vie intérieure intense mais inactuelle et d'existence partagée aux réactions amorties où, pour ces hommes discrets, le travail n'apparaît pas comme la condition indispensable à la conquête de la liberté ! Et, quoique riches d'avenir lucide, les Alfred ont compris qu'à leur niveau, parler de prospective n'était qu'une manière détournée de faire leur procès de l'instant !

Émotivité : 37 %

Affectivité	80 %	Amour	85 %
Famille	87 %	Enfants	75 %

Une émotivité timide qui craint d'autant plus de s'exprimer qu'elle est facilement effarouchée par des compliments trop appuyés. Ne les flattez pas, participez à cette lenteur de vivre qui est pour eux la marque de la sagesse. Leur amour a besoin de sympathie et le mot, souvent, leur fait peur. Ils prennent les déclarations passionnées pour des déclarations de guerre et pourtant ils sont pleins de finesse et de compréhension. On comprendra que le chapitre de la famille joue les romans-feuilletons, mais une famille quelque peu feutrée où les enfants devront mettre une sourdine à leurs turbulences.

Réactivité : 35 %

Santé	92 %	Sensorialité	95 %
Argent	62 %	Profession	50 %

Pour nos chers petits Alfred, on ne réagit pas lorsqu'on est sous le feu de l'ennemi. On laisse passer l'orage, on attend le premier rayon de soleil, on compte les survivants et l'on se félicite d'avoir une fois de plus échappé à l'horreur des décisions de panique. Constatons que la sensorialité est l'égale de la sociabilité et que séduire un Alfred réclame un cadre, une ambiance appropriés. Ils ont du mal à manifester la profondeur de leurs sentiments mais ils sont, en principe, attachés et fidèles. Leur cœur a parfois tendance à bégayer mais ce qu'il dit mérite le détour car il parle de bonheur tranquille !

Alfred et les autres prénoms

Moyenne : 55 %
Classement : 74/79

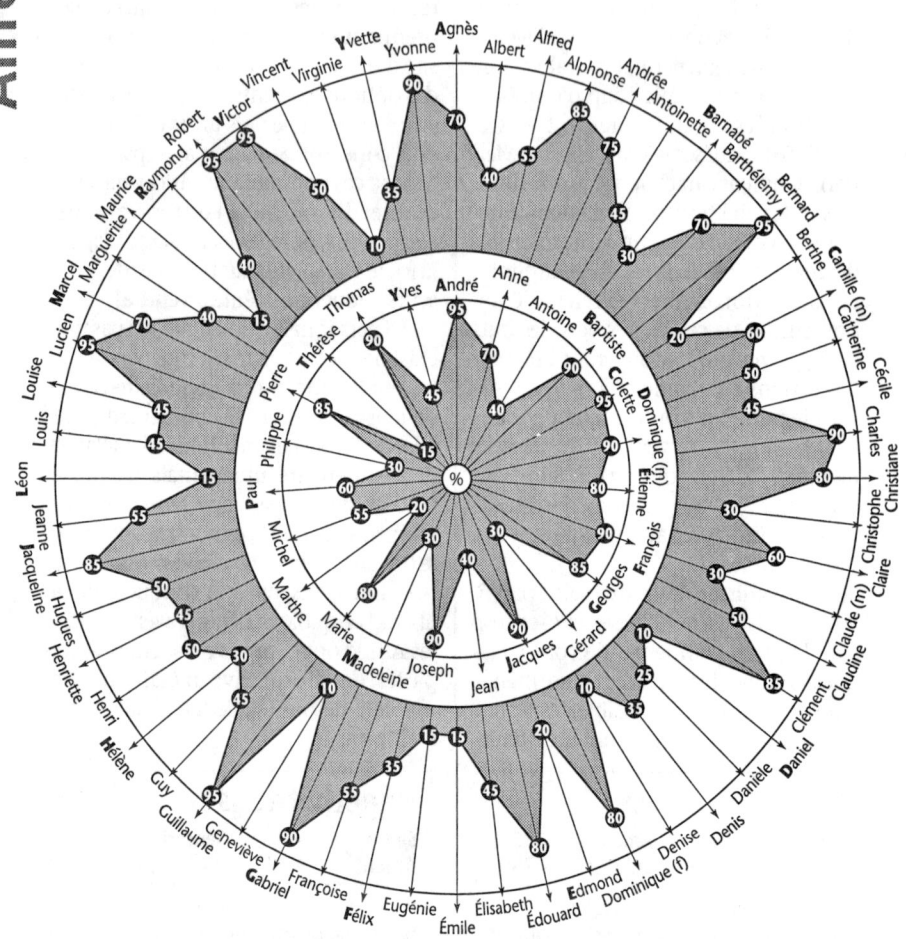

Les roues de compatibilités

Ils sont comme ils sont et font partie de ces décors, en apparence banals, que traverse l'histoire, protégés par leur neutralité tranquille. D'où la presque indifférence des Alfred à l'égard des autres prénoms : 55 %, classement 74e sur 79. En retour et par un échange logique de bons procédés, les 79 autres prénoms n'apprécient les Alfred qu'à 60 % et se contentent d'une 47e place sur 79. Bref, avec eux, aucun contact ne doit être brusqué et si nous étions à la Bourse, nous dirions qu'il s'agit, à propos de ces êtres, de placements à terme et que les coups « fumants » risquent fort de vous brûler les doigts !

Les autres prénoms et Alfred

Moyenne : 60 %
Classement : 47/79

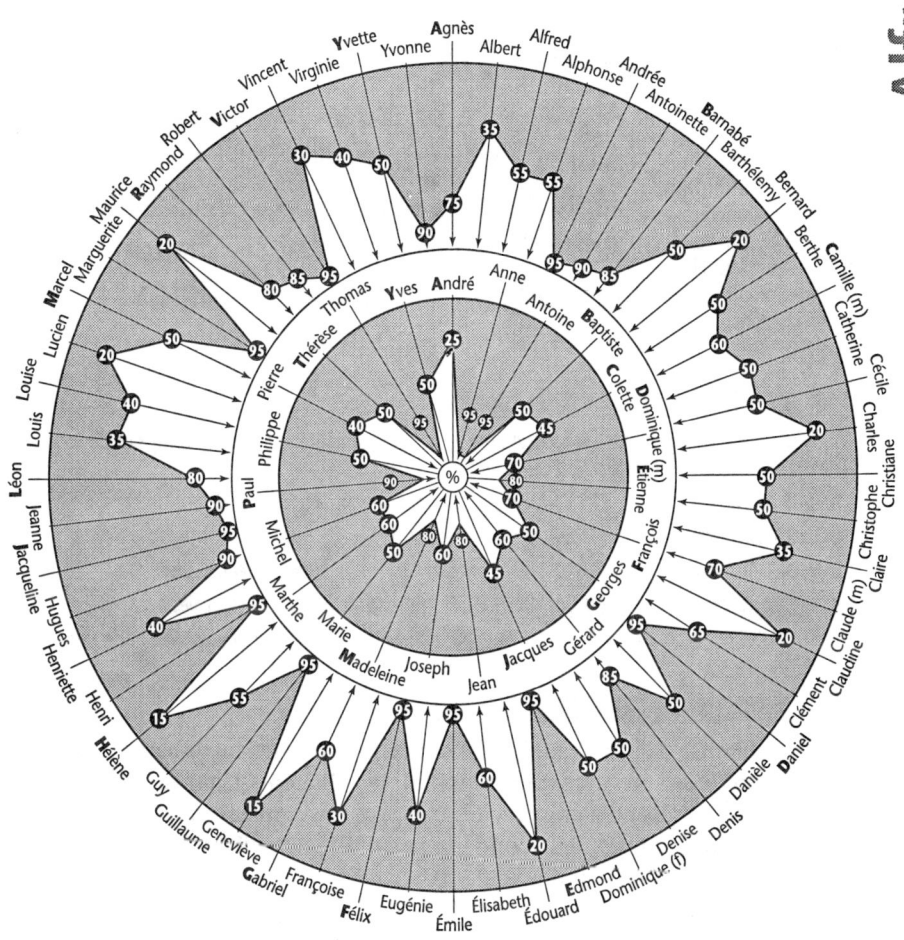

Comment Alfred s'entend avec le signe des autres

Bélier	30 %	Balance	67 %
Taureau	28 %	Scorpion	42 %
Gémeaux	88 %	Sagittaire	47 %
Cancer	75 %	Capricorne	61 %
Lion	17 %	Verseau	89 %
Vierge	38 %	Poissons	90 %

Ce tableau ne concerne pas le rapport prénom personnel/signe personnel.
Il n'y a pas d'autocompatibilité entre Alfred et son propre signe caractérologique.

4 Alphonse

1 • Prénoms associés

Ce sont tous les prénoms, quelle que soit leur origine, qui partagent les mêmes constantes caractérologiques et que vous découvrirez dans l'index de ce volume (p. 451), dont :

Algis	Berger	Keith
Alonzo	Camden	Leslie
Alphonsin	Fons	Milford
Andéol	Hégésippe	Shelton
Arnaud	Illec	Tilden
Béranger	Ingemar	...

2 • Célébrités

Pour vous sentir moins seul, ce trop bref aperçu des personnalités de tous les temps et de tous les lieux qui dépendent de ce type de caractère :

- ALLAIS Alphonse (1855-1905) Philosophe *Le plus pillé de nos auteurs.*
- BOUDARD Alphonse (1925-2000) Écrivain *Avocat du barreau de la Santé.*
- DAUDET Alphonse (1840-1897) Écrivain *Un meunier de soleil.*
- KARR Alphonse (1808-1890) Humoriste *L'humour d'un siècle stupide.*
- LAMARTINE (de) Alphonse (1790-1869) Poète *Une politique bouffée par les vers.*

3 • Symboles

– Chez Alphonse et chez les autres prénoms associés, l'élément de base est l'**eau** qui leur permet de se couler dans des moules bien différents. Une eau « gazeuse » qui s'attache, se répand à grande vitesse et peut tout submerger.
– Leur couleur, le **violet**, leur donne la possibilité de revêtir des manteaux, justement, couleur de muraille et de passer inaperçus. Beaucoup d'équilibre entre la passion et l'intelligence.
– Les nombres **3-49-24** sont à dominante masculine. Les Alphonse ont un flair perçant, un sens aigu du renseignement et leur chance au jeu est habituellement enviable.

4 • Devise

Comment s'étonner après cela que leur devise reflète ce désir de possessivité qui sommeille toujours en eux : **Celui qui prend**. Quant à leur faire rendre quoi que ce soit ! C'est autre chose ! S'ils vous parlent de leurs ennuis d'argent, faites semblant de ne pas entendre. Ils disposent de seringues financières absolument pompantes.

5 • Totems

– On le voyait donc arriver de loin cet animal totem, il accourt même à bras rallongés puisqu'il s'agit de la **pieuvre** aux ventouses increvables. Des associés efficaces mais quelque peu « collants ».
– Le végétal est le **sureau**, plante qui, jadis, soignait les maux d'yeux et qui assure aux Alphonse un coup d'œil redoutable et rapide.
– Le minéral est double par le zinc et par le cuivre, le **laiton** soit, symboliquement, l'alliage de la résistance et de la souplesse. Un caractère qui n'est malléable qu'à lui-même et qui réserve des surprises parfois irritantes.

6 • Vibrations

Avec **96 000 v/s**, nos Alphonse frisent les 65 %. Ils ont une volonté un peu raide compensée par un certain sens de l'intrigue et du secret. Ce sont des hommes qu'il ne faut jamais sous-estimer sous peine de connaître des réveils particulièrement pénibles.

7 • Le Jeu de la Vie

Le prénom Alphonse est apparenté à la lame **numéro 7** du tarot des imagiers du Moyen Âge, c'est-à-dire au **Chariot** qui est incontestablement la lame d'un « gagneur », celle d'un homme ayant su dominer ses contradictions et utiliser au mieux ses dons de diplomate. Pour lui, l'action est essentielle et il sait fort bien attendre le moment propice pour agir fermement. Les Alphonse gardent toujours un « truc » plus ou moins tordu pour se sortir d'une situation délicate. En un mot : difficiles à coincer ! Et c'est à cela qu'ils vous jugeront, car si vous ne donnez pas l'impression de leur résister, même sans espoir de les « coincer », ils vous piétineront gaiement !

Volonté : 96 %

Intuition	83 %	Études	85 %
Réussite	85 %	Associations	85 %

Réfléchissez à deux fois avant de sauter sur le « poil » des Alphonse ! Il y a roche sous anguille ! D'une volonté réfléchie et tenace, on croit les tenir et ils vous glissent entre les mains avec intelligence, astuce et, sans savoir comment, vous vous réveillez KO, si j'ose dire ! Vous avez sous les yeux une brochette d'indices merveilleusement associés ! L'intuition est vive et adaptée à la situation, c'est du flair à l'état pur ; la réussite est accrochante, les études sont mordantes et les professeurs sur les dents ! Alors ? Un petit « talon d'Achille » ? Oui, l'orgueil ! Flattez ! Mais gare au « retour de manivelle » !

Activité : 87 %

Dynamisme	91 %	Affaires	100 %
Voyages	55 %	Sociabilité	80 %

L'activité, c'est l'un des poumons des Alphonse. C'est presque une drogue pour eux, c'est leur force et c'est leur faiblesse. Si vous voulez « flinguer » ce type d'humanité, privez-le de son activité comme la fable voulait qu'on soulève le géant Anté de la terre pour le démunir de toute force. Pour eux, c'est la porte des petits paradis que sont les affaires, sans trop regarder, parfois, à la propreté des mains qui les manient. C'est là le secret de leur sociabilité souvent intéressée et toujours intéressante. Et c'est par ce biais que vous entrerez, avec prudence, dans l'intimité de ces hommes attachants et ambigus.

Portrait prospectif

Caractère : 67 %   Psychisme : 51 %   Personnalité : 73 %   Destinée : 77 %   Devenir : 58 %

Avec les Alphonse se pose une question de principe qui vaut son pesant d'or : « Peut-on se tourner efficacement vers l'avenir quand on est à ce point dévoré par le présent ? » Ils rétorquent : « Qu'est-ce que j'ai à faire du lendemain d'un jour que je n'ai même pas encore achevé ? » Le problème sera donc d'expliquer à ces pieuvres symboliques qu'il faut toujours garder deux ou trois bras disponibles afin de saisir l'occasion prochaine. Pour les décider à voir plus loin que leurs « ventouses », il faut démontrer aux Alphonse que le futur se décide au travers de la mise au point de plans précis qui engagent l'action. Or, autant leur caractère est efficient dans l'espace où ils veulent étendre leurs affaires à tout prix, autant ce même caractère va se révéler encombrant dans le temps car il va exiger du partenaire une attente, un temps mort, que ces hommes utiliseront à peaufiner une stratégie complexe où ils disposeront des autres à des fins personnelles souvent abusives.

Et c'est ici que s'effondre le cours de la Bourse aux sentiments. Le psychisme des Alphonse se traîne aux environs de 51 % comme si la fureur de leur action décolorait la richesse de leur affectivité et on en arrive à s'interroger : « M'aime-t-il vraiment ou fait-il semblant ? » Car les apparences sont troublantes et parfois bien proches de la vérité !

Mais, lorsqu'on aborde leur rôle proprement social, la personnalité des Alphonse reprend du poil de la bête, une personnalité qui s'enroule autour d'un miroir caractérologique à deux faces. L'une publique, très féconde, et l'autre secrète qui déconcerte et complique singulièrement les choses. Ils sont difficiles à contrer car on ne sait jamais s'ils vont se servir de leur poing droit ou de leur frappe gauche. Le seul moyen d'échapper, pour eux comme pour vous, à cette indécision est de faire appel à leur sens des affaires, en ayant l'audace de l'appliquer à n'importe quel secteur de leur existence. « Ça te rapporterait quoi de… » est le sésame de ces êtres accrocheurs et entêtés. À vous de jouer ! Mais regardez bien comment il distribue les cartes !

Émotivité : 43 %

Affectivité	74 %	Amour	65 %
Famille	90 %	Enfants	95 %

Là encore, un joli petit piège à loup se dessine sous vos yeux adolescents. Leur émotivité semble débile, presque inexistante. « Alphonse, je peux lui dire n'importe quoi ! Il s'en moque. » Erreur ! Sublime erreur ! Cette émotivité est cachée et déclenche secrètement des envies de représailles qui vont vous coûter cher. D'ailleurs, il ne s'encombre pas d'affectivité envahissante ni d'amour bavard ! Ça aime ou ça n'aime pas et dans ce cas la jalousie féroce fait partie des accessoires. Reste la famille et les enfants. Alors là, si vous mettez les pieds dans le plat… vous êtes cuit ! Tout le monde vous tombe sur le poil !

Réactivité : 37 %

Santé	95 %	Sensorialité	92 %
Argent	100 %	Profession	95 %

Et c'est ici que l'on s'étonne ! On semblait se diriger vers un homme à réactions violentes mais on découvre une réactivité des plus discrètes. Cela est d'autant plus surprenant qu'à ses côtés se déploie tout un attirail flamboyant de sensorialité, de profession, nous l'avons vu, d'amour de l'argent, en un mot, la preuve d'une santé sur tous les plans qui impressionne. Et de là à penser que nos bons Alphonse ont parfois tendance à faire leur coup « en dessous », il n'y a qu'un pas. Enfin, sachez que ce sont des contestataires-nés, des patrons difficiles, des procéduriers acharnés. Fermez le ban !

Alphonse et les autres prénoms

Moyenne : 59 %
Classement : 62/79

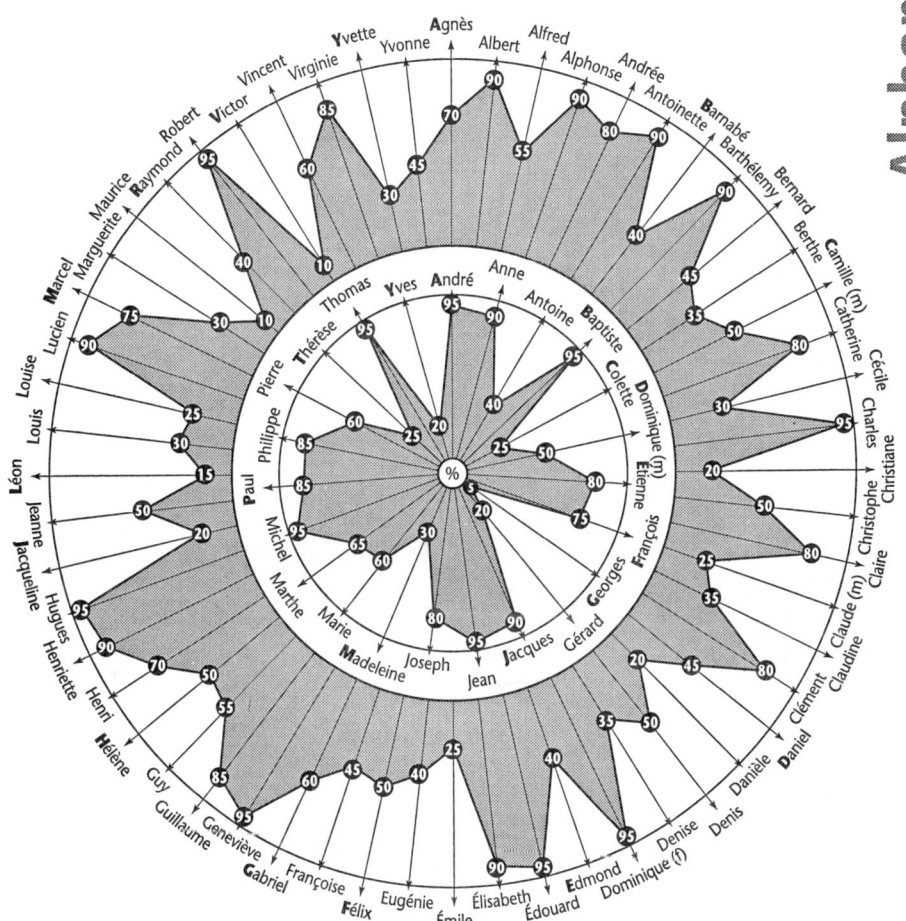

Les roues de compatibilités

La bonne logique voudrait que les pourcentages de compatibilités entre les Alphonse et les autres prénoms ne se montrent pas flamboyants ! La bonne logique est ici respectée ! Ces prénoms-caractères ne s'ouvrent que peu aux « pions » qui les entourent, se contentant de les manipuler : 59 % d'entente, ce qui les situe à la 62e place sur 79 au classement général. En boomerang fidèle et dans le même ordre de grandeur, l'ensemble des appellations n'apprécie les Alphonse qu'à 61 %, 46e place sur 79 de notre hit-parade. D'ailleurs, rares sont les prénoms qui se placent comme associés dans cette famille où la nature de l'accueil vous laisse un tantinet méfiant !

Les autres prénoms et Alphonse

Moyenne : 61 %
Classement : 46/79

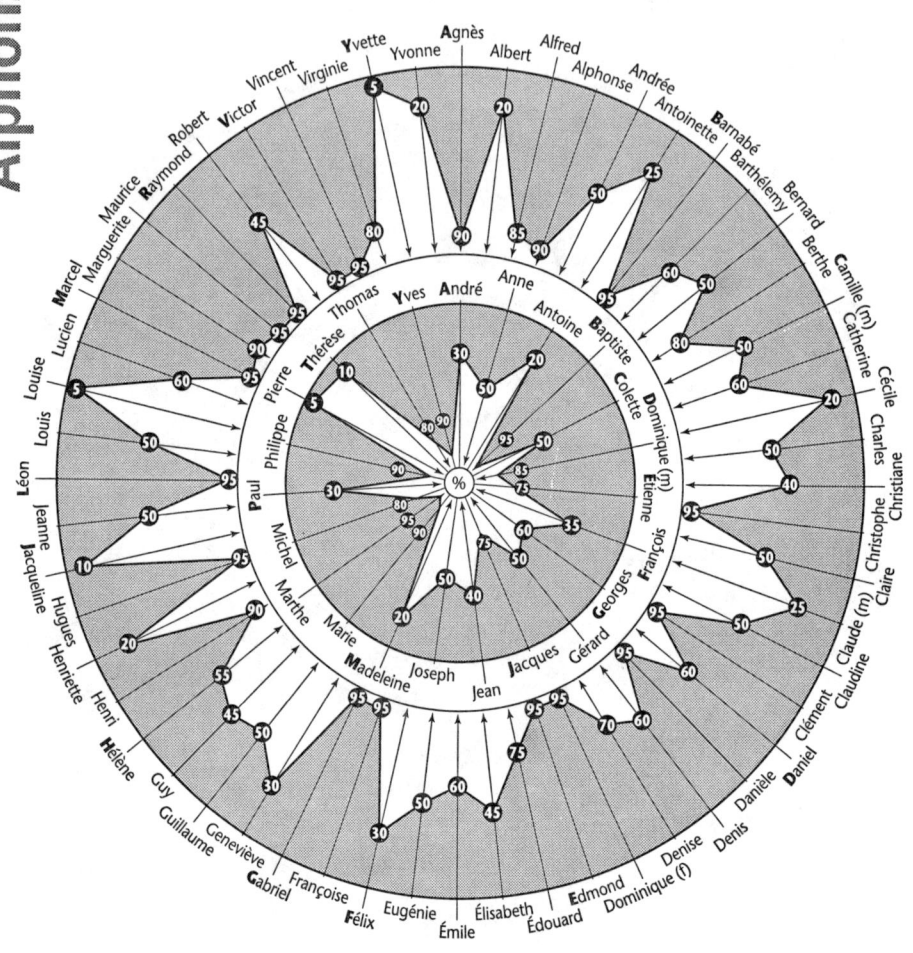

Comment Alphonse s'entend avec le signe des autres

Bélier	25 %	Balance	91 %	Ce tableau ne concerne pas le rapport prénom personnel/signe personnel. Il n'y a pas d'autocompatibilité entre Alphonse et son propre signe caractérologique.
Taureau	58 %	Scorpion	60 %	
Gémeaux	40 %	Sagittaire	43 %	
Cancer	43 %	Capricorne	72 %	
Lion	65 %	Verseau	42 %	
Vierge	88 %	Poissons	61 %	

André   5

1 • Prénoms associés

Ce sont tous les prénoms, quelle que soit leur origine, qui partagent les mêmes constantes caractérologiques et que vous découvrirez dans l'index de ce volume (p. 451), dont :

Andrew	Cyr	Druon
Andrien	Cyrano	Harcourt
Andrieu	Cyrille	Rosco
Andy	Déric	Siran
Audran	Dirk	Théodore
Broderic	Dorian	...

2 • Célébrités

Pour vous sentir moins seul, ce trop bref aperçu des personnalités de tous les temps et de tous les lieux qui dépendent de ce type de caractère :

– CITROËN André (1878-1935) Industriel *L'homme qui murmurait au carburateur des chevaux.*
– GIDE André (1869-1951) Écrivain *L'amour enchaîné.*
– MALRAUX André (1901-1976) Écrivain *Les chaînes qu'on abat !*
– RAIMBOURG André (1917-1970) Comique *(Bourvil) Car sa destinée fatale...*
– ROOSEVELT Theodore (1858-1919) Président des États-Unis *Quand l'Amérique s'éveilla.*

3 • Symboles

– Le **feu** des André est un feu circulant qu'ils distribuent à droite et à gauche sans toujours se préoccuper des catastrophes qu'il peut causer. À consumer avec modération.
– La couleur, bien entendu, est le **rouge** qui, en langage d'armoiries, se dit « gueule ». Disons que, tout au long de leur vie, les André seront de « grands rouges » envahissants et râleurs.
– Leurs nombres, **46-25-30**, à dominante féminine, pairs, développent chez eux une attirance toute spéciale pour le jeu et les femmes. Les jeux de l'amour et du hasard... Gare au marivaudage !

4 • Devise

Chez les anciens Grecs, André était l'homme fort par excellence et ce fut bien le premier apôtre que Jésus appela à lui, d'où cette devise peut-être un peu prétentieuse : **Celui qui règne sur la terre.** C'est toujours le but qu'il se propose, toutes proportions gardées, avec une conviction qui fait plaisir à voir.

5 • Totems

– Un animal encombrant à mi-chemin entre le mythe et la réalité : le **paon** dont la queue rappelle le ciel étoilé et la roue solaire. C'est l'« animal aux cent yeux » qui donne aux André une vision en 3 DD de leur monde ambiant.

– Le végétal rejoint la notion de dynamisme printanier de ces êtres, car il s'agit de l'**amandier**, promesse des beaux jours retrouvés et de l'immortalité entrevue.

– Le minéral est le redoutable et bénéfique **radium** qui se détruit peu à peu en s'illuminant, donnant symboliquement aux André le pouvoir de s'imposer par leur rayonnement propre, mais la charge aussi de savoir s'économiser pour atteindre le but fixé.

6 • Vibrations

Là encore, un très beau niveau de présence, **114 000 v/s**, soit **83 %** d'efficacité. Cet indice vient compléter le tableau radieux que nous avons esquissé. Ce sont des hommes avec qui il faut compter même si on ne peut pas toujours compter sur eux.

7 • Le Jeu de la Vie

Leur lame est parlante, puisqu'il s'agit de l'**Empereur**, carte **numéro 4** qui, dans ce cas, leur apporte la caution du pouvoir, symbole de puissance, de domination et de succès. Habituellement très intelligents, les André savent fort bien allier la force à la sagesse à leur profit et ils apprendront très tôt à se revêtir des habits de l'empereur, quitte à jongler parfois fâcheusement avec le sceptre et à prendre notamment leurs fidèles courtisanes pour une partie de leur harem... Quant à leurs partisans, ils pourront toujours aller se rhabiller, même s'ils se sentent quelque peu ridicules !

Volonté : 93 %

Intuition	92 %	Études	86 %
Réussite	95 %	Associations	80 %

André, un prénom que l'on rencontre à tous les carrefours, soit dit par mauvaise plaisanterie car la croix symbolique qu'ils portent est un indice de mutation soutenue par une volonté et une activité féroces. Ils veulent ce qu'ils aiment, sur tous les plans, et ils n'aiment que ce qui les valorise. Bardés d'intuition et de réussite, ils ne supportent pas, ou mal, la critique. Ce n'est pas en leur faisant la morale que vous les ferez changer et si vous êtes leur associé, préparez-vous à en entendre de toutes les couleurs. Mais ils sont intelligents et chanceux, une intelligence « culottée » qui plaît aux dames...

Activité : 88 %

Dynamisme	97 %	Affaires	75 %
Voyages	100 %	Sociabilité	95 %

Ils possèdent un filtre « actif » qui les conduit à ne pas agir pour n'importe qui ou pour n'importe quoi. Ils ont besoin de « thèmes » porteurs. Alors si vous voulez bien utiliser leur exceptionnel dynamisme et leur sociabilité à toute épreuve, choisissez le type de proposition que vous allez leur faire car ce qu'ils cherchent, eux, c'est la gloire, la richesse et l'indépendance. Excusez du peu ! Si vous y ajoutez quelques voyages en compagnie de jeunes collaboratrices intelligentes... vous verrez de quelle activité ils se chauffent ! L'ennui, c'est qu'ils confondent les affaires avec les « bonnes affaires » !

Portrait prospectif

Caractère : 79 % **Psychisme : 54 %** **Personnalité : 86 %** **Destinée : 80 %** **Devenir : 70 %**

Voilà des hommes aux lendemains prometteurs. Une espèce de boulimie prospective fait des André des « sauteurs de temps ». L'ennui, souvent, c'est qu'ils calculent mal leur élan et sortent du cadre de leur fonction pour galoper dans les verts pâturages des fantasmes les plus fous. Car ce n'est pas le tout de prévoir, il faut aussi voir où l'on met les pieds ! Si vous les apercevez ainsi enfourcher le premier courant d'air venu, rappelez-leur que l'avenir se nourrit d'un présent maîtrisé et que concevoir sa destinée est une chose mais l'appliquer au devenir en est une autre, car l'imagination a toujours du mal à se faire action. En dehors de cela, les André disposent d'atouts remarquables : une chance insolente et une intelligence très complète qui manie aussi bien l'analyse que la synthèse. Or, c'est là que gît le secret du lendemain triomphant : la possibilité de jongler avec l'« élément » et le « tout » pour en faire cette « soupe » engageante qui allie la surprise de la situation imprévue à la démarche stabilisatrice d'une réaction contrôlée.

Mais alors pourquoi faut-il que le psychisme adopte une démarche hésitante comme si, tout à coup, un certain doute s'infiltrait dans la belle âme de nos André, comme si le besoin d'être regardés, félicités, révélait un aspect presque infantile de leur personnage ? En réalité, leur implication est déconcertante car on ne sait jamais s'ils ont choisi de vivre en retrait de l'entreprise engagée, attendant le moment d'agir ou s'ils se désintéressent de la suite des événements. Heureusement le remède est toujours à côté du mal et ce qui doit sauver la situation, c'est la faculté qu'ont ces hommes de pratiquer une autocritique sincère et efficace.

Il semblerait que la proximité d'un contact forcément perturbant avec le futur provoque en eux une réaction puissante donnant un élan formidable à leur personnalité, cette personnalité qui se forge, ils le savent, au contact, rude souvent, des réalités de la vie. De grands bonshommes si la machine fonctionnaire ne les mange pas !

Émotivité : 59 %

Affectivité	97 %	Amour	85 %
Famille	95 %	Enfants	100 %

Chez eux, l'émotivité est une « fusée » d'appoint. Ce n'est pas le moteur de leur action mais elle est toujours à la base de leur séduction, de leur désir de paraître. Ils ont besoin d'admiration et même parfois d'adulation. Un compliment doit être fort, un éloge doit être sublime ! Et puis, il leur faut aimer et être aimés. L'amour, pour eux, est surtout l'engagement de l'autre à leur égard. Ils veulent être le lion superbe et généreux de leur moitié qu'ils ont parfois tendance à ramener à la portion congrue. Mais voilà ! La famille et les enfants sont là. Le décor est planté, la figuration présente, le souffleur inspiré ! Rideau !

Réactivité : 53 %

Santé	96 %	Sensorialité	98 %
Argent	97 %	Profession	90 %

Curieusement, ce sont des hommes qui savent reconnaître leurs erreurs car ils ont un sens inné de la justice qui, bien entendu et dans certains cas, peut devenir « leur » justice. Cependant, ils acceptent généralement une forme providentielle de sanction. Ils s'attendrissent volontiers sur leur enfance. C'est ainsi qu'on peut leur glisser quelques remarques par la « bande » : « Et qu'est-ce que tu aurais fait à son âge ? » Ça marche ! La sensorialité est puissante et le gibier se doit d'être abondant et joyeux ! À côté de cela, ils piquent des colères apocalyptiques dont ils finissent eux-mêmes par rigoler !

André et les autres prénoms

Moyenne : 54 %
Classement : 77/79

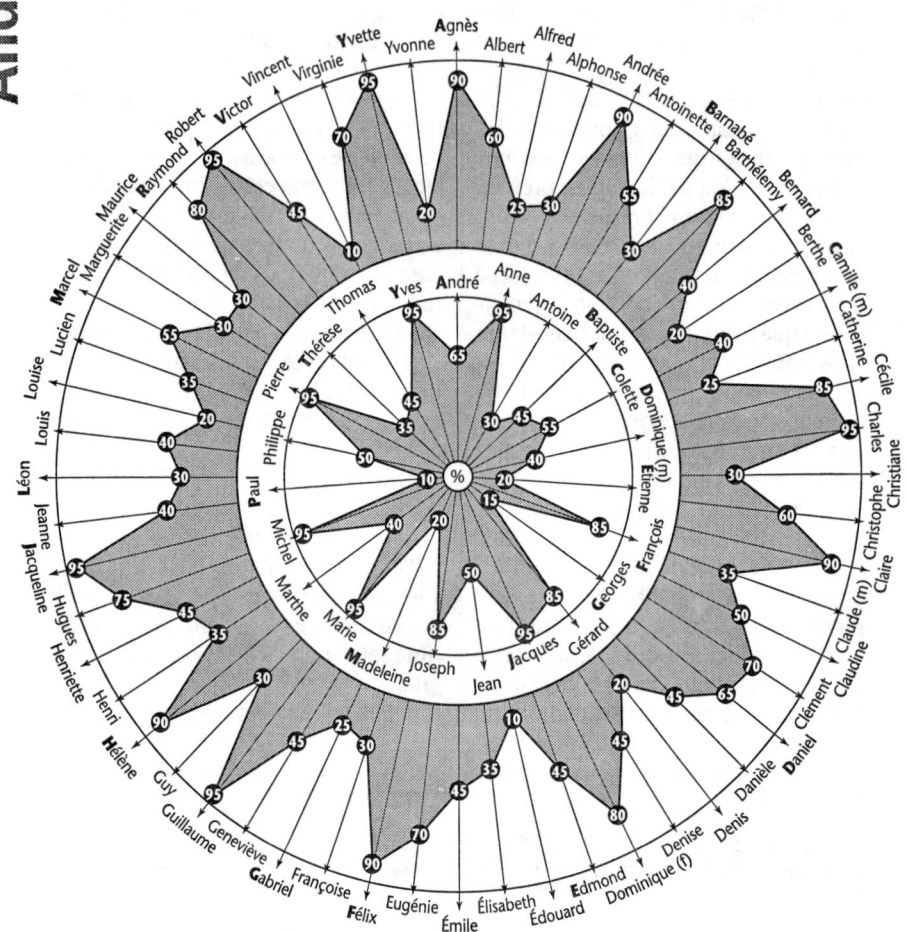

Les roues de compatibilités

Terminons avec quelques pourcentages ébouriffants : les André s'entendent fort mal avec les autres prénoms, 54 %, classement : 77e sur 79. Vraiment difficiles à satisfaire, les chers petits ! Mais, curieusement, les autres prénoms raffolent des André à 82 %, classement 4e sur 79. On retrouve bien là le symbolisme extravagant de ce paon qui passe sa vie à faire la roue sans se soucier le moins du monde des spectateurs subjugués qui se demanderont toujours qui est ce fameux « Lé-on » que l'oiseau de Junon réclame à grands cris !

Les autres prénoms et André

Moyenne : 82 %
Classement : 4/79

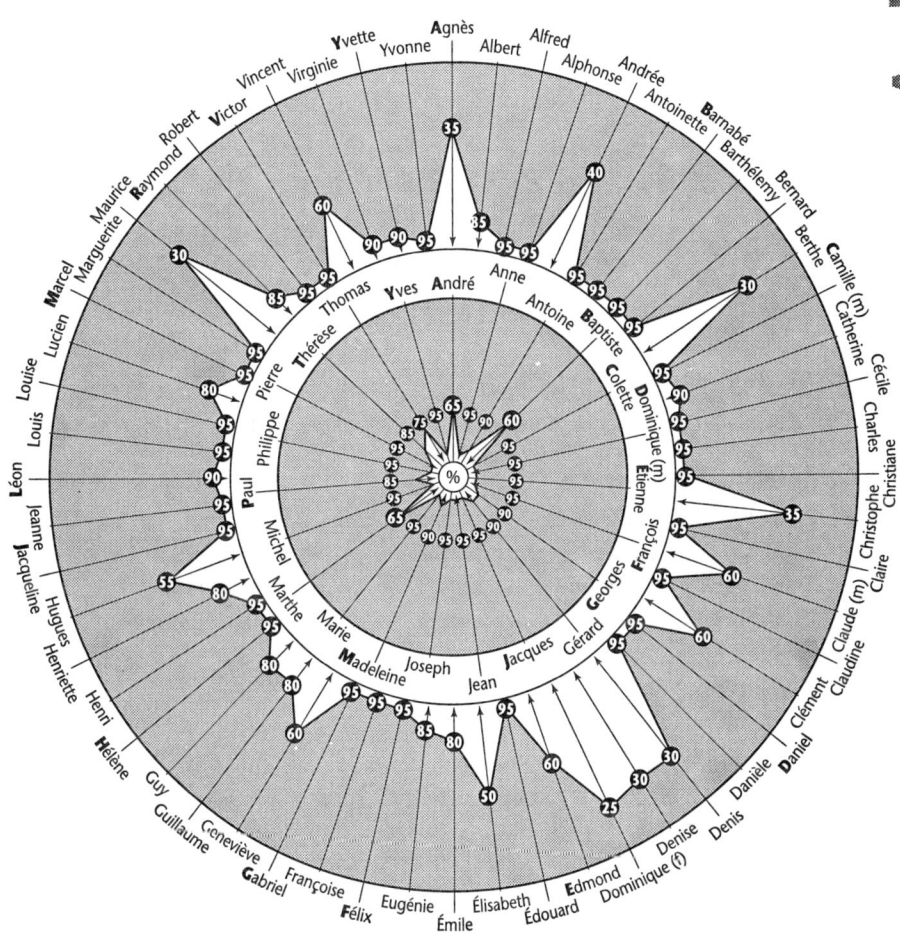

Comment André s'entend avec le signe des autres

Bélier	45 %	Balance	90 %	Ce tableau ne concerne pas le rapport prénom personnel/signe personnel. Il n'y a pas d'autocompatibilité entre André et son propre signe caractérologique.
Taureau	38 %	Scorpion	20 %	
Gémeaux	64 %	Sagittaire	57 %	
Cancer	76 %	Capricorne	39 %	
Lion	35 %	Verseau	70 %	
Vierge	82 %	Poissons	78 %	

6 Andrée

1 • Prénoms associés

Ce sont tous les prénoms, quelle que soit leur origine, qui partagent les mêmes constantes caractérologiques et que vous découvrirez dans l'index de ce volume (p. 451), dont :

Andie	Firmiane	Lavinia
Aure	Fleur	Maxence
Becky	Florence	Maximilienne
Eudeline	Florentine	Patricia
Fanélie	Floriane	Rébecca
Fanny	Floris	...

2 • Célébrités

Pour vous sentir moins seul, ce trop bref aperçu des personnalités de tous les temps et de tous les lieux qui dépendent de ce type de caractère :

- ARTHAUD Florence (1957) Navigatrice *Une femme à la mer.*
- BRICE Fanny (1891-1951) Actrice, chansonnière *L'humour en jupon.*
- CHEDID Andrée (1920) Écrivain libanais *Ce mal d'être deux.*
- CLÉMENT Andrée (1918-1954) Actrice *La femme du silence.*
- GROULT Flora (1924) Romancière *Règlement de comptes.*

3 • Symboles

– Chez les Andrée, l'élément de base est un **air** frisant, du genre de celui qui court à la surface des étangs à l'heure des crépuscules fauves. Un air sensible et susceptible, à la fois caressant et porteur d'une promesse complice.
– La couleur, l'**orangé**, est la plus chaude et la plus sensuelle des couleurs. Certains lui attribuent des vertus orgiaques, si l'on peut dire, couleur d'infidélité et de luxure. D'autres y découvrent le voile sacré de la perpétuité du mariage et de la foi en la parole donnée. Au choix !
– Les nombres **32-44-7** à dominante féminine ne laissent qu'une place relativement étroite à la chance proprement dite. Mais les Andrée s'en moquent éperdument !

4 • Devise

Le parfum de la terre. Cette simple devise dit tout ! La communion des Andrée avec le vivant, ce besoin de se ressourcer à la base lorsque la vie se fait méchante, la sensibilité aux odeurs telluriques, cette passion pour les saisons et leurs grands thèmes affectifs... Bref, des femmes du « monde », au bon sens du terme !

5 • Totems

– L'animal, le **renard**, est pétri d'intelligence et d'astuce et, comme lui, les Andrée ne reculent jamais devant une « carabistouille » maligne pour se tirer d'affaire le moment venu.

– La **jacinthe**, leur végétal, apporte douceur et grâce quand elle ne favorise pas à outrance la passion du jeu sous toutes ses formes, et donc également celle du théâtre.

– Enfin, l'**agate**, en minéral totem, protégerait les Andrée de l'adversité et des poisons tout en favorisant les rencontres amoureuses ! Intéressant, non ?

6 • Vibrations

À 70 000 v/s, soit 37 %, ce taux n'a rien d'explosif et indique que les Andrée sont peu influençables et qu'elles agissent beaucoup plus par instinct que par réflexion organisée. Elles ne veulent pas se compliquer la vie, elles préfèrent « torturer » celle du partenaire, mari ou non !

7 • Le Jeu de la Vie

Leur lame désignée est de portée cosmique puisqu'il s'agit de celle du **Monde**, **numéro 21**, qui symbolise l'épanouissement de l'être dominant les éléments terrestres et porté par les vents du ciel (!). La jeune femme nue représentée tient à la main la double baguette magique qui assure la réussite individuelle et collective. Elle est prête à se lancer dans toutes les aventures possibles et imaginables, voire, si besoin, à danser avec les loups. Mais ne vous méprenez pas sur l'égocentrisme apparent qu'elle manifeste sur tous les plans. En réalité, elle dirige secrètement le jeu auquel elle semble se plier et, croyez-moi, on se laisse vite piéger !

Volonté : 92 %

Intuition	83 %	Études	91 %
Réussite	85 %	Associations	45 %

Avec un taux de volonté pareil, on pourrait s'attendre à découvrir dans ces Andrée de véritables « Jules » ! La réalité est quelque peu différente et elles sont loin de renoncer à leur féminité. Leur intuition intéressante les conduit à exploiter au maximum toute situation avec une souplesse parfois inquiétante. Occupant le « terrain » à tous les niveaux, elles possèdent un indice de réussite des plus convaincants et leurs études, souvent brillantes, sont plus des conquêtes que des découvertes. Si vous devez devenir leur associé, vous vous préparez bien des lendemains qui grincent, car on vous mènera par le bout du nez !

Activité : 89 %

Dynamisme	95 %	Affaires	90 %
Voyages	96 %	Sociabilité	95 %

Si vous voulez suivre ces passionnantes Andrée sur le terrain accidenté de l'activité, munissez-vous de petits cailloux blancs pour marquer votre chemin car ces tendres égéries savent brouiller les pistes. Sous le prétexte d'obéir aux impératifs d'un dynamisme et d'un sens des affaires dignes d'un Rockfeller, elles s'arrangent fort bien pour protéger le monde douillet de leurs intérêts en vous flanquant la grande frousse de vous laisser tomber. D'où un amour fou pour les voyages, un sens de la sociabilité presque indécent et la joie, pour les Andrée, de voir la tête que vous pouvez faire lorsque vous paniquez à leur approche.

Portrait prospectif

Caractère : 64 %   Psychisme : 63 %   Personnalité : 91 %   Destinée : 73 %   Devenir : 82 %

Des « accros » de l'avenir ! Elles frémissent à la pensée du futur comme d'autres femmes ne rêvent que d'étreintes sulfureuses. Dès leur plus jeune âge, les Andrée auront un pied dans le monde merveilleux des possibles en forme de certitude et des projets s'étalant sur les dix, vingt ou trente années à suivre. Nous savons déjà que ces femmes habituellement débordantes d'humour sont excessives, difficiles à manier, imprévisibles, mais il faut bien reconnaître qu'il y a chez elles une puissance de projection à laquelle il est difficile de résister. Le caractère des Andrée en fait de véritables « canidés » toujours sur la piste fumante d'un gibier promis. Ne donnez jamais à ces jeunes femmes l'impression d'être dépassés sinon vous êtes perdus et votre auréole sidérale finira sa carrière au ruisseau ! Cependant, leur passion prospective peut les conduire à négliger la réalité immédiate et à bâtir des châteaux sur Sirius complètement chimériques ! Leur intuition forte et leur imagination en apesanteur sont autant de portes ouvertes à ce genre de fuites...

Caractère et psychisme vivent sur le même palier et l'âme des Andrée va tout à coup prendre des reflets de tendresse qui en surprendront plus d'un. Si elles sentent, venant de vous, une attention sympathique éloignée des ironies faciles et des sous-entendus gaillards, vous entrerez de plain-pied dans le large cercle de leurs relations de circonstances. Mais si vous voulez pousser plus loin vos avantages, vous vous heurterez à un être plus secret qui n'a pas l'habitude de se livrer facilement.

La personnalité décolle bellement, à 91 % ! Très à l'aise en société, ces êtres extraordinairement vivants attirent les regards pour bien des raisons : une affectivité parfois quelque peu délirante, des tenues souvent provocatrices, un langage direct et, à l'occasion, osé. Bref, tout cela n'engendre pas la mélancolie ni n'échappe à quelques gaffes majuscules. Heureusement, elles savent parfaitement rétablir la situation d'un coup d'œil discret, d'un sourire complice, toutes gâteries prometteuses dont certains hommes croiront faire leurs choux gras, comme disait le poète !

Émotivité : 62 %

Affectivité	85 %	Amour	87 %
Famille	70 %	Enfants	60 %

Très émotives, elles sont « sur l'œil », comme ces chevaux prêts à vous échapper à la première occasion. Une seule chose peut les empêcher de vous faire « vider les étriers » : c'est l'amour et l'affection qu'elles portent à ceux qui les entourent. Cela prend parfois des allures de démonstration de cirque, mais au fond d'elles-mêmes, elles sentent très bien qu'elles ont besoin de leur public pour briller. Comment s'étonner, après cela, que la famille et les enfants en prennent le contrecoup ? Le passage de l'excessif au raisonnable crée de sérieux problèmes à ces « **cavales indomptables et rebelles** » !

Réactivité : 58 %

Santé	88 %	Sensorialité	91 %
Argent	97 %	Profession	100 %

Comment oser imaginer que ces créatures de rêve n'aient pas des réactions fort vives et souvent déconcertantes ? D'où le problème vital pour vous de savoir les devancer dans leur galopade, de prévoir le moment où le spectacle prend le dessus sur l'existence, où il faudra donner le coup de frein et le coup de volant indispensables pour remettre le véhicule dans le bon chemin. Et puis, jetez donc un coup d'œil sur l'étonnant « escalier » qui vous est proposé par les Andrée : santé, sensorialité, argent, profession, autant de fusées « décollantes » ! Alors un seul conseil : cramponnez-vous !

Andrée et les autres prénoms

Moyenne : 62 %
Classement : 52/79

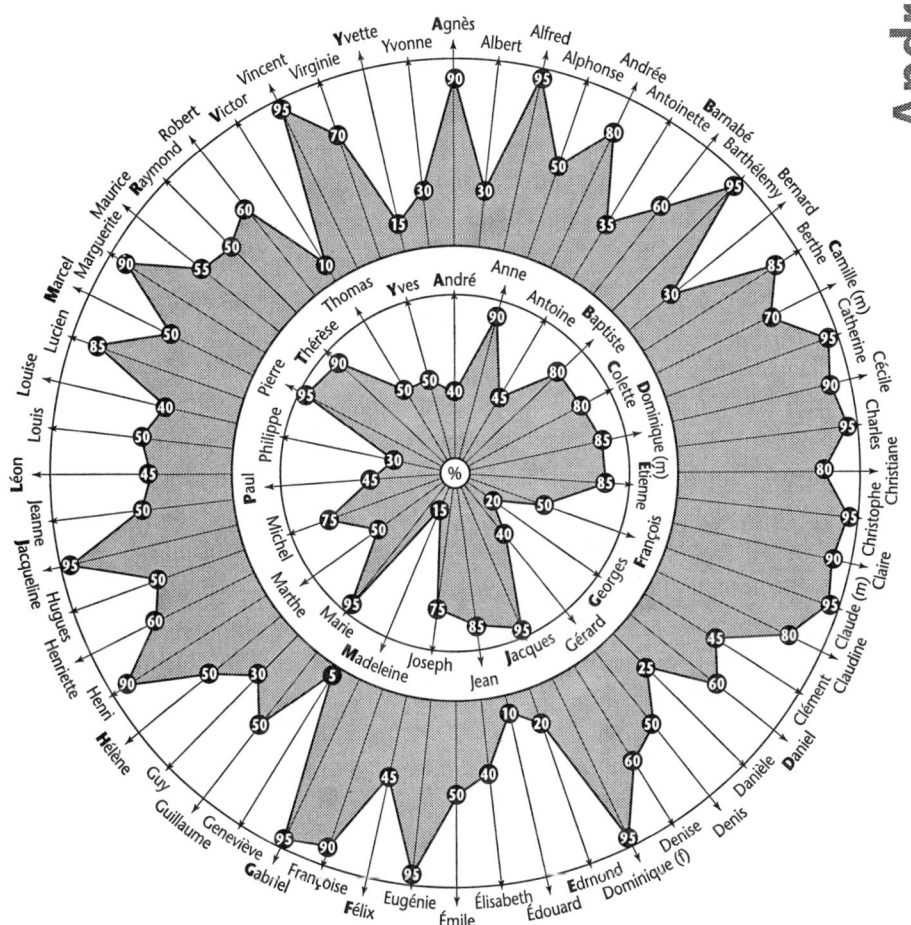

Les roues de compatibilités

Si les Andrée sont fort appréciées des autres prénoms, 78 % soit 9e sur 79, la réciproque n'est pas tout à fait exacte dans la mesure où ces mêmes Andrée ne considèrent les autres qu'avec un peu de recul : 62 % soit un classement de 52e sur 79. Est-ce de l'indifférence de la part de ces femmes surprenantes ou bien n'accordent-elles à autrui que la valeur de l'admiration qu'on leur manifeste ? De toute manière, n'attendez pas de reconnaissance explicite à votre déférence. Elles ne vous octroient qu'un rôle de piédestal et les statues ne descendent jamais au niveau de leur support que lorsqu'elles se cassent la figure !

Les autres prénoms et Andrée

Moyenne : 78 %
Classement : 9/79

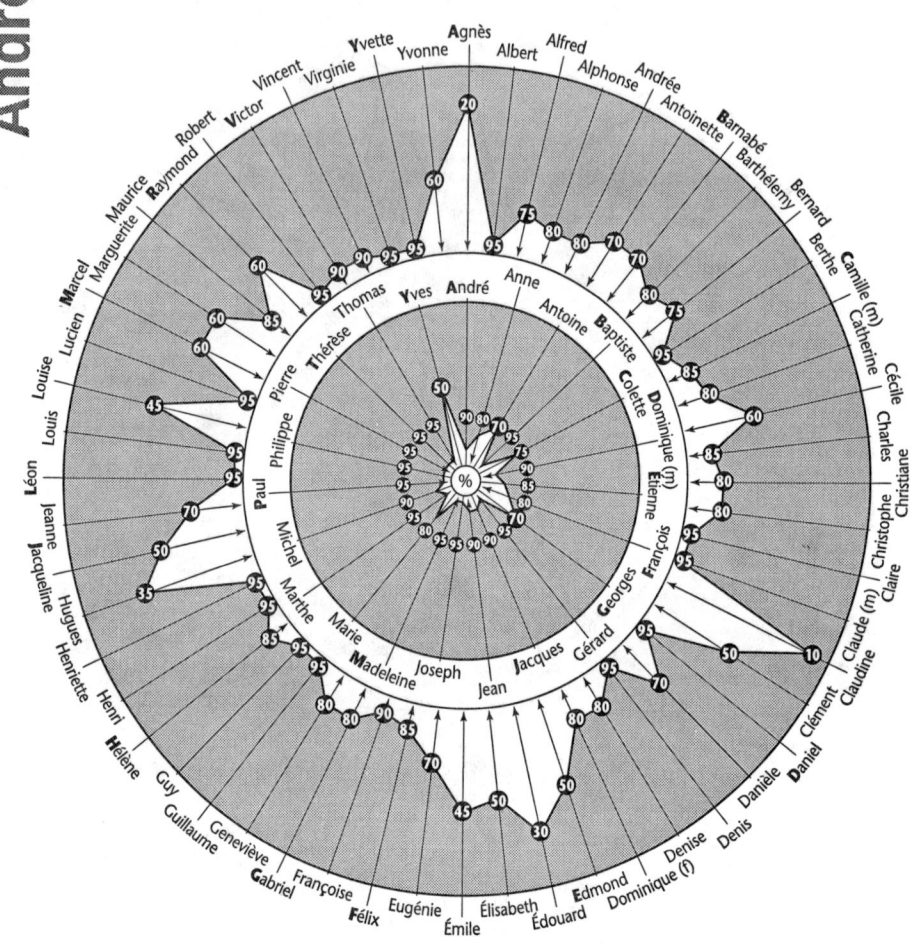

Comment Andrée s'entend avec le signe des autres

Signe	%	Signe	%
Bélier	55 %	Balance	88 %
Taureau	49 %	Scorpion	43 %
Gémeaux	70 %	Sagittaire	67 %
Cancer	81 %	Capricorne	62 %
Lion	45 %	Verseau	86 %
Vierge	57 %	Poissons	69 %

Ce tableau ne concerne pas le rapport prénom personnel/signe personnel. Il n'y a pas d'autocompatibilité entre Andrée et son propre signe caractérologique.

Anne

7

1 • Prénoms associés

Ce sont tous les prénoms, quelle que soit leur origine, qui partagent les mêmes constantes caractérologiques et que vous découvrirez dans l'index de ce volume (p. 451), dont :

Alexandra	Annie	Nancy
Amalia	Aubane	Roxane
Anaëlle	Corinne	Sandrine
Anaïs	Émilie	Solange
Anémone	Estelle	Tatiana
Annabelle	Gwendoline	...

2 • Célébrités

Pour vous sentir moins seul, ce trop bref aperçu des personnalités de tous les temps et de tous les lieux qui dépendent de ce type de caractère :

- BRETAGNE (de) Anne (1477-1514) Reine de France *En attendant d'être sainte.*
- NOAILLES (de) Anna (1876-1933) Poète *Un vers, c'est la gloire. Un poème, c'est l'oubli !*
- PAVLOVA Anna (1881-1931) Danseuse *Malgré les pointes, on lui baisait les pieds !*
- POIVRE Annette (1917-1988) Actrice *Au revoir sourire !*
- RODRIGUEZ Amalia (1920-1999) Chanteuse *La joie portugaise de s'attrister l'âme.*

3 • Symboles

– En fonction de leur élément, l'**eau**, les Anne se croient volontiers au-dessus de leur condition, vivant trop souvent sur un petit nuage, sur une eau aérienne, en quelque sorte.
– Leur couleur, le **bleu**, ne fera qu'ajouter de la féminité convaincante à ce caractère déjà convaincu de son exceptionnelle présence. Le bleu, couleur de rêve et de générosité !
– Les nombres, avec une dominante masculine, **23-46-1**, impliquent une force résolutive intense. Les Anne peuvent donc mener une entreprise jusqu'au bout et savent conclure.

4 • Devise

Celle qui regarde, qui découvre le monde. Ces femmes, il faut bien le dire, possèdent un sens certain de la propriété mais aussi de la responsabilité. Tout leur appartient, à leur humble avis, et l'on se demande, pourquoi pas, si Anne et la Providence ne sont pas la même personne !

5 • Totems

– Comment mieux regarder quand on a le **lynx** comme animal totem, fort de ce pouvoir de percer murs et murailles, de voir donc les choses cachées comme sur un écran ?
– La **myrtille** est le végétal attribué à cette Anne que la malheureuse épouse de Barbe-Bleue interrogeait à mort. Cette petite plante timide recèle, en effet, des trésors de lumière puisqu'elle accroît le pouvoir de la vision, surtout nocturne.
– Quant au **diamant**, le minéral somptueux attaché à ce prénom, c'est la puissance indomptable de la spiritualité, de la lumière coagulée aux mille reflets envoûtants.

6 • Vibrations

Dans le cas du prénom Anne, belle performance : **100 000 v/s**, soit **68 %**, ce qui donne à ces femmes une présence fort efficace dont elles se servent avec une habileté remarquable. Elles emballent leur monde, au propre comme au figuré, et plus d'un amoureux malin s'est retrouvé ficelé comme une saucisse sans même s'en apercevoir.

7 • Le Jeu de la Vie

La **lame 2** qui leur est attribuée est assez surprenante, c'est celle de la **Papesse** ! Rien en cela qui puisse gêner les Anne qui se prennent volontiers pour de petites magiciennes et qui jouent avec aisance les femmes mystérieuses sinon fatales. Oui, ce sont bien elles qui « découvrent le monde » aux yeux des profanes ébahis car nos tendres amies ne cesseront de prouver à leur public qu'elles disposent d'un pouvoir de divination qui leur permet de lire le Livre de la Vie pour elles et pour les autres, dans ce temps et pour les temps !

Volonté : 96 %

Intuition	98 %	Études	70 %
Réussite	80 %	Associations	70 %

Une volonté en forme de coup de poing ! Au théâtre, il faut trois coups pour que le rideau se lève ; chez cette femme étonnante un seul suffit. C'est peu de dire qu'elle croit en elle. En réalité, elle ne croit qu'en elle. Ajoutez au tumulte de base une intuition de magicienne et vous comprendrez qu'on ne résiste pas à cette princesse bousculante que les études n'obsèdent pas, que les associations hérissent méchamment et que la réussite accompagne, de gré ou de force. Évitez de jouer au « bras de fer » avec les Anne, vous y laisseriez l'illusion de votre virilité et alors... Alors, que faire ? Lui dresser une statue... comme les Bretons !

Activité : 95 %

Dynamisme	100 %	Affaires	75 %
Voyages	85 %	Sociabilité	85 %

Si vous désirez séduire et garder une Anne, « activez »-la. Donnez-lui du grain à moudre sinon elle enfourchera son dynamisme comme un balai de sorcière et ce sera alors la porte ouverte à toutes les initiatives les plus « tordues ». Si vous êtes en affaires avec elle, vous allez connaître les joies de l'esclavage librement consenti. Elle commande, on obéit ; on ne lui obéit pas, elle se décommande et on ne la revoit plus ! Dur ! Les voyages servent d'abord à cela, changer de vie, redonner à la sociabilité son caractère ancestral d'échanges acceptés. Une vraie aventurière qui ne s'ignore pas... et qui tient à le faire savoir !

Portrait prospectif

Caractère : 87 %   Psychisme : 61 %   Personnalité : 97 %   Destinée : 93 %   Devenir : 83 %

Il y a, dans le regard malicieux de ces femmes toujours recommencées, un petit reflet d'avenir teinté de curiosité native qui laisse présager quelle peut être la véritable motivation cosmique de ces belles enjôleuses et même parfois de ces somptueuses enquiquineuses ! Un caractère à forte valeur ajoutée qui délite la tranquillité béate de nombre de leurs proches et qui est en quelque sorte la centrale décisionnaire de ce petit bijou de bioélectronique capable de vous sauter à la figure ou au cou sans prévenir ! Mais certains traits de caractère comme l'insolence, le « je-m'en-fichisme », l'ironie assassine, l'intrigue serpentine, etc., sont-ils, finalement, des marches efficaces pour gravir l'autel du futur ? Eh bien, pour ce tempérament effronté, nous répondrons oui ! Il semblerait en effet que leur dynamisme de charmantes « voyoutes » soit capable de les propulser fort énergiquement au plan de lendemains plus que décontractés ! Simplement, il faudra très tôt les amener à comprendre où commence et où finit leur terrain de jeux.

Et puis, alors qu'elles étaient persuadées de porter le monde à bout de bras et d'en faire l'instrument obligé de leur triomphe, voilà que nos Anne sombrent dans une débâcle psychique, et que, désemparées, ayant perdu de leur superbe, elles offrent un visage inquiet à un « présent » qui leur refuse son appui. Mais après ce très bref épisode où chacun aura pu s'étonner de voir se traîner lamentablement ces pauvres Anne en peine, leur personnalité se dégage soudain somptueusement des brouillards miasmatiques et elles affichent soudain un comportement plus blanc que blanc, plus brillant que mille soleils ! Et là, prenez garde de ne pas vous laisser prendre au piège de leur assurance intimidante aussi bien en affaires qu'en amour. Notez sur un petit carnet les promesses qu'elles vous distribueront et, surtout, traitez-les en copines. Si, malgré tout, votre frêle esquif est poussé vers Cythère et que votre belle égérie prend l'amour aux dents, entamez immédiatement la prière des perdus en mer et flanquez-la par-dessus bord, votre vie en dépend !

Émotivité : 70 %

| Affectivité | 87 % | Amour | 87 % |
| Famille | 95 % | Enfants | 85 % |

Une émotivité excessive mais qui ne fait que contrebalancer la « tyrannie » de la volonté et de l'activité réunies. Et ce, d'autant plus que l'affectivité se conjugue avec l'amour pour offrir aux Anne une séduction un peu sauvage mais très certainement sensuelle qui va faire grimper au mur plus d'un minet en chasse. Rassurez-vous, les chères petites exploiteront la situation avec une gourmandise complice qui finira de mettre leurs inconditionnels sur les genoux. En retour, la famille et les enfants seront des oasis idéales pour assurer le repos de ces guerrières « increvables » quand elles ne se dopent pas un peu trop !

Réactivité : 60 %

| Santé | 96 % | Sensorialité | 93 % |
| Argent | 75 % | Profession | 80 % |

Très présente, cette réactivité joue les détonateurs. C'est l'occasion pour ces femmes, de mettre le feu aux poudres. Leur passion native apparaît au grand jour. Fières, orgueilleuses, vindicatives parfois, violentes aussi, ces athlètes de la contestation disposent à la fois d'une santé et d'une sensorialité à décorner le Minotaure en personne. La profession va donc, tout naturellement, devenir un « tapis de jeu » où se dérouleront d'ineffables parties de poker menteur où vous risquez de perdre jusqu'à votre dernière chemise… si la douce petite Anne ne vous l'a pas retirée avant ! À vous de jouer serré !

Anne et les autres prénoms

Moyenne : 63 %
Classement : 46/79

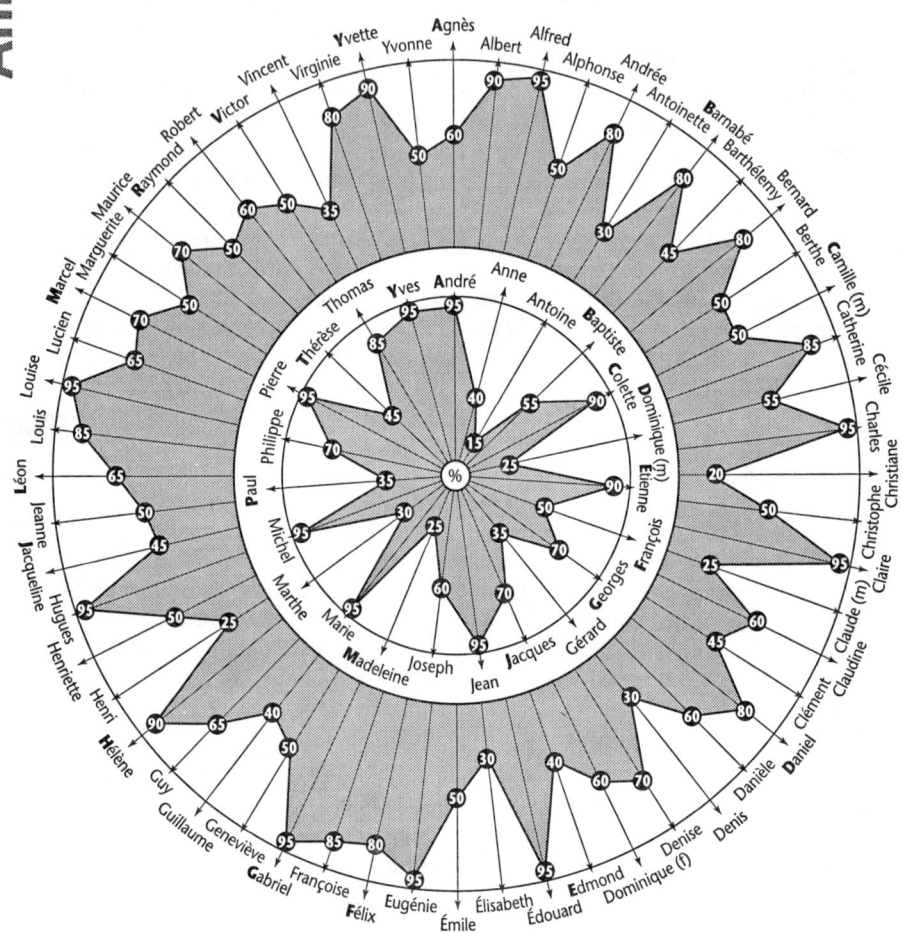

Les roues de compatibilités

Question : les Anne ont-elles véritablement besoin des autres ? On pourrait se le demander car elles n'apprécient que modérément l'ensemble des prénoms : 63 %, classement, 46e sur 79. Heureusement, ces autres prénoms réagissent mieux vis-à-vis des Anne : moyenne, 72 %, classement, 23e sur 79. De là à conclure qu'elles disposent d'un potentiel d'écoute remarquable, il n'y a qu'un pas. Elles ne sauraient l'ignorer et s'en serviront d'ailleurs astucieusement tout au long de leur existence. Faut-il leur reprocher ce que l'on pourrait prendre pour de la suffisance ? Non, car finalement elles ne font que se comporter comme le diamant, leur minéral totem, débordant d'éclat et de couleur !

Les autres prénoms et Anne

Moyenne : 72 %
Classement : 23/79

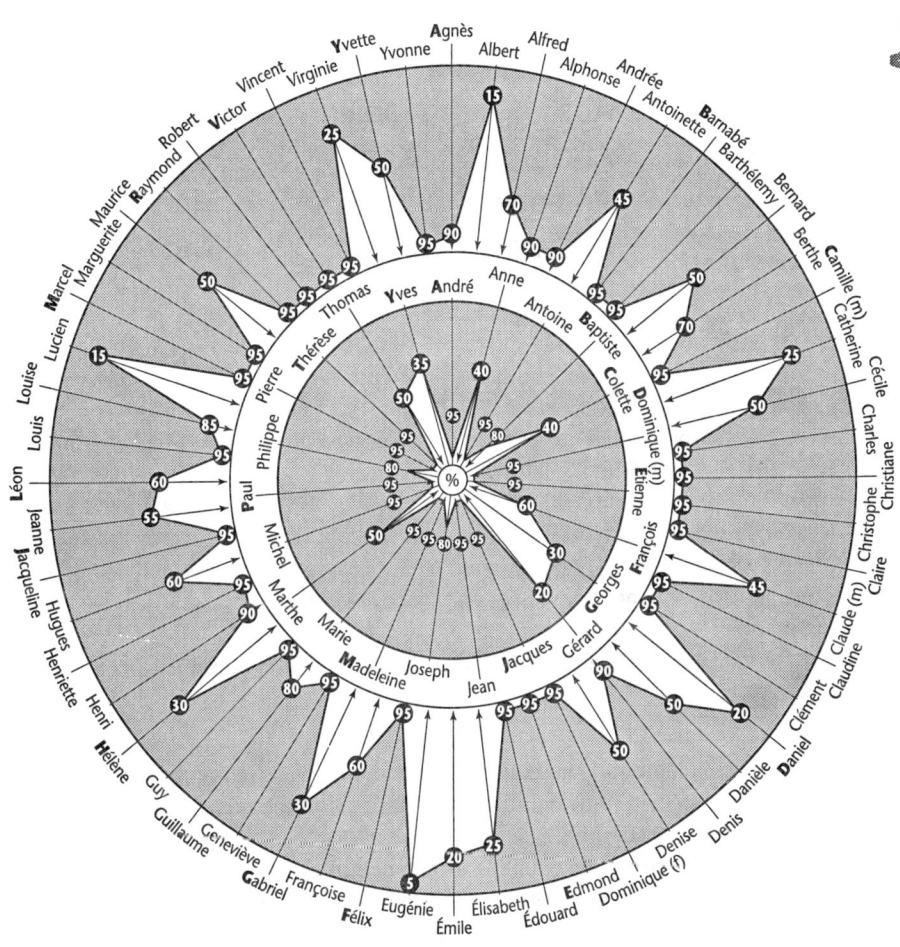

Comment Anne s'entend avec le signe des autres

Signe	%	Signe	%
Bélier	74 %	Balance	40 %
Taureau	62 %	Scorpion	36 %
Gémeaux	47 %	Sagittaire	73 %
Cancer	56 %	Capricorne	60 %
Lion	84 %	Verseau	42 %
Vierge	76 %	Poissons	54 %

Ce tableau ne concerne pas le rapport prénom personnel/signe personnel.
Il n'y a pas d'autocompatibilité entre Anne et son propre signe caractérologique.

8 Antoine

1 • Prénoms associés

Ce sont tous les prénoms, quelle que soit leur origine, qui partagent les mêmes constantes caractérologiques et que vous découvrirez dans l'index de ce volume (p. 451), dont :

Abel	Fabien	Swann
Abelin	Kent	Taylor
Amédée	Lindsey	Tino
Anthony	Oscar	Tony
Aristide	Roald	Volbert
Belin	Russell	...

2 • Célébrités

Pour vous sentir moins seul, ce trop bref aperçu des personnalités de tous les temps et de tous les lieux qui dépendent de ce type de caractère :

– ARTAUD Antonin (1896-1948) Écrivain *L'art subtil de compliquer les choses.*
– BRUAND Aristide (1851-1925) Chansonnier *Du temps où Montmartre montmartrait.*
– PERKINS Anthony (1932-1992) Acteur *Comme un charme hésitant.*
– SAINT-EXUPÉRY (de) Antoine (1900-1944) Écrivain *Les ailes fragiles d'un ange contesté.*
– WATTEAU Antoine (1684-1721) Peintre *Des couples blonds d'amants heureux.*

3 • Symboles

– La **terre** est l'élément de base des Antoine, mais une terre imbibée d'eau qui donne cette espèce d'immobilité glissante à leur caractère aux mouvements imperceptibles mais dérangeants.
– Leur couleur, le **jaune**, leur confère infiniment d'intuition, au point d'en abuser et de prêter, parfois, trop d'importance à leurs « voix » intérieures.
– Les nombres **8-22-11**, à dominante féminine, ajoutent à leur vision un peu timide des choses, apportant à ces Antoine une « secondarité » parfois gênante, un « esprit d'escalier » retardateur souvent handicapant.

4 • Devise

Celui qui attend. Comment pourrait-il en être autrement ? Les Antoine ont tendance à ne se décider qu'après mûre réflexion et l'avenir, pour eux, n'est souvent que la projection du passé dans un inconnu inquiétant. Rien de bien original à cela, si ce n'est qu'ils ont souvent la tentation de transformer l'attente en « présent indéfini ».

5 • Totems

– Leur animal totem plein de sagesse, le **marabout**, figé en son introspection éternelle, se considère plus qu'il ne se compare et attend la fin des temps pour mettre un terme à son expectative rassurante.
– Le végétal lié aux Antoine, l'**ail**, apparaît comme un facteur protecteur contre toute agression psychique ou physique. En particulier, vampires et serpents fuient cette plante piquante au parfum entêtant.
– Leur minéral a presque un nom de fleur, l'**hématite**, alors qu'il s'agit là d'une pierre couleur de sang coagulé porteuse de vertus thérapeutiques magiques liées notamment à la longévité et à la virilité.

6 • Vibrations

On ne sera pas étonné de découvrir un taux de vibrations des plus discrets : 72 000 v/s, soit 39 %. Les Antoine « roulent » à l'économie et peuvent aller très loin avec un seul « plein ». Ne cherchez donc pas à les houspiller en les klaxonnant à tout bout de champ. Ils n'ont pas la cylindrée nécessaire pour des virées psychédéliques à tombeau ouvert !

7 • Le Jeu de la Vie

Leur psychisme recèle une correspondance curieuse, celle qui les relie à la **lame 16**, la **Maison-Dieu**. Cette étrange tour de Babel, tour de la société humaine, est frappée par une foudre vengeresse qui a tôt fait de jeter à bas les prétentieux et les orgueilleux. Les Antoine, bien conscients de ce danger, gardent toute leur vie au fond de l'âme cette image de la gloire du monde en son effondrement programmé. Ce n'est donc pas à eux qu'il faudra promettre tous les royaumes de la terre. Une petite chaumière douillette et un cœur humble et fidèle feront beaucoup plus leur affaire ! Cléopâtre avait-elle ces qualités ?

Volonté : 88 %

Intuition	92 %	Études	86 %
Réussite	70 %	Associations	97 %

La volonté des Antoine est, bizarrement, une volonté d'attente. Il sait qu'il faudra vouloir mais il tient à ce que cela se passe dans le cadre d'une situation reconnue et acceptée. L'ennui, c'est que la vie n'est pas riche de délais. Alors cette belle force décisionnelle télescope une intuition galopante et compromet fâcheusement la réussite. Lorsque vous voyez un Antoine sur le point de sombrer dans le : « J'y va-t-y, j'y va-t-y pas », calmez ainsi le jeu : « Décidons ensemble ! » En effet, Antoine est très, trop peut-être, sensible à l'opinion des autres et les bons associés ont pignon sur rue. Les margoulins aussi, d'ailleurs !

Activité : 95 %

Dynamisme	87 %	Affaires	90 %
Voyages	40 %	Sociabilité	65 %

Quelle excellente activité ! Bien sûr, ne leur demandez pas de prendre la tête d'un commando de « marines », mais ils sont réalistes et savent, quand on leur en laisse le temps, adopter des décisions efficaces. Quand ils expliquent un plan d'action, essayez de lire entre les lignes et apprêtez-vous, en toute humilité, à exécuter les ordres qu'ils ne vous ont pas donnés. Ajoutez au dynamisme une petite touche « brisante ». À ce prix, les affaires seront prospères et bien charpentées à condition toutefois de ne pas faire des voyages d'affaires une corvée et de la sociabilité un défilé de carnaval.

Portrait prospectif

Caractère : 53%   Psychisme : 44%   Personnalité : 58%   Destinée : 73%   Devenir : 62%

Beaucoup de choses, trop de choses, dépendent chez les Antoine de l'ambiance dans laquelle ils évoluent et de l'efficacité de ceux qui les influencent plus ou moins. Introvertis, il va falloir les précipiter dans l'action à condition toutefois qu'ils ne prennent pas cela pour une tentative de noyade ! Autrement dit, il faut, à ces hommes assez secrets et plutôt timides, des « sherpas » pour gravir la montagne des lendemains glacés et vous aurez besoin de toute votre patience pour leur apprendre qu'on n'entre pas dans le futur en prenant simplement les événements comme ils viennent. Car l'avenir n'appartient pas seulement à ceux qui se lèvent tôt mais encore à ceux qui sont capables de ne pas s'endormir lorsque le tocsin des affaires sonne l'alarme !

Certes, le caractère des Antoine vole plutôt bas mais on peut toutefois en tirer un maximum à condition de s'entendre avec eux sur la manière de traiter leurs problèmes. Si vous avez la lenteur intelligente de leur expliquer que tout en ce bas monde est perfectible car justiciable du merveilleux et éternel phénomène de croissance, les Antoine vous écouteront ! Ayez donc recours à des doses homéopathiques de volonté, d'activité, voire d'audace, et vos Antoine se prépareront bien à encaisser les chocs de la vie ! Leur psychisme, tout recroquevillé qu'il se montre, est de nature « végétale ». Faites-leur donc comprendre qu'avec une plante c'est tout l'amour du lendemain qui s'annonce car la vie véritable ne se conjugue qu'au futur !

Les Antoine sont des êtres intuitifs et astucieux à qui il ne faut pas raconter d'histoires. Ils ne craignent qu'une chose : que vous les preniez pour des minables s'ils ne savent pas gonfler leur personnalité, doper leurs convictions, exprimer un peu trop un sentiment qu'ils n'osent espérer partager ! Il faudra procurer à ces êtres une ambiance porteuse qui leur permettra de se sentir justifiés à leurs propres yeux quand ils auront à prendre des décisions engageantes. Un Antoine qui réussit entame une carrière durable et sympathique !

Émotivité : 62%

Affectivité	83%	Amour	80%
Famille	80%	Enfants	97%

Cette émotivité est bien trop tourbillonnante. Après avoir longuement hésité à entrer dans l'action, les voilà qui s'énervent et risquent même de faire le contraire de ce qu'ils avaient décidé ! Ce qui paraissait acquis est brutalement remis en question par une affectivité qui ressemble parfois à de la sensiblerie. Intelligents, ils se prennent pourtant les pieds dans des raisonnements « bêlants ». « Qu'est-ce qu'on va penser de moi ? » Ils transposeront ces complexes jusqu'au sein de la famille qui subira des à-coups déstabilisants que ne corrigera pas toujours l'amour des enfants parfois un peu « paumés ».

Réactivité : 44%

Santé	96%	Sensorialité	88%
Argent	78%	Profession	100%

Ici, comme en bien d'autres domaines, les Antoine aiment mettre la sourdine. On ne fait donc pas dans le feu d'artifice mais bien dans le scintillement tranquille du foyer réchauffant où, par un soir d'automne, on contemple les bois chanter le souvenir de leurs soleils éteints ! Car on est poète ! La sensorialité participera de cette demi-teinte qui imprègne la vie affective des Antoine. La profession elle-même joue un grand rôle. C'est la quille de leur navire ! L'argent viendra à son heure, l'amour installera sa durée, la santé reflètera une joie de vivre bien aérée. C'est chouette, non ?

Antoine et les autres prénoms

Moyenne : 65 %
Classement : 36/79

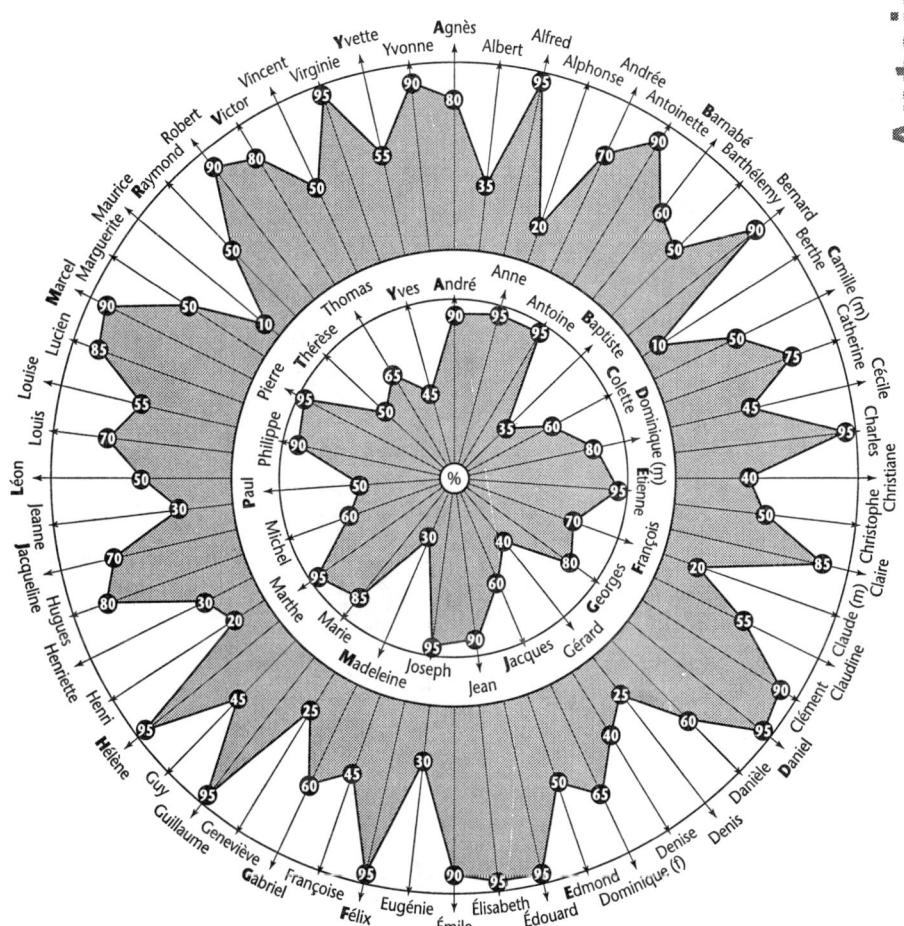

Les roues de compatibilités

Enfin, les Antoine n'apprécient les autres prénoms qu'à 65 %, soit 36e sur 79. Quant aux autres prénoms, ils hésitent eux aussi : moyenne, 58 %, classement, 58e sur 79. Il s'agit d'un problème de communicabilité qu'il ne faudra surtout pas négliger ! Toute la vie de ces hommes risquerait de se résumer à un « pas de polka » si l'on n'y prenait garde car ils ont tendance, vous l'avez compris, à compenser immédiatement une initiative par un recul « réfléchissant » qui pourrait leur donner cette allure « verglacée » où l'on ne sait jamais si l'on avance en reculant ou si l'on recule en avançant.

8 Les autres prénoms et Antoine

Moyenne : 58 %
Classement : 58/79

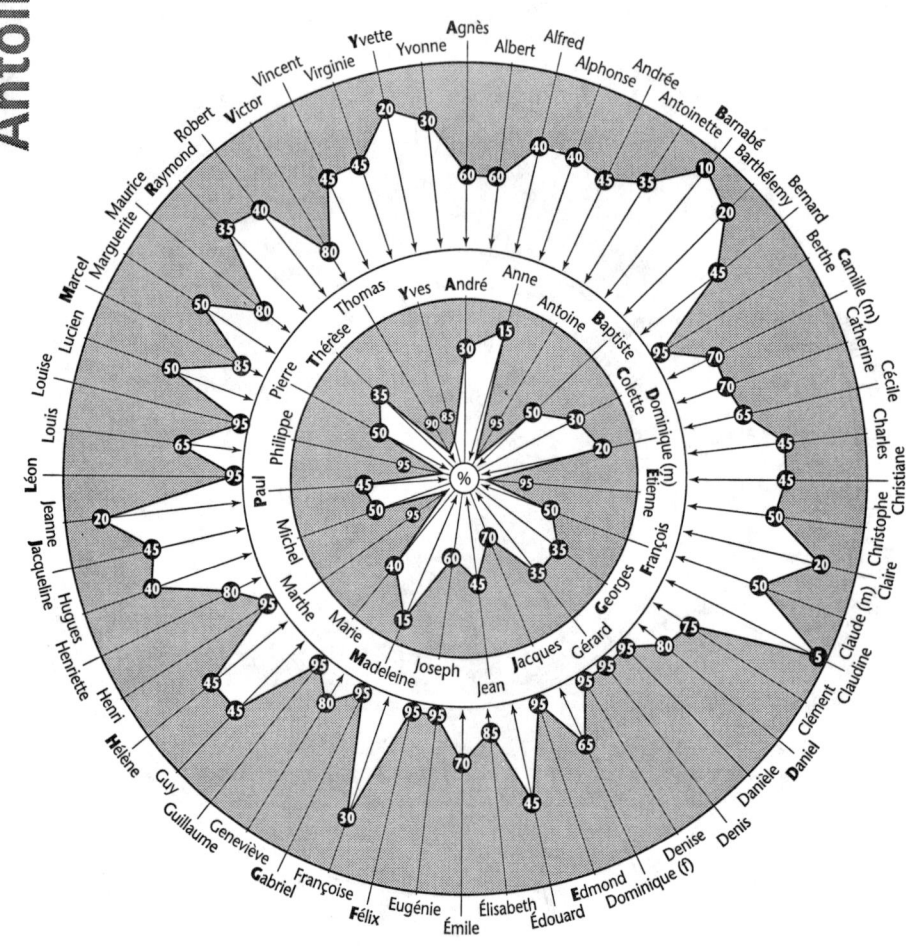

Comment Antoine s'entend avec le signe des autres

Signe	%	Signe	%
Bélier	56 %	Balance	44 %
Taureau	63 %	Scorpion	61 %
Gémeaux	48 %	Sagittaire	76 %
Cancer	73 %	Capricorne	66 %
Lion	82 %	Verseau	78 %
Vierge	53 %	Poissons	69 %

Ce tableau ne concerne pas le rapport prénom personnel/signe personnel. Il n'y a pas d'autocompatibilité entre Antoine et son propre signe caractérologique.

Antoinette 9

1 • Prénoms associés

Ce sont tous les prénoms, quelle que soit leur origine, qui partagent les mêmes constantes caractérologiques et que vous découvrirez dans l'index de ce volume (p. 451), dont :

Antinéa	Cyrielle	Toinon
Antonia	Cyrilla	Toni
Antonine	Doriane	Tonia
Arlette	Érica	Valène
Arline	Odinette	Walberte
Calvina	Siriane	...

2 • Célébrités

Pour vous sentir moins seul, ce trop bref aperçu des personnalités de tous les temps et de tous les lieux qui dépendent de ce type de caractère :

- ARLETTY (1898-1992) Actrice — *Un regard coquin qui annonçait le reste.*
- DESHOULIÈRES Antoinette (1638-1694) Écrivain — *Critiquait Racine mais pondait des vers comme un pied.*
- MARIE-ANTOINETTE (1755-1793) Reine de France — *Le collier comme un présage.*
- NAVAR Tonia (xxe siècle) Actrice — *L'art de jouer à la tragédienne.*
- NORDING Antoinette (1814-1887) Inventeur — *A su mettre l'Eau de Cologne en tête.*

3 • Symboles

– C'est l'**eau**, l'élément de base de ce caractère, une eau légère, fluide, sensible, une eau que l'on a envie de respirer comme celle, peut-être, que nous avons connue avant notre naissance.
– La couleur est le **rouge** et exprime la richesse de leur amour, leur don de soi, leur joie intérieure, même si tout cela paraît « flou » pour les autres.
– Les nombres 5-46-2, essentiellement féminins, ne laissent à la masculinité que le lien avec le spirituel. Souvent, les Antoinette perdent le contact avec le réel, moins par fuite sentimentale que par désir de vivre ailleurs et autrement que sur cette terre.

4 • Devise

N'oubliez jamais qu'avec ces femmes au psychisme hésitant, il convient d'adopter une attitude rationnelle, si l'on peut dire, pour éviter toute dispersion. Comme une Antoinette est **Celle qui écoute**, prenez donc bien conscience de votre responsabilité de conseilleur et ne jouez pas avec les mots.

5 • Totems

– Leur animal, le **canard** – domestique – est maladroit sur terre, agile sur l'eau, habile sous l'eau, là où l'on ne peut contrôler ses actes.

– Leur végétal, l'**absinthe**, est une plante d'oubli des douleurs et d'annonce de la fin des temps. Elle est renommée pour son amertume envoûtante et manifeste donc une dualité contradictoire assez troublante, comme le fameux petit livre de l'Apocalypse.

– Leur minéral est la **pierre serpentine**, semblable aux jades, symbole de perfection mais aussi partie immortelle du cœur de la femme et qui est comme l'« os » de son âme.

6 • Vibrations

Un taux vibratoire de **74 000 v/s**, soit **41 %**, ce qui limite singulièrement les possibilités de communication de l'être. Les Antoinette se fatiguent vite des discours investigateurs d'autrui et se méfient de tout projet qui les conduirait à sortir de leur cocon protecteur.

7 • Le Jeu de la Vie

Leur lame de correspondance, **numéro 2**, est la **Papesse** cachée sous son voile, tenant à la main le Livre de la Vie, qui invite les Antoinette à retrouver la réalité, à renoncer aux illusions compensatrices, à se dépouiller de toute rêverie pour découvrir enfin le véritable sens de l'existence qui est de remplir le contrat de réalisation de sa propre personnalité. C'est elle qui détient le secret de la réussite sous la forme de ces deux clefs magiques que lui donna jadis saint Pierre… Normal, pour une papesse ! Une papesse qui sentirait plus ou moins le soufre et aux arrière-pensées plutôt surprenantes.

Volonté : 73 %

| Intuition | 93 % | Études | 77 % |
| Réussite | 56 % | Associations | 90 % |

Si la transparence est la principale qualité des finances de l'État (!), on peut dire que c'est aussi bien porté par les Antoinette qui ont parfois tendance à se confondre avec le papier peint de leur salon. Donc, une volonté évanescente qui rejoint l'émotivité et l'activité, toutes trois du même tonneau à ce détail près, toutefois, que leur émotivité est quand même trop forte pour un caractère aussi fragile et pourtant attachant. Mais l'intuition est là et il ne faudra pas essayer de les embobiner bêtement. D'où leur désir de s'associer, mais avec des gens convenables, c'est-à-dire qui leur plaisent !

Activité : 74 %

| Dynamisme | 64 % | Affaires | 85 % |
| Voyages | 25 % | Sociabilité | 70 % |

Il ne faut pas que le mot activité prenne l'allure d'une injure pour ces « filles-fleurs » qui ne font pas de la vaisselle et du repassage le but de leur philosophie. Si vous courez après le prix Cognac-Jay, vous vous trompez d'adresse car leur dynamisme vise moins la reproduction massive de la race humaine que la recherche d'un fragile équilibre entre leurs discrètes inquiétudes. Les affaires boursières les intéressent car elles sont liées à une sociabilité de bon aloi. Quant aux voyages, les Antoinette s'en méfient comme de la télé ! Quel dommage pour elles que les religieux restent souvent célibataires, elles les adorent !

Portrait prospectif

Caractère : 35 % **Psychisme : 42 %** **Personnalité : 50 %** **Destinée : 47 %** **Devenir : 47 %**

Les Antoinette sont des personnages trop compliqués pour que l'on puisse en faire le portrait sans risquer de passer à côté de tout un monde subtil de relations évanescentes, de complexes imaginaires, de réalités mal comprises. Ces touchantes Antoinette et autres prénoms associés n'acceptent que très difficilement les conditions pénalisantes de la vie de chaque instant. Si l'on souhaite les aider, il faudra tout d'abord leur faire accepter que chaque jour a son lendemain et que chaque acte est porteur d'un changement. Or, elles ne peuvent entamer le dialogue que dans un milieu chaud et affectueux qui évitera à leur âme légère ces coups de froid qui les tétanisent ou ces bouffées de chaleur qui les affolent. Leur caractère extraordinairement replié les empêche de participer à l'envolée facile des êtres qui les entourent, tels ces oiseaux sédentaires qui, dans les étangs de refuge, regardent passer les errants, incapables peut-être d'imaginer d'autres paradis...

Comme les Antoinette auraient plutôt tendance à fuir toute responsabilité, on comprend que leur psychisme soit des plus instables et qu'elles cherchent à s'oublier elles-mêmes en se réfugiant dans une vie insouciante, loin des impératifs familiaux ou dans des rêveries interminables tissées d'aventures sentimentales irréelles où le beau prince n'est finalement qu'un frère oublié !

La personnalité des Antoinette va nous mettre en face d'autres difficultés car, à 50 %, elles ont un mal inouï à se faire percevoir de leurs contemporains. Fières d'être les uniques détentrices du secret de leur île heureuse, elles souffrent, dans le même temps, de ne pouvoir le partager, le transmettre, le prolonger ! Et c'est là que commence à se poser le délicat problème de leur devenir ! Vous ne pourrez les amener à sortir d'elles-mêmes et à regarder plus loin que leur peur de l'instant qu'en leur faisant comprendre que le futur dure longtemps et que la seule raison d'être de l'homme sur cette terre est de marcher, toujours, en direction de cette Terre promise qui n'est que le commencement d'un autre voyage !

Émotivité : 67 %

| Affectivité | 92 % | Amour | 62 % |
| Famille | 70 % | Enfants | 55 % |

Il faut avant tout les rassurer. Elles voudraient tout l'amour du monde pour se sécuriser mais aimer, c'est s'ouvrir et c'est là que le bât blesse. Alors on se réfugie dans une affectivité moins polarisée, protégée par une famille surtout parentale qui amortira les chocs de la vie de fous que mènent les autres. Si donc vous voulez faire la cour à une Antoinette, évitez de lui faire le coup des « pectoraux sauteurs », ne lui proposez pas un « rafting » infernal dans le Colorado et châtrez votre langage ! Quant aux enfants, elles ne les consomment qu'avec une modération due essentiellement à leur mode de fabrication !

Réactivité : 42 %

| Santé | 87 % | Sensorialité | 69 % |
| Argent | 96 % | Profession | 100 % |

On les croit secrètes parce qu'elles ne réagissent que fort discrètement aux stimulations sociales. On les suppose absentes alors qu'elle observent, à demi cachées. En réalité, elles attendent trop de l'attente ! On les imagine lointaines alors qu'elles n'osent pas s'approcher. La santé est bonne mais l'imagination se complaît en petits maux inventés et la sensorialité tatillonne débouche sur une sexualité compliquée où tous les êtres sont des ombres qui passent. Ne restent que les compensations liées à l'obtention facile d'un argent rassurant au travers d'une profession subtilement maîtrisée !

Antoinette et les autres prénoms

Moyenne : 58 %
Classement : 64/79

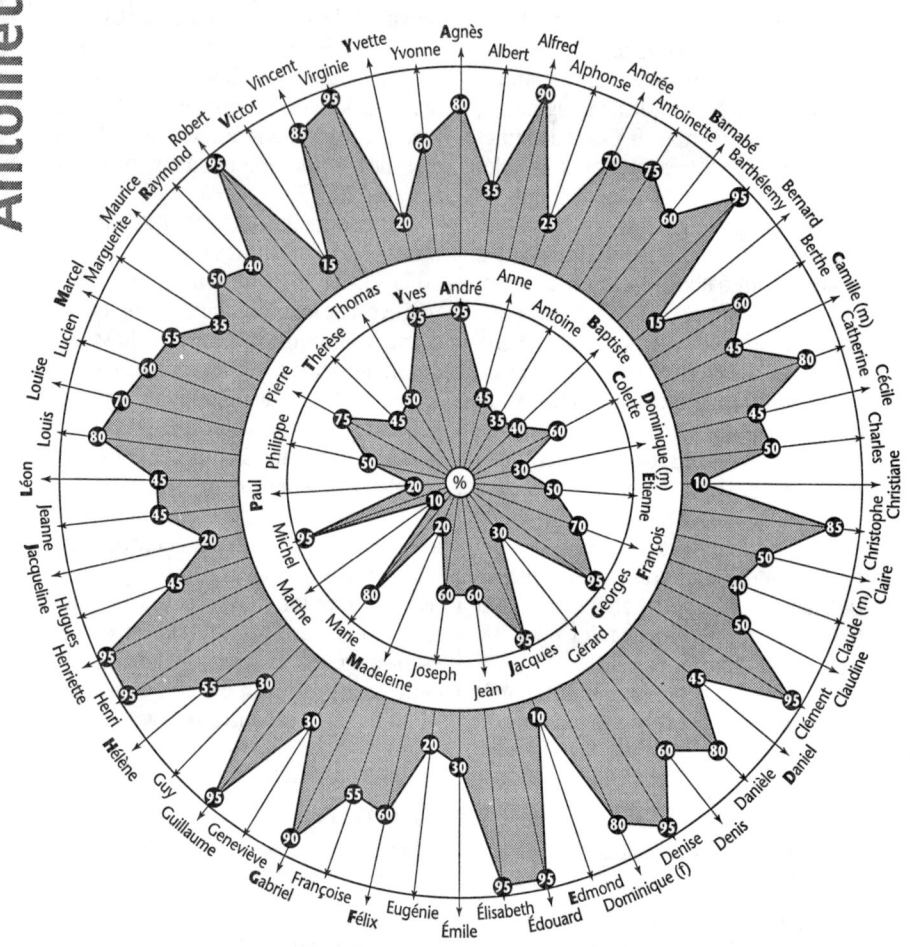

Les roues de compatibilités

Sont-elles appréciées ? Très moyennement puisque l'ensemble des prénoms ne les perçoit en moyenne qu'à 49 %, classement 73e sur 79. Les Antoinette ne faisant pas beaucoup d'efforts en retour, nous l'avons vu, puisqu'elles ne considèrent les autres qu'à 58 %, classement 64e sur 79. C'est tout de même mieux mais ça ne va pas loin ! Or sait-on seulement où elles veulent aller, nos gentilles petites oiselles ? À cela on peut répondre avec une certaine insolence que le propre d'un explorateur est de ne pas savoir où il va et que les buts qu'il prétend s'être proposés ne sont, finalement, que ceux qu'il a, par hasard, atteints !

Les autres prénoms et Antoinette

Moyenne : 49 %
Classement : 73/79

Comment Antoinette s'entend avec le signe des autres

Signe	%	Signe	%
Bélier	40 %	Balance	82 %
Taureau	51 %	Scorpion	17 %
Gémeaux	75 %	Sagittaire	79 %
Cancer	58 %	Capricorne	76 %
Lion	60 %	Verseau	84 %
Vierge	75 %	Poissons	63 %

Ce tableau ne concerne pas le rapport prénom personnel/signe personnel. Il n'y a pas d'autocompatibilité entre Antoinette et son propre signe caractérologique.

10 Baptiste

1 • Prénoms associés

Ce sont tous les prénoms, quelle que soit leur origine, qui partagent les mêmes constantes caractérologiques et que vous découvrirez dans l'index de ce volume (p. 451), dont :

Anatole	Campbell	Lloyd
Archibald	Cornélio	Mat
Archie	Donatien	Matthias
Augier	Emmeran	Matthieu
Barclay	Fidèle	Ryan
Basile	Gauderic	...

2 • Célébrités

Pour vous sentir moins seul, ce trop bref aperçu des personnalités de tous les temps et de tous les lieux qui dépendent de ce type de caractère :

- CORNEILLE de Lyon (XVIe siècle)   Portraitiste   *Ce qu'il y a derrière un visage.*
- DONATELLO   (1386-1466)   Sculpteur   *La sculpture en mouvement.*
- LE NAIN Mathieu   (1607-1677)   Peintre   *Des pinceaux de lumière.*
- SADE (Marquis de) Donatien   (1740-1814)   Romancier, philosophe   *L'insupportable vérité de la chair.*
- VALENTIN Basile   (XIVe-XVe siècles)   Alchimiste   *Il croyait chercher l'or, il a trouvé l'Esprit !*

3 • Symboles

– Leur élément est l'**eau**, une eau secrète qui vient des profondeurs et se trouve comme le sang de la terre, porteuse de purification et de régénérescence. Symbole de force nouvelle et renouvelée faisant de Baptiste un prénom d'une grande puissance.
– Leur couleur, le **jaune**, intense et violente, déborde les cadres linéaires pour envahir surfaces et espaces. Une couleur «centrifuge» qui ne cessera d'agiter nos amis et d'inonder bien des domaines.
– Les nombres **4-27-29**, à dominante masculine, confèrent à l'intuition des Baptiste une dimension surprenante qui fait parfois d'eux des prophètes tonnants surtout lorsqu'ils se mettent à ravager les déserts !

4 • Devise

Elle dit bien ce qu'elle veut dire : **Celui qui porte le monde**, et l'on retrouvera souvent chez eux ce complexe de Sisyphe qui leur donne cette éternelle envie de hisser le monde au-dessus des vaines contingences de la vie, quitte à ce qu'il leur tombe sur la tête.

5 • Totems

– Leur animal totem, le **jaguar**, n'est pas une bestiole de tout repos. Les Indiens l'appelaient « le cœur de la montagne », expression suprême des forces internes de la terre. C'est lui qui, le soir, dévore le soleil et amène la nuit. Des hommes dynamiques, quand ils ne sont pas encombrants.
– La **figue**, sur le plan végétal, représente la sagesse mise au service, dans ce cas, de la passion. Symbole d'abondance, il sait vêtir ceux qui sont nus : Adam et Ève en sont la preuve...
– Enfin leur minéral, le **nickel**, transmet à ce caractère une obstination brillante porteuse d'énergies cosmiques.

6 • Vibrations

Elles sont bien dans la note de ce caractère : **107 000 v/s**, soit un taux de **76 %** qui ajoute de l'éclat à la brillance et souvent du fanatisme à l'exaltation. Mais il ne faudrait pas prendre les Baptiste pour de simples agitateurs, car ce sont en réalité d'étonnants remueurs d'âme !

7 • Le Jeu de la Vie

Cette lame **numéro 19** est un poème à elle toute seule : le **Soleil** ! Dans ce cas, l'astre indique que les porteurs de ce prénom savent être en accord avec la nature et possèdent une clarté de jugement rarement mise en défaut. Là encore nous retrouvons la couleur jaune et le jeune couple qui s'enlace dans cette chaude lumière procure une impression d'accomplissement et de synthèse, en unissant pour le meilleur et pour le pire les deux principes opposés et complémentaires du positif et du négatif, à bien comprendre, évidemment !

Volonté : 90 %

Intuition	87 %	Études	89 %
Réussite	80 %	Associations	100 %

« Tranquille comme Baptiste ! » On se demande bien où les auteurs de proverbes vont chercher leur inspiration car ces « doux » Baptiste sont des êtres volontaires, voire obstinés qui, toute leur vie, auront tendance à prendre leurs désirs pour la réalité. Ajoutez à cela une intuition presque prophétique et vous en ferez de véritables personnages bibliques sachant mener ou manier les foules, selon l'occasion. Riches d'une réussite flatteuse et d'une intelligence ouverte qui leur permettent de dominer aisément leurs études, ils font de toute association le tremplin de leurs entreprises les plus risquées...

Activité : 88 %

Dynamisme	95 %	Affaires	95 %
Voyages	35 %	Sociabilité	93 %

Cette activité se voudrait brisante mais il se trouve qu'un petit « trop », celui du dynamisme, en rajoute tellement que ces hommes d'apocalypse donnent à leurs affaires des allures d'expéditions punitives. Et ça marche ! Les associés, un peu verdâtres, applaudissent des deux mains en se rappelant les campagnes d'Attila ! Les Baptiste ont horreur des voyages. Perte de temps ! Leur sociabilité est marquée par une franchise soudarde qui a conduit plus d'un interlocuteur au bord du suicide. Les femmes charmantes qui les entourent en entendent et en voient de vertes et de pas mûres, mais elles aiment !

Portrait prospectif

Caractère : 70 %   Psychisme : 68 %   Personnalité : 73 %   Destinée : 88 %   Devenir : 76 %

Les Baptiste, à la fois extravertis et quelque peu introvertis, sont très maîtres de leurs réactions internes et possèdent également une large vision du monde dans lequel ils évoluent. Discrets sur leurs propres intentions, ils font merveille quand ils prennent en mains les affaires des autres ! C'est cela qui leur donne le pouvoir de s'impliquer dans l'avenir car on a l'impression que ces Baptiste perçoivent parfaitement tous les détails d'un cliché du futur qui leur serait acquis. Idéal pour agir avec une précision de jugement qui en snobera plus d'un ! Mais ce qui fait que ces êtres changent tout à coup de vitesse lorsqu'on leur ouvre la porte de la cage du temps, c'est qu'ils ont une âme de fauve, comme ce « jaguar » dont la rapidité de réaction surprend.

Le psychisme, du même tonneau que le caractère, affiche, en nuance, une certaine susceptibilité qui les rend vulnérables aux critiques et aux sarcasmes. Ne les attaquez donc jamais de front, mais procédez par la « bande » et amenez-les, diplomatiquement, à reconnaître que d'autres solutions que la leur peuvent conduire à des résultats probants. Ce sera d'ailleurs le propre de ce XXIe siècle que de faire admettre à l'homme que les « grosses têtes », comme les dinosaures, sont promises à l'extinction !

À 73 %, cette personnalité reprend des couleurs mais ce n'est pas sur leur bonne mine que les Baptiste bâtiront leur réussite. C'est, encore une fois, en jouant les explorateurs, les pionniers, les « projeteurs ». À les voir galoper « vent-du-bas » vers leurs buts lointains, on se demande s'ils ne disposent pas d'un secret merveilleux, d'un philtre, leur permettant de dépas-ser les limites d'une résistance normale.

Et c'est là où tout éclate ! La destinée, à 88 %, prend son vol et l'on a l'impression que les Baptiste viennent enfin de trouver leur vitesse de croisière et leur altitude optimale. Curieusement, le devenir se banalise à 76 %, dans la mesure même où il fait partie intégrante de leur « machine psychologique », car pour eux, vivre, c'est se jeter en avant !

Émotivité : 60 %

Affectivité	91 %	Amour	70 %
Famille	92 %	Enfants	88 %

Nous ne voudrions pas donner l'impression que nous faisons sortir les Baptiste des cages du cirque Barnum, mais il faut bien reconnaître que leur émotivité féline, souple et bondissante, va se rendre complice d'une réactivité sauvage. Ces nerveux inflammables vont se lancer à cœur perdu dans des passions multiformes où l'on pleure de tendresse à défaut de mourir d'amour. « Zorro » n'est jamais très loin avec eux. La famille et les enfants bénéficient de la générosité, du dévouement de ces hommes qui se prennent volontiers pour le géant Atlas ! Disons qu'ils manquent quelque peu d'humilité !

Réactivité : 58 %

Santé	95 %	Sensorialité	97 %
Argent	80 %	Profession	100 %

À la vérité, les Baptiste ne sont pas des opposants mais plutôt des hommes qui se remettent en question le moment venu. Ne vous croyez pas, pour autant, autorisé à vous mêler de ces autocritiques ! Ils vous renverraient « valser » avec la belle santé qui les caractérise et la verdeur de langage qui les distingue ! L'argent est au service de la profession et ils sont prêts à risquer leur fortune et accessoirement celle des autres pour réaliser des projets aussi farfelus que la mise en conserve des sauterelles ! Quant à la sensorialité et à ses appendices caractérologiques, il ne faut pas leur en promettre...

Baptiste et les autres prénoms

Moyenne : 62 %
Classement : 51/79

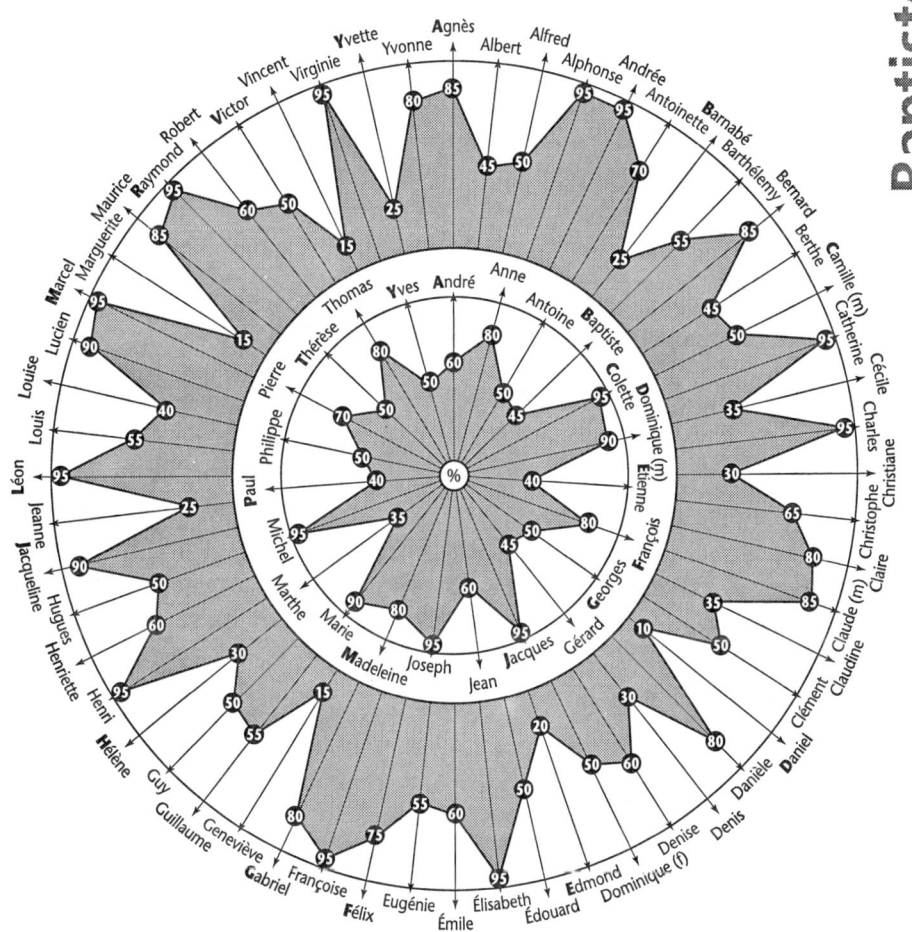

Les roues de compatibilités

Bien appréciés par les autres prénoms à 74 %, classement 18e sur 79, les Baptiste ne font pas trop d'efforts pour communiquer et se contentent d'un modeste 62 % qui les conduit à la 51e place sur 79 ! Mais, pour tout vous avouer, ils s'en contrefichent éperdument ! Et si vous leur demandez ce que les autres représentent pour eux, ils auront habituellement cette réponse étonnante : « À trop considérer l'opinion d'autrui, on en vient à perdre ses propres certitudes. » Le meilleur des partenaires c'est, finalement, un « mur » en face de soi. De là tout l'intérêt de la pelote basque et la ruine de la politique et des politiciens actuels !

Les autres prénoms et Baptiste

Moyenne : 74 %
Classement : 18/79

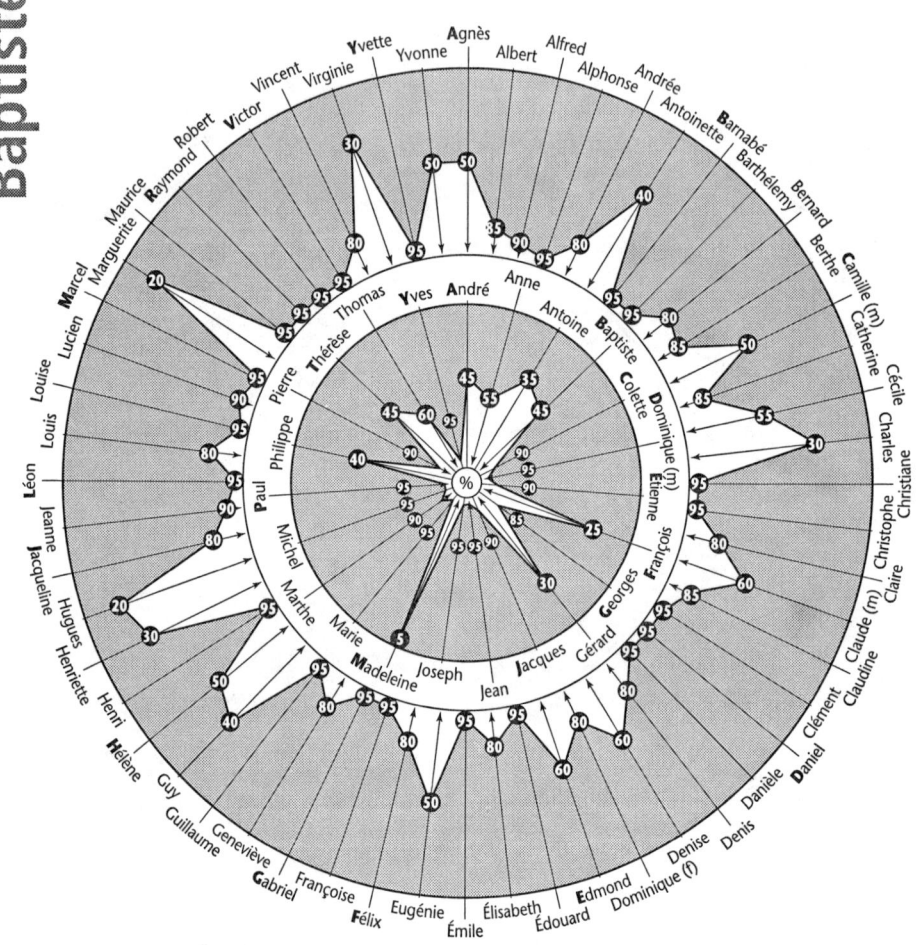

Comment Baptiste s'entend avec le signe des autres

Signe	%	Signe	%
Bélier	70 %	Balance	48 %
Taureau	59 %	Scorpion	59 %
Gémeaux	48 %	Sagittaire	72 %
Cancer	54 %	Capricorne	80 %
Lion	83 %	Verseau	42 %
Vierge	67 %	Poissons	56 %

Ce tableau ne concerne pas le rapport prénom personnel/signe personnel.
Il n'y a pas d'autocompatibilité entre Baptiste et son propre signe caractérologique.

Barnabé 11

1 • Prénoms associés

Ce sont tous les prénoms, quelle que soit leur origine, qui partagent les mêmes constantes caractérologiques et que vous découvrirez dans l'index de ce volume (p. 451), dont :

Aribert	Fergie	Nolan
Ben	Galéran	Odalric
Benjamin	Galmier	Uldéric
Benny	Hébert	Ulmer
Benson	Herbert	Ulric
Candide	Nobel	...

2 • Célébrités

Pour vous sentir moins seul, ce trop bref aperçu des personnalités de tous les temps et de tous les lieux qui dépendent de ce type de caractère :

- CHRISTENSEN Benjamin (1879-1959) Réalisateur *La passion qui vient du froid.*
- DISRAELI Benjamin (1804-1881) Homme d'État *Le père de la nation britannique !*
- GOODMAN Benny (1906-1986) Musicien *Un jazz béni des Dieux !*
- JONSON Ben (1572-1637) Écrivain *Et si c'était Shakespeare ?*
- KARAJAN (von) Herbert (1908-1989) Chef d'orchestre *Un génie écrasant, un tempérament de lamineur.*

3 • Symboles

– Chez Barnabé, l'élément de base est étonnant car on pourrait l'appeler l'**eau** de feu ou eau de colère. Rongeuse, dévorante, elle use les pierres les plus dures.
– Le **vert**, comme couleur, sied bien à ce liquide ravageur et pourtant porteur de vie. Couleur inquiétante au nom d'une certaine superstition que les Barnabé veulent ignorer.
– Les nombres **38-11-27**, à dominante masculine, marquent une tendance à la rumination, à la concoction de plans de vengeance que les Barnabé aiment chaude et à laquelle ils n'entendent pas renoncer. Leur parole se montre souvent blessante par sa vérité !

4 • Devise

Celui qui mord : tout développement philosophique de cette devise prenante serait tout à fait superflu ou alors reportez-vous à l'animal totem que nous vous présentons trois lignes plus bas.

5 • Totems

– Le **brochet** est leur animal totem et sa cruauté légendaire n'est pas moins connue que la barbarie de ses arêtes qui vous restent en travers de la gorge. Poisson intraitable, increvable, sournois, c'est la terreur des étangs et des rivières.
– Le végétal des Barnabé est le **merisier**, espèce de cerisier sauvage de la famille pointue des rosacées dont le bois fait des meubles au grain fin et résistant.
– La **chrysolite** est leur minéral attitré. Les Anciens l'attribuaient au lion connu pour sa férocité et défenseur des secrets de la terre. Pierre verte, la préférée du prophète Mahomet.

6 • Vibrations

Stupéfiant ! À 48 000 v/s, soit **14 %**, on peut, sur l'instant, se demander si les Barnabé existent vraiment ! Puis, à la réflexion, on découvre que cette lenteur vibratoire est bien loin d'être un signe d'atonie et cache, au contraire, la signature d'un animal au sang froid – avec ou sans trait d'union ! – qui peut être extrêmement dangereux par la persistance de ses désirs de représailles.

7 • Le Jeu de la Vie

La lame qui est dévolue aux Barnabé est aussi déconcertante que leur caractère, c'est la **carte 13** au nombre inquiétant, la **lame sans nom**, que certains appellent la Mort et que les vieux alchimistes désignaient sous l'appellation surprenante de **Maître inconnu**. Elle correspond à un perpétuel besoin de remise en question et ne détient, en réalité, aucun pronostic macabre. C'est un signe de renouvellement. Ces hommes auront donc intérêt à se souvenir qu'il leur faudra, tôt ou tard, se remettre en cause et faire table rase de leurs méfiances, inimitiés, haines. Le cas échéant, ils devront « faucher » pour naître de nouveau.

Volonté : 84 %

Intuition	70 %	Études	85 %
Réussite	50 %	Associations	35 %

On croit connaître un prénom parce qu'on en fredonne la chanson, mais la réalité est bien loin de la caricature et les Barnabé ne sont pas de doux simplets mais des hommes « sanguins », capables de réactions foudroyantes dans bien des cas et dont la volonté, même à éclipses, leur donne une silhouette de « fauves ». Ce sont des « discuteurs », ils ne se fient pas à leur intuition et vous aurez du mal à les convaincre de ne pas obéir à leur humeur. Une mémoire redoutable, des études boulimiques, une réussite hésitante ou tardive et un sens très étroit de la collaboration. Donc, prudence !

Activité : 82 %

Dynamisme	72 %	Affaires	78 %
Voyages	50 %	Sociabilité	66 %

Cette activité est, avec la volonté, le couple moteur des Barnabé. Il y a, chez eux, des périodes de « basses eaux » qui révèlent la présence de bien des épaves sentimentales ou professionnelles, puis viendra la « haute mer », fumante d'écume, bousculante et fracassante, moment heureux, pour les Barnabé, où le requin remplace le bigorneau. Le dynamisme joue, lui aussi, les pointillés, surtout lorsqu'il lance des S.O.S. que vous devez capter à tout prix. Les affaires suivent cahin-caha ! Glissons sur la neutralité des voyages et disons que leur sociabilité ressemble à une partie de poker !

Portrait prospectif

Caractère : 62 %   Psychisme : 70 %   Personnalité : 67 %   Destinée : 57 %   Devenir : 62 %

Les Barnabé, quoique bousculeurs de quilles, sont aussi parfaitement aptes à reconnaître la présence d'une certaine « ombre » en leur personnage qui disposerait de pouvoirs prospectifs, pas forcément « zen », leur permettant de laisser libre cours à une notion de prédestination rassurante. Leur conception valable de l'avenir passe par un sens du « merveilleux ». Naturellement, nous l'avons vu, ils ont tendance à tout remettre en question, leur boussole perd vite le nord ! Raison de plus pour leur fournir la possibilité d'échapper aux contradictions du présent par la cristallisation de leurs espérances et la concrétisation de leurs rêves dont ils se méfient terriblement. Le futur, c'est bien la projection de la confiance que le présent n'accorde plus au passé !

Le psychisme bat le rappel des bons sentiments, mais le point qui chatouille le plus les Barnabé, c'est la « fidélité ». Hélas, elle est souvent à usage externe et leur moralité, comme leur activité, dépend beaucoup des circonstances. Si vous avez affaire à eux, sachez que leur méfiance va systématiquement s'exercer tous azimuts : la profession où ils ont peur de vous voir les flouer, l'amour où chaque homme, chaque femme, devient un adversaire potentiel, les finances où ils auront tendance à prendre les banquiers pour des percepteurs et les percepteurs pour des racketteurs…

Et c'est ici que la véritable personnalité des Barnabé prend sa pleine dimension, car ces hommes vivent à la fois dans l'espérance et dans l'angoisse d'un renversement de situation qui leur permettrait de reprendre leur destinée en main car ils oscillent perpétuellement entre hautes et basses eaux, entre la vie pétrifiée du mollusque et la mobilité inquiétante du chasseur de grand large. À quel moment cette « conversion » pourra-t-elle s'effectuer ? Impossible de le prévoir pour une existence individuelle mais ce qu'il faut savoir c'est que, tôt ou tard, et souvent à l'occasion d'un « choc » existentiel, tout le monde s'y trouvera confronté. C'est comme ça !

Émotivité : 47 %

| Affectivité | 78 % | Amour | 70 % |
| Famille | 95 % | Enfants | 100 % |

Étrange émotivité ! On se demande, avec raison, si à certains moments les Barnabé ne rajoutent pas à leur humeur dérangeante une pointe d'exagération, toujours dans le but de tâter le terrain en vue d'un repli qui se voudrait stratégique. L'affectivité est compliquée. La famille et les enfants n'arrangent rien ! On ne sait jamais comment tout cela va se terminer et les amours rejoignent la sensorialité car les Barnabé sont très possessifs sur tous les plans. Leur sexualité s'entortille autour d'un but facile à imaginer par le jeu de complexes de culpabilité où les sentiments le disputent à un appétit orgiaque !

Réactivité : 55 %

| Santé | 89 % | Sensorialité | 86 % |
| Argent | 78 % | Profession | 100 % |

Elle pose de sacrés problèmes, cette réactivité, car les Barnabé ont tendance à tout remettre en question. Ils sont souvent changeants et fantasques, ont la hantise de la trahison et fuient parfois le danger d'une décision urgente en se réfugiant dans une opposition systématique. Laissez-leur donc comprendre ce qui les bloque et parlez-leur de leur santé, qui est solide, ou de l'argent, qui est plus glissant, en attendant qu'ils se retrouvent. Alors remettez votre projet sur le tapis en sachant bien que tout se ramène pour eux à la profession qui leur est à la fois maîtresse et épouse, même si l'infidélité ne leur est pas étrangère !

Barnabé et les autres prénoms

Moyenne : 61 %
Classement : 56/79

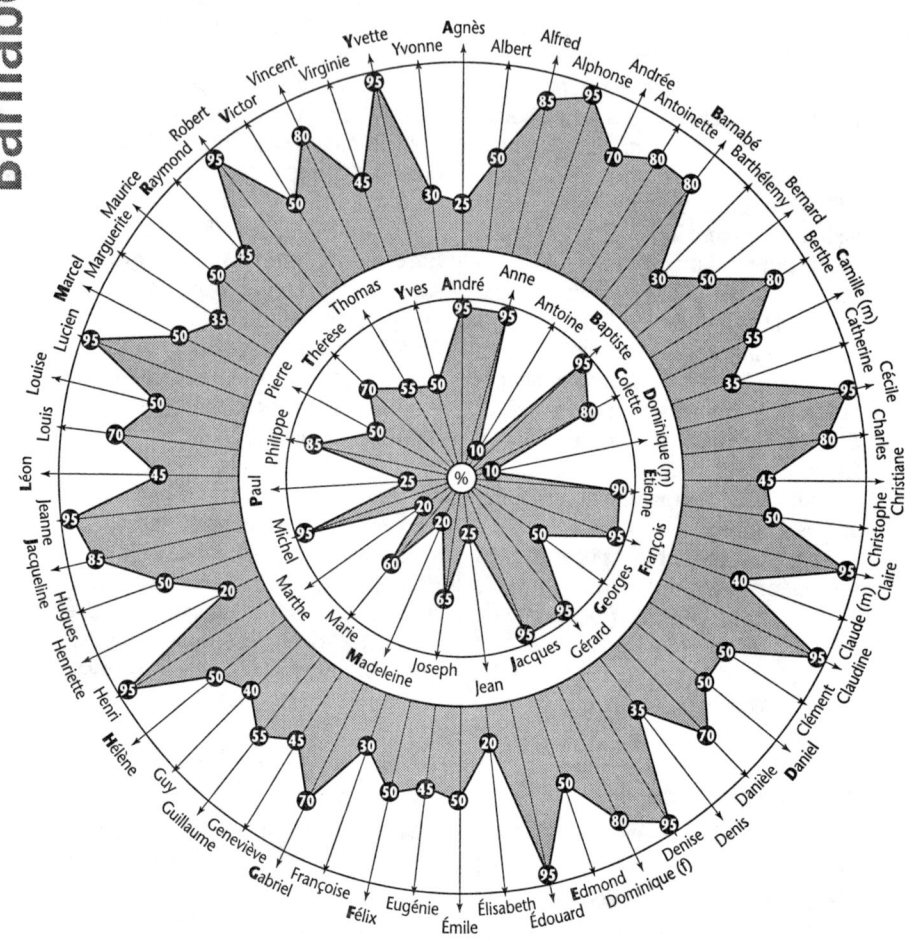

Les roues de compatibilités

Pour terminer ce déballage caractérologique, un dernier « télégramme » sur la manière dont les Barnabé perçoivent la nature profonde des autres prénoms : 61 % seulement. Ce n'est pas particulièrement brillant et implique une méfiance évidente à l'égard de leurs contacts humains. Classement : 56e sur 79. Mais leur indice de sociabilité nous avait déjà alertés ! Les autres prénoms le leur rendent bien : 57 %, soit la 59e position sur 79. De gros efforts sont donc à fournir au plan de la participation. Il faudrait pour cela que ces hommes renoncent à jouer les grands méchants loups !

Les autres prénoms et Barnabé

Moyenne : 57 %
Classement : 59/79

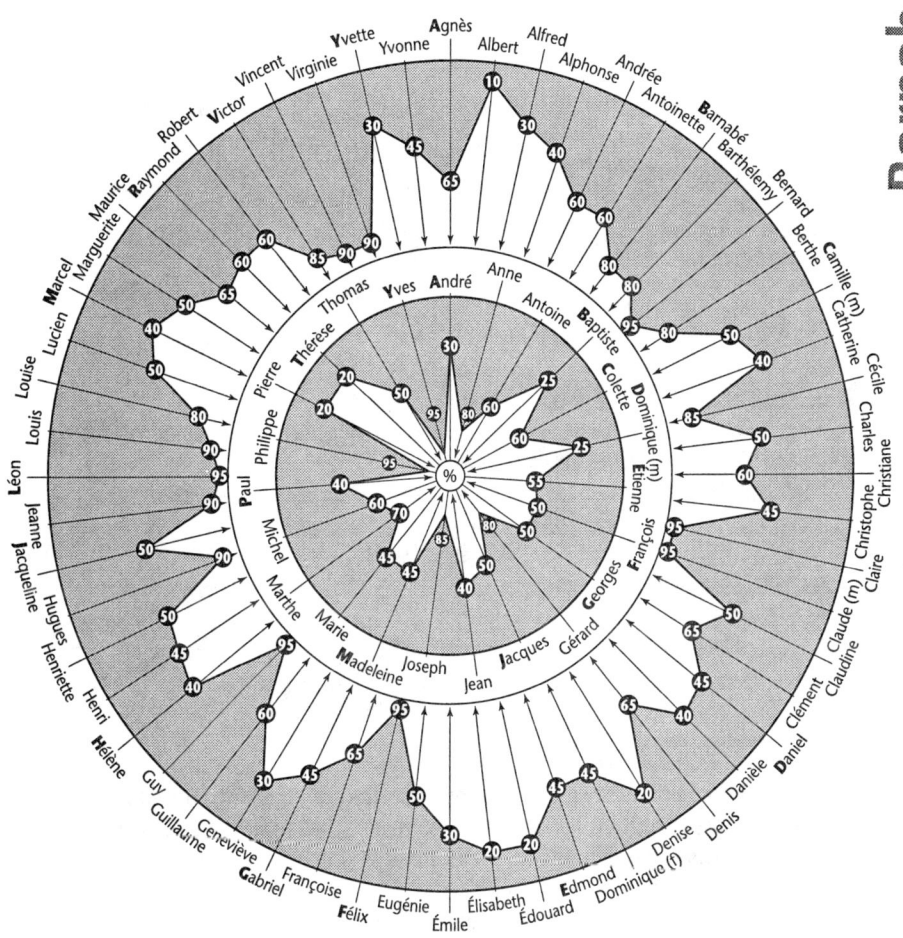

Comment Barnabé s'entend avec le signe des autres				
Bélier	36 %	Balance	67 %	Ce tableau ne concerne pas le rapport prénom personnel/signe personnel. Il n'y a pas d'autocompatibilité entre Barnabé et son propre signe caractérologique.
Taureau	58 %	Scorpion	84 %	
Gémeaux	73 %	Sagittaire	72 %	
Cancer	80 %	Capricorne	56 %	
Lion	83 %	Verseau	64 %	
Vierge	54 %	Poissons	67 %	

12 Barthélemy

1 • Prénoms associés

Ce sont tous les prénoms, quelle que soit leur origine, qui partagent les mêmes constantes caractérologiques et que vous découvrirez dans l'index de ce volume (p. 451), dont :

Aimable	Bart	Jocelyn
Aldwin	Beaudouin	Joël
Ancelin	Berthold	Nathanaël
Anselme	Casimir	Neal
Aubry	Duke	Octave
Baldric	Gérald	...

2 • Célébrités

Pour vous sentir moins seul, ce trop bref aperçu des personnalités de tous les temps et de tous les lieux qui dépendent de ce type de caractère :

- AIMABLE (A. Pluchart) (1922-1997) Accordéoniste *La plus bath des javas.*
- BRECHT Berthold (1898-1956) Auteur, metteur en scène *Le théâtre obligé.*
- DENIS d'INÈS Octave (1884-1968) Acteur *Lorsque la finesse faisait partie du talent.*
- ELLINGTON Duke (1899-1974) Musicien *À son piano comme sur un nuage.*
- FEUILLET Octave (1821-1890) Romancier *Le temps de la larme à tout faire.*

3 • Symboles

— Leur élément de base est ce **feu** que nous retrouvons, bien sûr, dans leur devise, mais un feu assez particulier qui coule comme une eau ignée et qui procède plus par des envahissements que par des coups de tête. Cela évoque irrésistiblement les fameuses coulées de lave.

— Le **bleu** est leur couleur, un bleu d'autant plus profond qu'il donne à ces Barthélemy une espèce de cynisme parfois bien difficile à supporter pour leur entourage, surtout professionnel.

— Les nombres **48-1-9** ne cesseront de remettre en question la personnalité de ces hommes qui, trop souvent, fatiguent la chance et leurs proches en balayant tout d'un geste dur.

4 • Devise

Pour Barthélemy, ce n'est pas une devise parlante, **L'homme du feu**, c'est une devise hurlante dans le rougeoiement des incendies de pillage. Mais aussi quel dynamisme !

5 • Totems

– Le **saumon**, en dehors de ses qualités gastronomiques, est un animal totem prodigieux à l'existence aventureuse, à la mémoire «natale» stupéfiante, habité par une passion reproductrice proprement ahurissante. Comme les Barthélemy, le saumon est un poisson migrateur qui abandonne la mer et remonte les rivières sans que cela le handicape vraiment.
– Leur végétal est le **peuplier**, jadis consacré à Hercule. Connu depuis la plus haute Antiquité pour la double couleur de ses feuilles, il est donc symbole de dualité efficace. Un arbre qui pousse dans les marécages et dont on fait les allumettes! Curieux, non?
– Leur minéral s'avère tout aussi étonnant, le **bismuth**, qui est à la fois un poison puissant de la famille de l'arsenic et en même temps le remède que l'on sait traitant les maux d'estomac!

6 • Vibrations

Avec **80 000 v/s**, soit **47 %**, ce taux vibratoire indique qu'une énorme potentialité dynamique se perd en colères stériles et en agitations inutiles. Quel gâchis! Mais aussi, le cas échéant, quelle potentialité!

7 • Le Jeu de la Vie

À tout seigneur, tout honneur! Les Barthélemy se retrouvent dans la **lame 1**, le **Bateleur**, qui représente un escamoteur, un jongleur, que les scrupules n'étouffent pas forcément. Lui aussi est un être «bifide» et habile qui mène son monde à la baguette, sait boire dans la coupe d'autrui, ne se refuse pas à utiliser la force de l'épée et ne néglige pas non plus le pouvoir décisionnaire de l'argent bien utilisé. Nous avons donc affaire à des hommes décidés à réussir, souvent à tout prix, et avec qui il faudra compter… C'est le cas de le dire!

Volonté : 96 %

Intuition	70 %	Études	92 %
Réussite	65 %	Associations	80 %

Un homme «chromé», «inoxydable»! Les Barthélemy résistent à tout, obtiennent tout ce qu'ils veulent et traitent leurs opposants avec le tact et la douceur d'une tronçonneuse. Alors, imaginez la carrure de la volonté, le tourbillon envoûtant, presque furieux, de leurs associations et la relative indifférence dans laquelle ils tiennent leur réussite qui est moins pour eux une consécration que l'affirmation de leur orgueil taraudant. Ayez donc à leur égard cette patience qui leur manque car il ne faut pas qu'ils transforment les études en une émeute perpétuelle où ils s'enliseraient dans une guerre imbécile!

Activité : 88 %

Dynamisme	97 %	Affaires	90 %
Voyages	70 %	Sociabilité	96 %

C'est une activité en dents de scie qui les éloigne des emplois sédentaires et ronronnants. Leur dynamisme est du genre terroriste et, lui aussi, soumis à des cycles dangereux qui conduisent les Barthélemy à mettre toute la «gomme» sur un projet qui les excite. Dans les moments creux, cette force brisante ira vers des agitations sociales ou syndicales d'où ne sont pas absentes des tendances subversives. Guidez-les vers le sport, les affaires en sont un! L'argent vient métalliser la profession où l'on distingue, en filigrane, des aspirations aventurières assez inquiétantes! Entraînez-vous à leur résister!

Portrait prospectif

Caractère : 75 %   Psychisme : 53 %   Personnalité : 78 %   Destinée : 80 %   Devenir : 68 %

Comment peut-on se propager dans l'avenir quand on est encombré à ce point par la violence de ses réactions présentes ? C'est tout le problème que nous posent les Barthélemy, mais qu'ils ont l'air d'ignorer superbement. De mauvais esprits ont dit que l'espoir en l'avenir n'était et ne serait jamais que l'échec d'un présent, la fuite dans un merveilleux d'autant plus attirant qu'il est provisoirement inaccessible ! Ce ne peut être évidemment qu'une boutade car nombreux sont les êtres qui, au contraire, prennent appui sur l'actualité de leur action afin de mettre de côté, comme l'on dit, un petit pécule pour le futur. Les Barthélemy, eux, ont une position plus élémentaire et plus simple à leurs yeux. L'avenir, c'est comme le présent : il doit répondre aux besoins de l'homme et céder ou craquer. Pas de demi-mesure !

Autrement dit, et en fonction de ce petit schéma « évaluateur », on s'aperçoit que le caractère des Barthélemy se situe au même niveau que leur personnalité et leur destinée. Cela est assez rare pour mériter d'être souligné ! Il existe chez eux une moyenne caractérologique suffisamment stable pour leur permettre de se déplacer le long de la ligne des temps sans cahots déstabilisants. C'est d'ailleurs le propre des tempéraments colériques que de se propager dans le sens d'une continuation de leur élan primitif.

Le psychisme, lui, connaîtra une dévaluation certaine en fonction de l'extraversion contestataire de ces hommes remuants qui ont besoin d'interlocuteurs pour se définir eux-mêmes et qui élèvent la protestation au plan d'une philosophie de « marquage ». Ils délimitent leur « territoire » sociable par des brûlots issus de chocs dangereux avec des oppositions incendiaires.

On comprend après cela que leur devenir leur échappe quelque peu car les Barthélemy ont beaucoup de mal à gérer leurs excès. Il ne faudra donc pas laisser ces enfants s'installer dans une réputation de fortes têtes qui risquerait, par la suite, de les confirmer dans une attitude de tyrans patentés.

Émotivité : 38 %

| Affectivité | 83 % | Amour | 75 % |
| Famille | 100 %| Enfants | 95 % |

L'émotivité est à l'activité ce que les « additifs » sont à l'essence classique ! En réalité, elle ne joue qu'un très petit rôle psychologique et n'est, finalement, que le support d'une violence intérieure. L'affectivité est tyrannique, elle aussi, et les Barthélemy désirent plus être aimés qu'ils ne sont prêts à manifester leur passion. Disons pudiquement que leur sensualité est exigeante et précoce et leur vie « sentimentale » prend souvent des allures de safari. Il leur faut un tableau de chasse ! Pour eux, la famille est sacrée et a même droit à des colères mémorables qui sont de merveilleux souvenirs pour des enfants aimés...

Réactivité : 59 %

| Santé | 93 % | Sensorialité | 95 % |
| Argent | 80 % | Profession | 100 % |

Il ne faut pas en faire des ogres ! Si vous voulez les tenir en main, adoptez la philosophie des entraîneurs de boxeurs, laissez-les se fatiguer sur un punching-ball avant de critiquer leur comportement ou c'est vous qui en ferez office ! Ne leur parlez pas de cette santé qui les rend increvables jusqu'au jour où... trop c'est trop, un coup du sort les envoie au tapis. Alors, guidez ces malheureux vers quelque entreprise nettement au-dessus de leurs moyens en leur disant : « Chiche ! » Quant à leurs relations mondaines, choisissez-les pour eux parmi des gens costauds n'ayant pas les pieds sensibles, ça vaut mieux !

Barthélemy et les autres prénoms

Moyenne : 65 %
Classement : 37/79

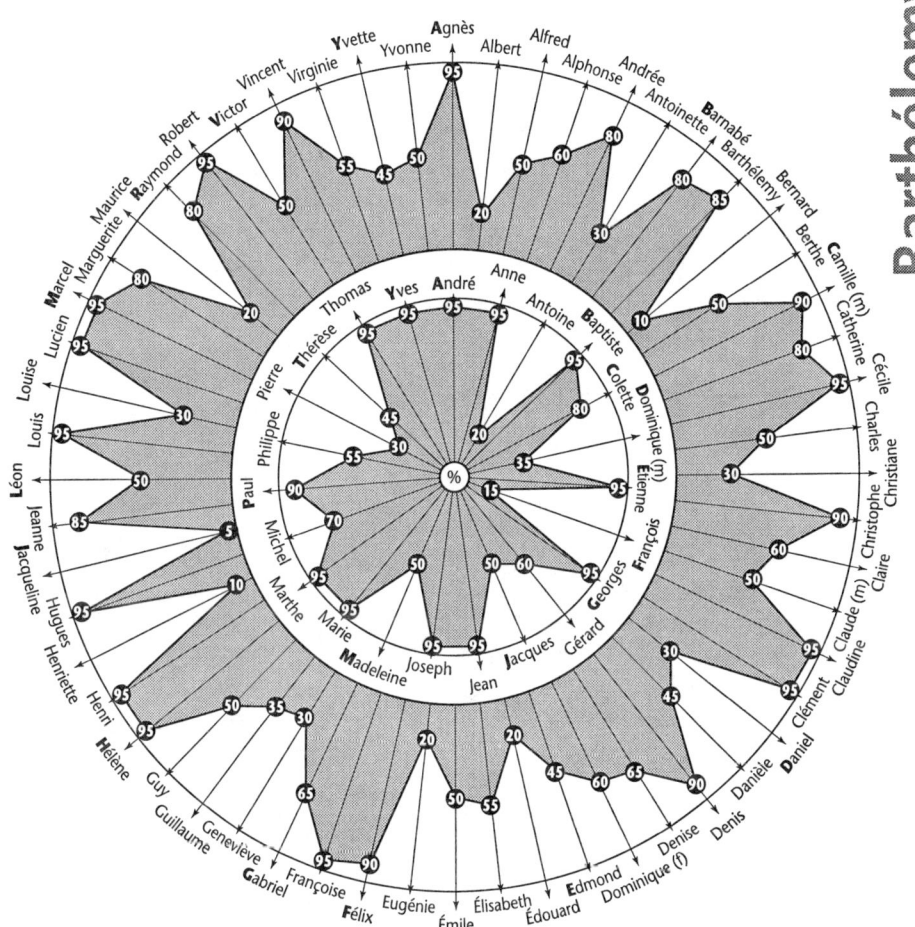

Les roues de compatibilités

Et c'est ici qu'il convient de donner à ces hommes leur véritable dimension participante car, loin de s'isoler, ils considèrent autrui avec une attention soutenue, même si elle se montre un peu bousculante. C'est ainsi que les Barthélemy apprécient à 65 % les autres prénoms, ce qui les place au 37e rang sur 79, et qu'ils sont efficacement perçus par leur entourage, quel qu'il soit, à 70 %, 26e sur 79. Ne vous laissez donc pas impressionner par leur attitude en apparence égocentrique. Vous existez pour eux, ils ont besoin de vous et si vous présentez patiemment à ces hommes intelligents des modes d'action valables, vous en ferez des partenaires du plus haut niveau.

Les autres prénoms et Barthélemy

Moyenne : 70 %
Classement : 26/79

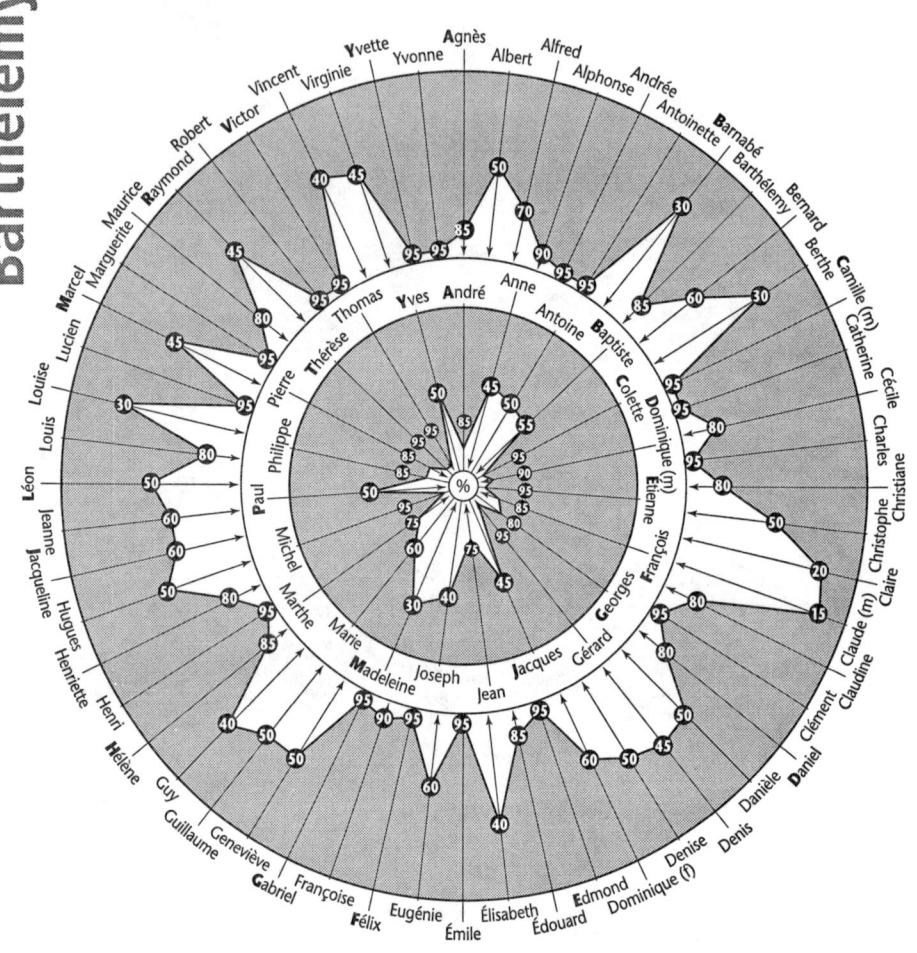

Comment Barthélemy s'entend avec le signe des autres

Bélier	82 %	Balance	88 %	Ce tableau ne concerne pas le rapport prénom personnel/signe personnel. Il n'y a pas d'autocompatibilité entre Barthélemy et son propre signe caractérologique.
Taureau	50 %	Scorpion	62 %	
Gémeaux	38 %	Sagittaire	84 %	
Cancer	46 %	Capricorne	76 %	
Lion	91 %	Verseau	66 %	
Vierge	37 %	Poissons	49 %	

Bernard 13

1 • Prénoms associés

Ce sont tous les prénoms, quelle que soit leur origine, qui partagent les mêmes constantes caractérologiques et que vous découvrirez dans l'index de ce volume (p. 451), dont :

Arthur	Gringoire	Stanislas
Barney	Horace	Stanley
Boris	Madelin	Théobald
Gallien	Moïse	Thibault
Greg	Ninian	Virginien
Grégory	Romaric	...

2 • Célébrités

Pour vous sentir moins seul, ce trop bref aperçu des personnalités de tous les temps et de tous les lieux qui dépendent de ce type de caractère :

- BLIER Bernard (1916-1989) Acteur *Une rondeur pointue.*
- GAVOTY Bernard (1908-1981) Journaliste, producteur, critique, musicien *L'homme orchestre.*
- PECK Gregory (1916) Acteur *L'inquiétude sympathique.*
- RIMBAUD Arthur (1854-1891) Poète *La vie brève.*
- VIAN Boris (1920-1959) Écrivain, humoriste *Les pieds dans le plat.*

3 • Symboles

– L'élément attaché au prénom Bernard est le **feu**, mais un feu plus aéré, plus spirituel que celui que nous connaissons et qui pourrait ressembler à ces fameuses « langues » ignées de la Pentecôte.
– Leur couleur, le **violet**, est également de nature mystique et les Anciens voyaient en elle une signification de fusion amoureuse avec les grands principes sacrés.
– Les nombres **46-45-2**, à dominante féminine, impliquent une forte intuition. Souvent, il arrive que les Bernard échappent à une situation délicate voire désespérée grâce à une inspiration renversante qui leur permet de retomber sur leurs pattes sans peine.

4 • Devise

Celui qui annonce le printemps. Cette devise cache à la fois un enthousiasme communicatif et une volonté farouche de faire participer les autres à ce retour des beaux jours, de gré ou de force. Ce qui ne plaît pas forcément à tout le monde.

5 • Totems

– L'animal totem des Bernard, le **coucou**, ne ravit pas non plus l'entourage de ces hommes extravertis qui se mêlent de tout et souvent veulent faire votre bonheur malgré vous. Les Grecs donnaient à cet oiseau « culotté » le symbole même de l'Esprit de Dieu porté par le vent de foudre et le rattachaient à Junon. Son chant n'est-il pas l'annonce du retour des beaux jours ?

– Le **mûrier**, leur végétal totem, fait encore des Bernard des annonciateurs d'ère nouvelle, de mutation : on sait que ses fleurs qui furent blanches sont devenues rouges à la suite du suicide de Pyrame et Thisbé.

– Quant au minéral, le **sel**, signe d'incorruptibilité et de sagesse, il représente la nourriture spirituelle que les Bernard entendent répandre autour d'eux. D'ailleurs, leurs propos, souvent cinglants, n'en manquent pas !

6 • Vibrations

Modestes en apparence, ces **73 000 v/s**, soit un taux de **40 %**, mais nous en trouverons l'explication au niveau de la lame 9 du tarot car on ne juge pas de l'efficacité d'un véhicule à sa consommation !

7 • Le Jeu de la Vie

Cette **lame 9**, l'**Hermite** – avec un H historique ! – est une carte « couverte ». Voilà pourquoi les Bernard affectent souvent un air mystérieux et semblent obéir à des lois qui leur sont propres. Venant de loin, ils vont loin. Ils savent économiser leur énergie, et même leurs coups de tête gardent la dimension raisonnable d'une réaction un peu « fabriquée » pour secouer l'interlocuteur. Ils aiment volontiers se donner l'aspect et la réputation d'un maître secret capable de dominer l'invisible pour préparer des lendemains triomphants. Mais lorsqu'ils s'aperçoivent, parfois, qu'ils se sont trompés eux-mêmes, plus dure est alors la chute !

Volonté : 96 %

Intuition	85 %	Études	75 %
Réussite	90 %	Associations	100 %

S'il fallait proposer une devise à ces êtres dont la volonté est capable de soulever des montagnes, nous pourrions dire que les Bernard utilisent celle-ci : « Une main de béton dans un gant d'acier ! » La volonté peut devenir tyrannique car leur caractère tranchant les conduit à vous découper en rondelles pour un oui ou pour un rien ! L'intuition joue les pile ou face. Un jour c'est les rayons X et elle vous perce jusqu'à la moelle, le lendemain c'est une lampe de poche ! Des études sérieuses mais, surtout, une prodigieuse manière d'embobiner les associés, les collaborateurs, dans des réussites magiques !

Activité : 98 %

Dynamisme	99 %	Affaires	98 %
Voyages	67 %	Sociabilité	83 %

Comment voulez-vous que l'activité ne soit pas frénétique en fonction de leur sens stupéfiant de l'équipe ? Le dynamisme est la seconde roue de leur char qui pourrait être celui de Ben Hur. Ça passe ou ça casse ! Si les Bernard ne disposaient pas d'une réelle rigueur de comportement, ils feraient des chefs de gangs redoutables. Mais, au fait, il y a parfois des démons tapis dans le recoin de quelques-unes de leurs combines ! Les voyages font partie du standing et plus encore du boulot. La sociabilité est efficace dans le sens où elle va droit à son but qui est double : les copains et les affaires, ou les affaires et les femmes !

Portrait prospectif

Caractère : 93 %   Psychisme : 90 %   Personnalité : 96 %   Destinée : 94 %   Devenir : 87 %

Comment être plus prospectif qu'un Bernard ? Leur présent ne se conjugue qu'au futur et le passé n'est pour eux que cendres d'une actualité dépassée ! Ainsi donc, l'air que respirent ces hommes en perpétuelle accélération est déjà celui des astronautes de demain. Soyez donc prudents en vos jugements d'efficacité de ces êtres essentiellement mutants car ils vous surprendront toujours par la découverte improvisée d'une solution miracle qu'ils vous imposeront avant que vous n'ayez eu le temps d'en évaluer la portée. Vivre avec un Bernard exige du souffle et de la patience car à force de vous parler du jour à venir, ils oublient de mentionner la nuit qui les sépare encore de leur terrain de manœuvre.

Les chiffres ci-dessus montrent fort bien que la puissance de caractère de ces êtres dispose d'une telle amplitude que le psychisme, la personnalité, la destinée, le devenir, n'auront qu'à se coller à la fusée bernardine. C'est sans doute une caractéristique propre aux grands hommes que de pouvoir ainsi aplanir leur aire d'envol pour que leur avion ne soit point déstabilisé par un affaissement du sol. Les Bernard ont l'art de gommer ou d'ignorer les obstacles qui pourraient mettre un frein à leur bel élan prospectif. N'essayez donc pas de les raisonner en les accablant d'arguments irréfutables dont ils se contrefichent éperdument. Prenez en main les risques de l'entreprise ou retirez-vous sur des positions préparées, loin de toute réaction virulente.

D'ailleurs, la nature de leur psychisme est d'ordre « minéral ». Cela ne veut pas dire qu'ils ont une pierre à la place de l'âme mais bien qu'il existe chez eux un besoin de solidité caractérielle. Ils se méfient des gens hésitants ou tardifs. Ils craignent par-dessus tout les sentiments accompagnateurs qui voudraient faire de l'amour un livre de recettes plein de « bisous », de « guili-guili » et de « fais-moi-mal-grand-sauvage » ! Ils ont horreur des diminutifs et, d'une manière générale, de tout infantilisme rampant ! Possèdent-ils vraiment une âme de chef ? Oui, s'ils peuvent choisir leur troupe !

Émotivité : 40 %

| Affectivité | 77 % | Amour | 60 % |
| Famille | 90 % | Enfants | 100 % |

L'émotivité est un poème à elle toute seule. Les Bernard en jouent comme s'il s'agissait d'un orgue de Barbarie. La partition est écrite, il ne reste plus qu'à tourner la manivelle car le même refrain servira au plan de l'affectivité comme à celui de la sentimentalité. Saints ou truands, les Bernard ont l'art de se vendre avec profits et fracas. Leurs amours sont discrètes et cèdent le devant de la scène à une sensualité pathétique en sa volonté de puissance. Leur séduction est redoutable car ils savent faire de leurs « esclaves » sensuelles les reines de leurs furieux désirs impériaux ! Et ça marche aussi avec les enfants !

Réactivité : 64 %

| Santé | 92 % | Sensorialité | 90 % |
| Argent | 100 % | Profession | 100 % |

La diplomatie, les Bernard ne connaissent pas ! On ne doit pas compter sur eux pour noyer le poisson et ils ne supportent pas qu'on tourne autour du pot. Ils le cassent ! Au moins, on sait ce qu'il y a dedans ! On n'ignore pas qu'ils vont exploser mais on ne devine pas quand. Ils ont horreur de l'injustice et, étrangement, ces hommes de combat respectent une certaine forme de loi, qui sent, par moments, le « milieu », mais qui donne à leur personnage picaresque un côté Robin des Bois. L'argent et la profession ne font qu'un, au top niveau mais les Bernard périssent parfois dans l'incendie de leurs illusions de grandeur !

Bernard et les autres prénoms

Moyenne : 63 %
Classement : 50/79

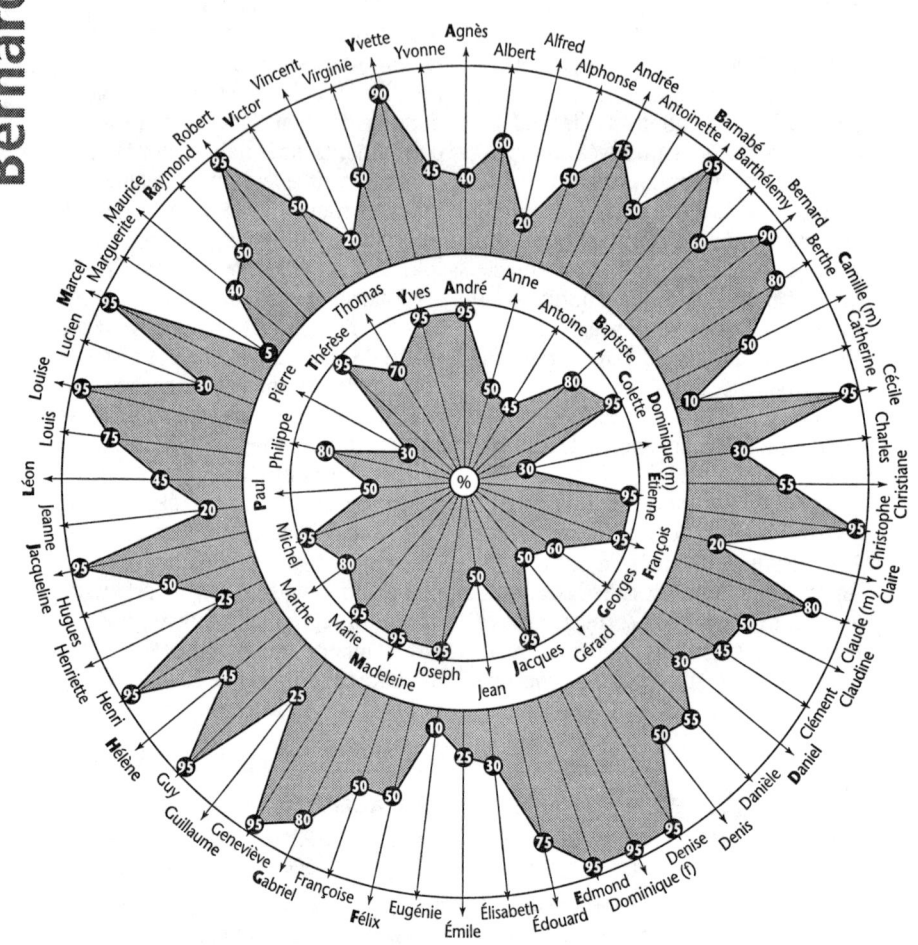

Les roues de compatibilités

Il est clair que les Bernard n'apprécient qu'avec beaucoup de précautions l'irruption d'autrui dans leur vie privée. Une moyenne de 63 % ne les classe qu'au 50e rang sur 79 dans l'acceptation de la présence ou de la collaboration de l'autre. Réciproquement, l'ensemble des prénoms concernés n'accordera que 61 % d'intérêt à la présence d'un Bernard, soit au 45e rang sur 79. Il faut bien reconnaître que les exigences de ces hommes de forte tête en refroidissent plus d'un et que vivre sous la coupe d'un de ces patrons aux volontés immédiates ou de ces chefs de famille aux oukases sans appel ne colle pas toujours avec l'image que l'on peut se faire de la liberté dans la joie !

Les autres prénoms et Bernard

Moyenne : 61 %
Classement : 45/79

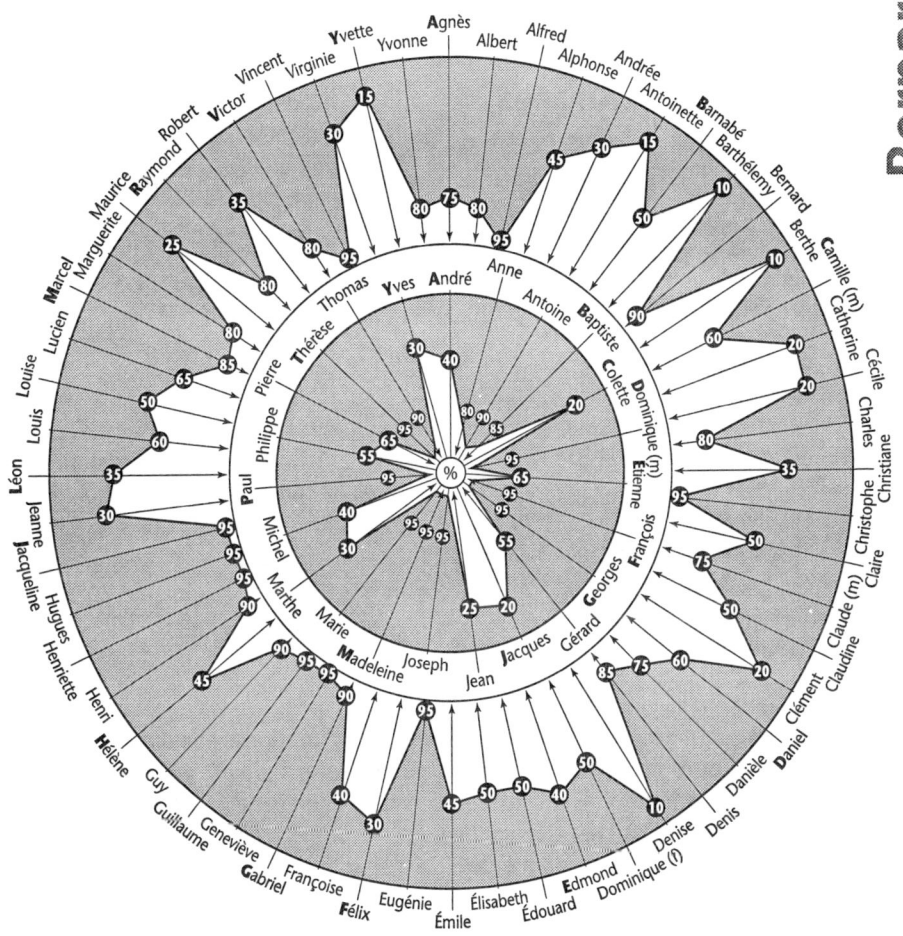

Comment Bernard s'entend avec le signe des autres

Bélier	74 %	Balance	39 %
Taureau	60 %	Scorpion	41 %
Gémeaux	52 %	Sagittaire	67 %
Cancer	49 %	Capricorne	80 %
Lion	83 %	Verseau	53 %
Vierge	86 %	Poissons	60 %

Ce tableau ne concerne pas le rapport prénom personnel/signe personnel.
Il n'y a pas d'autocompatibilité entre Bernard et son propre signe caractérologique.

14 Berthe

1 • Prénoms associés

Ce sont tous les prénoms, quelle que soit leur origine, qui partagent les mêmes constantes caractérologiques et que vous découvrirez dans l'index de ce volume (p. 451), dont :

Amanda	Clothilde	Mélanie
Armelle	Colomba	Mélissa
Aurélie	Déborah	Opaline
Bastienne	Delphine	Oriane
Bertrane	Herminia	Palma
Brenda	Kimberley	...

2 • Célébrités

Pour vous sentir moins seul, ce trop bref aperçu des personnalités de tous les temps et de tous les lieux qui dépendent de ce type de caractère :

- BOVY Berthe (1887-1977) Actrice *Elle faisait un effet bœuf.*
- KERR Deborah (1921) Actrice *Le diable avec ou sans confession.*
- MORISOT Berthe (1841-1895) Peintre *Le pinceau infernal.*
- SEYRIG Delphine (1932-1990) Actrice *Drôle de dame.*
- SYLVA Berthe (1886-1941) Chanteuse *Des chansons tristes à vous noyer l'oreille.*

3 • Symboles

- Les Berthe ont pour élément de base l'**air**, mais un air des couches les plus basses de l'atmosphère, un air de terre, si l'on peut dire, aux senteurs puissantes, chargé d'humidité, encombré de plantes sauvages et envahissantes.
- Leur couleur, expansive et centrifuge, est l'**orangé**, couleur sensuelle, exigeante, prenante. Symbole du mariage de type tyrannique tissé de sensations fortes.
- Les nombres **30-28-20**, tous de type féminin et avides, presque thésauriseurs, cherchent un difficile équilibre entre l'esprit et la libido.

4 • Devise

Cette devise retentit comme un avertissement : **Celle qui entoure** et nous verrons qu'elle est particulièrement bien ajustée à ce caractère subjuguant. Car il y a plusieurs manières d'entourer ou d'être entouré selon que l'on assiège ou que l'on est assiégé. L'amour procède de cette ambiguïté et cela peut coûter cher... Les Berthe en savent quelque chose !

5 • Totems

– L'animal totem de ces chères Berthe est le **boa**, bestiole enveloppante qui vous enserre de ses anneaux avant de vous déguster et ce dès leur jeune âge car, c'est bien connu, l'avaleur n'attend pas le nombre des années !
– Leur végétal est la **vigne vierge**, cette espèce de liane au petit pied qui se cramponne à la moindre aspérité et qui donne aux Berthe l'exubérance du vin nouveau ainsi que le visage secret et lointain de la vierge... symbolique.
– La **topaze** est donc leur minéral qui leur apporte audace et courage. Cette pierre précieuse aux reflets d'or, chargée de sensualité capricieuse et piégeuse joue vraiment le rôle d'un porte-bonheur !

6 • Vibrations

D'une moyenne un peu hésitante, **75 000 v/s**, au taux de **42 %**, ces vibrations amorties confèrent néanmoins à la personnalité des Berthe le pouvoir de concocter des plans ambitieux et lointains, dont le mariage qu'elles vont digérer avec une gourmandise inquiétante.

7 • Le Jeu de la Vie

La carte maîtresse des Berthe est la **lame 2**, la **Papesse** ! Personnage énigmatique et secret, détenant le Livre de la Vie et solidement installé à l'entrée d'un sanctuaire égyptien protégé par un voile magique. Nous sommes là en présence de la Femme avec un grand F, prêtresse ou déesse dont la tête, à l'enflure épisodique, a du mal à s'insérer dans la tiare pontificale. De là à imaginer que les Berthe peuvent avoir tendance à se prendre pour le bon Dieu, il n'y a qu'un pas à franchir ! Ne laissez donc pas ces êtres passionnants et passionnés vous tondre la laine sur le dos !

Volonté : 92 %

Intuition	87 %	Études	90 %
Réussite	75 %	Associations	65 %

Souvenez-vous de la Grosse Bertha, ce monstrueux canon allemand qui bombardait Paris en 1918. Eh bien, lorsque vous contemplez le caractérogramme explosif des Berthe, vous comprenez vite que les sirènes ont intérêt à se faire entendre. Une volonté éclatante, une intuition subtile, un flair surprenant. N'essayez pas de leur raconter des histoires car elles sont susceptibles et assez rancunières. Elles ne pardonnent que difficilement et n'oublient jamais rien, ce qui est pratique pour les études. La réussite joue les petits « toutous » et les associés les gros « toutous ». Devinez qui est le plus dangereux ?

Activité : 97 %

Dynamisme	99 %	Affaires	60 %
Voyages	50 %	Sociabilité	97 %

Elle est envahissante, cette activité. Les Berthe veulent s'occuper de tout et se mêler de tout. Si elles vous prennent sous leurs ailes c'est qu'elles pensent que vous n'avez rien compris et que vous n'êtes bon à rien ! Quant à leur dynamisme, c'est ce qui se fait de mieux dans le genre : « Ôte-toi de là, que je m'y mette. » On comprend après cela que le monde des affaires soit en état de suspicion légitime, que les voyages se transforment en chemin de croix et que la sociabilité ressemble plus à un conseil de révision qu'à un salon du siècle des Lumières ! Tout cela dans la joie, car elles savent rire de leurs propres plaisanteries !

Portrait prospectif

Caractère: 82%   Psychisme: 77%   Personnalité: 89%   Destinée: 79%   Devenir: 67%

Vous est-il arrivé d'être pris de panique à l'idée de parler d'avenir à telle ou telle personne? On ne peut le faire ni aux parents à héritage, bien sûr, ni même et à plus forte raison aux êtres à la santé précaire en train de grignoter leur état civil! Eh bien, l'exercice n'est pas plus facile avec les Berthe qui se défient de vos projections événementielles comme une simple dinde à l'approche de Noël.

Posons donc le problème en termes comparatifs! Leur caractère, nous l'avons vu, est un curieux mélange de volonté active auquel vient s'ajouter une émotivité particulièrement réactive. Autrement dit, nous avons affaire à des êtres pour qui la violence de l'instant dissimule ou du moins estompe grandement la silhouette de l'avenir. Chose frappante, ce sont souvent les caractères les plus «trempés» au présent qui ont peur de se «mouiller» dans le futur! Pourquoi? Parce que le psychisme a tendance à se replier dans un cas et à compenser dans l'autre. Les Berthe, elles, se méfient quelque peu de certaines outrances de leur caractère et cherchent à se protéger en secret de leurs excès dialectiques. Vous aurez donc l'occasion, lors d'un affrontement un tantinet orageux avec ces belles entêtées, de stopper leur progression ravageuse en leur disant: «Vous en faites trop! Essayez donc de comprendre à quoi cela vous engage!» C'est là le mot clef! Ce n'est qu'au niveau de la compromission dans le devenir qu'elles peuvent prendre conscience de leur responsabilité projective! Rassurez-vous, aussitôt après, leur personnalité va rebondir et elles essayeront de vous persuader que l'avenir n'est pas la suite du présent mais la mise en œuvre d'une structure nouvelle, sans père ni mère, basée sur la conviction de sa propre valeur et non sur une hérédité tactique. Leur destinée sera plus hasardeuse qu'elles ne le pensent et leur devenir souffrira cruellement de leur manque d'esprit de prévision. C'est un hiatus qu'elles franchiront, l'âge venu, avec la sournoise amertume d'avoir pris pour argent comptant ce qui n'était que le clinquant d'une prétention flatteuse.

Émotivité: 62%

Affectivité	95%	Amour	90%
Famille	70%	Enfants	45%

C'est le détonateur de ce psychisme à la potentialité redoutable. Les Berthe ont à leur disposition un prodigieux arsenal de coups de tête, de gaffes à damner un ministre, de confidences incendiaires. Car elles ne tiennent pas en place, les petites chéries! Elles vous jettent leur affectivité à la tête, assaisonnée d'un grand éclat de rire. Leurs amours sont souvent étouffantes. Des passions de boa, nous l'avons vu, enrouleuses et gourmandes. Si vous êtes pris dans leurs anneaux, le mariage est au bout du chemin. La famille? Elle se fait une raison et les enfants, un peu délaissés, comptent les coups.

Réactivité: 66%

Santé	87%	Sensorialité	82%
Argent	80%	Profession	70%

La porte ouverte à toutes les situations conflictuelles imaginables. Les Berthe ignorent le mot objectivité, remplacé par la «balance» ami/ennemi. La vitalité est étonnante et leur résistance de zébu a de quoi décourager n'importe quel marathonien. La profession est souvent pour elles un exutoire en forme de paratonnerre. Des comédiennes à brûler des théâtres, des enseignantes révolutionnaires… Et puis, il y a la sensorialité et ses alentours. Un bel appétit de toutes les heures et de tous les jours, une manière cannibale de regarder le partenaire qui ne vous fait pas que froid dans le dos! Des femmes exquises, quoi!

Berthe et les autres prénoms

Moyenne : 60 %
Classement : 60/79

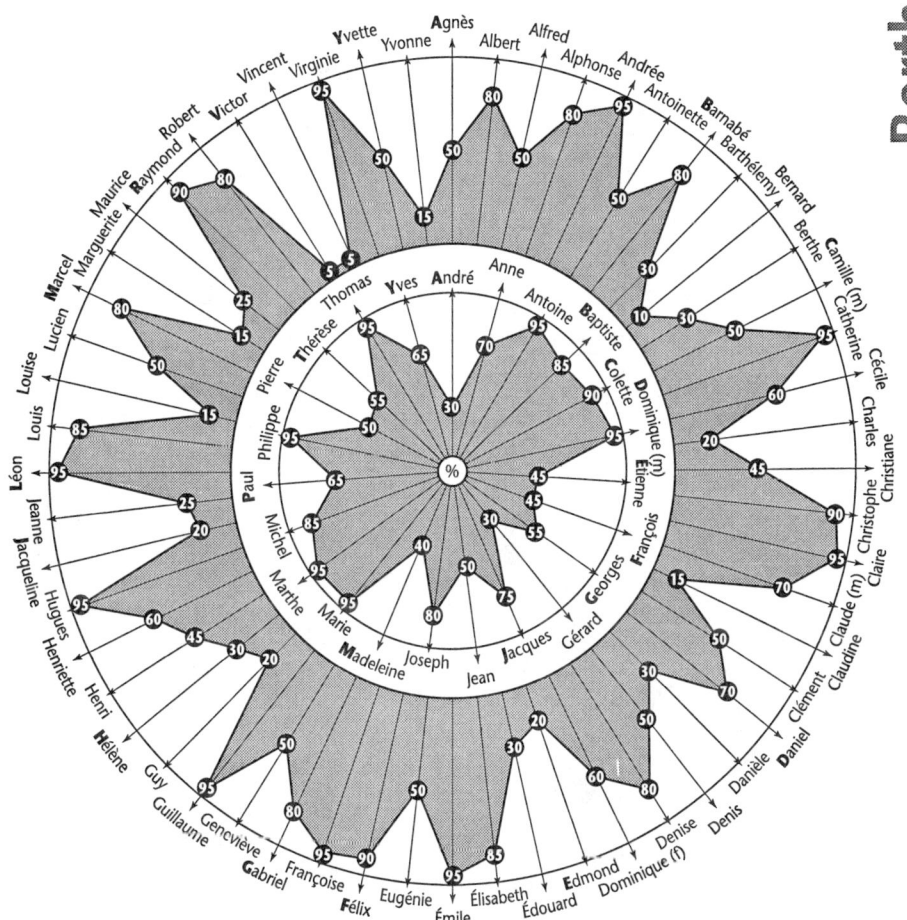

Les roues de compatibilités

Mais alors, comment vont-elles, ces chères Berthe, se comporter vis-à-vis des prénoms, de tous les prénoms qui les cernent et qui, fatigués souvent par leurs rodomontades, les attendent au tournant, comme l'on dit familièrement ? Eh bien, ce n'est pas fameux ! Elles n'apprécient qu'à 60 % de moyenne les êtres qui les approchent, 60e sur 79 ! Ces autres prénoms se méfient autant des Berthe qui semblent mener une politique isolationniste qui leur déplaît. Résultat : c'est à 53 %, soit au 67e rang sur 79, que leurs interlocuteurs, volontaires ou non, considèrent « celles qu'ils entourent ». Moralité : ce n'est pas le tout de tendre des pièges, encore faut-il pouvoir y attirer quelqu'un !

Les autres prénoms et Berthe

Moyenne : 53 %
Classement : 67/79

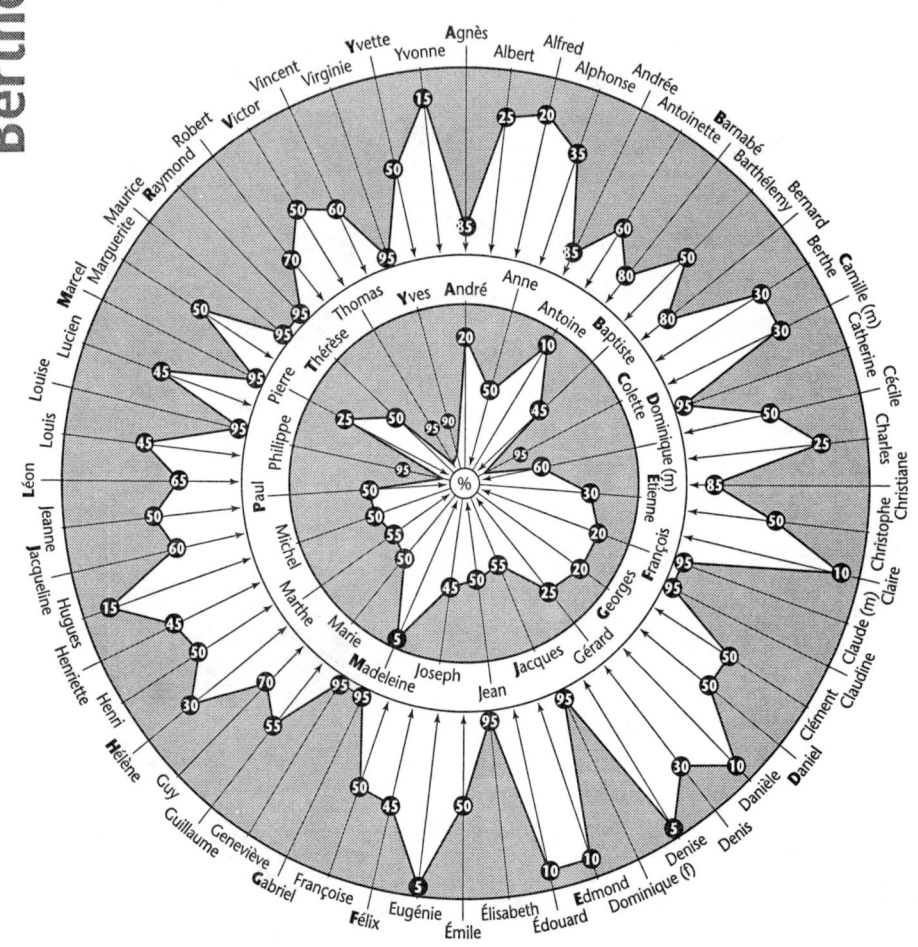

Comment Berthe s'entend avec le signe des autres

Signe	%	Signe	%
Bélier	30 %	Balance	78 %
Taureau	42 %	Scorpion	35 %
Gémeaux	75 %	Sagittaire	80 %
Cancer	55 %	Capricorne	63 %
Lion	65 %	Verseau	77 %
Vierge	92 %	Poissons	68 %

Ce tableau ne concerne pas le rapport prénom personnel/signe personnel.
Il n'y a pas d'autocompatibilité entre Berthe et son propre signe caractérologique.

Camille (M) 15

1 • Prénoms associés

Ce sont tous les prénoms, quelle que soit leur origine, qui partagent les mêmes constantes caractérologiques et que vous découvrirez dans l'index de ce volume (p. 451), dont :

Armand	Fernand	Martin
Bénédict	Fragan	Mathurin
Blaise	Fulgence	Olivier
Cassien	Galtier	Riwal
Dixon	Libert	Vrain
Ferdinand	Loman	…

2 • Célébrités

Pour vous sentir moins seul, ce trop bref aperçu des personnalités de tous les temps et de tous les lieux qui dépendent de ce type de caractère :

- DESMOULINS Camille (1760-1794) Politicien *La révolution ratée.*
- HUSSENOT Olivier (1914-1980) Acteur *Un caméléon à tiroir.*
- PASCAL Blaise (1623-1662) Philosophe, physicien *Recréer Dieu !*
- SAINT-SAËNS Camille (1835-1921) Musicien *Des opéras bien notés.*
- SCORSESE Martin (1942) Réalisateur *La Mafia comme si on y était.*

3 • Symboles

– Leur symbole élémental, si l'on peut dire, est la **terre**, une terre qui ne se fie qu'à la terre. Les Camille, de nature susceptible, se rassurent par les pieds ! Ils se méfient de tout ce qui coule, souffle ou brûle et possèdent souvent une âme d'homme des cavernes.
– La couleur des Camille est le **jaune** que la tradition rattache à l'inconstance et à la culpabilité. C'est une couleur « double » à la signification ambivalente car elle peut être le signe d'une belle intuition et de la capacité de renouvellement comme aussi celui de l'instabilité et de la vanité.
– Leurs nombres **37-18-25**, à dominante masculine, ne sont pas exempts d'une certaine forme de timidité qui pourrait se traduire par de violents et soudains désirs de fuite.

4 • Devise

Ici, elle résume fort bien l'un des traits les plus marquants du caractère des Camille : **L'homme inquiet.** Un homme qui a tendance à se réfugier dans sa vie intérieure, moins pour être tranquille que pour ne pas subir ce qu'il pense être la tyrannie d'autrui.

5 • Totems

– Comment s'étonner après cela de voir passer comme une flèche leur animal totem, l'**antilope** prête à bondir à la moindre alerte et courant souvent plus après elle-même que devant un danger précis.

– Le **pavot** est le végétal des Camille, cette plante aux vertus multiples et controversées qui peut aussi bien calmer la douleur que plonger celui qui en abuse dans des paradis frelatés et dangereux.

– Leur minéral, le **sodium**, est ce métal très répandu, mou, qui se ternit rapidement, brûle à l'air, réagit violemment avec l'eau et qui, sous forme de chlorure, est ce fameux « sel de la terre ».

6 • Vibrations

C'est en constatant la bonne moyenne de ce taux vibratoire, **53 %** pour 85 000 v/s, que les Camille doivent reprendre confiance en eux. Certes, ils seront toujours en état de dualité mais il faudra, à tout prix, qu'ils sachent organiser leur « alternance » de personnalité. Camille ou la « gent » double !

7 • Le Jeu de la Vie

Cette carte, le **Pape, numéro 5**, se justifie caractérologiquement par le symbolisme des deux fidèles qui, placés devant le souverain pontife, adoptent des attitudes contradictoires fort intéressantes. L'un des auditeurs reçoit avec recueillement et crainte le message de sagesse et d'expérience, l'autre se lève en protestant, prêt à partir pour ne pas en entendre plus. Ce qu'il faut retenir de cette situation « pontificale », c'est le besoin qu'auront toujours les Camille d'un point de référence situé hors de leur petit univers agité, d'un conciliateur de leurs propos antagonistes, de la présence d'un « confesseur » capable de réduire leurs propres contradictions aux dimensions supportables de la vie.

Volonté : 83 %

Intuition	92 %	Études	86 %
Réussite	75 %	Associations	50 %

Un prénom que l'on a intérêt à aborder sur la pointe des pieds. La volonté est trop dépendante de l'émotivité pour que ces charmants Camille n'aient pas un caractère inquiet. Avant de juger, ils « intuitent », si l'on peut dire, et cette intuition représente pour eux une véritable prescience qui leur rend beaucoup de services mais qui fait hausser les épaules des esprits forts. Les études elles-mêmes marcheront au « pifomètre » et si la réussite est convenable, les associations se contractent, au propre comme au figuré. Ça coince ! Alors, bien sûr, ce sera à vous de les dégripper… au forceps !

Activité : 88 %

Dynamisme	77 %	Affaires	70 %
Voyages	60 %	Sociabilité	80 %

Efficace mais soumise aux aléas de l'émotivité, l'activité aussi est fortement contrastée, au point de ne pas se reconnaître elle-même. À certains moments le dynamisme s'emballe et on a du mal à les suivre, à d'autres moments on a l'impression qu'ils se « courent après ». Ce jeu de l'« être » et du « paraître » s'installera fréquemment dans ce type de caractère fragilisant les affaires, donnant aux voyages un aspect déroutant, presque choquant, et faisant de la sociabilité un jeu de cache-cache où l'on retrouve les jours « avec » et les jours « sans » ! Mais c'est peut-être un charme de plus ! Le loto !

Portrait prospectif

Caractère : 61 %   Psychisme : 56 %   Personnalité : 68 %   Destinée : 71 %   Devenir : 73 %

Camille (M) • 15

Il y a deux manières d'aborder l'avenir ! Soit en lui faisant face, soit en lui tournant le dos. Les Camille ont choisi la troisième : se mettre à quatre pattes ! La raison de cette attitude ? Tout simplement, nous l'avons vu, pour maintenir le contact le plus étroit possible avec la terre. À leurs yeux, le monde ne se conjugue pas au passé, au présent et moins encore au futur ; ils ne vivent pas dans une grammaire mais dans un de ces planisphères de type moyenâgeux où l'on découvre de grands espaces blancs se distinguant par cette précision sémantique : *Hic sont leones !* Les Camille sont des spatiaux, non des temporels ! Pour eux, demain est un territoire et un projet ne s'exprime jamais en durée. Faites donc basculer votre dialectique au plan – c'est le cas de le dire – de la surface.

Ne misez donc pas sur leur force de caractère pour entraîner leur adhésion à votre entreprise, car ce n'est pas par l'effet de leur volonté qu'ils s'engagent mais bien par une intuition toujours en alerte qui les conduit à vous suivre ou à vous fuir, sans qu'une raison démontrable vienne justifier leur comportement. Il ne faut pas jouer au dompteur avec les Camille, d'ailleurs on ne dresse pas une antilope ! Servez-vous au contraire de leur caractérogramme pour détecter leurs points de sensibilité et abstenez-vous de tout discours moralisateur qui ne ferait que renforcer leur crainte de se voir embrigader pour longtemps dans une croisade réformatrice dont ils n'ont que faire.

Le psychisme est donc du type oscillant et la personnalité, au contraire, bénéficie d'une position originale qui ne manque pas d'intéresser les dames et d'irriter les messieurs. Les uns et les autres prennent les Camille pour des funambules qui ne cessent, au gré des événements, de tresser la corde sur laquelle, l'instant d'après, ils feront leurs cabrioles. Et ce jeu de l'amour et du hasard – grâce à une chance rarement démentie – leur permet de se forger une destinée et un devenir bien au-dessus de leurs potentialités tant il est vrai qu'il y a aussi un Dieu pour les ectoplasmes !

Émotivité : 64 %

| Affectivité | 80 % | Amour | 70 % |
| Famille | 60 % | Enfants | 50 % |

La voilà donc cette vilaine fée Carabosse qui vient souvent endormir le beau petit prince ou, au contraire, en faire une citrouille à roulettes. Cette émotivité va créer chez nos Camille une zone hypersensible, celle de l'affectivité et des amours où le terrain est particulièrement « piégeux » ! Trop d'affectivité leur fait craindre une main-mise qui les réduirait en esclavage, un manque d'amour les conduit à l'inquiétude des timidités fuyantes. Et on « repique au truc » avec la famille et les enfants ! Il en faut, mais pas trop et au bon moment. Simple, non ? Il n'y a que leurs rejetons que cela n'amuse pas !

Réactivité : 41 %

| Santé | 93 % | Sensorialité | 95 % |
| Argent | 90 % | Profession | 70 % |

En réalité, nous n'avons fait que traiter de cette réactivité qui joue les « filigranes » en fond de décor de cette « saga » évanescente. « Être ou ne pas être ? » Cette question, les Camille se la posent à chaque départ d'incident. La santé elle-même s'interrogera comme sont remis en question les rapports de ces hommes troublants avec leur entourage. Évitez donc de les mettre au pied du mur si vous ne voulez pas qu'ils y grimpent. Ce complexe de fuite se retrouvera aux plans de la sensorialité et de la profession. Une sensualité forte, en dents de scie, que l'argent vient parfois équilibrer. Dur, dur !

Camille et les autres prénoms

Moyenne : 66 %
Classement : 29/79

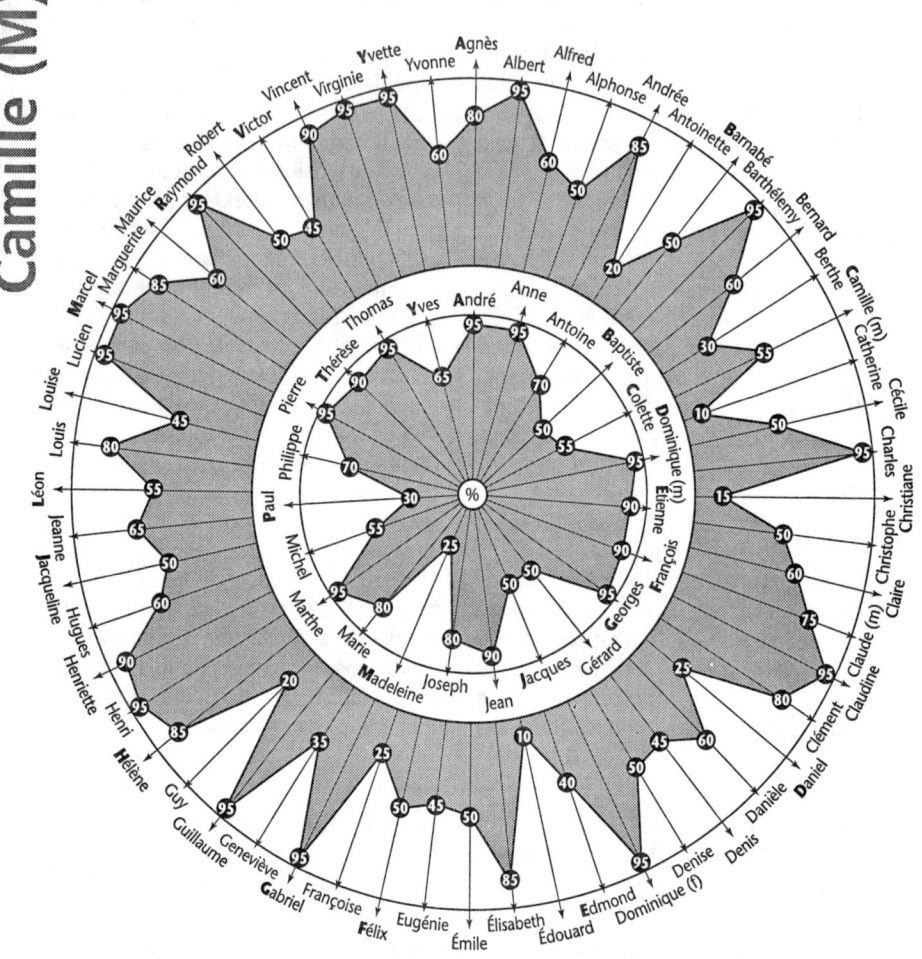

Les roues de compatibilités

Autre surprise, les Camille ont de bons contacts et c'est ainsi qu'ils apprécient à 66 % les prénoms de ceux qui les approchent, soit la 29e place sur 79. Leur entourage, dans le sens le plus large du terme, ne boude pas non plus cette participation et c'est à 67 % que les autres prénoms apprécient ces hommes surprenants, soit un classement de 34e sur 79, ce qui n'est pas mal du tout, compte tenu de l'imprévisibilité de nos amis. Nous avons donc affaire à des êtres complexes de caractère et compliqués de personnalité que l'on ne devrait aborder qu'avec un solide mode d'emploi complété de schémas salvateurs. C'est ce que nous avons essayé de vous apporter !

Les autres prénoms et Camille

Moyenne : 67 %
Classement : 34/79

Comment Camille s'entend avec le signe des autres

Bélier	60 %	Balance	37 %
Taureau	89 %	Scorpion	26 %
Gémeaux	56 %	Sagittaire	93 %
Cancer	34 %	Capricorne	82 %
Lion	88 %	Verseau	47 %
Vierge	75 %	Poissons	62 %

Ce tableau ne concerne pas le rapport prénom personnel/signe personnel. Il n'y a pas d'autocompatibilité entre Camille et son propre signe caractérologique.

16 Catherine

1 • Prénoms associés

Ce sont tous les prénoms, quelle que soit leur origine, qui partagent les mêmes constantes caractérologiques et que vous découvrirez dans l'index de ce volume (p. 451), dont :

Audrey	Dorine	Réjane
Auxane	Faustine	Sergiane
Beverley	Kate	Simone
Cathy	Katell	Théodora
Conception	Kelly	Wendy
Coralie	Régine	...

2 • Célébrités

Pour vous sentir moins seul, ce trop bref aperçu des personnalités de tous les temps et de tous les lieux qui dépendent de ce type de caractère :

- BEAUVOIR (de) Simone (1908-1986) Écrivain — *La splendeur d'un amour insolite.*
- HEPBURN Audrey (1929-1993) Actrice — *La fragilité à toute épreuve.*
- LANGEAIS Catherine (1923-1998) Téléspeakerine — *L'ancêtre des femmes-tronc.*
- SIGNORET Simone (1921-1985) Actrice, auteur — *Un amour inoxydable.*
- WEIL Simone (1909-1943) Écrivain, philosophe — *Une chrétienne de plus...*

3 • Symboles

– Chez Catherine et chez les autres prénoms associés, l'élément de base est le **feu**, un feu qui s'allume tout seul, se suffit à lui-même, un feu magique qui se veut purificateur et qui n'est que trop souvent destructeur.

– De là à ce que leur couleur soit le **rouge**, il n'y a qu'un pas vite franchi par la colère spontanée de ces femmes, leur goût sauvage pour les apocalypses éclairantes, leurs anxiétés secrètes qu'elles veulent incandescentes.

– Leurs nombres, **35-38-1**, soulignent leur désir presque masculin d'être toujours les premières, de faire des queues de poisson aux traînards de la vie, de prendre facilement les collaborateurs pour des esclaves et leurs amis pour des courtisans.

4 • Devise

Le secret du sang. Curieusement, les Catherine sont enclines à donner une grande importance à tout ce qui touche au sang rouge et chaud. Symboliquement au travers d'un sens inné de l'aristocratie ; matériellement en s'intéressant à la criminologie, aux maladies hématologiques, etc.

5 • Totems

– Leur animal totem est le **cygne** que l'on prend volontiers pour un oiseau immaculé, dédaigneux, personnification de la lumière, alors qu'il peut développer un autre aspect de lui-même, le cygne noir qui chante faux, bestiole agressive et sanguinaire qui, alors, s'apparente à l'oie par sa sottise. Au choix !
– Leur végétal totem fait dans le rouge, lui aussi, puisque c'est le **fraisier** qui est, disent les Indiens, la nourriture de l'âme mais qui est bien connu pour ses akènes granuleux et l'urticaire qu'il provoque.
– Quant au minéral qui colore le caractère des Catherine, c'est le **zircon**, pierre faussement précieuse qui a le culot de se faire passer pour du diamant. À méditer !

6 • Vibrations

Mais ici, quelle puissance, messeigneurs ! À 103 000 v/s, soit un taux de 72 %, il faudra compter avec ce palmipède qui se monte le cou pour un rien et qui se prend pour un oiseau divin !

7 • Le Jeu de la Vie

Cette carte **numéro 11** semble être à sa place. C'est la **Force**, une femme de tête et de poigne qui ferme la gueule au méchant lion en jouant les dompteurs patentés. La volonté mise au service de la domination, le désir submergeant de l'imposer aux autres, l'utilisation de l'action et de la puissance au profit d'une ambition royale et même impériale ! Alors, si vous êtes le lion superbe et généreux d'une Catherine, vous savez ce qu'il vous reste à faire ! Le drame c'est qu'à ce compte, vous n'êtes pas près de sortir de votre cage dorée ou adorée… Qu'on se le dise ! Une Catherine tient d'ailleurs à ce qu'on la traite en conséquence. Apprenez à parler à la 3ᵉ personne !

Volonté : 87 %

| Intuition | 78 % | Études | 91 % |
| Réussite | 90 % | Associations | 50 % |

Lorsque vous démontez le caractère d'une Catherine, vous retrouvez tous les ingrédients et tous les mécanismes qui font une excellente bombe ! La puissance sournoise de la volonté, l'émotivité en forme de détonateur, la réactivité meurtrière et l'activité trompeuse. Mais que ce portrait flatteur de ces femmes passionnantes et difficilement maniables ne vous fasse pas oublier leur fort pourcentage de réussite. Des études à la hussarde et des associations colériques et nerveuses que les Catherine transforment facilement en séances de rééducation ! Sans oublier les amitiés-pièges !

Activité : 79 %

| Dynamisme | 90 % | Affaires | 100 % |
| Voyages | 100 % | Sociabilité | 77 % |

Et, chose étonnante, l'activité n'est pas cette explosion à rallonge que l'on pouvait attendre. Il existe une part de « bluff » dans cette agitation qui est beaucoup plus dépendante d'un dynamisme dopé que d'une activité organisée. Elles ont d'ailleurs tendance à abuser de pas mal de choses et de pas mal de gens ! Les affaires roulent leur train d'enfer, quitte à dérailler de temps à autres ; les voyages ressemblent souvent à ces rallyes de l'extrême où le tombeau est toujours ouvert ; quant à la sociabilité, elle mêle l'utile à l'agréable sur l'air célèbre de « Ôte-toi de là que je m'y mette ! »

Portrait prospectif

Caractère : 90 %   Psychisme : 86 %   Personnalité : 93 %   Destinée : 90 %   Devenir : 79 %

Un animal, même domestique, à qui l'on retire la proie de la gueule devient, *ipso facto*, un véritable danger public. Il en est ainsi des Catherine à qui vous voudriez arracher le futur de leur boulimie prospective. Elles respirent le « demain » comme d'autres suçotent le « passé » lorsqu'ils font de la politique. Le phénomène est assez rare chez nos chères compagnes pour mériter le détour et se pencher un instant sur le besoin qu'ont certains êtres de projeter sur le mur du temps ce qui n'est après tout qu'une ombre chinoise, dans l'espoir que leurs ambitions de l'instant deviendront leurs convictions de toujours.

Bref, les Catherine disposent d'un caractère tricoté d'une manière telle que l'on risque d'avoir maille à partir avec elles si l'on met en doute leur volonté de se statufier pour l'éternité dans le futur composé qui les obsède. Mais alors, quelle est la part de bluff qui vient teinter cette prospective d'une lueur suspecte ? Difficile à dire. Toujours est-il que ce n'est pas par l'ironie ricanante que vous les ferez descendre de leur balai ensorcelé ni par la menace de fiascos catastrophiques que vous les convaincrez. Vous risquez tout simplement de vous retrouver les deux pieds dans le même sabot, ayant perdu le peu de crédit que votre docilité intelligente avait pu vous gagner jusqu'alors.

Le psychisme, leur conviction intime de leur mission philanthropique, suit le mouvement. Craintes et regrets ne seront jamais de mise. La personnalité, elle, s'épanouira dans une débauche de projets et de réformes que les Catherine, même quand elles ne sont pas de Russie, concocteront avec cette ferveur furieuse qui fera de leur destinée un moment grandiose, s'il n'est pas tragique ! Quant au devenir qui est la résultante personnelle de cette entreprise cosmique, il est des plus incertains. « Cela reviendrait, disent ces femmes étonnantes, à demander à une fusée de 14 juillet ce qu'elle va bien pouvoir faire quand elle ne sera plus cet étincellement d'un soir de fête ! »

Émotivité : 65 %

| Affectivité | 70 % | Amour | 60 % |
| Famille | 50 % | Enfants | 70 % |

Cette émotivité imprègne trop le psychisme de nos belles amies pour leur laisser le temps de réfléchir avant l'action. À la moindre résistance, des traits mordants, blessants, risquent de vous cueillir à froid et de vous secouer méchamment. Comme ce n'est pas l'affectivité qui les étouffe ni l'amour qui les submerge, vous allez être forcé de vous faire une âme de porc-épic pour ne pas être emporté par la tempête. La famille elle-même prendra, certains jours, des allures de radeau de *La Méduse* où tout le monde se « bouffe » le nez gaiement. Seuls les enfants arrivent à tirer leur épingle du jeu !

Réactivité : 68 %

| Santé | 90 % | Sensorialité | 82 % |
| Argent | 95 % | Profession | 88 % |

N'allez pas en conclure, surtout, que ces Catherine sont les représentantes de la maison Méphisto et Cie, car derrière cette réactivité ravageuse à la susceptibilité royale, se cache un être encombrant peut-être mais séduisant aussi, pour peu que l'on soit un tantinet « maso » ! Certes, le personnage aime à se masquer souvent d'indifférence ou de mépris, mais habilement révélée, la sensorialité – suivez mon regard ! – est émouvante comme un beau typhon tropical. Surtout ne mélangez pas le « tricotin » avec la profession et l'argent. Les cocktails Molotov ont toujours été d'un emploi dangereux !

Catherine et les autres prénoms

Moyenne : 61 %
Classement : 57/79

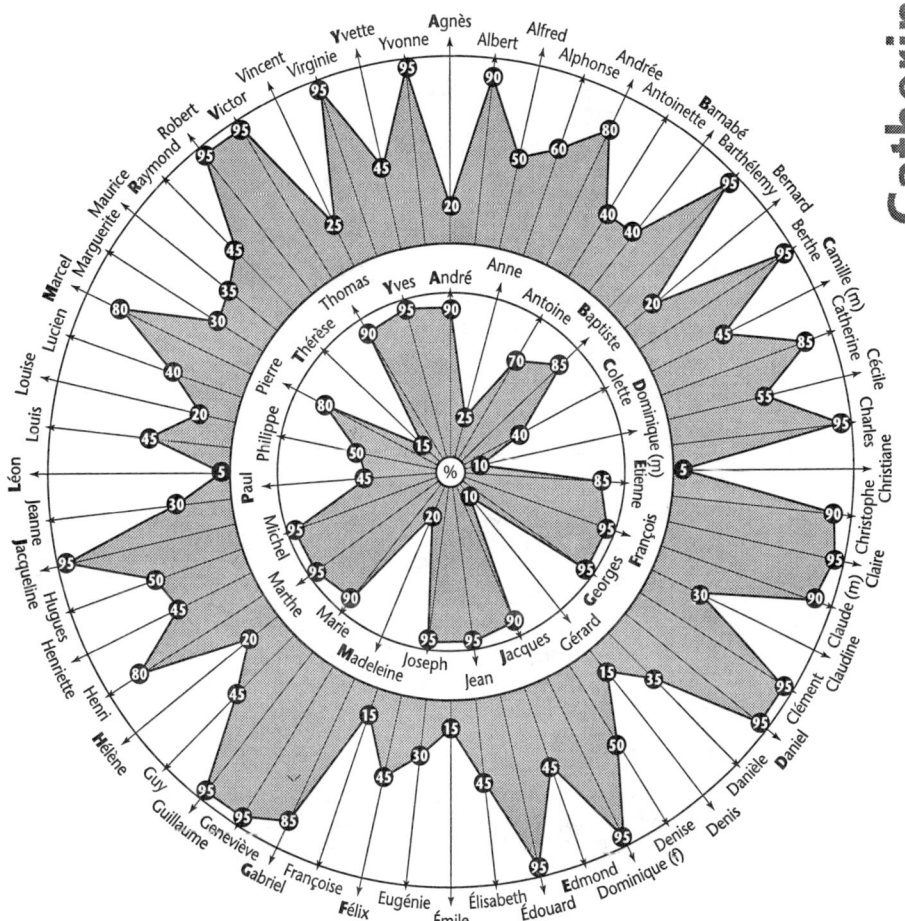

Les roues de compatibilités

On ne peut pas dire que les Catherine sont torturées par le besoin de s'apitoyer sur leur entourage. D'ailleurs, le mot « entourage » les met hors d'elles-mêmes : on n'entoure pas une Catherine, on l'approche ! Elles n'apprécieront donc qu'à 61 % les prénoms qui les côtoieront, soit la place médiocre de 57e sur 79. Ces « autres » le lui rendent bien en ne considérant ces femmes turbulentes qu'à 59 %, ce qui les bloque à la 52e place sur 79. Tout cela n'est pas forcément reluisant et l'on comprend qu'à propos de tout et de rien des barrières incapacitantes puissent surgir à chaque instant, venant compliquer des situations déjà fragiles où les uns et les autres ont souvent envie d'envoyer tout balader !

Les autres prénoms et Catherine

Moyenne : 59 %
Classement : 52/79

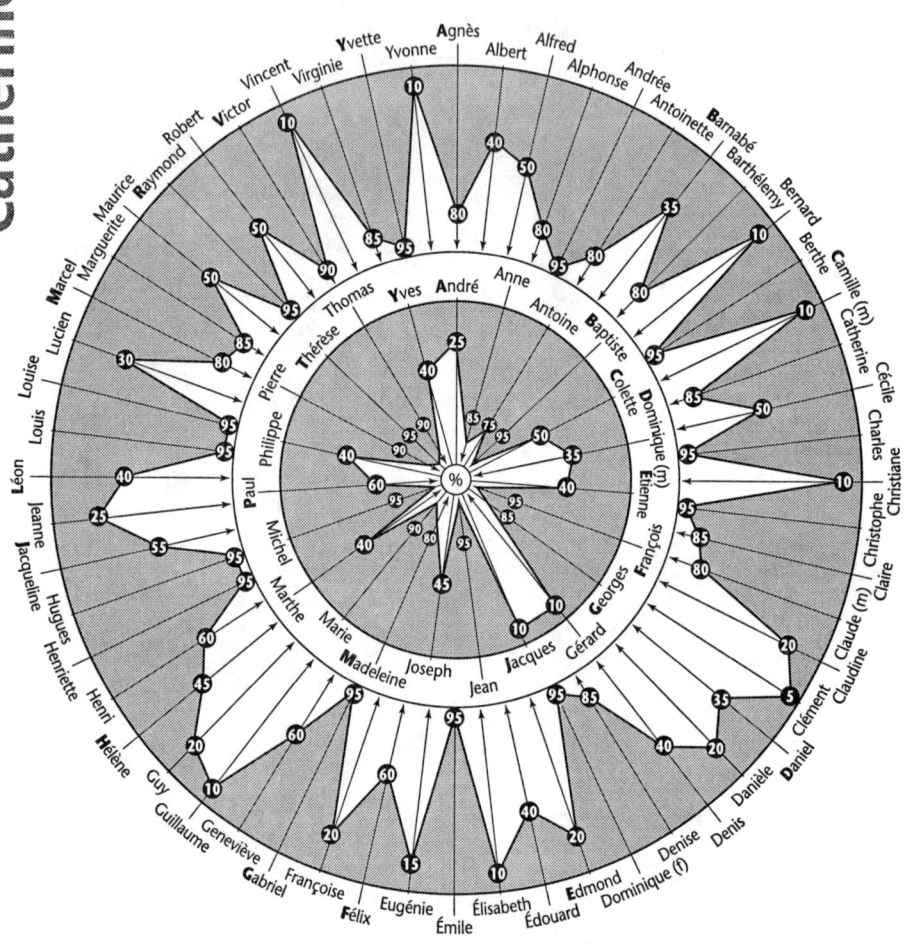

Comment Catherine s'entend avec le signe des autres

Bélier	83 %	Balance	60 %
Taureau	50 %	Scorpion	74 %
Gémeaux	43 %	Sagittaire	87 %
Cancer	39 %	Capricorne	66 %
Lion	96 %	Verseau	49 %
Vierge	73 %	Poissons	53 %

Ce tableau ne concerne pas le rapport prénom personnel/signe personnel. Il n'y a pas d'autocompatibilité entre Catherine et son propre signe caractérologique.

Cécile

17

1 • Prénoms associés

Ce sont tous les prénoms, quelle que soit leur origine, qui partagent les mêmes constantes caractérologiques et que vous découvrirez dans l'index de ce volume (p. 451), dont :

Alix	Héloïse	Maëlle
Arielle	Hortense	Nolwenn
Beaudoine	Jessica	Ophélie
Céciliane	Jessie	Sharon
Célia	Jocelyne	Shirley
Éliane	Joyce	...

2 • Célébrités

Pour vous sentir moins seul, ce trop bref aperçu des personnalités de tous les temps et de tous les lieux qui dépendent de ce type de caractère :

– HÉLOÏSE (1101-1164) Abbesse, femme d'Abélard — *Un amour à couper le souffle !*
– SAINT-HUBERTY Cécile (1756-1812) Chanteuse — *Une chanteuse aux yeux de biche.*
– SALOMÉ Bible — *Les voiles de la tempête.*
– SOREL Cécile (1873-1966) Actrice — *Pensionnaire du musée Grévin !*
– OPHÉLIE Personnage de Shakespeare — *Les loges de la folie.*

3 • Symboles

– Pour les Cécile, un élément de base malin comme un petit lutin échappé de quelque nuit d'été de rêve : le **feu** amical, dansant dans l'air du soir. Une lumière plus qu'une chaleur, une amitié plus qu'un amour...
– La couleur des Cécile est le **bleu** clair tissé d'inaccessible et de merveilleux, l'évasion sur un air de gavotte touchant et suranné.
– Leurs nombres, **15-32-48**, s'avèrent porteurs d'une intuition riche en visions soudaines, d'une intelligence vive et parfois insolente mais sans méchanceté aucune.

4 • Devise

Celle qui amasse. Surtout, ne voyez pas dans les Cécile des « Harpagonne » au petit pied. Leur don de prévoyance n'est jamais le fruit d'un égoïsme mais bien le besoin de se rassurer sur leur destinée future, de rendre plus accueillante leur petite chaumière.

5 • Totems

– Et c'est à ce moment que leur animal totem entre en scène, le gentil petit **écureuil** économe et râleur, trimballant ses éternelles noisettes avec cet air gourmand et malgré tout inquiet qui a fait la fortune des Caisses d'épargne.
– Le végétal des Cécile est moins poétique, la **carotte** qui dit bien ce qu'elle veut dire : « Je suis le symbole de la volonté secrète d'accumuler les réserves de la terre en ne montrant qu'un feuillage discret. Qui m'aime me cueille ! »
– Le minéral, l'**améthyste**, a toujours été considéré comme un talisman merveilleux ayant le pouvoir secret et sacré de préserver de l'ivresse sous toutes ses formes. C'est la gemme que portent les évêques !

6 • Vibrations

Ce n'est pas le taux vibratoire d'un lion, bien sûr, **84 000 v/s**, soit **52 %**, mais il est fort honorable pour ces femmes à la sensibilité séduisante dotées d'un goût de l'aventure qui ne se prend pas au sérieux.

7 • Le Jeu de la Vie

Les Cécile jouent facilement, dès leur plus jeune âge, les petites reines qui aiment avoir leur cour complice, leurs galants attentionnés, leurs parents en adoration, etc. D'où une appartenance au monde surprenant de la **lame 3**, celle de l'**Impératrice** qui représente la femme cosmique de l'apocalypse, la tête nimbée de la gloire du soleil et les pieds faisant de la lune un coussin. Elle symbolise l'intelligence, l'action sentimentale, la distinction aussi, au sein de sa force resplendissante. N'oubliez jamais, en vous adressant à une Cécile, de respecter les règles de l'étiquette et d'éviter toute familiarité blessante, toute allusion à leur vie privée. Et surtout, méfiez-vous de leur flair capable de détecter à cent pas les flagorneurs et autres baratineurs. Les Cécile connaissent la musique !

Volonté : 90 %

Intuition	83 %	Études	78 %
Réussite	68 %	Associations	40 %

Comme elle est curieuse cette petite cascade qui, de la volonté aux associations, dégringole gentiment de marche en marche ! Cette volonté est d'ailleurs excellente mais elle peut avoir du mal à s'appliquer à des situations précises. Un peu de timidité ? Peut-être ! Toujours est-il que les Cécile se replient facilement sur elles-mêmes. Leur intuition est bonne mais elles hésitent à l'utiliser dans leurs études qui sont parfois un peu laborieuses. La réussite en souffre donc et les associations en pâtissent. Sensibles à l'échec, les Cécile piquent çà et là une méchante colère, heureusement sans lendemain !

Activité : 90 %

Dynamisme	83 %	Affaires	50 %
Voyages	55 %	Sociabilité	80 %

Les Cécile ne peuvent vivre sans avoir une activité généreuse et compensatrice. Elles corrigent un certain nombre d'hésitations sentimentales ou sociales par un acharnement dans le « boulot » que l'on peut admirer ou craindre selon le cas. Obéir à une patronne-Cécile n'est pas forcément la certitude d'avoir une existence professionnelle reposante ! Le dynamisme demeurant un peu en retrait, leurs collaborateurs ont de temps à autre l'impression qu'ils vont pouvoir enfin respirer un peu. Illusion ! Affaires, voyages : calmes ! La sociabilité grignotée par l'activité est réservée aux vrais amis...

Portrait prospectif

Caractère : 63 %   **Psychisme : 71 %**   **Personnalité : 71 %**   **Destinée : 77 %**   **Devenir : 82 %**

À la vue de ces pourcentages, on pourrait intituler ce commentaire : « Un escalier pour le futur ou le moyen de faire de son caractère un devenir en mettant son psychisme au service de sa destinée », la personnalité étant la partie émergée de cet iceberg caractérologique. Voilà donc tout le secret de la marche triomphale des Cécile vers l'avenir ! Un avenir blotti au creux d'un vieux chêne, tapissé de noisettes blondies par l'été finissant. Tout commence donc par le caractère émotif des Cécile aux réactions rapides, nerveuses et qui chercheront à donner un visage à leur existence future. Ne craignez donc pas d'aborder très tôt avec elles les questions d'orientation de vie ! Elles ont un besoin essentiel de savoir vers quoi ou vers qui elles se dirigent mais n'oubliez jamais qu'on ne les rassure pas par des mensonges ou des flatteries.

Le psychisme monte d'un cran, si l'on peut dire, en introduisant une notion affective au plan de leurs ambitions. Elles veulent aimer plus qu'elles ne désirent être aimées car il y a souvent en elles la crainte de ne pas savoir assez communiquer leurs sentiments profonds. Au même niveau, leur personnalité ne prendra sa véritable dimension que dans le cadre d'une vie affective riche de confiance, car les Cécile ont une peur tragique d'être trahies. On en vient presque à se demander si elles ne choisissent pas, finalement, d'aller chercher la réussite de leur destinée dans l'avenir par crainte de découvrir le vide d'un présent qui n'arrive pas à décoller de cette terre trop actuelle.

C'est à ce moment que le devenir s'impose à nos chères Cécile comme la raison d'être de tout un réseau de connivences, de complicités, d'intelligences qui ne peuvent se justifier que dans le grand déploiement final d'une existence couronnée. Toute leur vie, les Cécile attendront de vous le plus redoutable et le plus merveilleux des amours, celui qui, au-delà du sacrifice, exige la présence et qui, sans renoncer à ses chimères, leur apportera la certitude d'avoir su s'intégrer à la réalité du temps et des espaces !

Émotivité : 64 %

Affectivité	92 %	Amour	95 %
Famille	75 %	Enfants	60 %

Elle est importante, cette émotivité, et soutient très efficacement une belle activité, ce qui conduit les Cécile à manifester un goût de l'aventure qui surprend à certains moments. N'ironisez pas sur leurs petits coups de tête, elles ne vous le pardonneraient guère car leur affectivité a besoin de sympathie et ne demande qu'à se transformer en amour. Il faudra donc savoir les aimer avec tact, ne pas les brusquer ni les noyer sous de grandes déclarations tapageuses. Quant à la famille, c'est du solide mais sans fanatisme. Les enfants sont aimés à condition d'être discrets, dociles et tendres. Vu ?

Réactivité : 53 %

Santé	92 %	Sensorialité	70 %
Argent	60 %	Profession	75 %

Susceptibles, elles possèdent un sens poussé de l'opposition. Non pour le plaisir de vous faire tourner en bourrique mais tout simplement par objectivité, par honnêteté. Ne leur proposez surtout pas la « bonne-petite-combine-qui-arrangera-tout-le-monde ». Elles vous la flanqueraient à la figure assez méchamment. La santé accompagne bien l'action. L'argent reste à sa place et ne vient pas s'immiscer dans tous les compartiments de leur vie. La profession s'en tient au plan d'une activité bien organisée. Quant à la sensorialité, elle est prudente et craint la publicité. Bon à savoir !

Cécile et les autres prénoms

Moyenne : 60 %
Classement : 59/79

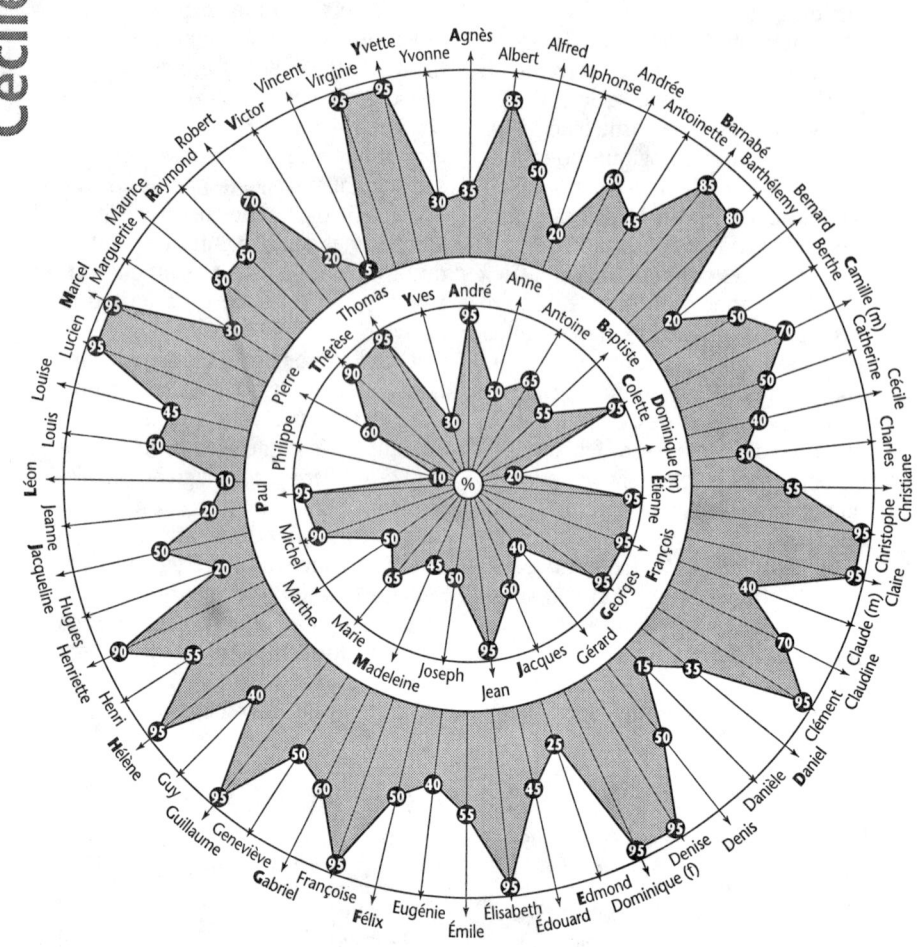

Les roues de compatibilités

Comment faire admettre aux Cécile que leurs relations existent autrement que comme des points cadastraux, car elles font partie de ces êtres qu'il faut constamment rappeler à leur dimension initiale sous peine de les voir se diluer dans l'atmosphère. Elles n'apprécient les prénoms qui les entourent qu'à 60 %, soit 59e sur 79. Mais elles sont mieux perçues par les autres appellations qui les situent au 35e rang avec une moyenne de 67 %. Elles disposent donc d'un effet d'entraînement qu'il convient de souligner et qui, un jour ou l'autre, leur permettra de découvrir enfin ce que l'on peut faire sur cette terre lorsque l'on a du soleil plein la tête et que la lune est le support docile de vos rêves de demain !

Les autres prénoms et Cécile

Moyenne : 67 %
Classement : 35/79

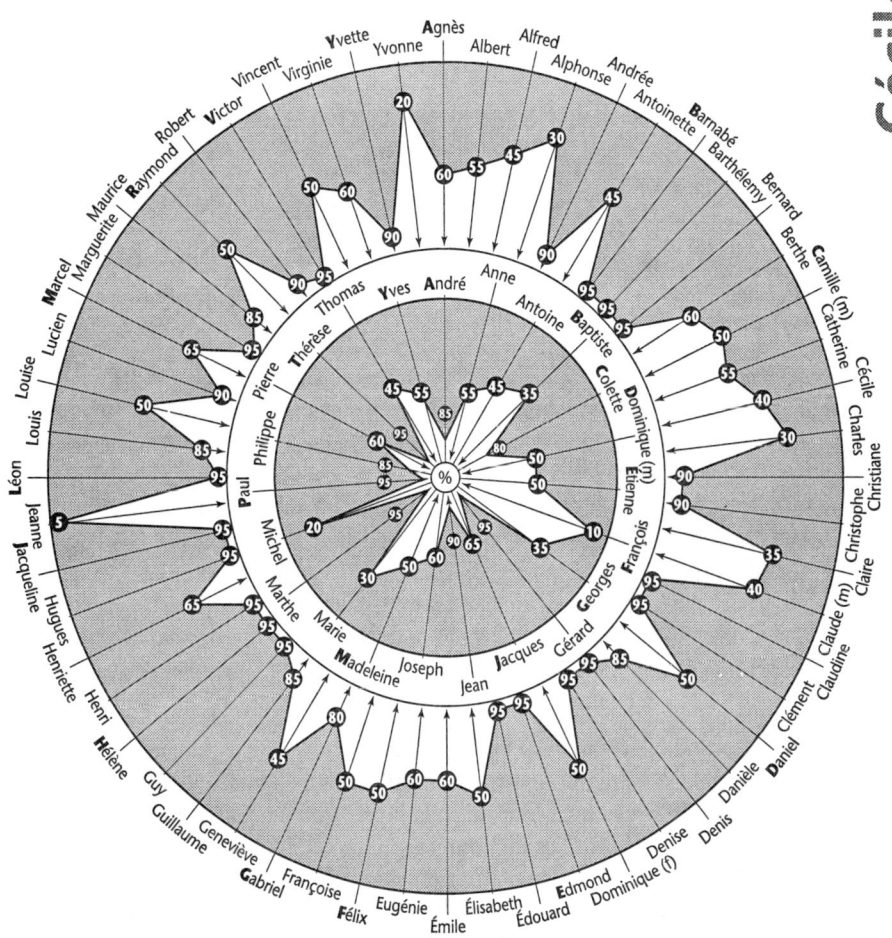

Comment Cécile s'entend avec le signe des autres

Signe	%	Signe	%
Bélier	70 %	Balance	74 %
Taureau	20 %	Scorpion	30 %
Gémeaux	67 %	Sagittaire	69 %
Cancer	58 %	Capricorne	53 %
Lion	83 %	Verseau	72 %
Vierge	35 %	Poissons	58 %

Ce tableau ne concerne pas le rapport prénom personnel/signe personnel. Il n'y a pas d'autocompatibilité entre Cécile et son propre signe caractérologique.

18 Charles

1 • Prénoms associés

Ce sont tous les prénoms, quelle que soit leur origine, qui partagent les mêmes constantes caractérologiques et que vous découvrirez dans l'index de ce volume (p. 451), dont :

Balthazar	Colin	Malcolm
Carl	Edern	Malou
Carol	Foucault	Nick
Chrétien	Gaspard	Nicolas
Chuck	Jérémie	Tracy
Colas	Malaury	...

2 • Célébrités

Pour vous sentir moins seul, ce trop bref aperçu des personnalités de tous les temps et de tous les lieux qui dépendent de ce type de caractère :

- BAUDELAIRE Charles (1821-1867) Poète, critique *Les paradis volés.*
- CHAPLIN Charlie (1889-1977) Réalisateur, acteur *L'industrie du rire.*
- GOUNOD Charles (1818-1893) Musicien, compositeur *Un diable d'homme.*
- PÉGUY Charles (1873-1914) Prosateur, poète *La poésie en marche.*
- POUSSIN Nicolas (1594-1665) Peintre *Une lumière bien de chez nous.*

3 • Symboles

– Ils pèsent lourd, ces symboles liés aux Charles. Leur élément, le **feu**, a le côté rampant de cette terre en fusion qu'est la lave. Lente et dramatique progression de ce serpent aux écailles de lumière qui dévore tout sur son passage.
– Que leur couleur soit le **rouge** n'étonnera donc pas, personnification de cette chaleur qui préside à la vie, qui a créé le monde mais qui aussi le détruira.
– Les nombres, **49-25-11**, tous de résonance masculine, ajoutent une touche fataliste à cette destinée. On a l'impression que, dans bien des cas, les Charles sont condamnés à réussir.

4 • Devise

Nous vous la livrons à condition toutefois que vous ne la preniez pas en mauvaise part. **Celui qui passe, celui qui écrase.** Cette devise est tout simplement l'étiquette que nous trouverons collée sur la personnalité monumentale, préhistorique, des Charles.

5 • Totems

– Nous avons affaire à des totems-portefeuilles aux mille résonances. Leur animal est cet ineffable **éléphant**, symbole de stabilité, d'immutabilité, de sagesse. En Inde, on le considère comme le commencement et la fin des choses, animal presque mythique à la mort mystérieuse dont le souvenir dure plus que leur vie.
– Le végétal, le **saule**, est un arbre qui inspire la mélancolie tranquille du sage qui ne se fait plus d'illusion sur le monde. D'une vivacité légendaire, il est au plan de l'âme l'image de la grâce et de l'élégance. Un ange-éléphant ! Curieux !
– Leur minéral est le **fer** qui évoque les combats, la rigueur, la dureté des décisions vitales à prendre, la marche implacable en avant.

6 • Vibrations

Dans le cas du prénom Charles, elles sont à la hauteur du personnage, royales : **114 000 v/s**, soit un taux de **83 %** rarement atteint qui en dit bien long sur les possibilités dynamiques de ces hommes.

7 • Le Jeu de la Vie

Une carte en forme de couronnement, la **lame 4** de l'**Empereur**, symbole de la raison d'État, du pouvoir en action. Celui qui décide aussi bien de la destinée des hommes que de la vie de l'univers. En lui la force, l'intelligence, mais aussi une certaine distanciation à l'égard de la condition individuelle de ses sujets dont le rôle premier est l'obéissance et dont il ne réclame que rarement l'approbation. C'est le père comme on n'en fait plus, c'est le gouvernant dont la silhouette massive ne reviendra jamais, l'ombre du commandeur derrière laquelle se cache la médiocrité de ses « fidèles ». Si les hommes réagissent en particulier, les Charles, eux, pensent en général !

Volonté : 97 %

Intuition	72 %	Études	95 %
Réussite	90 %	Associations	60 %

L'éléphant dans un magasin de porcelaine ! Mais contrairement à ce que l'on pense, l'écrasante volonté des Charles ne casse rien, au sens fort du terme, car ces hommes fascinants se déplacent avec une brusquerie tranquille et une rudesse intelligente qui déconcertent leur petit monde. Simplement, évitez de vous laisser monter sur les pieds ! Leurs calculs remplacent l'intuition et les études brillantes leur apportent un bagage dont ils useront et abuseront toute leur vie. Et comme la réussite est là et bien là, les associés n'auront plus qu'à regarder le « cirque » passer et à jouer les Monsieur Loyal !

Activité : 97 %

Dynamisme	99 %	Affaires	85 %
Voyages	60 %	Sociabilité	76 %

C'est le raz-de-marée, c'est le « tsunami » ! Rien ni personne ne résiste à l'assaut furieux de ce char triomphant. La tornade passe, les collaborateurs trépassent, la famille se tasse dans un coin et le dynamisme se surpasse au point que l'action devient agression, le travail esclavage, la volonté tyrannie ! Et vous, qu'est-ce que vous pouvez bien faire dans l'œil du cyclone ? Résister ? Vous sauver ? Vous cacher ? Il n'y a pas de recette. Ce qu'il faut, c'est survivre ! Alors, que dire des affaires ou de la sociabilité ? Ramassez les miettes qui tombent de la table du roi et fuyez les voyages avec lui !

Portrait prospectif

Caractère : 97 %   Psychisme : 82 %   Personnalité : 95 %   Destinée : 97 %   Devenir : 90 %

« Mais, finalement, de quoi dépend l'avenir ? » C'est le genre de question que se posent souvent les Charles qui ont eux-mêmes la sensation puissante de posséder une enzyme psychique capable de digérer le temps et de rétrécir l'espace. Autrement dit, ces hommes à la stature impressionnante ne sont pas là pour jouer les bourgeois de Calais, la corde au cou, devant le dieu Kronos, mais ils se manifestent bien en contestateurs de la suprématie du hasard sur le possible. Ce sont des personnalités d'avenir dans la mesure où ils possèdent le secret alchimique de la représentativité de l'être au niveau de la tyrannie du spatio-temporel. Il y a en eux le ferment d'une espèce de révolte luciférienne devant les oukases ou les caprices d'une divinité dont ils n'acceptent pas les rituels dépassés et souvent vexatoires. Chez eux sommeille un « Job », le fumier en moins !

Alors, peut-on dire que les Charles se prennent pour le bon Dieu ? Peut-être, si l'on se réfère à leur attitude méprisante à l'égard des contingences existentielles qui phagocytent littéralement leurs contemporains. Ils donnent l'impression d'être des hommes libres et donc de ne pas craindre le futur, crainte qui naît, l'Histoire nous l'a appris, de la terreur de changer de maître, de connaître une autre prison que celle où l'on a fait sa misérable couche.

Muni de ces quelques réflexions que votre méditation propre ne fera qu'enrichir, les pourcentages de tête vous paraîtront lumineux. Un caractère de char d'assaut mené d'une main de fer qui vous réservera bien des surprises si vous collaborez au Grand Œuvre qu'ils se proposent à eux-mêmes. Le psychisme et les sentiments passeront après ou passeront par la trappe ! La personnalité, nous l'avons vu, se jettera à corps perdu dans l'opération « Destinée » qui est ce combat en apparence désespéré entre l'homme et Dieu. Et vainqueur de l'Ange, envers et contre tout, Charles pourra s'installer en triomphateur au royaume des « violents » à qui, dit-on, appartient le Ciel !

Émotivité : 35 %

Affectivité	90 %	Amour	70 %
Famille	100 %	Enfants	90 %

Elle fait partie des « accessoires » ! Les Charles l'utilisent lorsqu'ils en ont besoin comme un simple condiment, pour colorer un discours, humaniser un ordre, manifester une compréhension. D'ailleurs, l'affectivité est toujours présente mais retenue, et ils n'acceptent pas qu'on leur fasse en public le coup de la main sur le cœur. Sauf pour leur anniversaire, ils « bichent » ! Les amours sont des plus secrètes et parfois difficiles à distinguer sous le masque assez « soldatesque » de leur galanterie rustique. Et puis, il y a la famille et les enfants à l'orée du « bois sacré » de la vie privée... Pas touche ! Journalistes, s'abstenir !

Réactivité : 49 %

Santé	95 %	Sensorialité	95 %
Argent	75 %	Profession	100 %

Curieusement, on pourrait s'attendre à trouver là une réactivité phénoménale, un gouffre, un « trou noir », que sais-je ? Eh bien, non ! En réalité, les Charles disposent d'une grande maîtrise de soi et se refusent à partager leurs réactions pour ne pas se découvrir. Ne commencez jamais une phrase par cette formule : « Si je vous ai compris... » Vous êtes mort ! Et puis, tout le reste suit, la santé, l'argent, la profession ! C'est, là aussi, le fameux « Marche ou crève ! » Reste la sensorialité, sur tous les plans, exigeante, impatiente, dominée parce que dominante, le « pied », quoi ! Mais un pied d'éléphant !

Charles et les autres prénoms

Moyenne : 58 %
Classement : 64/79

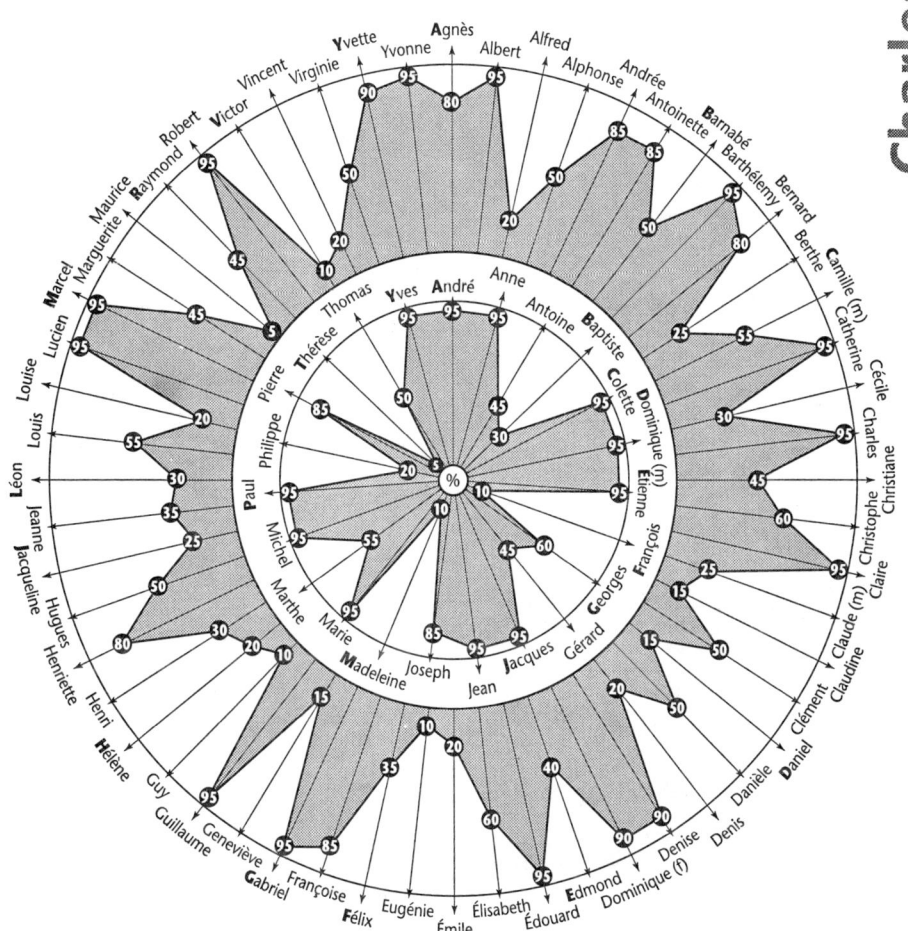

Les roues de compatibilités

Ce genre de considération ne peut intéresser que l'entourage des Charles car eux se moquent éperdument de la manière dont les autres les perçoivent et plus encore de l'importance qu'eux-mêmes peuvent leur donner. Sachez, vous, les humbles, les obscurs, les sans-grades, que les Charles ne vous apprécient qu'à 58 % soit un classement plus que modeste de 64e sur 79. Mais ce n'est pas du mépris ou de l'ignorance, non, c'est ce que les Charles vous attribuent honnêtement ! Quant à l'attirance des autres prénoms pour ce grand homme, elle est en moyenne à 78 %, soit une superbe place de 14e sur 79. Ce serait presque de l'adoration si ce n'était pas de la crainte.

Les autres prénoms et Charles

Moyenne : 78 %
Classement : 14/79

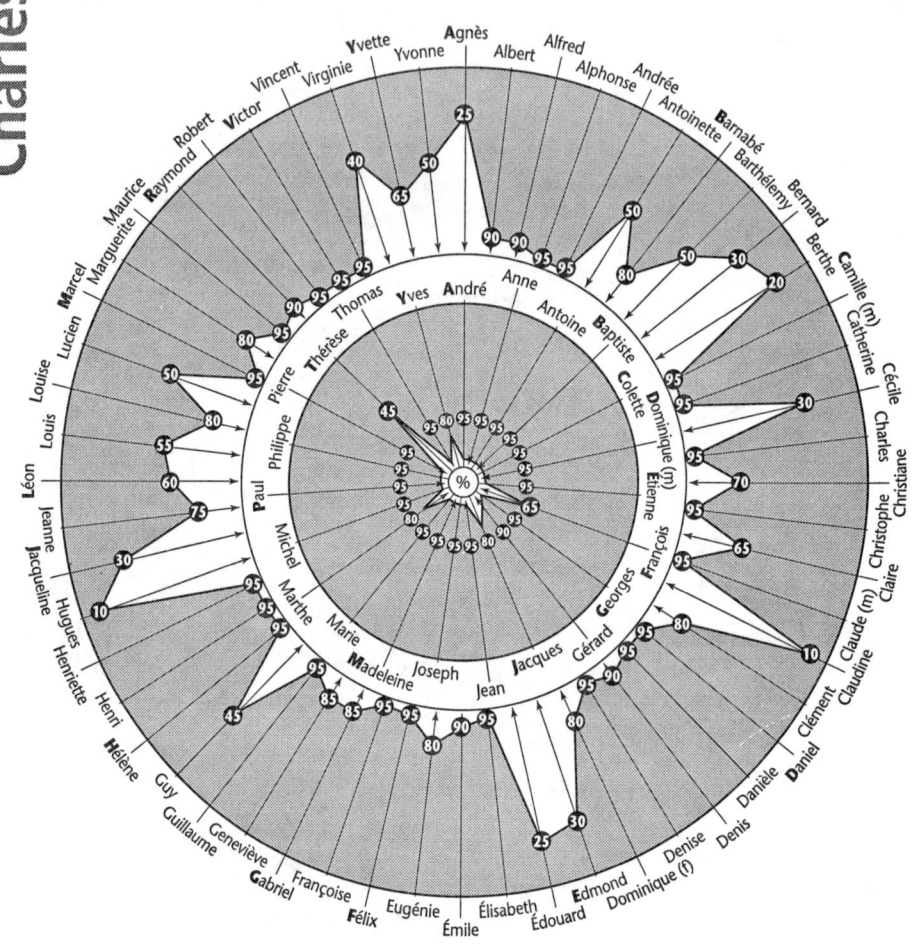

Comment Charles s'entend avec le signe des autres

Bélier	78 %	Balance	55 %	
Taureau	25 %	Scorpion	70 %	
Gémeaux	47 %	Sagittaire	97 %	
Cancer	53 %	Capricorne	79 %	
Lion	89 %	Verseau	30 %	
Vierge	68 %	Poissons	41 %	

Ce tableau ne concerne pas le rapport prénom personnel/signe personnel.
Il n'y a pas d'autocompatibilité entre Charles et son propre signe caractérologique.

Christiane   19

1 • Prénoms associés

Ce sont tous les prénoms, quelle que soit leur origine, qui partagent les mêmes constantes caractérologiques et que vous découvrirez dans l'index de ce volume (p. 451), dont :

Celandine	Esméralda	Tamara
Césarine	Fiona	Tina
Chris	Kristell	Ulrica
Christine	Laumara	Vicki
Daphné	Sonia	Victoria
Domitiane	Sophie	...

2 • Célébrités

Pour vous sentir moins seul, ce trop bref aperçu des personnalités de tous les temps et de tous les lieux qui dépendent de ce type de caractère :

- ARNOULD Sophie (1744-1803) Actrice *Du temps où l'actrice était reine.*
- DU MAURIER Daphné (1907-1989) Romancière *Le grouillement d'un monde fascinant.*
- ONASSIS Cristina (1951-1988) *Mourir au nom du père !*
- ROCHEFORT Christiane (1917-1998) Romancière *Une lucidité bien difficile à vivre.*
- SÉGUR (Comtesse de) Sophie (1799-1874) Romancière *Les bonheurs de Sophie.*

3 • Symboles

– Leur élément est très **terre** à terre car les Christiane éprouvent un besoin permanent de retrouver le sol natal, de rentrer dans le sein qui, jadis, les abrita. D'où leur caractère prudemment passif.
– Leur couleur, le **vert**, est signe de vigueur et d'honneur. Elles ne supportent que très difficilement le monde superficiel et frelaté où évoluent nombre de leurs compagnes.
– Les nombres qui leur sont attribués, **2-19-39**, s'attachent à la discrétion de la vie de ces femmes qui, lorsqu'elles cèdent à l'exhibitionnisme de notre époque, s'en trouvent déstabilisées au point de recourir à des solutions dangereuses, voire mortelles.

4 • Devise

Cette devise met l'accent sur l'aspect réservé de leur psychisme : **La femme au secret**. Elles ne vous pardonneront jamais d'essayer de forcer leurs confidences ou de leur supposer des intentions ou des passions qu'elles pourraient avoir.

5 • Totems

– Leur animal, de prime abord, n'est pas follement engageant : le **crapaud**. Puis on s'aperçoit que ce batracien à la peau peu ragoûtante est souvent le masque d'un grand seigneur envoûté qui n'attend qu'un mot d'amour pour retrouver sa splendeur un instant oubliée.

– La **gentiane**, leur végétal, cache sous son amertume de surface un appétit convaincant qui dépasse singulièrement l'image qu'elle peut présenter. Tout n'est pas aussi simple que cela chez les Christiane aux amours alambiquées voire labyrinthiques.

– Quant au **granite**, leur minéral attitré, la Bretagne répond de sa solidité obstinée et sauvage.

6 • Vibrations

Dans le cas du prénom Christiane, elles sont au-dessous de la moyenne, 63 000 v/s, soit un taux de 29 %. Ce n'est pas le temps des gambades mais celui des réalisations à long terme et à réussite assurée.

7 • Le Jeu de la Vie

Pouvait-on s'attendre à une autre figure que la femme sévère et rigoureuse de la lame 8 : la **Justice** ? L'épée d'une main, la balance de l'autre, c'est la mère loi dans toute sa majesté ! Leur vie durant, les Christiane seront obsédées par ce sens de l'équité qui est la marque de leur âme et qui les persécutera, surtout si elles veulent oublier, dans le tourbillon de l'existence, la partie solide et rassurante de leur personnalité. Ce sont des femmes d'équilibre que les excès choquent, que les indifférences déconcertent, qui se seraient trouvées parfaitement à l'aise dans la Chine ancienne où, à l'abri de leurs murailles éternelles, les vieux empereurs Ming pouvaient déclarer à la fin de leurs discours : « L'Empire est en paix ! »

Volonté : 91 %

Intuition	68 %	Études	90 %
Réussite	70 %	Associations	85 %

Une excellente volonté aux démarrages impressionnants mais qui, ensuite, a tendance à ronronner quelque peu, quand elle ne ronfle pas ! Les Christiane agissent avec beaucoup de sérieux ; elles ont les pieds sur terre à la condition qu'on ne les leur casse pas ! Les études vont leur grand bonhomme de chemin, servies par une intelligence analytique et tranquille. L'intuition en souffre et la réussite est parfois hésitante. Ce sont de remarquables collaboratrices qu'il faudra parfois « activer » sans les bousculer car elles sont susceptibles et ont horreur des familiarités du genre : « Ma cocotte... »

Activité : 92 %

Dynamisme	82 %	Affaires	90 %
Voyages	55 %	Sociabilité	67 %

Si nous avons dit qu'il fallait parfois « activer » les Christiane, cela n'a rien à voir avec la valeur de leur activité qui, elle, est des plus efficaces même si elle apparaît un peu lente et prudente. Ne leur imposez jamais un choix, discutez-en longuement d'abord. Le dynamisme est donc légèrement en retrait, ce qui donne d'autant plus de relief à leur rendement en affaires, lesquelles devront être claires et nettes. Elles haïssent les combines tordues ! Les voyages ne sont pour elles que des déplacements et si elles sont sociables, c'est plus par politesse que dans l'attente d'une « surboum frénétique » !

Portrait prospectif

Caractère : 84 %   Psychisme : 73 %   Personnalité : 81 %   Destinée : 76 %   Devenir : 70 %

Il existe une envie de l'avenir comme il existe un désir d'avoir été. On dit toujours que l'un est le privilège de la jeunesse et l'autre la nostalgie d'avoir vécu. Je ne le pense pas ! Chaque être est animé par une passion, qu'elle soit prospective ou rétrospective et si les Christiane ont un peu l'air de traîner les pieds, c'est moins par une volonté de ralentir que par un regret de ne pas avoir totalement accompli ce qu'elles s'étaient proposé de faire. Et comme elles observent et écoutent avec beaucoup d'attention, parfois nuancée de méfiance, n'essayez pas de les convaincre de céder à la facilité de l'occasion ou de l'improvisation. Manque de poésie, de folies oublieuses, de pulsions entraînantes ? Peut-être, mais surtout expression d'un caractère pratique qui ne comprend pas que l'on passe son temps à chanter : « Demain, demain, demain ! » alors que l'on ferme les yeux sur un présent trop présent.

Et leur psychisme se trouble au contact des excités de la prochaine heure ! Les Christiane aiment tout ce qui est parfaitement organisé, pour elles le monde est un cosmos et un cosmos est un ordre. Elles se méfient des « ailleurs » et leurs rêveries ne peuvent que compléter le décor de leur vie quotidienne se refusant à inventer des scénarios compensateurs où un prince charmant viendrait les délivrer de la responsabilité de l'instant. Ne leur faites donc pas le coup de l'embarquement pour Cythère et rengainez vos duels mousquetaires. Vous avez affaire à des femmes dont la personnalité se traduit souvent par une fixité de regard qui peut vous faire craindre, à juste titre, bien des embarras, car les Christiane entendent au-delà de vos mots, voient plus loin que votre image et ne sont nullement prêtes à céder à vos fantaisies plus ou moins lubriques. Souvenez-vous qu'elles sont littéralement obsédées par la notion de justice or, pour elles, la réussite, telle que la conçoit notre société actuelle, n'engagera jamais l'avenir d'un être car elle ne peut être que la tromperie du présent.

Émotivité : 34 %

Affectivité	80 %	Amour	67 %
Famille	75 %	Enfants	70 %

Cette émotivité végète un peu sous l'éteignoir « secondaire » de ces femmes solides qui fuient les improvisations risquées et les inspirations géniales. Un aspect réfléchi, voire timide, les dessert auprès des « mâles coureurs » et elles s'expriment mieux au travers d'une affectivité raisonnable qu'au plan des amours bousculantes. Elles attendent de vous de la tendresse mais sans le papier d'emballage et le ruban froufroutant ! Finalement, les Christiane font un peu « bourgeoises » installées, même si parfois des « feux intérieurs » les troublent secrètement. Quant à la famille et aux enfants, ça doit filer doux !

Réactivité : 35 %

Santé	87 %	Sensorialité	75 %
Argent	95 %	Profession	100 %

Une réactivité très amortie car à force de prévoir les choses, les Christiane arrivent à en décolorer sensiblement la venue. Leur sens de la méthode et de la précision les conduit à jouer la carte la plus sûre. Ce sont souvent de « grandes bonnes femmes », qui sont maîtresses de leur profession. Increvables, d'une santé d'obstination, elles vous encouragent d'un : « Alors ! Ça suit ? » qui vous coupe les jambes ! Et puis, il faut que tout cela rapporte car l'argent est le nerf de demain ! Quant à la sensorialité, grande question : le volcan fera-t-il fondre la neige, la neige étouffera-t-elle le volcan ?

Christiane et les autres prénoms

Moyenne : 64 %
Classement : 43/79

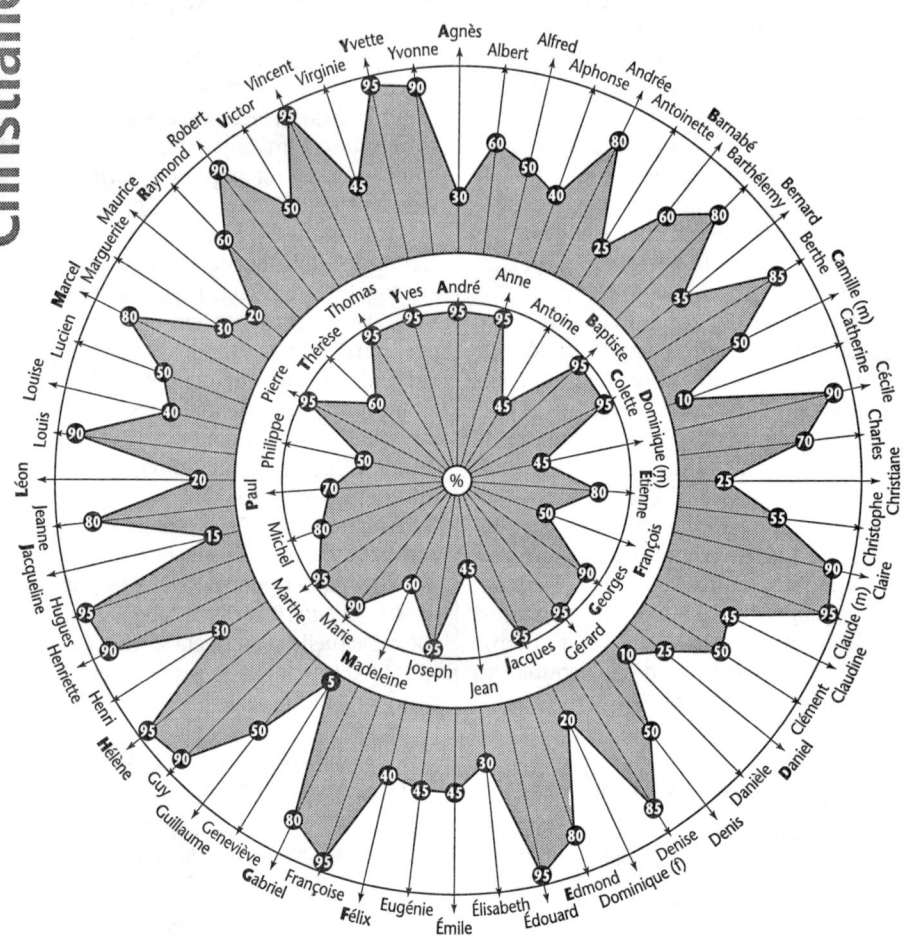

Les roues de compatibilités

Une fois esquissé ce portrait des Christiane, on peut se demander qui a envie d'acheter ce produit aux aspérités inconfortables, aux secrets tonitruants et à la silhouette déconcertante. C'est d'ailleurs bien ce que pense l'ensemble des prénoms qui ne considère ces femmes que comme des relations lointaines. C'est ainsi qu'elles ne sont appréciées qu'à 43 %, soit un score catastrophique de 77e sur 79 ! Ce qui n'empêche pas les Christiane de reconnaître, avec un bel esprit sportif, que 64 % des êtres qui les entourent les intéressent, soit un classement de 43e sur 79. On les croyait, jadis, un peu sorcières ! Aujourd'hui, on aimerait savoir si elles ne sont pas légèrement « maso »…

Les autres prénoms et Christiane

Moyenne : 43 %
Classement : 77/79

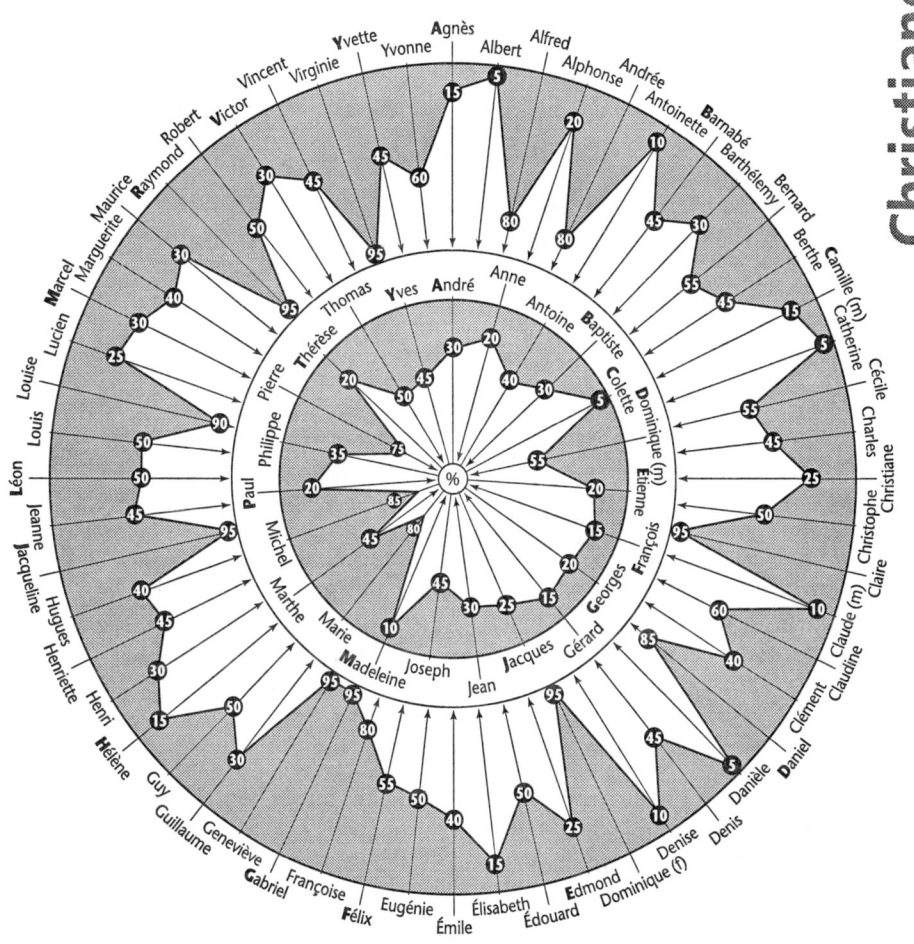

Comment Christiane s'entend avec le signe des autres

Bélier	42 %	Balance	77 %	Ce tableau ne concerne pas le rapport prénom personnel/signe personnel. Il n'y a pas d'autocompatibilité entre Christiane et son propre signe caractérologique.
Taureau	64 %	Scorpion	16 %	
Gémeaux	73 %	Sagittaire	83 %	
Cancer	58 %	Capricorne	76 %	
Lion	75 %	Verseau	48 %	
Vierge	88 %	Poissons	54 %	

20 Christophe

1 • Prénoms associés

Ce sont tous les prénoms, quelle que soit leur origine, qui partagent les mêmes constantes caractérologiques et que vous découvrirez dans l'index de ce volume (p. 451), dont :

Amelin	Hervé	Quentin
Anicet	Laélien	Ronan
Bailey	Lalou	Salomon
Élouan	Nestor	Valentin
Gwénaël	Norton	Xavier
Harvey	Orson	...

2 • Célébrités

Pour vous sentir moins seul, ce trop bref aperçu des personnalités de tous les temps et de tous les lieux qui dépendent de ce type de caractère :

– BAZIN Hervé (1911-1996) Romancier *Ou le triomphe de la haine maternelle !*
– BICHAT Xavier (1771-1802) Anatomiste, physiologiste *Comme un éclair dans le ciel sombre de la médecine.*
– COLOMB Christophe (1450-1506) Découvreur *« Je leur ai amené la peste. »* (Freud)
– MONTÉPIN (de) Xavier (1823-1902) Romancier *De pauvres petits rêves à deux sous !*
– SALOMON Bible *Quand la Sagesse vivait parmi les hommes.*

3 • Symboles

– C'est presque un élément double qui s'attache au prénom Christophe, un **feu** d'eau. On retrouve de ce fait chez ces hommes engagés des moments de rétraction qui surprendront. De temps en temps, le guerrier cède la place au philosophe. Intéressant !
– La couleur des Christophe, le **bleu**, allie justement la loyauté dans le combat à la méditation. Des moines soldats ? On a déjà vu cela et les Templiers en étaient le parfait exemple.
– Leurs nombres, **4-34-22**, possèdent des résonances féminines impliquant une large participation de l'âme, du sentiment, aux décisions de ces êtres pourtant volontaires et actifs.

4 • Devise

Elle est explicite, cette devise, et définit bien la trajectoire de ce caractère passionnant et passionné : **Celui qui porte la vie, qui conduit la vie.** D'où, sans doute, l'étymologie de son prénom qui, en grec, signifie : « Celui qui porte le Christ. »

5 • Totems

– On se demande ce que l'animal totem de Christophe vient faire sous nos cieux ! C'est l'**élan** et à moins qu'il ne faille jouer sur les mots et y trouver une preuve de dynamisme, il convient de lui redonner son nom de grand cerf, résistant et souverain dans son Nord natif.

– Le **marronnier** est leur végétal. Cette espèce de châtaignier est un arbre généreux et actif, symbole du printemps retrouvé, éclairé par ses chandelles multicolores, riche de ses fruits vernissés et durs admirablement protégés, bois réchauffant qui fait éclater l'hiver en mille étincelles.

– Le minéral, l'**ambre**, est pour le moins déconcertant ! Est-il d'origine animale ou végétale ? C'est vraiment là le symbole animique d'une personnalité ambiguë mais précieuse, électrique également.

6 • Vibrations

À 72 000 v/s soit un taux de **39 %**, les Christophe ont intérêt à ne pas gaspiller leur énergie et à penser soigneusement leur action avant toute décision.

7 • Le Jeu de la Vie

Les Christophe se sentent concernés par tout ce qui exprime la vie et c'est bien naturellement qu'ils sont représentés par la lame **numéro 4**, l'**Empereur**, eux qui aiment marcher en tête et être obéis. Ce monarque, à la puissance tranquillement assise, est le symbole de l'équilibre des forces en conciliant les contraires. Il est le trait d'union entre le soleil et la lune figurant sur sa cuirasse de combattant, unificateur de l'autorité et du pouvoir. À lui les projets constructifs et intelligents, à lui la défense des pauvres et des opprimés. Comme lui, les Christophe savent être maîtres d'eux-mêmes et donner aux autres ce qui leur est dû : amour et justice.

Volonté : 97 %

Intuition	88 %	Études	85 %
Réussite	70 %	Associations	85 %

Jadis, sur le tableau de bord des anciennes voitures, il y avait souvent une médaille : « Regarde saint Christophe et pars-t-en rassuré ! » Or, comme tous les Christophe ne sont pas forcément des saints, il faudra les manier avec précaution et ne pas trop chatouiller ces guerriers pleins d'élan. D'autant plus que leur intuition est excellente et qu'ils vous voient venir de loin avec vos gros sabots ! Très curieux, leurs études sont habituellement remarquables et, si la réussite est plutôt moyenne, cela est dû à la raideur des Christophe, pourtant bons associés, qui ne conçoivent les concessions qu'au cimetière !

Activité : 90 %

Dynamisme	88 %	Affaires	70 %
Voyages	95 %	Sociabilité	75 %

Si l'activité des Christophe est légèrement en retrait par rapport à leur volonté, c'est qu'ils se méfient un peu d'eux-mêmes et qu'ils s'efforcent de réfléchir au lieu de céder aux pulsions qui les habitent. Ils ont beaucoup de conscience professionnelle et si vous passez à leurs yeux pour un petit rigolo, votre affaire partira du mauvais pied. Ces affaires qui, parfois, les énervent par leur lenteur et leurs embrouillaminis. Si vous les voyez tendus, parlez-leur de voyages, c'est leur bouteille d'oxygène ! Quant à la sociabilité, elle est souvent bousculante et leur posera des problèmes toute leur vie… et aux autres, donc !

Portrait prospectif

Caractère : 76 %   Psychisme : 67 %   Personnalité : 69 %   Destinée : 68 %   Devenir : 77 %

À l'issue de près de soixante années d'activité caractérologique, j'en viens naïvement à me demander si les hommes et les femmes que nous sommes sont aussi préoccupés d'avenir qu'on veut bien nous le faire croire. On nous parle de l'avenir de nos enfants alors que notre expérience nous prouve que les orientations juvéniles se soldent la plupart du temps par des évanouissements spectaculaires. On me pousse à souscrire une assurance sur la vie dans le cas où je la perdrais et une autre assurance obsèques pour rassurer mes héritiers ; bref, le futur qu'on me propose ne peut être que catastrophique et bien dans la note de ces religions qui ne m'entretiennent que de jugement dernier et d'enfer garanti !

Les Christophe participent de cette inquiétude et mettent au même niveau le caractère et le devenir. Ils pensent – et nous rendons hommage à leur sagesse – que le futur se mesure à l'aune de leur stature actuelle. Demain, selon eux, ne dispose d'aucun pouvoir mutant et ils sont persuadés que, là comme ailleurs, ils ne récolteront que ce qu'ils auront semé. Cela leur évite de dire bien des sottises et de faire bien des bêtises !

Leur psychisme marque un certain fléchissement car ils ne sont pas hommes à vivre dans le virtuel, dans l'imaginaire. Ils ont besoin de parcourir le monde pour en saisir l'existence et s'ils s'interrogent, c'est moins sur ce qu'ils risquent de devenir que sur la manière dont ils aborderont aux rivages du temps. Si vous leur proposez un projet, une collaboration, ne vous lancez pas dans des vaticinations du genre : « Ça va nous rapporter un fric monstrueux ! » ou « Après ça, tu peux prendre ta retraite ! » Sachez en effet que les Christophe n'ont rien à faire de vos loisirs programmés, ils ne se proposent que d'acquérir une personnalité capable, à leurs propres yeux, de participer pleinement à la vie de l'univers, à combattre pour être un serviteur utile ! Et leur destinée, dans tout ça ? Ils estiment que cela ne ressemble qu'à une étiquette que l'on colle sur le mot « hasard » !

Émotivité : 62 %

Affectivité	94 %	Amour	82 %
Famille	60 %	Enfants	70 %

L'émotivité est forte et entame quelque peu l'objectivité des Christophe qui auraient tendance à tirer la couverture à eux. On les croit en confiance et puis, brusquement, ils semblent décrocher et jouer les feuilles mortes. Heureusement qu'ils sont bardés d'affectivité et d'amour, très ouverts sur le monde qu'ils interrogent à chaque instant : « Comment me voit-on ? Qu'est-ce qu'ils attendent de moi ? » Tant et si bien que ces passionnés, possessifs en diable, ne savent plus à quel saint se vouer ! Seul endroit où ils s'apaisent, la famille où ils sont des pères tranquilles et affectueux, pleins d'eux-mêmes. Repos !

Réactivité : 62 %

Santé	98 %	Sensorialité	98 %
Argent	90 %	Profession	75 %

Les Christophe n'ont pas un sens aigu de l'opposition et on arrive facilement à les raisonner avec un peu de prudence, bien sûr ! Cela ne les empêche pas de ruer dans les brancards mais ils y restent et c'est le principal. Sont-ils susceptibles ? En réalité, ils ont peur qu'on menace leur chère liberté. Une santé de caribou au service d'une sensorialité précoce et exigeante. Leur système de communication avec la gent féminine est des plus efficaces mais finit par leur coûter fort cher. La profession est aussi pour eux un terrain de chasse où ils savent très bien marier l'utile et l'agréable. Leur secrétaire s'en doute, parfois !

Christophe et les autres prénoms

Moyenne : 70 %
Classement : 19/79

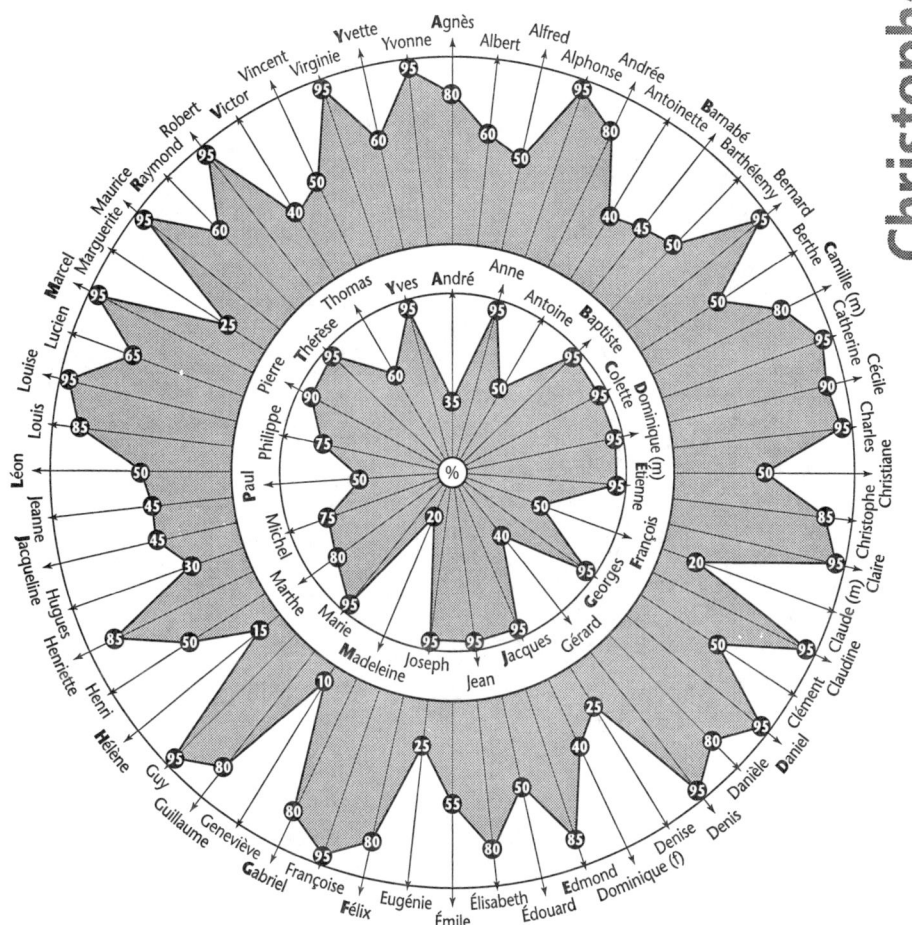

Les roues de compatibilités

Vous imaginez bien que ces hommes à la disponibilité et à la générosité émouvantes apprécieront ceux avec qui ils vivent à un haut niveau : 70 %, soit 19e sur 79. Leurs compagnons les considéreront avec un regard aussi compréhensif : 71 %, un bon score de 24e sur 79. Leur attitude se trouve donc payante car les Christophe sauront créer autour d'eux une atmosphère de complicité bien rare à notre époque. Qu'ils dirigent une entreprise, des âmes ou des politiques, ils porteront toujours sur eux la marque de leur foi dans l'homme. Ne les décevez donc pas et n'oubliez jamais que ce sont des êtres qui ont besoin d'entendre parler de leurs devoirs plutôt que de leurs droits !

Les autres prénoms et Christophe

Moyenne : 71 %
Classement : 24/79

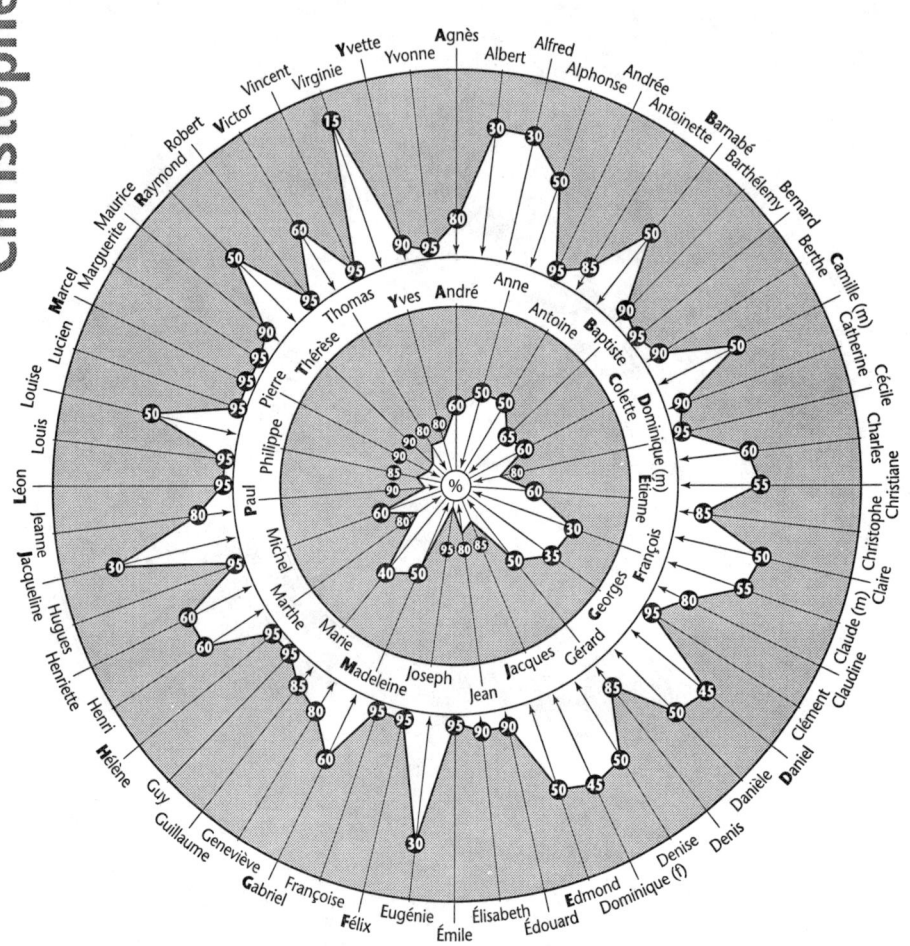

Comment Christophe s'entend avec le signe des autres

Bélier	60 %	Balance	88 %		Ce tableau ne concerne pas le rapport prénom personnel/signe personnel. Il n'y a pas d'autocompatibilité entre Christophe et son propre signe caractérologique.
Taureau	73 %	Scorpion	43 %		
Gémeaux	48 %	Sagittaire	92 %		
Cancer	59 %	Capricorne	76 %		
Lion	76 %	Verseau	52 %		
Vierge	54 %	Poissons	63 %		

Claire

21

1 • Prénoms associés

Ce sont tous les prénoms, quelle que soit leur origine, qui partagent les mêmes constantes caractérologiques et que vous découvrirez dans l'index de ce volume (p. 451), dont :

Alana	Égidia	Justine
Augustine	Flavienne	Naïla
Benjamine	Gaïane	Olympia
Clara	Gilia	Teïla
Clarence	Gillis	Timotéa
Clarine	Hilarie	…

2 • Célébrités

Pour vous sentir moins seul, ce trop bref aperçu des personnalités de tous les temps et de tous les lieux qui dépendent de ce type de caractère :

- CROIZA Claire (1882-1946) Cantatrice *La voix royale.*
- HOLMES Augusta (1847-1903) Compositeur *Des égéries à plumes et à poils.*
- MALRAUX Clara (1897-1982) Romancière *Un nom partagé, un talent unique.*
- MOTTE Claire (1937-1986) Danseuse *La tendresse frileuse d'un « cache-cœur ».*
- SCHUMANN Clara (1819-1896) Compositeur *Un piano pour deux mais un génie chacun.*

3 • Symboles

– Que se passe-t-il lorsqu'on ajoute de l'air à de l'**air** ? On attrape un rhume, me direz-vous ! Eh bien, lorsque les Claire s'intègrent à leur élément, elles contractent une « voyagite » aiguë et bien malin qui les rattrapera.
– Leur couleur, le **vert**, est un curieux mélange fait d'un peu de sagesse, le bleu, et de beaucoup de soleil, le jaune. C'est la verdeur de la jeunesse du monde, le vert paradis des amours enfantines, le retour des beaux jours, une couleur humaine et centrifuge.
– Les nombres **12-32-26**, tous féminins, attirent la chance, regorgent de charme et d'amour.

4 • Devise

Quand on sait que Claire est **Celle qui tranche, qui décide**, on lui découvre une autre dimension que celle que l'on accordait à son caractère en le traitant d'enjoué et de sautillant. Une certaine prudence ne nuit pas à l'affection ! Et cette prudence, vous devrez l'appliquer en premier lieu à leurs engagements financiers. Hou !

5 • Totems

– Un animal totem de rêve qu'on voyait déjà poindre à l'horizon : l'**hirondelle** qui fait le printemps, comme l'on sait et que l'islam appelait l'« oiseau de paradis ». Quant aux Chinois de jadis, ils pensaient que les œufs d'hirondelle gobés par les jeunes vierges les engrossaient. À retenir !
– Leur végétal, bizarrement, est le **cèdre** si cher au roi Salomon qui appliquait le symbole de cet arbre royal à l'aventure affolante de la belle Sunamite du Cantique des cantiques.
– Le minéral, l'**argile**, reflète bien le caractère volontairement plastique des Claire qui, tel le potier, croient que l'on peut façonner sa vie comme un vase plein de fantaisies et de jeux de lumière.

6 • Vibrations

Un vrai feu d'artifices, **100 000 v/s** soit un taux de **68 %**. Bien utilisée, cette potentialité est un gage de succès que ne pourraient compromettre que des légèretés embarrassantes ou des insouciances compromettantes car, là plus qu'ailleurs, la « donna è mobile » !

7 • Le Jeu de la Vie

Comme on la retrouve bien, cette petite Claire, dans la **lame 17** des **Étoiles** où une jeune femme nue se trouve au centre de la lumière cosmique qui tombe de la voûte constellée d'astres rayonnants. Image de la générosité de cette exquise pucelle qui ne garde rien pour elle, symbole de création, de naissance, de mutation. Elle vient raconter aux malheureux naufragés du désert que nous sommes les merveilles de la Terre promise, promise à notre désintéressement et à notre courage. C'est bien ce que Dame Nature nous explique chaque année en son langage bourgeonnant et fleuri.

Volonté : 90 %

Intuition	73 %	Études	80 %
Réussite	75 %	Associations	100 %

Avant tout, un conseil en forme d'avertissement : quoi que vous attendiez de la part de ces femmes exceptionnelles, mettez votre ceinture de sécurité car le temps des turbulences est venu ! En premier lieu, on se demande si la volonté dont elles débordent n'est pas tout simplement de l'ambition féroce. Il leur faut tout et tout de suite. Les Claire n'ont que faire de l'intuition, elles s'en méfient même. Les études sont le tabouret de leur réussite qui viendra à la force du poignet grâce à des associations fort habiles qui leur permettent de s'immiscer dans tous les coups qui se présentent.

Activité : 95 %

Dynamisme	95 %	Affaires	65 %
Voyages	100 %	Sociabilité	95 %

L'activité se devait donc d'être à la hauteur de la situation même si elle se confond parfois avec un dynamisme agitant qui va affoler les parents : « Mais qu'est-ce que j'ai fait au bon Dieu pour… » et terroriser certains collaborateurs : « Dans quelle histoire s'est-elle encore fourrée ? » Les affaires en souffrent car les Claire ont l'art de laisser tomber avec un bruit sec tout ce qui leur casse les pieds, ne serait-ce qu'en partant en voyages, le rêve de ces croqueuses de kilomètres pour qui le bonheur est fait de vacances lointaines peuplées de copains un peu fous et « jetables » à souhait… Vous voilà prévenu !

Portrait prospectif

Caractère : 79 %   Psychisme : 72 %   Personnalité : 87 %   Destinée : 92 %   Devenir : 81 %

Les Claire sont des femmes étonnantes qui «reconnaissent» l'avenir. On a l'impression, en les voyant vivre, qu'elles ne font qu'évoluer dans des situations déjà vécues. Alors que le futur est, pour tout un chacun, peuplé de points d'interrogation, elles n'y voient que des points d'exclamation : «Mais c'est bien sûr!», «Je l'aurais parié!». Les Claire donnent l'impression que vous êtes étranger à vous-même et que ce qui vous arrive n'était connu que d'elles et, éventuellement, du bon Dieu! Si vous leur demandez quel est le secret de leur vision presque prophétique de l'avenir, elles vous éclateront de rire au nez en vous affirmant que l'intuition ne fait rien à l'affaire et que la débrouillardise, le culot, sont les seuls moyens de s'ouvrir les «lendemains» en bousculant les «aujourd'hui»!

La famille devra donc ouvrir très tôt les yeux sur le comportement quelque peu «erratique» de ces charmantes enfants qui mélangent astucieusement le temps et l'espace au nom d'une relativité hasardeuse où le rire est le propre de l'insouciance. Que les maris, également, tout en s'esbaudissant, au début du mariage, de l'amour primesautier de ces femmes au grand cœur, ne se laissent pas dépasser par les événements et ne se retrouvent pas un jour devant un nid vide, attendant la venue d'un prochain printemps pour voir réapparaître la petite hirondelle vagabonde. Alors, me direz-vous, voilà exactement le caractère qui convient aux hôtesses de l'air! Oui et non. Oui, parce qu'au commencement de leur carrière voyageuse, c'est bien le rêve qu'elles poursuivent. Non, car très rapidement elles s'aperçoivent que ce qu'elles veulent en réalité, c'est voler de leurs propres ailes et leur imagination n'a que faire de ces gros tas de ferraille assourdissants!

Autrement dit, il ne faut absolument pas que l'avenir, chez ces femmes exquises, ne fasse que gommer leurs traits de caractère, affaiblissant leur psychisme et «surdosant» leur personnalité. Un voyage sans destination n'est pas une destinée, aurait dit Monsieur de La Palice!

Émotivité : 44 %

Affectivité	95 %	Amour	87 %
Famille	90 %	Enfants	100 %

L'émotivité est discrète, presque subtile. Les Claire s'en servent car elles sont parfaitement capables de jouer l'émotion en faisant des confidences émouvantes plus ou moins imaginaires. D'où cette vaste affectivité dont elles saupoudrent toute leur existence et dont elles vous font payer la note. Elles veulent être aimées! Bien servies par un caractère enjoué et un esprit trépidant, elles vous feront prendre des flirts pour des passions et vous ne tarderez pas à vous retrouver le bec dans l'eau! Elles aiment beaucoup leur famille et sont des mères fantaisistes, pleines d'amour, qu'adorent les enfants.

Réactivité : 54 %

Santé	95 %	Sensorialité	98 %
Argent	75 %	Profession	100 %

Les Claire n'acceptent pas que les choses se fassent sans elles et qu'elles n'aient pas le beau rôle. À ce niveau, ce n'est pas de la réactivité mais de la jalousie! Increvables, elles ont la santé nécessaire pour vous mettre sur les genoux en deux temps trois mouvements. De là à imaginer que leur sensorialité est à la hauteur de leur fureur de vivre… Toute leur vie, elles auront tendance à se jeter à la tête des gens qu'elles aiment et si elles veulent se payer la vôtre, je ne parierais pas un kopeck sur votre faculté de résistance. La profession subira, elle aussi, les mêmes séismes et l'argent fera mine de suivre!

Claire et les autres prénoms

Moyenne : 61 %
Classement : 58/79

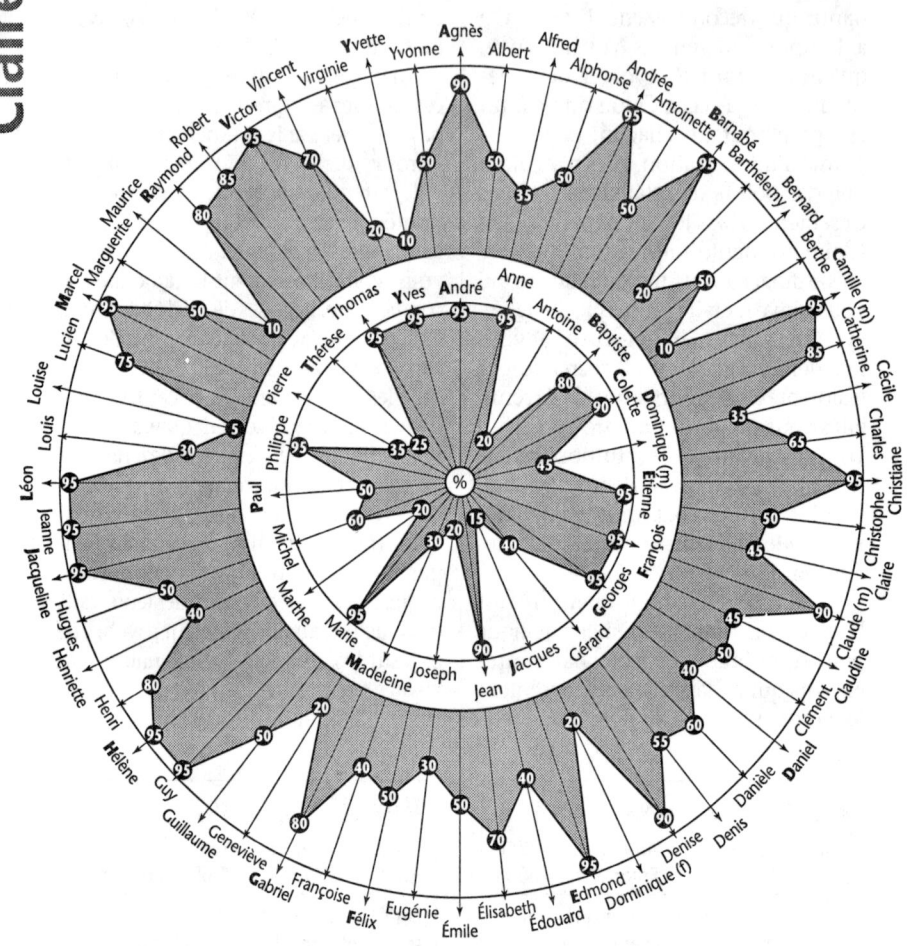

Les roues de compatibilités

Ah, comme le chœur uni des gentils prénoms qui entourent notre Claire lui font fête quand elle les effleure de ses ailes encore poudrées de soleil ! À 78 %, ils crient leur joie de la voir revenir en lui faisant bénéficier d'une belle place de 14e sur 79. Quant à elle, ce n'est pas l'enthousiasme qui l'étouffe : 61 %, soit un classement de 58e sur 79. Pour notre Claire, il y a, parmi son public, trop de gens qui ne la prennent pas assez au sérieux ou qui profitent de son existence quelque peu échevelée pour lui tendre des perchoirs qui ne sont souvent que des pièges sournois. Qui donc saura leur conserver intact ce petit nid potager où le souvenir de leur jeunesse heureuse les ramènera toujours.

Les autres prénoms et Claire

Moyenne : 78 %
Classement : 14/79

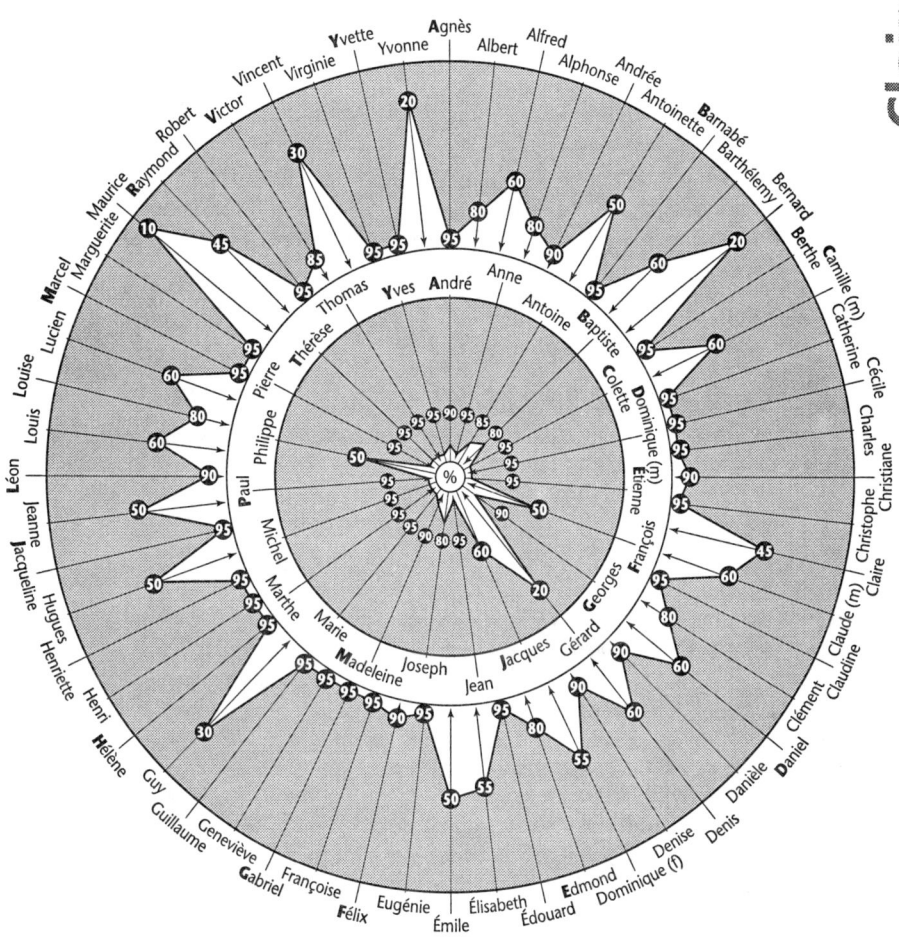

Comment Claire s'entend avec le signe des autres

Signe	%	Signe	%
Bélier	60 %	Balance	91 %
Taureau	35 %	Scorpion	20 %
Gémeaux	80 %	Sagittaire	69 %
Cancer	63 %	Capricorne	57 %
Lion	72 %	Verseau	83 %
Vierge	48 %	Poissons	60 %

Ce tableau ne concerne pas le rapport prénom personnel/signe personnel. Il n'y a pas d'autocompatibilité entre Claire et son propre signe caractérologique.

22 Claude (M)

1 • Prénoms associés

Ce sont tous les prénoms, quelle que soit leur origine, qui partagent les mêmes constantes caractérologiques et que vous découvrirez dans l'index de ce volume (p. 451), dont :

Bert	Garland	Muguet
Bertram	Gil	Parker
Bertrand	Gilbert	Pascal
Claudien	Guilbaut	Ranger
Clovis	Innocent	Urbain
Cluny	Laban	...

2 • Célébrités

Pour vous sentir moins seul, ce trop bref aperçu des personnalités de tous les temps et de tous les lieux qui dépendent de ce type de caractère :

– DEBUSSY Claude (1862-1918) Musicien *Des impressions vagues, des amours indécises.*

– FLORNOY Bertrand (1910-1980) Explorateur *La plus dangereuse de ses jungles était la parisienne.*

– LE VERRIER Urbain (1811-1877) Astronome *Au bout des tristes chiffres, une étoile !*

– LÉVI-STRAUSS Claude (1908) Ethnologue *Et si les « sauvages » étaient aussi des hommes !*

– LORRAIN Claude (1600-1682) Peintre *De grands départs inassouvis...*

3 • Symboles

– Lorsqu'un courant d'**air**, l'élément de base des Claude, allume des incendies au lieu d'éteindre les bougies de la fête, on s'interroge ! S'agit-il d'une nuée ardente ou de l'un de ces briquets pneumatiques dont rêvaient jadis certains savants du XIXe siècle ?

– Leur couleur, l'**orangé**, dont la tonalité est chaude et brillante, associe le jaune de l'audace au rouge de la passion.

– Quant aux nombres **2-47-23**, à la résonance masculine, ils apportent aux Claude une séduction certaine qui leur permettra de résoudre bien des problèmes à la force du poignet.

4 • Devise

Leur devise : **L'homme qui bondit** et, devrions-nous ajouter : « l'homme qui rebondit » car les Claude sont rarement découragés et toute expérience a pour eux valeur de tremplin. Ils ont d'ailleurs le courage d'accepter la responsabilité de la « réception »... et ce n'est pas courant !

5 • Totems

– Leur animal totem est prévisible et reconnaissable, c'est la **gazelle**, bestiole aérienne qui symbolise le « centre du cœur ». L'acuité de son regard n'a d'égale que sa rapidité de réaction, ce qui explique que suivre la pensée, le raisonnement d'un Claude n'est pas chose facile.
– Le **fusain**, leur végétal, est bien cet arbuste de bordure dont les feuillages sombres délimitent une propriété, cette haie enserrant un « champ de repos ». Il est à la fois borne et protection !
– Leur minéral, le **silex**, lui, est cette pierre à feu qui nous vient du fond des âges et dont la dureté et l'apparente inertie cachent des trésors de lumière et de flamme. Toujours ces qualités secrètes !

6 • Vibrations

Ici, une honnête moyenne à 79 000 v/s soit un bon 46 %. Bien sûr, ce n'est pas le Pérou mais elle donne à nos Claude une résistance à éclipses car ils se fatiguent vite et n'ont pas intérêt à vivre sans règles de conduite aussi bien morales que diététiques.

7 • Le Jeu de la Vie

Et puis, l'ambiguïté de choix que nous avons déjà perçue va s'exprimer pleinement au niveau de la **lame 6** attribuée aux Claude, celle de l'**Amoureux**, un jeune homme indécis coincé entre deux femmes aux comportements bien différents. L'une, à gauche de la carte, digne et sévère, l'autre, à droite, séduisante et provocatrice. On a voulu voir là une représentation du fameux épisode vécu par Hercule hésitant entre la vertu et le vice. N'allons pas si loin mais disons que nos amis Claude ne se posent pas toujours ce genre de question lorsqu'ils se lancent à cœur perdu dans certaines aventures tordues où ils laisseront plus d'une plume !

Volonté : 73 %

Intuition	95 %	Études	80 %
Réussite	90 %	Associations	100 %

« Qui êtes-vous, monsieur Claude ? » Et c'est à ce moment que les Claude que l'on a traités de « monsieur » pour éviter toute confusion court-circuitaire, commencent à perdre les pédales. Oui, c'est bien le drame des prénoms « androgynes », masculins ou féminins, comme Camille ou Dominique, de créer des indécisions de genre parfois troublantes. Dans ce cas précis, la volonté est très moyenne et au même niveau que l'émotivité et la réactivité. Ajoutez une intuition quelque peu encombrante et vous percevrez toute l'ambiguïté de ce cocktail pourtant efficace à d'autres niveaux. Évitez donc toutes plaisanteries déplacées !

Activité : 84 %

Dynamisme	93 %	Affaires	90 %
Voyages	100 %	Sociabilité	95 %

C'est le véritable moteur de ce type de caractère. Chez les Claude, l'activité dépend entièrement des circonstances et déjoue, habilement, toutes les prévisions. En effet, le dynamisme s'agite en dopant la volonté, en violant la sociabilité qui sautille d'éclipses en provocations, en bousculant la réussite pour finir par prendre les affaires en otage. Il faut du souffle pour suivre ces diables d'hommes dont les enthousiasmes spontanés se dégonflent souvent aux vents des catastrophes. La politique de l'« airbag » ! Restent les voyages comme autant de tapis volants. Rêvons ! Une porte de sortie à surveiller !

Portrait prospectif

Caractère : 58 %   Psychisme : 48 %   Personnalité : 65 %   Destinée : 70 %   Devenir : 67 %

Avec les Claude se pose l'éternel problème de l'«athlétisme caractérologique» : «A-t-on affaire à un sprinter ou à un coureur de fond ?» La réponse nous vient sur les ailes de sa devise : «L'homme qui bondit» ! Or, on a rarement vu un coureur de dix mille mètres bondir au départ comme une fusée ! Nous voici donc en présence d'un type d'homme pour qui le présent va compter plus que tout ! L'avenir, c'est la victoire ou la défaite au bout de dix secondes seulement, il n'aura donc pas la possibilité d'échafauder des plans alambiqués ou d'ordonner de vastes pensées. Il faut cavaler comme un dératé, après on verra bien !

D'où un caractère assez attentiste qui ne se violente pas mais qui saute néanmoins sur l'opportunité lorsqu'elle passe à portée de la main. Ne bâtissez donc pas trop de grandes espérances sur ces Claude pourtant séduisants car, chez eux, vraiment, l'occasion fait le larron. Non seulement leur psychisme est vulnérable mais ne vous imaginez surtout pas que vous pourrez vous servir de la «carotte» du futur pour les faire avancer. Avec eux ça ne prend pas et leur parler d'avenir revient à couper toute possibilité d'entente sur quelque action que ce soit.

Et pourtant leur personnalité se montre attachante. Ils s'enthousiasment pour un rien, bâtissent des châteaux qui n'auront jamais le temps d'aller en Espagne, leurs amours éternelles s'enchaînent parfois sans interruption, en un mot ils ne gardent d'eux-mêmes que la brève image que leur renvoie leur miroir chéri car ils sont habituellement coquets et ne résistent jamais à un compliment agréablement tourné sur leur bonne mine.

Quant à leur destinée, c'est le dernier de leurs soucis tant ils craignent l'immobilité de la parole respectée, de l'engagement signé. Pour eux, demain n'est pas ce musée où l'humanité rêve de se pétrifier. Devenir n'est pas changer, c'est suivre le cours de la vie qui n'est, après tout, qu'un torrent hasardeux et pas tranquille pour un sou ! Un Claude se prolonge, il ne s'invente pas !

Émotivité : 72 %

Affectivité	94 %	Amour	75 %
Famille	60 %	Enfants	48 %

L'émotivité pose le plus de problèmes car les Claude se demandent souvent si elle ne contient pas un philtre sournois qui donnerait à leur comportement des allures parfois suspectes. Tout cela les inquiète, eux qui ont besoin d'être rassurés aussi bien au plan de l'affectivité, qui est presque trop présente, qu'à celui de l'amour, souffrant çà et là d'un mélange d'indépendance farouche, d'un besoin de refuge auprès de la mère, de la famille un peu moins et des enfants presque pas. Pour eux la sensorialité ou, osons le gros mot, la sexualité est un état d'âme et d'environnement. La «bête», quoi !

Réactivité : 70 %

Santé	87 %	Sensorialité	73 %
Argent	95 %	Profession	100 %

Elle est excessive. Les Claude courent après toutes les balles, comme on dit au tennis. Ils se fatiguent à se justifier, usent leur bonne santé à se prouver qu'ils n'ont rien à envier à toute la bande qui les entoure. Alors, la profession devient un objet de culte et l'argent en est le prophète ! Et ils mettront leur grande séduction au service de la reconquête de leur personnage, comme s'il s'agissait de se découvrir à chaque instant autre que ce qu'ils imaginaient. Vous êtes leur ami ? Alors, dites-le leur, insistez, devenez miroir, écho, doublure, copie… Qu'importe ! C'est cela qu'ils attendent de vous. EUX !

Claude et les autres prénoms

Moyenne : 64 %
Classement : 39/79

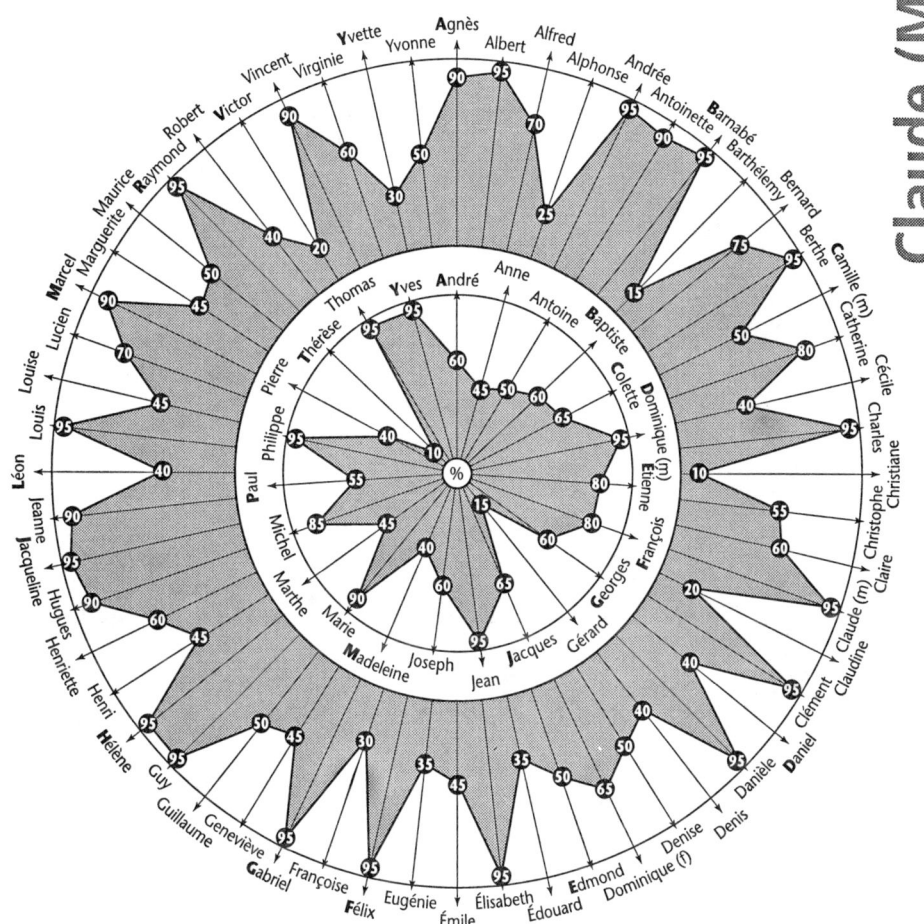

Les roues de compatibilités

Les Claude ne s'intéressent que très modérément à la structure profonde des autres êtres. Ils aiment bien vivre avec eux, s'amuser, faire des affaires, mais cela ne va pas au-delà de cette approche superficielle. C'est ainsi qu'ils n'apprécient les prénoms du « voisinage » qu'à 64 %, soit un classement de 39e sur 79. C'est vraiment la moyenne ! Les autres, bien souvent, pensent que ces hommes sont assez légers. Ils ne réagissent donc qu'à 60 %, soit 49e sur 79. De mieux en mieux ! C'est contre cette désaffection de part et d'autre que les Claude devront toujours lutter en se montrant plus persévérants dans leurs amitiés et plus fidèles dans leurs amours. Mais est-il possible de dresser une gazelle ?

Les autres prénoms et Claude

Moyenne : 60 %
Classement : 49/79

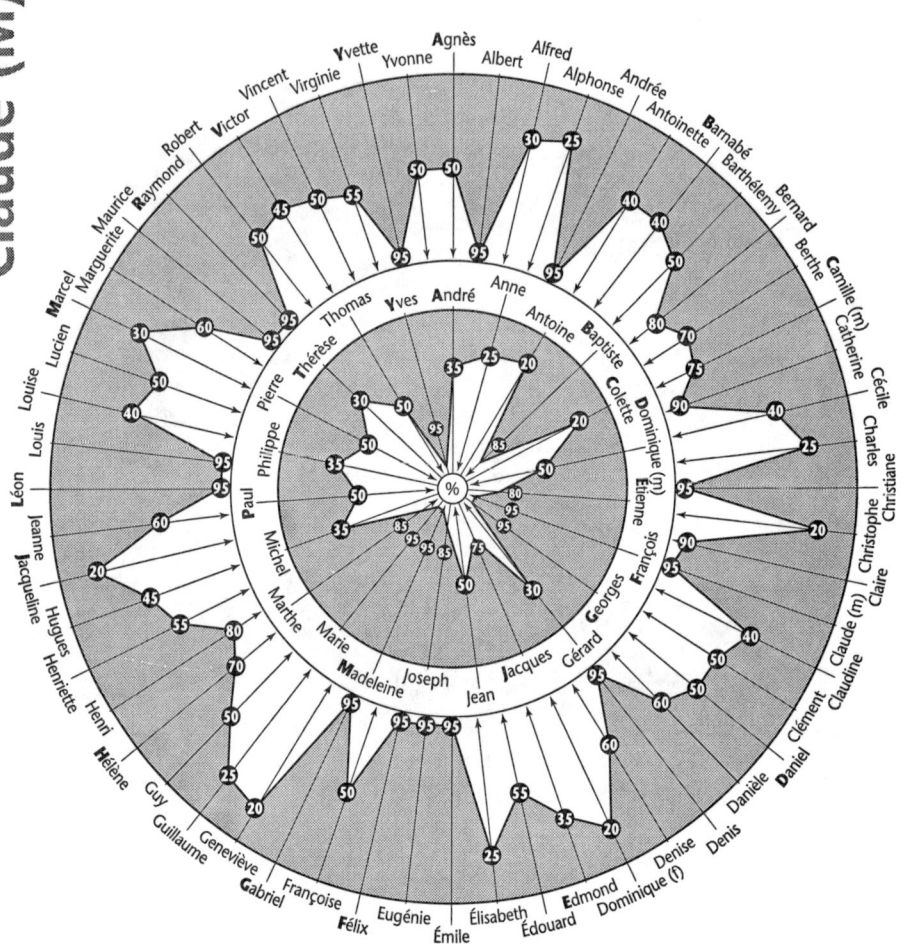

Comment Claude s'entend avec le signe des autres

Signe	%	Signe	%
Bélier	53 %	Balance	80 %
Taureau	25 %	Scorpion	63 %
Gémeaux	89 %	Sagittaire	73 %
Cancer	82 %	Capricorne	45 %
Lion	45 %	Verseau	86 %
Vierge	17 %	Poissons	59 %

Ce tableau ne concerne pas le rapport prénom personnel/signe personnel. Il n'y a pas d'autocompatibilité entre Claude et son propre signe caractérologique.

Claudine 23

1 • Prénoms associés

Ce sont tous les prénoms, quelle que soit leur origine, qui partagent les mêmes constantes caractérologiques et que vous découvrirez dans l'index de ce volume (p. 451), dont :

Arabelle	Glwadys	Richardine
Celsa	Malaurie	Rickie
Chloris	Paulette	Séréna
Édina	Paulie	Violaine
Edna	Pauline	Violette
Gentiane	Polly	...

2 • Célébrités

Pour vous sentir moins seul, ce trop bref aperçu des personnalités de tous les temps et de tous les lieux qui dépendent de ce type de caractère :

– BONAPARTE Pauline (1780-1825) *Elle n'a jamais eu d'empire sur elle-même !*
– CLAUDINE (Personnage de Colette) *Le feu sous les couettes.*
– GODDARD Paulette (1911-1990) Actrice *L'art bien américain d'en faire naturellement trop.*
– NOZIÈRES Violette (1915-1966) *Plus empoisonneuse qu'elle, tu meurs !*
– PAULINE (*Polyeucte*, Corneille) *Peut-on choisir entre l'amour et l'adoration ?*

3 • Symboles

– Un élément de base réchauffant puisqu'il s'agit de l'**air**, mais un air de feu qui surprend agréablement au début puis se révèle très vite porteur de canicules accablantes.
– Le **rouge** est mis et cette couleur de passion et de besoin de conquête va rapidement donner à ces femmes pleines de joie de vivre une fantaisie des plus agitantes.
– Les nombres, eux, **46-3-13**, forment un cocktail au goût de « surboum ». Il faut à ces charmantes enfants une ambiance du tonnerre, pleine de copains, des voyages surprises, des brochettes d'amoureux, bref, le diable et son train !

4 • Devise

La femme de feu ! Belle devise ! Reste à savoir où elles le mettent, ce feu ! Eh bien, n'hésitons pas à le dire, c'est au plan de la sociabilité, vous l'avez deviné, qu'elles feront des étincelles. Les parents devront donc jouer très tôt les pompiers pour éviter que ces mignonnes incendiaires ne flanquent le feu à la baraque.

5 • Totems

– Un animal totem qui aurait plu à Salvador Dali : une **girafe** et même une « girafe en feu » ! Je n'ose vous dire que ces exquises Claudine ont tendance à se monter le cou mais néanmoins leur longue silhouette dégingandée attire le regard, titille le cœur, chatouille de bas instincts toujours en alerte.
– Leur végétal, le **thym**, regorge de senteurs provençales et dispose de mille propriétés gustatives et magiques car sa fumée, disait-on, ramène les amours volatiles ! Le remède à côté du mâle !
– Leur minéral, lui, a un nom imposant, le **titane**, métal qui trouve le moyen de se fourrer dans une quantité incroyable d'alliages, de plastiques, de papier… Se mêle de tout !

6 • Vibrations

Il ne faut pas en faire un poème : **70 000 v/s** soit un petit taux de **37 %**. C'est juste de quoi passer le week-end mais insuffisant pour affronter des avenirs tumultueux.

7 • Le Jeu de la Vie

C'est sans doute par ironie que l'on attribue la **lame 14**, la **Tempérance**, à nos chères Claudine qui ont l'art et la manière de faire des pointes dans la gestion de leur vie de tous les jours. Cette carte représente un ange dûment ailé qui verse le contenu d'une urne d'argent dans une autre en or. Est-ce une allusion au caractère dépensier des Claudine, ont-elles des problèmes avec leur ange gardien ou, plus simplement, la tempérance n'est-elle pas la qualité proposée à ces femmes quelque peu excessives qui passent plus de temps à jeter leur bonnet par-dessus les moulins qu'à moudre ce beau grain de la vie qu'est l'amour ?

Volonté : 88 %

Intuition	75 %	Études	77 %
Réussite	80 %	Associations	50 %

Avez-vous déjà vu une gracieuse girafe galoper en se dandinant sur un ciel levant de la savane africaine ? Non ? Alors, vous ne comprendrez jamais rien à la grâce adolescente de ces Claudine à l'éternelle jeunesse qui font de leur volonté le caprice d'un moment et qui se servent de leur charme pour vous faire croire en votre séduction. Voilà le mot lâché ! Leur vie respire le charme ! Elles n'ont rien à faire de leur intuition, les études sont une ombre qui passe, elles ne se mêlent à la vie des autres qu'à la condition de les captiver et dans la mesure où on leur laisse la bride sur le cou !

Activité : 82 %

Dynamisme	75 %	Affaires	55 %
Voyages	90 %	Sociabilité	100 %

L'activité est à la limite du « décrochage » comme ces vieux avions qui balançaient toujours entre la panne de moteur et le suicide du pilote ! Le dynamisme hésite, les affaires s'enterrent en attendant des jours meilleurs et la réussite joue les « patchworks », tissée de projets abandonnés et de « coups » hasardeux. Elles gagnent en ne sachant comment, elles perdent en s'en contrefichant éperdument. Mais les voyages sont là, improvisés souvent mais splendidement récupérés par ces caractères séduisants et versatiles qui prennent la sociabilité pour un terrain de jeux… parfois interdits !

Portrait prospectif

Caractère : 71 %   Psychisme : 53 %   Personnalité : 63 %   Destinée : 68 %   Devenir : 56 %

Du temps de mes infructueuses études, un professeur de « philo » rigolard – ça existait à l'époque ! – nous avait proposé ce thème de méditation : « Pensez-vous qu'une vie dissipée soit un remède contre la peur de l'avenir ? » Ce à quoi j'avais répondu, en résumé : « Mieux vaut se marrer vivant qu'être malheureux mort ! » Ce fut la fin prématurée de ma carrière académique ! C'est pourtant ce que pensent, à peu de choses près, nos Claudine qui ont, comme chacun sait, trouvé leur Descartes en la personne de la grande Colette ! Elles en viendraient presque à considérer que traiter du futur porte malheur ! Elles sont tant emberlificotées dans leurs contradictions personnelles que l'idée de voir ce fouillis existentiel transposé sur un plan prospectif les met dans tous leurs états ! Il faut bien reconnaître que leur caractère émotif et à tendance sentimentale ne les prédispose guère à se dépouiller du superflu des jours pour envisager froidement la rigueur des années. Nous verrons qu'elles ont un sens prodigieux de l'adaptation et que donc elles se montrent très dépendantes de l'ambiance dans laquelle elles vivent. Essayer de voir en soi pour y découvrir ce qu'il peut y avoir de permanent et donc de projetable dans le futur est au-dessus de leurs forces. Pour elles, c'est l'événement qui fait l'homme et le « mektoub » islamique reflète bien leur « bovarysme » personnel, cette envie de changement constant. D'où un psychisme en forme de girouette, indécis et fuyant qui donne l'impression qu'elles ne vont jamais au bout de leurs actes. La personnalité est attirante comme un miroir flatteur à qui l'on prête les traits que l'on n'a malheureusement pas.

Leur destinée laisse au hasard le soin de baliser un parcours aux buts toujours remis en cause et où le mariage est plus souvent l'aboutissement d'une lassitude que le commencement d'une existence plus motivée. Quant au devenir, il ressemble à ces arbres-parasols qui poussent au pied du Kilimandjaro et que les girafes n'arrivent plus à atteindre à force d'en avoir brouté la base !

Émotivité : 66 %

Affectivité	93 %	Amour	93 %
Famille	85 %	Enfants	60 %

C'est le point faible de ce portrait. Les Claudine s'énervent rapidement et la seule manière de les ramener à la raison c'est de les faire rigoler ! Pour elles, l'amitié est essentielle à la compréhension de la vie, l'affectivité et l'amour se conjuguent plus au pluriel qu'au singulier et plus au futur indéfini qu'au présent ratatiné ! La famille et les enfants bénéficient aussi de cette vision « hédoniste » de la communauté et si vous voulez être accepté par ce véritable phalanstère « claudinien », potassez votre almanach Vermot, car chez ces femmes exquises, le rire est le propre de l'amitié et l'amitié est le commencement de l'amour.

Réactivité : 43 %

Santé	92 %	Sensorialité	80 %
Argent	80 %	Profession	85 %

Par un glissement sournois, la sensorialité dérape vers la réactivité car le désir passe par la joie et les funèbres amours romantiques peuvent aller se rhabiller. D'où leur envie souvent horizontale de partager une blague, de profiter d'une occasion marrante. Elles auront donc tendance à moins céder au désir qu'aux circonstances et moins aux circonstances qu'à la crainte de paraître stupides en prenant la fuite devant une situation dangereuse. L'argent, il en faut le plus possible ! La santé est là mais elle est vite perturbée par une profession qui ne serait pas un divertissement rentable ! Un caractère chatouilleur !

Claudine 23 — Claudine et les autres prénoms

Moyenne : 58 %
Classement : 67/79

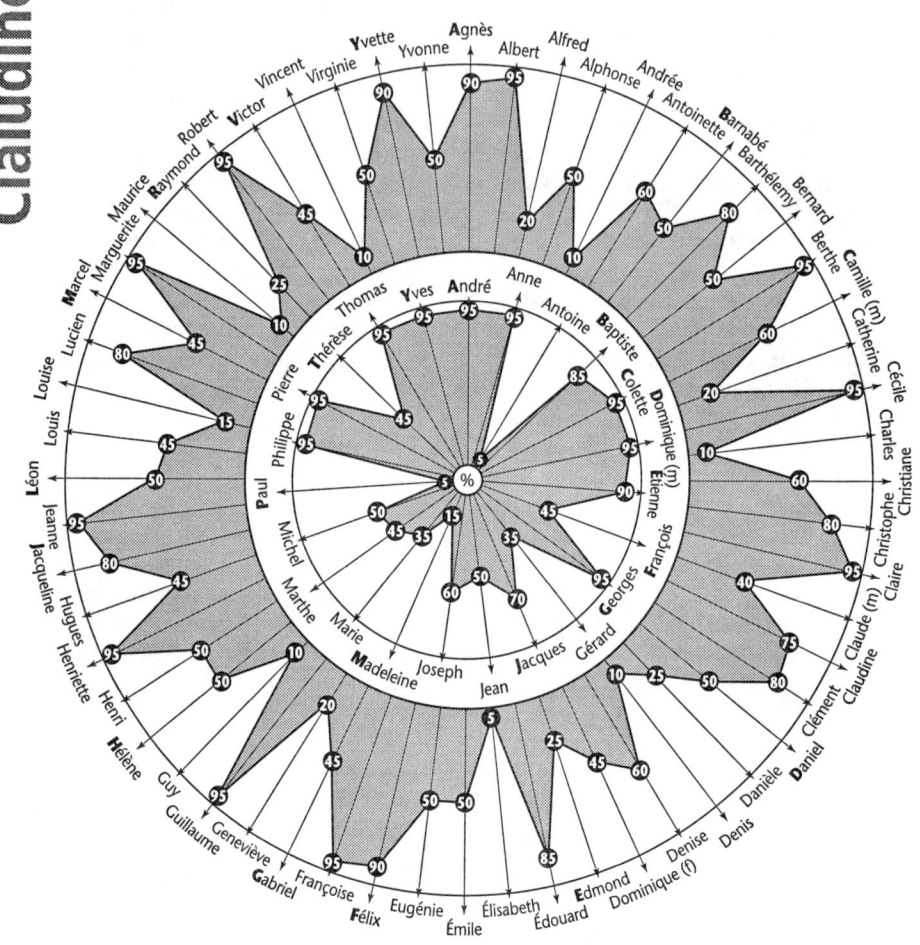

Les roues de compatibilités

À lire nos brèves réflexions sur le tempérament des Claudine, vous seriez en droit d'imaginer que ces petites fées chatoyantes vont attirer à elles un maximum d'admirateurs des deux sexes avides de partager leur insouciance et leur joie de vivre. Eh bien, pas tant que cela ! Les autres prénoms n'apprécient les Claudine qu'à la moyenne de 63 %, soit la modeste place de 41e sur 79. Réciproquement, on découvre que les Claudine ne considèrent leur entourage que sous l'angle d'un 58 %, soit un classement plus pénalisant encore de 67e sur 79. « Attention, mes petites girafes en sucre, n'oubliez jamais que l'avenir est le meilleur des placements, un placement de mère de famille ! »

Les autres prénoms et Claudine

Moyenne : 63 %
Classement : 41/79

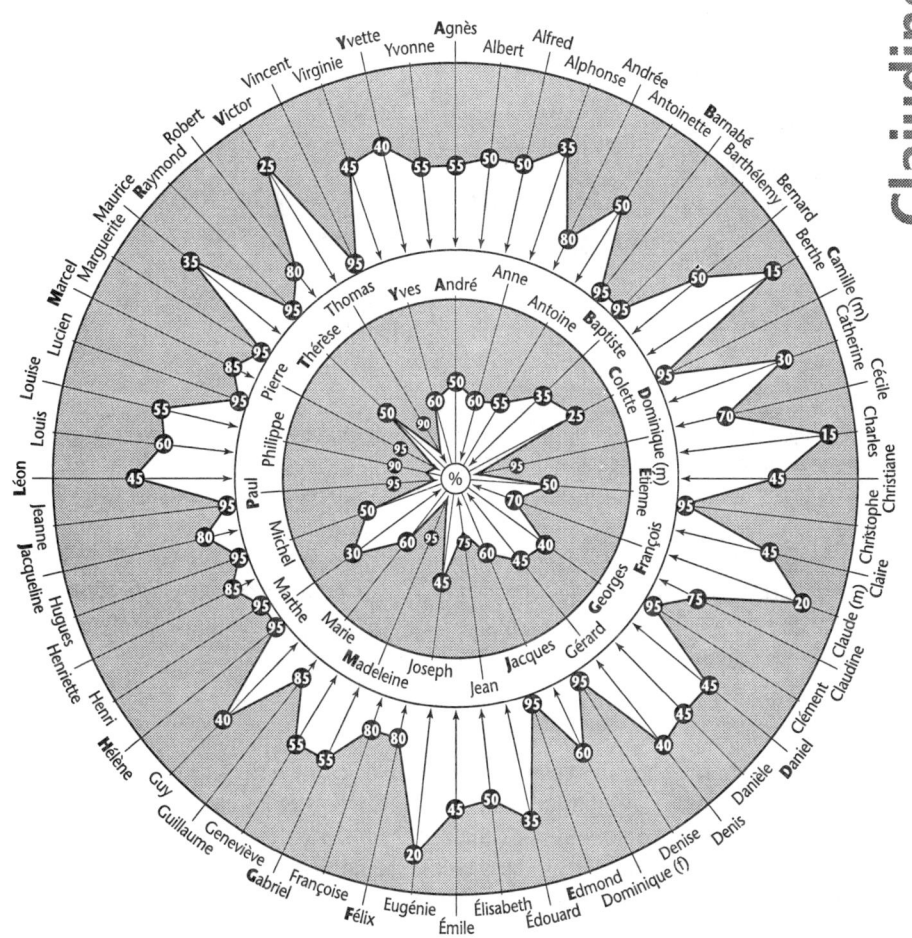

Comment Claudine s'entend avec le signe des autres				
Bélier	58 %	Balance	93 %	Ce tableau ne concerne pas le rapport prénom personnel/signe personnel. Il n'y a pas d'autocompatibilité entre Claudine et son propre signe caractérologique.
Taureau	22 %	Scorpion	31 %	
Gémeaux	77 %	Sagittaire	72 %	
Cancer	83 %	Capricorne	48 %	
Lion	69 %	Verseau	87 %	
Vierge	38 %	Poissons	61 %	

24 Clément

1 • Prénoms associés

Ce sont tous les prénoms, quelle que soit leur origine, qui partagent les mêmes constantes caractérologiques et que vous découvrirez dans l'index de ce volume (p. 451), dont :

Arcady	Gurvan	Osmond
Bradford	Jules	Primaël
Clémentin	Julien	Toussaint
Connor	Lyndon	Urvan
Donald	Mason	Vianney
Euriel	Melchior	…

2 • Célébrités

Pour vous sentir moins seul, ce trop bref aperçu des personnalités de tous les temps et de tous les lieux qui dépendent de ce type de caractère :

– DUVIVIER Julien (1896-1967) Réalisateur *Du temps où « cinéma » était encore un mot français !*
– MAROT Clément (1496-1544) Poète *Lorsque la grâce se fait beauté.*
– MICHELET Jules (1798-1874) Historien *L'inspiration des cabinets de réflexion.*
– RAIMU Jules (1883-1946) Acteur *Lorsque le génie fait oublier l'homme.*
– RENARD Jules (1864-1910) Auteur humoriste *« Salut, l'Artiste ! »*

3 • Symboles

– Chez Clément et chez les autres prénoms associés, l'élément de base est l'**eau** mais une eau qui, s'ajoutant à l'eau, fait les torrents et les cascades. Qui dira l'aveugle puissance de ces eaux déchaînées ? Prudence !
– La couleur est le **rouge** qui, dans ce cas, se rattache plus directement à la fureur et à la colère, deux vertus – si l'on peut dire ! – qui font des Clément des hommes fracassants.
– Leurs nombres **35-6-43**, à dominante masculine, portent en eux l'éclat d'un poignard dans les ténèbres, la lueur effrayante d'un coup de feu dans la nuit.

4 • Devise

Pour Clément, elle n'est donc pas porteuse de tranquillité béate, cette devise : **Celui qui crie**. Et ce cri part de leur âme de chevalier prêt à tout pour défendre les valeurs d'une civilisation décadente. Et on en vient parfois à se demander si les gens pour qui nos amis poussent des clameurs indignées sont aussi ravis qu'on veut bien le dire de se voir traînés sur la place publique comme des modèles de dignité outragée. C'est là tout le problème des ours et des pavés !

5 • Totems

– Jadis, la symbolique du **héron**, l'animal totem des Clément, se rattachait à une image de guerrier dont les contorsions agressives en faisaient un héros redoutable. Plus tard, le héron manifestait une certaine curiosité, voire indiscrétion à l'égard de son entourage et devenait celui qui fourrait son bec partout. Enfin, vint ce bon La Fontaine…
– L'**eucalyptus** est leur végétal odoriférant, arbre qui a la propriété d'assainir le terrain où il croît et dont les vapeurs balsamiques facilitent la respiration.
– Quant à leur minéral, l'**aigue-marine**, son beau vert d'eau cache des propriétés magiques qui en font une pierre dont le bon maniement vous rend invisible. Pratique !

6 • Vibrations

À **82 000 v/s** soit 49 %, ce taux vibratoire ne permet à nos Clément que des coups de tête suffisamment espacés pour qu'ils aient le temps de récupérer entre chaque explosion. Donc, laissez passer l'orage… Après la pluie, le beau temps !

7 • Le Jeu de la Vie

La lame des Clément est le **Bateleur, numéro 1**. Un homme d'une grande valeur mais qui a besoin, pour agir efficacement, d'avoir tout sous la main. La baguette du feu, la coupe de l'eau, l'épée de l'air et le denier de la terre. Autrement dit, les Clément ne s'embarquent pas pour l'aventure sans disposer d'un certain bagage. Leurs réactions sont plus posées qu'on ne pouvait le prévoir et, même s'ils sont connus pour leur « grande gueule », ils ne font pas cela gratuitement. Il y a chez eux une habileté, une finesse diplomatique qu'il serait dangereux d'ignorer.

Volonté : 96 %

Intuition	65 %	Études	80 %
Réussite	85 %	Associations	100 %

Attention ! Les Clément ne sont pas hommes à se laisser faire et, mesdames, si vous voulez les mener par le bout du nez, il faudra trouver autre chose ! Une volonté de crotale en rut ! Elle est forte et pourtant elle n'est pas toujours présente. Ils sont volontaires par à-coups et donc, à certains moments, influençables. Mais il faut viser juste et se méfier des retours de flamme ! L'intuition n'a pas droit à la parole car la réussite, basée sur la volonté et l'activité, joue les raz-de-marée. Les Clément sont très à l'aise lorsqu'ils sont associés. Quant aux associés, ils se cramponnent au bastingage !

Activité : 98 %

Dynamisme	96 %	Affaires	90 %
Voyages	35 %	Sociabilité	85 %

Quelle activité ! Les Clément ne rêvent que de croisades et leur dynamisme détonant vient ajouter du bruit à la fureur et de la colère à l'indignation. Expliquez-leur calmement que, de même que l'on n'a pas tous les jours vingt ans, on ne peut pas passer sa vie à faire des révolutions. Détournez donc leur puissance dévastatrice vers les affaires où ils mettront le « casino », comme on dit en Italie, chez les concurrents comme chez les partenaires. Ne leur cassez pas les pieds avec les voyages et observez bien la sociabilité délicate de ces hommes qui ont tendance à prendre un salon pour un « saloon ».

Portrait prospectif

Caractère : 88 %   Psychisme : 79 %   Personnalité : 93 %   Destinée : 95 %   Devenir : 84 %

On ne part pas pour l'avenir comme on va acheter une paire de chaussettes. Pour les Clément, le problème se posera donc en termes de logistique. Malheur aux improvisateurs lorsqu'il s'agit d'aborder l'aspect le moins prévisible d'une certaine sphère d'action. Évitez donc à tout prix de jouer les conseillers ironiques lorsque ces hommes entreprenants viendront vous parler de leurs ambitions prospectives. En effet, leur attitude se montre particulièrement originale, en ce sens qu'ils abordent le futur sans idées préconçues mais avec toutefois un étonnant arsenal d'intervention fait à la fois de sélection des possibles et de matériel adapté à toutes les circonstances.

S'ils sont militaires, ils envisageront en plein été les fournitures d'hiver pour leurs troupes engagées ! S'ils sont religieux, ils ajouteront à leur foi ce petit rien de surprise divine qui fait les prophètes et que des religieux attardés veulent à tout prix ignorer ! S'ils sont politiciens, ils se garderont de s'engager dans des programmes de gouvernement aux ailes fragiles que les lendemains ridiculisent à tout coup !

En fonction de tout cela, on comprend très bien que leur caractère leur offre une assise, une base de départ efficace et solide. C'est simplement au niveau du psychisme que l'on peut constater un petit affaissement. Pourquoi ? Tout simplement parce qu'ils se méfient trop de leur intuition. Ils refusent la partie « féminine » de leur être – à bien comprendre ! – qu'est l'*anima*. Et même lorsqu'ils s'autorisent à parler de leur « intuition », il faut entendre « imagination » car ils ont besoin de faire passer à la moulinette toute nourriture étrangère à leur métabolisme psychique.

Mais la personnalité est éclatante, présente, dense, presque encombrante et elle embraye directement sur la destinée qui, pour les Clément, est la porte ouverte sur le futur dans la mesure même où cette personnalité contient tous les éléments de survie leur permettant d'affronter l'inconnu grisant du devenir.

Émotivité : 38 %

| Affectivité | 95 % | Amour | 82 % |
| Famille | 90 % | Enfants | 95 % |

L'émotivité joue la timide ! Inutile de pleurnicher devant ces chevaliers bardés de fer toujours prêts à sauver la veuve et l'orphelin. Vous l'avez deviné, ils ont un côté don Quichotte et leur rêve secret est bien de voler au secours d'une Dulcinée, même si elle n'est pas veuve ou orpheline ! L'affectivité est immense et embrasse le monde entier. Voilà les hommes qu'il faut à la Croix-Rouge ! Surtout, ne vous moquez pas d'eux, même si vous pensez que certains de leurs combats sont inutiles. Des amours qui ont du mal à embrayer sur la réalité mais une famille et des enfants luxuriants et comblés.

Réactivité : 38 %

| Santé | 92 % | Sensorialité | 83 % |
| Argent | 75 % | Profession | 100 % |

Mais que tout cela est donc déconcertant ! Parfois, une légère algarade va se terminer en massacre de la Saint-Barthélemy, à d'autres moments une gifle magistrale les laissera de marbre ! La sensorialité suit à peu près le même chemin. Une méchante passion va naître d'une rencontre banale avec un être quelconque puis, à quelques heures de là, la vision d'une créature de rêve va se dissoudre dans une brume incompréhensible. Enfin, l'argent n'est que le valet d'une profession dévorante et souvent vociférante : avocat, parlementaire, syndicaliste ! De grands garçons tout simples !

Clément et les autres prénoms

Moyenne : 72 %
Classement : 10/79

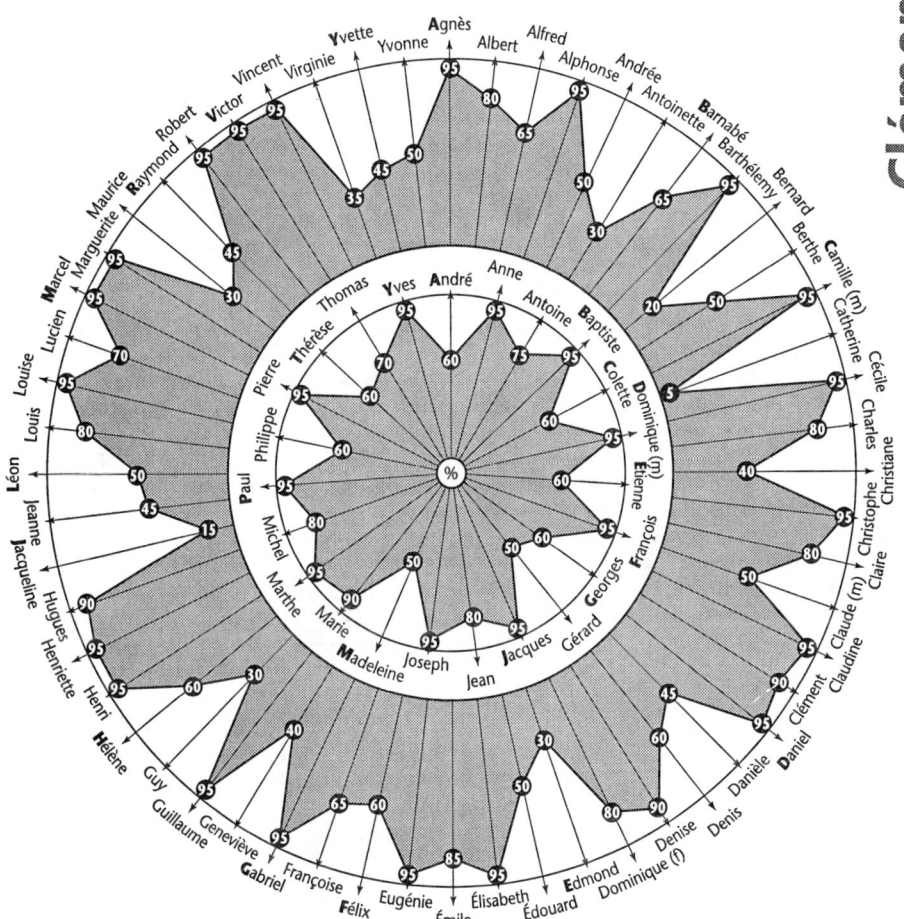

Les roues de compatibilités

Si les Clément sont bien ces « crieurs » d'enthousiasme et ces don Quichotte de notre époque, nous devrions donc trouver chez eux une très nette tendance à considérer avec attention la présence de l'autre car un vrai chef sait toujours qu'il sera jugé sur la valeur de ceux qu'il commande. Pas de problème ! Ici, les Clément apprécient les autres prénoms à 72 % de moyenne ce qui les situe à la 10e place sur 79. Réciproquement, eux-mêmes sont considérés par l'ensemble de leur « public » à 70 %, ce qui les conduit à une 25e place sur 79, fort satisfaisante. Alors, peut-on dire, en termes boursiers, que les Clément sont une valeur sûre ? Oui, à condition de ne pas être cardiaque !

Les autres prénoms et Clément

Moyenne : 70 %
Classement : 25/79

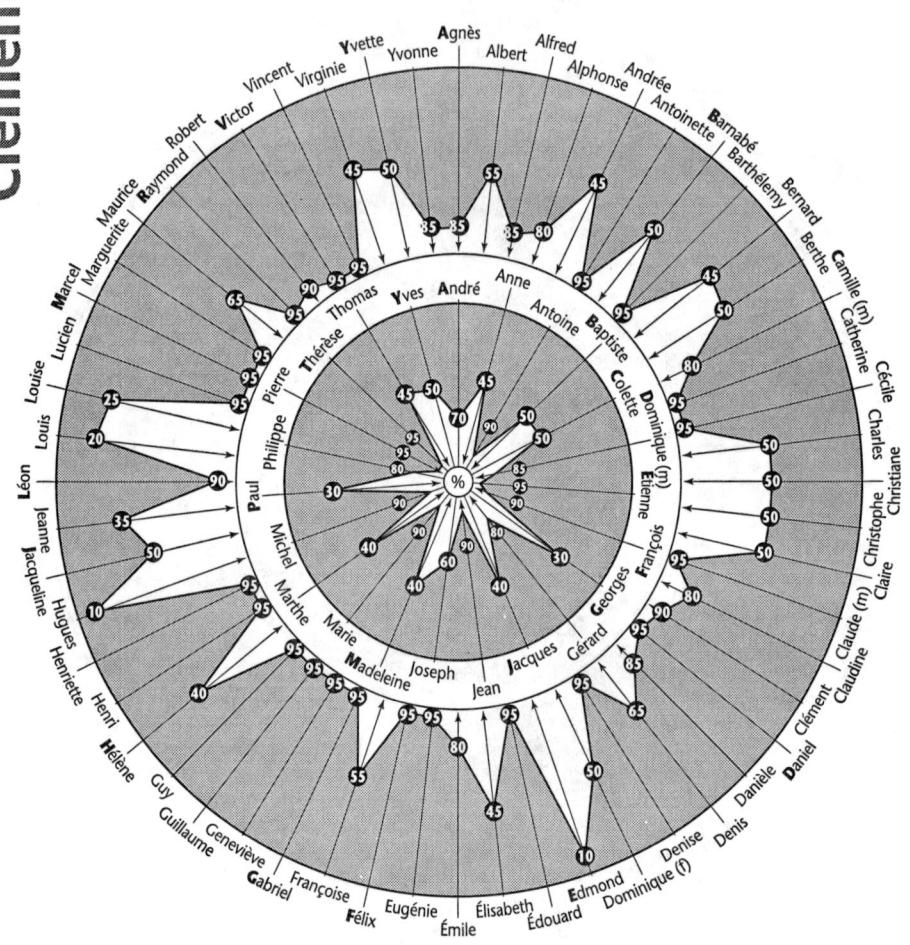

Comment Clément s'entend avec le signe des autres

Bélier	65 %	Balance	88 %		Ce tableau ne concerne pas le rapport prénom personnel/signe personnel. Il n'y a pas d'autocompatibilité entre Clément et son propre signe caractérologique.
Taureau	28 %	Scorpion	74 %		
Gémeaux	76 %	Sagittaire	57 %		
Cancer	75 %	Capricorne	69 %		
Lion	70 %	Verseau	98 %		
Vierge	35 %	Poissons	81 %		

Colette 25

1 • Prénoms associés

Ce sont tous les prénoms, quelle que soit leur origine, qui partagent les mêmes constantes caractérologiques et que vous découvrirez dans l'index de ce volume (p. 451), dont :

Coline	Godeline	Ludivine
Cosima	Gontrane	Lydia
Gabrielle	Joachina	Pam
Gaby	Laëtitia	Paméla
Géraldine	Lara	Tiphanie
Ghislaine	Larissa	...

2 • Célébrités

Pour vous sentir moins seul, ce trop bref aperçu des personnalités de tous les temps et de tous les lieux qui dépendent de ce type de caractère :

- CHANEL Gabrielle dite « Coco » (1883-1971) Couturière — *L'élégance à la portée de toutes les fortunes.*
- COLETTE Sidonie Gabrielle Colette (1873-1954) Écrivain — *Le génie de se regarder vivre.*
- DESLYS Gaby (1881-1920) Chanteuse — *Lorsque le ridicule faisait partie du talent.*
- DORZIAT Gabrielle (1880-1979) Actrice — *Une carrière comme on n'en fait plus.*
- ESTRÉES (d') Gabrielle (1571-1599) Favorite d'Henri IV — *Une odeur royale de sainteté.*

3 • Symboles

– Chez Colette et prénoms associés, l'élément de base est l'**air**. En réalité, les Colette ont bien les cheveux dans le vent mais aussi les pieds sur terre et jamais il ne faudra leur prêter de sentiments légers et fugaces, à elles qui sont des femmes passionnées et obstinées.

– Le **bleu** des Colette est une couleur franche et directe qui les conduit vers l'équilibre, le contrôle de soi et un comportement réfléchi qui déconcertera plus d'un mâle « allumé ». Ajoutez à cela un besoin de sérénité et une nette tendance à la générosité, par beau temps !

– Les nombres **30-25-13**, à majorité masculine, se montrent plus remuants et indiquent qu'une poussée de colère, même si elle est rentrée, peut surgir d'un instant à l'autre. Attention !

4 • Devise

Ici, cette devise s'explique d'elle-même : **Celle qui représente l'équilibre**. Notons que ces femmes de volonté n'iront pas par quatre chemins pour rétablir cet équilibre et que certaines de leurs réactions compensatrices feront mal.

5 • Totems

— Cela peut ressembler à une plaisanterie mais l'animal totem des Colette est plein d'enseignements. Il s'agit de la **souris**! Non pas la pauvre petite chose terrorisée que nous croyons connaître, mais une bestiole prodigieusement intelligente et culottée qui vous mangerait le fromage sur la tête.

— Le **lin**, leur végétal, est cette plante pleine de sagesse qui servait à tisser les vêtements sacrés des cultes anciens. Le lin représente en quelque sorte les racines de leur âme.

— Quant au **manganèse**, leur minéral, métal dur et cassant, il apporte dans les alliages la rigueur et la force. Comptez donc sur la résistance des Colette qui vous auront à l'usure.

6 • Vibrations

Dans le cas des Colette, belles vibrations de **92 000 v/s**, soit un taux de **60 %**. Cela leur permet, sans faire d'étincelles, d'adopter une vitesse de croisière qui peut les mener loin. Elles ont un sens inné des opérations à long terme qu'elles appliquent, notamment, au mariage.

7 • Le Jeu de la Vie

Au niveau de leur lame caractérologique **numéro 14**, la **Tempérance**, nous retrouvons leur désir puissant d'équilibre. Cet ange aux ailes déployées dans l'air du temps fait en effet passer un fluide d'une urne d'argent dans un vase d'or. Pour nous, cela signifie symboliquement que les Colette ont un sens aigu de la compensation. Dans leur vie privée comme dans leur existence mondaine, elles savent parfaitement remettre les gens à leur place sans insolence et sans flagornerie. De grandes bonnes femmes qui, un jour ou l'autre, connaîtront une réussite durable, acceptée de tous.

Volonté : 92 %

Intuition	91 %	Études	77 %
Réussite	80 %	Associations	45 %

« Mérite le détour ! » lit-on sur les guides touristiques. On peut en dire autant des Colette qui disposent de qualités de caractère particulièrement attachantes, sinon encombrantes. Nous voulons dire par là que leur volonté en impose et que, souvent, leur opiniâtreté indispose. Des colériques secrètes qui ne vous laisseront rien passer. Dotées d'une intuition à décorner une sorcière, elles évaluent leur partenaire en moins de deux et réussissent là où les autres femmes hésitent et s'inquiètent. Les études ne les dévorent pas et elles sont, la plupart du temps, des associées difficiles mais de confiance.

Activité : 97 %

Dynamisme	99 %	Affaires	95 %
Voyages	47 %	Sociabilité	95 %

Des femmes de grandes entreprises ! Vous avez intérêt à leur proposer de vastes projets aux multiples résonances mais sans bluff inutile car elles ne pardonnent jamais l'exagération et la tromperie. Leur dynamisme est une fusée d'appoint qui ajoute la vitesse à l'action et l'enthousiasme à la volonté. Les affaires prendront alors des allures de compétition automobile aux dérapages secs et aux reprises « estomaquantes » ! À côté de cela, les voyages semblent bien fades et la sociabilité, excellente, prend, de temps en temps, un aspect un peu théâtral au luxe séduisant et baroque ! « Madame est servie ! »

Portrait prospectif

Caractère : 86 %   Psychisme : 82 %   Personnalité : 89 %   Destinée : 77 %   Devenir : 89 %

Il serait vain de croire que les Colette sont aussi faciles à vivre qu'elles voudraient bien le laisser croire car il y a en elles un moteur puissant qui vous broiera littéralement si vous n'adoptez pas son régime, et c'est la boulimie de l'avenir. Autrement dit, si vous n'acceptez pas la vision prospective de ces femmes de haut vol vous pouvez, selon la formule poétique, « aller vous rhabiller » ! Tout, chez elles, comporte en filigrane la silhouette parfois inquiétante d'un futur qu'elles entendent construire à chaque seconde de leur présent. Abstenez-vous donc de roucouler devant elles des romances à la naphtaline où l'on célèbre les amours passées, le bon vieux temps de la belle époque... Pour elles, le passé est ce tissu d'erreurs dans lequel on s'obstine à couper les costumes du présent. Elles ne veulent pas en entendre parler, pas plus qu'elle n'admettent, d'ailleurs, qu'on leur propose des avenirs en forme de retraite et des lendemains qui ressembleraient à une balade sur le Nil. Surveillez donc votre vocabulaire et ne confondez pas « croisière » avec « croisade » car, pour les Colette, si la victoire est gagnée, il leur reste toujours à combattre.

On comprendra après cela que leur caractère soit à un niveau particulièrement intéressant. Les quatre pieds de leur table de jeu, volonté, activité, émotivité, réactivité, se situent à des niveaux tels que toute projection vers le futur est possible de cette base en béton. Le psychisme suit et leur intuition, en particulier, se montre d'une efficacité incroyable. Dotées d'une affection bien présente mais peu démonstrative, il ne faudra pas les accabler de « mamours » au lieu de pousser de l'avant car elles ont besoin que vous les suiviez, au propre comme au figuré. C'est cette richesse de personnalité qui leur fournira le « carburant » nécessaire à leur décollage et l'on s'apercevra à ce moment que c'est moins leur destinée égocentrique qui les préoccupe que de voir s'étaler sous leurs yeux la Terre promise des devenirs enfin réalisés. Reste à savoir s'il est toujours facile de vivre avec ces « sauteuses » de temps !

Émotivité : 60 %

Affectivité	95 %	Amour	90 %
Famille	95 %	Enfants	90 %

Elle est fort présente mais il faut cela pour équilibrer le couple volonté-activité qui risquerait de faire d'elles des machines à boulot comme en rêvent les négriers du « temporaire ». Oui, ce couple affectivité-amour vient mettre de l'huile sur la vague et donne à ces femmes possessives et costaudes un charme un peu guerrier qui séduit plus d'un mâle un tantinet frileux. Méfiez-vous tout de même de leurs explosions et des vacheries qu'elles peuvent vous jeter au nez, surtout si vous osez toucher à leur sainte famille ou critiquer leurs enfants dans l'exercice de leur folie et que leur mère applaudit !

Réactivité : 55 %

Santé	88 %	Sensorialité	95 %
Argent	90 %	Profession	100 %

On ne peut pas dire que les Colette soient faciles à manier. Leur « mode d'emploi » est aussi tordu que celui d'un ordinateur sud-coréen ! Elles possèdent une mémoire affective particulièrement efficace et lorsqu'elles ont quelqu'un dans le « collimateur », elles sont prêtes à tout pour avoir sa peau. Des imprudences arrivent à compromettre leur santé, l'argent les intéresse, les passionne même, et la profession est un réservoir inépuisable où frétillent les projets les plus culottés. Reste la sensorialité, forte et exigeante qui les entraîne dans des aventures parfois téméraires mais... valant le détour !

Colette et les autres prénoms

Moyenne : 59 %
Classement : 62/79

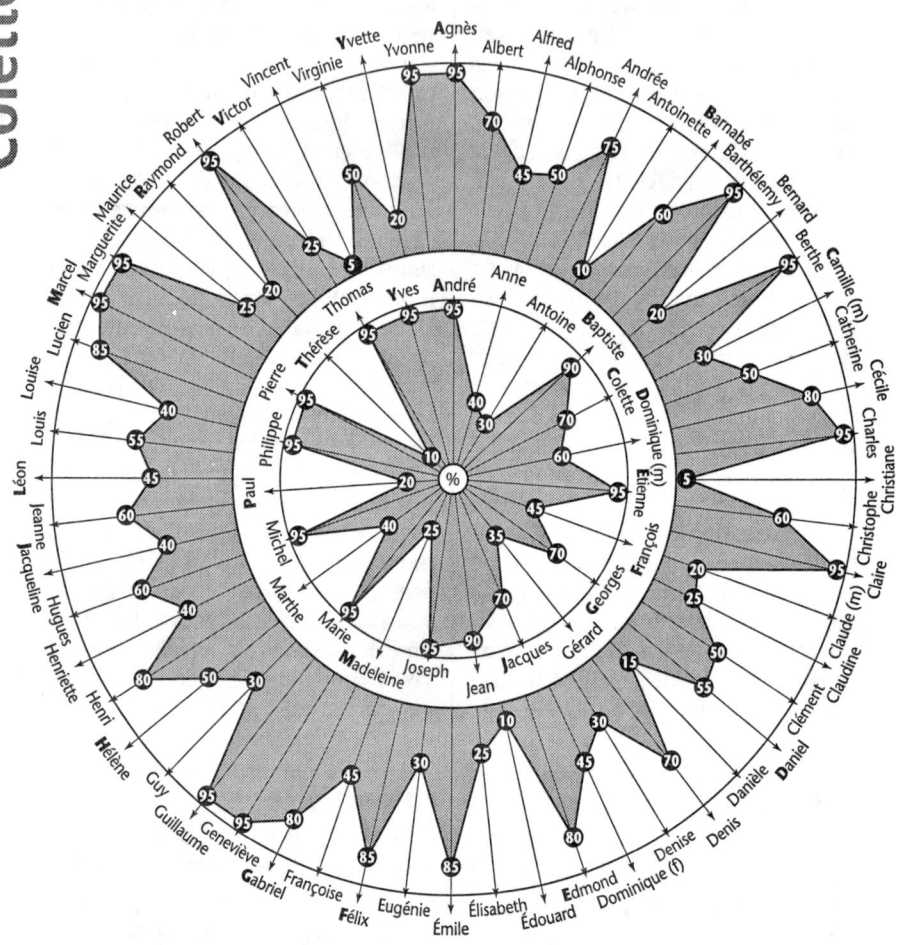

Les roues de compatibilités

On est un peu surpris, au premier abord, que ces femmes pourtant équilibrées semblent ne faire que peu de cas de la personnalité des autres. C'est ainsi que les Colette n'apprécient qu'à 59 % les prénoms qui les entourent, soit une place peu reluisante de 62e sur 79. Explication : ces femmes exigeantes réclament un engagement total de la part de leurs associés ou amis et craignent parfois de se faire phagocyter par des relations envahissantes. Mais, divine surprise, leur entourage ne leur en veut pas du tout de cette distanciation prudente et c'est à 78 % que les partenaires des Colette se passionnent pour elles, soit à la 9e place sur 79. Décidément, ce sont de drôles d'oiseaux !

Les autres prénoms et Colette

Moyenne : 78 %
Classement : 9/79

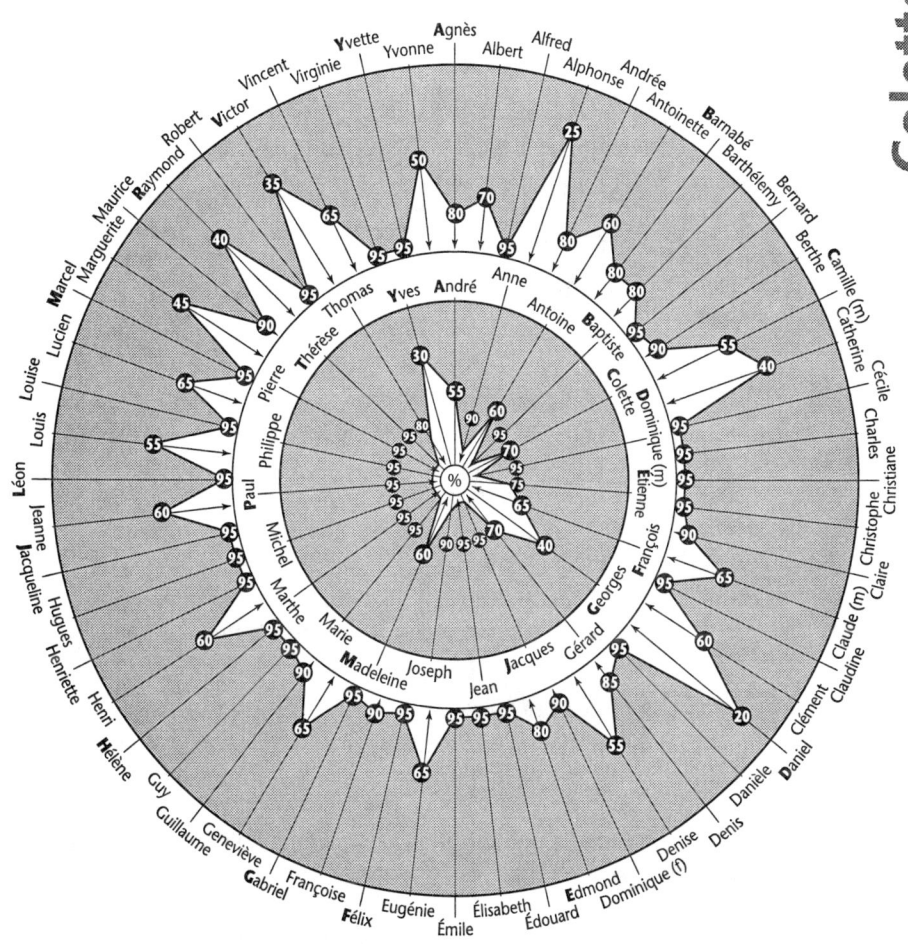

Comment Colette s'entend avec le signe des autres				
Bélier	67 %	Balance	60 %	Ce tableau ne concerne pas le rapport prénom personnel/signe personnel. Il n'y a pas d'autocompatibilité entre Colette et son propre signe caractérologique.
Taureau	54 %	Scorpion	45 %	
Gémeaux	76 %	Sagittaire	70 %	
Cancer	30 %	Capricorne	42 %	
Lion	55 %	Verseau	79 %	
Vierge	81 %	Poissons	57 %	

26 Daniel

1 • Prénoms associés

Ce sont tous les prénoms, quelle que soit leur origine, qui partagent les mêmes constantes caractérologiques et que vous découvrirez dans l'index de ce volume (p. 451), dont :

Aldémar	Darryl	Mamert
Alizon	Domitien	Mogan
Amilcar	Ernest	Oreste
Benton	Kim	Travis
Bérard	Lambert	Vallier
Dan	Lénaïc	...

2 • Célébrités

Pour vous sentir moins seul, ce trop bref aperçu des personnalités de tous les temps et de tous les lieux qui dépendent de ce type de caractère :

- BALAVOINE Daniel (1952-1986) Chanteur — Quand un gros cœur perd ses ailes.
- CHAUSSON Ernest (1855-1899) Musicien — Une musique en pantoufles.
- FEYDEAU Ernest (1821-1873) Romancier — Le moins drôle des deux.
- LAVISSE Ernest (1842-1922) Historien — La France, ton passé fout le camp !
- RENAN Ernest (1823-1892) Écrivain, philosophe — L'évangéliste raté.

3 • Symboles

– L'élément de base des Daniel est une **eau** aérienne, subtile comme le frisson qui court sur l'étang au crépuscule dont on ne sait si les rides sont d'air ou d'eau.
– La couleur **jaune** est celle d'une intuition très juvénile, pleine d'entrain et d'audace qui étonne par ses capacités de renouvellement. Et les Daniel s'en servent merveilleusement.
– Quant à leurs nombres, **36-7-23**, ils impliquent une espèce de connaissance ou de reconnaissance de l'avenir qui, à certains moments, confond l'observateur attentif.

4 • Devise

Elle est très importante, cette devise, car elle vaut à elle seule tout un poème de tendresse intelligente : **Celui qui sourit**. Pour ma part, je suis persuadé que tout le secret de la merveilleuse civilisation égyptienne se trouve résumé dans ce vague sourire qui flotte éternellement sur les lèvres de ces colosses d'un autre monde attendant sagement, au pied des pyramides, le retour du Grand Architecte.

5 • Totems

– Leur animal totem est vraiment encombrant : le **cachalot** qui, comme toute baleine qui se respecte, est détenteur d'une symbolique de « contenant ». Nous voulons dire par là que cet animal porte en lui un secret, de l'ambre, Jonas, un trésor, le destin du monde, etc.
– Leur végétal, le **houx**, plante vivace par excellence, trouve le moyen de nous offrir ses beaux fruits rouges pour Noël et ne manque pas de piquants, tout cela sous un aspect vernissé des plus rassurants.
– Enfin, le minéral est l'**arsenic** ! Un poison redoutable à dose normale mais qui possède d'étonnantes vertus lorsqu'on pénètre dans son intimité presque homéopathique.

6 • Vibrations

Comme il fallait s'y attendre, ce n'est pas le grand bouillonnement : **76 000 v/s**, soit un taux de **43 %**, mais cette « soupe » caractérologique permet à nos amis Daniel de nourrir parfaitement leurs ambitions mesurées ainsi que leurs rêves philosophiques.

7 • Le Jeu de la Vie

De plus, les Daniel ont habituellement de la chance. C'est ainsi que se présente d'ailleurs leur lame **numéro 10**, la **Roue-de-Fortune** qui associe en une trinité incongrue et se balançant au-dessus d'une eau incertaine, un sphinx impassible et souverain entouré de deux figures étranges, elles aussi issues du panthéon égyptien. Tout cela semble instable, fragile, acrobatique même et l'on s'attend à ce que cet échafaudage surréaliste s'effondre à chaque seconde… Si vous découvrez quelle est la force qui maintient cette structure en l'état, vous aurez fait un immense progrès dans la compréhension de la personnalité de ces Daniel.

Volonté : 88 %

Intuition	90 %	Études	85 %
Réussite	65 %	Associations	40 %

« Ne pas aller plus vite que la musique ! » Cette belle réflexion philosophique pourrait être la devise des Daniel qui, forts d'une volonté tranquille, sont efficaces sans précipitation. Cette volonté prend parfois la clef des champs et leur activité est alors un peu dispersée. Mais ils gardent leur sang-froid et leur sourire comme s'ils se jouaient une bonne blague à eux-mêmes. L'intuition est presque divinatrice et vous devez les écouter malgré leur réussite très moyenne. Ils vont jusqu'au bout des choses et les études en bénéficient. Simplement, ils n'aiment pas beaucoup partager leurs responsabilités. Méfiance !

Activité : 83 %

Dynamisme	80 %	Affaires	80 %
Voyages	100 %	Sociabilité	90 %

L'activité se nuancera donc d'une aura un peu floue car ils ont tendance à courir deux lièvres à la fois, comme si cela les rassurait ! Le dynamisme est par conséquent assez moyen et ils n'entrent que d'un pied dans les affaires de crainte de se faire dévorer par cet insatiable vampire. Restent les voyages qui leur apporteront toujours cette odeur de vent frais si chère à leur imagination bouillonnante. Ce sont des hommes charmants qui ont besoin de sortir, de se faire voir, d'où une sociabilité de bon aloi. Leur séduction un peu lunaire leur assure une belle audience féminine ! Les maris apprécient moins !

Portrait prospectif

Caractère : 72 %   Psychisme : 67 %   Personnalité : 79 %   Destinée : 70 %   Devenir : 69 %

Il existe une manière assez spéciale d'envisager l'avenir, c'est de le reconnaître ! Chacun a entendu parler du complexe de « déjà-vu » qui nous fait découvrir, dans une situation nouvelle, des éléments d'une situation déjà vécue. Les explications appliquées à ce phénomène vont de la réincarnation à la divination en passant tout simplement par une similitude ou une analogie de circonstances. Les Daniel ne vont pas si loin et se contentent, au sens propre du mot, de se resituer dans un schéma existentiel qu'ils semblent avoir connu auparavant. La chose est intéressante à noter car, malgré leur caractère courtois, ces hommes intelligents vous feront rapidement comprendre que vos imprécations prospectives, vos malédictions futuristes ne les intéressent pas du tout. Ils sont déjà chez eux dans le « devenir » et le mot même est trop fort car il s'agit plutôt de « venir ». Ils accèdent au lendemain comme d'autres changent de pièce ou de trottoir. Soyez donc prudent dans vos propos car, avec un Daniel, on se sent très vite ridicule.

De toute manière, ils ne s'appuient pas sur leur force de caractère pour se déplacer dans le monde. Ce ne sont pas des brise-glace qui avancent contre vents et marées. On pourrait plutôt les comparer à ces feuilles d'automne qui profitent du moindre souffle d'air pour glisser à la surface de l'eau, peut-être sans but très précis, mais avec une grâce fragile qui touche le cœur et interroge l'esprit. Où vont ces chers Daniel ? Surtout, ne les questionnez pas, ils vous regarderaient d'un air un peu triste avec un petit sourire plein de séduction incrédule. D'ailleurs, leur psychisme est, lui aussi, assez flottant et se prête à toutes les rêveries, à tous les projets les plus étourdissants. Mais la personnalité est là, présente en ses lointains et, très souvent, vous les entendrez dire : « Mais je n'ai pas vu le temps passer ! » Vous non plus, à entendre ces conteurs au verbe enjôleur, n'aurez su garder la notion d'actuel ou de futur. Alors évitez de faire de grands discours sur la destinée, mère et fille du devenir ! On n'apprend pas à l'éternité à se méfier du passé !

Émotivité : 40 %

| Affectivité | 82 % | Amour | 66 % |
| Famille | 70 % | Enfants | 50 % |

Nos Daniel sont du genre « introverti ». Ils donnent plus d'importance à leur petit monde qu'à celui qui agite leurs contemporains. D'où cette émotivité discrète qui tourne parfois à la timidité lorsque de grandes vagues d'affectivité ou d'amour les submergent. Ne les brusquez donc pas, laissez-leur le choix du lieu et de l'heure de leurs confidences et sachez également qu'ils souffrent beaucoup de la goujaterie et des infidélités de leurs proches. Enfin, ils aiment leur famille mais sans démonstrativité excessive. Quant aux enfants, ils s'étonnent parfois de la surdité psychique de leur père !

Réactivité : 35 %

| Santé | 90 % | Sensorialité | 80 % |
| Argent | 77 % | Profession | 95 % |

Les Daniel respirent la compréhension. Ne les brusquez pas car alors leur cœur se fermera à toute collaboration. La vitalité est bonne avec des ralentissements qui retardent une convalescence ou provoquent de petits maux irritants. Parler d'argent trop souvent ou trop longtemps les complexe comme les gênent aussi les allusions, même feutrées, à leur sensualité. Ils subissent parfois douloureusement toute tension entre la sentimentalité et l'appétit de sensations fortes. Puis apparaît la statue impressionnante de la profession dont le choix est si important pour eux et qui leur semble être souvent une revanche sur la vie !

Daniel et les autres prénoms

Moyenne : 65 %
Classement : 37/79

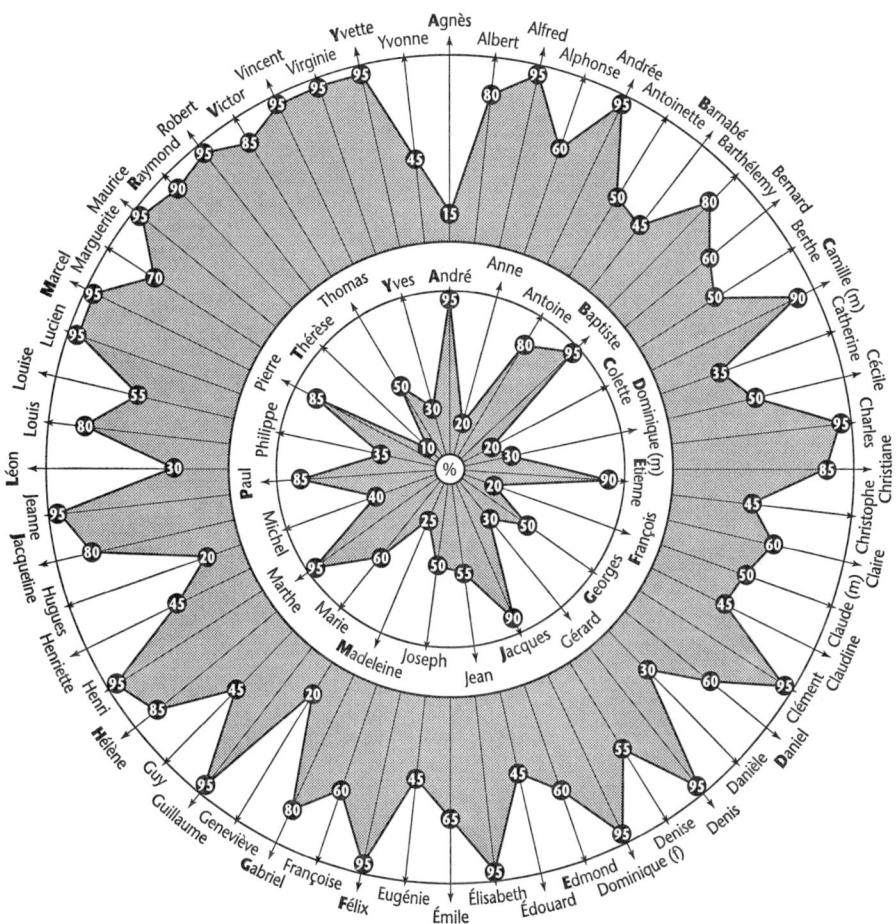

Les roues de compatibilités

Il nous reste maintenant à découvrir quelle est la véritable place des Daniel dans le concert des prénoms auxquels ils viennent mêler leur voix. Il ne semble pas que leur entourage leur fasse particulièrement confiance puisque l'on s'aperçoit qu'ils ne sont appréciés qu'à une moyenne de 52 %, soit un classement très médiocre de 68e sur 79. À cela une explication : ils déconcertent par leur charme insinuant. En revanche, nos amis apprécient les autres prénoms à 65 %, ce qui implique une bonne place de 37e sur 79. Ils ont besoin d'être entourés et un public leur est indispensable, quitte à le retenir par quelques tours de passe-passe supplémentaires...

Les autres prénoms et Daniel

Moyenne : 52 %
Classement : 68/79

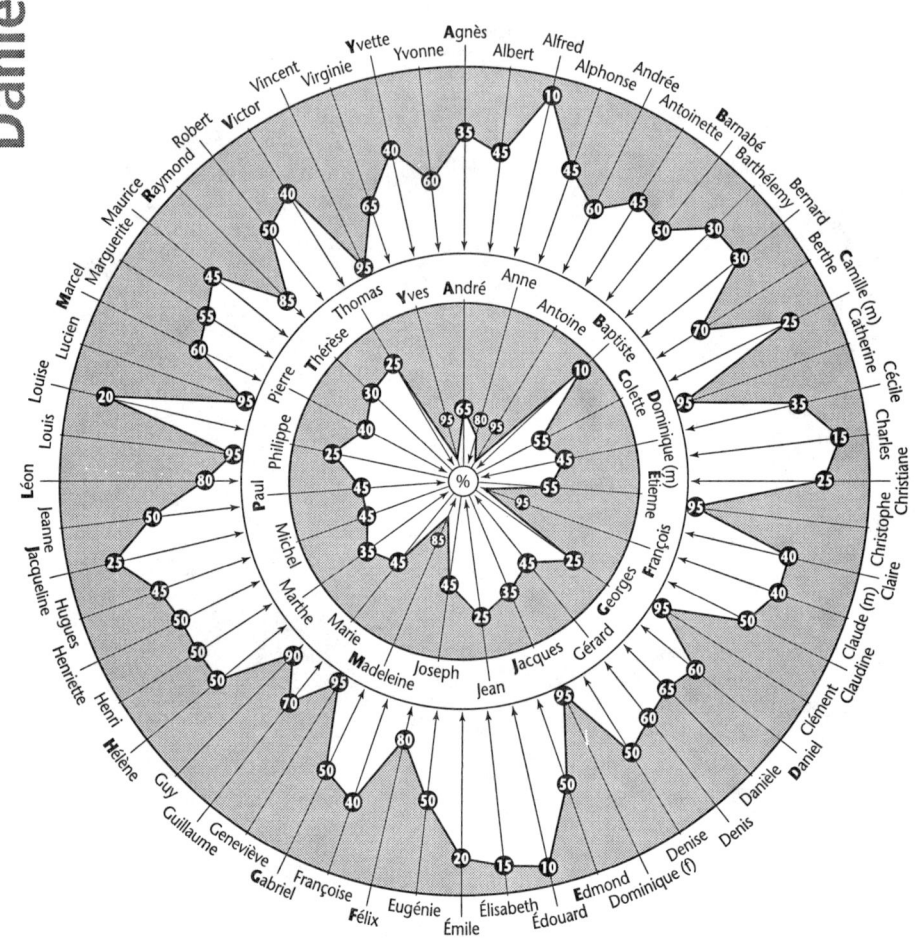

Comment Daniel s'entend avec le signe des autres

Bélier	52 %	Balance	76 %		
Taureau	38 %	Scorpion	80 %		
Gémeaux	73 %	Sagittaire	49 %		
Cancer	88 %	Capricorne	56 %		
Lion	61 %	Verseau	91 %		
Vierge	40 %	Poissons	84 %		

Ce tableau ne concerne pas le rapport prénom personnel/signe personnel. Il n'y a pas d'autocompatibilité entre Daniel et son propre signe caractérologique.

Danièle 27

1 • Prénoms associés

Ce sont tous les prénoms, quelle que soit leur origine, qui partagent les mêmes constantes caractérologiques et que vous découvrirez dans l'index de ce volume (p. 451), dont :

Alfie	Dana	Javiere
Alfréda	Danila	Kayla
Asceline	Danny	Thalassa
Atalanta	Elfrid	Valda
Azélie	Eustacia	Welda
Celosia	Guyette	…

2 • Célébrités

Pour vous sentir moins seul, ce trop bref aperçu des personnalités de tous les temps et de tous les lieux qui dépendent de ce type de caractère :

- ANDREWS Dana (1909-1992) Actrice *Made in America.*
- DARRIEUX Danièle (1917) Actrice *La gloire à bas bruit !*
- LEBRUN Danièle (1937) Actrice *Une jolie fleur quelque peu carnivore !*
- MITTERRAND Danièle (1924) Philanthrope *Loin des statues encombrantes.*
- ROBIN Dany (1927-1995) Danseuse, actrice *Même quand l'oiseau marche, on sent qu'il a des ailes.*

3 • Symboles

– L'élément de base des Danièle est un **air** qui monte discrètement de la terre comme un souffle de roche, une bouffée de fraîcheur à l'entrée d'une grotte lointaine et mystérieuse.

– Le **violet**, couleur « double », correspond bien à ce type de caractère. Les Danièle jouent à la fois sur le bleu, sa pureté, sa transparence, chemin de rêverie et le rouge aux pulsions dérangeantes, puissance de la vie, symbole de richesse et d'amour.

– Leurs nombres, **18-31-26**, à dominante féminine, insistent sur la sociabilité prenante des Danièle qui, sous une apparence parfois réservée, jouent finement de leurs charmes astucieux.

4 • Devise

Les Danièle sont douées d'une intelligence attentive et patiente ; il restera cependant toujours au fond de leur âme une question qu'elles ne sauront jamais résoudre : « Comment les autres me perçoivent-ils ? » D'où leur devise : **Celle qui s'interroge** et son retentissement à tous les niveaux de l'existence.

5 • Totems

– L'animal totem des Danièle étant le **rouge-gorge**, on retrouve là cette nuance un peu provocatrice de leur caractère. D'une part une certaine retenue, d'autre part l'envie de paraître.

– La **violette** est leur végétal, discret et parfumé. Cette fleur pleine d'humilité fait pendant au rouge-gorge en apportant à cette personnalité une note intimiste des plus intéressantes.

– Leur minéral, le **calcaire**, possède l'étonnante propriété, dissout dans l'eau de ruissellement, de donner forme aux fameuses stalagmites et stalactites ou de pétrifier les objets sur lesquels elle coule. Ne vous laissez donc pas endormir par les Danièle si vous ne voulez pas vous retrouver figé en statue !

6 • Vibrations

Un pourcentage raisonnable de vibrations : 56 %, soit **88 000 v/s**. Les Danièle possèdent donc tout le « carburant » nécessaire à leur parcours social et l'on aura même parfois l'impression qu'elles vivent au-dessous de leurs moyens, qu'elles pourraient faire mieux et plus.

7 • Le Jeu de la Vie

Voici nos Danièle confrontées à l'étrange figure de la **lame 2**, la **Papesse** qui, bien abritée sous son grand manteau rouge et avec sa robe bleue, retrouve ainsi les couleurs fondamentales déjà observées. Femme de sagesse et de prévoyance, elle tient en main les deux clefs d'or et d'argent ainsi que le Livre de Vie. C'est une personne secrète et nous retrouvons bien chez les Danièle ce reflux vers l'existence profonde de l'être, ce désir d'une existence protégée et cette nostalgie qui percera toujours chez elle, même au sein de la réussite, de la chaleur familiale dans les toutes premières années de leur jeunesse.

Volonté : 92 %

Intuition	83 %	Études	90 %
Réussite	95 %	Associations	100 %

« Deux pour le prix d'une seule ! » Cet argument publicitaire pourrait nous décrire, avec un peu d'insolence, la personnalité d'une Danièle. Disons-le carrément, les Danièle ont un double visage et, avant toute approche, il faudra comprendre à quelle femme on a affaire. Volontaire et entreprenante dans certains cas puis, à d'autres moments, se repliant sur une espèce de timidité déconcertante, voire suspecte. Bonne intuition, elle pige vite la situation, développe sa tactique de campagne, sait se faire des alliances, réussit des coups « fumants » qui d'ailleurs en font « fumer » plus d'un !

Activité : 87 %

Dynamisme	95 %	Affaires	100 %
Voyages	80 %	Sociabilité	97 %

Observez bien, en passant, que ces femmes au caractère prenant possèdent beaucoup plus de dynamisme que d'activité. Cela peut indiquer que, le cas échéant, elle savent pratiquer un certain « bluff » fort efficace et pousser habilement les autres à travailler à leur place ! Avec elles, les affaires se teintent d'une sociabilité de bon aloi. Le salon remplace le bureau, un voyage peut prendre des allures de congrès et la chambre à coucher... Je veux dire par là qu'elles seraient volontiers du type de secrétaire ou de collaboratrice qui sait se faire épouser par le patron. Et pourquoi pas ? Il n'y a pas de sot métier !

Portrait prospectif

Caractère : 83 %   Psychisme : 70 %   Personnalité : 83 %   Destinée : 76 %   Devenir : 82 %

Les Danièle n'envisagent pas d'aborder aux rives émouvantes de l'avenir sans avoir dans leur sac un véritable contrat d'embauche ! Autrement dit, elles feront des pieds et des mains de ce côté-ci du temps pour mettre en marche une ou plusieurs entreprises capables de leur assurer une existence convenable voire confortable de l'autre côté du miroir. Une belle association philanthropique ferait parfaitement l'affaire qui leur permettrait d'enchaîner en douceur, car le malheur des uns a ceci de bon qu'il fait déjà le bonheur des autres et qu'il est de toutes les époques. On ne peut se tromper en misant sur la malchance, la maladie et la pauvreté ! Mais n'allez pas croire que les Danièle sont des vautours assoiffés de catastrophes ! Si nous avons choisi cet exemple, c'est pour souligner ce besoin de « pont », de trait d'union entre le passé et le futur qui habitera toujours ces femmes remarquables.

Les chiffres se montrent d'ailleurs éloquents ! Leur caractère, leur personnalité et leur devenir sont exactement sur le même plan. Cela est d'autant plus intéressant que leur force de caractère alliée au puissant dynamisme de leur personnalité va justement leur permettre de jeter cette fameuse passerelle vers le devenir sans trop se préoccuper de certaines hésitations du psychisme ou d'un léger affaissement de la destinée. Donc, si vous avez à traiter avec ces femmes de ce qu'elles auront à faire dans un futur constructible, laissez tomber toute argumentation économique ou politique. Ce qu'elles veulent, c'est une assurance sur la considération dont elles pourront jouir le temps venu. Ce conseil s'adresse également aux parents qui, le moment choisi, devront s'expliquer clairement avec leur progéniture sur les débouchés possibles de leur vocation. Les Danièle raffolent des appellations contrôlées ! Mais au fait ! Existe-t-il encore des parents pour parler d'avenir à leurs enfants alors que l'orientation étudiante se trouve entre les mains de conseillers dont l'optique prospective est souvent sujette à caution et qui ne demandent l'avis de personne ?

Émotivité : 55 %

Affectivité	85 %	Amour	50 %
Famille	90 %	Enfants	40 %

L'émotivité est moyenne et parfaitement à la disposition des Danièle qui l'utiliseront avec astuce. Nous entendons par là qu'il leur arrivera de paraître tout à coup surprises par leur audace. Au moment d'aller trop loin, elles bloquent des quatre fers en disant d'un air confus : « Mon Dieu, qu'est-ce qui m'arrive ? Mais je perds la tête ! » Et ça marche ! Leur interlocuteur s'esbaudit devant tant de pudeur étalée, face à cette réserve embarrassée et toc, l'affaire est dans le sac ! Une affectivité pleine de charme et d'urbanité qui empiète sur l'amour. Une famille de Sioux ! Des enfants de passage !

Réactivité : 47 %

Santé	92 %	Sensorialité	89 %
Argent	100 %	Profession	100 %

Une réactivité très secondaire qui permet à nos tendres Danièle de garder facilement sous la main un visage serein et compatissant. On a envie de se confier à elles, de leur soumettre un échantillonnage de nos inquiétudes et on prend pour de la sagesse le simple reflet d'une peau lisse. Pendant ce temps, notre partenaire met au point sa stratégie de conquête dont nous allons bientôt faire les frais. À part cela, une sensorialité exigeante sous des abords prudents, un sens merveilleux de la profession qui est pour elles un véritable art de vivre que l'argent vient rehausser de son éclat. Quelles femmes !

Danièle et les autres prénoms

Moyenne : 64 %
Classement : 42/79

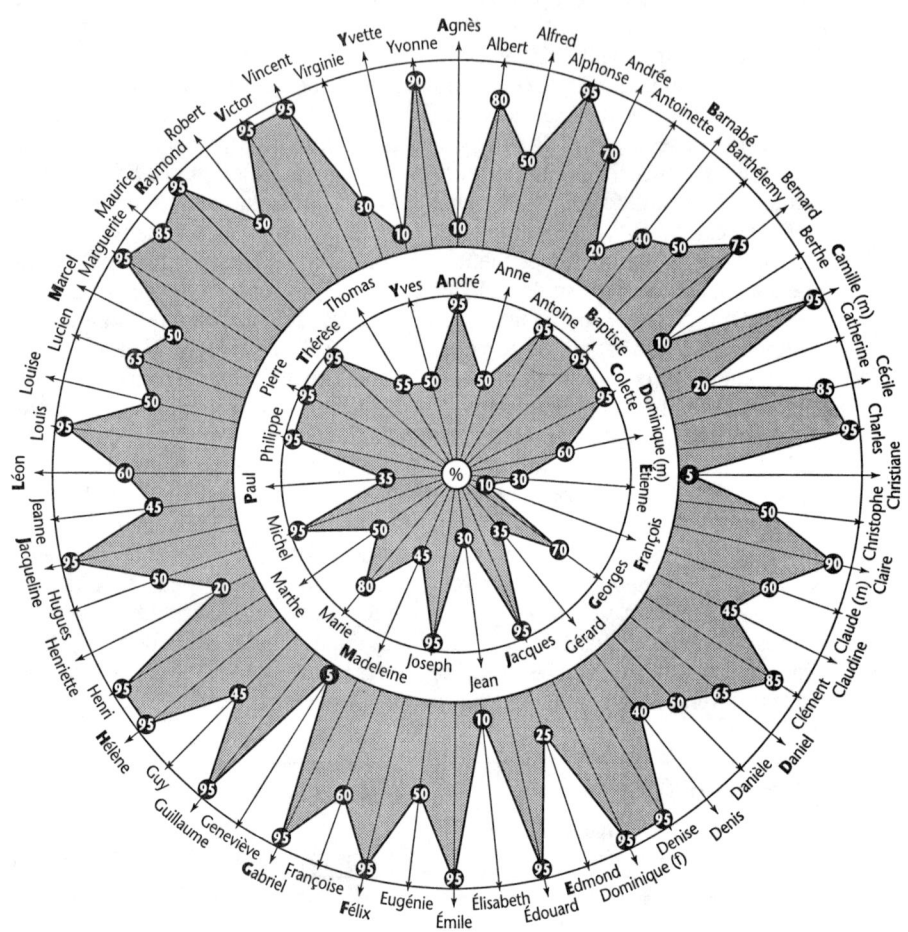

Les roues de compatibilités

Ici l'on s'aperçoit qu'effectivement les Danièle ont des problèmes de communication. Ce n'est pas leur sociabilité qui est en jeu car chacun s'accorde à reconnaître que ce sont des hôtesses charmantes, des amies prévenantes, des amoureuses reconnaissantes ! Non, il y a en elles un petit décalage, une légère fausse note qui compromet la belle harmonie. C'est ainsi que les personnes de leur entourage ne les apprécient qu'à 48 %, 76e place sur 79. Le flop ! Et ces gentilles Danièle, malgré tous leurs efforts, ne dépassent pas les 64 % d'intérêt porté aux autres prénoms, soit 42e sur 79. Mais, rassurez-vous, elles ne sont pas femmes à se prendre les pieds dans le tapis, surtout lorsqu'il est rouge !

Les autres prénoms et Danièle

Moyenne : 48 %
Classement : 76/79

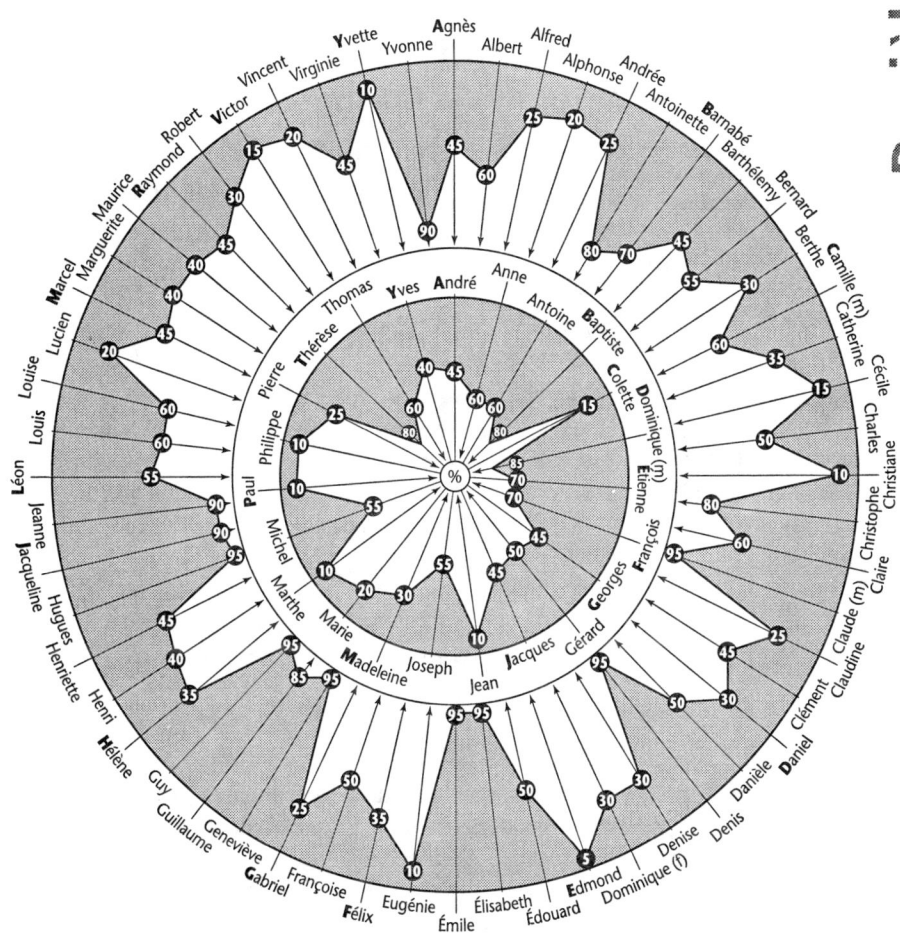

Comment Danièle s'entend avec le signe des autres

Signe	%	Signe	%
Bélier	54 %	Balance	93 %
Taureau	40 %	Scorpion	28 %
Gémeaux	72 %	Sagittaire	77 %
Cancer	58 %	Capricorne	66 %
Lion	63 %	Verseau	96 %
Vierge	48 %	Poissons	87 %

Ce tableau ne concerne pas le rapport prénom personnel/signe personnel.
Il n'y a pas d'autocompatibilité entre Danièle et son propre signe caractérologique.

28 Denis

1 • Prénoms associés

Ce sont tous les prénoms, quelle que soit leur origine, qui partagent les mêmes constantes caractérologiques et que vous découvrirez dans l'index de ce volume (p. 451), dont :

Amance	Firmin	Linford
Brandon	Firminien	Lysandre
Brendan	Hermance	Pacôme
Denny	Honoré	Raoul
Dion	Honorin	Shelley
Ferréol	Jugon	...

2 • Célébrités

Pour vous sentir moins seul, ce trop bref aperçu des personnalités de tous les temps et de tous les lieux qui dépendent de ce type de caractère :

- DAUMIER Honoré (1808-1879) Caricaturiste — *Un emmerdeur de génie.*
- DIDEROT Denis (1713-1784) Philosophe, encyclopédiste — *Il en faisait des volumes!*
- PAPIN Denis (1647-1714) Inventeur, physicien — *Un curé à vapeur.*
- PONCHON Raoul (1848-1937) Poète — *La Muse gaillarde (il a écrit 150 000 vers!)*
- URFÉ (d') Honoré (1567-1625) Romancier — *Honneur au culte de la femme.*

3 • Symboles

– Pour Denis et prénoms associés, un élément de base quelque peu rampant, une **terre** de terre sombre et mystérieuse dont la pesanteur apparente cache des réactions d'une grande soudaineté cataclysmique.
– Leur couleur, l'**orangé**, fait intervenir un jaune, couleur de l'or terni, symbole d'inconstance et de jalousie, et un rouge qui se teinte d'égoïsme et de passion.
– Leurs nombres, **44-46-10**, à dominante totalement féminine, implique ici la mise en place d'un complexe de blocage qui va perturber souvent l'existence des Denis mais qu'ils sont parfaitement en mesure de dominer.

4 • Devise

Mais il ne faudrait surtout pas faire de ces hommes intelligents et positifs des statues de terre cuite. Au fond d'eux-mêmes, comme l'affirme leur devise, Denis est **Celui qui cache le feu** et risque de vous réserver des surprises décoiffantes.

5 • Totems

– Un animal totem du type « terre-nocturne » : la **chauve-souris**. Cette bestiole prodigieuse dispose de pouvoirs extravagants, réels et supposés, qui en font l'image même de la perspicacité : un être qui voit dans la nuit quand tout le monde se perd.
– Leur végétal, la **verveine**, rend clairvoyant, dissipe les brumes de l'ignorance et permet à l'imagination de se retrouver au milieu du dédale de ses rêves.
– La **malachite**, le minéral, est un matériau ornemental de grande diffusion, splendides colonnes dans les temples et les églises dont les teintes, en vert-de-gris, ajoutent à la froideur de la pierre.

6 • Vibrations

Elles posent problème aux Denis car, à **62 000 v/s**, soit un taux de **28 %**, ils n'auront pas à leur disposition un réservoir de forces explosives inépuisable. Cependant cela n'atteint pas directement leur dynamisme qui sait très bien se survolter entre deux phases de récupération et à qui vous pouvez apporter beaucoup en donnant votre pleine confiance à ces êtres remarquables.

7 • Le Jeu de la Vie

Avouez que, de prime abord, on ne voyait pas très bien ce que les Denis auraient pu faire à la tête d'un attelage triomphant comme celui de la lame **numéro 7** du **Chariot** ! Cela prouve qu'il existe vraiment ce « feu » que cachent ces hommes déconcertants qui possèdent de très belles qualités d'imagination et d'adaptation. Méfiez-vous donc du premier jugement que vous pourriez porter sur ces Denis qui semblent souvent vouloir camoufler leurs hésitations sous une réactivité nerveuse. En réalité, ils parviennent finalement à maîtriser leurs contradictions et leurs oppositions, s'ouvrant ainsi une voie royale étonnamment efficace.

Volonté : 87 %

Intuition	72 %	Études	83 %
Réussite	80 %	Associations	95 %

Il serait de mauvais goût d'affirmer que les Denis sont des hommes qui perdent quelquefois la tête et pourtant la caractérologie rejoint presque la légende car leur volonté, au demeurant importante, les conduit souvent à hésiter au moment de prendre des décisions engageantes. Ils ignorent habituellement ce que le mot intuition veut dire et ils se fient plus à de bonnes études et à de patientes collaborations pour réussir qu'aux résultats du loto ! Des personnages parfois mystérieux, un peu taciturnes, qui semblent être en proie à des problèmes qui les dépassent. Ne pas savoir se reconnaître !

Activité : 87 %

Dynamisme	90 %	Affaires	90 %
Voyages	93 %	Sociabilité	72 %

Leur refuge, ou leur fuite, au choix, c'est l'action, mais une action qui se complique de scrupules ou de remises en question, faussant un peu la belle trajectoire volontaire. Heureusement, le dynamisme leur donne cet excès d'accélération qui les embarque plus ou moins malgré eux dans des entreprises courageuses et risquées. D'où un potentiel affaires qui en fait loucher plus d'un, même si à certains moments nos Denis ont des sueurs froides en se regardant vivre à cette vitesse. La sociabilité n'est pas notoire ; à la foule, ils préfèrent un petit groupe d'amis discrets et sûrs. Fuir les autres en en diminuant le nombre !

Portrait prospectif

Caractère : 63 %   Psychisme : 41 %   Personnalité : 68 %   Destinée : 57 %   Devenir : 70 %

En y réfléchissant bien, on peut se demander si, dans l'esprit de nos contemporains, le mot « progrès » est associé de manière définitive à celui d'« avenir ». On pourrait en douter, à constater le nombre d'individus se montrant réticents à l'idée de tout devoir à la science du rosbif « prionique » ou du gigot « cloné ». Si vous tenez ce genre de discours, vous rencontrerez sûrement une oreille attentive chez nos chers Denis qui se méfient comme de l'impôt de tout ce qui ressemble de près ou de loin à un débordement du trafiqué sur le naturel. Soyez donc mesuré en vos propos si vous leur offrez de partager un projet d'avenir à la réussite, paraît-il, assurée. Vous risquez de vous heurter à un scepticisme mordant qui en a laissé plus d'un sur le carreau. Pour les Denis, le futur se conjugue toujours à l'imparfait car ils garderont constamment la crainte viscérale de voir surgir, au détour d'un contrat, la vilaine fée Carabosse qui endort les lendemains avant même que vous ne soyez sorti de votre sommeil présent.

D'ailleurs, le caractère des Denis tourne à un régime de petite croisière qui n'a rien d'entraînant. La volonté hésite, dévorée par l'émotivité, oscillant entre le geste bousculant et la méfiance à l'égard du partenaire, une volonté qui se regarde vivre avec une espèce d'incrédulité. Le psychisme se montre nettement en retrait, se privant volontairement d'une intuition qui leur apparaît comme une déviation pénalisante de la raison. L'affectivité se voudrait possessive mais doute de sa légalité propre ; la sensualité se prend les pieds dans la descente de lit et la sociabilité n'en finit pas de s'interroger sur l'utilité de trimballer derrière soi un paquet de relations anémiques plus assoiffées de whisky que de sincérité. La personnalité surnage vaille que vaille, refusant de se croire maîtresse d'une destinée qui glougloute en un éternel naufrage. Heureusement qu'un sursaut d'orgueil permettra à nos amis Denis de rentrer, même à reculons, dans le devenir et de découvrir enfin que le présent, après tout, n'est jamais qu'un futur à qui l'on a refusé son étiquette !

Émotivité : 65 %

| Affectivité | 85 % | Amour | 70 % |
| Famille | 80 % | Enfants | 90 % |

Le talon d'Achille des Denis, c'est cette émotivité qui, associée à une réactivité violente, va les conduire à développer des complexes d'infériorité psychique qui se traduiront par une réelle méfiance envers les êtres qui se proposent à leur amitié et plus encore à leur amour ! Les femmes les déconcertent facilement ; elles devront se méfier de toute coquetterie inutile, de tous propos futiles qu'ils prendraient pour des injures faites à leur sérieux un peu indigeste. La famille est un abri si elle sait jouer le jeu et les enfants sont les seuls êtres avec qui les Denis se sentent vraiment en liberté, car seule la jeunesse sait ce qu'est la liberté !

Réactivité : 68 %

| Santé | 94 % | Sensorialité | 76 % |
| Argent | 100 % | Profession | 85 % |

Elle est presque tyrannique, cette réactivité, et la réponse des Denis aux provocations sociales, sentimentales ou professionnelles peuvent déboucher sur des situations difficilement contrôlables. Ils sont susceptibles et ne tolèrent pas qu'on leur fasse la leçon sur quelque plan que ce soit. La santé, excellente, est un sujet tabou ! Les mots sensualité, sexualité dissimulent des rivalités agressives dont on ne perçoit pas toujours les motivations ! Seul l'argent trouve grâce à leurs yeux : c'est la possibilité de contrer l'influence des autres en étant le serviteur aveugle de la profession, où ils savent jouer la durée.

Denis et les autres prénoms

Moyenne : 70 %
Classement : 21/79

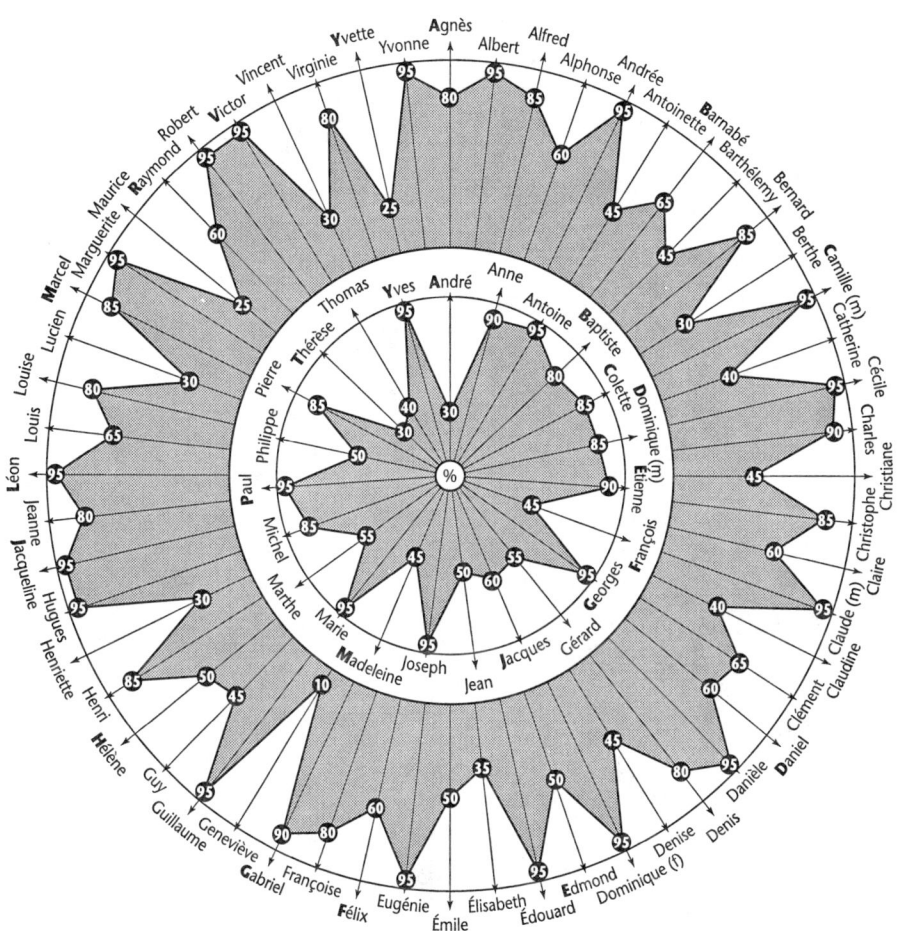

Les roues de compatibilités

Mais alors, comment vont-ils « voter », ces prénoms confrontés à la campagne relationnelle des Denis ? Mollement ! Car les Denis ne sont appréciés qu'à 52 %, soit à la 69e place sur 79 ! Misère ! Explication : manque d'éclairage prospectif, timidité pénalisante et, surtout, difficulté à accepter la différence des autres. Les Denis font pourtant un réel effort pour rejoindre le peloton en folie et, avec une moyenne de 70 %, atteignent la place enviable de 21e sur 79. Que donc l'entourage de ces hommes inquiets ne se braque pas et leur offre l'occasion de prendre ou de reprendre confiance en eux en leur permettant, avec le secours de toute leur affection, de révéler le feu qu'ils détiennent au fond de leur cœur.

Les autres prénoms et Denis

Moyenne : 52 %
Classement : 69/79

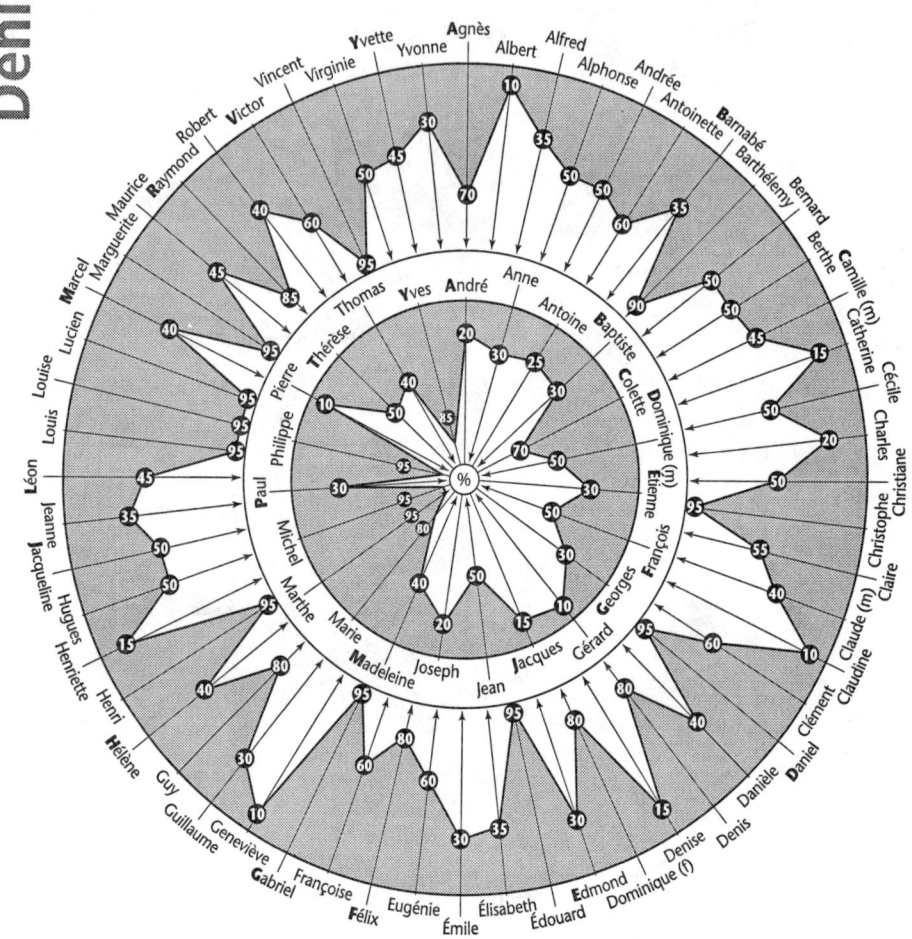

Comment Denis s'entend avec le signe des autres

Signe	%	Signe	%
Bélier	66 %	Balance	61 %
Taureau	84 %	Scorpion	59 %
Gémeaux	49 %	Sagittaire	93 %
Cancer	60 %	Capricorne	68 %
Lion	56 %	Verseau	57 %
Vierge	89 %	Poissons	83 %

Ce tableau ne concerne pas le rapport prénom personnel/signe personnel. Il n'y a pas d'autocompatibilité entre Denis et son propre signe caractérologique.

Denise 29

1 • Prénoms associés

Ce sont tous les prénoms, quelle que soit leur origine, qui partagent les mêmes constantes caractérologiques et que vous découvrirez dans l'index de ce volume (p. 451), dont :

Cassienne	Kassia	Tallia
Climène	Labériane	Tulliane
Elvire	Lamberte	Tymélia
Fabia	Lamia	Withney
Fabienne	Raphaëlle	Yacine
Jacinthe	Stessie	...

2 • Célébrités

Pour vous sentir moins seul, ce trop bref aperçu des personnalités de tous les temps et de tous les lieux qui dépendent de ce type de caractère :

– BENOIT Denise (1921-1973) Actrice, chanteuse *Elle jouait aussi bien une chanson qu'elle chantait un poème.*
– GLASER Denise (1920-1983) Producteur *L'art de vous interviewer en répondant à votre place.*
– GREY Denise (1896-1996) Actrice *Le siècle des heureuses rencontres.*
– LAMIA Fille de Belos, roi d'Égypte (Mythologie) *Une princesse à vous fendre l'obélisque.*
– POPESCO Elvire (1896-1993) Actrice *L'accent comme un talent de plus.*

3 • Symboles

– L'élément de base des Denise est une **terre** irriguée par mille petits ruisseaux qui, parfois, se font lacs, torrents ou marécages « pieuvresques ». Un vrai piège !
– Leur couleur, le **jaune**, prend en cette circonstance une sonorité aiguë, stridente, qui vous fait grincer des dents et, à tout hasard, je vous rappelle que les acteurs du théâtre de Pékin expriment par le jaune un charmant cocktail de cynisme, de cruauté, de dissimulation. Heureusement, c'est loin, la Chine !
– Leurs nombres, **9-30-25**, apportent, de par leur dominante masculine, une espèce de brusquerie, d'acidité dans le propos qui ne manque pas de troubler l'entourage.

4 • Devise

Celle qui assimile. Cette devise sous-tend un solide estomac qui ne reculera jamais devant des nourritures fortes aussi bien sensuelles qu'économiques ou professionnelles. Irions-nous jusqu'à dire que les Denise sont un brin culottées ?

5 • Totems

– Nous reprendrons notre discrétion bien connue pour traiter de l'animal totem des Denise, le **criquet**! Ignoble bestiole qui mangerait père et mère avec une belle âme de liquidateur.
– Quant au végétal, le **charme**, comme son nom l'indique, il met sa dureté au service d'un beau poli à condition toutefois d'avoir la patience de le travailler vigoureusement.
– Curieusement leur minéral est de type « feuilleté », c'est l'**ardoise**, symbole de protection, certes, mais aussi véhicule de la connaissance si cher à notre enfance, sans oublier la propriété qu'elle a de se diviser facilement en plaques fines comme les pages d'un livre pétrifié.

6 • Vibrations

À 90 000 v/s, soit un taux de **58 %**, nous nous trouvons en présence d'une potentialité caractérologique fort efficace qui permet aux Denise, quand elles le veulent bien, de surprendre leur monde par un coup d'accélérateur souvent vexant. Mais ne les retrouvera-t-on pas plus loin en panne d'essence ou plus simplement dans le fossé?

7 • Le Jeu de la Vie

La lame **numéro 11**, la **Force**, vient confirmer ce que nous venons d'exprimer à propos des vibrations. Les Denise disposent d'un pouvoir brisant qui, bien utilisé, devrait leur permettre de dompter les lions, tout au moins de s'affirmer dans la société sans forcément casser les vitres, démolir le portrait des gens établis et passer leur vie à refiler aux autres le soin de payer les dégâts en leur abandonnant l'« ardoise ». Ne vous laissez donc pas faire, résistez à ces femmes « fractales » et n'hésitez pas à recourir, le cas échéant, à une bonne fessée. Ça plaît!

Volonté : 87 %

Intuition	73 %	Études	80 %
Réussite	90 %	Associations	100 %

De prime abord, la volonté apparente des Denise impressionne et puis, peu à peu, on s'aperçoit qu'elle se laisse grignoter par les circonstances. Juste retour des choses, ces femmes aux réactions assez flegmatiques vous grignotent à leur tour car elles se servent très habilement d'une espèce d'inertie calculée qui fera tourner en bourrique plus d'un admirateur. Elles n'utilisent que fort peu leur intuition et leur réussite, en affaires comme en études, tient plus à leur persévérance dans l'effort qu'à leur faculté d'improvisation. Ce sont des associées fort efficientes et entêtées! Pour elles, collaborer, c'est leur obéir!

Activité : 85 %

Dynamisme	75 %	Affaires	100 %
Voyages	65 %	Sociabilité	86 %

Elle est intéressante, cette activité, car à long terme. Les Denise sont des « coureuses de fond »! Elles partent relativement lentement puis, à la longue, arrivent à écœurer tous leurs poursuivants par leur persévérance. D'ailleurs, le dynamisme lui aussi court à sa manière et il est parfaitement inutile d'essayer de leur faire changer de vitesse ce qui est payant, si l'on peut dire, au niveau des affaires qui, comme chacun sait, ne se font pas en un jour! Les voyages ne les passionnent pas. La sociabilité est instable. À quoi pensent-elles? Rassurez-vous, si c'est à une vacherie, elles vous le diront, mais la digestion sera difficile!

Portrait prospectif

Caractère : 72 %   Psychisme : 64 %   Personnalité : 77 %   Destinée : 80 %   Devenir : 73 %

On n'entre pas dans l'avenir en se tâtant le pouls ! Ce n'est pas en s'interrogeant à chaque instant sur ce qu'exige le présent qu'on éclaircira sa ligne d'horizon, de même, toujours remettre l'urgence au lendemain n'est pas la preuve d'un sens prospectif très développé. Il reste que les Denise ont des têtes de mules et qu'à force de se montrer entêtées, elles arrivent, souvent malgré elles, à donner une suite, sinon à un projet, tout au moins à une attitude bloquée. L'inertie comme moteur psychologique ! On aura tout vu ! En réalité, il s'agit d'une inertie insolente car à cet immobilisme fervent peut succéder une sarabande échevelée de mauvais effet ! Cependant nous devons insister, même si ce n'est pas le sujet que ces délicieuses femmes aiment le plus aborder, sur « la sensualité appliquée au mariage et à ses redoutables conséquences » ! Quel titre ! À ce niveau, on doit légitimement penser que la recherche d'un époux, en dehors de son aspect « safari », implique pour le moins une certaine présence de la notion de futur ! C'est d'ailleurs comme cela que l'on nomme la victime propitiatoire ! Donc, on pourrait croire que les Denise choisissent leur « seigneur et maître » avec un minimum de vues lointaines. Eh bien, pas du tout ! Elles n'obéissent qu'à la physique quantique qui veut que n'importe qui serve de toute façon à n'importe quoi !

Quoi qu'il en soit, elles sont décidées à jouer à l'« anneau musical », charmant jeu de société qui consiste, pour ces messieurs, à refiler une alliance à son voisin le plus immédiat avant que ne s'interrompe la musique, habituellement une marche nuptiale. Tout cela pour vous rendre sensible le caractère particulier des Denise au psychisme félin qui leur permet de retomber toujours sur leurs pattes, à la personnalité capable d'aller très loin, tête baissée ! Leur destinée, cahotante et bondissante, les conduit, vaille que vaille, vers un devenir qu'elles n'ont pas spécialement tricoté mais qui leur permet néanmoins de faire croire en une logique capable de conjuguer leurs efforts, sans s'occuper de la concordance des temps !

Émotivité : 38 %

| Affectivité | 79 % | Amour | 80 % |
| Famille | 95 % | Enfants | 90 % |

On comprend après cela que l'émotivité soit des plus amorties. Les Denise sont du genre introverti et souvent plus sensibles aux mouvements et aux sensations de leur petit monde intérieur qu'aux problèmes des autres. Donc, peu d'amis véritables mais des amis utiles et efficaces. Plus accessibles à la camaraderie, surtout professionnelle, qu'aux grands sentiments ravageurs. Affectives, on les croit froides, elles sont secrètes ! En amour, même sobriété. Votre grande scène du balcon, gardez-la ! Restent la famille et les enfants : attention, propriété exclusive, jalousie de cobra méchant !

Réactivité : 42 %

| Santé | 87 % | Sensorialité | 75 % |
| Argent | 90 % | Profession | 97 % |

Nous avons vu que ce type de caractère ne résistait que difficilement à l'envie de lancer un trait acéré à leurs bonnes petites copines. Mais de ce côté-là, les Denise ont les idées larges et leur mari peut très bien servir aussi de cible intéressante ! Généralement prudentes en ce qui concerne leur santé, elles n'aiment guère parler de leur sensualité. Ne jouez donc pas les exhibitionnistes avec elles ! À certains moments, cette sensualité paraît somnolente et puis, à l'usage, on en vient à se demander si ce n'est pas le « volcan » qui est endormi ! Enfin, l'argent et la profession font partie d'un très joli feu d'artifice !

Denise et les autres prénoms

Moyenne : 52 %
Classement : 79/79

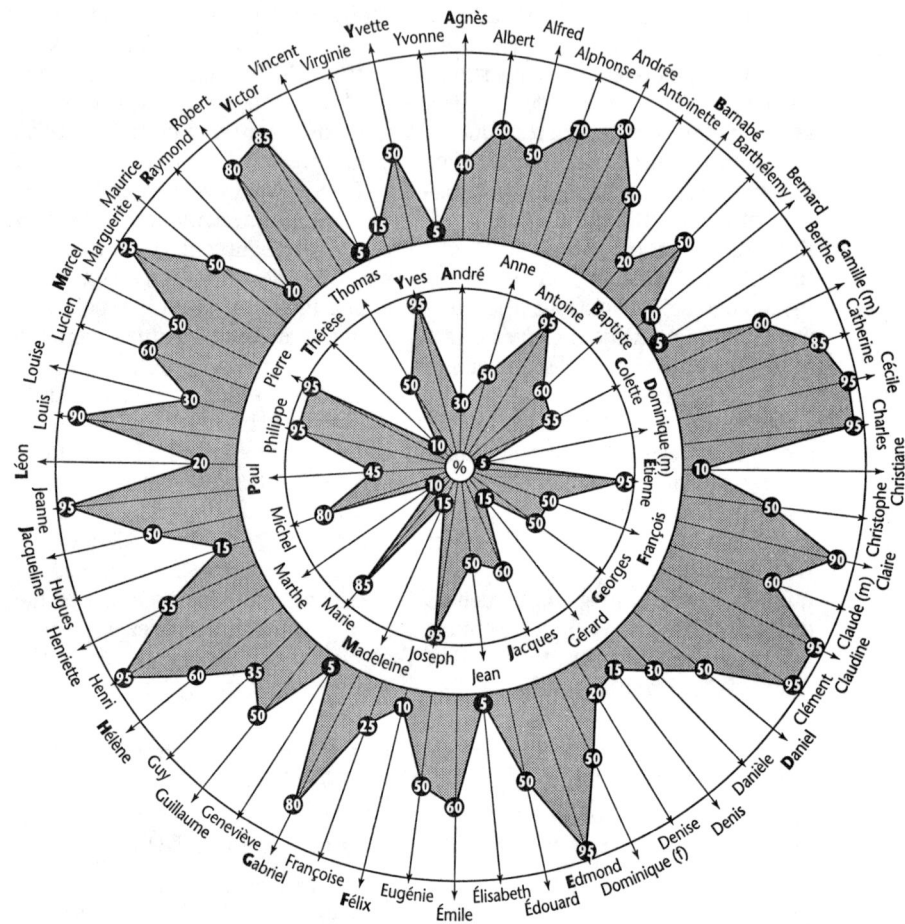

Les roues de compatibilités

Mais les Denise, vous l'avez compris, sont des êtres particulièrement déconcertants. On ne sait jamais exactement par quel bout les attraper et les bouts eux-mêmes ne sont pas toujours faciles à repérer. De là à penser que les individus de tous niveaux qui entourent les Denise vont les prendre avec des pincettes, il n'y a qu'un pas, qu'un pourcentage d'entente de 54 % va nous aider à franchir, soit un 63e rang sur 79. Pas de quoi pavoiser ! Et puisque la suite apocalyptique de ce sondage grossit à l'horizon, menaçant et funèbre, n'hésitons pas à la donner sans commentaire aucun : les Denise ne considèrent les autres prénoms qu'à 52 %, ce qui les conduit à la place enviable de 79e sur 79.

Les autres prénoms et Denise

Moyenne : 54 %
Classement : 63/79

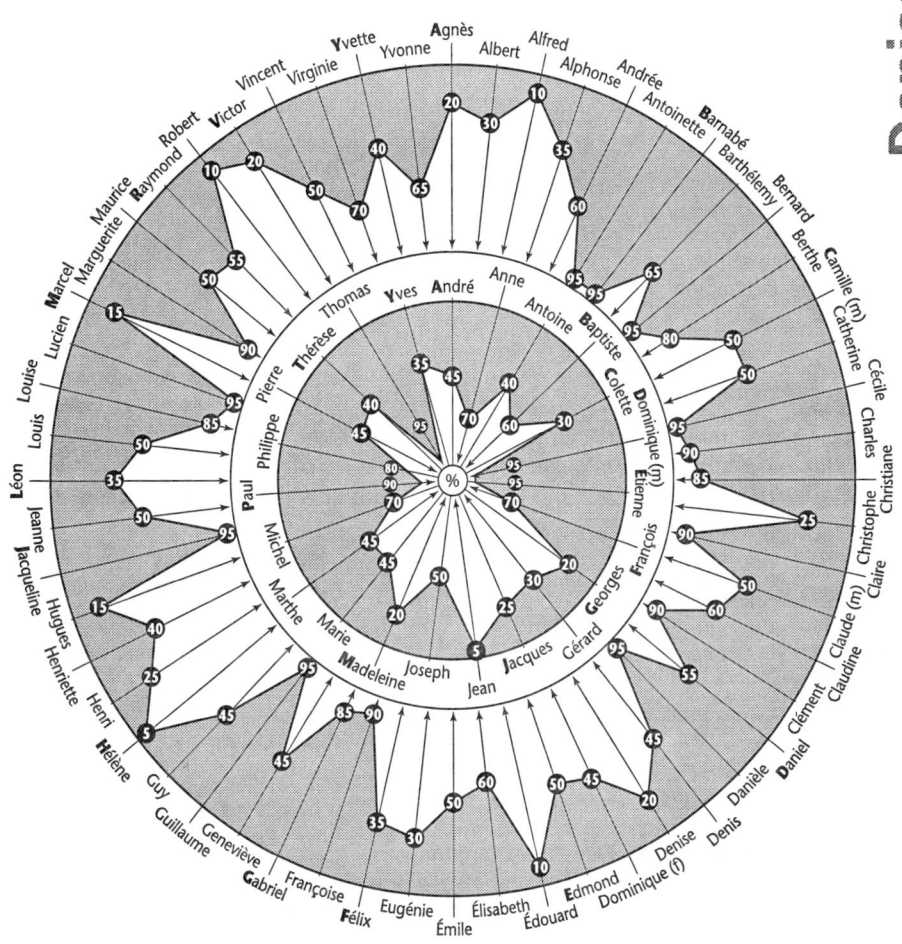

Comment Denise s'entend avec le signe des autres				
Bélier	35 %	Balance	76 %	Ce tableau ne concerne pas le rapport prénom personnel/signe personnel. Il n'y a pas d'autocompatibilité entre Denise et son propre signe caractérologique.
Taureau	28 %	Scorpion	68 %	
Gémeaux	64 %	Sagittaire	73 %	
Cancer	80 %	Capricorne	72 %	
Lion	57 %	Verseau	55 %	
Vierge	48 %	Poissons	48 %	

30 ▶ Dominique (M)

1 • Prénoms associés

Ce sont tous les prénoms, quelle que soit leur origine, qui partagent les mêmes constantes caractérologiques et que vous découvrirez dans l'index de ce volume (p. 451), dont :

Agnel	Gildas	Pancrace
Aignan	Gweltaz	Ravel
Allaire	Hilaric	Sylvain
Baxter	Justin	Sylvestre
Dieudonné	Larson	Timothée
Foulques	Lincoln	…

2 • Célébrités

Pour vous sentir moins seul, ce trop bref aperçu des personnalités de tous les temps et de tous les lieux qui dépendent de ce type de caractère :

- FRÉMY Dominique (xxe siècle) Auteur du *Quid* — *Avec lui, difficile de rester « quoi » !*
- MODUGNO Domenico (1928-1994) Chanteur, politicien italien — *Ou faire de la politique en Italie sans être un maître chanteur !*
- PADO Dominique (1922-1989) Journaliste, politicien — *Engagez-vous, rengagez-vous, qu'il disait !*
- PONCHARDIER Dominique (1917-1986) Auteur, ambassadeur — *Quand les barbouzes deviennent « poilants » !*
- STALLONE Sylvester (1946) Acteur, réalisateur — *Et si chez lui le cerveau était aussi un muscle ?*

3 • Symboles

– L'élément de base des Dominique prend le visage poupin des petits vents ailés et joufflus qui, au grand siècle, aéraient gentiment les quatre coins des tableaux encombrés de l'époque. C'est l'**air**, un vent d'air qui vient nous siffloter à l'oreille on ne sait quelle chanson d'amour… un peu coquine sur les bords !
– Le **vert**, leur couleur, est criblé de bourgeons printaniers, d'un magnifique sens de la courtoisie et de l'honneur, sans oublier une joie profonde, animique, qui ne les abandonne jamais.
– Des nombres, **25-7-18**, pleins de chance et de surprises qui joueront un grand rôle au cours de leur existence ; tous les nombres car les Dominique ont sur eux ce que l'on appelle le signe de Pythagore.

4 • Devise

Celui qui vient. Comme un messager ! Celui qu'on attend, le porteur de futur ! Celui qui détient une traite sur l'instant et force les portes du temps.

5 • Totems

– Quel plus bel animal totem que cette **mésange**, symbole de l'âme qui recèle le secret du « langage des oiseaux » et à qui les alchimistes de jadis confiaient le rôle d'annonciatrice de la venue du paon, de la résurrection finale.
– Leur végétal, le **platane**, est cet arbre de vie à l'ombrage protecteur qui nous accompagne tout au long de notre route et crée, par ses perspectives, une notion prenante d'espace et de fuite.
– Leur minéral a de quoi surprendre, le **minium** qui, jusqu'à ce jour, a sauvé la tour Eiffel de la rouille mais qui, ne l'oublions pas, servait surtout à enluminer les manuscrits du Moyen Âge.

6 • Vibrations

Avec un **46 %** de vibrations, soit **79 000** v/s, on se trouve en présence d'une énergie suffisante, d'une longueur d'onde qui est bien adaptée à la diffusion d'un message plein de tendresse et de compréhension. C'est sans doute pour cela que l'on trouve tant de personnalités médiatiques dotées de ce prénom convivial par excellence.

7 • Le Jeu de la Vie

Avant de vous livrer la nature de la carte qui est affectée aux Dominique, permettez-moi de vous dire ce que je pense des fous, sans doute par expérience personnelle. Jadis on donnait ce nom au bouffon du roi qui avait, on le sait, l'art et la manière de cacher une sagesse corrosive sous des imprécations ou des plaisanteries qui étaient loin d'être innocentes. C'est ainsi qu'il faut prendre le nom de **Fou**, le Mat, attribué à la **lame 22 ou 00** et qui, au-delà de son accoutrement grotesque, détient dans sa besace le trésor « phylosophique » du monde.

Volonté : 90 %

Intuition	92 %	Études	90 %
Réussite	78 %	Associations	90 %

Les Dominique, hommes, on les voit venir ! En effet, ils portent sur eux leurs préoccupations de la même manière que les avocats ou les femmes légères mettent dans la longueur de leur robe la clef de leur mode de comportement. Si les Dominique prennent un air compassé c'est qu'ils ont un cas de conscience à vous exposer. Laissez-les parler et attendez le moment où leur belle intuition leur suggérera la solution que vous n'entrevoyiez même pas. Des études chaotiques mais néanmoins gratifiantes. Une réussite qui a besoin des autres, d'associés, pour trouver son centre de gravité… quitte à les bousculer.

Activité : 88 %

Dynamisme	80 %	Affaires	75 %
Voyages	100 %	Sociabilité	95 %

On a parfois l'impression que l'activité des Dominique nécessite un accompagnement de tambours et de grosses caisses pour se rassurer. Une activité qui pourrait être prise pour une émotivité ! Et c'est une affectivité débordante, « lacrymale », si j'ose dire, qui vient donner à ce caractère ce dynamisme « cardiaque » qui colore parfois d'une certaine féminité le comportement de ces êtres délicats. Les affaires sont contrariantes alors que les voyages apparaissent comme des pèlerinages sensuels et charmants où l'amitié prend des allures de sociabilité raffinée et indécise dans une délicate ambiance lunaire.

Portrait prospectif

Caractère : 55 %   Psychisme : 47 %   Personnalité : 63 %   Destinée : 68 %   Devenir : 70 %

Le prénom Dominique, au masculin, est un prénom « transpositeur » : il décale son action par rapport à l'échelle des temps. Facile à comprendre ! Pour eux le passé est le présent, le présent l'avenir et l'avenir l'éternité ! Laissons de côté pour l'instant la dernière assertion et attachons-nous à ce présent-futur qui est la marque temporelle de ce prénom et de ceux qui lui sont associés. Nous avons vu que leur devise était : « Celui qui vient » et que cela indique une grande résistance à l'action destructrice ou déstabilisante des ans. Pour les Dominique, toute pensée et tout geste accompli en l'instant sont le signal du basculement dans le « devenir ». Pour eux plus que pour tout autre, la dynamique de l'« actuel » est le sésame de la caverne au trésor car la richesse d'un homme n'est pas son passé mangé aux vers, ce n'est surtout pas son présent qui finalement n'existe pas, c'est cet instant délicieux qui fait changer de temps, comme le passage du « vous » au « tu » est le commencement des amours fous. Ne soyez donc pas choqué par l'imprécision apparente du langage des Dominique qui leur apporte une lueur d'inconstance souvent troublante et ne cherchez pas à les pousser dans leurs derniers retranchements sous le prétexte que leur discours se montre confus et leurs prospectives vacillantes. Habituez-vous plutôt au roulis et au tangage de ces vaisseaux caractérologiques qui déconcertent la raison mais entretiennent le rêve.

En fonction de ce caractère un peu ondulant, on découvre un psychisme aux valeurs parfois hésitantes, des amours interrogatives, des familles évanescentes, mais aussi une intuition prodigieuse, une chance insolente et surtout cette ambiguïté de langage qui donne à leurs propos des résonances étranges où l'on croit reconnaître la marque d'une personnalité prophétique, où destinée et devenir se confondent dans un lointain de soleil et de brume, où les distances ne sont plus que des ombres qui passent. Mais quel charme prenant chez ces hommes qui portent en eux comme un parfum d'éternelle jeunesse venu de toujours, subtil et léger à jamais !

Émotivité : 60 %

Affectivité	95 %	Amour	70 %
Famille	50 %	Enfants	40 %

Par un curieux retour des choses, cette émotivité en arrive à posséder une fonction « motrice », active ! Les Dominique ont un tel besoin de communication que toute leur sensorialité, toutes leurs amours, sont axées sur la présence « catalytique » d'un ambiant porteur. Leur exubérance a besoin d'entraînement et ils se laissent donc facilement enrôler par un groupe décideur comme la famille ou un club. Il leur faut partager leurs responsabilités, se sentir appuyés, approuvés par des amis à qui ils donnent le meilleur d'eux-mêmes. Malheureusement, les enfants n'ont pas la stature qui convainc et alors...

Réactivité : 55 %

Santé	93 %	Sensorialité	82 %
Argent	88 %	Profession	75 %

Nous ne faisons qu'en parler de cette réactivité qui fragilise le psychisme de ces hommes pleins de qualités un peu trop fragmentaires. D'où cette instabilité qui vient souvent les pousser vers le rêve éveillé et ne leur permet pas de se réaliser pleinement dans l'action. On comprend alors que la profession puisse revêtir des aspects étranges, déconcertants. Ils ont besoin de vivre d'une manière insolite et cela même au plus fort des amours et de la sensorialité qui peuvent prendre des aspects imprévus, voire troublants. Et puis il faut savoir que, chez eux, la solitude, ça n'existe pas ! Ça se chante, d'ailleurs !

Dominique et les autres prénoms

Moyenne : 68 %
Classement : 25/79

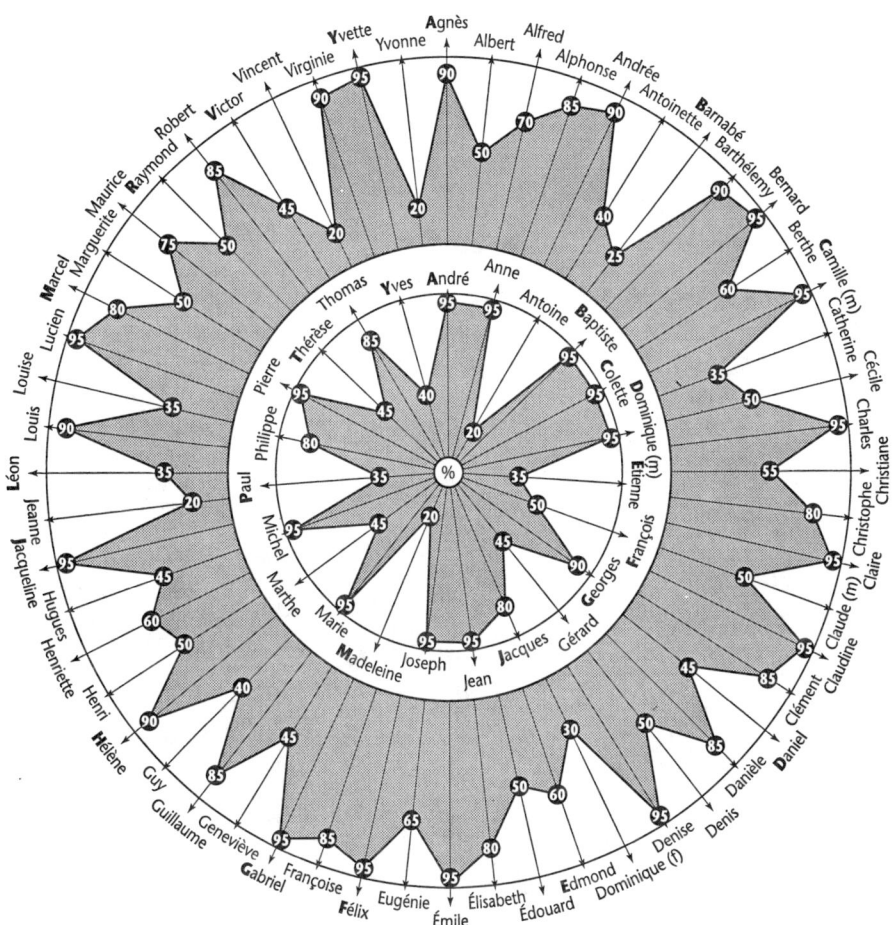

Les roues de compatibilités

Comment, en fonction de ces paramètres psychologiques plutôt flous, peut-on percevoir ces hommes sensibles et sensuels ? Eh bien, mieux qu'on ne pourrait le penser ! Les êtres qui les entourent les considèrent avec un intérêt de bon aloi et, malgré leur démarche sautillante, leur accordent un bon 67 % qui les situe à la 32e place sur 79. Quant aux Dominique, ils apprécient leurs compagnons et leurs compagnes à un niveau semblable, 68 %, ce qui les conduit à un classement intéressant de 25e sur 79. S'ils voulaient bien faire l'effort de resserrer les boulons de leur édifice spatio-temporel dans leurs relations sociales ou professionnelles, nul doute que leur image gagnerait en netteté, en « piqué » !

Les autres prénoms et Dominique

Moyenne : 67 %
Classement : 32/79

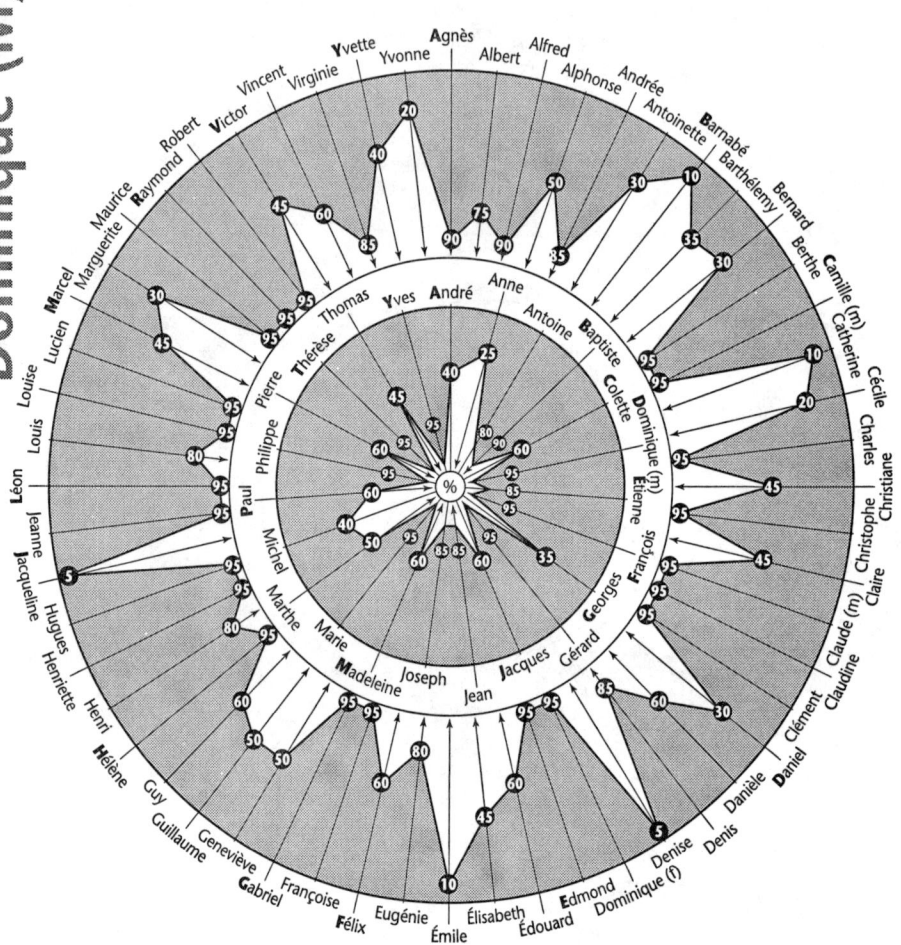

Comment Dominique s'entend avec le signe des autres				
Bélier	64 %	Balance	84 %	Ce tableau ne concerne pas le rapport prénom personnel/signe personnel. Il n'y a pas d'autocompatibilité entre Dominique et son propre signe caractérologique.
Taureau	49 %	Scorpion	30 %	
Gémeaux	73 %	Sagittaire	63 %	
Cancer	60 %	Capricorne	52 %	
Lion	80 %	Verseau	93 %	
Vierge	56 %	Poissons	77 %	

Dominique (F) 31

1 • Prénoms associés

Ce sont tous les prénoms, quelle que soit leur origine, qui partagent les mêmes constantes caractérologiques et que vous découvrirez dans l'index de ce volume (p. 451), dont :

Alice	Célimène	Martine
Axelle	Darlanne	Olivia
Baptista	Donna	Sally
Bénédicte	Frédérique	Solène
Camille	Germaine	Yolande
Carmen	Kim	...

2 • Célébrités

Pour vous sentir moins seul, ce trop bref aperçu des personnalités de tous les temps et de tous les lieux qui dépendent de ce type de caractère :

- CLAUDEL Camille (1864-1943) Sculpteur *Un talent fou !*
- DALIDA Yolande (1933-1987) Chanteuse *Le bonheur de vivre un rêve malheureux.*
- SAPRITCH Alice (1916-1990) Actrice *La Folie des grandeurs.*
- SOLEIL (Madame) Germaine (1913-1996) Astrologue, présentatrice *Retour à l'envoyeur !*
- STAEL (Baronne de) Germaine (1766-1817) Romancière *L'intrigue comme un des beaux-arts.*

3 • Symboles

- L'élément des Dominique est l'**eau**, une eau ardente, une « eau de sang », bouillonnante et accusatrice qui réclame la représaille, écumante, mâle, une eau de purification dans le combat.
- Leur couleur, le **jaune**, révèle un besoin de supériorité, une volonté de puissance qui, si elle n'est contrôlée, peut déboucher sur une vision presque totalitaire de la société.
- Les nombres **34-39-40**, quoique marqués par une dominante féminine, n'en révèlent pas moins un escalier de vengeance que les initiés de jadis désignaient par l'expression mystérieuse de « montée des trente-neuf marches ».

4 • Devise

Prenons la précaution de bien préciser que lorsque nous vous présentons la devise des Dominique, nous n'entendons nullement lui donner son unique sens apparent : **La femme du silence**. Cette devise a, si l'on peut dire, d'autres résonances que nous aurons l'occasion de rencontrer.

5 • Totems

– Ne jouons pas sur les mots et n'accordons pas à la **carpe**, leur animal totem, le rôle fixateur d'un comportement dont la mutité serait la caractéristique principale. On peut savoir se taire tout en parlant, de même que l'on est en mesure de guider une personne tout en la laissant ignorante de la nature du but poursuivi. C'est bien le credo de la politique ! Non ?
– Le végétal des Dominique est attachant, la **bruyère**, solide et bien ancrée à sa terre natale qui profite de sa présence pour devenir un véritable tonique végétal.
– Leur minéral est le **grenat**, pierre précieuse dont la couleur rouge est certes une référence mais qui collectionne en réalité toutes les teintes. Une pierre de passion et de poudre aux yeux.

6 • Vibrations

Les Dominique « tournent », sur le plan des vibrations, à 93 000 v/s soit à 61 %, ce qui est tout à fait valable mais exige, à certains moments, de faire appel à un sens respecté de l'économie. Ces femmes, pourtant brillantes, connaissent parfois des baisses de régime dues à des fatigues excessives.

7 • Le Jeu de la Vie

Il leur était difficile d'échapper à la souveraine présence de la **lame 3**, l'**Impératrice** dont les armoiries comportent, évidemment, l'aigle symbole de la providence, oiseau de feu faisant la liaison entre le Soleil qui nimbe cet ange majestueux et la Lune qu'il domine d'un pied sûr tandis que son pouvoir sur la Terre s'exprime par le sceptre monumental qui survole toute la figure. Cette impératrice se désigne ainsi comme reine du cosmos, maîtresse des corps, des âmes et des esprits. Le danger, dans ce cas, c'est que le Soleil « en chef », comme l'on dit, puisse très vite leur donner la grosse tête !

Volonté : 91 %

Intuition	87 %	Études	96 %
Réussite	95 %	Associations	75 %

Leur volonté atomique fait des Dominique des femmes d'un caractère d'une intensité surprenante et envoûtante à la fois. Elles ont généralement beaucoup d'allure et attirent la sympathie même si, par moments, on s'inquiète quelque peu de leurs silences mystérieux. Elles ont l'intuition poussée du contact humain et la réussite ne se fait pas attendre aussi bien dans les études que dans la profession. Certains leur reprocheront le côté quelque peu masculin de leur personnalité parce qu'elles s'expriment plus en actes qu'en paroles. Leurs associés devront donc apprendre à courir vite !

Activité : 90 %

Dynamisme	97 %	Affaires	90 %
Voyages	90 %	Sociabilité	95 %

Chose décidée, chose faite ! Une activité à la hussarde. Le dynamisme joue les chars d'assaut et les affaires ont un petit goût de guerre éclair qui en laisse plus d'un chocolat. Et puis ces chères Dominique ont une botte secrète dont elles usent avec une classe et un charme à damner un percepteur. C'est le voyage-affaires ! L'*Orient-Express* pour la signature d'un contrat mal engagé, le *Supersonique* pour bousculer un client indécis… Bref ! Elles savent jouer les princesses avec une conviction qui emporte la décision du partenaire, parfois son cœur quand ce n'est pas le reste ! Curieuses bonnes femmes…

Portrait prospectif

Caractère : 89 % Psychisme : 80 % Personnalité : 92 % Destinée : 89 % Devenir : 82 %

Jadis, on était tenté d'attribuer à l'avenir une polarité nettement masculine. L'homme regardait devant lui, l'enfant vivait le présent, la femme était gardienne du passé. En notre temps « unisexe » où les enfants regardent de tous les côtés, les hommes leur nombril et les femmes leur liberté, il est clair que l'on vit dans une société louche. Les Dominique veulent demain avec un sens de la possessivité qui atteint les limites du viol et du meurtre rituélique. Or, si nous les avons qualifiées de « femmes du silence », ce n'est qu'en considération de leur sens du secret et non de la parole discursive qui, chez elles, restera toujours la marque profonde de ces « grandes gueules » aux martèlements oratoires très masculins. Elles ne veulent qu'entraîner vers le futur, un futur comme une religion ! Pour elles, le passé est un marais et le présent le détonateur d'une bombe seule capable, par son explosion, de mettre à jour les couches dynamiques qui sommeillent au fin fond de la paresse humaine, compromettant ainsi le futur.

Partant de ces principes, on ne peut leur attribuer qu'un caractère bellement encombrant qui n'aura de cesse de s'affirmer en se confirmant, c'est-à-dire que nos tendres Dominique devront à chaque instant se prouver à elles-mêmes et accessoirement à leurs « esclaves » qu'elles sont à la hauteur de la situation, même si pour cela il faut faire déborder le vase. Pour elles, une victoire n'est jamais qu'une promesse et toute retraite, même celle de la Sécurité sociale, est une défaite sans nom. Le psychisme trébuche un instant sur l'affectivité qu'elles entendent réserver à un usage bien particulier, leur intuition très fine venant souligner l'efficacité d'une imagination jamais au repos qui passe son temps à conjuguer au futur et jamais au conditionnel des verbes comme réussir, gagner, dominer, etc. Ce sont elles qui ont inventé ce « futur prospectif » qui est au présent ce que le passé est au néant. Alors, qu'éclatent en fusées éblouissantes la destinée et le devenir, colonnes de demain. Car il est pour elles des temples qui ressuscitent !

Émotivité : 48 %

| Affectivité | 87 % | Amour | 70 % |
| Famille | 75 % | Enfants | 85 % |

Une émotivité toute en nuances. Elle révèle parfaitement la richesse si attachante de ce psychisme contrôlé mais aussi contrôleur car les Dominique ont horreur des « m'as-tu-vu » ! Leur affectivité est sélective et elles ne livrent pas leurs perles aux pourceaux. Surtout, ne mélangez pas le badinage et le métier. Chez les Dominique l'alcôve tue ! D'où l'aspect presque fantômatique de leurs amours sentimentales ; les autres amours, dites « physiques », sont plus directes et, paraît-il, des plus efficaces ! La famille ne doit pas se mêler de leur vie privée (!) et les enfants sont heureux à petit prix !

Réactivité : 64 %

| Santé | 87 % | Sensorialité | 92 % |
| Argent | 80 % | Profession | 100 % |

Comment voulez-vous qu'elle ne soit pas déconcertante, cette réactivité ? Mais elle n'explose pas pour rien et ces femmes à l'intelligence riche et prenante se servent de leur grand sens de l'opposition pour « zigouiller » un adversaire avec la plus parfaite courtoisie. Si vous faites partie de leurs objectifs vengeurs, laissez passer l'orage en évitant le ridicule de vouloir bégayer quelques protestations débiles car, aussitôt après, la belle santé des Dominique prend le dessus, votre compte en banque le dessous et vous pensez : « Ah, la vache ! Quelle classe ! » Et vous serez, vous, le dindon de la farce !

Dominique (F) • 31

203

Dominique et les autres prénoms

Moyenne : 63 %
Classement : 47/79

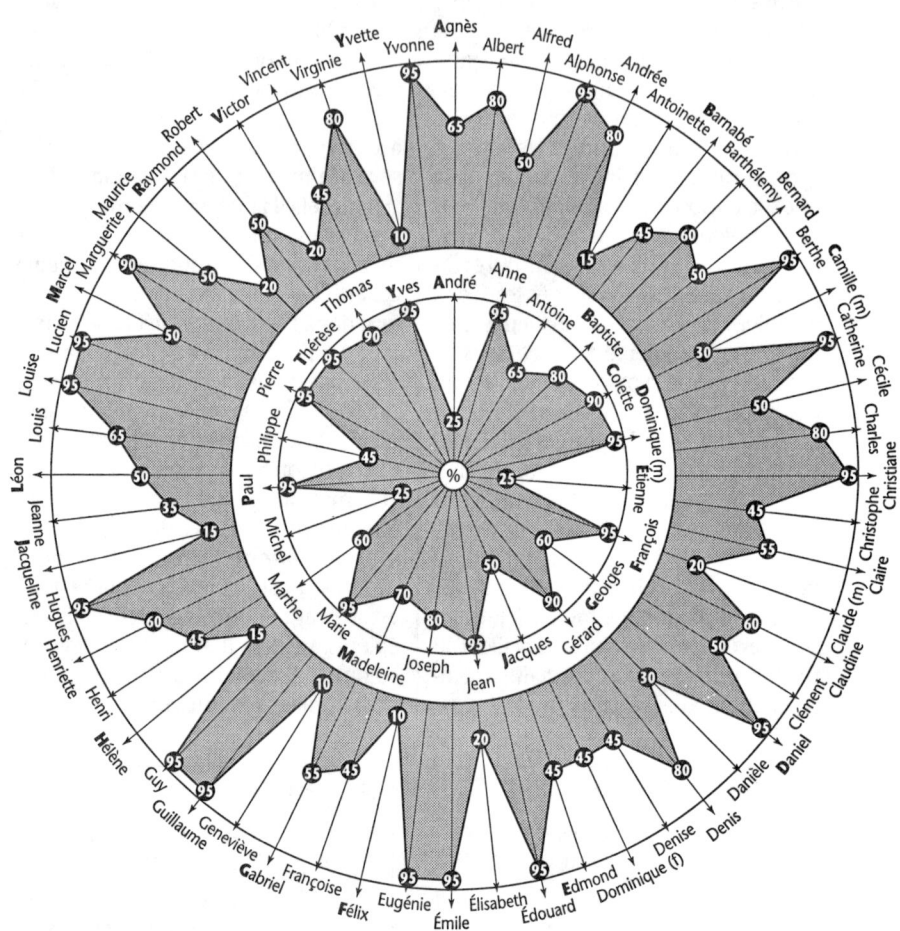

Les roues de compatibilités

De tout cela il ressort que les Dominique ne sont pas forcément des personnes faciles à manier. Persuadées de posséder une certaine vérité convaincante, elles ne chercheront pas tellement à vous prouver leur bon droit. On les suit ou on ne les suit pas, mais elles ne feront jamais les frais d'une quelconque propagande personnelle qui les dévaluerait à leurs propres yeux. On comprend après cela qu'elles ne supportent les êtres qui sont autour d'elles, 63 %, classement 47e sur 79, que dans la mesure où cette masse « fantassine » n'intervient que fort peu dans les combats. Quant aux prénoms considérés, ils apprécieront ces femmes de poigne à 68 %, leur accordant une bonne place de 31e sur 79. *Audaces fortunat juvat* comme philosophe ce coquin de *Petit Larousse* rose !

Les autres prénoms et Dominique

Moyenne : 68 %
Classement : 31/79

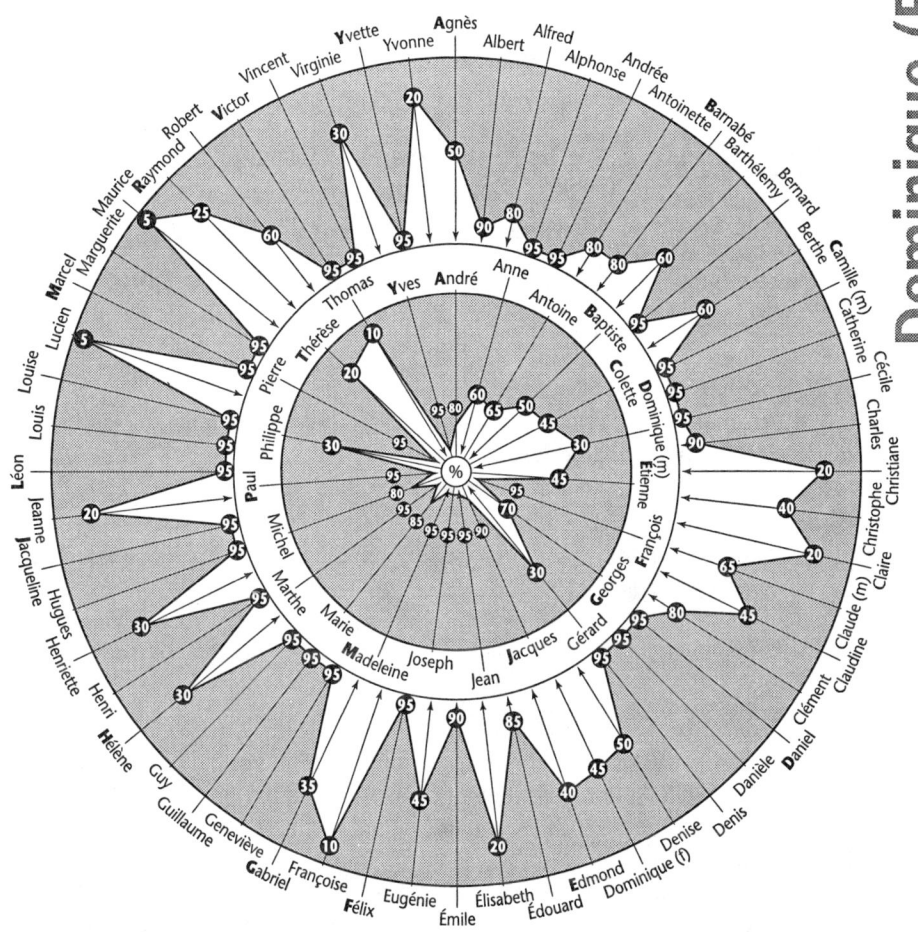

Comment Dominique s'entend avec le signe des autres

Signe	%	Signe	%
Bélier	64 %	Balance	90 %
Taureau	31 %	Scorpion	17 %
Gémeaux	72 %	Sagittaire	78 %
Cancer	67 %	Capricorne	42 %
Lion	82 %	Verseau	76 %
Vierge	53 %	Poissons	89 %

Ce tableau ne concerne pas le rapport prénom personnel/signe personnel. Il n'y a pas d'autocompatibilité entre Dominique et son propre signe caractérologique.

32 Edmond

1 • Prénoms associés

Ce sont tous les prénoms, quelle que soit leur origine, qui partagent les mêmes constantes caractérologiques et que vous découvrirez dans l'index de ce volume (p. 451), dont :

Aël	Eustache	Riquier
Ambroise	Juventin	Simbad
Ange	Lino	Sinclair
Cromwell	Maixent	Stewart
Edmé	Placide	Trémeur
Engelbert	Privelin	...

2 • Célébrités

Pour vous sentir moins seul, ce trop bref aperçu des personnalités de tous les temps et de tous les lieux qui dépendent de ce type de caractère :

– ABOUT Edmond (1828-1885) Romancier *Le père d'Hibernatus.*
– DANTÈS Edmond (Le Comte de Monte-Cristo) *Plus vivant que moi, tu meurs !*
– GRANGER Stewart (1913-1993) Acteur *L'homme qui crachait sur Hollywood.*
– ROSTAND Edmond (1868-1918) Dramaturge, poète *En vers et contre tous !*
– VENTURA Lino (1919-1987) Acteur *Le Masque.*

3 • Symboles

– L'élément de base des Edmond brille par sa fluidité. Il s'agit d'un **air** particulièrement ventilé, si l'on peut dire, qui court sur les eaux, souffle sur le feu, caresse la terre, se bouscule lui-même. Prêt et bon à tout, il porte l'oiseau, abat l'arbre, véhicule l'esprit.
– Le **violet** est une couleur centripète, de repli sur soi, d'intimité en clair-obscur. Cette espèce de rouge refroidi incline celui qui s'y drape à vivre à l'économie.
– Leurs nombres **4-21-27** déclenchent une espèce d'aurore boréale qui vient troubler la vision précise de ce type de caractère qui fuit la trop vive lumière, celle qui révèle les lignes et qui donne à l'instant une vérité bien difficile à supporter.

4 • Devise

Celui qui subit la tempête. Reste à savoir où a lieu cette tempête : dans un verre d'eau, sous les quarantièmes rugissants, dans un rêve, sous un crâne ? Avec les Edmond, on a souvent du mal à planter la scène, à moins d'être le souffleur !

5 • Totems

– Si l'on en croit Buffon, le **blaireau**, animal totem des Edmond, serait une bestiole paresseuse, méfiante et solitaire. Tout le monde sait que le blaireau est roublard mais nous préférerons l'attitude japonaise qui en fait l'emblème ventripotent de leur restaurant : prospérité et satisfaction de soi-même.
– Le végétal est bien celui d'un homme affable : le **jonc** si cher à La Fontaine et que sa souplesse protège justement de toute rupture, lorsque le temps mauvais se déchaîne.
– Quant au minéral, il ne se commente pas, c'est l'**argent** ! La meilleure et la pire des choses, selon qu'on le prend ou qu'on le laisse !

6 • Vibrations

Là encore nous découvrons un petit monde mis en veilleuse : 64 000 v/s, soit un taux de **31 %**. Ce n'est pas le lieu des feux d'artifices ni des défilés éclatants. On fait sa petite soupe au coin de son petit feu en se laissant bercer doucement par le temps qui passe.

7 • Le Jeu de la Vie

Nous voici préparés à subir le choc de la vision de la **lame 9** pilotant le prénom Edmond. C'est l'**Ermite**, personnage mystérieux enveloppé d'un vaste manteau violet, s'éclairant d'une modeste lanterne, s'assurant de la route par le jeu d'un bâton initiatique et précédé d'un serpent dûment dressé. Quel tableau rassurant ! Le vieil Ermite se protège, ne circule que dans des souterrains balisés, ne s'éclaire que d'une juste lumière et ne s'aventure en aucun cas sur l'esplanade venteuse des vastes projets et des dangereuses pensées qui détruisent le confort de l'âme, glacent les corps et égarent les esprits. Le sens intimiste des Edmond n'oubliera pas la leçon !

Volonté : 92 %

Intuition	88 %	Études	95 %
Réussite	78 %	Associations	55 %

Les Anciens disaient qu'il y avait toujours deux anses à une amphore. C'est le cas de la volonté de ces chers Edmond qui apparaît tout d'abord grosse comme une maison et qui, peu à peu, se fendille en deux : la volonté de décision qui, lorsqu'elle s'y met, est fort efficace et la volonté de circonstances qui colle à l'événement et décolle entre deux ! Heureusement, l'intuition se pose un peu là, même si, parfois, elle les éloigne gratuitement de l'action. D'où une réussite un peu pâlotte, de bonnes études intelligentes et la méfiance congénitale des Edmond à admettre toute forme d'associations.

Activité : 88 %

Dynamisme	85 %	Affaires	100 %
Voyages	70 %	Sociabilité	90 %

Cette activité est bonne et cependant inférieure à la volonté. Le dynamisme suit le mouvement en traînant les pieds car les Edmond n'apprécient pas toujours la bagarre pour la bagarre ! Ils peuvent avoir des réactions brutales mais sans lendemain. Et pourtant, malgré cela ou peut-être à cause de tout cela, les affaires, elles, se présentent fort bien. Ce sont des hommes de confiance et ils la méritent. Les voyages n'ont rien de passionnant mais la sociabilité des Edmond est largement gagnante. Ils aiment être entourés d'amis et sont pleins de gentillesse pour tous ! Des amis... voire !

Portrait prospectif

Caractère : 72 %   Psychisme : 82 %   Personnalité : 80 %   Destinée : 79 %   Devenir : 85 %

Que faites-vous lorsque les frimas transforment votre gentil jardin en petite Sibérie ? Quelle est votre attitude quand la canicule laisse traîner des bouffées d'incendie au détour de chaque buisson ? Dans les deux cas, vous vous calfeutrez dans votre *sweet home* en attendant que ça passe ! C'est également la réaction des Edmond et compagnie lorsque la bise du passé vient leur chatouiller l'oreille du souvenir ou que le sirocco du futur tente de s'infiltrer dans leur présent douillet. Ils se replient avec délices sur eux-mêmes, trop contents de vivre leur petit confort mental qui les tient à distance des foules bousculantes, des amis investigateurs, des aventures sensuelles qui vous éjectent de vous-même en découvrant des dessous d'âme au symbolisme douteux. Bref ! Ils ne veulent pas qu'on les enquiquine !

Cela admis, n'imaginez pas que, se méfiant de l'avenir, ils vont l'exclure de leurs préoccupations d'une manière définitive. Les Edmond sont plus malins que cela et la prodigieuse intuition qui les sert va leur permettre de jouer un jeu étonnant : se projeter dans l'avenir par personnes interposées. Tout d'abord, ils feront de leur femme un agent de prospection aux consignes drastiques obéissant au mot clef qui sent son « clébard » à dix pas : « Cherche ! » Puis la famille sera formée à regarder fixement dans la direction indiquée par l'« homme-boussole » qui est à leur tête. Les enfants entendront parler d'avenir au même titre que les rejetons d'explorateurs sont saturés de récits d'aventures que leur père n'a jamais vécues. Enfin, quelques collaborateurs triés sur le volet, toujours pour éviter les courants d'air, seront en charge d'options existentielles risquées dans le temps et rétrécies dans l'espace. C'est ainsi que, fait assez rare, le psychisme, la psychologie des Edmond dépassera leur modeste force de caractère pour se créer une personnalité de type « popcorn » qui saura s'« expanser » sur commande lorsque sera venu le moment inévitable où, à force de se défier du futur, on met les pieds dedans !

Émotivité : 67 %

Affectivité	90 %	Amour	65 %
Famille	100 %	Enfants	95 %

C'est cette émotivité qui va provoquer, par moments, l'excitation de la volonté. L'imagination proposera à ces hommes le côté exotique d'entreprises parfois farfelues. Ne laissez donc pas les Edmond singer le Douanier Rousseau et se fabriquer des décors fantastiques où ils placeront toujours un hamac langoureux que bercera une main voluptueuse. Car leur affectivité est souvent rêveuse et lorsque leurs amours atteignent le stade des réalisations engageantes, c'est le trouble ! Mais la famille et les enfants acceptent de se prendre pour des personnages de contes de fées et les Edmond « bichent » !

Réactivité : 38 %

Santé	92 %	Sensorialité	90 %
Argent	90 %	Profession	80 %

Il existe un formidable décalage entre cette réactivité, nettement sous-alimentée, et l'émotivité bouillonnante qui passe son temps à chahuter le réel et à fuir le conventionnel. Partant d'une santé en béton, ils vont faire preuve d'une sensorialité tentaculaire. Sachant adhérer aux mouvements les plus subtils de la psychologie féminine, ils joueront les Casanova avec bonheur, tout en n'étant pas totalement persuadés d'être vraiment heureux ! Quant à l'argent, c'est pour eux un moteur d'action de premier ordre qui donnera à la profession ce petit coup de pouce qui fait les vocations...

Edmond et les autres prénoms

Moyenne : 58 %
Classement : 64/79

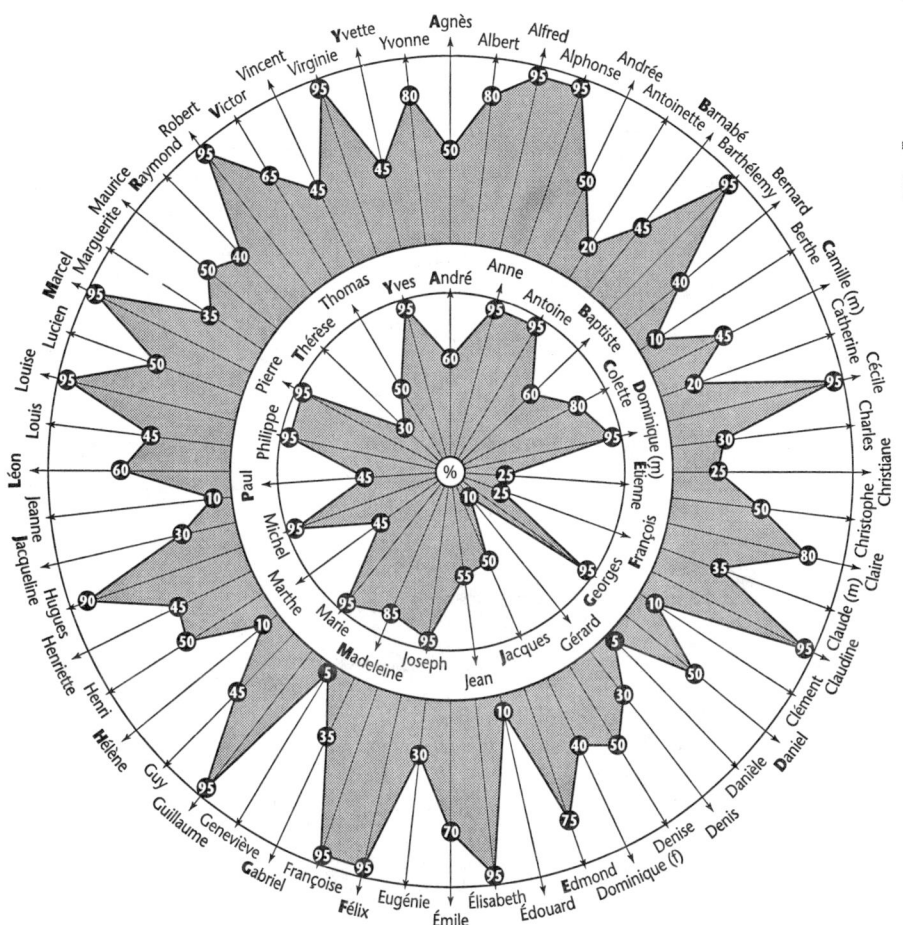

Les roues de compatibilités

Et malgré tout cela, les proches des Edmond arrivent à les supporter car il ne faut pas oublier que ce sont habituellement des gens charmants qui aiment être entourés, même s'ils ne distribuent pas facilement des brevets d'amitié. C'est ainsi que les votes s'expriment à 59 % en faveur de ces hommes, les plaçant au rang modeste mais honnête de 51e sur 79. Tout naturellement le score inverse se durcira, si l'on peut dire, dans la mesure où, toujours un peu méfiants, nos petits « ermites » n'apprécieront les autres prénoms qu'à la hauteur de 58 %, soit un classement tristounet de 64e sur 79. Le confort se paye et l'on se demande parfois si l'amour ne se véhicule pas par le truchement des courants d'air !

Les autres prénoms et Edmond

Moyenne : 59 %
Classement : 51/79

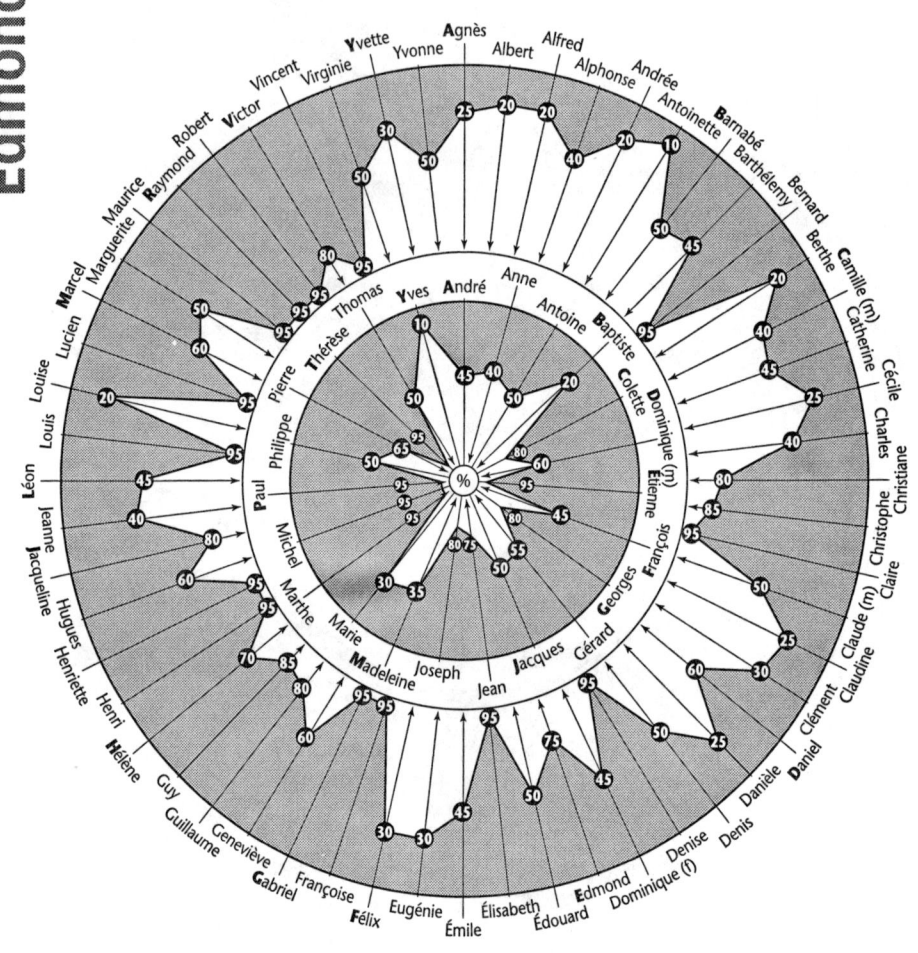

Comment Edmond s'entend avec le signe des autres

Bélier	61 %	Balance	56 %	Ce tableau ne concerne pas le rapport prénom personnel/signe personnel. Il n'y a pas d'autocompatibilité entre Edmond et son propre signe caractérologique.
Taureau	76 %	Scorpion	40 %	
Gémeaux	48 %	Sagittaire	68 %	
Cancer	64 %	Capricorne	57 %	
Lion	59 %	Verseau	83 %	
Vierge	60 %	Poissons	76 %	

Édouard 33

1 • Prénoms associés

Ce sont tous les prénoms, quelle que soit leur origine, qui partagent les mêmes constantes caractérologiques et que vous découvrirez dans l'index de ce volume (p. 451), dont :

Albaric	Gauvain	Ned
Auxence	Kévin	Neil
Casey	Logan	Rombaud
Dérien	Ludéric	Samson
Eddy	Mackéo	Wenceslas
Emmet	Marc	...

2 • Célébrités

Pour vous sentir moins seul, ce trop bref aperçu des personnalités de tous les temps et de tous les lieux qui dépendent de ce type de caractère :

- ALLÉGRET Marc (1900-1973) Réalisateur *Des films en forme d'entrées pour les artistes.*
- BRANLY Édouard (1844-1940) Physicien *Et la parole fut !*
- CONSTANTINE Eddie (1917-1993) Acteur *Un voyou plus vrai que nature.*
- LALO Édouard (1823-1892) Musicien *Une musique de printemps.*
- MANET Édouard (1932-1883) Peintre *Comme une vapeur qui passe...*

3 • Symboles

– Dès le premier abord, le caractère des Édouard se reconnaît dans leur élément de base, l'**eau**, une eau de feu, ferrugineuse et fumante, sortie de quelque volcan tapageur.
– La couleur se rapporte tout naturellement au **rouge**, couleur centrifuge pleine d'optimisme et de vigueur aux pulsions sensuelles présentes et efficaces.
– Les nombres **46-42-22**, tous de nature féminine, n'entament pas pour autant la virilité des Édouard mais leur ménage une plage intuitive qu'ils savent fort bien utiliser.

4 • Devise

Une devise qui ne cessera de nous poursuivre tout au long de cette étude et qui s'expliquera d'elle-même dans les lignes qui suivent : **Celui qui vit dans deux éléments.** Oui, mais lesquels ? Il y a les Feu-Terre, volcaniques, comme il y a les Feu-Air, orageux, les Feu-Eau, grégeois, et les Feu-Feu, pleins d'artifices.

5 • Totems

– Le plus applaudissant de tous les animaux totems, le **phoque** ! Cet imposant moustachu luisant est bien le symbole rêvé pour nos chers Édouard : insaisissable et présent, porteur de toutes les métamorphoses, aquatique et terrestre, flegmatique et passionné et, de plus, très « mariole ».
– Leur végétal, le **maïs**, une plante hybride qui, à force de se croiser, ne sait plus où elle en est !
– Leur minéral, le **jaspe**, est une pierre sacrée que certains anges portent au front, qui arrête les maux de dents, facilite l'accouchement, conserve la jeunesse. L'embarras du choix !

6 • Vibrations

Les Édouard disposent d'un « avoir » psychique intéressant : **103 000 v/s**, soit un taux de 72 %. Cela leur permet de jouer à la fois sur plusieurs tableaux et de rouler en tête dans le peloton toujours redoutable des petits loups galopeurs.

7 • Le Jeu de la Vie

C'est ici que les choses se compliquent et prennent une tournure surprenante car, avec la **lame 12** du **Pendu**, on se heurte à un symbolisme pour le moins déconcertant. Un jeune homme rigolard se trouve pendu à l'envers sans que cela semble le moins du monde entamer sa jovialité. Son argent se déverse sur le sol, il a un pied lié au ciel, de l'autre il fait des gambades. Ajouter à cela les mains ligotées dans le dos et vous comprendrez facilement qu'il y a vraiment là de quoi s'éclater ! Les Édouard participent à cette inconscience que dynamise une passion entraînante et surtout, ils se croient capables d'avenir alors que leur destin les attache plus que jamais aux jeux d'En-Haut qu'ils ne perçoivent trop souvent que comme le reliquat de croyances dépassées !

Volonté : 92 %

Intuition	85 %	Études	92 %
Réussite	90 %	Associations	70 %

Un volontaire qui joue les volontaires, cela fait beaucoup pour un seul homme. Les Édouard ont des caractères doubles en ce sens qu'à force d'en rajouter, comme l'on dit, on ne sait plus très bien à qui l'on a affaire ! Ce sont des « hommes-surprises » qui se présentent sous le visage qui convient à la situation vécue, si cela les amuse ! Leur intuition possède toutes les qualités d'un radar de haut niveau en leur donnant une grande efficacité pour les études et en leur assurant de brillantes réussites dans les affaires. Ils savent très bien choisir leurs associés et les faire travailler plus qu'à leur tour !

Activité : 90 %

Dynamisme	87 %	Affaires	100 %
Voyages	100 %	Sociabilité	90 %

L'activité est remarquable à condition, toutefois, qu'ils sachent pour quoi ou pour qui ils travaillent. Leur dynamisme nourrit bien l'énergie et déborde largement sur la sociabilité dont ils font un instrument de conquête irrésistible. Très maîtres d'eux-mêmes, jamais décontenancés, ils mènent la conversation avec astuce et diplomatie jusqu'au moment où, par le jeu d'une manœuvre brutale, ils déconcertent le partenaire en reposant le problème avec un sens de la provocation qui suffoque ! Voyager avec eux est un plaisir car ils savent enrichir d'une manière magique la vie de tous les jours !

Portrait prospectif

Caractère : 85 %   Psychisme : 78 %   Personnalité : 91 %   Destinée : 83 %   Devenir : 72 %

Édouard • 33

La conjugaison est décidément la « vache à lait » de la caractérologie. On y découvre à boire et à manger et c'est ainsi que le prénom Édouard trouve le moyen de tricoter des « temps composés », en fabriquant un « futur-présent » de derrière les fagots. Ils rejoignent en cela la physique quantique qui pratique l'ubiquité ondes-corpuscules avec une ardeur déconcertante. Si bien que lorsqu'un Édouard vous invite à le suivre en son action, vous ne savez jamais si le cher petit l'a déjà entreprise ou si ce n'est encore qu'une vue de l'esprit. Agissez avec prudence et, au risque de passer pour un idiot, n'hésitez pas à lui demander suavement : « De quoi est-ce que tu causes ? » Il vous répondra peut-être ! Vous me direz que cela ne fait que rejoindre cette remarque qu'un phoque est à la fois à voile et à vapeur et qu'il joue fort bien les « biplans » avec cette grâce acrobatique que nous lui connaissons.

Les Édouard vont donc se présenter à nous sous l'aspect d'un caractère passionné – forte activité, puissante volonté – et d'un psychisme plus atténué, presque flegmatique avec une émotivité très moyenne et une intelligence réfléchie, elle aussi double puisque parfaitement capable de jongler à la fois avec l'analyse et la synthèse. Précieux et rare ! D'où une personnalité attirante, maîtresse d'elle-même, rarement prise au dépourvu et sachant merveilleusement tirer les ficelles du petit théâtre de nos jours.

Résumons-nous : un caractère fort, un psychisme souple, une maîtrise certaine des sentiments et des affaires, une intuition qu'ils exploitent en prenant des airs inspirés et mystérieux, soit un cocktail de réussite digne des plus belles aventures. Reste la manière dont ils abordent les rives toujours surprenantes de l'avenir. Et c'est là où les choses s'avèrent un peu moins convaincantes qu'on ne l'aurait imaginé. Leur destinée peut être soumise à certains cahots qui risquent de casser divers pots de fleurs alors que leur devenir les voit parfois rater quelques marches dans la hâte qu'ils ont de vivre le demain plus vite que l'aujourd'hui ! *Chi va piano…*

Émotivité : 39 %

| Affectivité | 86 % | Amour | 65 % |
| Famille | 55 % | Enfants | 50 % |

Cette émotivité, parfaitement dominée, met à leur disposition toute une palette de couleurs « animiques » qui donnent un étonnant relief à leurs propos. D'une parfaite confiance en soi, les Édouard parlent aux êtres avec une cordialité communicative qui entraîne l'adhésion à leurs idées. Des médecins qui valent mieux que leurs médicaments, des religieux à la foi presque insolite ! L'exemplarité de leur charisme affectif baisse un peu lorsqu'ils sont dans l'obligation de passer aux travaux pratiques ! L'amour se lasse des mêmes formules, quant à la famille et aux enfants, ils sont, finalement, un mauvais public !

Réactivité : 50 %

| Santé | 91 % | Sensorialité | 96 % |
| Argent | 100 % | Profession | 100 % |

Chez certains, la réactivité ressemble à la pétanque, avec des coups calculés et des bousculades sournoises. Les Édouard, eux, jouent au « squash » avec le partenaire. Des attaques fulgurantes et spontanées, des répliques cinglantes qui font mouche et peuvent blesser. Aussitôt après, ils se reprennent et sourient de votre air déconfit, mais tout le monde n'aime pas forcément ce genre de sport ! La santé, l'argent et la profession les comblent de bienfaits. C'est une joie de travailler avec eux car ils savent reconnaître votre talent. Rare ! Quant à leur sensorialité, c'est le « trois étoiles » et plus…

Édouard et les autres prénoms

Moyenne : 62 %
Classement : 55/79

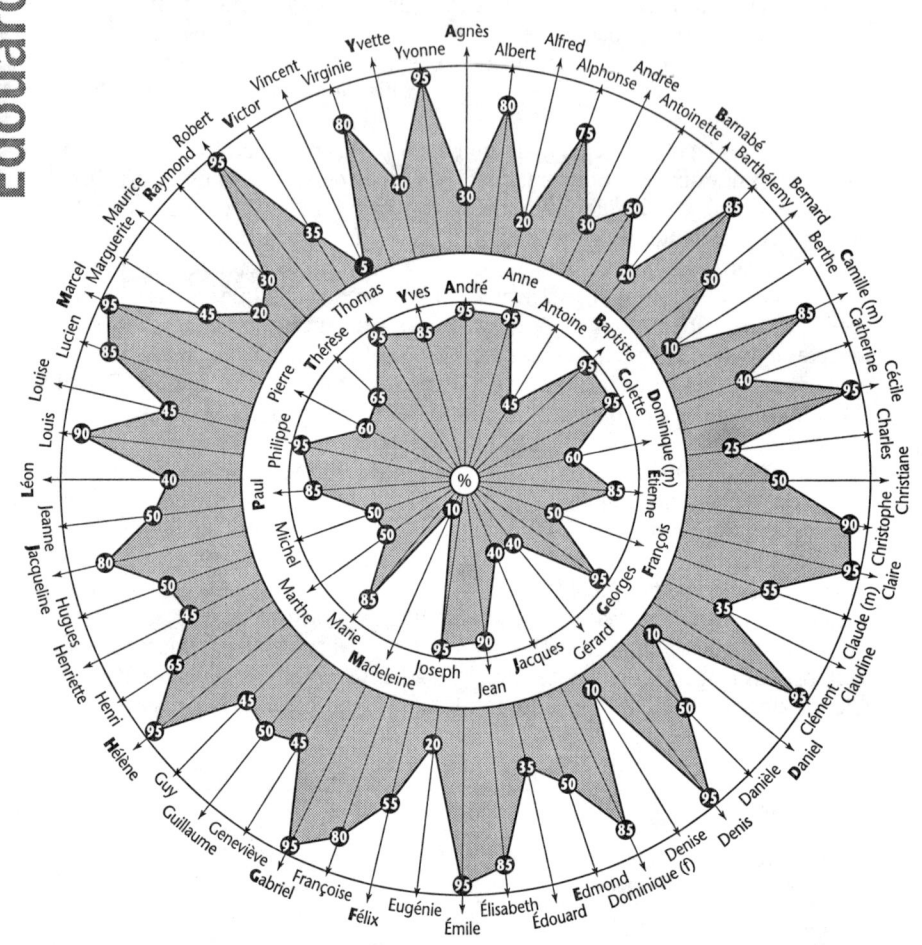

Les roues de compatibilités

Là encore, tout se tient et presque se confond. Car nous constatons que les pourcentages d'appréciation des Édouard par les autres prénoms et ceux, inverses, de la réponse donnée, sont de semblable niveau : Édouard – Entourage : 62 %, classement 55e sur 79. Entourage – Édouard : 58 %, classement 56e sur 79. Similitude troublante ! On a ainsi l'impression d'une réversibilité pouvant laisser place à toutes les combinaisons tactiques de ces hommes à l'intelligence remarquable qui ont l'art de concocter des opérations à tiroirs où feu Machiavel lui-même perdrait son latin. Soyez sur l'œil et ne vous laissez pas suffoquer par leurs initiatives bizarres !

Les autres prénoms et Édouard

Moyenne : 58 %
Classement : 56/79

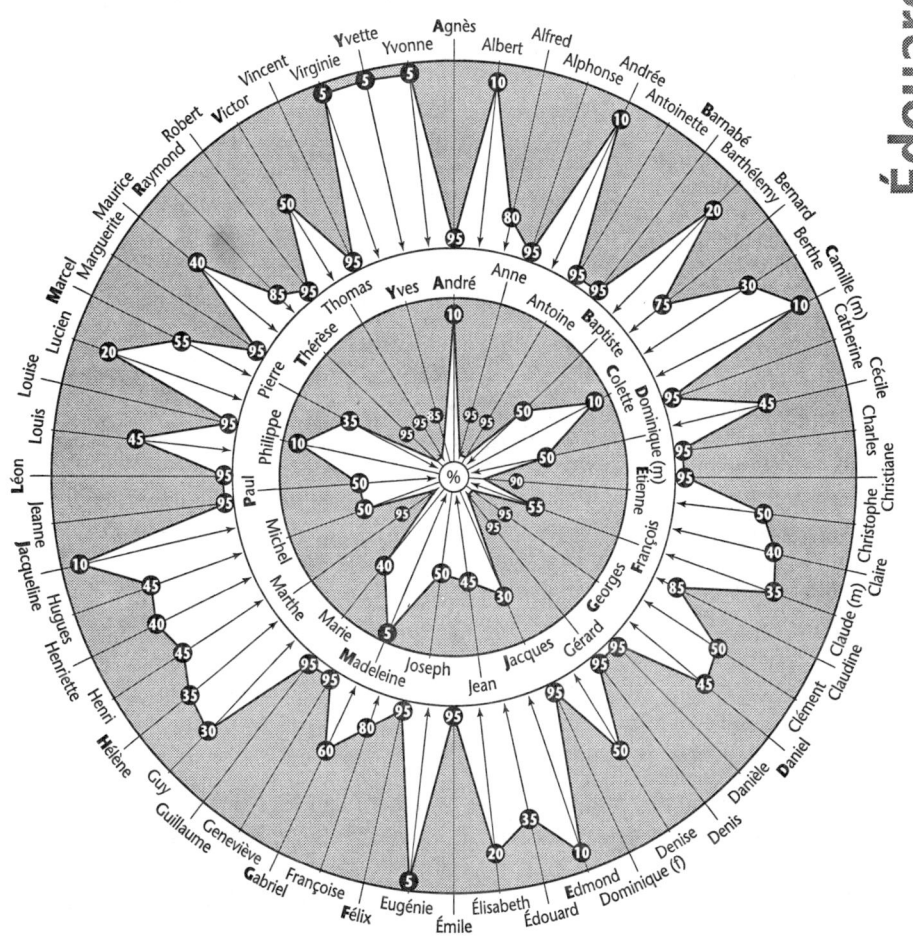

Comment Édouard s'entend avec le signe des autres				
Bélier	74 %	Balance	60 %	Ce tableau ne concerne pas le rapport prénom personnel/signe personnel. Il n'y a pas d'autocompatibilité entre Édouard et son propre signe caractérologique.
Taureau	62 %	Scorpion	82 %	
Gémeaux	57 %	Sagittaire	67 %	
Cancer	78 %	Capricorne	78 %	
Lion	59 %	Verseau	45 %	
Vierge	48 %	Poissons	80 %	

34 Élisabeth

1 • Prénoms associés

Ce sont tous les prénoms, quelle que soit leur origine, qui partagent les mêmes constantes caractérologiques et que vous découvrirez dans l'index de ce volume (p. 451), dont :

Aglaé	Elsa	Lisette
Albane	Ernestine	Lysiane
Babette	Félicie	Sigrid
Bettina	Isalda	Sissi
Cassandra	Leslie	Yseult
Élise	Liliane	...

2 • Célébrités

Pour vous sentir moins seul, ce trop bref aperçu des personnalités de tous les temps et de tous les lieux qui dépendent de ce type de caractère :

- ARDEN Elisabeth (1884-1966) Femme d'affaires *La Mafia des savonnettes.*
- CARON Leslie (1931) Actrice, danseuse *Comme un délicat parfum d'amour.*
- MONTGOMERY Elisabeth (1933-1995) Actrice *La sorcière regrettée.*
- PONS Lily (1898-1976) Cantatrice *Lorsque l'Amérique aimait entendre la France.*
- SCHIAPARELLI Elsa (1890-1973) Couturière *La mode pas commode.*

3 • Symboles

– Elles ont grand **air**, ces Élisabeth et justement l'air est leur élément de base qu'elles remuent à grandes brassées, ajoutant la brise au zéphyr et gardant en réserve des tempêtes parfaitement dressées.
– Leur couleur, l'**orangé**, exprime un besoin de jouissance, d'expansion. C'est la marque d'une fécondité redoutable, une lueur d'instinct exigeant dans le monde des sensations.
– Leurs nombres, **18-21-39**, à dominante masculine, sonnent comme autant de calibres de pièce d'artillerie prêtes à ouvrir le feu sur tout ce qui bouge, sur tout ce qui pense.

4 • Devise

La reine de beauté. Cette devise venue du fond des âges n'a plus qu'à nous faire piquer du nez vers nos « poulaines » en un geste d'adoration suprême et de respect mitigé.

5 • Totems

– Un animal totem fort parlant et surtout mordant, la **belette** que les Irlandais de jadis comparaient à une vierge guerrière qui devenait mère de roi mais en même temps manifestait de l'inconstance et de la rouerie. À qui se fier, grand Dieu !

– Le **laurier-rose** est leur végétal, symbole de gloire aussi bien au plan des armes qu'à celui de l'esprit. En Afrique du Nord, il se portait avec un masque pour mieux surprendre. Mais cette plante est aussi un poison !

– Le minéral des Élisabeth est ce **cuivre** éternel, porteur de lumière et contenant en lui toutes les beautés. Le fin du fin, dans la vieille Russie, c'était de rencontrer la Maîtresse de la Montagne de Cuivre qui comblait tous vos vœux la nuit de la fête des serpents, le 25 septembre.

6 • Vibrations

Il ne faudrait pas que ces chères Élisabeth abusent de leur santé car elles ont parfois tendance à doper un dynamisme déjà fort présent. Nous parlons à mi-mots ! **85 000 v/s**, soit un taux de 53 %, fournissent une base énergétique suffisante si l'on sait en faire bonne et sage utilisation.

7 • Le Jeu de la Vie

Et c'est bien la **lame 3** de l'**Impératrice** qui représente la personnalité de ces êtres souvent encombrants mais toujours passionnants. Il est entendu que nos appréciations n'ont rien à voir avec celle de leur(s) mari(s) ! On ne décrit pas l'Impératrice qui trône au beau milieu du livre de l'Apocalypse : « Puis un grand prodige apparut dans le Ciel ; c'était une femme enveloppée du soleil, ayant la lune sous les pieds, et sur la tête une couronne de douze étoiles. » (Apoc. 12.1) Inclinons-nous bien bas et mettons-nous sous ses pieds… Comme la lune !

Volonté : 95 %

Intuition	92 %	Études	85 %
Réussite	80 %	Associations	45 %

Lorsque la volonté, chez une femme, atteint ce niveau, il faut placer la nation en état d'alerte ! Une volonté puissante, organisée, discrète, rusée même ! Une volonté inventive car, sachez-le, les Élisabeth sont d'autant plus dangereuses pour ceux qui semblent les ignorer qu'elles disposent d'une intuition phénoménale. Elles choisissent astucieusement ceux qui les entourent avec le désir malin de les réduire en esclavage. Cela marche fort bien dans le cadre des études mais compromet parfois leur réussite pour donner une allure de guerre civile aux associations commerciales et autres !

Activité : 88 %

Dynamisme	97 %	Affaires	95 %
Voyages	90 %	Sociabilité	90 %

Il manque peu de choses à cette activité pour qu'elle soutienne vraiment le duo « infernal » volonté-émotivité. Les Élisabeth en profitent pour installer un système de commandement qui agit alors par la « bande ». Elles joueront de la fausse humilité en utilisant des formules captatrices du genre : « Oh, il n'y a que vous qui… » C'est alors qu'éclate un dynamisme de conquête qui va se révéler sous l'aspect de plans d'action plus ou moins machiavéliques bousculant les affaires, exaltant les voyages, dopant la sociabilité pour mettre en place un régime du genre : « L'État, c'est moi ! » La Reine-Soleil ! Pourquoi pas ?

Portrait prospectif

Caractère : 94 %   Psychisme : 77 %   Personnalité : 89 %   Destinée : 80 %   Devenir : 76 %

Il n'est pas un mot qui soit aussi équivoque que celui d'« histoire ». Pour les uns, c'est le passé ! Pour d'autres, l'histoire, c'est ce qu'ils écrivent en l'instant par leurs actions ; enfin, nombreux sont ceux pour qui l'histoire est ce que demain nous proposera. Les Élisabeth, elles, évoluent sur trois pistes : le futur est le visage qu'elles se donnent à elles-mêmes, le présent celui qu'elles montrent, le passé n'étant que le maquillage que l'expérience apporte au futur. Elles évoluent facilement sur plusieurs tableaux à la fois comme ces maîtres du jeu d'échec qui affrontent tout une kyrielle d'adversaires en même temps. Ne vous laissez donc pas embarquer dans des conversations kaléidoscopiques où tout change au choc d'un mot ou à propos d'un échange d'idées. Elles ne disent pas tout ce qu'elles pensent et ne réalisent que rarement ce qu'elles disent. Ne faites pas mine de partager leur dégoût des écrits engageants et leur culte de la parole donnée. Là est le piège ! Elles sont aussi portées à feindre la surdité psychique, à faire semblant de ne pas comprendre pour mieux préparer la répartie. Soyez plus vigilants que jamais si vous distinguez au fond de leur regard impérial cette petite lueur sauvage qui vous grave sur l'échine l'étiquette mortelle de « gibier prêt à consommer » !

Leur caractère somptueux sonne des quatre « fers » : volonté, activité, émotivité et réactivité. Tout cela s'imbrique, se complète, se soutient ! Belle mécanique que ces jolies rouées, comme on disait jadis, lubrifient de leurs œillades et de leur verbe pétillant. Grandes dames que les Espagnols définissaient fort bien en leur appliquant ce dicton : « On reconnaît une belle femme à son dédain ! » Le psychisme s'essouffle quelque peu car les sentiments sont nettement en veilleuse et le « bluff » parfois trop visible. Mais la personnalité est là, instrument remarquable entre leurs mains, éclatante de présence tyrannique devant qui la destinée s'incline et le devenir s'humilie. Jusqu'au jour où les chères petites se prennent les pieds dans leur traîne majestueuse… Et toc !

Émotivité : 68 %

| Affectivité | 86 % | Amour | 65 % |
| Famille | 60 % | Enfants | 40 % |

Une émotivité envahissante qui, malheureusement, ne dispose pas pour s'exprimer pleinement, d'une activité suffisante. Résultat : les Élisabeth en feront trop, auront tendance à abuser des autres et à bluffer avec un culot certain ! L'affectivité s'affadit quelque peu dans la bousculade des projets et des réalisations gourmandes. En amour, ces femmes sont compliquées ! Elles s'empêtrent dans leurs élans et s'emberlificotent dans leurs doutes. Leur famille a du mal à les suivre et les enfants s'interrogent sur la place qu'ils occupent dans le cœur agité de leur « reine mère » noyé dans un coup d'État perpétuel.

Réactivité : 40 %

| Santé | 90 % | Sensorialité | 90 % |
| Argent | 100 % | Profession | 80 % |

La réactivité de ces femmes exceptionnelles se cache derrière le rideau de fumée de la propagande « élisabéthaine » qui harcèle la « clientèle » avec un autoritarisme susceptible d'énerver. Une vitalité presque insolente inquiète l'adversaire et terrorise l'associé qui, l'un comme l'autre, restent sans voix devant la somptuosité des dépenses logistiques. L'argent est partout présent et doit servir la profession boulimique des Élisabeth qui ont besoin pour s'exprimer vraiment de vivre sur une grande échelle ! La sensorialité, elle aussi, sera mise au service de l'ambition… la « gâterie » extatique en plus !

Élisabeth et les autres prénoms

Moyenne : 57 %
Classement : 71/79

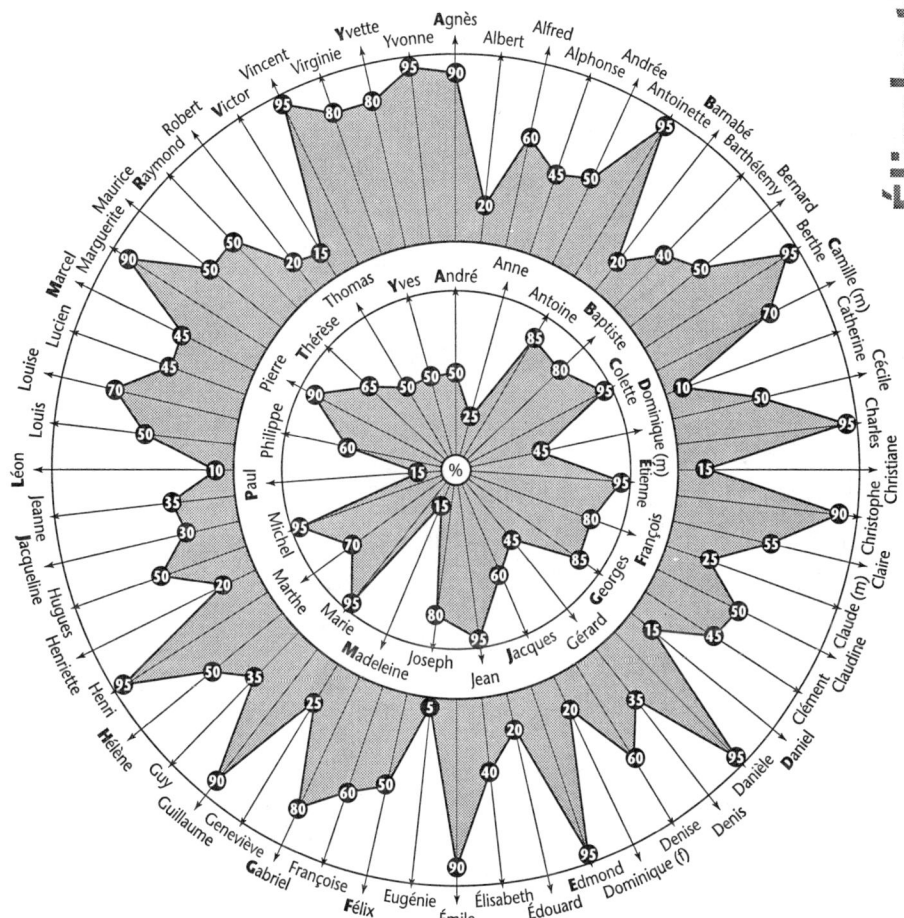

Les roues de compatibilités

Comment voulez-vous qu'un regard aussi auguste s'abaisse longtemps sur les manants qui osent l'accrocher ? Nul ne s'étonnera si les Élisabeth n'apprécient les maroufles qui les entourent qu'à une moyenne de 57 % soit la place flatteuse de 71e sur 79. Intimidés mais soumis, les « figurants » seront infiniment plus sensibles à la grandeur sublime qui veut bien se manifester à eux et, à une moyenne de 66 %, atteindront vaillamment la 39e position sur 79. Mais ne rechignons pas à faire amende honorable devant ces femmes à fière allure qui, tout en nous créant certains complexes, nous rassurent sur ce que certains « machos » considèrent toujours comme la plus belle conquête de l'homme.

Les autres prénoms et Élisabeth

Moyenne : 66 %
Classement : 39/79

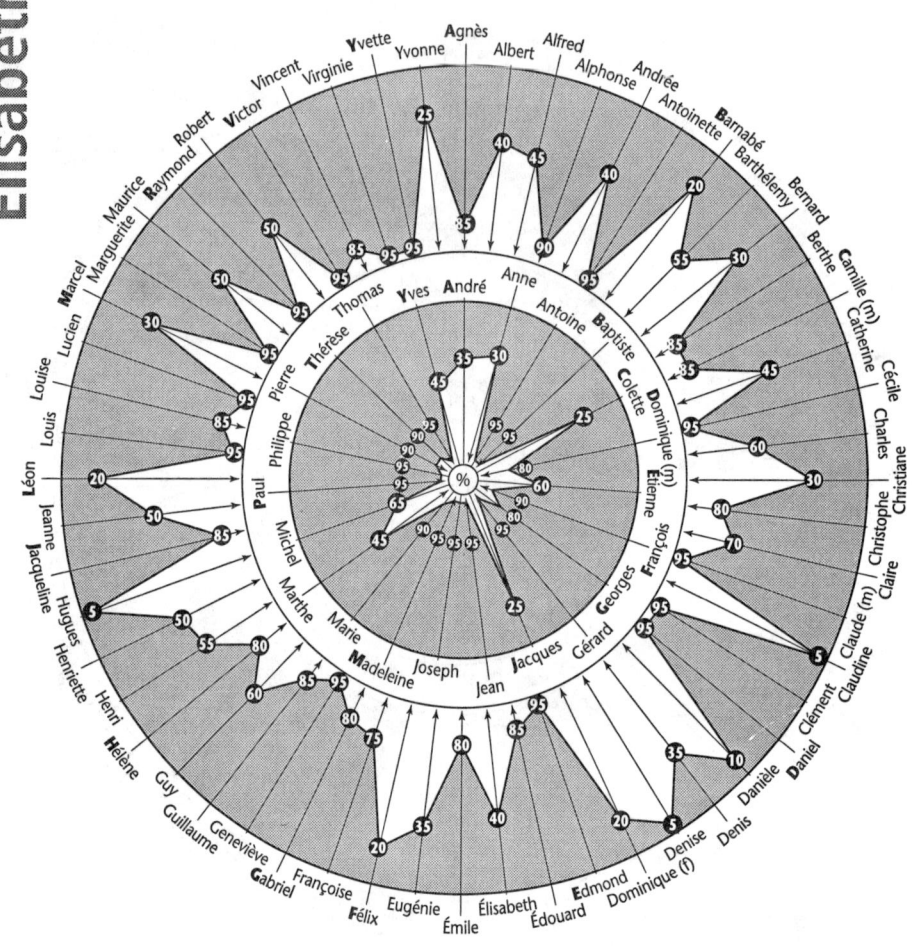

Comment Élisabeth s'entend avec le signe des autres

Bélier	69 %	Balance	75 %
Taureau	58 %	Scorpion	40 %
Gémeaux	43 %	Sagittaire	62 %
Cancer	50 %	Capricorne	54 %
Lion	73 %	Verseau	86 %
Vierge	28 %	Poissons	73 %

Ce tableau ne concerne pas le rapport prénom personnel/signe personnel.
Il n'y a pas d'autocompatibilité entre Élisabeth et son propre signe caractérologique.

Émile 35

1 • Prénoms associés

Ce sont tous les prénoms, quelle que soit leur origine, qui partagent les mêmes constantes caractérologiques et que vous découvrirez dans l'index de ce volume (p. 451), dont :

Alexandre	Homère	Ronald
Alexis	Laïs	Ross
Alistair	Majoric	Sacha
Bruno	Morgan	Tatien
Clayton	Murphy	Théodule
Elme	Prudent	...

2 • Célébrités

Pour vous sentir moins seul, ce trop bref aperçu des personnalités de tous les temps et de tous les lieux qui dépendent de ce type de caractère :

– CARREL Alexis (1873-1944) Prix Nobel de physiologie — *Le Diogène des temps modernes.*

– CHARTIER Émile dit ALAIN (1868-1951) Philosophe — *Lorsque l'intelligence se fait sagesse.*

– GUITRY Sacha (1885-1957) Dramaturge, acteur — *Heureux les riches en esprit...*

– LITTRÉ Émile (1801-1881) Philosophe, médecin — *Aux petits mots les grands remèdes.*

– ZOLA Émile (1840-1902) Romancier — *Des romans remboursés par la Sécurité sociale!*

3 • Symboles

– L'élément de base des Émile est l'**eau**, une eau de terre et cela pourrait bien être la définition du sable qui, nous allons le voir, va jouer un grand rôle auprès de ces hommes attentistes.

– Leur couleur est un **bleu** clair, méditerranéen, inondé de soleil et qui reflète l'inaccessible, le merveilleux, le désir des ailleurs. Se fondre dans la mer, seconde naissance !

– Les nombres **29-13-28**, à dominante masculine, brouillonnent quelque peu l'intuition mais ouvrent à l'imagination le champ infini des gambades artistiques les plus folles.

4 • Devise

Leur devise explique bien des choses : **Celui qui se cache.** Non par peur ! Les ermites n'ont jamais été considérés comme des froussards ! Mais par désir de prendre ce recul indispensable qui, au cours des excursions en montagne, vous conduit directement au gouffre.

5 • Totems

– Le seul énoncé de la qualité de l'animal totem des Émile risque de soulever un flot de ricanements sournois : le **crabe** ! Oui, je connais aussi bien que vous la liste interminable des plaisanteries de mauvais goût s'attachant à l'allure de ce délicieux animal et à sa propension à croquer ses copains tout crus, mais ceci n'a rien à voir avec la caractérologie, sachez-le !
– Un végétal embaumé, le **lilas**, messager tardif du printemps et témoin des premiers aveux, parfum du souvenir des beaux jours enfuis.
– Leur minéral se trouve être la **tourmaline** aux délicates couleurs pleines de lumière que les Brésiliens appellent le « melon d'eau » et qui est connue pour ses propriétés protectrices contre le mauvais œil.

6 • Vibrations

Les Émile font dans la modestie avec un niveau vibratoire de **75 000 v/s** soit un taux de **42 %**. Juste de quoi se tenir bien au chaud au creux de sa petite cabane en regardant bobonne leur proposer un vin aux herbes grisantes !

7 • Le Jeu de la Vie

Comment rêver carte plus symbolique que cette **lame 18** de la **Lune** avec un joli « crabe-écrevisse » qui barbote dans son étang sous la grande lune ironique du signe du Cancer éclairant péniblement un chemin étroit et périlleux qui conduit vers un avenir incertain ? Deux monstres renforcent encore les défenses de cette « passe » aux tours menaçantes. Le futur, ici, prend des allures de mission impossible au point de rendre presque sympathique et attirant le marécage obscur où sommeillent les fantaisies extravagantes et la passivité intellectuelle de nos chers Émile toujours en quête de bauges rassurantes. Faciles à suivre, difficiles à prévoir !

Volonté : 87 %

Intuition	89 %	Études	70 %
Réussite	65 %	Associations	40 %

Une volonté qui joue la « gonflette ». Ce terme poétique emprunté aux sports « bidonnés » pour vous dire que les Émile se prennent volontiers pour des gros bras pleins de vent en essayant de faire passer de l'entêtement pour de la volonté. L'intuition s'avère suspecte, elle aussi, contaminée qu'elle est par une imagination dérivante qui donne aux Émile une démarche de serpent psychanalysé ! Comment s'étonner après cela que les études soient à base d'« antisèches », la réussite calquée sur l'immobilité du célèbre chœur d'opéra : « Marchons, marchons ! », les associations imitant la fameuse Arlésienne...

Activité : 87 %

Dynamisme	80 %	Affaires	85 %
Voyages	65 %	Sociabilité	84 %

Là encore l'étiquette ne se justifie pas par le flacon ! Ayant un sens aigu de l'opportunisme et une intelligence pondeuse d'astuces et de « carabistouilles », ces hommes-protées trouvent les moyens de faire des affaires avec le minimum de dynamisme en donnant l'impression qu'ils obéissent à un plan mûrement concocté ! Finalement, ce sont des artistes dont tout le monde ne partage pas obligatoirement les vues esthétiques. Ils n'apprécient que les « voyages-farniente » et leur sociabilité est réelle, bien calée entre une tendresse amicale et leur rêve d'être appréciés pour leurs immenses talents !

Portrait prospectif

Caractère : 56 %   Psychisme : 50 %   Personnalité : 65 %   Destinée : 71 %   Devenir : 62 %

Entrer à reculons dans l'avenir est bien le privilège des crabes, classe éminente des arthropodes dont les paniers garnissent les hémicycles des parlements et dont la démarche a fait la gloire de nombre de nos dirigeants. À part cela, les Émile se distinguent dans le domaine prospectif par la manière subtile qu'ils ont de traiter les problèmes engageant l'avenir. Pour eux, le futur a le visage de la chance. Demain sera toujours ce jeu de pile ou face et se nommera « hasard ». Alors, à quoi bon tirer des plans sur la comète puisque tout sera toujours remis en question et que, à leur avis, le propre des précautions est d'être inutiles ! Et puis les Émile disposent d'une théorie tactique qui vaut son pesant d'or. Ils pensent, le plus sérieusement du monde, que les frontières ne sont inquiétantes que si on les regarde en face. Quand, le dos tourné à votre but, vous tirez comme un perdu sur un fardeau qui vous empêtre, vous franchissez la ligne de démarcation sans vous en apercevoir. Moralité : l'avenir appartient à ceux qui savent se retourner au bon moment. C'est sans doute ce que veut exprimer la sagesse bégayante des nations en affirmant qu'un homme inverti en vaut deux !

Toujours est-il que le caractère fluctuant des Émile les aidera à « faire le mort », les préparera à toutes les reptations possibles et imaginables. Non par lâcheté ou par paresse mais bien en fonction de principes auxquels ils croient dur comme fer et qui les persuadent que le mouvement tue la pensée, que l'action endommage le projet et que le « peut-être » et le « doute » sont les deux mamelles de la philosophie « émilienne ».

Le psychisme accusera le coup et les sentiments eux-mêmes remettront à plus tard l'expression d'une ferveur agissante. La personnalité gardera pourtant son charme et, pour peu qu'ils trouvent protection auprès d'une « mère-parapluie » ou d'une « épouse-providence », nos amis goûteront dans une chaude ambiance un peu enfantine le courage de regarder vivre les autres en se félicitant de leur propre place de spectateur.

Émotivité : 53 %

Affectivité	89 %	Amour	70 %
Famille	100 %	Enfants	95 %

Nous voici au cœur du problème ! Comment vont-ils utiliser cette émotivité relativement présente ? En en faisant un instrument d'évasion. Souvent, au cours d'une conversation, vous avez l'impression qu'un élément nouveau s'est introduit dans le climat d'échanges installé. C'est tout à coup le sentiment que l'affectivité vient prendre la place de la logique, que le réel devient flou et que le personnage tout entier se fait insaisissable. C'est ce qui perturbe gravement leurs amours indécises et seuls leur famille et les enfants, habitués à ces éclipses institutionnelles, sauront retrouver les règles du jeu...

Réactivité : 42 %

Santé	88 %	Sensorialité	82 %
Argent	80 %	Profession	97 %

Même si cette réactivité prend souvent des allures de fuite devant les responsabilités existentielles, elle ne saurait cacher le profond et rassurant sens de l'amitié qui se dégage de ces hommes. Curieusement, et cela peut devenir gênant, ils ont tendance à transformer leur amour-passion en amitié amoureuse, ce qui n'amuse pas forcément toutes les femmes ! Et ce n'est pas la bonne santé qui sauvera la sensorialité d'une dérive imaginative conduisant les Émile à rêver leurs passions plus qu'à les vivre. Restent l'argent et la profession, refuges où ils trouveront enfin « terrains à leurs pieds »...

Émile et les autres prénoms

Moyenne : 65 %
Classement : 35/79

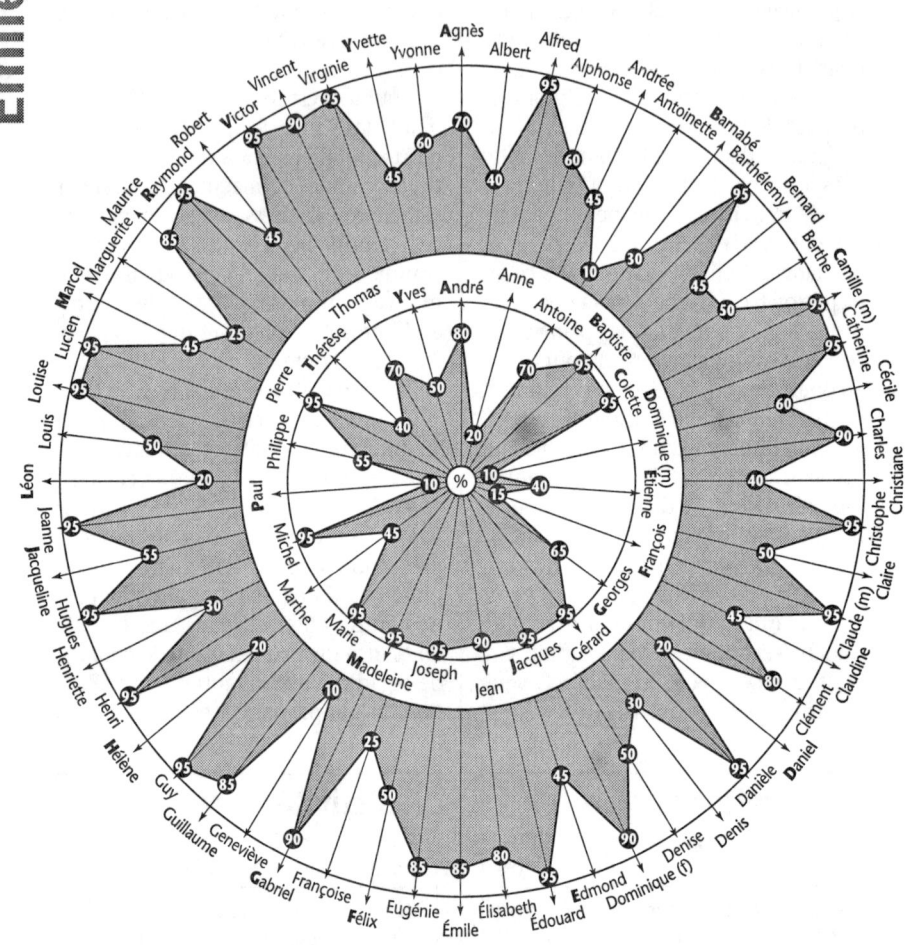

Les roues de compatibilités

En principe, ce ne sont pas des gens difficiles à vivre, compte tenu de leur indolence philosophique. Mais qu'une mouche les titille, et des Émile mal lunés piquent leur crise, envoyant tout balader. Cela ne dure cependant pas et, comme le bon Littré, par exemple, ils se replongent dans des besognes répétitives qui les rassurent en les anesthésiant plus ou moins. Ainsi, très gentiment, les Émile s'intéressent aux autres prénoms à 65 %, ce qui les conduit à la 35e place sur 79. Leur entourage se montre un peu moins compréhensif et limite à 58 % son approbation, soit la 55e place sur 79. Pauvre gentil crabe qui, s'il le pouvait, ne sortirait que muni de son petit tas de sable occulteur et dégoulinant !

Les autres prénoms et Émile

Moyenne : 58 %
Classement : 55/79

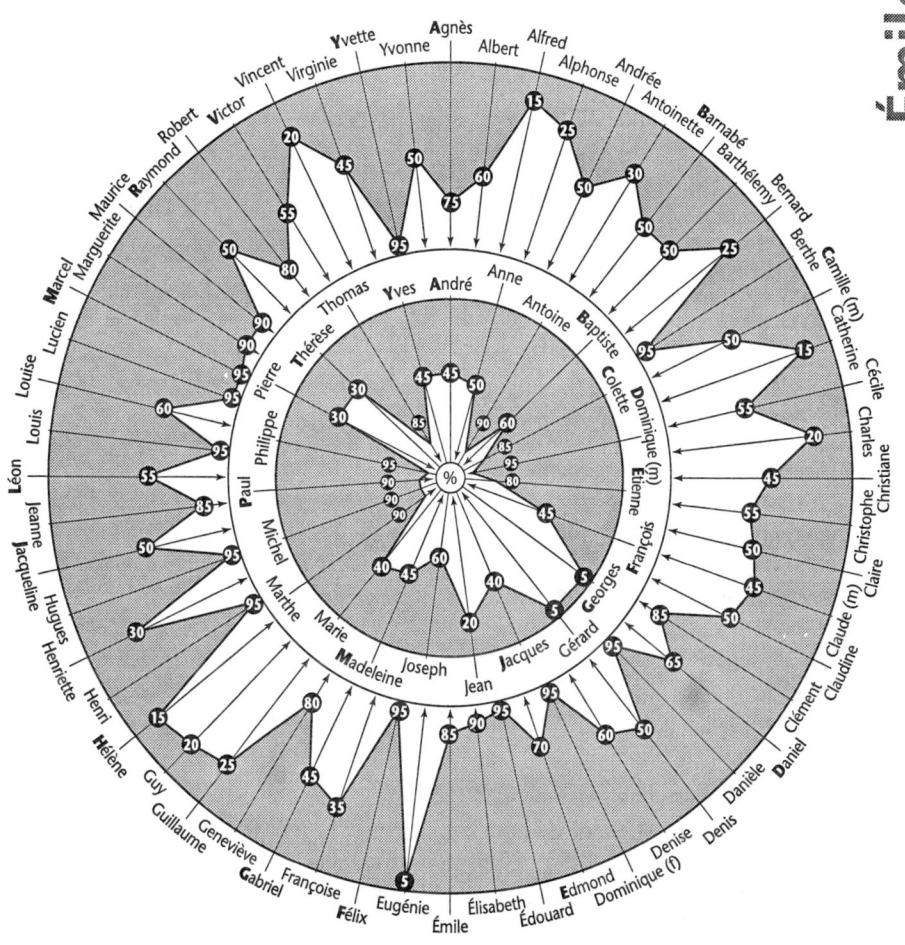

Comment Émile s'entend avec le signe des autres				
Bélier	63 %	Balance	43 %	Ce tableau ne concerne pas le rapport prénom personnel/signe personnel. Il n'y a pas d'autocompatibilité entre Émile et son propre signe caractérologique.
Taureau	59 %	Scorpion	64 %	
Gémeaux	66 %	Sagittaire	72 %	
Cancer	80 %	Capricorne	80 %	
Lion	57 %	Verseau	56 %	
Vierge	68 %	Poissons	83 %	

36 Étienne

1 • Prénoms associés

Ce sont tous les prénoms, quelle que soit leur origine, qui partagent les mêmes constantes caractérologiques et que vous découvrirez dans l'index de ce volume (p. 451), dont :

Aimé	Estevan	Marty
Auguste	Flavien	Pacien
Austin	Guérin	Stéphane
Bénigno	Jonas	Steve
Brivel	Léger	Todd
César	Marcien	...

2 • Célébrités

Pour vous sentir moins seul, ce trop bref aperçu des personnalités de tous les temps et de tous les lieux qui dépendent de ce type de caractère :

– GILSON Étienne (1884-1978) Philosophe *L'intelligence serait la ruine de la philosophie.*

– LUMIÈRE Auguste (1862-1954) Inventeur, réalisateur *Lorsque la lumière se fait mouvement.*

– MAC QUEEN Steve (1930-1980) Acteur *Une allure de pas grand-chose qui faisait tout.*

– RENOIR Auguste (1841-1919) Peintre *La peinture du Troisième Œil.*

– SILHOUETTE Étienne (1704-1767) Contrôleur des Finances *Du temps où les ministres des finances ne faisaient que passer (mars-nov. 1759).*

3 • Symboles

– En découvrant l'élément de base des Étienne, le **feu**, il convient d'ajouter une nuance importante. Ils savent se servir du feu de la terre et ont donc « sous le pied », comme on dit, une réserve inépuisable d'énergies polyvalentes.
– Leur couleur, le **vert**, est bien celle de cette nature dont ils sont si proches. C'est, bien entendu, le symbole de l'espérance mais également celui de la courtoisie et de l'honneur.
– Leurs nombres, **3-28-24**, à dominante féminine font de leur intuition un véritable « instrument » qui leur permet de se brancher efficacement sur les êtres qui les entourent.

4 • Devise

Elle aussi renferme un message d'espoir que l'on ne saurait ignorer : **L'homme qui cherche**. Les Étienne sont des trouveurs, jamais las de découvrir ce qu'il y a de valable dans l'être et d'en faire le tremplin de leur action.

5 • Totems

– Quelle idée d'accoler au nom béni des Étienne l'horrible animal qu'est le **vampire**, assoiffé de sang, monture du diable ! Mettez donc votre sorcellerie obsolète dans votre poche et apprenez que le vampire représente en réalité la chute de la substance divine sur la terre, que c'est l'animal qui dispose du merveilleux pouvoir de voler la nuit !
– D'où un végétal triomphant, le **laurier** qui couronne les vainqueurs et les dieux.
– Leur minéral, le **béryl**, est la pierre qui procure l'espoir et l'amour. Que peut-on demander de plus ?

6 • Vibrations

Un taux vibratoire de 62 %, soit 94 000 v/s, ce qui leur permet de capter les émissions d'autrui sur une large bande et donne à leur message un retentissement immédiat et clair.

7 • Le Jeu de la Vie

Et ils bénéficient d'une des plus belles cartes de notre jeu caractérologique, le **numéro 9**, celle de l'**Ermite** qui, bien loin de symboliser le retrait voulu de la vie commune, nous présente un noble vieillard ayant dépassé le temps des tentations et des ambitions inutiles prenant la tête de cette humanité perdue pour la conduire vers les verts pâturages et sur le bord des eaux tranquilles. C'est lui qui travaille dans le secret pour redonner à l'homme le sens oublié du chemin de lumière. Lui-même est porteur du feu secret et, ignoré de la foule, il n'en poursuit pas moins son chemin difficile à la recherche de la seule chose qui puisse faire le vrai bonheur de l'homme : « L'Amour qui meut le Soleil et les autres étoiles. »

Volonté : 90 %

Intuition	87 %	Études	94 %
Réussite	90 %	Associations	100 %

À l'approche des Étienne, ce qui frappe le plus, c'est l'équilibre que manifeste ce type de caractère. Le couple volonté-activité assure une maîtrise impressionnante de la paire émotivité-réactivité. Ajoutez à cela une intuition qui ne vient jamais bousculer le bel ordre établi par des improvisations hâtives. Les études sont soutenues par une intelligence claire et analytique sans oublier une mémoire redoutable qui va les aider puissamment dans leur réussite, éclatante à bien d'un titre et qui fait le bonheur des associés éperdus de reconnaissance qui pourraient jouer les équipes sportives. Allez les verts !

Activité : 93 %

Dynamisme	86 %	Affaires	95 %
Voyages	60 %	Sociabilité	90 %

On peut donc facilement se représenter ce que peut être l'activité de ces hommes ouverts à tous et disponibles pour toute entreprise altruiste. Un dynamisme convaincant vient donner aux affaires une dimension inhabituelle. On se trouve en présence d'êtres dont la force intérieure, qui s'appelle aussi la « foi », est d'une telle vigueur qu'ils n'ont aucun besoin de recourir au bluff, au mensonge ou à la tricherie. De même, ils vivent une sociabilité de haut vol, sachant choisir leurs amis, créer une ambiance de convivialité souriante où chacun se surprend à se découvrir meilleur !

Portrait prospectif

Caractère : 98 %   Psychisme : 91 %   Personnalité : 95 %   Destinée : 93 %   Devenir : 97 %

« Demain, on rasera gratis ! » Vieille plaisanterie mais escroquerie morale toujours valable qui fait les révolutions, défait les ministères, éternise les religions, fragilise les diplômes et, finalement, entraîne cette belle humanité vers sa fosse commune avec l'ardeur irrésistible des prosélytes saluant le martyre et gloussant de joie devant le bûcher réchauffant. Rares sont les esprits honnêtes ou clairvoyants capables de mettre en œuvre une optique suffisamment prospective pouvant leur fournir les vraies dimensions de la « demeure » dans laquelle il leur faudra vivre. Les Étienne sont de ceux-là. C'est sans doute pourquoi la première victime de la religion chrétienne était porteuse de ce prénom « responsable ».

Ces hommes habiles marchent sur le fil du temps avec une assurance tranquille que vient renforcer le prodigieux balancier de leur intuition brillante. Ils partent du principe que le seul mode de déplacement valable est celui qui permet de survoler les problèmes sans pour autant les ignorer. Point ne sert de bousculer les foules, d'enfoncer les portes, de piétiner les règlements, ce qu'il faut c'est se servir de ce qu'ils appellent la « cinquième dimension » qui est celle que l'intelligence apporte au courage. Elle implique un déplacement au-dessus de la mêlée par le jeu d'un phénomène de lévitation psychique qui consiste à persuader les autres que leur dialectique rampante ne les atteint pas, eux qui vivent dans un autre univers, et que leurs lois sont de nature extraterrestre. Ne souriez pas ! Comment croyez-vous que procèdent les maîtres de ce monde ? Ils débranchent leur caractère et leur psychisme de leur personnalité. Ainsi, ni la peur ni les sentiments dérivants ne peuvent les toucher. Ils développent une invulnérabilité qui, dans une mauvaise part suscite les vocations dictatoriales que l'on sait mais qui, appliquée à la destinée et au devenir, ont fait les saint Bernard, les Dante, le Cid, Beethoven, etc. Bref, tous ceux qui, au-delà de la mort, continuent à regarder le ciel, dans la certitude d'y entrer un jour !

Émotivité : 42 %

Affectivité	95 %	Amour	97 %
Famille	90 %	Enfants	95 %

C'est une émotivité de contact ! Nous voulons dire par là que les Étienne ignorent totalement les énervements stériles qui précèdent l'action. Ils ne cherchent pas à imaginer les dangers d'une rencontre ou les risques d'un échec ; ils attendent l'événement et ne réagissent, calmement, qu'en sa présence, tout en étant des « fonceurs ». L'affectivité et l'amour les amènent, ce qui est rare, à partager et à favoriser le bonheur des autres. La famille bénéficie également de cette générosité de l'âme qui donne aux enfants une joie de vivre qui les marquera pour la vie. « Merci, papa ! T'es bien le plus chouette ! »

Réactivité : 53 %

Santé	95 %	Sensorialité	88 %
Argent	80 %	Profession	100 %

Les Étienne disposent d'une réactivité qui pourrait être redoutable mais dont ils ne jouent absolument pas. Pourquoi se mettre en colère lorsqu'on tient la situation en mains ? La santé ne pose ordinairement aucun problème, ces hommes sachant échapper aux excès de toutes sortes, attitude que l'on retrouve également au niveau de la sensorialité qui est d'autant plus saine que leur vaste affectivité les rend dépendants de leurs mouvements de cœur. L'argent reste à sa place qui est excellente et la profession apporte une dernière touche de lumière à ce portrait... presque trop beau !

Étienne et les autres prénoms

Moyenne : 75 %
Classement : 3/79

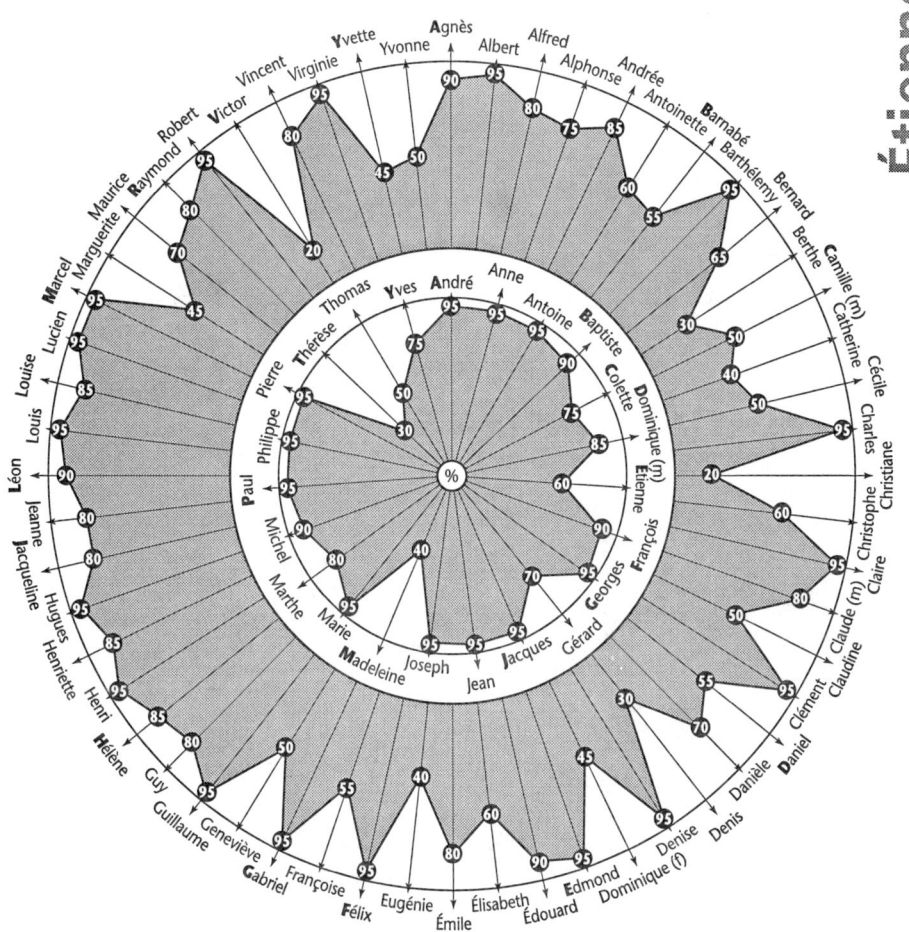

Les roues de compatibilités

Voilà ce que l'on peut appeler des hommes ouverts ! Pour eux, précisons-le, c'est le futur qui retentit sur le présent et non l'inverse. On est plus conditionné par ce que l'on veut faire que par ce que l'on a fait et le casier judiciaire que l'on vous sort, actuellement, pour un oui ou pour un non, est la honte de notre époque. C'est la négation de tout progrès, de tout changement, de toute espérance et notre monde en meurt. D'où ce très beau pourcentage d'intérêt manifesté par les Étienne : 75 % soit 3e sur 79. La réponse des autres prénoms est également flatteuse puisqu'ils apprécient ces êtres fort intéressants à 75 % également, soit un classement de 17e sur 79. Saluons !

Les autres prénoms et Étienne

Moyenne : 75 %
Classement : 17/79

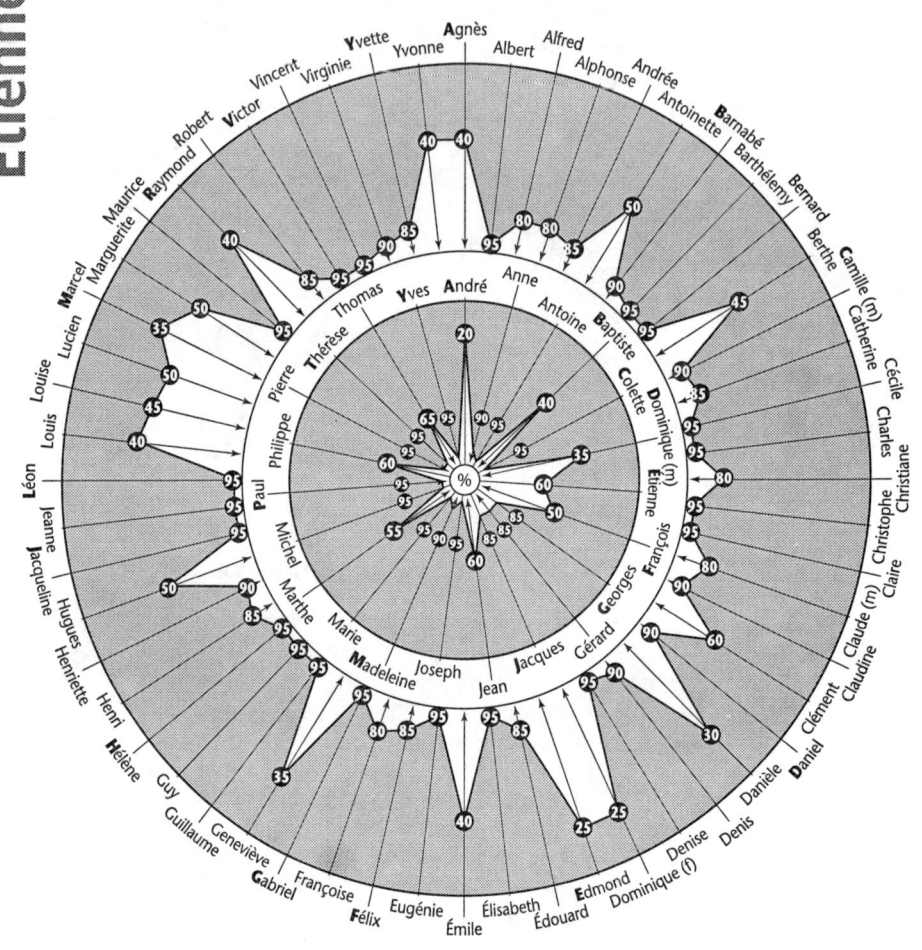

Comment Étienne s'entend avec le signe des autres

Bélier	70 %	Balance	78 %	Ce tableau ne concerne pas le rapport prénom personnel/signe personnel. Il n'y a pas d'autocompatibilité entre Étienne et son propre signe caractérologique.	
Taureau	65 %	Scorpion	49 %		
Gémeaux	53 %	Sagittaire	96 %		
Cancer	67 %	Capricorne	73 %		
Lion	89 %	Verseau	68 %		
Vierge	54 %	Poissons	75 %		

Eugénie 37

1 • Prénoms associés

Ce sont tous les prénoms, quelle que soit leur origine, qui partagent les mêmes constantes caractérologiques et que vous découvrirez dans l'index de ce volume (p. 451), dont :

Amina	Daviane	Octavie
Ariane	Hermeline	Raymonde
Balbine	Hervéa	Renaude
Brunette	Kerry	Sendy
Chloé	Laélia	Tavie
Clélia	Marjorie	...

2 • Célébrités

Pour vous sentir moins seul, ce trop bref aperçu des personnalités de tous les temps et de tous les lieux qui dépendent de ce type de caractère :

– ARIANE Mythologie Fille de Minos et de Pasiphaé *Bien connue pour son fil à délabyrinther.*

– BUFFET Eugénie (1866-1934) Chanteuse *Elle a fait pleurer les femmes de la France entière.*

– CLIO   Muse de l'Histoire *Quel est l'historien qui ne lui a pas fait un enfant plus ou moins légitime ?*

– EUGÉNIE (1826-1920) Impératrice *Elle était belle et ne se taisait pas.*

– LA ROCHE Raymonde (1886-1919) Baronne, pilote, artiste lyrique *La première cantatrice à prendre l'air.*

3 • Symboles

– Que penseriez-vous de pompiers arrosant un incendie avec de l'essence ? Eh bien, c'est ce que font les Eugénie qui ont pour élément de base le **feu**, bien sûr, mais un feu auquel elles ajoutent d'autres flammes pour que la fête soit complète.

– Leur couleur est le **bleu**, un bleu sauvage de nuit pas encore oubliée, un bleu froid et profond mais que les Eugénie éclaireront d'une carabistouille ou d'un sourire enjôleur.

– Leurs nombres, **39-33-24**, à dominante masculine, laissent dangereusement augurer de décisions brutales, de coups de tête soudains qui tordent leur ligne de conduite, il faut bien le dire, assez hésitante.

4 • Devise

Le principe de courtoisie auquel nous sommes tant attaché nous empêche de faire le moindre commentaire douteux : **Celle qui avance, celle qui fonce.**

5 • Totems

– Leur animal totem est, malgré les apparences, fort gracieux et son volume n'a rien à voir avec la silhouette de nos chères Eugénie, c'est l'**hippopotame** qui symboliserait les incontrôlables pulsions humaines mais qui bénéficierait aussi de la grâce de Dieu pour sa rédemption.
– Le végétal est fort séduisant mais à prendre avec des pincettes, l'**aubépine**, plante délicieuse en son printemps attendu, qui est signe d'espérance et de convivialité.
– Le **tungstène** enfin, leur minéral, durcit les alliages mais se transforme aussi en lumière en tant que filament des lampes à incandescence.

6 • Vibrations

Dans une bonne moyenne, 73 000 v/s, soit un taux de 40 %. Tout va bien mais il ne faut pas qu'une vie imprudente, fatigante, vienne bouleverser un équilibre forcément soumis aux secousses subies lors de ces virées démentielles.

7 • Le Jeu de la Vie

C'est sans doute par le jeu d'une ironie enseignante que nos Eugénie sont liées à la lame **numéro 14**, la **Tempérance**. On pouvait imaginer tous les rapprochements possibles mais pas celui-là ! Cet « ange-femme » – un pléonasme ! – transverse calmement un fluide réparateur d'une urne d'argent à une urne d'or. Cela veut dire que le sujet, notre Eugénie, doit faire glisser ses énergies vitales en pleine ébullition dans le réceptacle tempéré de son psychisme par un phénomène de sublimation seul capable de la sauver de cette fureur de vivre qui la dévore. La tempérance nous invite à concilier les contraires. La sauvegarde des Eugénie est à ce prix !

Volonté : 97 %

Intuition	73 %	Études	80 %
Réussite	95 %	Associations	70 %

Un beau prénom à graver sur les flancs d'un char d'assaut ! N'ayons pas peur des mots, ces femmes au caractère « éclatant » devraient figurer sur une liste rouge de sauvegarde sociale ! Des êtres séduisants et piquants dont la volonté est digne de ces bombes toujours fumantes qu'on voit dans les cartoons ! L'intuition baisse les bras ; les études font partie des bagages, c'est le cas de le dire, et la réussite se déplace comme la victoire, en chantant ! Accessoirement quelques associés suivent le défilé en clamant leur joie militaire d'une voix enrouée par la « trouille » ! Engagez-vous, rengagez-vous !

Activité : 97 %

Dynamisme	99 %	Affaires	100 %
Voyages	90 %	Sociabilité	95 %

L'activité, vous l'imaginez bien, se balade du côté du 9e degré de l'échelle de Richter car, avec les Eugénie, il faut que ça bouge et le dynamisme vient apporter sa note apocalyptique à cette fureur de vivre si attachante, si inquiétante parfois, si excitante aussi. Discuter affaires avec elles vous donne l'impression de vous retrouver en plein conseil de guerre et là aussi le mot d'ordre est : la victoire ou la mort ! Les voyages ont des allures d'invasion barbare et la sociabilité est forte, quoiqu'un peu anarchique, mais les Eugénie se chargent de l'animation délirante... Surprise, surprise !

Portrait prospectif

Caractère : 86 % Psychisme : 76 % Personnalité : 76 % Destinée : 81 % Devenir : 73 %

La vision que l'on peut avoir de l'avenir est avant tout basée sur la nature de l'existence que l'on vit au présent. Explication : lorsque des êtres aussi urticants que les Eugénie se trouvent emberlificotés dans des situations compliquées et souvent « ubuesques », il est bien évident que, si elles se penchent un instant sur leur futur, elles seront immédiatement prises de panique ou, à tout le moins, de vertiges. C'est à force de casser la vaisselle que l'on est terrorisé par l'idée de mettre la table ! Victimes de leur imagination quelque peu tordue, elles échafauderont des combines machiavéliques pour essayer de sortir des pièges redoutables qu'elles se sont elles-mêmes tendus. Ces Eugénie qui ne peuvent pas voir « demain » en peinture vont faire le plus abominable des numéros en pleurnichant sur leur devenir compromis. Il faudra, très tôt, que les parents ramènent les choses à leur véritable dimension sous peine de voir leur foyer prendre des allures de « corbeille » boursière où chacun vocifère sa vérité dans le tumulte de l'indifférence générale. Il ne faut pas que ces enfants, ces adolescentes, au charme redoutable, vous transforment en esclaves tout juste bons à les accompagner de loin dans leurs balades frénétiques.

Et justement nous constatons que leur caractère écrase tout. En effet, il est assez rare de voir une telle débauche de volonté et d'activité submerger tout un psychisme et toute une personnalité. On a l'impression que la pédale d'accélérateur est bloquée et que la boîte de vitesse ne travaille plus qu'en surmultipliée. « Mais ce sont des femmes intelligentes ! », me direz-vous. Eh bien, justement, elles possèdent en elles un désir de conquêtes, une telle envie qu'il se passe quelque chose, qu'au lieu de freiner, elles rajoutent coups de volant sur dérapages pour voir jusqu'où ira leur destinée. Oui, mais voilà que, comme un mur, se dresse tout à coup ce fameux avenir, et alors nous risquons d'assister à des conversions douloureuses car il arrive fatalement, un jour ou l'autre, qu'il faut se casser la tête pour savoir ce que l'on va devenir...

Émotivité : 48 %

| Affectivité | 77 % | Amour | 75 % |
| Famille | 100 % | Enfants | 80 % |

Heureusement, l'émotivité est bien contrôlée car si elle avait été aussi ravageuse que la réactivité, c'eût été la fin du monde ! Ce qui sauve nos tendres Eugénie, c'est leur merveilleux sens de l'amitié. Elles vous bousculeront, mais c'est pour votre bien ; elles vous arracheront à votre tranquillité béate pour vous faire vivre vraiment ! « Préservez-moi de mes amis, Seigneur... » Quant aux amours ! Ces passionnées, colériques, commencent par des coups de tête puis, si la passion n'est pas là, c'est la corrida. Reste une famille adorée et adorante ! Les enfants se demandent parfois qui est le papa ! Quant au papa...

Réactivité : 55 %

| Santé | 97 % | Sensorialité | 98 % |
| Argent | 100 % | Profession | 83 % |

Terribles réactions lorsque les choses n'obéissent pas aux désirs tumultueux des Eugénie ! N'avouez jamais votre responsabilité, en cas de dérapage ! Ce serait la mort sans phrase ! Puis, comme la santé flamboyante réclame son dû, c'est la compensation sensorielle qui va se déclencher ! La bonne bouffe et le service après-ventre ! Au diable les convenances ! Rassurez-vous, cela ne leur fait pas oublier comment on gagne de l'argent et comment aussi une profession sagement comprise peut mettre leur puissance brisante au service d'un métier exaltant voire dangereux ! Ça va barder...

Eugénie et les autres prénoms

Moyenne : 58 %
Classement : 68/79

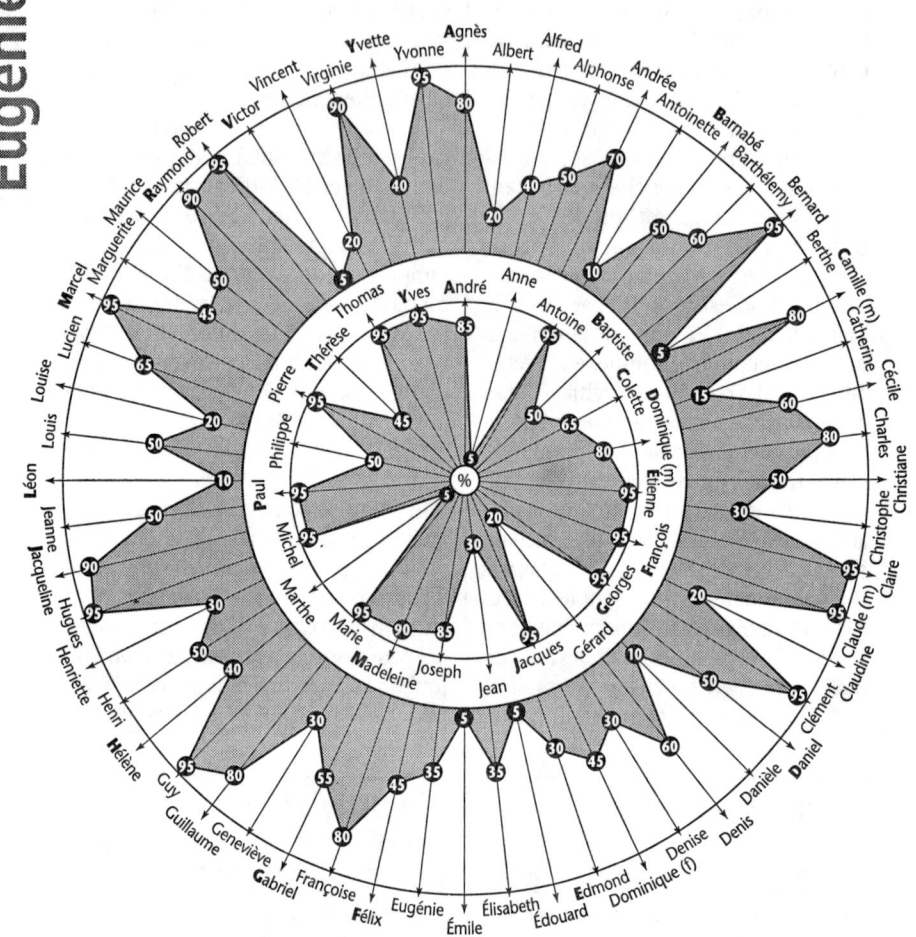

Les roues de compatibilités

Vous ne serez pas étonné d'apprendre que les êtres qui côtoient les Eugénie en ont parfois assez de se faire marcher sur les pieds et que des maris égarés en arrivent à s'interroger à juste titre sur l'utilisation, même homéopathique, de la mort-aux-rats ! Avec une triste moyenne de 49 %, nous découvrons que les Eugénie ne sont que très modérément appréciées de ceux qui se trouvent enrôlés dans leur colonne infernale. Soit la 75e place sur 79 ! On touche le fond ! Elles, sans aucun complexe, jugent que leur entourage ne joue pas le jeu et que leurs « supporters » (!) manquent d'enthousiasme. Donc, moyenne de 58 % aboutissant à une 68e place sur 79 ! On croit rêver !

Les autres prénoms et Eugénie

Moyenne : 49 %
Classement : 75/79

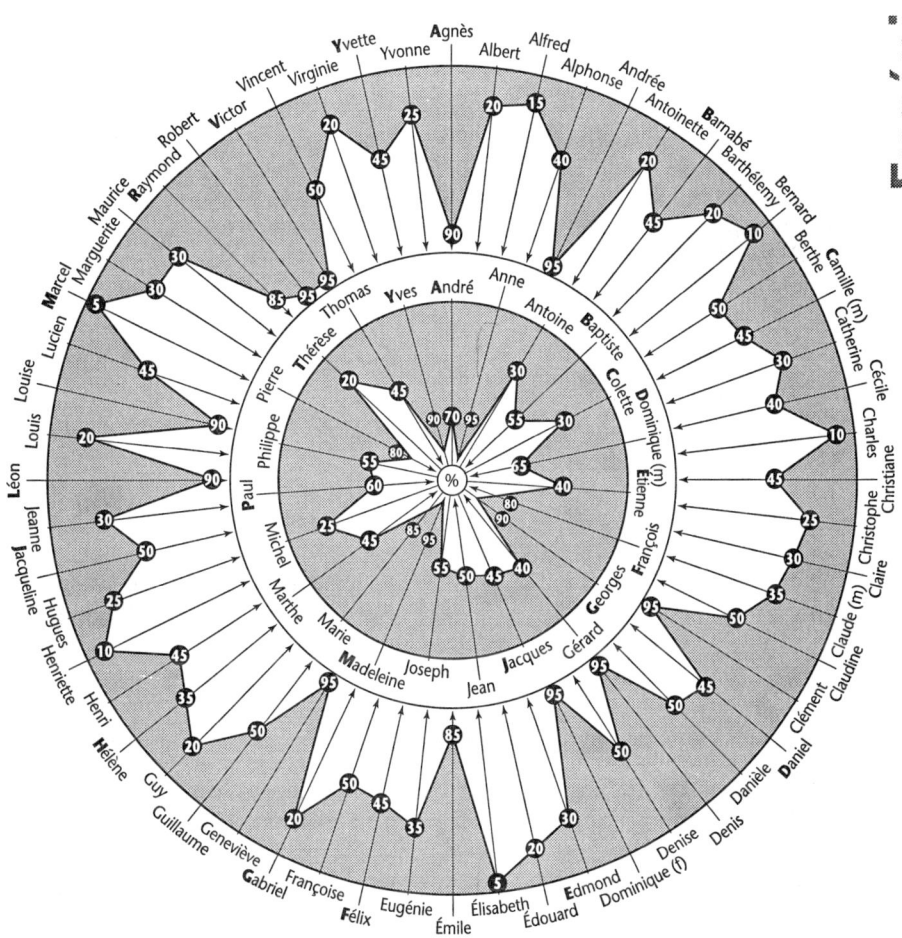

Comment Eugénie s'entend avec le signe des autres

Bélier	83 %	Balance	73 %	
Taureau	62 %	Scorpion	39 %	
Gémeaux	66 %	Sagittaire	61 %	
Cancer	40 %	Capricorne	48 %	
Lion	70 %	Verseau	57 %	
Vierge	26 %	Poissons	59 %	

Ce tableau ne concerne pas le rapport prénom personnel/signe personnel. Il n'y a pas d'autocompatibilité entre Eugénie et son propre signe caractérologique.

38 Félix

1 • Prénoms associés

Ce sont tous les prénoms, quelle que soit leur origine, qui partagent les mêmes constantes caractérologiques et que vous découvrirez dans l'index de ce volume (p. 451), dont :

Amand	Cary	Goar
Amélien	Cleveland	Halford
Amour	Dagobert	Rémy
Armel	Élisée	Ségal
Bienvenu	Félicien	Topaze
Bogart	Gélase	...

2 • Célébrités

Pour vous sentir moins seul, ce trop bref aperçu des personnalités de tous les temps et de tous les lieux qui dépendent de ce type de caractère :

- ARVERS Félix (1806-1850) Poète, dramaturge — *Lorsque faire un vers devient un art.*
- GOURMONT (de) Rémy (1858-1915) Critique, poète, romancier — *Celui qu'on ne sait plus lire.*
- GRANT Cary (1904-1986) Acteur — *Un géant du cinéma et du mariage.*
- RECLUS Élisée (1830-1905) Écrivain géographe — *Avec lui la Terre a doublé de volumes.*
- WANKEL Félix (1902-1988) Ingénieur — *Quand ce n'est plus le piston qui fait marcher la machine.*

3 • Symboles

— Un **air** de feu agite doucement la portière de perles de sa chambre à méditer et notre Félix soupire dans la joie de la fraîcheur préservée. C'est son élément de base, sa providence à lui !

— Une couleur chaude en sa luxure promise, l'**orangé**, chargée de parfums comme les cheveux de Marinette, une couleur pleine de concupiscences que l'imagination appelle !

— Les nombres **2-46-25** sont faits d'inconscience tranquille, d'oubli des devoirs, de triomphe de la parole sur l'acte. La terre, pour eux, c'est un paradis hélas mal utilisé !

4 • Devise

Celui qui domine les flots. Il suffit de savoir qu'il existe deux manières de dominer les flots : se colleter à eux à la barre d'un navire secoué par la tempête ou bien du haut d'un « transatlantique » en forme de chaise longue blotti sous un pin parasol qui se penche vers la mer frissonnante d'azur.

5 • Totems

– Décidément, l'océan les concerne : leur animal totem, le **thon**, mobile et fugace, correspond bien à leur mental rapide et pointu, car les Félix ont la répartie prompte et le trait mordant. N'essayez donc pas de jouer au plus malin avec eux !
– Un végétal immobile, installé en sa pesanteur élancée, le **hêtre** qui est en quelque sorte le chêne du pauvre et dont le feuillage chante si joliment à la brise d'automne.
– Le minéral des Félix est cette pierre merveilleuse, l'**opale** qui apporte la bonne fortune, protège des accidents, fait exploser la séduction de ceux qu'elle reconnaît.

6 • Vibrations

Comme l'on pouvait s'y attendre, du côté des vibrations, les Félix vivent de peu : 58 000 v/s soit un taux de 24 %. Il n'y a pas de quoi pavoiser et pourtant nos bonshommes s'en contentent, heureux de pouvoir faire l'économie de gestes inutiles et de projets dérangeants.

7 • Le Jeu de la Vie

On pourrait penser qu'elle vient tout gâcher, cette **lame 20** du **Jugement** qui se trouve liée au sort de ces hommes pleins de ressources latentes. D'autres que ces Félix à la conscience tranquille s'interrogeraient sur le symbolisme de cet ange trompettant et quelque peu apocalyptique qui semble vouloir bousculer des mortels ressuscitants. Son verbe déplaçant devrait gratouiller désagréablement l'oreille de nos amis : « Réveillez-vous, c'est l'heure ! », mais ils ont tellement entendu ça au cours de leur jeunesse que cela n'a plus prise sur eux. Et comme disent les Félix : « Mieux vaut ne rien faire que de mal faire ! »

Volonté : 75 %

Intuition	86 %	Études	70 %
Réussite	85 %	Associations	35 %

Une volonté qui fleure bon le pastis et sent le romarin ! Il y a du Pagnol dans ce prénom et de lents couchers de soleil sur la garrigue. Mais rien n'est simple dans la vie et cette volonté va néanmoins soutenir deux « moments » du caractère : les Félix-béats aux gondoles clapotantes et les Félix-rageurs capables de réactions très sporadiques. Leur intuition les aide à éviter les désagréments du travail mais aussi à faire des études pleines de fantaisie et pourtant ayant du succès. Oui, ils ont la chance de leur réussite, grâce aussi à la découverte du synonyme d'associés qu'ils traduisent par : esclaves !

Activité : 72 %

Dynamisme	60 %	Affaires	90 %
Voyages	30 %	Sociabilité	95 %

Ce que les petits Félix apprendront à respecter dès leur plus jeune âge, c'est le droit au travail… pour les autres. Ils doivent également se livrer au culte jaloux de la retraite anticipée et savoir qu'au sein des institutions, la Sécurité sociale prend le pas sur l'Académie française ! Notons en passant que le mot dynamisme est exclu de leur vocabulaire, que les voyages ne sont jamais que des dérangements, que les affaires, traitées avec une espèce de gourmandise méridionale, sont excellentes et que la sociabilité, merveille de la vie, leur donne des allures de « parrain » au sein de leur « famille » subjuguée !

Portrait prospectif

Caractère : 32 %   Psychisme : 58 %   Personnalité : 63 %   Destinée : 71 %   Devenir : 58 %

Il semblerait que, pour certaines personnes, l'avenir ne soit que la porte du rêve. Difficile pour elles de s'imaginer que demain pourrait être différent de l'image flatteuse ou désespérante qu'elles s'en font aujourd'hui. Mais c'est incontestablement l'optimisme le plus gratifiant qui domine chez les Félix qui jouent sur l'étymologie de leur prénom. Certes, ce sont des attentistes mais il faut s'entendre sur le mot ! Habituellement – dixit le dictionnaire – « L'attentisme est une attitude politique consistant à attendre que les événements s'annoncent pour prendre une décision » (Robert).

Les Félix, eux, attendent d'attendre et cette suspension de leur dynamisme au second degré les conduit à adopter une ligne de conduite fermée qui revient constamment à son point de départ tout en se donnant l'illusion d'avancer. On s'est doucement moqué de ces sympathiques Félix en rapprochant leur type de comportement d'une chanson célèbre : « Aujourd'hui peut-être, ou alors demain... » Et il faut avouer qu'au-delà d'un sourire facile, la réalité semble proche. C'est pourquoi le pourcentage de caractère que vous révèle notre petit schéma est proprement catastrophique. C'est la maison bâtie sur le sable, la guinguette furtive au creux d'une calanque, le gruyère en guise de parpaing ! Mais le psychisme va un peu relever la tête des Félix en introduisant une dimension sentimentale valorisante. « Ouais, je vais te le faire, Tonin, mais c'est bien parce que c'est toi ! » Ça y est, le *mens* agite son *molem* et, coup par coup, on arrive à faire bouger ces philosophes aux grands pieds en leur chatouillant le muscle cardiaque.

Quant à la personnalité, elle trouvera le moyen de se nourrir de tous ces petits riens qui méritent bien leur nom, pour dessiner la silhouette ineffable d'une bedaine méridionale longeant la plage de sable chaud pour finalement aller taquiner l'avenir au bout d'une ligne tranquille. « Car la destinée de l'homme, mon bon monsieur, c'est de devenir ce qu'il n'aurait jamais dû cesser d'être : une "cigale métaphysique" ! »

Émotivité : 35 %

Affectivité	83 %	Amour	78 %
Famille	80 %	Enfants	65 %

Passée au rouleau compresseur, cette émotivité n'est toutefois pas dénuée d'inquiétude car finalement, comme tous les « non-actifs », nos Félix ont besoin de se rassurer sur l'image qu'ils donnent d'eux-mêmes, sur la réalité des amitiés qui les entourent. Quant à l'affectivité, c'est le tuteur de ces tendres tyrans qui se servent de l'amour comme d'un filet, de la sensorialité comme d'un harpon et de la famille pleine d'enfants comme d'un refuge douillet pour les hivers déplaisants. Il n'en reste pas moins que le charme ralenti de ces hommes est très apprécié et que ce sont de véritables « tombeurs » ! *O felix culpa !*

Réactivité : 28 %

Santé	87 %	Sensorialité	90 %
Argent	75 %	Profession	50 %

Qu'ajouter à la vision « dégonflée » que vous propose notre petit tableau de la réactivité des Félix ? Le tout est de ne pas faire de vagues car la barque de la volonté sombre vite sous le coup des lames centimétriques ! La santé prend du ventre en méditant au soleil, l'argent, lui aussi, ne se déplace qu'avec indolence mais est fidèle néanmoins, et la profession, toujours menaçante, est le vilain nuage noir qui gâche le plus beau ciel qui soit. Reste la sensorialité ! Chez les Félix, l'amour passe par la cuisine, et les femmes, de la mère à l'épouse, les tiendront par là toujours en laisse ! C'est ce que les Félix appellent la bonne chair !

Félix et les autres prénoms

Moyenne : 71 %
Classement : 12/79

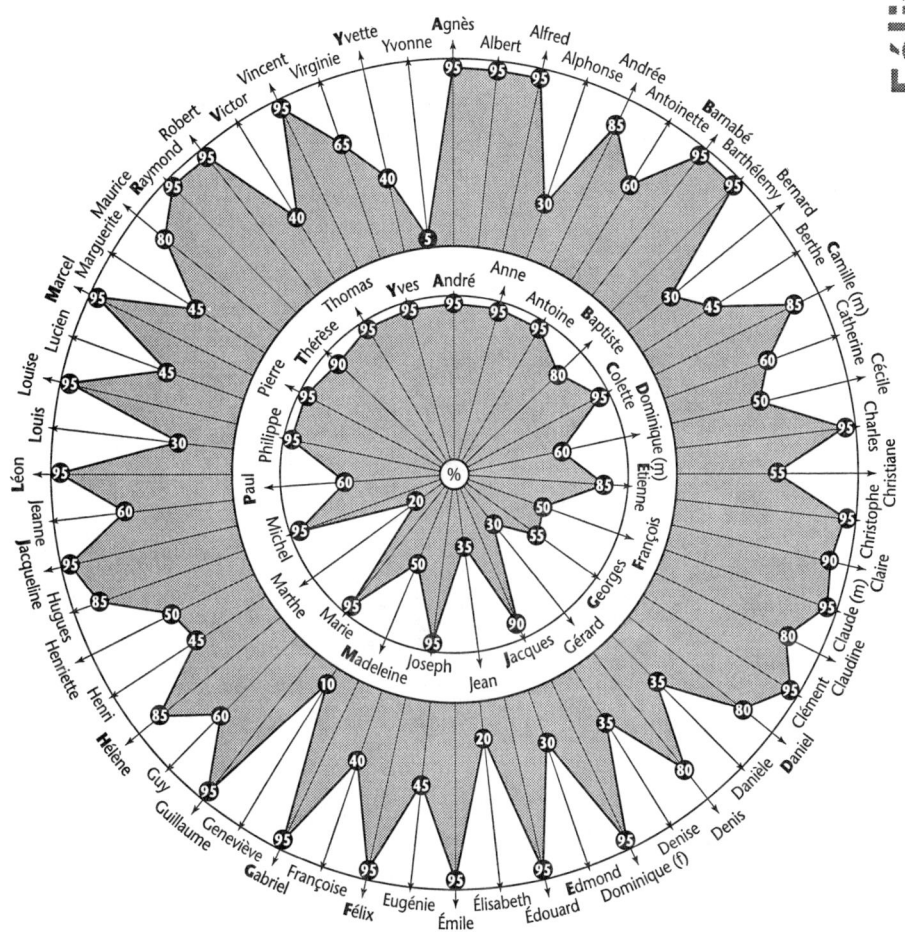

Les roues de compatibilités

Partant de là, vous pouvez facilement imaginer que les Félix vont entrer de plain-pied dans l'intimité de leur cercle de copains et de parents. Vous n'avez pas tort : leurs « clients » les apprécient à 69 %, ce qui donne un bon classement de 28e sur 79. Oui, mais... à une condition, c'est que nos petits amis renoncent à toutes les promesses qu'ils ne tiendront jamais et qui, pourtant, leur brûlent les lèvres. Moyennant quoi, ils pourront s'adonner entièrement à leur amour d'autrui car, à un taux de 71 %, 12e sur 79, ils font un score magnifique à condition toutefois... – eh oui, ça recommence ! – que les autres en question ne leur demandent pas autre chose que de leur reverser un pastis bien frais !

Les autres prénoms et Félix

Moyenne : 69 %
Classement : 28/79

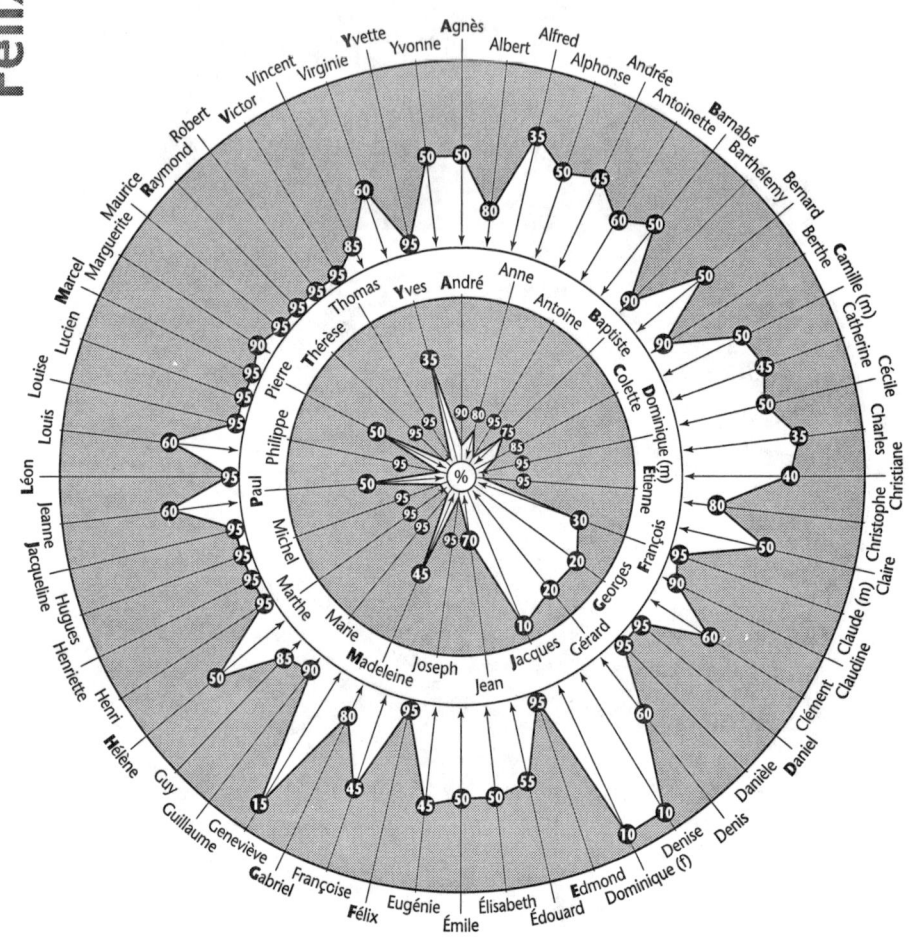

Comment Félix s'entend avec le signe des autres				
Bélier	76 %	Balance	80 %	Ce tableau ne concerne pas le rapport prénom personnel/signe personnel. Il n'y a pas d'autocompatibilité entre Félix et son propre signe caractérologique.
Taureau	58 %	Scorpion	61 %	
Gémeaux	80 %	Sagittaire	48 %	
Cancer	63 %	Capricorne	73 %	
Lion	64 %	Verseau	93 %	
Vierge	72 %	Poissons	68 %	

François   39

1 • Prénoms associés

Ce sont tous les prénoms, quelle que soit leur origine, qui partagent les mêmes constantes caractérologiques et que vous découvrirez dans l'index de ce volume (p. 451), dont :

Blair	Gédéon	Nelson
Boniface	Ghislain	Prescott
Cécilio	Gontran	Sabin
Chandler	Harold	Savinien
Francis	Jody	Siegfried
Frank	Kléber	...

2 • Célébrités

Pour vous sentir moins seul, ce trop bref aperçu des personnalités de tous les temps et de tous les lieux qui dépendent de ce type de caractère :

– BLANCHE Francis (1919-1974) Acteur, chanteur *L'humour facile d'une époque pas compliquée.*
– CARCO Francis (1886-1958) Poète, romancier *La poésie sous la gouaille.*
– MAURIAC François (1885-1970) Écrivain *Très tôt le poète s'est enfui... et la voix s'est cassée.*
– RABELAIS François (1483-1553) Romancier *Car le rire est le masque de l'homme.*
– ROOSEVELT Franklin Delano (1882-1945) Président des États-Unis *L'image même d'une nation en marche.*

3 • Symboles

– Il flotte sur les François un **air** de terre, leur élément de base, brise vagabonde des tout premiers matins du monde qui va leur donner la certitude qu'ils appartiennent à la race des créateurs cosmiques.
– Leur couleur, le **bleu**, prend, au contact de ces hommes finalement inquiets, une teinte métaphysique, celle de la peur, une peur bleue qui les persécutera tout au long de leur vie malgré les apparences.
– Leurs nombres, **6-25-22**, à dominante féminine, accordent une importance considérable à l'intuition qui, associée à une intelligence incisive, rapide, fait des François de redoutables débatteurs.

4 • Devise

On n'échappe pas à l'aspect volontiers professoral des François prenant souvent cet air mi-arrogant mi-condescendant qui sied si bien aux pédagogues français. Leur devise est donc d'une clarté aveuglante : **Celui qui enseigne.** Concluez !

5 • Totems

– Un étonnant animal totem, l'**albatros**, donne aux François une dimension erratique intéressante puisqu'il est le roi des oiseaux migrateurs qui dorment en volant à 80 kilomètres à l'heure. Son nom vient de l'espagnol *alcatraz*, le «pélican», nom de l'ancienne prison américaine. Quel symbole!
– Leur végétal, le **citronnier**, apporte à leur caractère cette acidité décapante, indice d'inconstance et de jalousie allant parfois jusqu'à la compromission et la trahison.
– Enfin, leur minéral, le **chrome**, est ce métal brillant et dur dont on connaît le rôle lorsqu'il s'agit de frimer en matière de carrosserie de voiture ou d'accessoires de moto. Un côté tape-à-l'œil qui leur coûtera cher!

6 • Vibrations

À 80 000 v/s, soit à un taux de 47 %, la situation vibratoire des François ne cassera pas trois pattes à un canard mais leur permettra de largement diffuser leur message qui, encore une fois, s'avère plus percutant au niveau de la forme qu'à celui du fond.

7 • Le Jeu de la Vie

Auraient-ils, ces chers François, une tendance à en rajouter et à jouer les pontifes? On pourrait le croire en constatant que leur lame, le **numéro 5**, représente bien le **Pape**, dûment mitré, le geste bénisseur qui s'adresse, la barbe fleurie, à deux fidèles dont l'un, celui de gauche, n'a pas l'air de goûter le prêche qu'on lui adresse et manifeste clairement un certain «ras-le-bol»! On a ainsi l'impression qu'il aimerait recevoir un enseignement moins frigorifié par la solennité du trône papal, plus proche du cœur que de l'onction apostolique. Mais les François se délectent de ce type de discours!

Volonté : 91%

Intuition	80%	Études	90%
Réussite	95%	Associations	80%

Il y a presque toujours chez les François une certaine raideur qui leur donne cet air un peu froid d'instituteur outragé! Ils jouent les gens réservés, observateurs critiques, mais en réalité ils sont nerveux et passionnés. Pour preuve, une volonté débordante qui tourne souvent à l'entêtement. Leur intuition est subtile et ils vous manœuvrent à votre insu avec une habileté florentine qui sent bon le poignard et le poison. C'est durant leurs études qu'ils forgent leurs armes; l'excellente réussite ne vient qu'aux forceps et les associés, avec eux, tremblent constamment d'espoir et de frousse! Ainsi va le monde!

Activité : 92%

Dynamisme	85%	Affaires	90%
Voyages	100%	Sociabilité	77%

Une activité couleur de muraille aux arrière-plans fuligineux que mettent en œuvre ces hommes déconcertants quand ils ne sont pas inquiétants. Au demeurant, des travailleurs acharnés qui ne manquent pas de souligner vos déficiences dynamiques. Même s'ils n'en ont pas à revendre! Pas étonnant que les affaires suivent le train car c'est au cours de longs et fructueux voyages que les François seront le plus à même de convaincre ou d'intimider. La sociabilité fait dans le respectable! Avec eux, pas de fantaisie vestimentaire ou verbale. Pour leur taper sur le ventre… vous repasserez!

Portrait prospectif

Caractère : 84 %   Psychisme : 76 %   Personnalité : 90 %   Destinée : 96 %   Devenir : 88 %

Il existe une manière bien personnelle de s'approcher du futur et c'est au travers de la crainte de la mort. « Charmant!, me direz-vous, vous n'avez rien de plus drôle à dire sur les François ? » Si, bien sûr, mais admettez au moins, en passant, que cette appréhension se trouve partagée par l'ensemble de l'humanité même si, justement, elle apparaît chez les François comme une idée fixe qui oblitère, à certains moments, tout raisonnement logique. Cela peut même devenir une véritable obsession car à chaque tentative intellectuelle de prolonger leur action, ces hommes susceptibles ajouteront *in petto* : « Si je suis toujours de ce monde ! » Le futur ne sera plus alors pour eux qu'une condition existentielle incontournable : leur survie. D'où le nombre de François qui chercheront à entourer leur vie présente de mille précautions, de cent certitudes médicales, économiques, statistiques, métaphysiques, etc., dans le but manifeste de souscrire une assurance morale sur la mort.

Tout cela va donc se traduire par une volonté insistante de préparer à tout prix un futur qui, de ce fait, prendra rapidement l'allure étrange d'un passé décomposé. Répétons-le, vouloir se prolonger le plus possible par la mise en œuvre de projets pharaoniques sur quelque plan que ce soit est l'indice d'un caractère obstiné qui n'aura de cesse de soumettre son psychisme, ses sentiments, à la dure loi de la destinée que l'on voudrait exemplaire, tandis que la personnalité, faisant feu de tout bois, construira peu à peu la statue monumentale qu'elle entend léguer à la postérité. Sachant tout cela, vous devez donc prendre le temps de bien réfléchir sur leur cas et essayer d'orienter leurs grandioses réalisations éponymes vers des buts plus réalistes : construire un hôpital plutôt qu'un arc de triomphe, attacher son nom à une liberté plutôt qu'à une loi, pardonner à ceux qui vous contestent au lieu d'en faire des hérétiques. Une simple question en passant : « Les François sont-ils vraiment des humanistes "en dehors des mots" ? »

Émotivité : 46 %

Affectivité	87 %	Amour	70 %
Famille	80 %	Enfants	50 %

Une émotivité de profondeur. Quels que soient les séismes qui peuvent agiter ces âmes impavides, la surface reste égale à elle-même, une surface « corrigée », en quelque sorte ! Et puis, plus que tout autre, les François subissent cette attirance des « ailleurs » qui les poursuivra toute leur vie. L'affectivité est large mais toujours au service de l'ambition et, en ce domaine comme en d'autres, ces êtres qui pratiquent volontiers le double langage, ne sont pas à quelques palinodies près ! Leur amour s'exprime assez difficilement, la famille est sacrée, les enfants un peu oubliés sur les bords guettent le moment rare… !

Réactivité : 59 %

Santé	90 %	Sensorialité	87 %
Argent	95 %	Profession	80 %

Elle est contenue mais redoutable, cette réactivité en forme de self-service où le plat principal, qui se mange chaud ou froid, est souvent la vengeance. Faites-vous des ennemis des François, vous serez sûrs de n'être jamais oublié d'eux. La santé est bonne mais il faut se méfier des excitants. La sensorialité, elle, est compliquée, à l'image de ce caractère aux recoins ombreux. Elle est faite, en plus de la sensualité pure, d'agressions, de fuites, d'hésitations douteuses, d'amours souterraines. L'argent est roi et ne recule devant rien, la profession se veut souveraine et s'impose parfois brutalement !

François et les autres prénoms

Moyenne : 62 %
Classement : 53/79

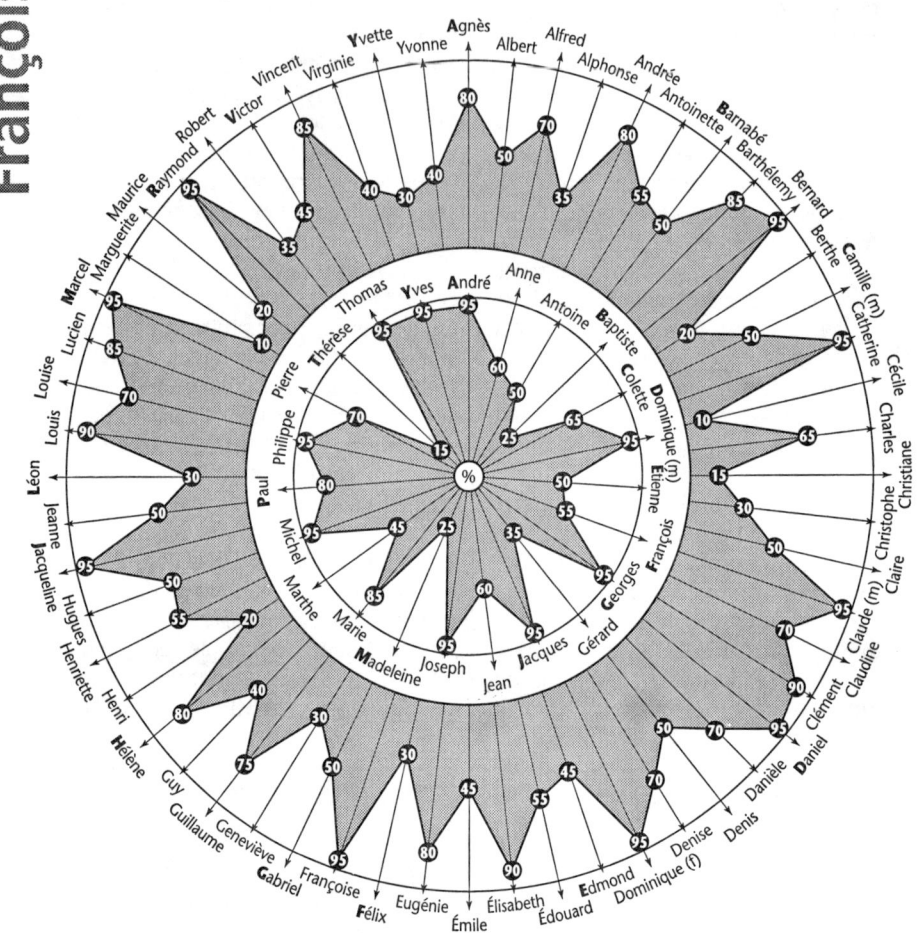

Les roues de compatibilités

Malgré le côté quelque peu serpentin des François, leur présence est assez bien acceptée en fonction d'un charisme réel, de leur manière théâtrale de se présenter et de donner à leur discours des airs de vaticinations subreptices qui en subjuguent plus d'un. C'est ainsi que leur entourage apprécie leur prestation à la moyenne de 66 %, soit la 40e place sur 79. De l'autre côté du miroir, nos chers François prennent quelque peu leurs distances en n'accordant à leur public soumis qu'un intérêt relatif de 62 % les plaçant à la 53e place de notre classement sur 79. Moralité, souvenez-vous qu'avec ces hommes redoutables, il est parfois aussi dangereux d'appliquer ce qu'ils disent que de suivre leur exemple !

Les autres prénoms et François

Moyenne : 66 %
Classement : 40/79

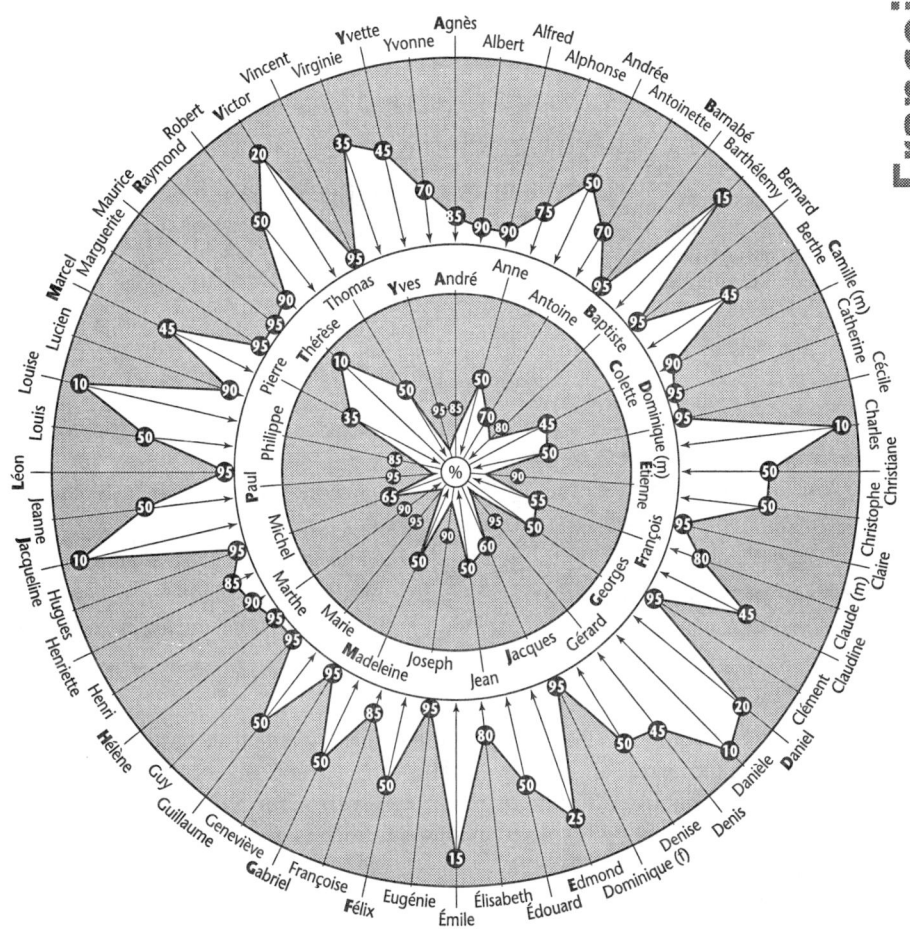

Comment François s'entend avec le signe des autres

Bélier	61 %	Balance	80 %		
Taureau	53 %	Scorpion	38 %		
Gémeaux	80 %	Sagittaire	68 %		
Cancer	73 %	Capricorne	50 %		
Lion	69 %	Verseau	78 %		
Vierge	49 %	Poissons	57 %		

Ce tableau ne concerne pas le rapport prénom personnel/signe personnel.
Il n'y a pas d'autocompatibilité entre François et son propre signe caractérologique.

40 Françoise

1 • Prénoms associés

Ce sont tous les prénoms, quelle que soit leur origine, qui partagent les mêmes constantes caractérologiques et que vous découvrirez dans l'index de ce volume (p. 451), dont :

Cherry	Hilda	Romy
Cypriane	Karine	Samantha
Damienne	Kiliane	Soizig
Fanchon	Mireille	Thaddea
France	Noëlla	Viviane
Francine	Roberte	...

2 • Célébrités

Pour vous sentir moins seul, ce trop bref aperçu des personnalités de tous les temps et de tous les lieux qui dépendent de ce type de caractère :

- DARC Mireille (1938) Actrice Un merveilleux comique de charme.
- DORIN Françoise (1928) Écrivain, actrice L'humour en héritage.
- ROMANCE Viviane (1912-1991) Actrice La beauté du diable pour la vie.
- ROSAY Françoise (1891-1974) Actrice Un monument impérissable.
- SCHNEIDER Romy (1938-1982) Actrice Comédie du jeu, tragédie de la vie.

3 • Symboles

– C'est la **terre** qui joue chez les Françoise le rôle d'élément de base, une terre frisante à la limite de l'air et à la végétation très superficielle et accrocheuse.
– Leur couleur, le **rouge**, implique une énergie secrète, un pouvoir de création, un désir de conquête, une espèce d'avidité que le mot « gueule », en héraldique, rendait parfaitement.
– Leurs nombres, **27-47-46**, à dominante masculine, soulignent le côté « patchwork » de ce caractère plein de contradictions qui ne se réalisera pleinement qu'après bien des années d'apprentissage.

4 • Devise

Celle qui possède la force. Mais, nous l'avons vu, une force qui ne prend conscience d'elle-même que par la manière dont elle s'impose aux autres. Plus une autorité qu'un pouvoir, plus un entraînement qu'un exemple. Un être toujours recommencé, toujours désireux de donner une image renouvelée. Le complexe de Protée !

5 • Totems

– Leur animal totem est tout un poème car c'est la **sole**, qui fait partie des rares bestioles à « fond plat », si l'on peut dire. Elle est passée maître dans l'art du camouflage mais sa chair délicate laisse d'impérissables souvenirs.
– Leur végétal est la **fougère**. Foin de la petite plante humble et timide, c'est, en réalité, une tige résistante qui s'accroche désespérément au sol, increvable, envahissante, immangeable, mais calmant les démangeaisons « moustiqueuses » et possédant des vertus vermifuges libératrices.
– Leur minéral, la **sélénite**, est cette pierre de lune qui, comme son nom ne l'indique pas, n'a rien à voir avec notre satellite sinon l'éclat nacré, laiteux, de son opalescence. D'où le caractère parfois réservé de ces femmes troublantes aux ombres indécises et aux lumières fugaces.

6 • Vibrations

À 74 000 v/s, soit un taux de 41 %, nous sommes en présence d'êtres à imprégnation nettement laborieuse qu'il ne faut pas bousculer et surtout pas dévier de leur trajectoire.

7 • Le Jeu de la Vie

Décidément, elles ne se refusent rien ces touchantes Françoise et elles annexent tout simplement la **lame 3**, celle de l'**Impératrice** que nous avons déjà vue mais qui, en l'occurrence, nous surprend par la dissimulation souveraine avec laquelle elle occulte trois des douze étoiles qui composent sa couronne solaire. Qu'est-ce que cela cache ? Peut-on rattacher cette figure au zodiaque ? En réalité, elle masque les trois signes de feu – Bélier, Lion, Sagittaire – qui représentent la « force motrice par laquelle vit tout ce qui vit ». C'est la mère cosmique détentrice du feu secret, c'est la reine du Ciel.

Volonté : 90 %

Intuition	80 %	Études	97 %
Réussite	90 %	Associations	60 %

Dites-moi pourquoi ces chères Françoise arborent parfois un air un peu sombre et inquiet ? Oui, je sais bien, c'est à moi de vous le dire, mais il se trouve qu'avec une magnifique volonté et une activité de termite, elles devraient resplendir d'allant et d'enthousiasme ! Alors ? L'intuition est bonne mais elles s'en méfient, les études battent tous les records d'efficacité, la réussite est convaincante, les associés ravis et rassurés d'avoir affaire à ces femmes de confiance, tout va pour le mieux et malgré cela le cliché de leur vie semble voilé et on les entend déjà murmurer : « Bonjour, tristesse ! »

Activité : 90 %

Dynamisme	83 %	Affaires	95 %
Voyages	100 %	Sociabilité	85 %

L'activité serait parfaite si elle s'appliquait immédiatement à une situation donnée mais elle traîne un peu. Le dynamisme, en retrait, explique cela, mais il se situe à un niveau tel que le rythme de vie de ces attachantes Françoise pourrait s'accélérer notablement. Surtout n'essayez pas de les houspiller, elles répondraient à votre précipitation par un ralentissement supplémentaire et vous auriez l'air idiot ! D'autant plus que cette lenteur réfléchie plaît aux hommes d'affaires, que les voyages avec elles sont des plus reposants et que la sociabilité, à faible dose, ne les perturbe qu'assez peu !

Portrait prospectif

Caractère : 62 %   Psychisme : 50 %   Personnalité : 68 %   Destinée : 71 %   Devenir : 83 %

Pour les Françoise, l'avenir est un dû. Le futur leur appartient par donation providentielle. Les parents sont là pour les propulser vers leurs lendemains professionnels et culturels, les maris prennent le relais et leur assurent la réussite sociale, la chance attelée à l'astuce les dépanne dans les passages difficiles. Bref, le destin porte ces femmes à bout de bras jusqu'à l'île heureuse promise dans le contrat de vie qu'elle ont signé dans un autre monde. Leur rôle, qu'elles jugent souverain, étant celui d'une animatrice, d'une excitatrice. On tape sur le bourricot, on lui met sous le nez une carotte, on le remplace le cas échéant dans un bel esprit d'efficacité et, enfin, on se félicite d'avoir aussi bien mené sa barque même si elle ressemble peu ou prou au radeau de *La Méduse*. Ne commettez pas l'injurieuse erreur de demander à ces femmes splendides ce qu'elles ont l'intention de faire. Ce serait un crime de lèse-majesté comparable à celui de cet esclave égaré qui réclama bêtement à sa maîtresse romaine le moyen de nourrir les murènes qui gambadaient dans la piscine en claquant du bec. Cette réponse, vous pourriez la partager si vous osez seulement risquer une petite phrase dans le genre de : « Si j'étais à votre place... » Plouf ! C'est le plongeon gastronomique !

Il faut se dire que le caractère des Françoise se fait discret au départ, quelque peu fuligineux. Cependant, le temps aidant, émergera une volonté qui mettra un certain temps à se réaliser pleinement et qui s'exercera aussi bien à l'intérieur qu'à l'extérieur. Le psychisme se rétracte car ces femmes se méfient de leur intuition et leur affectivité discrète se trouve pénalisée par la difficulté qu'elles éprouvent à communiquer leurs sentiments. Mais la compensation existe au niveau de la personnalité que les Françoise cultivent comme une marque de fabrique qu'elles chercheront à imposer sans jamais souffler. Alors, la destinée prendra son élan et le devenir ne sera plus que cette simple opération dont nous comblent nos ordinateurs : appuyer sur la touche « valider » !

Émotivité : 57 %

| Affectivité | 83 % | Amour | 80 % |
| Famille | 75 % | Enfants | 60 % |

Et puis, il y a le moins bon côté des choses et c'est à ce titre que l'émotivité, toujours sous-jacente à leur action, risque de se transformer en énervement « tape-pied ». Si les Françoise se sentent coincées pour une raison ou pour une autre, elles vont piquer leur crise et, croyez-moi, cela peut être long et vous causer bien des tourments. C'est donc parfois dans un climat assez tendu que l'on descend cet escalier de l'affectivité qui, d'amour en famille et de famille en enfants, va nous révéler la nature d'un certain nombre de complexes venant perturber tout le système environnemental. Simple, non ?

Réactivité : 46 %

| Santé | 87 % | Sensorialité | 72 % |
| Argent | 100 % | Profession | 95 % |

Comment s'étonner après cela que les Françoise soient sensibles aux échecs, susceptibles secrètement – ce qui est pire que tout ! – et capables de vous réserver un « chien de leur chienne », comme on dit, pendant des années. Dans bien des cas, elles savent vous lancer à la tête des vacheries soigneusement calculées qui valent leur pesant de curare. La sensorialité est compliquée, elle aussi et les « tu m'aimes moi non plus ! » abondent au sein de leur logique sur mesure. La santé est plutôt capricieuse, l'argent indispensable à haute dose et la profession tyrannique revêtent un aspect anthropophage !

Françoise et les autres prénoms

Moyenne : 68 %
Classement : 26/79

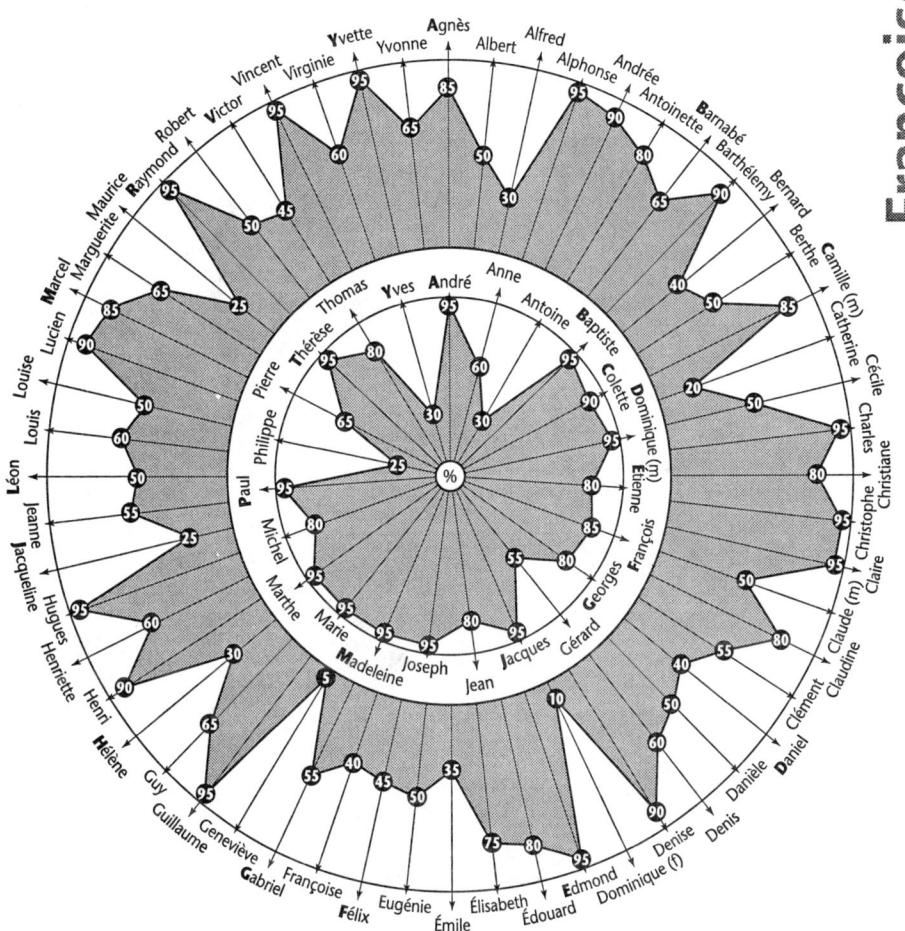

Les roues de compatibilités

Mais alors, comment leur présence va-t-elle être acceptée par ceux qui les côtoient ? Eh bien, pas si mal que ça compte tenu des circonstances exploitantes. Les autres prénoms apprécient nos douces Françoise à la moyenne de 62 %, soit une place de 44e sur 79. On a vu pire ! En réponse, l'entourage de ces êtres un peu compliqués sera bien perçu par les Françoise en leur accordant un classement de 26e sur 79 avec un taux de 68 %. On perçoit mieux ainsi quel rôle peuvent jouer les personnes qui gravitent autour de ces femmes fort intéressantes à qui il ne manque qu'un peu plus de considération humaine pour être totalement supportables. Pardon ! Je veux dire totalement consommables !

Les autres prénoms et Françoise

Moyenne : 62 %
Classement : 44/79

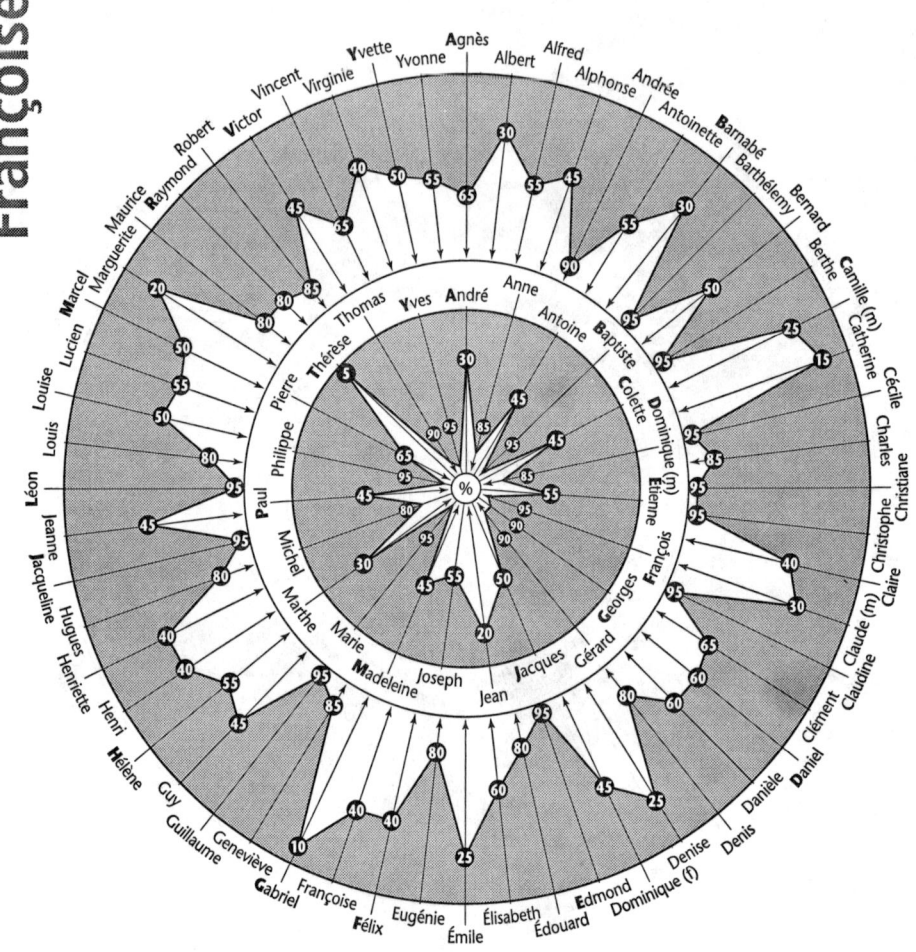

Comment Françoise s'entend avec le signe des autres

Bélier	60 %	Balance	58 %	
Taureau	75 %	Scorpion	66 %	
Gémeaux	48 %	Sagittaire	82 %	
Cancer	61 %	Capricorne	87 %	
Lion	70 %	Verseau	64 %	
Vierge	83 %	Poissons	74 %	

Ce tableau ne concerne pas le rapport prénom personnel/signe personnel.
Il n'y a pas d'autocompatibilité entre Françoise et son propre signe caractérologique.

Gabriel

1 • Prénoms associés

Ce sont tous les prénoms, quelle que soit leur origine, qui partagent les mêmes constantes caractérologiques et que vous découvrirez dans l'index de ce volume (p. 451), dont :

Alix	Élie	Sébastien
Bastien	Éliot	Valéry
Carter	Gratien	Virgile
Cédric	Ilian	Wilfried
David	Joachim	Zachary
Davis	Marlon	…

2 • Célébrités

Pour vous sentir moins seul, ce trop bref aperçu des personnalités de tous les temps et de tous les lieux qui dépendent de ce type de caractère :

– DU BELLAY Joachim (1522-1560) Poète *Le gentil voyage qu'on ne peut oublier.*
– FAHRENHEIT Gabriel (1686-1736) Physicien *Ou l'art de compliquer les choses.*
– FAURÉ Gabriel (1845-1924) Musicien, compositeur *Une muse intimidée.*
– NIVEN David (1909-1983) Acteur *Un humour plus qu'anglais.*
– VIRGILE (v. 70-19 av. J.-C.) Poète *To duca, tu maestro, tu signore (Dante).*

3 • Symboles

– L'élément de base des Gabriel est une **eau** de feu qui bouillonne dans leurs veines, une eau aux réactions soudaines, une eau de locomotive si proche de la vapeur que l'on s'attend à chaque instant au pire.
– La couleur **bleu** leur apporte une stabilité que l'on n'attendait pas. En réalité, les Gabriel sont plus équilibrés et plus réfléchis que ne le laisse supposer leur émotivité susceptible.
– Leurs nombres **39-3-23**, tous de nature masculine, ont tendance à gonfler leur personnalité et à leur donner cet air suffisant qui fait les grosses têtes.

4 • Devise

Nous nous expliquerons au paragraphe suivant sur cette devise équestre : **Celui qui monte le cheval.** Rappelons simplement en passant que jadis le mot « cheval » et le mot « cabale » avaient tous deux la même origine phonétique. C'est celui qui possède la connaissance.

5 • Totems

– Les Gabriel, de par leur animal totem le **cheval**, sont des messagers, ce qui rejoint parfaitement la notion d'« ange annonciateur » qu'on retrouve dans les religions du Livre. Le cheval, c'est l'énergie universelle mais aussi l'intelligence, l'intuition et la présence de la mère.

– Le végétal des Gabriel s'avère plutôt gratouillant puisque c'est l'**ortie**, plante urticante par excellence, mais possédant d'innombrables vertus cachées que la pharmacopée du Moyen Âge dénombrait avec gourmandise, et qui en faisaient un remède providentiel.

– Quant au minéral, il est porteur de significations alchimiques qui dépassent le cadre de cette modeste étude : c'est le **mercure**, le symbole de l'âme, la représentation du messager divin, etc.

6 • Vibrations

Belle récolte de vibrations à **93 000 v/s** soit au taux de **61 %**. Larges moyens de communication, séduction très prenante, vision originale des choses et des êtres.

7 • Le Jeu de la Vie

On retrouve dans cette **lame 20** du **Jugement** l'Ange jouant les hérauts du haut de son petit nuage et proclamant à l'humanité engluée dans sa « terrestrité » que le temps est venu des tombeaux ouverts, des résurrections apocalyptiques, des réveils libérateurs. Les Gabriel céderont d'ailleurs facilement à cette envie de juger les événements et les êtres qui tissent la trame de leur vie quotidienne. Il ne faudra donc pas que les parents laissent ces enfants émettre des opinions définitives à propos de tout et de rien, d'autant plus que notre langue actuelle dispose de mots très courts qui prétendent tout dire en une seule syllabe !

Volonté : 90 %

Intuition	97 %	Études	90 %
Réussite	95 %	Associations	85 %

Si vous avez déjà fait du rodéo au Texas et si vous pouvez vous maintenir sur ces bestioles en furie, alors vous savez par quel bout prendre ces Gabriel parfois enragés. Leur volonté, soutenue par un puissant dynamisme, vous envoie en l'air en deux temps trois mouvements et vous n'aurez pas trop de tout votre sang-froid pour ne pas vous laisser embarquer par ces sauteurs endiablés. Les études marchent au « coup de foudre » d'où leur progression pointillée ! La réussite est là grâce, notamment, à une intelligence percutante qui impressionne énormément les associés en mal de calme retrouvé !

Activité : 95 %

Dynamisme	98 %	Affaires	80 %
Voyages	100 %	Sociabilité	97 %

Une activité chatoyante, multiple et désordonnée. Car les Gabriel ont un sens du spectacle qui étonne et ravit. Ça bouge, ça crie, ça chante et même des professions dites sérieuses sont bousculées par ces êtres au dynamisme presque exhibitionniste. Ne les laissez pas transformer la moindre de leur activité en un « one man show » ! Un percepteur qui fait des claquettes, ça ne fait pas raisonnable ! On comprend que les affaires jouent en « mineur », que les voyages se transforment vite en tournées et que la sociabilité soit tyrannique au point d'en ruiner plus d'un. En outre, les Gabriel ont tendance à être superstitieux !

Portrait prospectif

Caractère : 79 %   Psychisme : 66 %   Personnalité : 89 %   Destinée : 64 %   Devenir : 92 %

L'avenir appartient à Dieu ! D'où le fameux « Dieu le veut » souleveur de croisades ! C'est, évidemment, une manière commode d'envisager le futur que de remettre, « au nom de la rose », la responsabilité du lendemain entre les mains divines, d'où les formules lapidaires du genre : « Fais ce que dois, advienne que pourra » qui firent florès aux temps des bûchers rassurants. On comprend très bien qu'à l'époque des croyances extrêmes, on ait cru bon de conserver à l'avenir sa nature extraterrestre ce qui, notamment, permettait aux sciences conjecturales, à l'astrologie en particulier, de bénéficier de faveurs exorbitantes. Les étoiles révélant la volonté du Seigneur ! Avec cela on pouvait aller loin !

C'est d'ailleurs ce que pensent encore, au fin fond d'eux-mêmes, ces étonnants Gabriel qui, dans bien des cas, ont du mal à se situer entre ce qui agit et ce qui est agi ! Nos amis ont toujours été frappés par l'aventure advenue à un chevalier du Temple qui, malgré les consignes restrictives de l'Ordre, avait consulté en Terre sainte une voyante arabe qui lui avait annoncé une promotion flatteuse lors d'un prochain combat. « Tu seras couronné devant tes pairs. » Effectivement, au cœur de la mêlée, il reçut sur la tête le limbe d'une statue en chute libre à Saint-Jean-d'Acre et sa fin fut l'occasion d'un très beau prêche ! Tout cela pour vous dire que, très souvent, le caractère charpenté des Gabriel se voit brusquement pénalisé par un psychisme entaché de superstition et de « mektoub » mal digérés.

Cela n'empêche pas la personnalité de s'affirmer avec une audace parfois envahissante qui va les conduire à interpréter en leur faveur tous les indices de réussite qui passent à leur portée. Et l'on s'aperçoit alors que leur destinée leur importe peu, c'est-à-dire l'histoire de leur projection. Car leur devenir justifie tout, ruisselle de serpentins glorieux, éclate en marches triomphales. Les Gabriel ont, ancrée en eux, une vocation rentrée d'un César piétinant ses esclaves et allumant ses concubines.

Émotivité : 65 %

Affectivité	98 %	Amour	95 %
Famille	100 %	Enfants	95 %

Susceptibles, ombrageux, les Gabriel sont porteurs d'une telle émotivité qu'ils en arrivent à se faire peur à eux-mêmes. Et puis, vertige ou pas, il faut que vous arriviez à prendre pied sur ce plateau de haute altitude où l'on trouve, serrés en bloc et pêle-mêle : l'affectivité, l'amour, la famille, les enfants, que sais-je encore ! Un dénominateur commun, la possessivité. Les Gabriel veulent soumettre tout ce petit monde aux caprices de leur affectivité et, fatalement, il arrive que les intéressés en aient « ras-le-bol » d'être toujours en représentation. Surtout ne vous en mêlez pas, vous avez tout à y perdre !

Réactivité : 53 %

Santé	88 %	Sensorialité	82 %
Argent	70 %	Profession	90 %

Alors là, je vous attendais au tournant ! Je vous voyais et vous entendais déjà glousser en ricanant : « Elle doit être bien cette réactivité ! » Raté ! Oui, elle est bien cette réactivité, plus équilibrée, plus calme qu'on ne pouvait l'imaginer et dégageant un charme rassurant. Une santé victime d'imprudences idiotes, une sensorialité compliquée, un argent plutôt glissant et une profession qui mérite d'être regardée de près car avec elle se posent des problèmes de durée – les Gabriel ont vite marre de tout ! – et de choix car, laissés à eux-mêmes, ces doux messieurs seraient prêts à se lancer dans la couture ou dans le cirque !

Gabriel et les autres prénoms

Moyenne : 69 %
Classement : 22/79

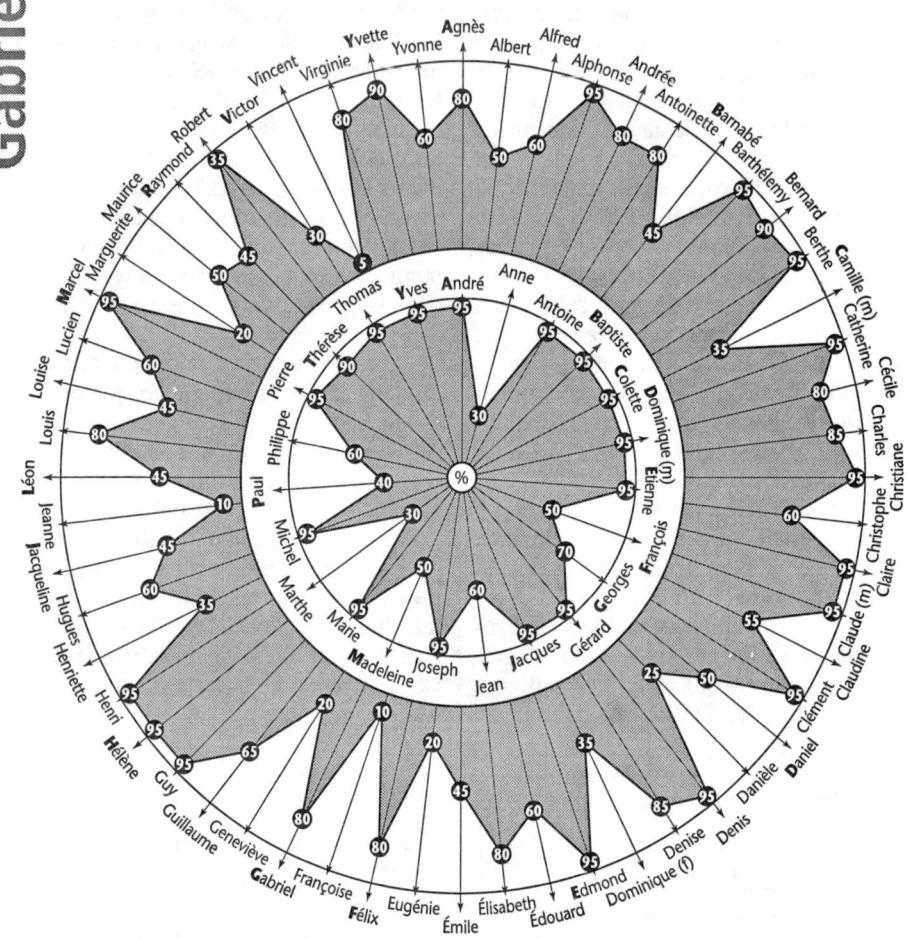

Les roues de compatibilités

Oui, voici des personnages porteurs de nouvelles et c'est sans doute pour cela qu'on trouvera parmi les Gabriel nombre de journalistes, d'écrivains, de réalisateurs, ayant tous pour mission de délivrer une connaissance percutante à notre vision du monde actuel. Et c'est ainsi que l'entourage de ces hommes aux immenses ressources leur accordera la 2e place sur 79, à 84 %. Applaudissons ! Nos amis, eux, se montreront plus nuancés et se contenteront de goûter la présence de leurs accompagnateurs au degré plus modeste de 22e sur 79, au taux de 69 %. Qu'importe, ne boudons pas notre admiration et décernons à ces splendides Gabriel la croix d'honneur qu'ils méritent bien !

Les autres prénoms et Gabriel

Moyenne: 84%
Classement: 2/79

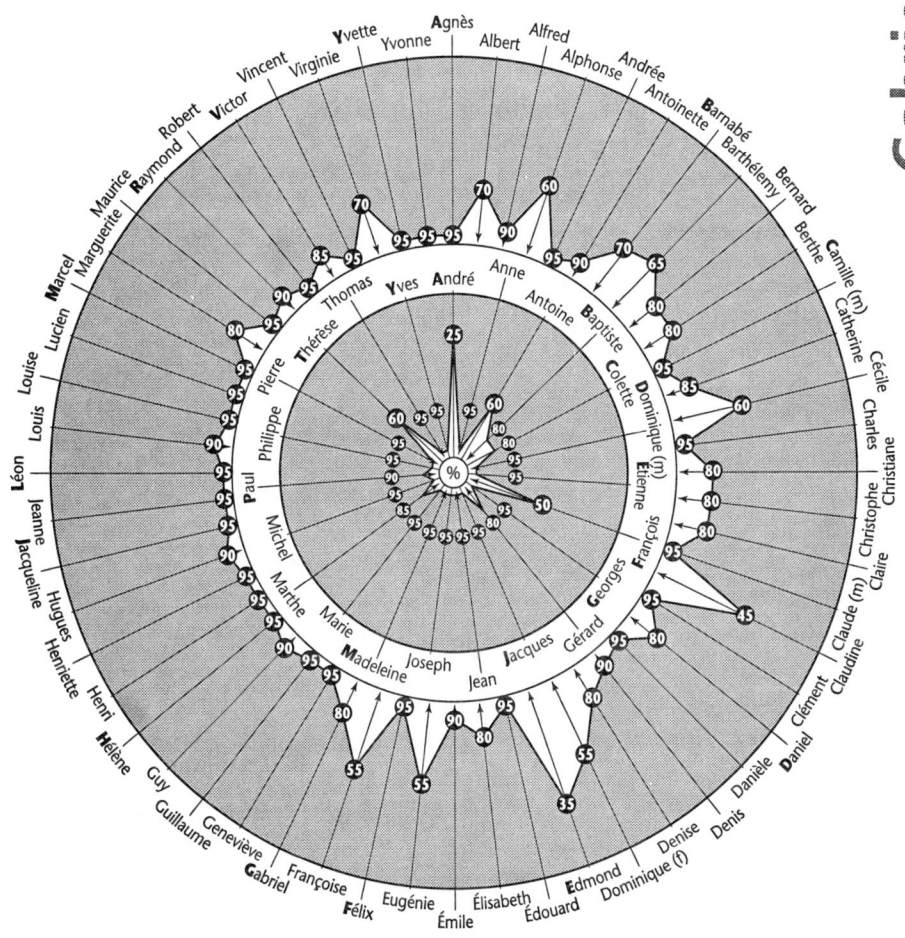

Comment Gabriel s'entend avec le signe des autres

Bélier	50%	Balance	80%	
Taureau	54%	Scorpion	64%	
Gémeaux	72%	Sagittaire	78%	
Cancer	86%	Capricorne	57%	
Lion	61%	Verseau	70%	
Vierge	48%	Poissons	82%	

Ce tableau ne concerne pas le rapport prénom personnel/signe personnel.
Il n'y a pas d'autocompatibilité entre Gabriel et son propre signe caractérologique.

42 Geneviève

1 • Prénoms associés

Ce sont tous les prénoms, quelle que soit leur origine, qui partagent les mêmes constantes caractérologiques et que vous découvrirez dans l'index de ce volume (p. 451), dont :

Amabella	Ginette	Morane
Clémence	Junie	Nicole
Clémentine	Maurine	Olga
Délia	Michèle	Urielle
Diane	Micheline	Vinciane
Fabricia	Mikaëla	...

2 • Célébrités

Pour vous sentir moins seul, ce trop bref aperçu des personnalités de tous les temps et de tous les lieux qui dépendent de ce type de caractère :

- AVRIL Nicole (1939) Romancière *Un matin de printemps léger et fugace.*
- CROISILLE Nicole (1936) Chanteuse *Un talent qui ne cesse de se surprendre.*
- LADY DI (1961-1997) *La déesse effacée.*
- MORGAN Michèle (1920) Actrice *Des yeux de gloire.*
- TABOUIS Geneviève (1892-1985) Journaliste *La sorcière emplumée.*

3 • Symboles

– Pour les Geneviève, nous avons une **terre** comme élément de base, une terre prête à rougeoyer à la première occasion. Une terre qui devrait être le symbole de la réceptivité et de la douceur féminine mais qui, tisonnée par un feu redoutable, jaillit en énergies difficilement contrôlables, en volontés implacables.
– Le **rouge** est mis ! C'est bien évidemment la couleur des **carnages**, des amours infernales.
– Quant aux nombres, **41-9-39**, tous masculins, ils donnent à ces êtres de choc une puissance brisante qui les éloignera, malheureusement, de bien des oasis tranquilles cachées dans le désert de la vie !

4 • Devise

La devise des Geneviève est sublime dans sa brutalité : **Celle qui attaque**. Si vous croyez les attendrir par des atermoiements ou par des faux-fuyants, vous vous condamnez à la déroute de ceux qui, en terrain miné, reculent pour mieux sauter.

5 • Totems

– Un animal totem qui se présente presque sous la forme d'une caricature : le **léopard**, symbole d'agressivité mais aussi de fierté, de force habile, soudaine et impitoyable. Ne tentez jamais d'arracher une proie à un léopard en grande dégustation. Mortel !
– Leur végétal, le **poirier**, semble de prime abord un arbre tranquille. Mais la poire, aux courbes féminines, est aussi un symbole typiquement érotique et c'est là une des grandes préoccupations secrètes et refoulées des Geneviève.
– Leur minéral, le **quartz**, est plein de lumière et de frémissements imperceptibles qui rythment la vie de nos montres, pilotent les satellites, détectent ces vibrations qui nous intéressent tant.

6 • Vibrations

Ça va fort ! **104 000 v/s**, soit un taux de **79 %**. Il y a là de quoi secouer un joli petit « panel » de spectateurs en les sortant de leur « noir et blanc » réducteur. Les Geneviève utilisent la couleur en 3D et ça fait du bruit dans Landerneau !

7 • Le Jeu de la Vie

Les Geneviève jugent-elles que le monde est à elles ? On pourrait le croire si l'on considère la **lame 21** de notre jeu caractérologique qui représente justement le **Monde**. Une femme nue danse au vent léger du soir au milieu d'une sarabande éclectique où l'on distingue un ange, un taureau, un aigle et un lion. Or cette danseuse cosmique tient à la main les deux baguettes qui mènent l'univers, celle de l'autorité et celle du pouvoir, l'esprit et la matière. D'où la facilité qu'ont ces femmes admirables, les Geneviève, de se servir de toutes les puissances qui les entourent pour donner un corps à leur ambition, une âme à leur désir, un esprit à leur réussite.

Volonté : 95 %

Intuition	73 %	Études	93 %
Réussite	75 %	Associations	50 %

Pas étonnant qu'avec un prénom pareil la patronne de Paris ait mis les Huns en fuite ! Un prénom guerrier, des femmes au caractère agressif à manier avec précaution. La volonté est déjà une déclaration de guerre à elle toute seule et si vous y ajoutez une activité de tronçonneuse, vous obtenez alors l'image grandiose de walkyries pleines de fureur et de bruit. L'intuition, elle, est remplacée par un raisonnement implacable, les études prennent des allures de marathon mais la réussite se déglingue quelque peu, secouée par une obstination féroce qui terrorise les pauvres bougres d'associés.

Activité : 98 %

Dynamisme	98 %	Affaires	100 %
Voyages	40 %	Sociabilité	75 %

Genre de chapitre qu'il faut écrire avec une plume d'acier trempée dans l'acide chlorhydrique ! Cette activité tient de la provocation et aussi de la passion la plus dévastatrice. Le dynamisme met au « carré » son potentiel déjà inquiétant et les affaires occulteront souvent la totalité du champ de tir de ces belles amazones. Il convient d'entreprendre une collaboration avec elles comme on entre à la Trappe, sinon on y passe illico ! Les voyages se font presque en voiture cellulaire et la sociabilité serait plutôt en dents de scie, ce qui coupe court à toute mondanité. Des « salons » en forme de parloir.

Portrait prospectif

Caractère : 93 % Psychisme : 69 % Personnalité : 87 % Destinée : 72 % Devenir : 90 %

Contrairement à ce que l'on pense, les guerriers n'ont rien à faire du présent car leur unique préoccupation, c'est l'avenir. Un stratège passe son temps à imaginer les intentions de l'adversaire, le soldat gamberge jour et nuit sur la date choisie pour la prochaine attaque. Or, d'une manière générale, le présent se solde simplement par quelques bruits exaltants ou par quelques cris fâcheux car déjà, tout est joué et l'on ne peut plus changer rien à rien. Moyennant quoi, nous assistons à de brillantes défaites et à des victoires pas toujours satisfaisantes qui troublent occasionnellement la légendaire sérénité des états-majors.

Or, les Geneviève sont des amazones au sein bruni, l'œil « animal » de lueurs fauves, sautant sur l'occasion et ravies de donner d'elles une image déstabilisante. Habituez-vous donc à considérer ces femmes bouleversantes comme d'admirables ordinateurs propres à calculer en « nanosecondes » le poids de votre présence, le volume de votre compte en banque, l'intensité de vos réactions et votre intérêt sensuel. Elles soufflent facilement le chaud et le froid ! Ne vous découvrez donc pas et surtout ne prenez jamais l'initiative d'une attaque qui pourrait vous conduire à la victoire car elles ne vous pardonneraient en aucun cas de voir bousculé leur plan de bataille. Vous toucheriez alors à leur futur et c'est le crime régalien par excellence qui réclame le poteau d'exécution. D'ailleurs le caractère des Geneviève se montre parlant, il plafonne en des rutilances inouïes ; c'est l'un des rares à écraser tout le reste, à ne laisser au psychisme que la faiblesse d'un sentiment, à hisser la personnalité au niveau d'une entreprise de pouvoir propre à subjuguer le bon peuple, à faire de la destinée l'agent de voirie d'un devenir éclatant trônant en perspective sur un fond de gloire affichée.

Voilà donc exprimée, en termes pudiques sinon timides, la grande aventure des Geneviève, héroïnes des temps de chevalerie, témoins du courage de la femme quand elle a décidé de casser les pieds à son bonhomme !

Émotivité : 58 %

Affectivité	73 %	Amour	60 %
Famille	70 %	Enfants	60 %

Étrangement, cette émotivité est à la fois forte et peu féminine ! Ne comptez pas sur une petite larme de compassion si vous êtes en difficulté. Elles vous tireront d'affaire mais votre « machisme » en prendra un méchant coup ! Les Geneviève sont méfiantes en amitié comme en amour et leur affectivité ne dépasse pas le stade de la commisération polie. La famille se gère comme une entreprise quelconque lorsque l'on est, comme elles, doté d'un sens puissant de la propriété et des convenances. Les enfants auront parfois l'impression d'avoir à traiter avec une institutrice « bis » plutôt qu'avec leur mère !

Réactivité : 66 %

Santé	97 %	Sensorialité	72 %
Argent	90 %	Profession	100 %

Déjà, pour être patronne de Paris, il faut disposer d'un sacré culot ! Cependant nous devons constater qu'avec les Geneviève nous n'avons pas du tout affaire à des caractères subversifs ! Elles sont assez réfléchies, ne s'engagent qu'avec prudence ce qui n'altère pas une confiance en soi qui frise l'orgueil le plus parfait. Rien à dire de la santé, assez masculine, alors qu'au plan de la sensorialité elles se méfient des hommes et plus encore des confidences qu'elles pourraient leur faire. L'argent ? Un des moteurs de leur action. La profession est leur seconde patrie et elles sont prêtes à bouffer tout ce qui ressemble à un « mec » !

Geneviève et les autres prénoms

Moyenne : 63 %
Classement : 48/79

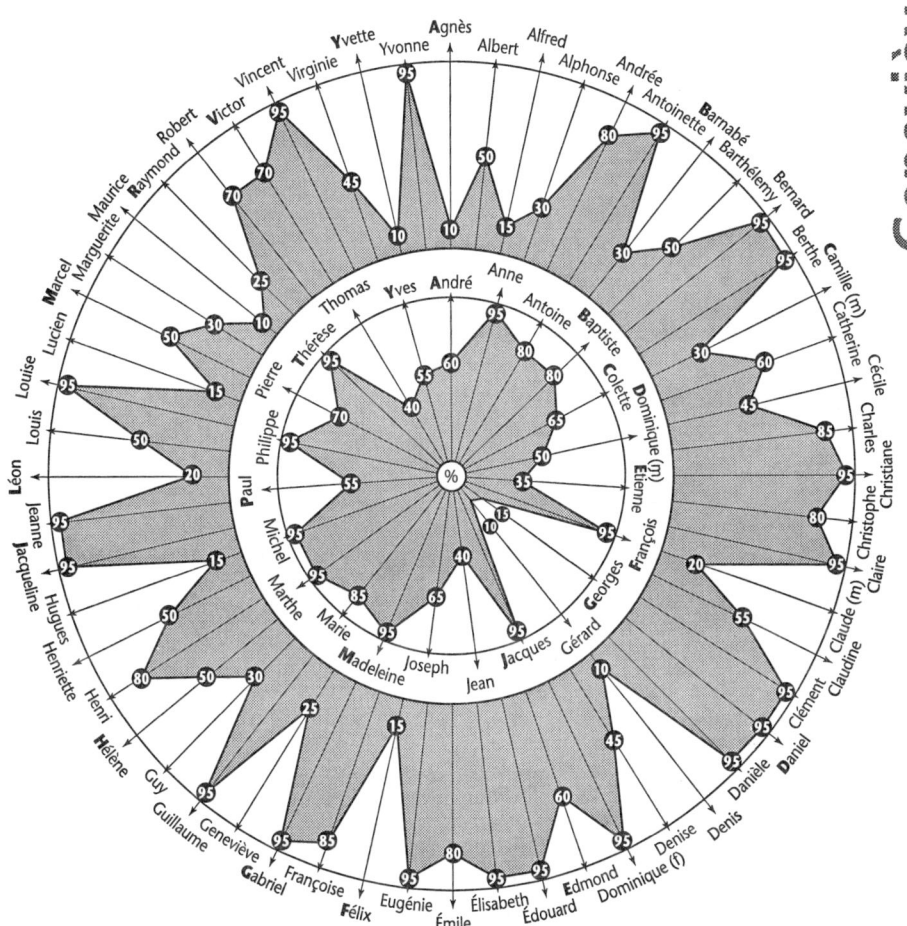

Les roues de compatibilités

Il est assez rare que la soldatesque manifeste une admiration prolongée et sacrificielle à un chef militaire de contact immédiat. Elle se prend vite pour un esclave. Bref, ce modeste préambule pour atténuer le coup que nous allons vous porter ainsi qu'à la famille des Geneviève, en vous révélant qu'elles ne sont appréciées par leur entourage qu'à la limite de 33 % soit la place croquignolette de 79e sur 79. Il faut le faire ! Quant aux Geneviève elles-mêmes, ne vous en faites pas, elles s'en balancent éperdument ! Reste leur propre réaction vis-à-vis de cette tourbe contestatrice. Réponse : elles ne la considèrent qu'à 63 %, soit la place de 48e sur 79. Tout est donc pour le mieux !

Les autres prénoms et Geneviève

Moyenne : 33 %
Classement : 79/79

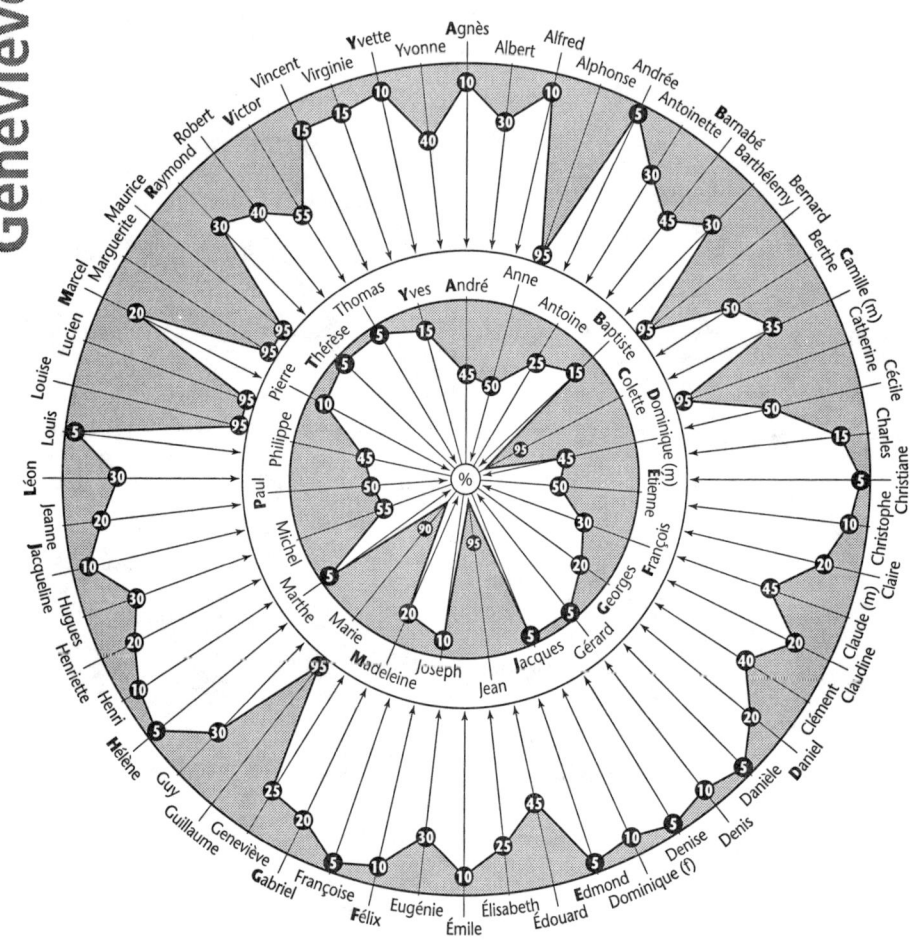

Comment Geneviève s'entend avec le signe des autres

Bélier	73 %	Balance	79 %
Taureau	68 %	Scorpion	70 %
Gémeaux	40 %	Sagittaire	80 %
Cancer	23 %	Capricorne	73 %
Lion	78 %	Verseau	52 %
Vierge	66 %	Poissons	60 %

Ce tableau ne concerne pas le rapport prénom personnel/signe personnel. Il n'y a pas d'autocompatibilité entre Geneviève et son propre signe caractérologique.

Georges 43

1 • Prénoms associés

Ce sont tous les prénoms, quelle que soit leur origine, qui partagent les mêmes constantes caractérologiques et que vous découvrirez dans l'index de ce volume (p. 451), dont :

Arsène	Geoffrey	Kilian
Barry	Geoffroy	Marvin
Calais	Igor	Modan
Éloi	Jeff	Phœbus
Fleming	Jeffrey	Youri
Garnier	Jordan	...

2 • Célébrités

Pour vous sentir moins seul, ce trop bref aperçu des personnalités de tous les temps et de tous les lieux qui dépendent de ce type de caractère :

- BIZET Georges   (1838-1875)   Musicien, compositeur   *Tout ce qu'il n'a pas eu le temps d'écrire.*
- BRASSENS Georges   (1921-1981)   Chanteur, poète   *Le courage d'avoir peur.*
- GUÉTARY Georges   (1915-1997)   Chanteur   *Une voix sans rides.*
- MÉLIÈS Georges   (1861-1938)   Réalisateur   *Le bonheur de tout inventer.*
- WASHINGTON George   (1732-1799)   Président des États-Unis   *Quand l'Amérique prenait son élan.*

3 • Symboles

– L'élément de base des Georges est un **feu** éclatant en ses débuts mais qui a tendance à se diluer dans l'air ambiant, remuant et indécis. Du genre « feu follet » !
– Le **jaune** est leur couleur difficile à éteindre et qui déborde toujours des limites qu'on veut lui assigner. C'est aussi la couleur de l'intuition, de l'audace et d'un besoin de supériorité qui ne manque pas de rendre assez encombrants ceux qui la portent.
– Les nombres **10-28-24**, tous féminins, donnent au caractère des Georges un volume artificiellement soufflé qui peut faire illusion pendant un temps mais finit par se dégonfler.

4 • Devise

La devise des Georges brille par sa clarté : **Celui qui détient la parole.** Et l'on pourrait ajouter : « ... et qui ne la lâche que très difficilement. » De là à penser que de leur bouche sortira le meilleur et le pire, il n'y a qu'un pas qu'il faut rapidement franchir !

5 • Totems

– Leur animal totem vient de loin puisque c'est le fameux **bison** à la silhouette antédiluvienne symbolisant l'attachement féroce de ce bovidé à son sol natal.
– Le végétal des Georges, l'**olivier**, se montre plus paisible, bien connu pour sa sagesse et sa modération. Or, les Georges sont plus calmes qu'on l'imagine quand ils ont terminé leur numéro verbal.
– Un minéral plutôt surprenant, voire inquiétant : l'**uranium** qui détient en lui cette énergie diabolique qu'on lui connaît mais qui ne se manifeste que dans des circonstances exceptionnelles.

6 • Vibrations

Divine surprise ! À **114 000 v/s**, soit un taux de **83 %**, nos Georges tiennent le haut du pavé et se promènent avec, sous le bras, un véritable trésor qui leur permettra d'acquérir une très large audience, ce qui est indispensable à ces orateurs-nés !

7 • Le Jeu de la Vie

J'hésite à vous annoncer le nom de la **lame 12** de notre petit jeu car si je vous dis que c'est le **Pendu**, vous en déduirez que je veux faire allusion à la langue de nos chers Georges qui, vous l'avez deviné, sont des bavards incorrigibles. Cependant, tout n'est pas aussi simple que cela et il faudra aussi considérer le symbolisme dilapidateur des pièces qui tombent des poches, l'air heureux du « supplicié » qui prend tout à l'envers et à la rigolade, son rattachement à un « haut » qui représente l'avenir et dont nos amis ne semblent pouvoir se séparer. Décidément, de curieux spécimens qu'il faudra surveiller attentivement dès leur naissance pour les tenir en laisse !

Volonté : 87 %

Intuition	91 %	Études	94 %
Réussite	98 %	Associations	50 %

Un poète a défini ainsi les Georges : « Une grande gueule dans une grosse tête. » Tout en réprouvant ce langage, nous devons reconnaître qu'il y a du vrai dans ce portrait-minute ! La volonté est tapageuse, titillée par une émotivité agitante. Et finalement on s'aperçoit que les Georges sont beaucoup plus bruyants qu'efficaces. Heureusement ils disposent d'une intuition presque magique. Comme ils sont intelligents, les études filent comme la Poste (!) et leur réussite, habituellement éclatante, n'est pas faite pour diminuer leur tour de crâne ! Des associés mi-fugue, mi-raison ! Inquiets, les chers petits !

Activité : 89 %

Dynamisme	77 %	Affaires	100 %
Voyages	60 %	Sociabilité	87 %

Et l'activité dans tout ça ? La sagesse populaire a toujours affirmé que les « causeurs » n'étaient pas les « bosseurs » ! Ce sera donc à vous, parents, patrons, collaborateurs, conjoints et autres, d'essayer de transmuer l'énergie aérienne en huile de genoux pour faire galoper ces Georges qui réclament un soutien car leur dynamisme s'essouffle vite ! Et pourtant les affaires sont prospères grâce à leur immense talent de « bateleur ». Les voyages ressemblent souvent à des kilomètres mis bout à bout et la sociabilité n'atteint pas les sommets prévus car les Georges sont parfois un peu « ours » et adorent croquer le croquant !

Portrait prospectif

Caractère : 77 %   Psychisme : 67 %   Personnalité : 80 %   Destinée : 82 %   Devenir : 76 %

Pour les Georges – et l'on s'y attendait – l'avenir se présente comme un discours qui se déroulerait tout au long de leur existence, une espèce de roman-feuilleton insensible aux secousses du présent et méprisant les réticences du passé. Ils martèlent des vérités qu'aucun fait ne viendra confirmer puisque demain ne sera pratiquement jamais ce qu'ils annonçaient la veille et que leur allocution à rallonge les amènera à changer d'optique au fur et à mesure de leur avancée dans le temps. Vous me direz que c'est le propre des harangues politiques que de ne jamais céder aux sirènes de l'actualité pour conserver l'admirable liberté du futur inconditionnel. Et puis ces fins d'interventions tapageuses avec ces éternels points d'orgue qui sonnent faux et fort : « et si c'est cela l'avenir que l'on vous promet, je dis : NON, trois fois NON ! Mais moi, je m'engage à… »

En réalité, pour eux, le futur est un rêve éveillé dont il est dangereux de les sortir brutalement. D'ailleurs, ils ne vous laisseront jamais les interrompre et, à tous les arguments de valeur que vous pourriez leur opposer, il vous sera lancé à la figure : « Taisez-vous, Dupont, vous n'y connaissez rien ! » Ils ne sont pas plus accessibles à vos raisons en dehors des débats médiatiques et ce n'est pas dans les coulisses que vous aurez l'occasion de les rouler dans la farine. Ces Georges possèdent en effet un caractère qui ne peut se maintenir en équilibre qu'à condition de pédaler sans cesse. Ils ne tiennent que par le mouvement et c'est pourquoi ils se méfient de tout ce qui peut les ralentir. Quant à l'immobilité, pour eux, c'est la mort sans phrase ! Le psychisme et ses sentiments freinent l'élan et empêchent la personnalité de se hisser à la hauteur d'une destinée qu'ils veulent exemplaire. Si vous voulez les flatter, dites-leur que ce sont des hommes « arrivés ». Ils repartiront de plus belle et le futur ne sera plus pour eux que cette surface merveilleusement glacée où ils pourront dessiner d'un patin irrésistible toutes les figures qu'ils ont tant de fois imaginées.

Émotivité : 60 %

Affectivité	80 %	Amour	80 %
Famille	85 %	Enfants	100 %

Une émotivité de puce enragée ! Des politiques qui vous annoncent pendant trente ans le grand soir pour demain ! Des amoureux qui délabyrinthent leurs sentiments majuscules en négligeant les travaux pratiques ! Une affectivité d'amour familial en forme de « patchwork » byzantin ! Une éloquence soûlante et, pour les malheureux auditeurs, l'envie furieuse de trouver aux grands mots de grands remèdes ! Mais les enfants, eux, ne se plaignent pas, qui dénichent dans la logorrhée paternelle de quoi rigoler et qui sont très sensibles aux attentions oratoires de ce haut parleur qui les aime vraiment !

Réactivité : 48 %

Santé	88 %	Sensorialité	92 %
Argent	100 %	Profession	100 %

Avec une telle émotivité, on pourrait penser que la réactivité connaîtrait des explosions homériques propres à faire trembler les compagnes environnantes ! Pas du tout ! Il est déconcertant de constater qu'elle est plutôt faible de la tige et que ce type de caractère prend son temps avant de remuer le petit doigt. La santé s'entoure de mille soins mais la sensorialité se couche parfois entre deux lits car ces hommes surprenants sont durement partagés entre leurs pulsions tenaillantes et une certaine moralité freudo-concupiscente qui les complexe. Quant à l'argent et à la profession, c'est la félicité des élus ! Hosanna !

Georges et les autres prénoms

Moyenne : 54 %
Classement : 78/79

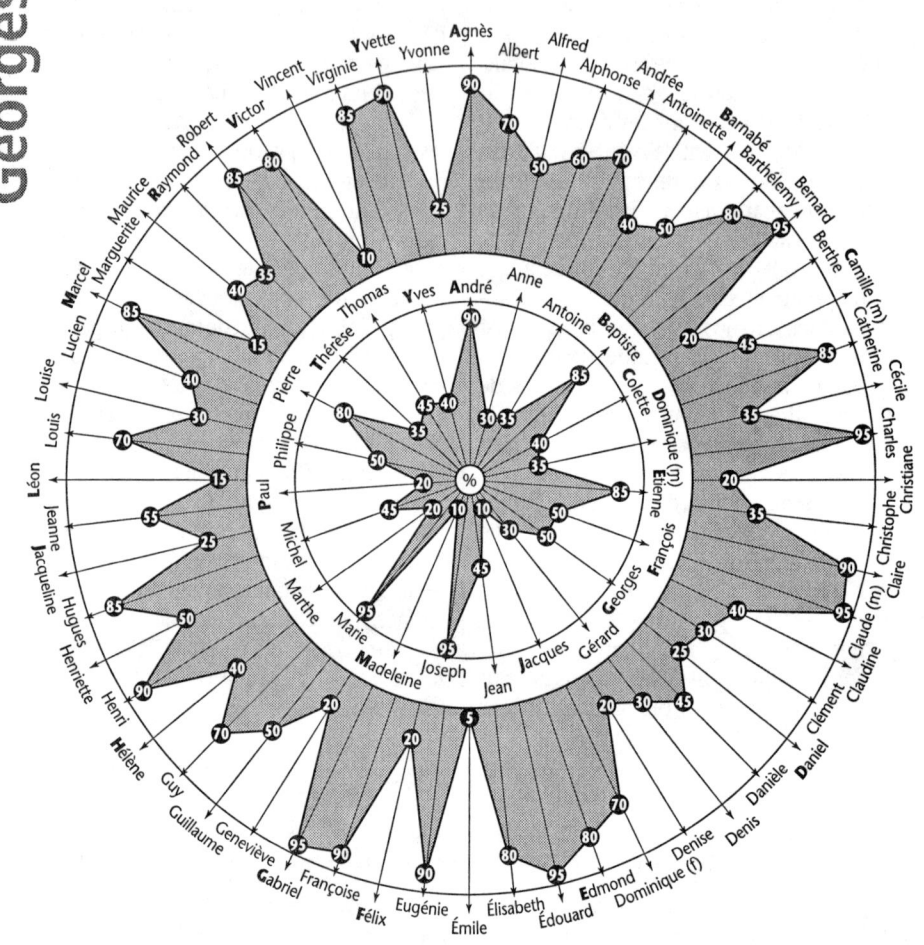

Les roues de compatibilités

Avez-vous déjà surpris un Georges qui, se croyant seul, se livre à des joutes oratoires où il joue aussi bien le rôle de candidat que celui d'opposant ? Spectacle inoubliable qui laisse à réfléchir sur la sincérité à étages de ces maîtres de la parole qui, très souvent, enfourchent n'importe quel cheval de bataille pour le simple plaisir de ferrailler à tout va. On comprend que ces mêmes Georges n'apprécient que fort modérément leurs auditeurs puisqu'ils se contentent d'une moyenne de 54 %, soit la 78e place sur 79. Étonnant, non ? Les autres prénoms se montrent beaucoup moins méfiants et se réfugient dans un pourcentage de 67 %, situant leur intérêt pour les Georges à la 37e place sur 79. Bof !

Les autres prénoms et Georges

Moyenne : 67 %
Classement : 37/79

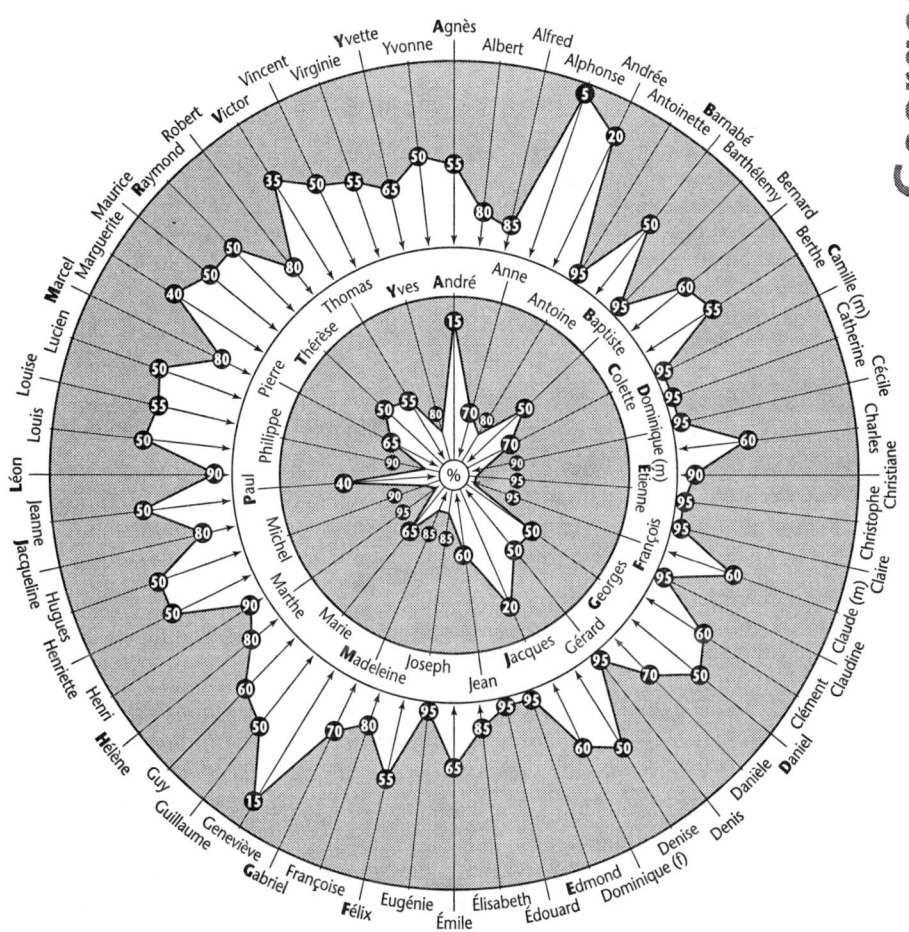

Comment Georges s'entend avec le signe des autres			
Bélier	75 %	Balance	79 %
Taureau	28 %	Scorpion	68 %
Gémeaux	60 %	Sagittaire	67 %
Cancer	32 %	Capricorne	39 %
Lion	83 %	Verseau	41 %
Vierge	56 %	Poissons	25 %

Ce tableau ne concerne pas le rapport prénom personnel/signe personnel. Il n'y a pas d'autocompatibilité entre Georges et son propre signe caractérologique.

44 Gérard

1 • Prénoms associés

Ce sont tous les prénoms, quelle que soit leur origine, qui partagent les mêmes constantes caractérologiques et que vous découvrirez dans l'index de ce volume (p. 451), dont :

Anthime	Gaétan	Jerry
Aurian	Garrett	Jikaël
Eudes	Gary	Judy
Florentin	Grant	Lavan
Florian	Herman	Roméo
Gaël	Ike	...

2 • Célébrités

Pour vous sentir moins seul, ce trop bref aperçu des personnalités de tous les temps et de tous les lieux qui dépendent de ce type de caractère :

- COOPER Gary   (1901-1961)   Acteur   *L'éternel cow-play-boy.*
- NERVAL (de) Gérard   (1808-1855)   Poète, prosateur   *La poésie du mystère.*
- PAPUS Gérard (Encausse) (1865-1916) Médecin ésotérique *Il s'étonnait lui-même.*
- PHILIPE Gérard   (1922-1959)   Acteur   *Une légende ne meurt jamais.*
- SÉTY Gérard   (1922-1998)   Acteur   *Un drôle de client.*

3 • Symboles

— Un élément de base qui explique bien des choses : la **terre**, une terre de terre où la régénération s'ajoute à la fertilité, un contact prodigieux avec les forces telluriques qui permettra aux Gérard de ressurgir à l'issue de difficultés inévitables avec une dignité certaine.
— Leur couleur, l'**orangé**, est un peu ambiguë car, si elle implique un fort besoin de jouissance et d'expansion, elle révèle aussi une tendance à privilégier une vie cachée qui peut aller du secret professionnel à l'adultère en passant par le complot politique.
— Les nombres **30-4-27** associent l'intelligence à la méfiance. L'intuition des Gérard est remarquable même s'ils ne l'écoutent pas toujours. Peut-être parce que trop féminine ?

4 • Devise

Une devise écrasante : **Celui qui soutient le monde.** Rien que cela ! Plus simplement, cette petite phrase suggère que les Gérard ont, de leur place, une vision cosmique étonnamment enrichissante et qu'ils ne renoncent jamais à être des intervenants reconnus.

5 • Totems

– Que vient faire cet animal totem, le **zébu**, dans ce portrait caractérologique ? On se le demande ! Oui, que vient donc faire ce bovidé qui traîne sa bosse dans toute l'Afrique ? Tout bonnement, disent les traditions locales, aider les hommes à se nourrir et à penser ! Quel programme !

– Doux, humble et surprenant végétal, le **chèvrefeuille** qui symbolisait, jadis, les liens d'amour qui unissaient le chevalier à sa dame. Les Gérard en rêvent mais ne savent pas faire partager cette aspiration.

– Le minéral est des plus parlants, le **lapis-lazuli**, cette « pierre d'azur » au bleu prenant, représentation de la nuit étoilée dont la présence céleste dispense la force sacrée du Dieu d'amour.

6 • Vibrations

Belle base de départ à **92 000 v/s**, soit un bon 60 %. Cela permet aux Gérard d'entreprendre leur campagne de ralliement à leurs idées dans le but de sauver le monde. Tout simplement !

7 • Le Jeu de la Vie

Notre attention est attirée par la **lame 10**, celle de la **Roue-de-Fortune**, trop compliquée pour qu'on puisse la décrire, trop ésotérique pour l'interpréter. Elle nous trouble par son aspect hétéroclite où l'animal joue les mythes, la géométrie prenant des allures de gnose déconcertante, le tout sur fond de mer serpentine, support fragile d'équilibres impossibles. Les Gérard se prendraient-ils pour des sphinx, installés en leur gloire éphémère, croyant soutenir la Terre alors qu'ils sont supportés par elle et donc à la merci de cette roue qui peut se mettre en mouvement à l'instant même, précipitant à l'abîme tout ce petit monde ? *Finis gloriae mundi !*

Volonté : 95 %

Intuition	82 %	Études	75 %
Réussite	90 %	Associations	65 %

On les croit immobiles, ils sont observateurs ! La lenteur, chez les Gérard, n'est que de la prudence philosophique. Ils regardent avec un flegme parfois irritant monter et descendre la destinée des êtres et les réflexions qu'ils vous livrent tout à coup sont souvent admirables de précision tranchante ! Une volonté qui frise l'obstination quand ce n'est pas de l'entêtement ! Leur intuition sabote gentiment vos petites approches sournoises ; les études et le sport vont de pair car il faut bien que la tête se muscle… et la réussite, excellente, englobe des facteurs associatifs suffisamment efficaces !

Activité : 87 %

Dynamisme	93 %	Affaires	100 %
Voyages	100 %	Sociabilité	78 %

Ce sont des hommes qui ne se sentent à l'aise que dans l'épreuve. Non pas dans la bagarre mais dans la manifestation d'un courage, d'une décision tenue. Le dynamisme ajoute de la ferveur à leur activité et l'on retrouve fréquemment des Gérard au sein de sociétés d'entraide, de syndicats, partout où il faut se donner à fond. Les affaires prennent alors l'allure d'une véritable croisade ! Ce sont d'immenses voyageurs, organisés et circonspects. Une sociabilité plus de circonstance que de conviction. Ils écoutent plus qu'ils ne parlent et surtout, ils jugent ! Donc, pas d'entourloupettes !

Portrait prospectif

Caractère : 92 %   Psychisme : 87 %   Personnalité : 84 %   Destinée : 96 %   Devenir : 98 %

Revenons un instant sur le symbolisme attaché à la Roue-de-Fortune où se joue le destin de cette humanité qui n'est jamais arrivée à savoir si elle était le fruit du passé – « l'homme descend du singe » – le hasard du moment – « saisir l'instant qui passe » – ou la volonté d'un divin architecte ne vivant que d'avenir puisque de nature éternelle. Incapable de trancher, l'espèce humaine sautille donc d'un étage à l'autre, se consolant de l'un en se jetant dans les bras de celui qui suit et dessinant le schéma de cette Roue-de-Fortune imprévisible et souvent décevante. Or les Gérard se méfient de l'avenir et refusent de se laisser complexer par le passé. Quant au présent, ils lui donnent une telle étendue qu'il en arrive à se propager par capillarité sur de nombreux domaines qui se croyaient hors du temps comme la religion ou la philosophie prétendant enseigner à l'homme à se détacher des contingences immédiates. Il existe chez les Gérard, justement, un peu de ce flegme qui fit la réputation d'un pays ami. Et l'on peut dire que, par un certain côté, ils ne détonneraient pas dans une contrée dont ils ne sont habituellement pas friands, l'Angleterre ! Mais si, vous savez bien, l'Angleterre, cette petite colonie américaine pendue aux basques de l'Europe !

Ces mêmes Gérard ont sous le pied une puissance de caractère qui peut les propulser vers des sommets d'aujourd'hui avec une rare intensité. Ne laissez donc jamais un de ces hommes tourner à vide ! Ils veulent être embrayés sur la vie du monde, ils se savent indispensables et leur psychisme, l'essentiel de leurs sentiments, se tourne vers une efficacité immédiate et totale qui est leur raison de vivre. La personnalité suit en ce sens qu'ils ne sont pas persécutés par leur image mais bien par leur efficience. Leur destinée est donc ce portrait, à la Dorian Gray, qui reflète souvent un dynamisme frénétique et qui les tuerait s'il venait à se déliter au fil de certains renoncements. Heureusement, leur devenir prend son véritable visage : celui de l'homme universel ayant triomphé des dieux et des diables !

Émotivité : 36 %

Affectivité	92 %	Amour	80 %
Famille	80 %	Enfants	70 %

L'émotivité des Gérard est des plus moyennes. Ils ont en horreur tout ce qui, en eux, échappe au contrôle de leur volonté. Ils sont assez méfiants aussi bien à l'égard d'eux-mêmes que vis-à-vis des autres. Curieusement, l'affectivité est importante et, généralement, surprend par son irruption dans des situations professionnelles ou commerciales. Ils aiment à rendre service mais si vous les remerciez, n'en faites pas trop car ils apprécient la sobriété dans l'action. L'amour, la famille, les enfants, seront acceptés dans la mesure où tout cela restera digne et ne sombrera pas dans la « chienlit ».

Réactivité : 37 %

Santé	97 %	Sensorialité	88 %
Argent	95 %	Profession	100 %

D'où peut bien sortir cette réactivité traînarde ? Les Gérard manqueraient-ils de caractère au point de laisser les autres faire leur numéro sans réagir ? Que nenni ! En réalité, ils sont – tout respect gardé ! – du type « ruminant ». Cette réactivité « secondaire » a un effet retardateur qui les conduit à agir plutôt qu'à parler. Avec eux, rien ne se perd et parfois, longtemps après, la réaction se manifeste, calme et efficace, dans un sens comme dans l'autre ! Une santé et une sensorialité tiraillées entre devoir et pulsions. Un sens aigu de la valeur de l'argent intimement lié à la notion presque tyrannique de profession !

Gérard et les autres prénoms

Moyenne : 57 %
Classement : 69/79

Gérard • 44

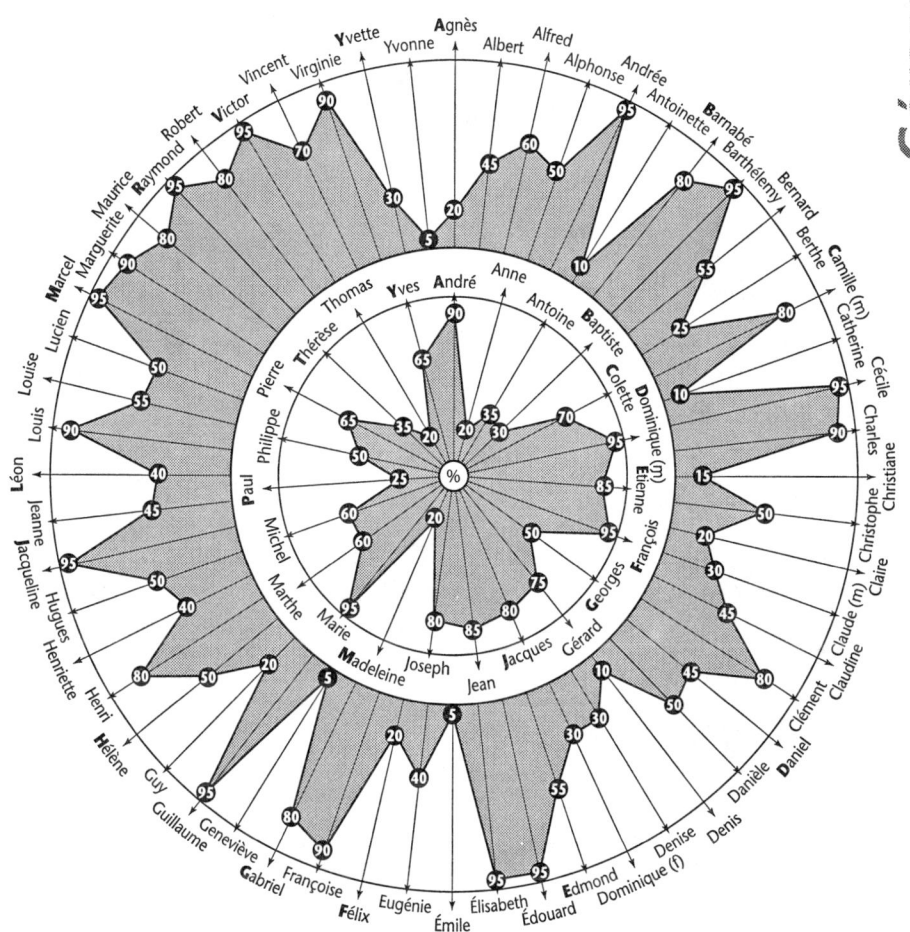

Les roues de compatibilités

Ici se noue le drame car celui qui est censé soutenir le monde, aider ses frères en détresse, se trouve aux prises avec des difficultés de communication presque impossibles à résoudre. Les Gérard, forts de la conscience flatteuse qu'ils ont d'eux-mêmes, pensent souvent que leur technique de vie sera largement plébiscitée par leur public. Ils exposent des théories décisives que l'opinion croit accessoires mais, déçus par cet accueil, ils n'apprécient leur entourage qu'à 57 %, 69e place sur 79. Donc, leur belle philosophie pragmatique ne touche leur auditoire qu'à 50 %, 71e place sur 79. Moralité : quand on se croit irremplaçable, mieux vaut en persuader les autres que s'en flatter bêtement !

Les autres prénoms et Gérard

Moyenne : 50 %
Classement : 71/79

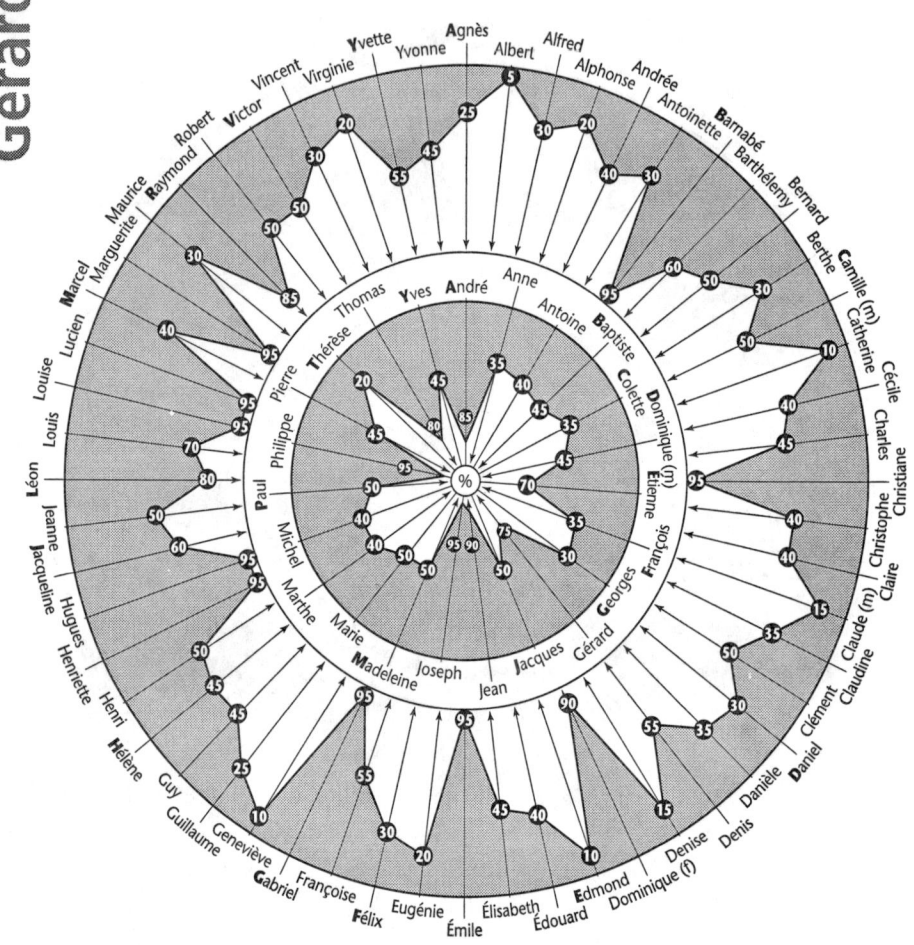

Comment Gérard s'entend avec le signe des autres

Bélier	54 %	Balance	74 %	
Taureau	83 %	Scorpion	74 %	
Gémeaux	40 %	Sagittaire	60 %	
Cancer	36 %	Capricorne	79 %	
Lion	76 %	Verseau	29 %	
Vierge	42 %	Poissons	54 %	

Ce tableau ne concerne pas le rapport prénom personnel/signe personnel.
Il n'y a pas d'autocompatibilité entre Gérard et son propre signe caractérologique.

Guillaume 45

1 • Prénoms associés

Ce sont tous les prénoms, quelle que soit leur origine, qui partagent les mêmes constantes caractérologiques et que vous découvrirez dans l'index de ce volume (p. 451), dont :

Abigaïl	Guillemin	Prosper
Abraham	Ibrahim	Scott
Anastase	Jillian	Servan
Bill	Martial	William
Callixte	Melvin	Wilson
Gilles	Parfait	...

2 • Célébrités

Pour vous sentir moins seul, ce trop bref aperçu des personnalités de tous les temps et de tous les lieux qui dépendent de ce type de caractère :

- BOEING William (1881-1956) Inventeur — *Quand le génie prend son vol.*
- COLEMAN Bill (1904-1981) Musicien — *Donner une âme au souffle de l'homme.*
- GUILLAUME le Conquérant (1028-1087) — *Le solide appétit des Normands.*
- LINCOLN Abraham (1809-1865) Président des États-Unis — *On croit tuer un homme, on assassine une nation.*
- SHAKESPEARE William (1564-1616) Acteur ou auteur ? — *La question : « Être ou ne pas être Shakespeare ? »*

3 • Symboles

– Chez Guillaume et chez les autres prénoms associés, on découvre un élément de base qui est la **terre** mais une terre de terre, riche de racines et de truffes, une terre de bauge et de fouissement. La terre que le feu ne fait que féconder et qui se nourrira toujours des cendres et des poussières du monde.

– Le **vert**, couleur de la nature et des eaux régénératrices, représente la vigueur, le courage mais cela pourrait être aussi le signe d'une vengeance sans fin, dans le pire des cas.

– Les nombres **2-13-40** ont des relents d'instinct toujours contrôlable. Ils auraient gouverné, jadis, les dieux des champs, des bois et la nuit était leur royaume. Mais ils attendent, eux aussi, le retour du jour.

4 • Devise

S'il fallait deviner ce que peut bien cacher cette devise pleine d'aspérités : **L'homme solitaire**, on aboutirait vite à cet étonnant animal qu'est le sanglier, riche d'une symbolique d'une profusion confondante.

5 • Totems

— Nous y sommes et déjà l'animal totem des Guillaume, le **sanglier**, se précipite sur nous, couvert des cicatrices de ses anciens combats, forcé par la meute des médiocres poursuivant à mort cette image déconcertante du spirituel traqué par le temporel.
— Leur végétal, l'**if**, n'est pas plus rassurant. Le monde antique le considérait comme le plus seul et le plus ancien des arbres, d'un symbolisme militaire puisqu'il servait à la fabrication des lances et des boucliers sacrés.
— Leur minéral, le **basalte**, cette roche éruptive, sombre et sauvage, évoque la résistance et la durée, une terre alchimiée par le feu et qui tapisse le fond des océans. Délicieux!

6 • Vibrations

85 000 v/s, soit un taux de 53 %, fournissent suffisamment d'énergie bien ciblée pour mettre sur les genoux tous les poursuivants mais permettent aussi aux Guillaume d'entreprendre de longues expéditions punitives.

7 • Le Jeu de la Vie

On a l'impression que chez les Guillaume tout est dans tout et qu'ils sont capables de s'adapter à n'importe quelle situation, non par souplesse de caractère mais par décisions volontaires, implacables, submergeantes. Il n'est donc pas étonnant que leur lame soit le **numéro 1**, le **Bateleur**, ce jongleur aux activités multiples, jouant sur tous les plans, à même de mûrir des actions d'une grande ampleur qu'il n'abandonne jamais en route. Soyez donc prudents si vous vous engagez à collaborer avec un Guillaume. Habituellement, il vous fait payer très cher toute fantaisie dérivante et ses coups de boutoirs s'avèrent dévastateurs. Mais sachez qu'à la moindre faiblesse, vous serez achevé sans pitié!

Volonté : 97 %

Intuition	73 %	Études	90 %
Réussite	90 %	Associations	95 %

Comment, sans faire d'histoire, hésiter à qualifier les Guillaume de conquérants? Il faut bien le dire, c'est un prénom lourd à porter car il implique la mise en œuvre d'une volonté féroce que viendra doper une activité sauvage. De vrais « Rambo », solitaires et obstinés. Conseil : si vous voulez jouer les dresseurs de fauves, changez de trottoir! Chez eux, l'intuition pourrait s'appeler « instinct » et les études sont parcourues d'une seule haleine, sérieusement et sans fantaisie dérivante. Mais la réussite est au bout, laborieuse et durable, saluée par le respect et l'envie des associés subjugués.

Activité : 95 %

Dynamisme	95 %	Affaires	75 %
Voyages	70 %	Sociabilité	80 %

L'activité, nous l'avons déjà vu, ajoute de l'efficacité à l'explosion de la volonté et cette nuée ardente va griller plus d'un adversaire quand elle ne roussira pas les moustaches des copains et autres collègues. Mais il faut bien reconnaître que les affaires souffrent parfois de ces à-coups ravageurs qui sèment la terreur dans la belle âme des banquiers. En compensation, quelle fidélité et quelle rigueur de gestion de la part de ces magnifiques Guillaume dont la sociabilité sélective n'admettra auprès d'eux que des amis fidèles, des compagnons de voyage toujours admiratifs et toujours respectueux!

Portrait prospectif

Caractère : 80 %   Psychisme : 73 %   Personnalité : 84 %   Destinée : 76 %   Devenir : 69 %

La force prodigieuse des Guillaume réside avant tout dans le fait qu'ils envisagent l'avenir sans se faire la moindre illusion. Ils s'attendent à des combats sans merci car ils auront toujours devant eux et surtout derrière eux des adversaires sans merci qui, non contents de les poursuivre à mort, feront de ces traques un véritable sport. Sans vouloir revenir sur le symbolisme de leur animal totem, le sanglier, il faut bien admettre que ces durs à cuire excitent, provoquent ce courage des lâches que l'on nomme la chasse, permettant de triompher cyniquement d'une volonté rebelle ou d'une vertu engagée. Ne cherchez donc pas à les endormir par des promesses euphorisantes : « Ça ira mieux demain… », « Un dernier petit effort ! » Ils vous regarderaient d'un air apitoyé ! Rappelez-vous que la perte de confiance d'un Guillaume a toujours des conséquences fort désagréables, voire catastrophiques. Ainsi, vous pouvez remballer votre arsenal d'horloger du clair de lune et ne pas vous lancer dans des discours où vous feriez rimer passé avec trépassé, présent avec cadeau et avenir avec réussir. En revanche, tout ce qui concerne le gouvernement du monde leur tient particulièrement à cœur.

Les chiffres se trouvent particulièrement révélateurs de la pente que vont suivre les Guillaume pour rejoindre un devenir qui ne les préoccupe que modérément. Le caractère s'avère de belle facture, rude peut-être mais doué d'une bonne intelligence efficace car bien ordonnée, riche en volonté et en activité. Le psychisme déprime légèrement en fonction d'une intuition marginalisée mais la personnalité s'affirme comme étant une solide base de départ pour toute équipée sociale ou familiale. Il y a en eux un tel désir d'agir bien et d'aider ceux qui les entourent que leur destinée n'arrive pas à se différencier de leur comportement actuel. Ils font tout ce qu'ils peuvent et n'attendent pas demain pour en ajouter. Dans ces conditions, l'avenir ne peut pas se présenter à eux autrement que comme un aujourd'hui réussi, achevé.

Émotivité : 60 %

Affectivité	95 %	Amour	75 %
Famille	85 %	Enfants	90 %

Dieu merci, elle est bien présente cette émotivité qui apporte à ce caractère indomptable des qualités de cœur que l'on s'étonne, parfois, de trouver dans ces personnages monolithiques. C'est de là que provient cet aspect humain que l'on découvre au fond de leurs yeux, une émotivité qui se transmue en une belle affectivité au point que l'amour n'en est plus qu'une province et l'amitié sa banlieue. Pour eux, l'affectivité est le plus universel des sentiments. La famille et plus encore les enfants reconnaîtront dans le chef de leur folle tribu l'image vénérable du « grand bison blanc » ! Hugh !

Réactivité : 58 %

Santé	97 %	Sensorialité	90 %
Argent	80 %	Profession	90 %

Apparemment, ils tiennent bien en main cette réactivité qui, sans cela, serait celle d'Attila ou de Gengis Khan ! Il est fort possible qu'en d'autres circonstances, on les prendrait pour des individus parfaitement dangereux qui, poussés par une santé tellurique, seraient capables de tout ! Aussi, méfiez-vous de ces hommes blessés pour quelque raison que ce soit ! La sensorialité est exigeante et naturellement excessive, débordant largement sur la profession et l'argent qui se feront durement bousculer. Seul regret pour les Guillaume, ne pas s'être trouvés au Paradis pour tirer sur le serpent au lieu de la pomme !

Guillaume et les autres prénoms

Moyenne : 72 %
Classement : 9/79

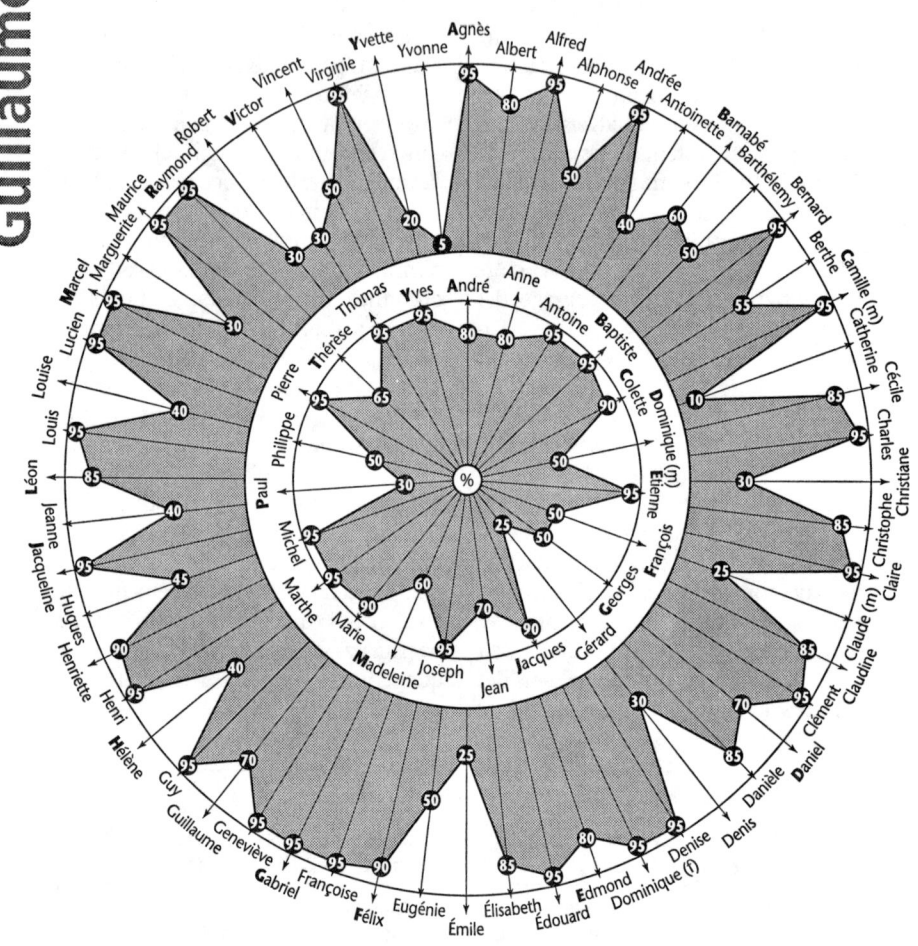

Les roues de compatibilités

Il paraît facile d'imaginer que l'entente des Guillaume avec ceux qui participent à leur aventure altruiste ne peut se montrer qu'excellente, sans qu'aucune démagogie ne vienne entacher la générosité de ces hommes vis-à-vis de ceux qui les côtoient. C'est donc à une moyenne de 80 % que leur entourage apprécie le comportement de ces êtres passionnants, ce qui les hisse à la 7e place sur un total de 79. Que dire de plus ? Quant aux Guillaume, ils considèrent l'action de leurs condisciples au taux de 72 %, soit à la place de 9e sur 79. Ce qui, pour des hommes que d'aucuns qualifient de froids ou de bousculants est un classement particulièrement flatteur. Sincères félicitations !

Les autres prénoms et Guillaume

Moyenne : 80 %
Classement : 7/79

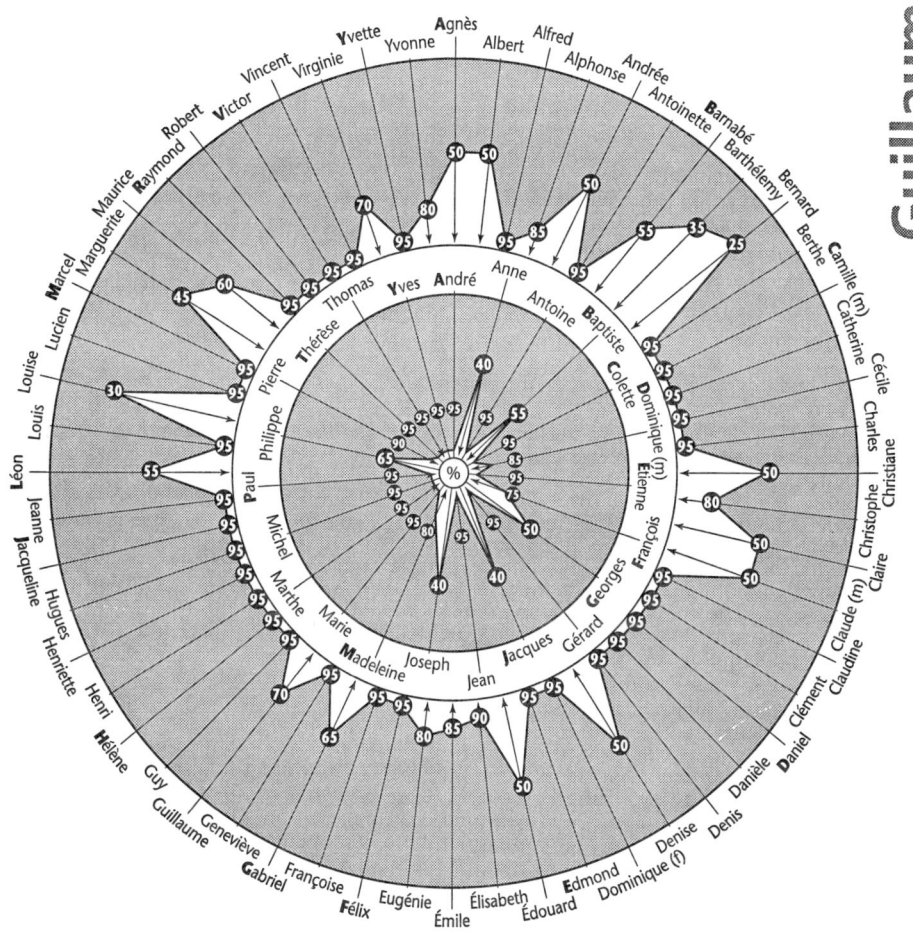

Comment Guillaume s'entend avec le signe des autres				
Bélier	70 %	Balance	58 %	Ce tableau ne concerne pas le rapport prénom personnel/signe personnel. Il n'y a pas d'autocompatibilité entre Guillaume et son propre signe caractérologique.
Taureau	67 %	Scorpion	40 %	
Gémeaux	54 %	Sagittaire	67 %	
Cancer	48 %	Capricorne	92 %	
Lion	76 %	Verseau	68 %	
Vierge	63 %	Poissons	60 %	

46 Guy

1 • Prénoms associés

Ce sont tous les prénoms, quelle que soit leur origine, qui partagent les mêmes constantes caractérologiques et que vous découvrirez dans l'index de ce volume (p. 451), dont :

Angelram	Enguerrand	Lazare
Athanase	Gatien	Tanguy
Bonfils	Guido	Tudal
Cody	Gustave	Vadim
Cosme	Guyon	Waldemar
Doyle	Lary	...

2 • Célébrités

Pour vous sentir moins seul, ce trop bref aperçu des personnalités de tous les temps et de tous les lieux qui dépendent de ce type de caractère :

- COURBET Gustave (1819-1877) Peintre *Une couleur qui hésite devant la lumière.*
- EIFFEL Gustave (1832-1923) Ingénieur *Il avait plus d'une tour dans son sac.*
- FLAUBERT Gustave (1821-1880) Romancier *Femme, éternelle fugitive.*
- MAUPASSANT (de) Guy (1850-1893) Romancier *L'humanité telle qu'on la ramasse.*
- MOREAU Gustave (1826-1898) Peintre et dessinateur *La mystique inquiétée.*

3 • Symboles

– L'élément de base des Guy mérite toute notre attention car cet **air** se trouve intimement lié à l'eau dont il est issu comme la bulle naît du champagne. Cet air représente l'inconscient collectif qui ne peut exister sans son public pour le remuer.
– La couleur, le **violet**, instable mélange de rouge et de bleu, figure tour à tour l'amour du merveilleux, de l'inaccessible et le rêve d'une passion légère et fragile.
– Les nombres **4-42-36**, tous de nature féminine, donnent aux Guy un caractère parfois ambigu qui peut se traduire par des hésitations sentimentales bien délicates à résoudre.

4 • Devise

L'homme sur ses deux jambes. En paraphrasant Voltaire, on pourrait dire des Guy qu'ils ont un pied dans le plaisir et que de l'autre ils font des gambades. Certes, cela serait exagéré mais il faudra tout de même leur rappeler à chaque occasion que le sautillement n'a jamais été un mode d'installation durable.

5 • Totems

– Leur animal totem n'a pas spécialement les pieds sur terre puisqu'il s'agit de la **mouette**, oiseau sachant parfaitement allier l'air et l'eau en un vol planant assez étonnant. Jadis, on considérait la mouette comme étant la propriétaire jalouse de la lumière du jour qu'elle disputait à la nuit des corbeaux.
– Le **tremble** est le végétal des Guy et son nom symbolise bien son caractère. Ce peuplier à feuilles mobiles souligne la dualité de ces hommes chez qui la magie n'est jamais très éloignée de la vie quotidienne.
– Quant au minéral, le **platine**, métal précieux aux propriétés chimiques extraordinaires, il fournit une mousse catalytique aux infinies possibilités.

6 • Vibrations

Une escarcelle bien remplie de **104 000 v/s**, soit un taux de **73 %** donnant au langage psychologique de ces hommes imaginatifs un excellent potentiel de communication.

7 • Le Jeu de la Vie

Une lame au nom surprenant et à prendre avec des pincettes. En effet, le **numéro 16** s'intitule la **Maison-Dieu** et représente une tour – qui pourrait être celle de Babel – en train de s'effondrer, frappée par un éclair vengeur. Deux personnages, un roi et un pape, en profitent pour faire également le grand plongeon. On pourrait d'ailleurs y ajouter un phylactère où l'on lirait : *Sic transit gloria mundi*. On s'accorde à reconnaître dans cette tour foudroyée le symbole de la société humaine et celui de l'orgueil égocentrique condamnés à l'écroulement apocalyptique des collectivités obsolètes par méconnaissance dramatique des notions complémentaires de pouvoir et d'autorité qu'il est criminel de confondre.

Volonté : 81 %

Intuition	87 %	Études	82 %
Réussite	80 %	Associations	60 %

Les Guy sont des hommes qui, pour être efficaces, ont besoin de se trouver d'aplomb, bien plantés sur leurs deux jambes. Leur caractère manque donc de stabilité. La volonté se montre souvent hésitante et correspond à une intuition vive mais parfois désordonnée qui n'arrange pas les choses. Ils auraient tendance à se servir de leur flair pour éviter de s'engager trop, de prendre trop de risques. Les études adoptent des allures de kaléidoscopes, aux combinaisons multiples et déconcertantes. La réussite joue à pile ou face et, de ce fait, les associations d'intérêt sont hasardeuses !

Activité : 87 %

Dynamisme	97 %	Affaires	75 %
Voyages	100 %	Sociabilité	92 %

Une activité calme liée, comme le reste, à une vision souvent changeante des buts qu'ils se proposent. Ne laissez pas les Guy faire les girouettes et sachez que lorsqu'ils se fixent un objectif précis, ils disposent d'un dynamisme bousculant avec, toutefois, une nette tendance à en dire plus qu'ils n'en font ! Les affaires font du cabotage entre les cent projets d'un Guy jouant les cabotinages, mais lorsqu'elles se superposent à un voyage passionnant, elles prennent des dimensions effarantes. La sociabilité est fantasque et il n'est pas toujours aisé de les suivre dans leur vagabondage affectif !

Portrait prospectif

Caractère : 62 %   Psychisme : 76 %   Personnalité : 71 %   Destinée : 58 %   Devenir : 61 %

Qu'on le prenne bien ou mal, le futur surprendra toujours les Guy et les prénoms associés. En réalité, il existe chez eux une réelle peur de l'avenir qui se traduit le plus souvent par une dialectique embarrassée, presque bégayante lorsqu'il s'agit de préciser une ligne d'action prospective. Et ne croyez surtout pas que vous tirerez de ces hommes au psychisme assez fluctuant des promesses d'actions engageantes. Vous les choquerez, vous les braquerez, comme on dit, et ils ne vous pardonneront que difficilement de les avoir violés en essayant d'obtenir d'eux ce qu'ils n'ont pas et qu'ils n'auront jamais, à savoir cette possibilité de projection de la personnalité qui fait les gagneurs, ces fameux « violents » à qui la Bible promet le ciel et dont la Terre fait déjà la triste expérience !

Pour eux, ne penser qu'au lendemain est un péché contre l'amour et plus encore contre l'affectivité. On ne peut regarder un être avec les yeux du cœur tout en cherchant à deviner ce que l'on va bien pouvoir faire de lui par la suite.

Les Guy se refusent à acheter une voiture en supputant les chances qu'elle leur donne de limiter la casse si un accident se produit ! D'où un caractère aux ailes rognées qui hésite entre une volonté à éclipses et une activité de circonstance qui, telle une voile légère, ne propulse le navire que dans des vents favorables. C'est justement le type de circonstances que choisit le psychisme et son cortège de sentiments opportunistes pour mettre en mouvement le fragile esquif dont la proue tend déjà vers Cythère. Curieusement, la personnalité ne fait pas le bond attendu. On a l'impression qu'elle se dégonfle un peu à l'approche de ce redoutable futur, de cette destinée qui juge et sanctionne en établissant des bilans d'action alors que, dans l'existence présente, on peut toujours vivre d'intention. La politique en est le parfait exemple ! Barbotant au même niveau que cette exigeante destinée, le devenir ne sera plus que l'écho affaibli d'une fête déjà lointaine dont le souvenir ne représentera jamais une raison d'espérer.

Émotivité : 67 %

| Affectivité | 98 % | Amour | 85 % |
| Famille | 55 % | Enfants | 75 % |

Forte, trop forte émotivité qui va les handicaper toute leur vie, leur donnant parfois des réactions assez féminines. On s'énerve, on s'inquiète d'une amitié jalouse, on développe une affectivité trop souvent exclusive. On comprend alors que les amours semblent hésiter entre bien des solutions et ce, au milieu de désarrois parfois pathétiques ! « Mais qu'est-ce que je peux faire ? » C'est la porte ouverte à toutes les fuites, à tous les lâchages. Avec cette mentalité fluctuante, la famille n'est pas le havre de grâce souhaité et les enfants sont aimés d'une manière sporadique plutôt perturbante !

Réactivité : 48 %

| Santé | 90 % | Sensorialité | 88 % |
| Argent | 70 % | Profession | 90 % |

Les Guy sont souvent d'excellents poètes qui peuvent mieux traduire le flou d'un lever de soleil en automne que les splendeurs d'un été exotique. D'ailleurs, ils tentent de bloquer leur émotivité en se contraignant à réagir avec un certain temps de retard pour éviter le « flash » d'un instant délirant ! La santé serait bonne si l'imagination ne compliquait pas tout. On se fabrique aussi des « frousses » en matière de sensorialité, donc de sexualité et des refoulements irraisonnables viennent saper le bel élan reproducteur ! La profession, lorsqu'elle est bien choisie, amène l'argent et ramène la confiance. Ouf !

Guy et les autres prénoms

Moyenne : 64 %
Classement : 41/79

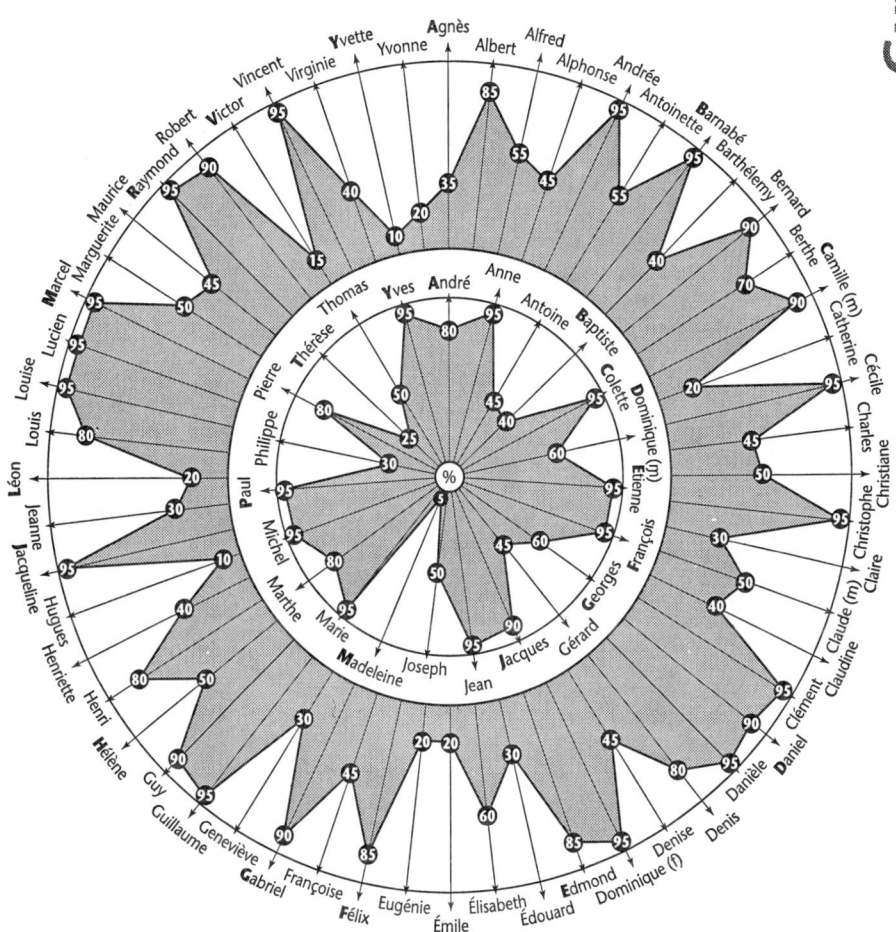

Les roues de compatibilités

Nous l'avons déjà constaté, les Guy manifestent un cocktail de qualités plus ou moins indécises qui peut à la fois séduire et inquiéter leur entourage. On ne sait jamais à quel moment le bel élan du jour va se dissoudre ou non dans l'ombre du soir. Ces hommes séduisants en l'instant résistent souvent mal à un « usage » intensif et c'est ainsi qu'ils ne sont appréciés qu'à la moyenne de 58 %, soit à la place de 57e sur 79. Quant à eux, ils ont un plus grand besoin de leur gentil sérail et c'est au taux de 64 %, 41e sur 79, qu'ils intégreront leurs « prochains » dans la distribution de leur petit opéra-cosmique. Alors, si vous aimez vraiment les Guy, n'hésitez pas, plongez donc dans leur bain d'insouciance !

Les autres prénoms et Guy

Moyenne : 58 %
Classement : 57/79

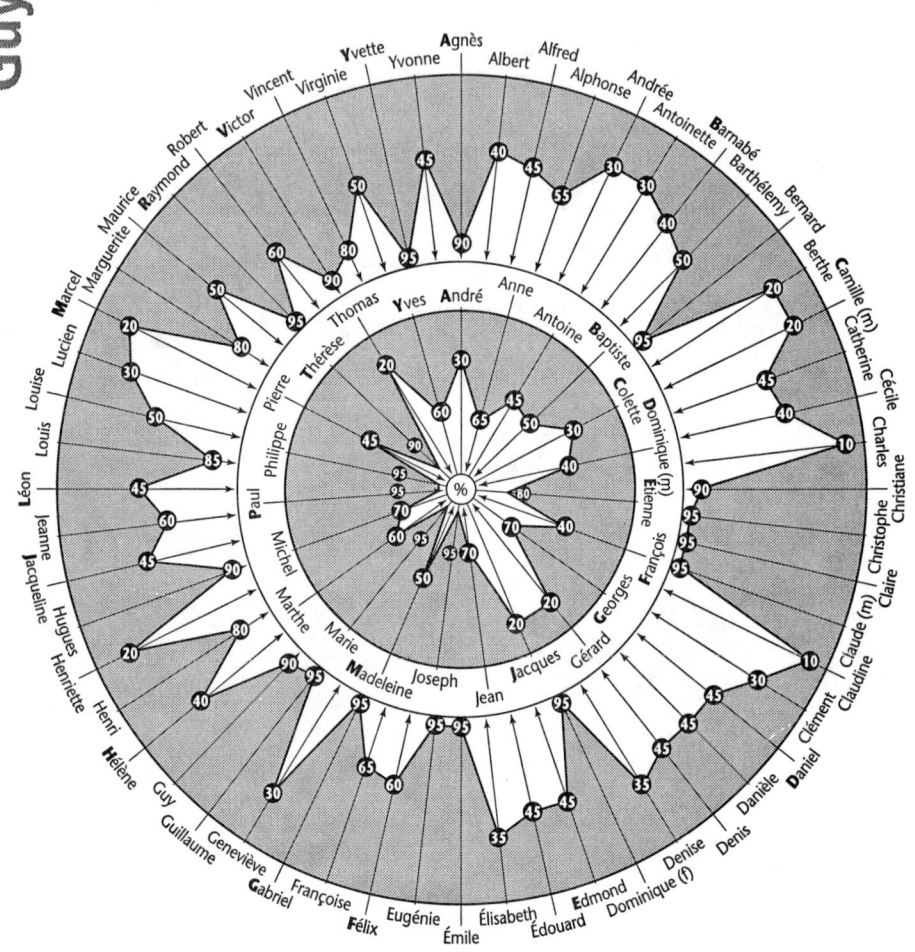

Comment Guy s'entend avec le signe des autres

Bélier	49 %	Balance	82 %	
Taureau	53 %	Scorpion	54 %	
Gémeaux	87 %	Sagittaire	76 %	
Cancer	71 %	Capricorne	80 %	
Lion	49 %	Verseau	58 %	
Vierge	68 %	Poissons	50 %	

Ce tableau ne concerne pas le rapport prénom personnel/signe personnel. Il n'y a pas d'autocompatibilité entre Guy et son propre signe caractérologique.

Hélène   47

1 • Prénoms associés

Ce sont tous les prénoms, quelle que soit leur origine, qui partagent les mêmes constantes caractérologiques et que vous découvrirez dans l'index de ce volume (p. 451), dont :

Abélia	Cléo	Lénaïg
Barbara	Douce	Morlane
Blanche	Fantine	Mylène
Blandine	Gaëlle	Nelly
Bonnie	Giselle	Purdey
Chrislaine	Lana	…

2 • Célébrités

Pour vous sentir moins seul, ce trop bref aperçu des personnalités de tous les temps et de tous les lieux qui dépendent de ce type de caractère :

- BRUNOY Blanchette (1918) Actrice — *Ces petites filles d'antan qu'emporte le vent.*
- CARRÈRE D'ENCAUSSE Hélène (1929) Écrivain — *D'épée et de bicorne sur fond de moujiks popes.*
- FARMER Mylène (1961) Chanteuse — *Le charme sulfureux d'une beauté d'enfer.*
- STANWYCK Barbara (1907-1990) Actrice — *Si Hollywood m'était compté…*
- STREISAND Barbra (1942) Actrice, chanteuse — *Ce que peuvent faire l'intelligence et le talent.*

3 • Symboles

– L'élément de base des Hélène est un **air** qui, pour avoir l'air d'être au courant, ajoute à sa fluidité expansive le souffle d'une liberté dont ces créatures ne cesseront d'abuser.

– Leur couleur, le **jaune**, joue le rôle de l'or qui est la meilleure et la pire des choses, inaltérable, intouchable et en même temps signe de prostitution et de subornation. Symbole d'inconstance et de jalousie mais aussi d'entrain et d'audace.

– Les nombres **32-8-46** ajoutent de la féminité à la féminité, aboutissant à une superfétation qui ne sert en rien les Hélène déjà gâtées par une intuition magique.

4 • Devise

Celle qui est parfaite, à ses propres yeux bien sûr. On peut ajouter : **La beauté du royaume**, tant il est vrai qu'il ne faut pas trop pousser les Hélène dans le domaine de l'autosatisfaction pour qu'elles se prennent pour des princesses lointaines qui, dans les contes de fées, croquent les princes charmants tout crus !

5 • Totems

– Leur animal totem réclame de votre part un minimum de discrétion sinon de réserve pour ne pas ricaner à l'énoncé de sa nature! C'est le **cabillaud** que l'on nomme sournoisement morue, mais dont les facultés reproductrices sont reconnues de tous.
– Le végétal fait dans l'extase psychédélique puisqu'il s'agit de l'**orchidée** qui représente la beauté et l'amour, parfois un amour ambitieux. Cette fleur précieuse aux multiples splendeurs étant aussi un symbole de fécondation.
– Le minéral est le **jade**, pierre de beauté, l'éloge même de la vertu... dans certains cas!

6 • Vibrations

Elle carbure dur la petite Hélène! 110 000 v/s soit un taux de **79** %! De quoi mettre l'univers dans son sac et l'orgueil par-dessus!

7 • Le Jeu de la Vie

Et voici que nous apparaît, en lame **numéro 21**, celle du **Monde**, notre chère Hélène dansant au vent léger du printemps dans le cadre d'un triomphe enivrant, dans l'unité et la conjonction de toutes les forces vives de la création. Elle se prendrait volontiers pour la reine du monde et, toute sa vie, elle ne cessera de se persuader que ce qui l'entoure, êtres et choses, converge vers elle en une valse cosmique qui justifie sa prétention à décider pour autrui et, pourquoi pas, à provoquer des conflits dont elle représenterait l'enjeu sublime. Ne riez pas! La guerre de Troie n'a pas eu d'autre motif et l'histoire de l'humanité est riche de frictions aux raisons aussi futiles. Tout respect gardé, bien sûr, pour ne pas choquer ces femmes exquises qui vous jetteraient leur mépris à la tête si vous osiez plaisanter sur leur souveraineté enivrante!

Volonté : 86 %

Intuition	93 %	Études	70 %
Réussite	65 %	Associations	50 %

Vous venez de pénétrer dans le palais des Mille et Une nuits où vous découvrez, mollement étendue sur un divan oriental, la princesse au doux nom d'Hélène! Mais déjà, sous le regard alangui, perce une volonté qui surprend! La boule de cristal qu'elle caresse de ses doigts de fée indique une intuition qui confine à la voyance et favorise les intrigues sentimentales. Les études ne sont là que pour mémoire. La réussite passe par des hauts de corsage et des bas de soie! Quant aux associés, ils manient l'éventail et distribuent les « loukoums » à la rose avec l'air absent des esclaves promis au sacrifice!

Activité : 80 %

Dynamisme	83 %	Affaires	60 %
Voyages	100 %	Sociabilité	95 %

Ne croyez pas pour autant qu'elles ne disposent que d'une activité au rabais. Erreur! Les Hélène savent fort bien utiliser leur « présence », tout ce qui fait que leur personnalité a plus besoin du dynamisme des autres que du leur! Nulles en affaires, ou tout au moins elles le prétendent, elles n'en réussissent pas moins à atteindre tous leurs objectifs. Et vous entendrez souvent ce refrain : « Ah non! Pas moi! Vous le faites si bien! » Les voyages sont sultanesques, c'est Byzance! La sociabilité débridée transforme l'alcôve en cabinet de travail et le salon en salle des ventes. On s'y bouscule! Elles sont une drogue irremplaçable!

Portrait prospectif

Caractère : 46 %   Psychisme : 59 %   Personnalité : 70 %   Destinée : 56 %   Devenir : 34 %

Pour les Hélène, le problème de l'avenir se pose d'une manière fort logique car, à leurs yeux, si demain c'est aujourd'hui plus « quelque chose », ce « quelque chose » s'appelle, qu'on le veuille ou non, le vieillissement. Or, ces femmes coquettes craignent plus que tout cette terrible entropie des tissus et des chairs qui vous conduit à une décrépitude irréversible. C'est clair et net ! Si, en leur présence, vous commencez un discours du genre : « Avez-vous songé à ce qui pourrait advenir de vous... », votre carrière galante ou commerciale va sombrer corps et biens au milieu d'un froid polaire. C'est la fameuse « perte de futur par omission » qui marquera toute l'existence de ces femmes trop actuelles pour être à même d'accepter le passage du temps.

À ce régime, le caractère branle dans le manche et tousse à la moindre accélération. Mettez-vous donc dans le crâne qu'avec nos gentilles Hélène, rien n'est jamais acquis car il est difficile de compter sur elles, moins par une inconstance effaçante que par une absence de support d'action. C'est la jolie statue au pied d'argile et l'on comprend alors que le psychisme, livré à lui-même, se permettra toutes les fantaisies sentimentales possibles et imaginables. Si vous essayez de suivre le mouvement, vous découvrirez les joies de l'affectivité fractale et vous n'aurez plus alors qu'à ramasser les morceaux hésitants de votre cœur brisé.

La personnalité apporte aux Hélène un entregent proprement stupéfiant. Celle qu'on avait croisée dans un couloir sans caractère, celle qu'on a vu sortir d'une chambre à coucher très fréquentée, se retrouve maintenant en haut des marches du trône, désignant d'un air las le courtisan qui, ce soir, devra ramasser le mouchoir des voluptés programmées. Soudain, comme au théâtre, le décor tremble, les lumières clignotent, surgit la panique et voici qu'entrent deux sorcières shakespeariennes que la princesse craint par-dessus tout : l'abominable vieillesse et son « rideur digeste », l'horrible famine du clan maudit des Mc Donald ! Rideau !

Émotivité : 72 %

| Affectivité | 93 % | Amour | 60 % |
| Famille | 95 % | Enfants | 55 % |

Avec les Hélène, on se croit presque au paradis terrestre car leur charme atteint un tel degré de sensualité que si le pauvre serpent se présentait bêtement, c'est lui qui mangerait la pomme ! Quelle émotivité ! D'où le caractère plutôt capricieux des Hélène qui, sous des apparences de « femme-enfant », font ramer les malheureux bonshommes comme de vulgaires galériens. Une affectivité délicate et publicitaire, un amour qui se noie dans la possessivité féroce, une famille se prenant pour les desservants d'un temple dédié à leur beauté fatale ! Des rejetons qui ont bien du mal à jouer les enfants de cœur !

Réactivité : 70 %

| Santé | 83 % | Sensorialité | 85 % |
| Argent | 75 % | Profession | 60 % |

Leur humour est souvent plus court que leurs cheveux et leur réactivité parasismique leur permet de résister à toutes les secousses sociales ou sentimentales qui ruineraient la santé de n'importe quelle autruche normalement constituée. La leur tient le coup avec quelques migraines diplomatiques en plus dont personne ne s'étonne. L'argent est un serviteur soumis, la profession suit les fluctuations de la bourse aux bonnes occasions, l'impôt sur la beauté, ça existe ! Quant à la sensorialité et tout le tralala, c'est la bouteille à l'encre. Elle est mise à toutes les sauces, le principal étant qu'elle ne manque pas de piquants !

Hélène • 47

Hélène et les autres prénoms

Moyenne : 64 %
Classement : 44/79

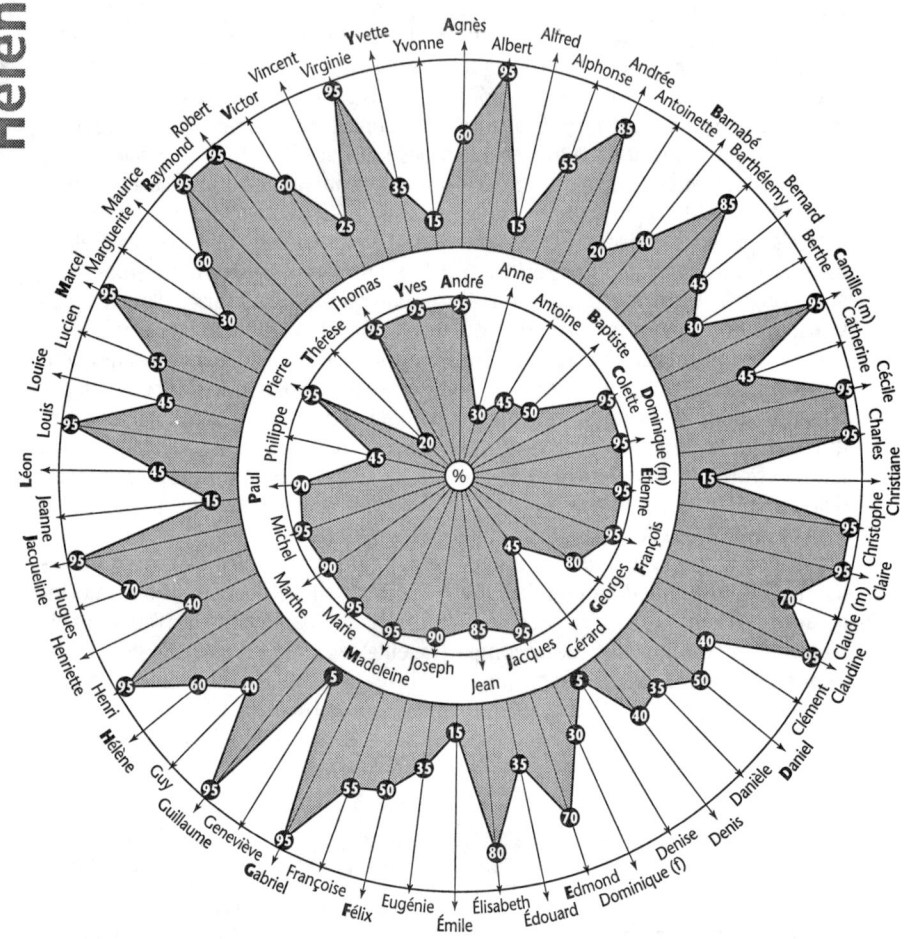

Les roues de compatibilités

Et c'est alors que s'installe le jeu du « qui est qui » pour essayer de déterminer le degré d'entente pouvant exister entre ces exquises créatures – nous parlons des Hélène ! – et ceux et celles qui gravitent autour d'elles. Les chiffres sont formels, nos amies n'apprécient leur entourage qu'à la modeste moyenne de 64 %, soit un classement de 44e sur 79. Étonnant de la part de ces êtres qui se donnent tant de mal pour exister aux yeux d'autrui. Réciproquement, la foule admiratrice joue une symphonie en double bémol car les proches des Hélène ne les supportent qu'à 59 %, ce qui les ramène à un niveau décevant de 50e sur 79. Comment vont-elles prendre ça ?

Les autres prénoms et Hélène

Moyenne : 59 %
Classement : 50/79

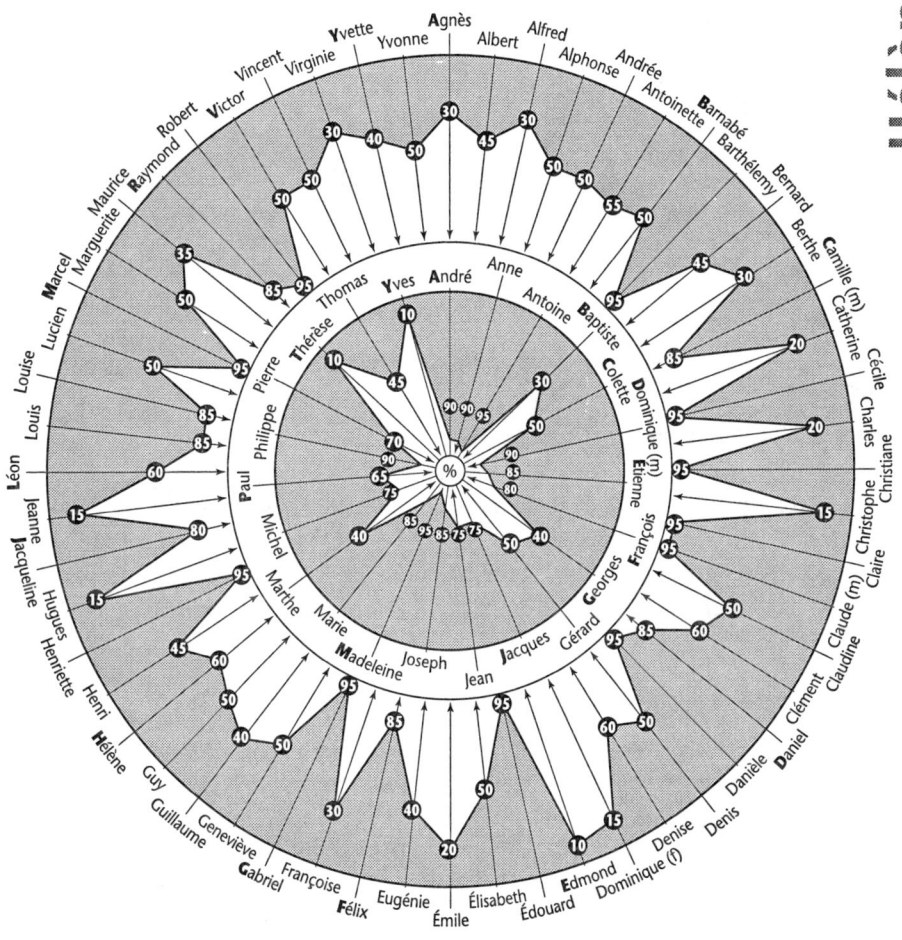

Comment Hélène s'entend avec le signe des autres

Signe	%	Signe	%
Bélier	34 %	Balance	80 %
Taureau	28 %	Scorpion	43 %
Gémeaux	69 %	Sagittaire	77 %
Cancer	76 %	Capricorne	60 %
Lion	59 %	Verseau	84 %
Vierge	56 %	Poissons	66 %

Ce tableau ne concerne pas le rapport prénom personnel/signe personnel. Il n'y a pas d'autocompatibilité entre Hélène et son propre signe caractérologique.

48 Henri

1 • Prénoms associés

Ce sont tous les prénoms, quelle que soit leur origine, qui partagent les mêmes constantes caractérologiques et que vous découvrirez dans l'index de ce volume (p. 451), dont :

Adalbert	Harry	Symphorien
Arnold	Hercule	Tarek
Ascelin	Longin	Tristan
Dylan	Sid	Tudy
Farrell	Sidney	Webster
Hank	Sidoine	…

2 • Célébrités

Pour vous sentir moins seul, ce trop bref aperçu des personnalités de tous les temps et de tous les lieux qui dépendent de ce type de caractère :

- BERGSON Henri (1859-1941) Philosophe *L'autre côté du miroir.*
- FONDA Henry (1905-1982) Acteur *Le révolté professionnel.*
- MATISSE Henri (1869-1954) Peintre *À l'heure où les fauves vont peindre.*
- MONTHERLANT Henri (1895-1972) Écrivain *C'est l'âme l'important !*
- ROUSSEAU Henri (1844-1910) Peintre *Le bonheur des premiers matins du monde.* dit « le Douanier »

3 • Symboles

– L'élément de base des Henri est une **terre**, brûlante encore du feu incroyable du « big bang ». Une terre matricielle porteuse de fécondité et de régénération. De mystère aussi !
– La couleur est le **violet**, jeu subtil et changeant des courants rouge et bleu dont la conjonction représente les énergies respectives du pouvoir solaire et de l'autorité lunaire. Symbole des cycles de recommencement, de cet « éternel retour » aux mille visages.
– Les nombres **5-42-20** s'additionnent, si l'on peut dire, pour nous mettre en garde à propos de la subjectivité et même du parti pris des Henri qui, trop souvent, ne voient midi qu'à leur porte et prennent ceux qui les entourent pour des gens à leur solde.

4 • Devise

Une devise assez surprenante appliquée à ces hommes bousculants et bruyants : **La fleur secrète de la Terre.** En réalité, les Henri donnent l'impression d'avoir passé un pacte avec les puissances telluriques de notre globe qui les rechargent lorsqu'ils sont à plat. Histoire, sans doute, de leur faire une fleur ?

5 • Totems

– Un animal totem bondissant et cabochard, le **chamois**, bestiole au pied assuré et aux fuites d'une rapidité déconcertante que n'arrêtent ni les neiges ni les brouillards et qui nargue les chasseurs, représentants d'un ordre social dépassé, aux prétentions archaïques.
– L'**oranger**, leur végétal, apporte une note rassurante et rejoint le symbolisme de la terre, notamment parce que ce fruit coloré se rattache à la fécondité toute-puissante.
– Le minéral des Henri étant l'**albâtre**, pierre sacrée pour les Égyptiens dans laquelle ils façonnaient des objets liturgiques. Il symbolise aussi la richesse d'imagination, d'inspiration.

6 • Vibrations

À **78 000 v/s**, soit un taux de **45 %**, les Henri subissent des retards au plan de leurs communications. Ils se comprennent eux-mêmes fort bien mais ont parfois du mal à se faire saisir totalement par les autres.

7 • Le Jeu de la Vie

On les voit bien, ces chers Henri, contents d'eux ! Debout sur un char triomphant, ils se dégagent d'un geste blasé des flots d'acclamations montant d'une foule en délire. C'est ce qu'ils imaginent facilement et même avec d'autant plus d'aisance que leur lame **numéro 7** est celle du **Chariot** figurant un jeune prince menant d'une main ferme un attelage de « sphinges » et qui, ayant dominé toute opposition, s'engage d'un regard sûr dans les voies de l'avenir. Peut-être même un peu trop confiant en ses talents car il n'est de supériorité qui, un jour ou l'autre, n'achoppe à la jalousie d'autrui, à la lassitude du destin. Les Henri le savent bien qui se fatiguent vite d'eux-mêmes !

Volonté : 91 %

| Intuition | 83 % | Études | 75 % |
| Réussite | 95 % | Associations | 90 % |

Une volonté forte mais qui « éclaire » tout et n'importe quoi ! Le contraire du laser ! Il faut un réel effort aux Henri pour se focaliser sur un but précis et comme ils ont un caractère plutôt rugueux et souvent mal embouché, évitez donc les formules du genre : « Henri, tu te mets le doigt dans l'œil ! » Eux, c'est leur poing qu'ils mettront dans le vôtre ! Ils ont plus de flair que d'intuition et plus de bon sens que de sixième sens. Les études sont acceptables sinon acceptées, la réussite brillante grâce à mille petites combines parfois biscornues mais les associés font confiance à ces beaux parleurs au charme certain.

Activité : 84 %

| Dynamisme | 99 % | Affaires | 75 % |
| Voyages | 100 % | Sociabilité | 95 % |

L'activité pour l'activité les rend méfiants ! D'après eux, le travail n'est ni un droit ni un devoir, c'est une échelle qui permet d'atteindre tel ou tel point bien précis. D'ailleurs, ne parle-t-on pas d'« échelle des salaires » ? Et c'est là que le dynamisme apporte sa force brisante ! Les Henri sont prêts à n'importe quoi pour satisfaire leurs désirs. Ce qui, au niveau des affaires, peut s'avérer inquiétant et causer quelques dérapages ! Ils ne respirent bien qu'en voyage car, pour eux, bouger c'est courir après soi-même, c'est voyager deux fois ! La sociabilité, elle, se classe au niveau de l'« orgie » quotidienne ! Enfin, presque !

Portrait prospectif

Caractère : 88 %   Psychisme : 75 %   Personnalité : 93 %   Destinée : 90 %   Devenir : 93 %

Les Henri et prénoms associés ont une vision bien particulière de l'avenir : il leur est dû ! Vous ne les empêcherez jamais de penser que le contrat qui a présidé à leur venue sur terre comporte une clause d'efficacité qui engage définitivement le futur. Pour eux, l'homme est un animal prospectif qui se doit de disposer d'un espace temporel vital pour se réaliser pleinement. Oui, ces hommes de vastes dimensions aux réactions parfois brutales sont intimement persuadés qu'il faut mettre à leur disposition un temps d'accomplissement sans lequel ils ne sauraient remplir leur mission. Ils exigent une durée morale comme d'autres réclament une certaine surface de contact existentiel. Reste à s'interroger sur le nom et sur la nature de celui qui dispose de tels pouvoirs répartiteurs, mais cela ne semble pas les inquiéter !

Leur caractère explique d'ailleurs cette attitude quelque peu régalienne. Un puissant désir de vivre et de vivre bien ! Il faut que les choses se passent comme ils l'entendent et leur volonté, un peu tyrannique parfois, s'allie à un dynamisme tonitruant pour provoquer ce tumulte contagieux qui va littéralement submerger leur sociabilité. Car c'est bien là que se situe le point faible des Henri ! Ils ne résisteront jamais à leur envie furieuse de rejoindre la bande de copains qui les attend pour un « mâchon » homérique ruisselant de « beaujolpif » ! Cela à destination des initiés ! Et, fait assez rare, c'est à ce moment que vous aurez le plus de chance de placer votre requête ou de soumettre votre projet, entre l'andouillette dégoulinante de moutarde et la tarte tatin aux joues enluminées ! À part cela, le psychisme se prend un peu les pieds dans des sentiments drôlement tricotés mais la personnalité se dresse alors, souveraine et paternelle. On joue les « parrains » susurrants, on glisse dans des oreilles intéressées des « conseils » politiques, on enregistre une adresse prometteuse de lendemains voluptueux... Bref, la destinée est en marche et l'avenir n'a plus qu'à dérouler son tapis rubescent !

Émotivité : 45 %

| Affectivité | 95 % | Amour | 93 % |
| Famille | 55 % | Enfants | 65 % |

Ils en jouent en virtuoses de cette émotivité pourtant moyenne. Ils en colorent des récits merveilleux, des histoires à dormir la tête en bas où, comme par hasard, ils ont toujours le beau rôle. L'ensemble est saupoudré d'une réelle affectivité du genre : « Tout le monde, il est gentil ! » et ils savent parfaitement sauter le pas entre ce sentiment universel et sa version particulière : l'amour. De la camaraderie féminine à la passion cyclonique, il n'y a que la largeur d'un lit ! La famille fait partie des figurants de ce spectacle délirant où les enfants risquent parfois d'avoir une petite scène à jouer !

Réactivité : 60 %

| Santé | 95 % | Sensorialité | 98 % |
| Argent | 80 % | Profession | 90 % |

Il arrive, lorsque la tête est un peu grosse, que les pieds cassent facilement ! Et c'est le cas ! Non seulement cette réactivité a la sensibilité d'une tapette à souris mais encore nos Henri en rajoutent. Ayez l'œil sur eux lorsque leur regard se met à friser dans le coin. Ils cherchent un prétexte pour la bagarre ! Glissons sur la santé, excellente en moyenne ; saluons la profession qui doit être choisie sur mesure pour se montrer efficace et esbaudissons-nous devant cette sensorialité gargantuesque : manger, boire, dormir et la « suite » qui va teinter leur vie d'une lueur incendiaire ! À vous de résister à leur pouvoir contaminateur !

Henri et les autres prénoms

Moyenne : 75 %
Classement : 2/79

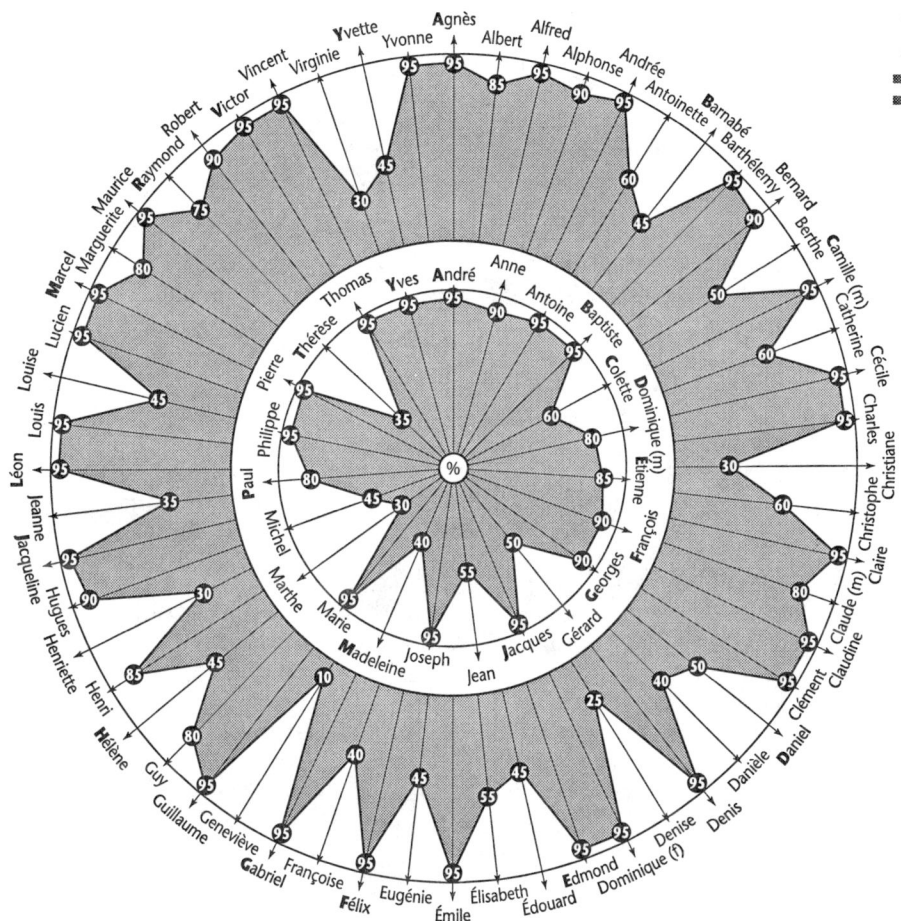

Les roues de compatibilités

Ce qu'il y a de bien chez les Henri, c'est qu'ils ont l'âme reconnaissante. Face à leur petit monde d'admirateurs ou de clients, ils savent discerner l'efficacité de leur soutien. Nos amis s'entendent à 75 % avec leur entourage, ce qui leur vaut la place enviable de 2e sur 79. Toutes nos félicitations ! Quant à leur public, il réagit un peu plus mollement, ne réservant aux Henri que la 16e place sur 79 dans leur cœur. Mais il faut valoriser cette statistique car la moyenne obtenue est remarquable : 77 %. De toute manière et en se mettant dans la position de ceux qui « commercent » avec les Henri, il faut admettre qu'à certains moments, ils ne sont pas des plus faciles à vivre ! *Alea jacta est !*

Henri • 48

Les autres prénoms et Henri

Moyenne : 77 %
Classement : 16/79

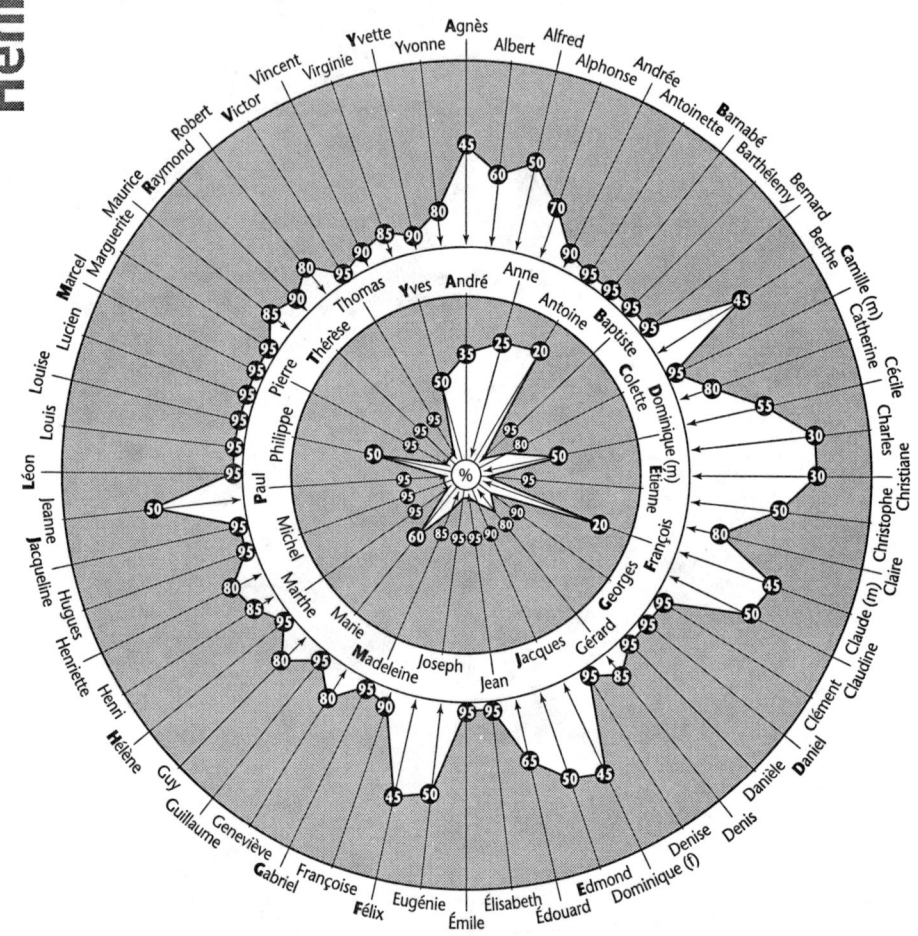

Comment Henri s'entend avec le signe des autres

Bélier	72 %	Balance	93 %
Taureau	84 %	Scorpion	55 %
Gémeaux	76 %	Sagittaire	82 %
Cancer	60 %	Capricorne	75 %
Lion	68 %	Verseau	73 %
Vierge	57 %	Poissons	68 %

Ce tableau ne concerne pas le rapport prénom personnel/signe personnel.
Il n'y a pas d'autocompatibilité entre Henri et son propre signe caractérologique.

290

Henriette 49

1 • Prénoms associés

Ce sont tous les prénoms, quelle que soit leur origine, qui partagent les mêmes constantes caractérologiques et que vous découvrirez dans l'index de ce volume (p. 451), dont :

Brigitte	Joséphine	Nadine
Carlotta	Josiane	Nina
Caroline	Julie	Sarah
Charlène	Levina	Sibylle
Charlotte	Nadège	Vanille
Esther	Nadia	...

2 • Célébrités

Pour vous sentir moins seul, ce trop bref aperçu des personnalités de tous les temps et de tous les lieux qui dépendent de ce type de caractère :

- BAKER Joséphine (1906-1975) Chanteuse, danseuse — *A su donner à la banane ses lettres de noblesse.*
- BERNHARDT Sarah (1844-1923) Actrice — *Entrée dans la gloire d'un pied ferme.*
- LYSÈS Charlotte (1877-1956) Actrice — *Odalisque du harem de son shah Guitry.*
- OTÉRO dite la Belle (Caroline) (1868-1965) Courtisane — *Une demi-mondaine qui vivait de son autre moitié.*
- RICCI Nina (1883-1970) Couturière — *Elle a fini par mettre la couture au parfum.*

3 • Symboles

– L'élément de base des Henriette est un **air** dont la fluidité s'apparenterait à celle de l'eau. Un air qui n'aurait pas su encore se dégager des eaux primordiales et qui espérerait dans le souffle de l'esprit pour devenir enfin créateur à part entière.
– Leur couleur est le **rouge** animé de passion, de sentiments en action, avec un sens aigu de la situation de l'autre et le désir d'intervenir en sa faveur.
– Les nombres **32-46-9** ont tous tendance à intérioriser la vie de ces femmes intéressantes qui, justement, déconcertent à certains moments leur entourage par des replis sur soi inattendus.

4 • Devise

Celle qui porte le vin de la vie. Devise qui fait penser au rôle mythologique que jouait Hébé, symbole de la jeunesse et dont la beauté ajoutait à l'ivresse du vin qu'elle versait aux dieux. Un signe fort !

5 • Totems

– L'animal totem des Henriette vaut son pesant de corned-beef puisqu'il est, à lui tout seul, un véritable garde-manger pour les Esquimaux glacés, c'est le **renne** qui est aussi le cheval du Grand Nord. Animal réservé mais opérant, lunaire et riche d'autorité.

– Nous glisserons sur le symbolisme de la **vigne**, végétal de ces femmes de grande classe car il est inépuisable et se rattache directement à la devise. Pour certains docteurs de l'Église, c'est l'arbre de vie du paradis ! À la vôtre !

– Quant au minéral, il résume en lui toutes les splendeurs de l'Orient, le **saphir**, cette pierre qui amène l'âme à la contemplation des cieux. Pierre d'espérance et de justice.

6 • Vibrations

À 83 000 v/s, soit un taux de 51 %, le mouvement vibratoire des Henriette leur donne la faculté d'agir à long terme et le plus souvent à bas bruit, de façon peu démonstrative. Mais quelle allure !

7 • Le Jeu de la Vie

Dans tous les jeux de cartes du monde, la femme, la reine, a toujours joué un rôle de première importance. Ici, elle représente bien, sous l'aspect de l'**Impératrice**, lame **numéro 3**, la sagesse de la maturité, la mère protectrice donnant à l'affectivité une fonction sédative et cicatrisante. Notre souveraine présente certes un visage un peu figé et sa vêture semble plutôt lourde à porter mais il se trouve que, malgré cela, il se dégage d'elle une majesté confiante faite de compréhension et de politesse. N'oubliez jamais que ces femmes, conscientes de leurs responsabilités, n'apprécient que fort peu les familiarités osées qui sont désormais à la base de notre urbanité. Un ange glisse !

Volonté : 87 %

Intuition	90 %	Études	95 %
Réussite	75 %	Associations	50 %

Déroulez le tapis rouge ! Cramponnez-vous à la traîne de la princesse, Henriette passe ! D'une volonté forte mais discrète, ces femmes très séduisantes et pleines de majesté entraînent – c'est le cas de le dire – les foules dans leur sillage ! On peut les croire fières et lointaines alors qu'elles sont plus simplement secrètes et même parfois un peu timides. L'intuition est prodigieuse et elles foncent « au radar » avec une sûreté remarquable, menant leurs études avec application, trébuchant un tantinet sur la réussite et les associations commerciales car se sentant quelque peu dépassées par elles-mêmes !

Activité : 94 %

Dynamisme	70 %	Affaires	95 %
Voyages	35 %	Sociabilité	90 %

L'activité est sublime mais dépasse souvent les limites que devrait lui imposer la volonté. Les Henriette ont tendance à en faire trop au plan de la profession mais plus par passion que par raison. De ce fait, le dynamisme a des ratés et il arrive que l'on retrouve ces femmes étonnantes en « panne d'essence ». Ce qui n'empêche pas les affaires de flamber à tout va et la sociabilité de devenir le socle de leur statuaire ! Elles impressionnent par leur lucidité tranquille et leur charme garde un parfum de mystère qui trouble et captive ! Quant à leurs voyages… Méfiez-vous-en comme de la peste et gardez vos distances !

Portrait prospectif

Caractère : 91 %   Psychisme : 72 %   Personnalité : 90 %   Destinée : 88 %   Devenir : 94 %

L'avenir comme une récompense ! Pour les Henriette et prénoms associés, le futur se mérite. Il n'est pas la suite fonctionnarisée de tranches de temps, il ne vient pas tout seul comme la retraite de type engrenage qui roule comme une grande. D'ailleurs, ce genre de femme, très porté sur la recherche de l'efficacité, tient en profond mépris tout ce qui, de près ou de loin, se résume à une attente mécanique des choses. La gestation, en particulier, revêt chez les Henriette l'aspect d'une aventure magique qui exige une prise de conscience constante du merveilleux phénomène de création. Et leur manière de s'exprimer à propos du devenir va leur donner parfois l'allure un peu pincée ou tout au moins méfiante d'une dame patronnesse s'apprêtant à expliquer à une fille de mauvaise vie que l'amour ne naît pas obligatoirement du choc d'une rencontre et que tout sentiment valable ne peut être que le résultat d'un engagement total de l'être. Mais ce genre de discours ne remporte pas toujours le succès qu'il mérite !

Et c'est ici qu'éclate au grand jour toute la puissance de ce caractère aux bases solides, équilibré en sa discrétion, riche d'une rigueur intérieure que d'aucuns prennent pour de la morale mais qui n'est que l'expression d'un sens profond de la justice sur tous les plans. Ne les décevez donc pas, ces passionnantes mais peut-être difficiles Henriette et surtout ne leur tenez pas de raisonnements équivoques où vous joueriez sur les mots autant que sur les sentiments. Leur psychisme se montre tellement susceptible et prêt à se rétracter à la moindre violence verbale qu'elles vous rejetteraient définitivement hors de leur petite planète. La personnalité s'épanouit pleinement dans la préparation dynamique d'un jugement conclusif tandis que la destinée se met en place, prête à soutenir ce devenir qui est comme le paradis tant espéré par ces êtres de convictions. En conclusion, vous risquez fort de sombrer dans le plus profond ridicule si vous croyez encore en l'opportunité de votre baratin de tombeur de minettes !

Émotivité : 65 %

Affectivité	90 %	Amour	70 %
Famille	80 %	Enfants	70 %

Cette émotivité paraît être et devrait être le point faible de leur caractère car, étrangement, elle est bien plus intense qu'on ne pouvait l'imaginer. Eh bien, pas du tout ! Cet excès de sensibilité va, au contraire, se mettre au service de l'affectivité et se consumer dans une coopération sincère avec autrui, au point même d'en oublier son application la plus personnelle : l'amour qui peine à se définir clairement ! De ce côté-là, une pudeur réelle ou une certaine réserve estompera les traits de leurs passions sentimentales, familiales ou infantiles. Les Henriette auraient-elles le « cardiaque » un peu coincé ?

Réactivité : 39 %

Santé	95 %	Sensorialité	72 %
Argent	100 %	Profession	100 %

Et c'est là, tout naturellement, que nous découvrons la réactivité un peu essoufflée de nos belles amies. Nous avons vu qu'elles bloquaient en partie leurs réactions affectives. On comprend alors que des esprits superficiels – eh oui, ça existe ! – puissent les trouver distantes, voire insensibles. Efforcez-vous donc de leur redonner confiance en l'image qu'elles offrent vraiment et qui est loin de celle qu'elles se composent. Une bonne vitalité et une sensorialité qui ne demande qu'à s'épanouir. Elles connaissent le succès aux plans de l'argent et de la profession, les deux « mamelles » de leur action.

Henriette et les autres prénoms

Moyenne : 66 %
Classement : 30/79

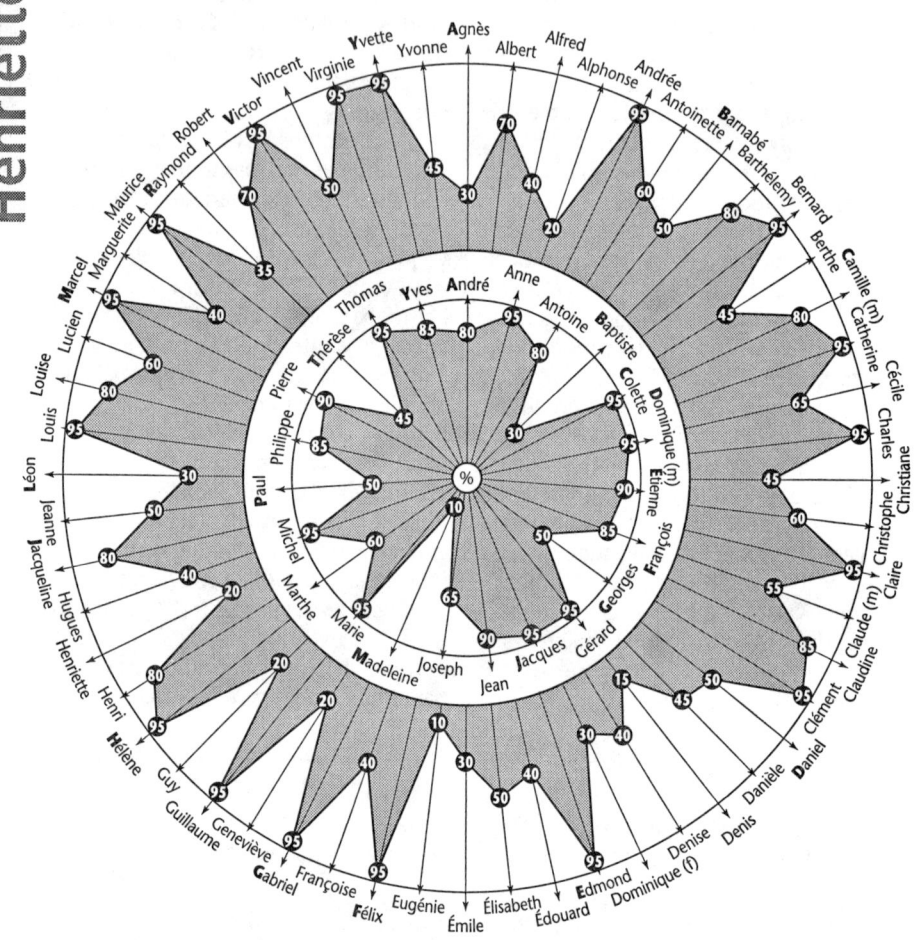

Les roues de compatibilités

Ce n'est pas faire injure à ces femmes que de souligner le fait que leur popularité risque fort de souffrir de ce que l'on prend facilement chez elles pour de la prétention, nous l'avons vu. On comprend donc que leur entourage ne se précipite pas pour leur tapoter les rondeurs en leur glissant un : « Ça boume, ma cocotte ? » La cocotte en question risque de vous sauter à la figure dans l'instant qui suit ! D'où un 55 % d'appréciation de la part de leurs relations pour une place de 62e sur 79. Quant aux Henriette, elles se montreront plus coopératives avec un 66 % de moyenne au plan de leur reconnaissance des autres et un classement plus raisonnable de 30e sur 79. Délicat !

Les autres prénoms et Henriette

Moyenne : 55 %
Classement : 62/79

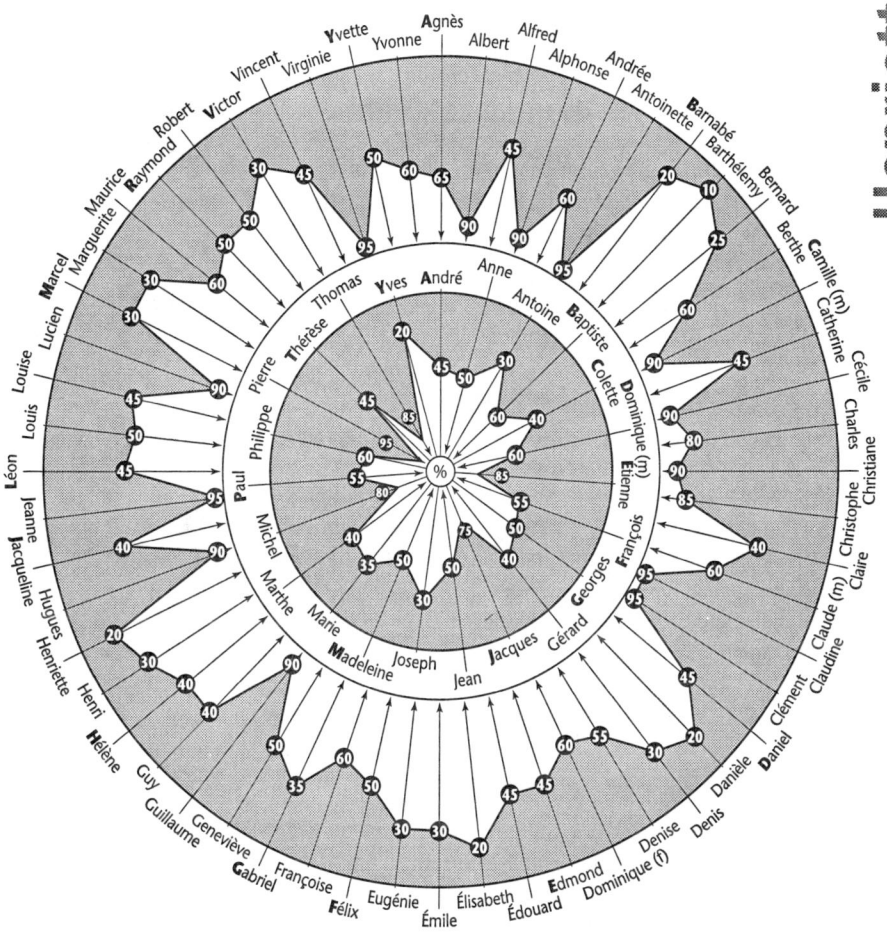

Comment Henriette s'entend avec le signe des autres

Signe	%	Signe	%
Bélier	48 %	Balance	89 %
Taureau	60 %	Scorpion	32 %
Gémeaux	87 %	Sagittaire	69 %
Cancer	68 %	Capricorne	54 %
Lion	67 %	Verseau	73 %
Vierge	80 %	Poissons	60 %

Ce tableau ne concerne pas le rapport prénom personnel/signe personnel.
Il n'y a pas d'autocompatibilité entre Henriette et son propre signe caractérologique.

50 Hugues

1 • Prénoms associés

Ce sont tous les prénoms, quelle que soit leur origine, qui partagent les mêmes constantes caractérologiques et que vous découvrirez dans l'index de ce volume (p. 451), dont :

Abondance	Flint	Noah
Adriel	Hugo	Noalig
Clet	Joshua	Noé
Denton	Josué	Polyeucte
Denver	Keller	Ugolin
Désiré	Kelly	...

2 • Célébrités

Pour vous sentir moins seul, ce trop bref aperçu des personnalités de tous les temps et de tous les lieux qui dépendent de ce type de caractère :

– CAPET Hugues (941-996) Roi de France *La France met un roi à sa tête, la France coupe la tête à son roi.*

– JOSUÉ (v. -XIIe--XIe s.) (Bible) *Il a su remettre le soleil à l'heure.*

– MARET Hugues (1763-1839) Ministre, duc de Bassano *« – Qui t'a fait Duc ? – La politique, pardi ! »*

– POLYEUCTE (1642) (Corneille) *Comment adorer le Seigneur sans aimer sa créature ?*

– TOGNAZZI Ugo (1922-1990) Acteur *Un homme à tout bien faire.*

3 • Symboles

– L'élément de base des Hugues est une **terre** de terre associant la fécondité, fonction maternelle, à la régénération, privilège virginal. Deux thèmes que les Anciens appliquaient à sainte Anne et à Marie.

– Leur couleur, le **violet**, associe le rouge de la passion et le bleu de la sagesse en une synthèse d'union et d'identification que nous retrouverons plus loin, merveilleusement symbolisée dans la lame 6 de l'Amoureux.

– Les nombres enfin, **24-5-22**, insistent sur cette notion d'équilibre dans le choix qui sera toujours la caractéristique dominante de la personnalité attachante des Hugues.

4 • Devise

Une devise en forme de « post-it » : **Celui qui s'attache** et si nous parlons d'étiquette autocollante, c'est que les Hugues aiment par-dessus tout en appliquer sur tout ce qui leur passe à portée de jugement. À chacun son petit lot !

5 • Totems

– Si leur animal totem est d'apparence inquiétante, le **cobra**, il n'en demeure pas moins un symbole important que l'on doit réhabiliter. Il représente certes la partie la plus obscure de l'être mais pas forcément la plus mauvaise. La médecine en a fait son drapeau, il redonne harmonie et liberté à l'homme, etc.
– Le **lierre** est ce végétal protecteur et persistant qui s'ancre en la terre avec force et courage.
– Le minéral des Hugues, la **turquoise**, resplendit de tous les feux de la glèbe renouvelée, c'est la renaissance que promet l'avenir, c'est aussi un signe majeur de victoire et de longévité.

6 • Vibrations

Une prudence de Sioux s'impose dans l'utilisation des **60 000 v/s** dont ils disposent, soit un taux fort discret de **26 %**, vibrations qu'il faut économiser et qui ne permettent pas toujours de rapides connections.

7 • Le Jeu de la Vie

L'une des caractéristiques de la personnalité des Hugues est cette faculté de pouvoir unir les contraires en une action valable en intensité et en durée. C'est ce que nous découvrons dans le symbolisme de la **lame 6**, l'**Amoureux**, qui met en scène un jeune homme en expectative, placé entre deux charmantes femmes, l'une pleine de dignité et de retenue, l'autre plus effrontée dont les charmes ne demandent qu'à prendre du service. Ce bel éphèbe va-t-il céder à la facilité des amours provocantes ou bien suivre la voie de la raison raisonnante que lui propose la vierge sage ? Connaissant quelque peu les Hugues, nous dirons que ces petits malins vont les embarquer toutes les deux dans un bel élan syncrétique tant il est vrai que deux occasions valent mieux qu'une !

Volonté : 88 %

| Intuition | 64 % | Études | 90 % |
| Réussite | 95 % | Associations | 100 % |

« Hugues ! » Un prénom qui claque comme un salut indien ! Et la comparaison n'est pas gratuite car ces hommes ont une personnalité suffisamment présente et accrocheuse, à l'image de leur « totem » : le cobra auquel ils font honneur ! La volonté ne dépasse pas les limites d'une honnête conception du travail et l'intuition, en retrait, n'est sûrement pas celle d'un Sioux sur le sentier de la vengeance ! Les études sont aimées, la réussite adorée et l'astuce tranquille, la force efficace de ces Hugues en fait de véritables dieux pour les associés cloués au septième ciel ! Quel charmant désordre !

Activité : 88 %

| Dynamisme | 79 % | Affaires | 75 % |
| Voyages | 95 % | Sociabilité | 95 % |

Mais gardons-nous de faire de ces coureurs de prairies – et éventuellement de « squaws » ! – des foudres de guerre ! Ce type de caractère aurait plutôt pour devise : « Assez, mais pas trop ! » Ce qui représente, comme chacun sait, la marque de la sagesse. Le dynamisme l'a bien compris qui baisse le pied. Les affaires, elles, se font discrètes mais suffisantes grâce à leur entourage plein de sympathie, les voyages font partie de la respiration de ces bisons barbus et leur sociabilité conjugue à la fois les plaisirs de la chasse, le « tam-tam » des surboums et les grands gueuletons sous la lune !

Portrait prospectif

Caractère : 83 %   Psychisme : 78 %   Personnalité : 86 %   Destinée : 89 %   Devenir : 82 %

Pour certains êtres – les Hugues sont de ceux-là – la croyance en l'avenir est une affaire de foi. Exprimé ainsi, cela ressemble fort à une « lapalissade » mais il est exact que se sentir confortable à l'approche de cet inconnu qu'est forcément le futur relève d'une belle confiance en soi ou d'une non moins belle acceptation des décisions de la providence. Très souvent, on a l'impression que ces hommes – qui pourtant ont les pieds sur terre ! – projettent sur l'écran du devenir ce qu'ils ne veulent réaliser en l'instant. Attention, il ne s'agit pas de remettre au lendemain ce que l'on peut faire le jour même mais, plus subtilement et plus sainement, cela s'apparenterait plutôt à l'attitude du maître de chais qui, après avoir goûté son grand cru, repousserait à plus tard sa mise en circulation pour lui assurer un meilleur bouquet. Ainsi, lorsqu'un de ces hommes équilibrés vous soutient qu'il est urgent d'attendre, rengainez vos sourires entendus et vos allusions perfides. Vous avez en effet affaire à des « peseurs de temps » qui savent parfaitement quelle décision il convient de prendre.

Le caractère des Hugues, tenace et sérieux, les pousse à choisir des solutions à terme. Il leur faut laisser les choses s'accomplir et bien fous pour eux sont ceux qui trépignent au présent, saisis d'une rage anticipatrice, gâchant ainsi leur existence en répétant à tout bout de champ : « Ah, quand on sera demain ! » Le psychisme se montre calme et les sentiments n'interfèrent que fort peu avec les intérêts prospectifs des Hugues, finalement assez flegmatiques. La personnalité reste, elle aussi, au même niveau. Nous sommes bien en présence d'individus cohérents dont la continuité dans l'effort rassure, imposant à leur destinée une plénitude qui emporte l'adhésion et donne à leurs projets cette allure tranquille des itinéraires bien établis. On est frappé, à la vue de ces pourcentages, par la régularité de ces cinq indices qui gouvernent avec une sérénité convaincante. Pour les Hugues, l'avenir est à eux mais ils n'en font pas pour autant une question d'orgueil.

Émotivité : 43 %

Affectivité	85 %	Amour	90 %
Famille	100 %	Enfants	100 %

Elle ajoute une note supplémentaire d'impassibilité un peu raide qu'aiment à cultiver nos amis Hugues mais qui, en réalité, se fendille bien vite à l'usage car ces messieurs sont faciles à vivre et se laissent facilement aller à la plus franche rigolade, dès que l'occasion se présente. Alors, Pagnol ou Shakespeare ? L'affectivité est donc excellente, les amours sont de belles plantes grimpantes, passionnées et ces êtres d'un autre monde s'épanouissent ingénument au sein de leur tribu familiale où les enfants sont rois et tyrans à la fois, leur mère jouant les déesses emplumées pour suivre le mouvement !

Réactivité : 45 %

Santé	95 %	Sensorialité	95 %
Argent	80 %	Profession	100 %

Ce ne sont pas des personnes « compliquées » et très vite, avec eux, les relations commerciales ou professionnelles prennent des allures amicales qu'il ne faudra pas gâcher. Une santé de serpent à sonnette, un enthousiasme véritable et toujours très humain pour la profession qui, pourtant, provoque souvent un comportement méridional qui peut devenir encombrant. L'argent n'est pas leur principale préoccupation mais il doit être fidèle au poste. Quant à la sensorialité, elle déborde la gastronomie, inonde les loisirs et fait son lit, si j'ose dire, dans une enceinte en forme de harem. Quel programme !

Hugues et les autres prénoms

Moyenne : 66 %
Classement : 31/79

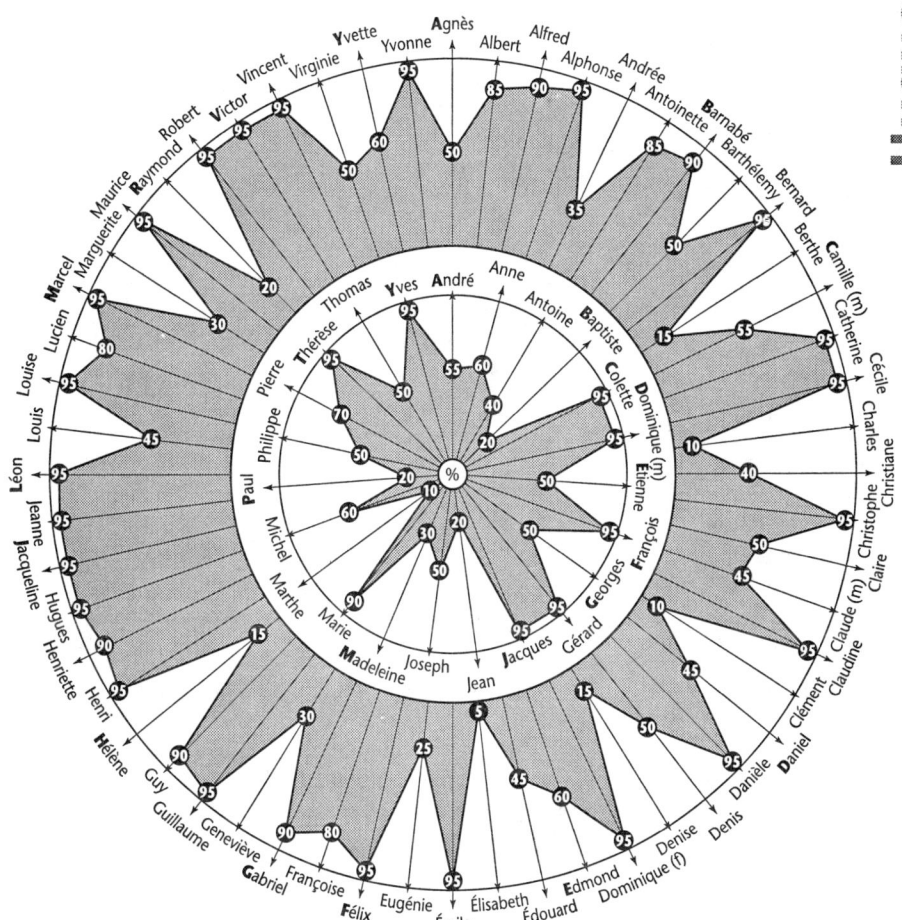

Les roues de compatibilités

Dans le petit jeu de la « barbichette » – « je te tiens, tu me tiens... » – les Hugues se montrent particulièrement beaux joueurs. Nous voulons dire par là qu'ils ont autant de considération pour ceux qui les entourent que ceux-ci en manifestent à leur égard. C'est ainsi que les Hugues apprécient à une moyenne de 66 % les êtres de leurs relations, soit à la place fort raisonnable de 31e sur 79, alors que le cercle des proches se déclare en faveur de nos amis à raison de 67 % – à un poil près ! – les mettant au 32e rang. Difficile de faire mieux ni de rendre plus sensible cette entente paisible entre gens de convictions partagées voyant surtout dans l'avenir l'espérance joyeuse de continuer à vivre et à travailler ensemble.

Les autres prénoms et Hugues

Moyenne : 67 %
Classement : 32/79

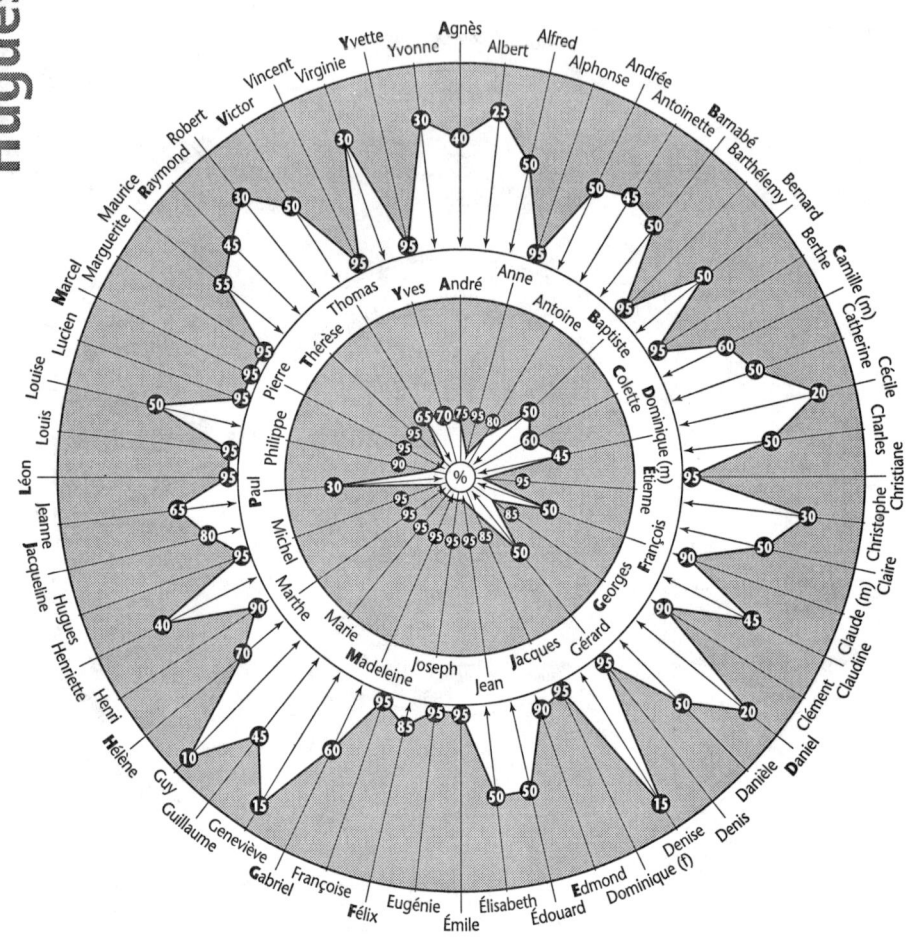

Comment Hugues s'entend avec le signe des autres

Signe	%	Signe	%
Bélier	62 %	Balance	78 %
Taureau	72 %	Scorpion	47 %
Gémeaux	64 %	Sagittaire	84 %
Cancer	58 %	Capricorne	89 %
Lion	73 %	Verseau	73 %
Vierge	64 %	Poissons	61 %

Ce tableau ne concerne pas le rapport prénom personnel/signe personnel. Il n'y a pas d'autocompatibilité entre Hugues et son propre signe caractérologique.

Jacqueline 51

1 • Prénoms associés

Ce sont tous les prénoms, quelle que soit leur origine, qui partagent les mêmes constantes caractérologiques et que vous découvrirez dans l'index de ce volume (p. 451), dont :

Adélaïde	Irma	Jamie
Aretta	Irmeline	Javotte
Bathilda	Ismène	Mabelle
Cynthia	Jackie	Page
Imelda	Jacobine	Winnie
Immina	Jakeza	...

2 • Célébrités

Pour vous sentir moins seul, ce trop bref aperçu des personnalités de tous les temps et de tous les lieux qui dépendent de ce type de caractère :

– AURIOL Jacqueline (1917-2000) Pilote d'essai *Un père socialiste, un avion à réaction.*
– DELUBAC Jacqueline (1910-1997) Actrice *Au collier du Maître, une perle de plus.*
– HUET Jacqueline (1929-1987) Téléspeakerine *Et puis un soir... elle a oublié de vivre.*
– MAILLAN Jacqueline (1923-1992) Actrice *Rabelais l'aurait reconnue.*
– SARDOU Jackie (1919-1998) Actrice *La sœur de Gavroche !*

3 • Symboles

– L'élément de base des Jacqueline est proprement terrifiant puisqu'il s'agit du **feu**, mais d'un feu de feu, « plus clair que mille soleils » et qui renvoie l'homme à sa poussière natale.
– Leur couleur, le **bleu** sombre de la nuit, représente la face obscure et mystérieuse de ces femmes palpitantes qui regardent la vie avec des yeux affamés aux pouvoirs secrets.
– Les nombres **40-10-39** figurent autant de marches pour atteindre une connaissance dangereuse, une « gnose » que voile encore le mince rideau des apparences fonctionnaires.

4 • Devise

Celle qui saisit, celle qui s'empare. Il existe bien chez les Jacqueline un aspect prométhéen de leur personnalité qui les conduit irrésistiblement à s'emparer du feu secret. Elles sont les Ève des derniers temps, avides de croquer encore le fruit défendu de la connaissance du bien et du mal. Mais c'est fou comme un homme ressemble vite à ce fruit défendu !

5 • Totems

– Leur animal totem est la **pie**, cet oiseau curieux et chapardeur, attiré par tout ce qui brille et considéré jadis comme seul capable de s'emparer de la pierre d'émeraude tombée, paraît-il, du front de Lucifer. La pie donnerait à ces femmes un certain snobisme de bon aloi dont certaines ne tarderont pas à abuser.

– La **rose**, le végétal des Jacqueline, est tout un poème lorsqu'il n'est pas un roman. C'est la «fleur cannibale» où viennent se faire dévorer les sectes et s'enliser les partis politiques.

– Enfin leur minéral est cet **étain**, le prince des alliages, le signe des alliances. C'est le métal attribué à Jupiter qui, marié au cuivre de Vénus, engendre le bronze harmonieux.

6 • Vibrations

À 72 000 v/s soit un taux de 39 %, ces vibrations réclament de la part des Jacqueline une grande prudence au plan de la communication. On risque très souvent de mal recevoir leurs messages et de leur prêter des intentions dont on fera vite le procès.

7 • Le Jeu de la Vie

Plutôt déconcertante cette **lame 2** de la **Papesse**. C'est une femme hiératique, figée en une immobilité sculpturale, assise sur un trône étrange où se distingue une «sphinge». Le visage est en partie caché par un voile débordant d'une tiare scandaleuse. Tout cela peut paraître éloigné du caractère des Jacqueline. Or, nous nous trouvons en réalité devant la représentation symbolique de la puissance cachée de la matière, immobile en son instant mais capable, cependant, en une fraction de seconde, de devenir le feu femelle ravageur provoqué par la fission de l'atome.

Volonté : 94 %

Intuition	86 %	Études	80 %
Réussite	100 %	Associations	70 %

«La dame d'acier!» N'ayons pas peur des mots! Les Jacqueline disposent d'une volonté de «stock-car» – ça passe et ça casse! – d'une activité de tronçonneuse – elles n'ont de cesse de couper les cheveux en quatre! – d'émotivité et de réactivité redoutables, dévastatrices, capables de liquider n'importe quel bonhomme osant leur résister. Une intuition en forme de sondage permanent, un flair de «clébard» en chasse, des études d'une sauvagerie mongole et, enfin, une réussite à tout prix! Ces douces Jacqueline ne reculent devant rien afin de s'assurer d'une victoire payante et flatteuse!

Activité : 97 %

Dynamisme	99 %	Affaires	90 %
Voyages	100 %	Sociabilité	92 %

L'activité est donc bien d'une intensité féroce, ce qui impressionne ou terrorise leurs associés, d'autant plus qu'elles ajoutent de l'agressivité à ce remuement en y injectant un dynamisme dément et un sens des affaires qui confine à la torture chinoise! Soyez donc prudent lorsque vous traitez avec ces maîtresses femmes car elles n'auront d'autre soin que de vous rouler dans la sciure après avoir déconnecté votre prétention machiste! Pour les Jacqueline, les voyages apparaissent comme des «meetings» à roulettes où leur sociabilité prendra des allures de putschs, de hold-up amicaux! Un jeu de massacre convivial et touchant!

Portrait prospectif

Caractère : 94 % **Psychisme : 83 %** **Personnalité : 88 %** **Destinée : 76 %** **Devenir : 93 %**

Jacqueline • 51

Le futur comme un printemps ! Les Jacqueline ont cet œil gourmand qui annonce les lilas et réveille les jonquilles lorsqu'on leur parle d'avenir. C'est pour elles le signal que quelque chose va se passer car, si vous hasardez devant elles le moindre pronostic, vous êtes sûr de les voir vous tomber sur le dos comme autant de pies voleuses que le clinquant de vos propos aura irrésistiblement attirées. Ne vous faites donc pas d'illusions ! Vous n'existez aux yeux de ces femmes en chasse perpétuelle que si vous remplissez les conditions d'un gibier suffisamment comestible. Et puis tournez sept fois votre langue dans votre bouche avant de vous empaler sur des promesses stupides. La recette est simple pour les éloigner et donc difficile à appliquer ! Vous prenez une idée géniale comme vous en pondez dix fois par jour. Vous l'enveloppez dans un petit discours bien senti où il est question de femmes intelligentes et distinguées – n'ayez crainte, elles se reconnaîtront tout de suite ! – vous y ajoutez un ruban plein de faveurs galantes et vous y joignez une poignée de baisers entendus. Ce qu'il y a à l'intérieur du paquet ? Oh, trois fois rien ! Un simple contrat d'exclusivité vous réservant plus de 51 % des parts de l'association. Ce sera alors la fuite éperdue ! Car l'argent est pour elles ce qu'il est aux hommes politiques, leur colonne vertébrale !

En dehors de ce caractère émouvant, on peut constater une légère dépression du psychisme qui provient de la faiblesse congénitale de ces êtres évanescents au plan des sentiments partagés. Une Jacqueline amoureuse est forcément en perte de vitesse et, sachez-le, ne pourra redresser la situation qu'au prix de durs sacrifices dont vous ferez, bien entendu, les frais ! La personnalité retrouvée s'éclate alors, éclipsant la destinée qui n'est qu'un chapitre de leur biographie et le futur peut à son tour s'étaler comme un simple tapis au chemin moelleux et sans surprise. Si vous trouvez ce portrait des Jacqueline un peu trop flatté, épousez-en une et téléphonez-moi !

Émotivité : 65 %

| Affectivité | 92 % | Amour | 87 % |
| Famille | 85 % | Enfants | 80 % |

Ajoutez à ce tableau enchanteur une émotivité de barricades et vous comprendrez que vous avez affaire à de véritables « pasionarias » prêtes à résister jusqu'au dernier de leurs partisans avant de trouver une entente profitable. Et pourtant l'affectivité est bien là, présente et chaleureuse ! Les Jacqueline aiment, mais à leur manière et leur séduction naturelle, quelque peu bousculante, les conduit à des passions exhaustives qui en laissent plus d'un sur les rotules ! La famille leur est un refuge qu'elles peignent à leur couleur et les enfants font l'apprentissage d'un esclavage affectueux qui parfois s'interroge !

Réactivité : 64 %

| Santé | 96 % | Sensorialité | 95 % |
| Argent | 90 % | Profession | 100 % |

Tout, chez ces femmes à la personnalité saisissante, respire le désir violent de posséder. Ne comptez pas sur leur objectivité pour vous donner raison lors d'une remise en cause de certaines de leurs options. Vous avez perdu d'avance et elles réussiront toujours à vous prouver, au travers de leur auditoire subjugué, que vous n'avez rien compris au problème. Reste à considérer un quatuor détonant où l'on trouve, pêle-mêle, la santé et la sensorialité, ce qui donne un aspect volcanique à ce portrait finalement « timide », sans oublier l'argent et la profession comme autant d'incendiaires patentés !

Jacqueline et les autres prénoms

Moyenne : 63 %
Classement : 48/79

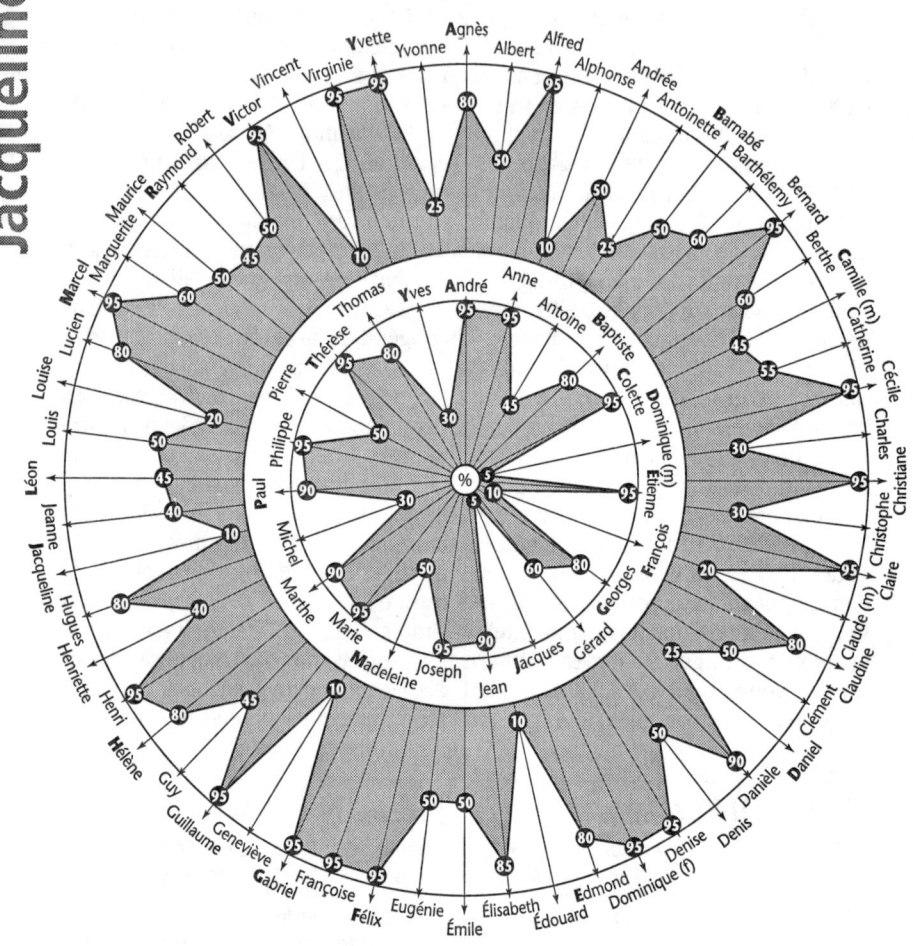

Les roues de compatibilités

Quoi d'étonnant à ce que les contemporains des Jacqueline soient quelque peu inquiets à la vue de ces créatures venues d'ailleurs ? C'est ainsi que leur entourage ne les apprécie qu'avec une prudence mêlée de retenue, les plaçant à la 38e place sur 79 à leur «hit-parade» avec une moyenne de 67 %. Quant aux Jacqueline, elles marchent à 63 % en direction des autres, soit au 48e rang sur 79. Mais ne paniquez pas ! Sachez qu'il existe un terrain d'entente, celui de la sensualité qui, chez elles, est particulièrement sensible, pour ne pas dire obsédante. N'hésitez donc pas à payer de votre personne, vous recevrez alors en retour de touchantes manifestations de reconnaissance voluptueuse. C'est toujours ça de pris !

Les autres prénoms et Jacqueline

Moyenne : 67 %
Classement : 38/79

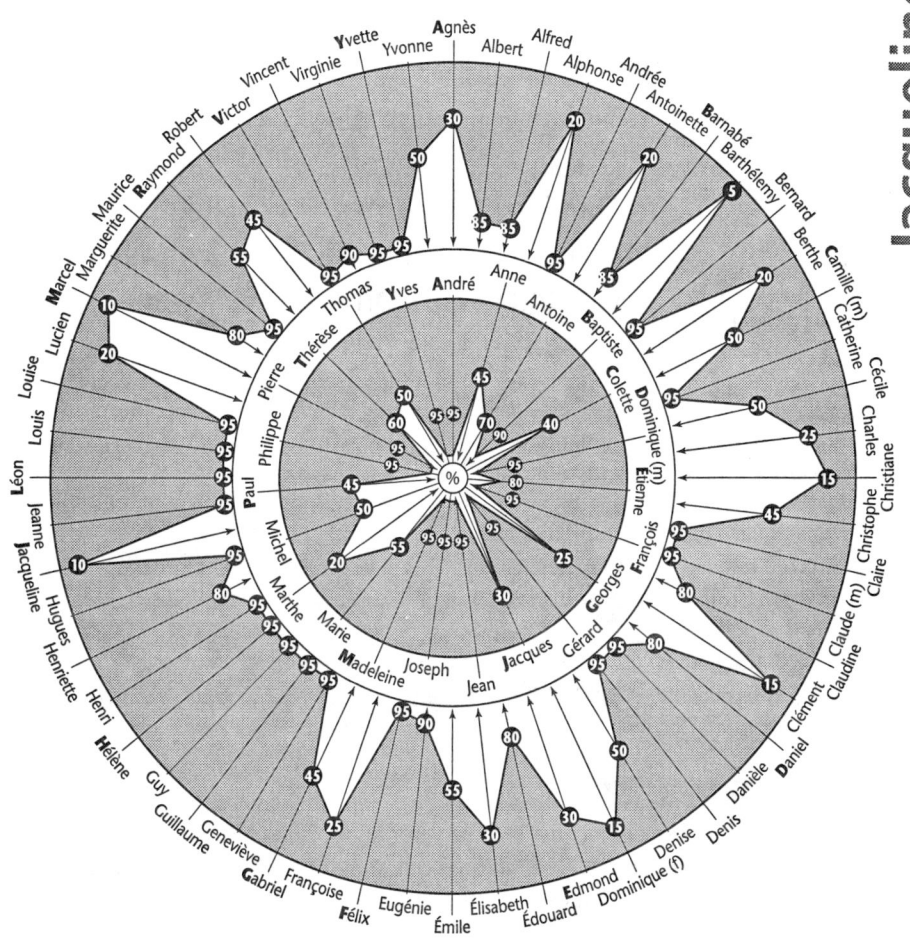

Comment Jacqueline s'entend avec le signe des autres

Signe	%	Signe	%
Bélier	98 %	Balance	89 %
Taureau	28 %	Scorpion	76 %
Gémeaux	66 %	Sagittaire	80 %
Cancer	40 %	Capricorne	32 %
Lion	89 %	Verseau	65 %
Vierge	17 %	Poissons	59 %

Ce tableau ne concerne pas le rapport prénom personnel/signe personnel.
Il n'y a pas d'autocompatibilité entre Jacqueline et son propre signe caractérologique.

52 Jacques

1 • Prénoms associés

Ce sont tous les prénoms, quelle que soit leur origine, qui partagent les mêmes constantes caractérologiques et que vous découvrirez dans l'index de ce volume (p. 451), dont :

Bibian	Ismaël	Orphée
Clark	Jacob	Raynier
Damien	James	Régis
Fabrice	Jérôme	Sullivan
Gonthier	Jimmy	Vivien
Hamon	Omer	...

2 • Célébrités

Pour vous sentir moins seul, ce trop bref aperçu des personnalités de tous les temps et de tous les lieux qui dépendent de ce type de caractère :

– BREL Jacques (1929-1978) Chanteur, acteur *Il n'a pas attendu sa fin pour disparaître.*

– CHAZOT Jacques (1928-1993) Danseur *L'inoubliable danseur sur pointes.*

– MONOD Jacques (1910-1976) Biochimiste *De la nécessité de bâtir sur les sables du hasard.*

– OFFENBACH Jacques (1819-1880) Compositeur *La vie parisienne a de ces accents...*

– PRÉVERT Jacques (1900-1977) Scénariste, poète *Un trottoir qui fait la poésie ou bien...*

3 • Symboles

– L'élément de base des Jacques semble venir du fond des temps, le **feu**, un feu « grégeois », un feu de feu qui brûlait sous l'eau, au sommet du phare d'Alexandrie, sous la terre. De là à dire que les Jacques ont le feu occulte, il n'y a qu'un pas !

– Leur couleur est le **rouge** que l'on appelait jadis « gueule » et qui déborde de vigueur, de besoin de conquête, de ferveur, de pulsions sexuelles mais aussi de haine et de vengeance.

– Les nombres **24-17-3** soutiennent une vision un peu tordue de l'avenir, un tableau rougeoyant zébré d'éclairs d'acier, de cris d'abandons, de soupirs enchaînés. Dantesque !

4 • Devise

Elle n'a rien de surprenant, cette devise, sachant qu'elle est la couleur même de ce caractère : **Celui qui porte la flamme.** Cela fait penser au coureur olympique, à la Nuit des longs couteaux, à *Autant en Emporte le Vent* ! Bref, c'est plutôt du genre brûlant !

5 • Totems

– Leur animal totem fait feu de tout bois puisque c'est le **cerf**, symbole de longévité et de richesse que les Égyptiens prenaient comme l'emblème de l'homme sensible à la flatterie, très content de lui-même et ayant tendance à prendre les autres pour des bagnards.

– Le **buis**, leur végétal, dur et sonore, ne vient pas adoucir la situation car il représente lui aussi l'immortalité avec, en plus, la fermeté et la persévérance, même et surtout dans l'erreur.

– Leur minéral est l'**escarboucle**, cette pierre précieuse au rouge foncé d'un vif éclat, espèce de rubis que l'on l'appelait aussi «pierre de sang». Emblème du bonheur rayonnant dans les ténèbres et «pierre des amoureux» qui enivre en multipliant les «assauts» les plus renversants!

6 • Vibrations

Honnête moyenne: **86 000 v/s** soit un taux de **54 %**. Des communications quelconques mais suffisantes.

7 • Le Jeu de la Vie

Bien évidemment, nous trouvons nos Jacques hissés sur le pavois, aux rênes d'un char triomphant, le regard souverain, le menton dominateur et le geste sûr de lui. D'ailleurs, leur portrait figure en **numéro 7** de notre jeu caractérologique, la lame du **Chariot**, comme il se doit. Le jeune conducteur incarne les principes supérieurs dont il est imbu, le mouvement irrésistible de sa pensée unificatrice, la conscience éclairée d'un conducteur d'âmes, à la fois père et maître, conscient de sa supériorité, ayant besoin de la foule admirative qui l'entoure et des promesses de volupté qui lui parviennent sous forme de roses adroitement lancées par quelques pucelles en mal de capitulation programmée.

Volonté : 97 %

Intuition	90 %	Études	70 %
Réussite	95 %	Associations	78 %

Un prénom du «tonnerre» plein de fureur et de bruit! Des pompiers incendiaires, la torche à la main et le discours inondant! Une volonté perforante de contrôleur des contributions et une vocation de contestataire qui fait des Jacques le symbole même de l'agressivité payante! Leur trop belle intuition les conduit parfois à jouer les illuminés et les études sont souvent pour eux l'occasion de prouver que les enseignants sont des «minus»! La réussite, elle, est encombrante, voire provocatrice mais efficace dans tous les cas. Les associés se prennent à rêver à des lendemains moins tonitruants, moins obsédants.

Activité : 97 %

Dynamisme	99 %	Affaires	100 %
Voyages	100 %	Sociabilité	93 %

Mais par quel bout prendre ces «monstres» d'activité et de dynamisme et tout d'abord comment font-ils eux-mêmes pour ne pas s'exploser à la figure? Ils pratiquent la fuite en avant en ajoutant de l'agitation à l'action jusqu'au moment où la bombe affaires entre en «divergence», comme disent les atomistes, c'est-à-dire à l'instant plus clair que mille soleils où nos Jacques se mettent à jouer: «Hiroshima, mon amour!» Nous verrons ce que le malheureux spectateur peut faire au chapitre de la réactivité. En attendant, les voyages planent et la sociabilité est kidnappée par ces «hommes-sandwichs»!

Portrait prospectif

Caractère : 87 %   Psychisme : 96 %   Personnalité : 98 %   Destinée : 91 %   Devenir : 72 %

L'avenir des Jacques ressemble assez à ces casse-tête chinois aux combinaisons tellement perfides que feu Houdini lui-même y aurait perdu sa magie. Ce n'est pas que le futur soit pour eux une cachette secrète où ils viendraient enterrer des projets fuligineux ! Non, c'est tout simplement qu'à force de vouloir faire compliqué au lieu d'agir simplement, ils se prennent les pieds dans des écheveaux de plans sublimes, véritables nœuds gordiens que le destin devra trancher à leur place dans le bruit et la fureur. Alors, faut-il tenter de raisonner ces hommes de pouvoir afin de limiter la dispersion constante de leurs idées, souvent excellentes, mais qui finissent par se neutraliser en des décisions contradictoires ? Vous pouvez toujours essayer, cependant le modeste conseil que nous vous donnons, c'est de phagocyter une résolution, de vous y cramponner à mort et, peu à peu, de faire le siège patient et obstiné du Jacques en question, sans tenir compte de ses dérobades, sans céder à ses menaces, sans le laisser jamais s'embourber en quelque alcôve ombreuse. C'est à ce prix que vous pourrez aider ces hommes étonnants et difficilement influençables à entrer d'un pied constant dans un avenir efficace. Les Jacques, hors de toute opinion, ont besoin de conseillers, plus, de « conseilleurs » qui, pour ne pas être des payeurs, ne les aideront pas moins à se définir clairement et courageusement en vue d'une action unique.

Partant de cette plate-forme de gouvernement personnel, nos amis Jacques arriveront à prendre leur envol, portés par un psychisme fort de sentiments populaires, enrichis d'une personnalité, voyante peut-être mais très publicitaire, si l'on peut dire, pour aboutir à un sommet que des erreurs tactiques, de psychologie, rendront rapidement périlleux. Quant à la destinée des Jacques, elle se retourne facilement au vent mauvais des complots fraternels et leur devenir retombe souvent au fin fond de ce puits de vérité où il est si facile de descendre... Car la roche tarpéienne est toujours à portée de vue...

Émotivité : 56 %

| Affectivité | 83 % | Amour | 85 % |
| Famille | 95 % | Enfants | 100 % |

En réalité, les Jacques ont souvent le cœur sur la main mais comme ils ont l'autre sur leur portefeuille, ils inventent des mains supplémentaires pour pouvoir serrer toutes celles qui se tendent vers leur gloire tapageuse ! Car l'affectivité est là, redondante et bavarde, l'amour est toujours précédé d'une bande annonce et les réunions familiales adoptent des allures de meetings politiques passionnés et bruyants. Cette famille qui est, malgré tout, leur « perchoir » préféré ! Les enfants les adorent et ces papas le leur rendent bien, même s'ils sabotent la gentille chanson : « Frère Jacques, dormez-vous ? »

Réactivité : 62 %

| Santé | 97 % | Sensorialité | 98 % |
| Argent | 100 % | Profession | 100 % |

Alors, que faire devant ce raz-de-marée dévoreur de collaborateurs, d'associés, d'argent, de profession et aussi, ayons le courage de le dire, de femmes dont la vertu prend vite le chemin du *Titanic* ! Deux attitudes peuvent vous sauver la vie : soit tout laisser tomber avant que la bombe ne tombe elle-même, soit avoir sous le pied l'hélicoptère capable de survoler le champ de bataille en attendant que s'achève le safari sauvage ! Autrement dit, il faut alors donner aux Jacques la nette conviction que l'on ne dépend pas d'eux et qu'éventuellement, on dispose de certains moyens de pression ! Le « pari » est à ce prix !

Jacques et les autres prénoms

Moyenne : 57 %
Classement : 70/79

Jacques • 52

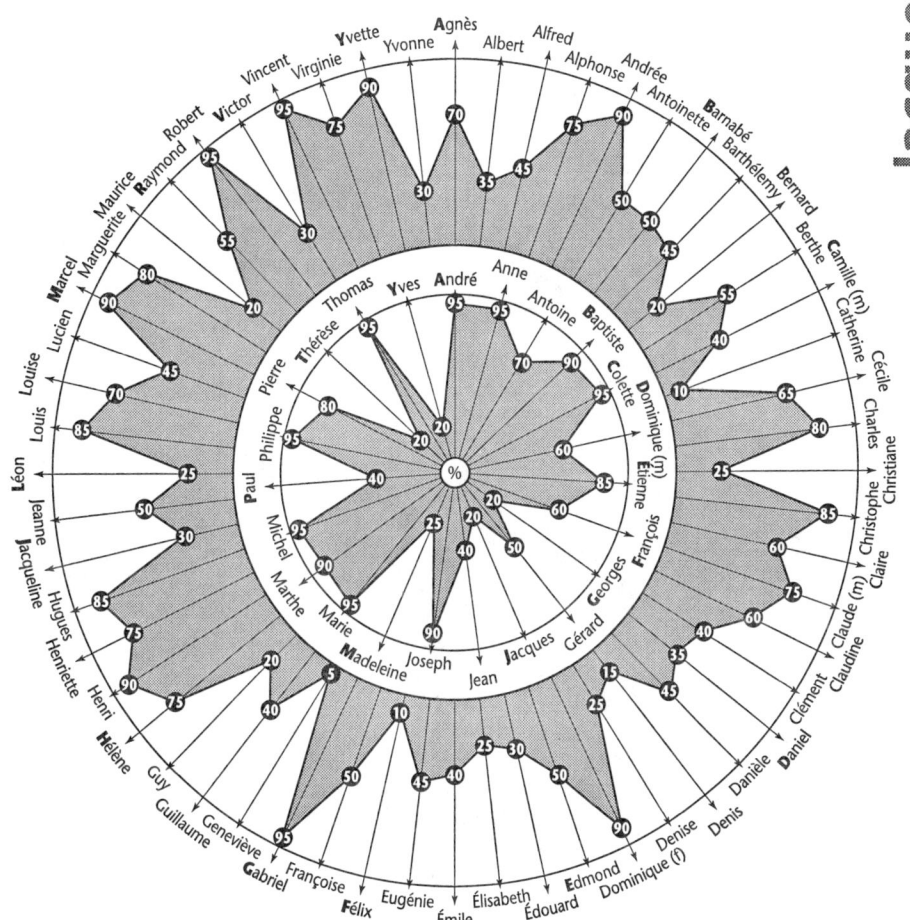

Les roues de compatibilités

Les Jacques ont besoin de considération comme le premier percepteur venu ! Ils puisent dans le regard d'autrui une preuve de leur existence personnelle dont ils ne sauraient se passer. D'ailleurs, ils ne sont pas regardants quant aux conditions de l'admiration qu'ils réclament et à la limite, pour eux, un ennemi bien présent, même agité, est préférable à l'absence d'interlocuteur. C'est pour cela qu'ils apprécient plus la quantité que la qualité chez leur public : 57 % pour un classement de 70e sur 79. Ils comptent les pions, un point c'est tout ! En revanche, et c'est plus intéressant, leur entourage les plébiscite à 78 % soit une très belle place de 13e sur 79. C'est dans la poche !

Les autres prénoms et Jacques

Moyenne : 78 %
Classement : 13/79

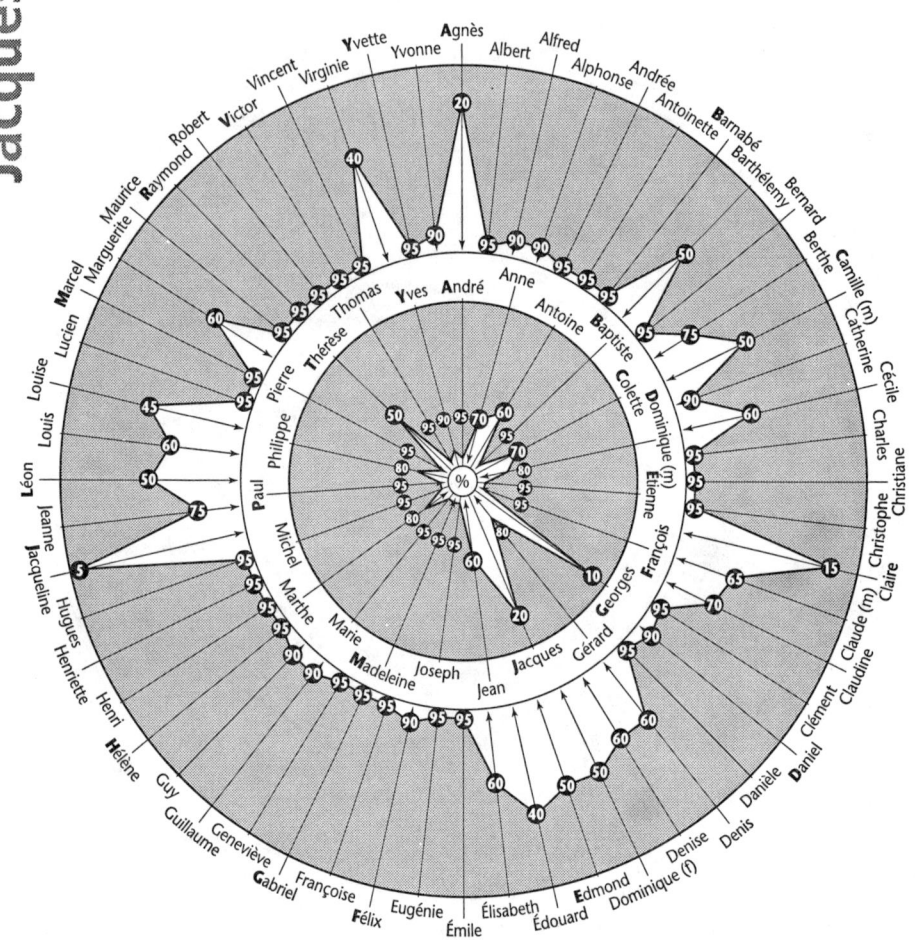

Comment Jacques s'entend avec le signe des autres

Bélier	83 %	Balance	77 %	Ce tableau ne concerne pas le rapport prénom personnel/signe personnel. Il n'y a pas d'autocompatibilité entre Jacques et son propre signe caractérologique.
Taureau	48 %	Scorpion	70 %	
Gémeaux	56 %	Sagittaire	80 %	
Cancer	31 %	Capricorne	28 %	
Lion	93 %	Verseau	36 %	
Vierge	50 %	Poissons	47 %	

Jean 53

1 • Prénoms associés

Ce sont tous les prénoms, quelle que soit leur origine, qui partagent les mêmes constantes caractérologiques et que vous découvrirez dans l'index de ce volume (p. 451), dont :

Axel	Germain	Mavrick
Blandin	Gino	Newton
Célestin	Jannis	Spencer
Edgar	Joan	Warren
Évan	Johnny	Yann
Fantin	Jonathan	...

2 • Célébrités

Pour vous sentir moins seul, ce trop bref aperçu des personnalités de tous les temps et de tous les lieux qui dépendent de ce type de caractère :

- CALVIN Jean (1509-1564) Théologien *L'étrange conversion de la vertu.*
- COCTEAU Jean (1889-1963) Écrivain, poète *Le drame d'un génie éclaté.*
- DEGAS Edgar (1834-1917) Peintre, sculpteur *Des danseuses aux jolis pinceaux.*
- GABIN Jean (1904-1976) Acteur *Tel qu'en lui-même le figeaient ses rôles.*
- MARAIS Jean (1913-1998) Acteur *Quand la chance est aussi une forme de talent.*

3 • Symboles

– L'élément de base des Jean est un **feu** d'une mobilité extrême. Porté par un air aux courants puissants, il submerge tout en un instant comme une nuée ardente à laquelle rien ne résiste.
– Leur couleur, le **jaune**, est porteuse d'une volonté de puissance et d'un extrême besoin de supériorité. Un Jean est premier ou il n'est pas !
– Les nombres **24-39-28** démontrent à quel point leur intelligence peut être efficace et envahissante à la fois, condamnant en quelque sorte leur intuition et mettant à leur disposition un extraordinaire instrument de conquête dont ils sauront abuser.

4 • Devise

Dire que la devise des Jean brille par la modestie et l'humilité serait exagéré. **Celui qui entraîne, qui commande.** C'est à prendre ou à laisser et nombre de ceux qui n'ont pas voulu prendre ont fait la dure expérience de l'abandon total et de la vengeance à terme car les Jean ont un sens poussé du règlement de compte.

5 • Totems

– Comment s'étonner après cela que l'une des plus intelligentes bestioles que porte notre globe soit leur animal totem ? Le **dauphin** est le symbole de la clairvoyance, sinon de la divination. Il représente la sagesse dans l'action, la prudence dans l'audace et est connu comme ami de l'homme, toujours prêt à le secourir. De plus, il a l'air, en nous regardant, de rigoler doucement !

– Leur végétal est assez étonnant, c'est la **truffe**, champignon mystérieux au goût venu d'ailleurs, trésor enfoui sous la terre dont il recueille les courants secrets. Les Jean seraient-ils de petits cachottiers ?

– Leur minéral, le **porphyre**, est cette roche volcanique dont étaient constituées les colonnes des temples et des palais, soutiens du pouvoir et protectrices de la foi.

6 • Vibrations

Admirable pourcentage de vibrations : **114 000 v/s** soit un taux de **83 %** qui donne aux Jean une puissance de conviction à nulle autre pareille. D'aucuns disent qu'ils seraient plutôt « pète-sec » !

7 • Le Jeu de la Vie

Leur lame **numéro 4**, l'**Empereur**, est l'image même de la raison d'État. Un monarque rigide et solennel, assis fermement sur un trône inébranlable. Il dispose, de par son sceptre, du pouvoir de la tradition et de par ses symboles cosmiques, de l'autorité du cosmos en son intelligence suprême. Le maniement des Jean et consorts ne sera donc pas des plus faciles et devant un tel déploiement d'intellectualité intransigeante, il vous faudra pour convaincre des trésors de diplomatie, de souplesse vertébrale sans oublier que vous serez également confronté à des indigestions de couleuvres difficiles à supporter.

Volonté : 92 %

Intuition	70 %	Études	100 %
Réussite	95 %	Associations	100 %

Quand on dit d'un homme que c'est un « cerveau », on a tout dit ! Le cinéma l'a bien compris qui a fait de ce mot le titre d'un film délirant où le héros à la grosse tête ridiculise toutes les polices du monde. Eh bien, les Jean appartiennent à cette catégorie, non pas de gangsters, mais de « gambergeurs » de haut vol dont la volonté prend une dimension « fakirique » qui appelle la planche à clous. L'intuition joue les ordinateurs dociles tandis que les études révèlent une intelligence telle que la réussite n'est qu'une formalité. Quant aux associés, ils entonnent « Le chœur des esclaves » comme un seul homme !

Activité : 98 %

Dynamisme	95 %	Affaires	100 %
Voyages	70 %	Sociabilité	90 %

Tous les Jean ne sont peut-être pas aussi étincelants mais il existe chez eux et à tous les niveaux une réelle rapidité d'action et de réaction qui en inquiètent plus d'un et en terrorisent plus d'une ! Le dynamisme est un véritable « balai de sorcière » qui les propulse dans le monde infernal des affaires avec une efficacité confondante. Les voyages sont vite expédiés et les Jean sont prêts à brûler le bateau pour le faire avancer plus vite. Leur sociabilité est brillamment tyrannique. Ils accaparent la conversation et sachez que vous n'avez plus alors qu'à jouer les « lèche-dos » ou les paillassons troués !

Portrait prospectif

Caractère : 93 %   Psychisme : 97 %   Personnalité : 99 %   Destinée : 88 %   Devenir : 98 %

Jean • 53

Comment oser parler d'avenir à des gens – ou à des Jean – qui vous regardent déjà d'un air mauvais lorsque vous leur demandez, à table, s'ils prendront du bordeaux ou du côtes du Rhône ? Pour eux le futur est un sujet de conversation indécent car il suppose que vous entriez dans leur intimité délibératrice. Eux seuls sont maîtres de leurs lendemains et le vôtre ne les intéresse pas du tout ! Cela étant bellement établi, comment les amener à mettre leurs projets sur la table ? Par la bande, comme on dit au billard ! Ils ne sont en effet sensibles qu'à une seule argumentation qui, pour statique qu'elle soit, ne manquera pas de provoquer chez eux une réaction communicable. La voici : à un moment donné, difficile à saisir, il faut que vous arriviez à placer cette simple petite phrase : « C'est le genre d'affaire qu'il faut confier à un type gonflé ! » Stupeur ! « Qu'est-ce que vous avez dit là ? » Un frisson de terreur submerge alors l'assistance en même temps qu'une lueur génocide passe au fond de leur pur regard. La mitraille vous atteint de plein fouet, votre scalp prend son vol, le sol se crevasse… Mais le piège a fonctionné ! Les Jean, comme un seul homme, vous font la démonstration immédiate que l'homme providentiel, c'est eux et qu'en prenant telles mesures vous ligotez l'opposition, muselez la critique, emportez l'adhésion des élites ! Prenez alors l'air confus et soumis du crétin congénital à qui l'on montre le portrait agrandi de son chromosome 21. Vous avez gagné !

Un coup d'œil maintenant sur nos chiffres où l'on voit ce caractère que nous commençons à cerner monter d'un cran pour atteindre un psychisme survolté par un complexe de supériorité en titane et dominer tout le panorama caractérologique avec le plafond rutilant d'une personnalité asymptotique, maîtresse d'une destinée écrasée de potentialités diverses et violant le devenir avec la virilité percutante d'un auroch lancé sur le sentier de la reproduction la plus furieuse. Le tableau est brossé, il ne reste plus qu'à pouvoir l'encadrer !

Émotivité : 70 %

Affectivité	80 %	Amour	80 %
Famille	60 %	Enfants	65 %

Parfois, les Jean éclatent soudainement et vous font votre fête avec une débauche de traits cinglants, de rappels honteux et de promesse d'une vie bestiale et bientôt carcérale ! L'affectivité et l'amour sont là, mais il y a toujours des conditions draconiennes à remplir pour en bénéficier ! Chez les Jean, le sentiment est souvent un appât et la passion une expérience ! Ils ont horreur d'être dépassés par les événements et le « passeport » familial n'autorise pas les proches, y compris les enfants, à pénétrer par effraction dans leur domaine ! Les Jean ne sont ni froids, ni chauds ! Ce sont des « thermostats » !

Réactivité : 70 %

Santé	90 %	Sensorialité	88 %
Argent	95 %	Profession	100 %

J'ai connu un banquier qui se prénommait Jean – et c'était ma terreur ! – qui connaissait par cœur l'interminable liste de ses clients dont le compte était en rouge ! Dotés d'une réactivité plafonnante, ces hommes remarquables sont habituellement difficiles à manier. Un sens aigu de l'opposition fait d'eux des bombes ambulantes possédant une santé de loup-cervier et un œil de faucon en rut ! D'ailleurs, leur sensorialité est exigeante mais dominée. Ici aussi, leur petit ordinateur a son mot à dire et l'argent épouse la profession pour le meilleur et pour le sublime ! Un peu fatigants, les chers petits !

53 Jean et les autres prénoms

Moyenne : 70 %
Classement : 17/79

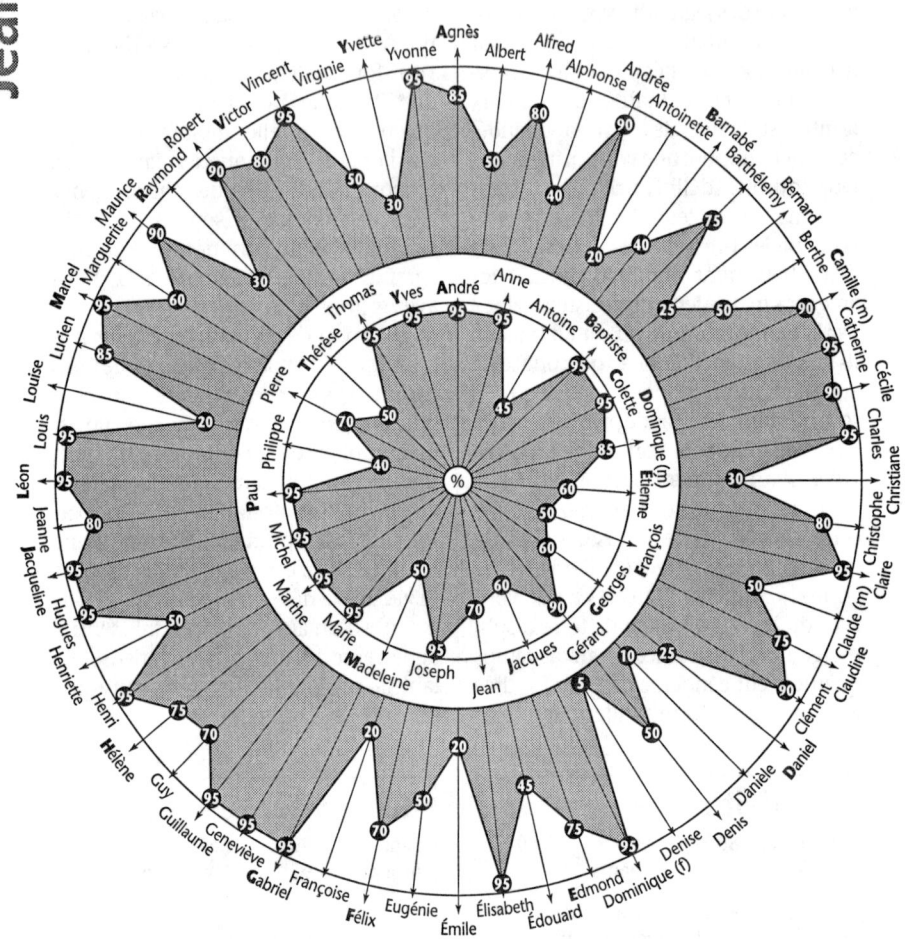

Les roues de compatibilités

Avec les Jean, on pense n'aborder le sujet des compatibilités que bardé d'une prudence extrême, car évoquer devant eux les conditions d'entente de leur personnage face au commun des mortels ne semble pouvoir se faire que dans une ambiance extrêmement tendue. Erreur ! Les Jean se montrent bien plus ouverts qu'on ne pouvait le penser à la présence auprès d'eux d'un entourage qu'ils apprécient à 70 % pour un classement de 17e sur 79. Surprise, surprise ! Et fait plus étonnant encore, leur public, si l'on peut dire, les plébiscite à 73 %, les classant ainsi au 21e rang sur 79. Décidément on s'interrogera toujours sur le masochisme des foules et le sadisme de leurs meneurs !

Les autres prénoms et Jean

Moyenne : 73 %
Classement : 21/79

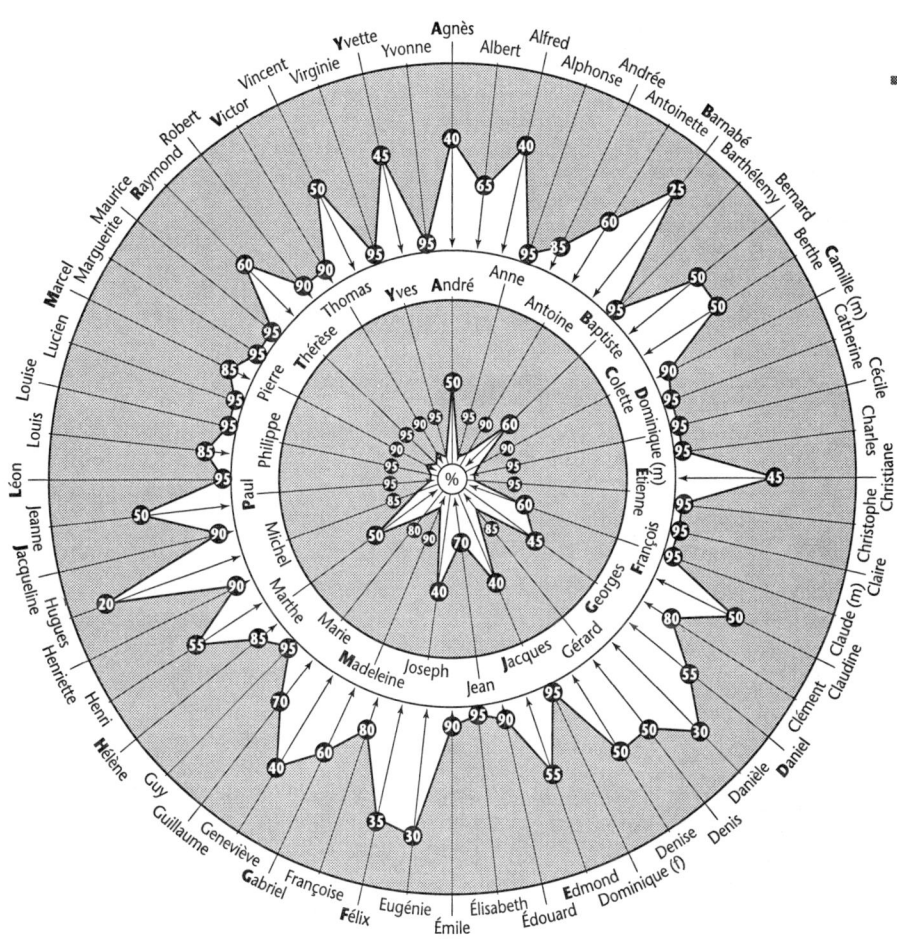

Comment Jean s'entend avec le signe des autres

Bélier	99 %	Balance	42 %	Ce tableau ne concerne pas le rapport prénom personnel/signe personnel. Il n'y a pas d'autocompatibilité entre Jean et son propre signe caractérologique.
Taureau	60 %	Scorpion	50 %	
Gémeaux	56 %	Sagittaire	80 %	
Cancer	48 %	Capricorne	68 %	
Lion	86 %	Verseau	80 %	
Vierge	61 %	Poissons	60 %	

54 Jeanne

1 • Prénoms associés

Ce sont tous les prénoms, quelle que soit leur origine, qui partagent les mêmes constantes caractérologiques et que vous découvrirez dans l'index de ce volume (p. 451), dont :

Armandine	Euxane	Jennifer
Belle	Inès	Mathilde
Célestine	Irène	Maud
Chantal	Isabelle	Odette
Doris	Isadora	Vanina
Dorothée	Janice	...

2 • Célébrités

Pour vous sentir moins seul, ce trop bref aperçu des personnalités de tous les temps et de tous les lieux qui dépendent de ce type de caractère :

– BOURGEOIS Jeanne, (1873-1956) Actrice, chanteuse — *Des jambes de princesse, une voix de poubelle.*
dite Mistinguett
– DUNCAN Isadora (1878-1927) Danseuse — *Alors le voile de la danse se fendit en deux !*
– JOLIOT-CURIE Irène (1897-1956) Physicienne — *Se consumer en rayonnant.*
– JOYEUX Odette (1914-2000) Actrice, scénariste — *Les rêves de danse sont ceux que l'on oublie le moins.*
– LANVIN Jeanne (1867-1946) Couturière — *Vêtir celles qui n'en ont pas le besoin.*

3 • Symboles

– L'élément de base des Jeanne est le **feu**, non pas le feu des flammes, mais celui de la chaleur portée par le vent, un sirocco qui vous prend à la gorge, un foehn qui vous étreint l'âme, un khamsin qui vous décape le sphinx.
– Leur couleur, le **jaune**, est bien celle de ces vents de sable, couleur de lumière céleste révélée mais aussi couleur d'or terni, de lueur lunaire porteuse de culpabilité et de trahison.
– Les nombres **20-6-48**, tous de nature féminine, soulignent l'importance que les Jeanne et prénoms associés accordent à la promotion de la femme dans la société moderne. Travail de sape et d'intox, dans certains cas, que ces êtres entreprenants assument avec une virulence inquiétante.

4 • Devise

Il y a chez les Jeanne des vocations exploratrices qui sommeillent si l'on en croit leur belle devise : **Celle qui découvre l'âme des êtres et des choses.** Ces femmes surprenantes disposent d'une vision intérieure ou de voix informatrices qui leur donnent une sorte de voyance qui n'ose pas dire son nom.

5 • Totems

– Leur animal totem est des plus exotiques puisqu'il s'agit du **termite**, espèce de fourmi blanche à l'appétit légendaire, submergeante et bâtisseuse, d'une activité dévorante et qui, chez les Jeanne, est symbole de prévoyance et d'obstination efficace.
– Le végétal des Jeanne est ce **genêt** lié à la fonction royale car il aurait été, paraît-il, à l'origine obscure de la fleur de lis ou du rameau d'or si chers à l'Impératrice.
– Quant à leur minéral, le **cristal**, il porte en lui une image de limpidité, de divination. Une véritable « pierre de victoire » qui fait les héroïnes en servant d'intermédiaire entre le visible et l'invisible.

6 • Vibrations

Un beau vocabulaire vibratoire à **90 000 v/s** soit au taux de **58 %**. Le discours des Jeanne est donc parfaitement entendu même s'il demande souvent à être répété.

7 • Le Jeu de la Vie

Ne nous méprenons pas sur la résonance psychologique de la lame **numéro 3**, l'**Impératrice**, attribuée aux Jeanne. Elles ne se font pas d'illusions sur la réalité de la fonction mais se montrent sensibles aux qualités qu'elle sous-tend : puissance de séduction mais aussi nette propension à changer facilement d'avis. Attendez-vous à trouver chez ces femmes élégantes et raffinées une manière très nerveusement affective de traiter les êtres et les choses car elles obéissent plus souvent à leurs impulsions qu'à leur jugement, à leur raison. Voilà qui vous promet des lendemains pleins de surprises enrichissantes !

Volonté : 96 %

Intuition	92 %	Études	80 %
Réussite	90 %	Associations	40 %

La Dame de fer aurait dû avoir comme prénom Jeanne ! Est-il besoin de vous rappeler les noms de Jeanne Hachette ou de Jeanne d'Arc ? L'ennui c'est que ce métal rouille facilement et que, pour avoir une Jeanne en parfait état de marche, il faut lui procurer une vie guerrière qui n'aurait pas pour simple but d'envoyer à la casse les vieilles bagnoles ! L'intuition est chez elles une seconde vision, les études un corps à corps enseignant, la réussite une razzia punitive. Quant à leurs associés, ils ne vivent que le drapeau blanc de la reddition à la main, terrorisés par cette volonté écrasante qui ne fait pas dans le détail.

Activité : 96 %

Dynamisme	99 %	Affaires	95 %
Voyages	100 %	Sociabilité	75 %

Une activité usante, pompante, surnaturelle... Surtout pour les maris qui, habituellement, pratiquent la course à pied salvatrice en direction de paradis contrôlés. Le dynamisme s'exprime par des mots tranchants, des critiques acerbes, des jugements définitifs qui ne connaissent que la perpétuité ! Les affaires roulent de « clashs » en projets pyrotechniques où nos Jeanne jouent les « sirènes » incendiaires ! Les voyages sont la grande passion de leur existence et font partie de leur sociabilité qu'elles transforment en bureau de recrutement. Le « caviar-champagne », comme attrape-gogos, on ne fait pas mieux !

Portrait prospectif

Caractère : 72 %   Psychisme : 68 %   Personnalité : 79 %   Destinée : 82 %   Devenir : 66 %

Que diriez-vous d'une maîtresse de maison qui, au milieu d'un repas de gala, vous déclarerait tout de go : « La poularde aux truffes, c'est pour moi ! Pour vous, les hamburgers arrivent ! » C'est un peu la formule délicate qu'utilisent ces chères Jeanne lorsqu'elles vous parlent de l'avenir, de « leur » avenir ! À vous le présent indécis tout poussiéreux de passé, à elles la brillance du beau jouet tout neuf qu'elles n'ont aucunement envie de partager ! Autrement dit, vous aurez fort à faire pour les convaincre de vous laisser une toute petite place sur une aire de jeu bourrée de projets, débordante d'élucubrations, ruisselante de carabistouilles de toutes sortes. Elles partent du principe qu'un chef ne pouvant qu'être à la tête de ses troupes se doit de franchir seul la ligne de feu où commence l'héroïsme des uns et trébuche le courage des autres. Aussi n'est-ce point le moment de leur chatouiller la couronne impériale et de les comparer méchamment à quelque don Quichotte à l'armure de dentelle. Certes, elles sont orgueilleuses et leur considération semble souvent tyrannique mais il faut admettre qu'elles savent aussi accorder leur amitié et qu'elles sont fidèles à un partage équitable du même fanatisme ou de la même révolte sociale, économique, voire religieuse.

Si vous jetez un petit œil sur nos pourcentages, vous constaterez facilement que nos cinq indices délimitent une zone assez étroite de fonctionnement. Le caractère n'est qu'à peine affecté par un psychisme qui sait mettre son affectivité au service d'une grande cause. La personnalité, renforcée par sa propre estime d'elle-même, n'abuse pas des sommets qu'elle se croit en droit d'atteindre. Quant à la destinée, elle bénéficie de toutes les attentions, de toutes les tendresses que ces femmes admirables ont le courage de s'adresser à elles-mêmes. Oui, c'est là que gît leur rêve secret ! Pouvoir écrire leur propre biographie pour laisser à la postérité l'image d'un être supérieur qui aurait su dompter l'avenir d'un geste auguste et statufié.

Émotivité : 72 %

Affectivité	95 %	Amour	60 %
Famille	90 %	Enfants	75 %

Et c'est ici que les Athéniens s'éteignirent car elles se prennent volontiers pour une déesse grecque, une Athéna au petit pied à la sagesse explosive, à la culture insolente dont la tête bien armée n'a point besoin de minerve pour porter haut ! C'est au travers de cette affectivité renversante, subjugante, que va naître la légende des Jeanne belliqueuses sonnant l'assaut ! Des femmes étonnantes et détonantes qui aiment les amours dociles, font de leur famille une patrie, de leurs enfants les membres d'une dynastie royale créée par elles avec, pour devise : « Si tu veux la guerre, prépare l'apocalypse ! »

Réactivité : 65 %

Santé	90 %	Sensorialité	95 %
Argent	100 %	Profession	100 %

Leur réactivité se montre chatouilleuse au point de se confondre avec une mine antipersonnel qui exploserait au moindre contact verbal. Les Jeanne et consorts sont des révolutionnaires-nées qui ne réagissent pas, elles atomisent ! Une santé de blindé en campagne ! Une sensorialité qui s'exprime de mille façons mais toujours dans le registre de l'absolu, tant et si bien que leur sexualité coupe le souffle, si j'ose dire, à plus d'un candidat imprudent ! L'argent ne peut que suivre le mouvement et leur profession, mais vous l'aviez deviné, est au métier ce que le cobra est au ver de terre ! Un poème !

Jeanne et les autres prénoms

Moyenne : 59 %
Classement : 61/79

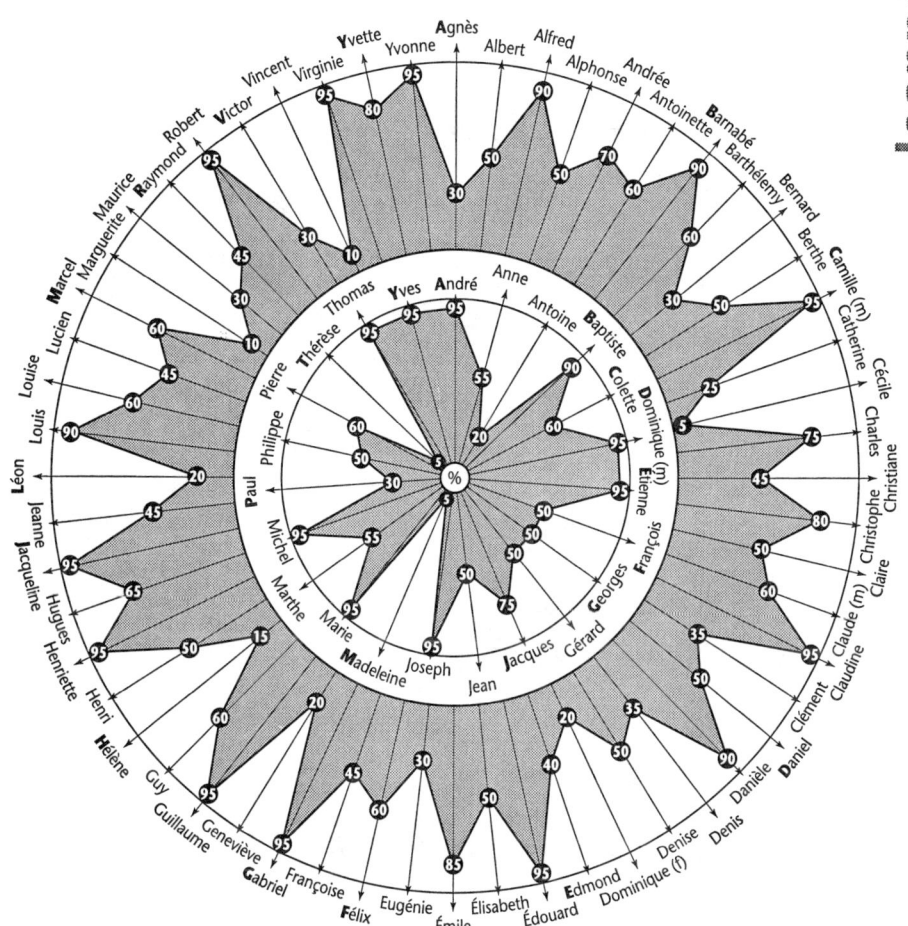

Les roues de compatibilités

Pour éviter de retomber trop brutalement sur terre, soulignons en passant que nombreuses sont les femmes de grandes qualités et de renommée universelle qui ont porté ce prénom. Comme cette déesse venue du froid qui se nommait Freya et qui dégustait le meilleur de ses amants dans leur crâne amoureusement poli ! *Achtung !* Au-delà de cet intermède poétique, précisons, sans grande surprise, que l'entourage des Jeanne ne les apprécie qu'à 55 %, soit une place de 61e sur 79. C'est mince ! Quant aux intéressées, elles ne considèrent leurs relations, amicales ou autres, qu'à 59 %, se fixant ainsi au même niveau : 61e sur 79. Autrement dit, l'envers vaut l'endroit !

Les autres prénoms et Jeanne

Moyenne : 55 %
Classement : 61/79

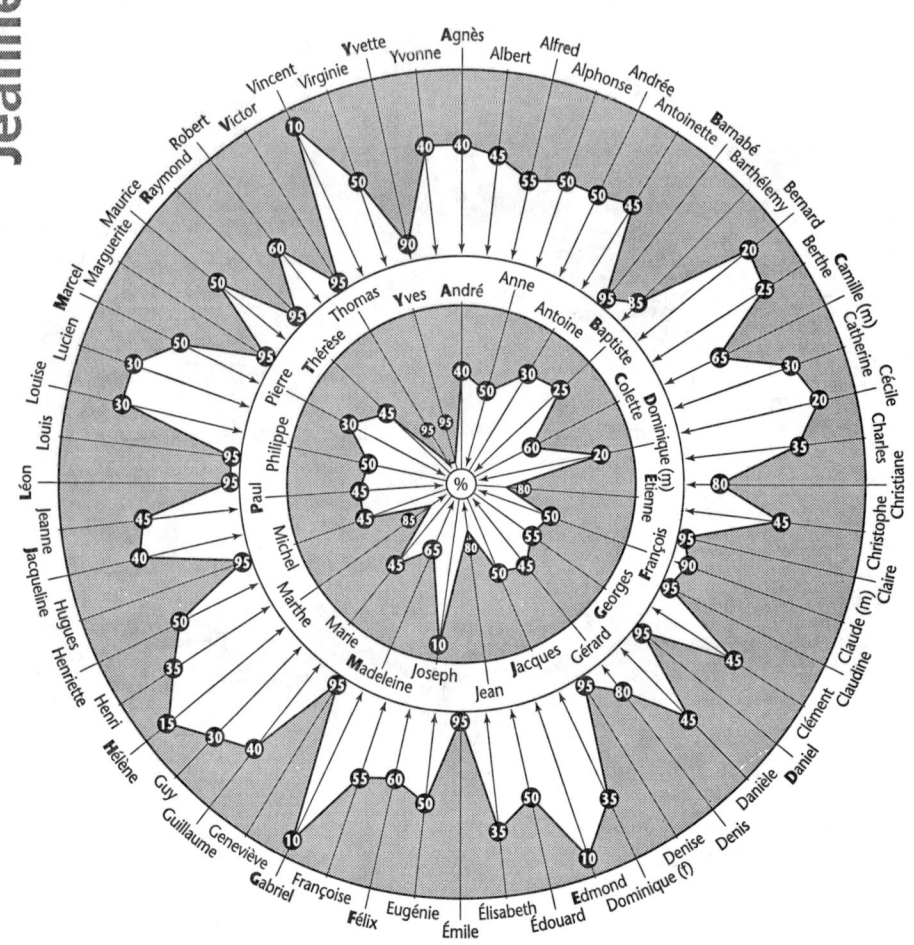

Comment Jeanne s'entend avec le signe des autres				
Bélier	70 %	Balance	50 %	Ce tableau ne concerne pas le rapport prénom personnel/signe personnel. Il n'y a pas d'autocompatibilité entre Jeanne et son propre signe caractérologique.
Taureau	53 %	Scorpion	63 %	
Gémeaux	28 %	Sagittaire	75 %	
Cancer	57 %	Capricorne	41 %	
Lion	88 %	Verseau	56 %	
Vierge	70 %	Poissons	40 %	

Joseph 55

1 • Prénoms associés

Ce sont tous les prénoms, quelle que soit leur origine, qui partagent les mêmes constantes caractérologiques et que vous découvrirez dans l'index de ce volume (p. 451), dont :

Alcide	Isaac	Médéric
Anaël	Jason	Ruby
Cheston	Jésus	Sammy
Edwin	Job	Samuel
Galaad	Macaire	Vernier
Granier	Maurin	...

2 • Célébrités

Pour vous sentir moins seul, ce trop bref aperçu des personnalités de tous les temps et de tous les lieux qui dépendent de ce type de caractère :

– BECKETT Samuel (1906-1989) Auteur — *Des pièces brillantes comme un sou neuf.*
– BOUGLIONE Joseph (1904-1987) Fondateur du cirque — *Le pape d'un cirque auguste et fraternel.*
– KESSEL Joseph (1898-1979) Romancier — *Vivre l'aventure avant de l'écrire.*
– MORSE Samuel (1791-1872) Peintre, physicien — *Un trait de génie qu'il a su mettre au point.*
– VERDI Giuseppe (1813-1901) Compositeur — *Un homme de chœur qui avait trouvé sa voix.*

3 • Symboles

– L'élément de base des Joseph est antinomique en soi puisqu'il unit le **feu** et la terre, associant ainsi l'image du Créateur à celle de sa Création. Ce feu terrestre symbolise la conscience de l'être, c'est la force vitale et cosmique, liée à la génération, à l'immortalité.
– Leur couleur, le **rouge**, apporte au travers du feu central de l'homme comme de la terre, la connaissance mystérieuse des lois de l'univers. La « rubification » des alchimistes !
– Les nombres **25-22-28** groupent en un seul tir les trois qualités essentielles du caractère des Joseph : le courage, la loyauté, l'intelligence. Marqués par les départs, les voyages.

4 • Devise

Celui qui passe. À un certain degré, cette devise implique une espèce de transparence. On a beaucoup de mal à situer le personnage qui, pour certains, peut sembler falot mais qui, en réalité, détient les secrets d'une stratégie fort efficace.

5 • Totems

– L'animal totem des Joseph, la **tourterelle**, est ce petit pigeon de paix et d'amour que les peintres laissaient voleter autour des anges et des pucelles enamourées. C'est la messagère du renouveau et d'ailleurs c'est une tourterelle qui, lancée par Noé, revint apportant dans son bec la branche de saule au vert feuillage annonçant le cycle nouveau et la fin du déluge.

– Leur végétal, le **châtaignier**, représente la prévoyance, son fruit servant de nourriture pour l'hiver, les Joseph étant bien ces hommes prudents et sages qui organisent l'avenir.

– Le minéral porte un nom étrange, l'**antimoine**, métal qui durcit les alliages et permet, au plan de l'«art royal», d'aider discrètement à la transmutation du plomb en or.

6 • Vibrations

Elles sont bien au rendez-vous de ces hommes étonnants : **110 000 v/s**, l'un des plus hauts taux observés : **79 %**. C'est l'ouverture sur toutes les compréhensions et sur tous les possibles.

7 • Le Jeu de la Vie

La lame sans nombre de notre jeu caractérologique est choquante et mérite quelque explication. Le **Mat**, le **Fou** que l'on associe au prénom Joseph et à ses associés, représente un pauvre hère n'ayant pour bagage qu'un baluchon, perdu dans une steppe immense et hostile, mordu au meilleur de lui-même par une bête acharnée à sa perte. On a affaire à un adepte qui a trouvé une autre voie de connaissance et qui, ayant tout abandonné, se dirige vers cette terre des dieux où ne sont accueillis que les sages et les fous. Le Mat peut alors rencontrer le sphinx et vivre à l'ombre des pyramides...

Volonté : 95 %

| Intuition | 75 % | Études | 85 % |
| Réussite | 95 % | Associations | 100 % |

Il en est souvent des prénoms comme des romans ! Ce ne sont pas les plus gros tirages qui assurent la gloire d'un titre, et la discrétion des Joseph leur garantit une longévité «inoxydable». Ils sont dotés d'une volonté à la hauteur de leur mission et de plus, elle est «utile», s'appliquant parfaitement à son objet. Des hommes épanouis et discrets qui ne se servent que très peu de leur intuition, assurés qu'ils sont de leur réussite par de sérieuses études ainsi que par une manière bien particulière et rassurante de se laisser percevoir par leurs associés qui leur font des yeux doux en forme de dollars hystériques !

Activité : 95 %

| Dynamisme | 95 % | Affaires | 95 % |
| Voyages | 85 % | Sociabilité | 85 % |

Pour les Joseph, les mots ne sont pas des instruments gratuits car, d'après eux, ils ne veulent rien dire sans l'action qui les meut. Une splendide activité constamment disponible ne se consommant pas elle-même. Le dynamisme possède une intensité égale et c'est donc tout naturellement que les affaires se mettent à l'unisson avec ce suave ronronnement caractéristique des «belles bagnoles» ! Les voyages sont l'occasion de rencontres enseignantes où l'exemple précède toujours la leçon au cours de conversations plus humaines que sociales ou professionnelles. Saluons l'artiste !

Portrait prospectif

Caractère : 97 %   Psychisme : 94 %   Personnalité : 92 %   Destinée : 90 %   Devenir : 99 %

La manière d'agir d'un individu ne peut être que l'expression de son propre caractère. Cela est le principe car à l'usage on s'aperçoit vite que, là aussi, jouent des forces de dissimulation et de recomposition qui faussent dans une large proportion le rapport acte/personnalité. Mais en fouillant un peu plus, on constate que même les tentatives de trucages font aussi partie du tableau psychologique du personnage considéré. Ce petit préambule pour introduire quelques considérations sur la nature profonde des Joseph, prénom caractérologique qui se présente à nous comme étant, incontestablement, le plus authentique de ceux que nous avons étudiés. Il existe, en effet, chez ces hommes d'avenir une sincérité des réactions vraiment impressionnante car si nous les nommons « hommes d'avenir », c'est qu'ils portent en eux un message universel qui est un peu leur « Graal » et qu'ils respecteront avec une rigueur d'un autre âge. Ils ne parlent presque jamais de leur passé, se glissent discrets, presque invisibles, entre les pages du présent en portant le poids d'une responsabilité prospective qui force le respect quand ce n'est pas l'admiration. Ils sont prêts pour le futur !

Les Joseph ont un caractère de « service », si l'on peut dire, un caractère utile qui ne cède jamais à la passion et dont l'énergie est à chaque instant utilisable sans qu'interviennent des notions égoïstes ou mercantiles qui en limiteraient la portée. Le psychisme n'infléchit que dans une faible mesure la trajectoire de ces hommes au rayonnement exemplaire. Les sentiments viennent renforcer la foi, l'intuition se met à la disposition de leur volonté et la personnalité, fort présente, soutient bellement leur mission car les Joseph sont venus sur terre pour réaliser une entreprise bien ciblée mais dont ils ne vous révéleront jamais la nature. La destinée se plaque donc complètement sur leur projet vital et permet au devenir, à ce « demain » de ces hommes immenses, d'atteindre des niveaux inouïs où seuls ils seront capables de respirer et d'agir pour instaurer une vie meilleure !

Émotivité : 37 %

| Affectivité | 99 % | Amour | 95 % |
| Famille | 95 % | Enfants | 90 % |

Une émotivité virile – cela ne court pas les rues ! – qui ne sort jamais de son cadre et se met au service d'un caractère, non d'une passion ! Moyennant quoi, l'affectivité peut se déployer largement, nullement gênée par des vibrations émotionnelles gratuites. L'amour est attentif et réfléchi, ce qui est terriblement apprécié en notre époque d'exhibitionnisme lubrique. La famille reprend alors son rôle d'orchestration des sentiments et des susceptibilités. Cela s'appelle aussi : l'harmonie. Quant aux enfants, ils trouvent dans le respect de leur père la marque d'une sagesse qu'ils n'oublieront jamais !

Réactivité : 30 %

| Santé | 93 % | Sensorialité | 75 % |
| Argent | 70 % | Profession | 100 % |

Méfiez-vous des réactions de ces étonnants Joseph dans la mesure où elles sont tellement prévisibles qu'elles vous surprennent à chaque fois et qu'à chaque fois elles vous interrogent ! Que vous essayiez, avec eux, de la « trique » ou de la « brosse à reluire », vous ne tarderez pas à vous retrouver l'air idiot devant ces bons apôtres qui vous regardent vivre au lieu de s'offusquer de vos propos inutiles ! Quant au reste, santé, sensorialité, argent, profession, tout cela fait partie du décor habituel et n'apparaîtra jamais comme des charnières de leur comportement toujours au service de leur foi dans l'homme !

Joseph et les autres prénoms

Moyenne : 72 %
Classement : 8/79

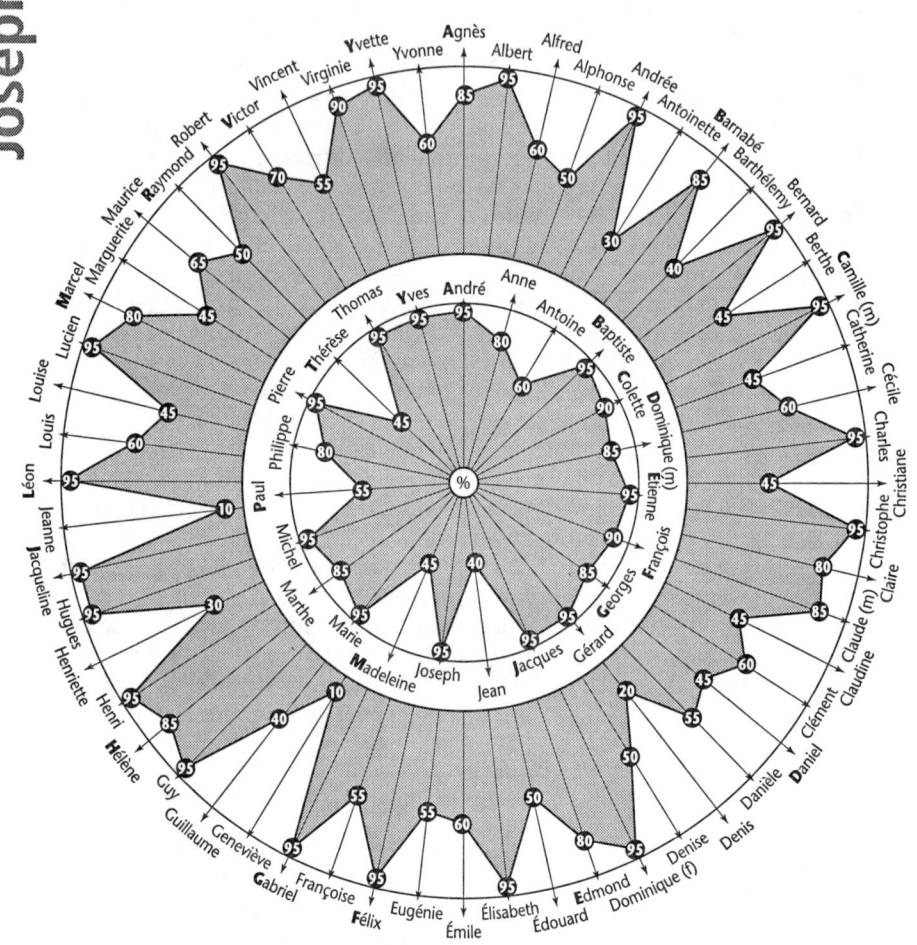

Les roues de compatibilités

Une telle qualité de vie ne peut conduire les Joseph que vers un plébiscite flatteur. Sans aucune démagogie, sans solliciter une aide quelconque, ils vont faire la démonstration que la popularité véritable dépend plus de la compréhension de l'autre que de la complicité flagorneuse adoptée par une certaine politique. C'est ainsi que l'entourage des Joseph va se prononcer à 83 % en faveur de leur « idole », les mettant à la 3e place sur 79. Quel succès pour des êtres qui ne le recherchaient pas ! Eux perçoivent fort bien leur entourage mais avec la légère restriction qu'apporte le souci de ne pas céder à la facilité, à la dispersion. D'où une moyenne de 72 % les plaçant au 8e rang sur 79. Beau succès à méditer !

Les autres prénoms et Joseph

Moyenne : 83 %
Classement : 3/79

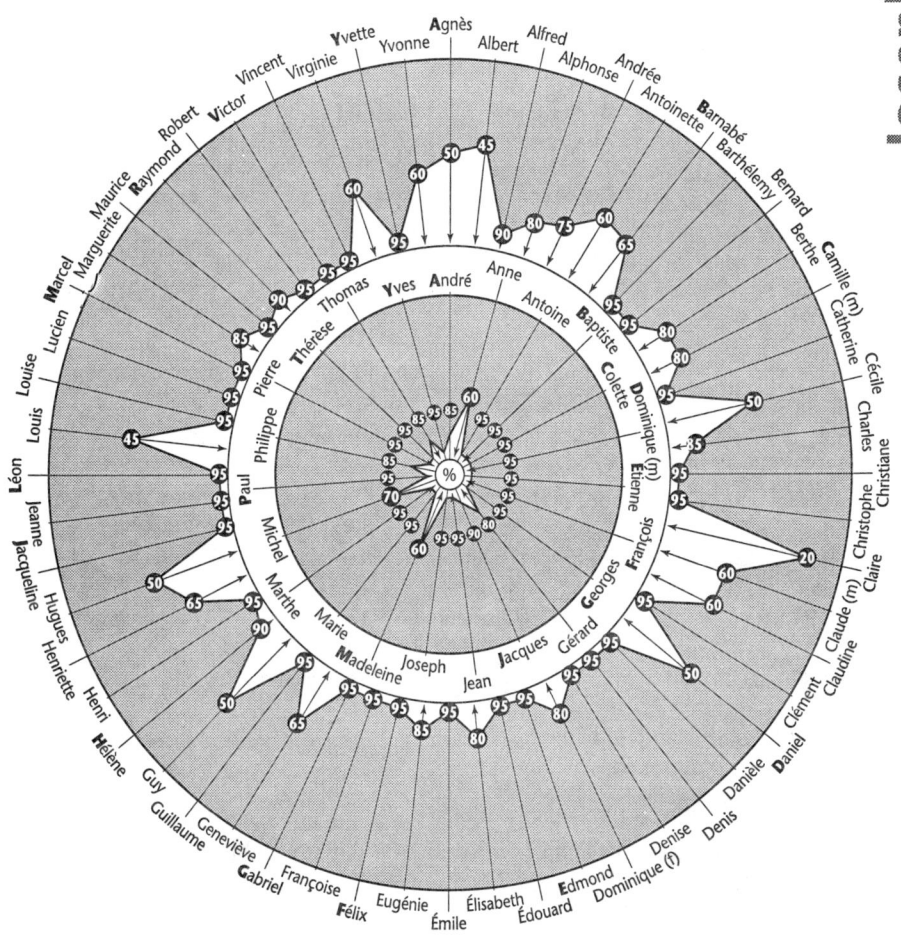

Comment Joseph s'entend avec le signe des autres

Bélier	60 %	Balance	73 %	Ce tableau ne concerne pas le rapport prénom personnel/signe personnel. Il n'y a pas d'autocompatibilité entre Joseph et son propre signe caractérologique.	
Taureau	70 %	Scorpion	58 %		
Gémeaux	57 %	Sagittaire	93 %		
Cancer	70 %	Capricorne	72 %		
Lion	84 %	Verseau	60 %		
Vierge	76 %	Poissons	49 %		

56 Léon

1 • Prénoms associés

Ce sont tous les prénoms, quelle que soit leur origine, qui partagent les mêmes constantes caractérologiques et que vous découvrirez dans l'index de ce volume (p. 451), dont :

Bradley	Eaton	Lény
Brett	Edric	Léonard
Brieuc	Fourier	Léonilde
Bryan	Hardouin	Lionel
Clarence	Humbert	Morvan
Cler	Landelin	...

2 • Célébrités

Pour vous sentir moins seul, ce trop bref aperçu des personnalités de tous les temps et de tous les lieux qui dépendent de ce type de caractère :

– BERNSTEIN Léonard (1918-1990) Compositeur — *Une véritable fontaine musicale aux cent bouches renommées.*

– DAUDET Léon (1867-1942) Polémiste, journaliste — *La chasse à courre dans les bois de la Chambre des Députés.*

– FERRÉ Léo (1916-1993) Chanteur, compositeur — *Il n'y a pas de révolte sans chansons.*

– VINCI (de) Léonard (1452-1519) Génie — *Il a tout inventé... y compris la beauté de l'utile !*

– ZITRONE Léon (1914-1995) Animateur TV — *Le roi a dit : « Télé mon bon plaisir ! »*

3 • Symboles

– L'élément de base des Léon pourrait figurer dans un tableau de Monet : un **air** d'eau caressant des nymphéas à la souplesse d'odalisques lunaires. Le souffle de l'Esprit qui se meut sur les eaux primordiales en un « big-bang » aquatique ! Les Léon aiment ça !

– La couleur de ces hommes chevaleresques est le « sinople », le **vert** héraldique qui témoignait de leur courtoisie, de leur honneur, de leur joie et de leur vigueur. Jolie brochette de décorations caractérologiques !

– Les nombres **11-26-37** apportent à nos amis une richesse de personnalité qui leur donnera un rayonnement, une présence dont ils sauront user intelligemment.

4 • Devise

Une devise en hommage à leur imagination féconde et pas seulement à leur pouvoir reproducteur : **Celui qui engendre.** Les Léon, sous des apparences souvent déconcertantes, cachent un pouvoir inventif qui peut aller jusqu'au génie. Léonard de Vinci en est la preuve indiscutable !

5 • Totems

– On a du mal à associer à la silhouette quelque peu méridionale de ces êtres charmants un animal totem aussi réchauffant et aussi féroce que la **zibeline** qui, quoiqu'on en pense, symbolise l'affection et la vigilance ou, en mauvaise part, l'inconstance et la rouerie. Au choix !

– Le **pommier** est le végétal des Léon et, en dehors de toute plaisanterie évaïque, se rattache à une nourriture merveilleuse chargée de magie et de révélation. L'arbre de l'autre monde !

– Le **calcium**, minéral reconstituant, renforce le squelette et c'est justement de cela qu'ont besoin les Léon. Soutenir leurs efforts le temps nécessaire à l'obtention d'un bon résultat !

6 • Vibrations

À ce niveau, on travaille à la sauvette : 62 000 v/s soit un taux de 28 %, il n'y a pas de quoi pavoiser ! On comprend après cela que ces chers Léon fassent de gros efforts pour convaincre leur entourage !

7 • Le Jeu de la Vie

La lame **numéro 13** dite **lame sans nom** est reliée, symboliquement, au caractère des Léon et prénoms associés. Et là, deux traditions s'opposent : l'une, jouant sur le simple graphisme, affirme que nous sommes en présence de la Mort, l'autre plus ésotérique, qu'il s'agit du Maître inconnu porteur de la fameuse Parole perdue. C'est la seconde version que nous choisissons car il est traité sur cette figurine de la renaissance des corps et des âmes, non de leur anéantissement. Depuis le début de cette recherche, nous rencontrons des signes de vie et de régénération. Que les Léon s'avèrent plus mystérieux qu'on ne le supposait, soit, mais c'est bien d'un symbole de libération qu'il s'agit !

Volonté : 77 %

Intuition	88 %	Études	92 %
Réussite	95 %	Associations	50 %

Avertissement : il serait nuisible à l'intelligence du texte qui suit de l'aborder avec l'idée préconçue que les Léon sont à l'humanité ce que la pâte de guimauve est au « chorizo » (fort) ! Moyennant quoi, vous ne serez pas étonné de découvrir que la volonté de ces hommes a la discrétion méritoire de se faire oublier plus vite que son ombre, que leur splendide intuition les prévient de tout danger opératif, que les études sont bien meilleures qu'on ne pouvait le supposer, que la réussite, ô miracle, vient, comme la fortune, en dormant et qu'il leur faut se méfier de tous les associés esclavagistes et syndiqués !

Activité : 78 %

Dynamisme	67 %	Affaires	70 %
Voyages	55 %	Sociabilité	96 %

Avouez qu'il est gênant après cela de parler d'activité à propos de ces hommes débonnaires qui se débrouillent finalement fort bien sans tomber dans la caricature facile d'êtres au caractère ramolli et aux réactions évanescentes. Les Léon sont des types étonnants dont le métabolisme psychique se nourrit de peu : une pincée de dynamisme, une demi-portion d'affaires dûment débarrassées de tout miasme agitant, une trace de voyage entouré de mille précautions confortables et, surtout, une sociabilité pleine de copains, de créatures de rêve, de bonnes bouffes, de crus, de cris et de ris ! Quel avenir !

Portrait prospectif

Caractère : 65 %   Psychisme : 76 %   Personnalité : 69 %   Destinée : 47 %   Devenir : 58 %

Comment voulez-vous que des êtres doués d'un esprit fécond aussi brillant que celui des Léon fassent la différence entre le présent et le futur, dévorés qu'ils sont par une recherche passionnée où se mêle inextricablement le virtuel et l'actuel ? Il s'agit évidemment du complexe dit du « Professeur Tournesol », bien connu des « psy ». En observant le comportement de ces hommes déroutants, on s'aperçoit que leur caractère ne souffre nullement de ce mélange temporel et qu'il se dégage toujours d'eux une force tranquille qui pourrait faire croire, à certains moments, qu'ils se réfugient dans quelque nirvana indolent. Donc, au-delà de la galéjade que l'on plaque trop facilement sur le comportement de ces bons Léon, il existe effectivement un être à la vigilance discrète, à l'imagination fertile qu'il va falloir « traire », si vous nous permettez cette expression car il ne s'agit pas que l'idée illuminante reste à l'état de feu de paille. Certes, il n'est pas toujours facile d'« accoucher » un Léon et souvent, là où nous disons « pousse ! », il a tendance à répondre, plaisanterie à part : « pouce ! » Donc, associés, si vous n'êtes pas des « sages-hommes », méfiez-vous ! Chez les Léon, les grossesses nerveuses sont fréquentes !

Notre petite évaluation montre à l'évidence que leur caractère équilibré mais modeste en ses manifestations, va se regonfler au contact du psychisme qui fait intervenir des mouvements de cœur entraînants car ces êtres sensibles aiment aimer et aussi aiment qu'on les aime. La personnalité se révèle plus efficace qu'on ne le croyait et vous vous apercevrez très vite qu'il ne faut jamais bousculer un de ces hommes et ne surtout pas lui tenir des propos du genre : « Si vous continuez comme ça… ! » *Horribile auditu !* Il va vous glisser entre les doigts et votre discours menaçant n'aura fait qu'effrayer la zibeline et dégringoler la pomme ! Montrez-vous donc patient, laissez-le se replumer et s'il se met à faire la roue, dites-vous bien que rien ne l'empêchera de se prendre pour le dieu Paon et de pousser son cri de victoire : LÉ-ON !

Émotivité : 37 %

Affectivité	90 %	Amour	80 %
Famille	89 %	Enfants	80 %

Comme il est dommage qu'il n'y ait pas plus de Léon en ce bas monde. Heureusement, il reste tous les prénoms associés qui partagent avec lui la joie tranquille des sentiments altruistes, cette fraternité née d'une indolence philosophique largement ouverte sur des horizons riches d'affectivité et d'amour. C'est la recette du cocktail léonesque où, aux ingrédients déjà reconnus, s'ajoutent la famille et les enfants unis dans le même bonheur solaire ! Mais si vous êtes conduit à circuler dans ce magasin de porcelaines au « biscuit » délicat, ne vous trompez pas d'animal de compagnie !

Réactivité : 25 %

Santé	92 %	Sensorialité	77 %
Argent	95 %	Profession	70 %

Vous étonnerai-je en vous disant que nos chers Léon ne placent pas l'apocalypse dans leurs livres de chevet ? Ils se contentent de ces ouvrages incolores et hypnogènes qui, à la troisième page, vous proposent des rêves époustouflants et joyeux, surtout s'ils sont empreints d'une coquinerie efficace. Car si ces braves gens ont la santé de leur nonchalence, leur sensorialité fait preuve d'une bonne présence. Ce qui est beau est bon et ce qui est bon se consomme ! L'argent aussi fait partie de la panoplie de campagne de ces Léon qui mettent la profession au rang des épidémies malignes !

Léon et les autres prénoms

Moyenne : 77 %
Classement : 1/79

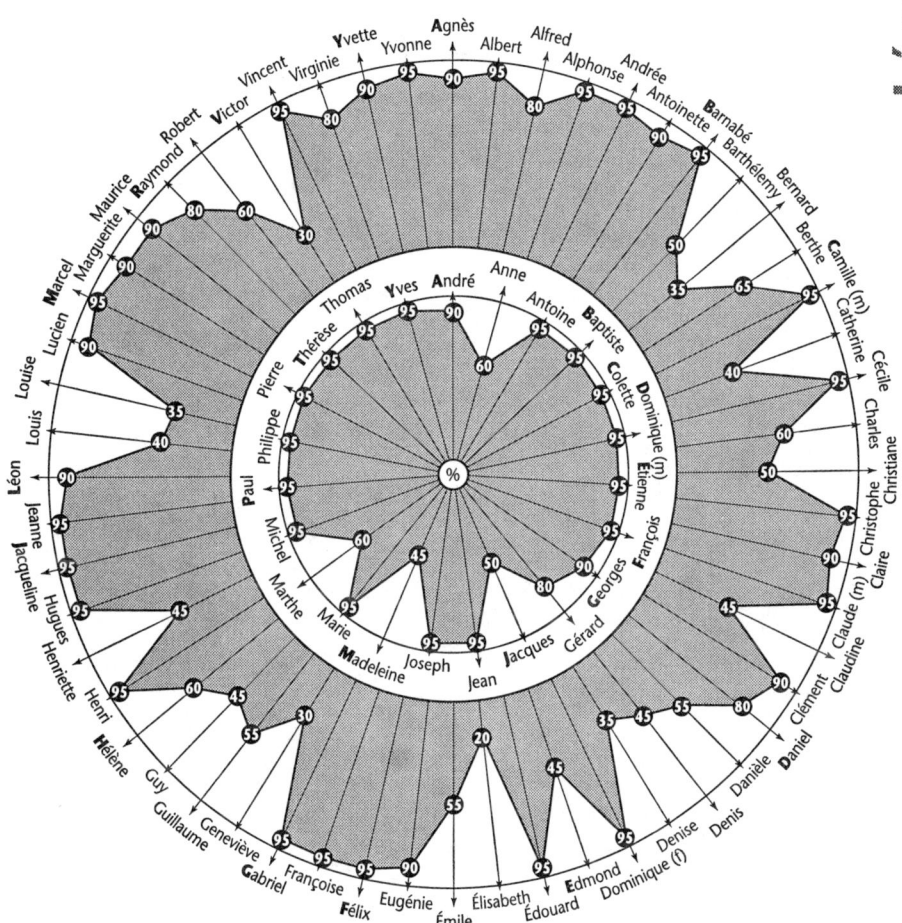

Les roues de compatibilités

Vous nous voyez très embarrassé pour vous parler de la manière dont les Léon apprécient leurs contemporains et ce qu'ils reçoivent en échange. Nous allons donc faire appel à votre sens inné de la philosophie pour encaisser ces révélations cruelles. Car il y a une bonne et une mauvaise nouvelle. La bonne, c'est que les Léon se sentent comme des poissons dans l'eau au sein de leur petit aquarium amical : 77 % de moyenne d'entente et, merveille, 1er sur 79 ! Youppie ! La moins bonne, c'est la réaction de leurs chers supporters qui, eux, ne leur accordent d'intérêt qu'à 50 % et les placent au 72e rang sur 79. Simple méfiance de superficie que cette étude dispersera, nous en sommes persuadé !

Les autres prénoms et Léon

Moyenne : 50 %
Classement : 72/79

Comment Léon s'entend avec le signe des autres

Bélier	74 %	Balance	84 %
Taureau	62 %	Scorpion	58 %
Gémeaux	76 %	Sagittaire	89 %
Cancer	52 %	Capricorne	76 %
Lion	84 %	Verseau	62 %
Vierge	72 %	Poissons	70 %

Ce tableau ne concerne pas le rapport prénom personnel/signe personnel. Il n'y a pas d'autocompatibilité entre Léon et son propre signe caractérologique.

Louis 57

1 • Prénoms associés

Ce sont tous les prénoms, quelle que soit leur origine, qui partagent les mêmes constantes caractérologiques et que vous découvrirez dans l'index de ce volume (p. 451), dont :

Aloïs	Léwis	Moran
Aymar	Loïc	Padern
Brent	Loïs	Roger
Dean	Louan	Serge
Gonzague	Louison	Sloane
Laouïg	Ludovique	...

2 • Célébrités

Pour vous sentir moins seul, ce trop bref aperçu des personnalités de tous les temps et de tous les lieux qui dépendent de ce type de caractère :

- BRAILLE Louis (1809-1852) Inventeur — *De l'esprit jusqu'au bout des doigts.*
- CARROLL Lewis (1832-1898) Écrivain — *Qui sait ce qu'il a bien pu vouloir dire ?*
- JOUVET Louis (1887-1951) Acteur, metteur en scène — *Il ne parlait que par interrogations affirmatives*
- PASTEUR Louis (1822-1895) Biologiste — *La rage de vaincre la maladie.*
- SAINT-SIMON (Duc de) Louis (1675-1755) Mémorialiste — *Des mémoires qu'on ne peut oublier.*

3 • Symboles

- L'élément de base est l'**eau** mais une eau de feu dont le symbolisme fécondant donne à ces Louis et aux prénoms qui leur sont associés, cette vitalité dont ils seront toujours bénéficiaires. C'est donc aussi une eau de lumière porteuse du verbe générateur.
- Leur couleur est le **rouge**, couleur mâle, centrifuge, tourbillonnant comme le soleil et dont on ne peut mesurer l'immense et irrésistible puissance.
- Les nombres **26-8-43** insistent sur la remarquable intuition de ces hommes particulièrement imaginatifs mais qui ont néanmoins du mal à quitter leur base actuelle de raisonnement pour se lancer dans une projection événementielle qui leur ouvrirait l'avenir. Autrement dit, ils sont un peu compliqués !

4 • Devise

Celui qui chante la vie. Il est exact que l'on trouve chez les Louis un amour des biens de l'existence tant au plan du corps qu'à celui de l'esprit. Parfois cette « rage de vivre » les conduira, malgré eux, à franchir la ligne blanche ! Des spécialistes du carambolage intellectuel !

5 • Totems

– Quelle chance, quand on dispose d'une telle devise, de posséder un animal totem aussi brillant, aussi enseignant que le **rossignol**, oiseau de l'amour que l'on ne saurait écouter qu'à deux ! Les vieux « chymistes » voyaient en lui le signe de l'approche de la pierre philosophale.

– Le **blé** est leur végétal qui représente la résurrection, la multiplication, ce don de la vie qui ne peut être qu'un don des dieux et dont on retrouve la trace dans toutes les religions.

– Quant à la **sardoine**, ce minéral précieux que les séraphins portent au front, elle prévient des maléfices et apporte souvent au caractère des Louis une curieuse teinte de superstition.

6 • Vibrations

Un bon **97 000 v/s** qui, à un taux de 65 %, fait de ces hommes considérés des chefs écoutés et qui, lorsqu'ils le veulent bien, se montrent capables également d'écouter parfaitement les autres.

7 • Le Jeu de la Vie

« Mais c'est bien sûr ! » comme on disait jadis à la télévision ! Comment voulez-vous que les Louis, éternels galopeurs dans les plaines giboyeuses de la galanterie gauloise, n'aient pas pour lame caractérologique ce **numéro 6**, l'**Amoureux**. Un jeune homme, tel l'âne de Buridan, hésite entre deux créatures de rêve mais sans que nous doutions un seul instant du sursaut final qui le conduira au septième ciel espéré. Toutes les histoires de tous les pays retentissent des exploits de ces Louis dont le charme assassin a fait plus de voluptueuses victimes que l'on ne peut l'imaginer. Mais faites très attention, gentilles fillettes, l'amour des Louis se démonétise vite !

Volonté : 84 %

| Intuition | 92 % | Études | 86 % |
| Réussite | 95 % | Associations | 90 % |

Si l'on pouvait comparer les caractères des hommes aux organes des voitures, nous dirions que les Louis ont une fonction de « démarreur ». Ils possèdent donc une « bonne » volonté mais il se trouve que, fourni le coup de collier du lancement, elle ne va pas très fort. Qu'importe, bien soutenus par une intuition de grande classe, largement entourés par des associés convaincus et efficaces, nos Louis peuvent aller loin en ménageant leur monture. Les études sont excellentes grâce à leur débrouillardise et la réussite s'installe, fermement dirigée par ces êtres intelligents qui sont à la fois concepteurs et réalisateurs !

Activité : 87 %

| Dynamisme | 90 % | Affaires | 85 % |
| Voyages | 95 % | Sociabilité | 93 % |

Nous retrouvons une activité qui accepte de partir sur les chapeaux de roues mais qui a du mal à garder sa vitesse de croisière. Or, comme les Louis savent très bien transférer leur piquant dynamisme à leur équipage, les affaires vont alors leur train, relancées de temps à autres par les initiatives spectaculaires et rentables de ces hommes passionnants sinon un peu bousculants. Ils adorent les voyages et en font, à la suite, de véritables romans ! Leur sociabilité est proprement royale. Ils aiment le décorum, les intrigues, les aventures sentimentales, les coups de « pub », bref, le soleil n'est pas leur cousin !

Portrait prospectif

Caractère : 83 %   Psychisme : 77 %   Personnalité : 88 %   Destinée : 89 %   Devenir : 93 %

L'accès des Louis au territoire de l'avenir dépend d'une technique d'approche qui nécessite, comme tout sport qui se respecte, un minimum d'entraînement. Bien installés dans le présent, les Louis jouent volontiers les roitelets intouchables, forts de leurs privilèges et à l'abri de tous les coups, même d'État ! Pour eux, traiter du futur est presque une trahison à l'égard de leur situation régnante actuelle qu'ils ont eu du mal à établir durablement dans un monde en perpétuel remuement. Donc, avant de les critiquer ou de les conseiller – ce qui revient souvent au même ! – essayez de comprendre à quel système philosophico-économique ils se rattachent. Ce sont des hommes de terrain dont les racines, pour nourricières qu'elles soient, n'en présentent pas moins des signes négatifs qu'il faut bien analyser car un ancrage efficace est, *ipso facto*, un empêchement grave à tout déplacement régénérateur, à toute mobilité gratifiante. « Je vis où je m'attache » pourrait être leur autre devise. Surtout, mettez-vous bien dans le crâne qu'à partir du moment où votre discours va passer de l'actuel au futur, vous vous engagez dans un domaine instable du genre sables mouvants où nombre de projets se sont à jamais enlisés. Les Louis ont besoin d'apprendre l'avenir car toute l'histoire de la France royale bloquée en ses *a priori* s'explique au travers de ce refus de s'impliquer totalement dans la voie des réformes et des projections dites aventureuses.

C'est ainsi que ce caractère bien charpenté et amoureux du faste ne va donner que peu d'importance à un psychisme qui se refuse à céder aux incitations sentimentales. La personnalité va donc se fortifier au contact d'une volonté de choc et la destinée suivra la ligne-force du dynamisme. C'est alors, ô stupeur, que le devenir va plafonner comme un grand, avec toutefois ce petit détail qui change tout : dans ce cas ce n'est pas le futur que se proposent les Louis mais bien un passé perruqué, travesti comme l'étaient les hauts sujets d'un roi décati qu'éclairait encore un soleil couchant…

Émotivité : 57 %

Affectivité	83 %	Amour	75 %
Famille	65 %	Enfants	50 %

Cette émotivité ne peut être que forte en raison de l'état de tension intellectuelle où ils vivent. Mais il faut reconnaître qu'elle ne déborde pas sur la volonté. Nos Louis ne se laissent pas submerger par leurs émotions. On comprend que leur affectivité, bien réelle, change assez souvent de sujet et que les amours ne craignent pas une certaine diversité, même si elles sont l'occasion, pour ces êtres au charme prenant, de faire de la poésie sentimentale qui ravit leur « clientèle », plus que la famille et les enfants qui jouent les utilités tandis que leur Louis de père fait le « zozo » en gazouillant ses sérénades !

Réactivité : 50 %

Santé	90 %	Sensorialité	85 %
Argent	100 %	Profession	95 %

Raison de plus pour se méfier de leur susceptibilité ! Si vous avez l'intention de critiquer leurs idées géniales ou leur production sublime, vous risquez des coups bassement portés qui, bien que discrètement enveloppés, n'en atteindront pas moins votre amour-propre. Leur santé est intéressante mais serait meilleure s'ils n'en abusaient pas par une espèce d'orgueil vital qui se paye cher. La sensorialité fait partie d'une trinité indissoluble avec l'argent et la profession. Ils savent le gagner, cet argent, au point que l'on dit couramment : « La fortune accourt toujours, même quand le Louis dort ! »

Louis et les autres prénoms

Moyenne : 70 %
Classement : 18/79

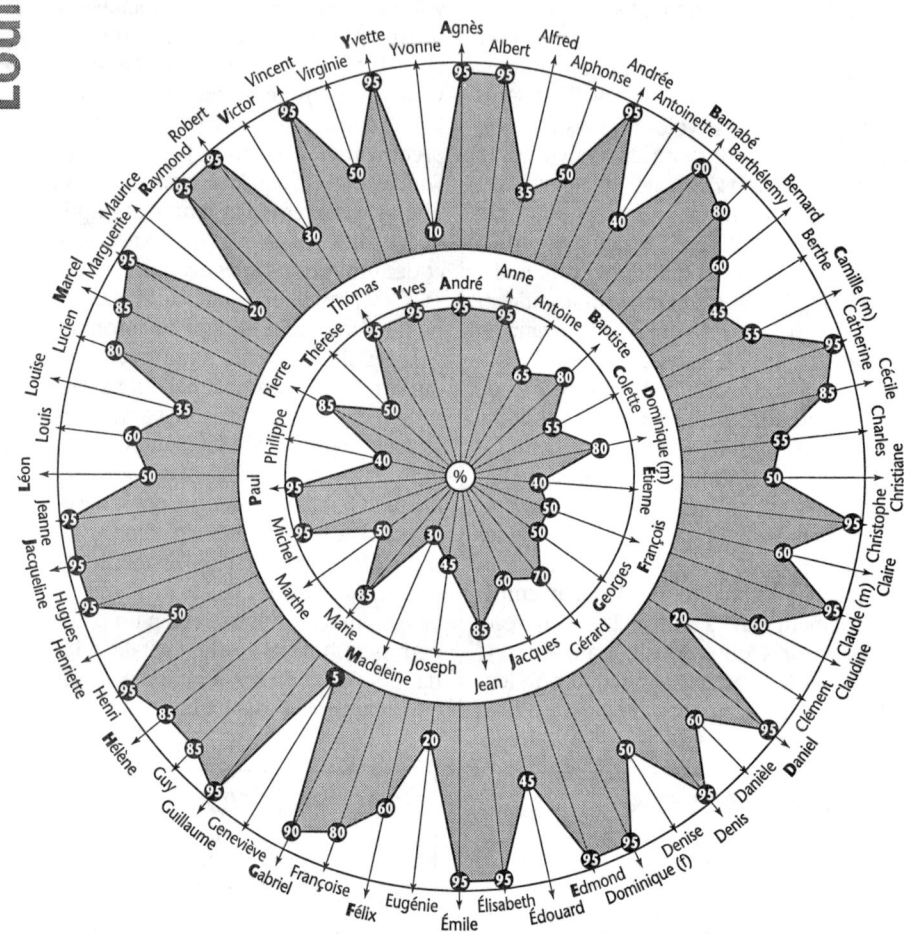

Les roues de compatibilités

Ne nous faisons pas d'illusions, les souverains comme les peuples ne s'acceptent qu'à la manière des acteurs d'une comédie où chacun vient réciter son petit discours dûment estampillé par l'auteur : « Je t'aime... Moi non plus », etc. Dans le cas qui nous préoccupe, les figurants sont assez satisfaits de la prestation de leur seigneur et maître et attribuent à celui-ci une moyenne de 70 %, le plaçant à la 27e place sur 79. Ce qui, somme toute, est honorable ! Quant aux Louis, ils suivent le mouvement et apprécient, eux aussi, à 70 %, la participation de leurs sujets, leur accordant une belle place de 18e sur 79. Tout est donc pour le mieux dans le meilleur des mondes !

Les autres prénoms et Louis

Moyenne : 70 %
Classement : 27/79

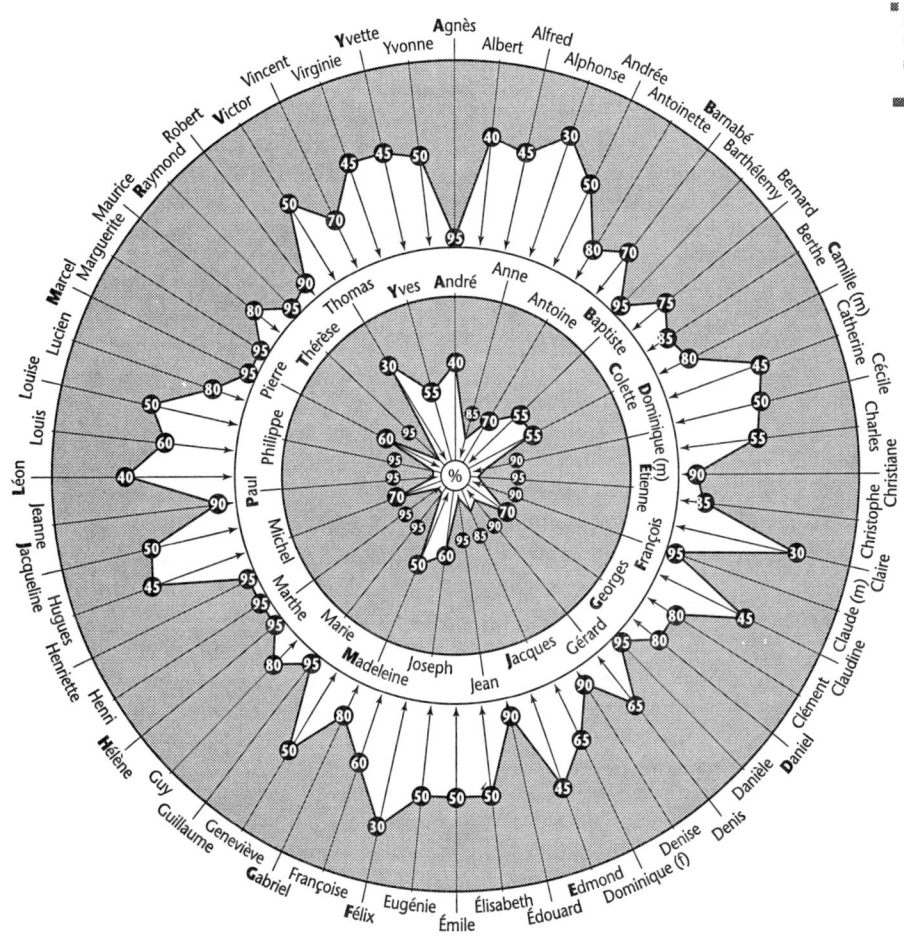

Comment Louis s'entend avec le signe des autres

Signe	%	Signe	%
Bélier	60 %	Balance	84 %
Taureau	64 %	Scorpion	66 %
Gémeaux	72 %	Sagittaire	82 %
Cancer	89 %	Capricorne	67 %
Lion	67 %	Verseau	80 %
Vierge	58 %	Poissons	73 %

Ce tableau ne concerne pas le rapport prénom personnel/signe personnel.
Il n'y a pas d'autocompatibilité entre Louis et son propre signe caractérologique.

58 Louise

1 • Prénoms associés

Ce sont tous les prénoms, quelle que soit leur origine, qui partagent les mêmes constantes caractérologiques et que vous découvrirez dans l'index de ce volume (p. 451), dont :

Aloïsia	Gloria	Odeline
Alvise	Ingrid	Odiane
Bibiane	Leola	Odile
Candice	Loïsa	Pélagie
Edma	Ludovica	Séraphine
Gilda	Mélodine	...

2 • Célébrités

Pour vous sentir moins seul, ce trop bref aperçu des personnalités de tous les temps et de tous les lieux qui dépendent de ce type de caractère :

– BERGMAN Ingrid (1915-1982) Actrice — *Cette lumineuse tendresse intelligente.*
– BETTIGNIES (de) Louise (1880-1918) Patriote — *Héroïque jusqu'au bout de la nuit.*
– MICHEL Louise (1830-1905) Révolutionnaire, écrivain — *Dressée comme un drapeau sanglant sur une barricade.*
– VILMORIN (de) Louise (1902-1969) Romancière, poète — *Tout le cynisme d'une noble insolence.*
– WEISS Louise (1893-1983) Auteur, journaliste — *Qui s'y frotte s'y pique !*

3 • Symboles

– L'élément de base des Louise est cette **terre** de feu que d'aucuns prennent pour de la lave et qui coule, incandescente, dans les veines caves, bien sûr, de ces incendiaires en tous sens !
– Le **vert** est une couleur qui leur apporte une immense vitalité car les Louise possèdent le pouvoir de capter l'énergie solaire pour en faire le moteur de leur régénération.
– Les nombres **15-18-33** insistent particulièrement sur la solidité intelligente de ces caractères et sur leur fidélité à leurs principes humanitaires. Encore faut-il s'entendre sur le mot humanité !

4 • Devise

Celle qui règne sur la terre. Mais de quelle terre s'agit-il ? C'est là toute la question et les Louise ne cesseront de lui donner des réponses différentes, au gré de leurs engagements philanthropiques ou passionnels.

5 • Totems

– Il vient de loin leur bondissant animal totem, le **kangourou**, bestiole increvable, espèce de gros lapin sauteur d'autant plus prolifique qu'il s'avère doué d'une sensualité sauvage dont les Louise se souviendront le moment venu.
– La **lavande** leur est un végétal à la senteur doucement insistante dont les vertus aphrodisiaques attirent tout particulièrement les lapins, c'est connu, qui trouvent là un fortifiant utile.
– En minéral, nous découvrons la **pierre de soleil** dont il fallait, paraît-il, se frotter le nombril lorsque se levait l'astre du jour, dans le but d'assurer pour la journée entière le bon fonctionnement de l'appareil reproducteur en ses manifestations les plus subtiles.

6 • Vibrations

Largement de quoi faire face aux dépenses quotidiennes d'énergie : **80 000 v/s** soit un taux de **47 %**. Certains trouveront peut-être que cela vole un peu bas mais il vous faut néanmoins reconnaître que les Louise y trouvent parfaitement leur compte et s'en accomodent fort bien !

7 • Le Jeu de la Vie

Une lame dérangeante, la lame **numéro 2**, la **Papesse** ! Par quel bout la prendre, cette «pontifesse» immobile, impénétrable, tenant à la main les clefs du royaume secret où les temps s'éternisent et où fleurissent les immortelles amours inscrites à jamais dans le Livre de Vie ? Que ne dissimule-t-elle pas sous son manteau épais et derrière ce voile fragile qui la sépare d'un futur toujours inquiétant ? Ce symbolisme un peu trouble ne peut que ravir nos chères Louise qui n'aiment rien tant que ces allusions fuligineuses à un inconscient qui les submerge. Cela dit en toute simplicité !

Volonté : 95 %

| Intuition | 68 % | Études | 85 % |
| Réussite | 92 % | Associations | 35 % |

Une volonté à deux «pattes» qui ne laisse rien au hasard ! Des femmes secrètes, captatives, dévorées par une activité insatiable qui les phagocyte littéralement. Les Louise ont un sens aigu du sacrifice et se méfient de leur intuition qui, pour elles, est la mère de toutes les lâchetés, de toutes les fuites ! Les études font partie de leur «chemin de croix» et elles courent après les «parchemins» avec la constance et la conscience d'un chasseur de têtes jivaro. La réussite ne peut qu'accourir vers elles mais sans le secours d'associés combinards qui viendrait ternir la beauté du geste de conquête !

Activité : 95 %

| Dynamisme | 93 % | Affaires | 100 % |
| Voyages | 40 % | Sociabilité | 70 % |

Tout, pour les Louise, est action ! Une pensée qui ne débouche pas sur un projet, un projet qui ne sert pas la cause de l'homme, sont des péchés contre l'esprit de fureur qui habite ces «chevalières aux dents longues» ! Le dynamisme fait alors une entrée en «matières» tonitruante et les affaires se collent au plafond comme autant de feuilles tremblantes, menacées par l'automne assassin ! La chute, c'est la mort ! Et puis, pendant ce temps-là, les Louise évitent de s'étendre sur certaines questions de sensualité qui les dérangent... Les voyages ? Nuls ! La sociabilité ? Bof ! C'est le triomphe de l'hypocrisie bourgeoise !

Portrait prospectif

Caractère: 87%   Psychisme: 69%   Personnalité: 93%   Destinée: 76%   Devenir: 84%

Jadis, naguère et peut-être même encore aujourd'hui, l'avenir de la femme passe obligatoirement par le mariage! Ce qui n'est pas pour faire peur aux Louise qui, de ce côté-là, ne sont pas les dernières à payer de leur personne. Mais ne faisons pas de fixation caricaturale car ce ne sont pas à proprement parler des mangeuses d'hommes. Simplement, elles considèrent, avec une belle santé, qu'à tout prendre, les barreaux des mariages, vus horizontalement, font une meilleure échelle que les barreaux des prisons, vus verticalement. Toujours est-il que nous sommes en présence de femmes aux fureurs prospectives assez perturbantes. C'est ainsi que nombre de célébrités se font remarquer par des unions, légales ou non, dont la multiplicité donne le tournis! Le plus bel exemple étant fourni par la poétesse Louise Colet, superbe femme, intelligente et pleine de talent qui trouva le moyen, en plein romantisme, d'avoir des relations intimes avec toutes les belles plumes de l'époque, Musset, Cousin, Flaubert, Alfred de Vigny, etc. Et comme, de plus, elle était jalouse comme une Papesse, elle trouva le moyen de larder de coups de couteau le malheureux Alphonse Karr qui faillit périr en vers et contre tous!

Nous sommes donc en présence d'un type de caractère bien établi, du genre «sanguin», prompt à la vengeance, courageux car ce sont des êtres qui vont jusqu'au bout de leurs excès et peuvent, les circonstances aidant, atteindre les sommets de l'héroïsme. Plus avant des noms exemplaires vous ont été donnés. Le psychisme, lui, se creuse car nous nous trouvons devant un sac de nœuds sentimentaux qui complique le tableau sans toutefois porter atteinte à la personnalité de ces Louise à l'envergure impressionnante. Et c'est au niveau de cette personnalité extravagante que va se fixer le portrait de ces amazones au dédain belliqueux. Le reste, la destinée et le devenir, pourrait n'être que la suite presque banale d'un triomphe à la romaine qui aura vu ces femmes magnifiques se couronner elles-mêmes des lauriers du martyre!

Émotivité: 40%

Affectivité	76%	Amour	58%
Famille	60%	Enfants	40%

D'où cette émotivité rétractable issue du croisement contre nature d'une tortue verte et d'un porc-épic enrouleur! Débarrassées de ces impedimenta, les Louise peuvent se livrer à une débauche de violence dirigée contre leur propre personne. Elles ne se flagellent pas mais c'est tout juste! L'affectivité en pâtit, l'amour en pâlit, la famille se recroqueville dans son coin et les enfants ne savent plus où commence la sévérité de ces femmes à l'égard d'elles-mêmes et où finit leur désir de mettre tout le monde au pas! La cohabitation avec un typhon, même en jupon, n'est jamais confortable!

Réactivité: 64%

Santé	89%	Sensorialité	80%
Argent	100%	Profession	100%

Rassurez-vous, la profession, l'argent, la santé et tout le «saint-frusquin» s'éclatent bellement. Quelle envolée, messeigneurs! C'est presque trop beau et l'on se prend d'inquiétude en se demandant quelle fatale surprise va jaillir d'un tel déploiement de force! La conduite à tenir? S'écraser, applaudir, admirer sans retenue ces femmes intelligentes, excessives et rapides dont le nom est «Walkyrie» et qui sont capables de vous «apocalypser» en moins de temps qu'il n'en faut pour le dire! Philosophie, tu te nommes patience! Quant à la sensorialité, vous la reprendrez au vestiaire en sortant!

Louise et les autres prénoms

Moyenne : 65 %
Classement : 34/79

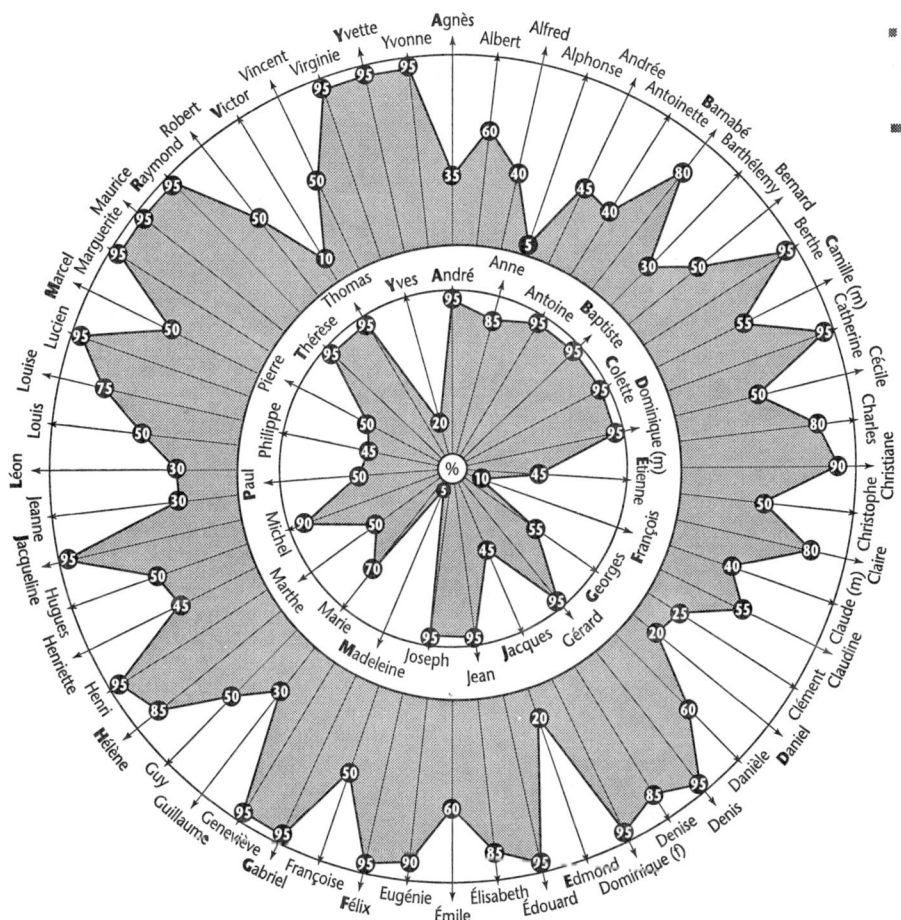

Les roues de compatibilités

En termes prudents, disons que nos chères petites Louise et prénoms associés auraient plutôt tendance à taper sur le système nerveux de leur entourage de manière fâcheuse. Rien d'étonnant, donc, à ce que ce même entourage manifeste quelque réticence à accepter ces héroïnes stupéfiantes. Ce n'est donc qu'à 54 % que nos Louise sont appréciées par leurs contemporains, les plaçant au 65e rang sur 79. Quant aux Louise elles-mêmes, leur effort de considération se montre plus sensible, moyenne 65 %, classement 34e sur 79. Moralité : la poésie adoucit les mœurs, à condition qu'on ne vous la flanque pas méchamment à la figure avec, en prime, un coup de couteau !

Les autres prénoms et Louise

Moyenne : 54 %
Classement : 65/79

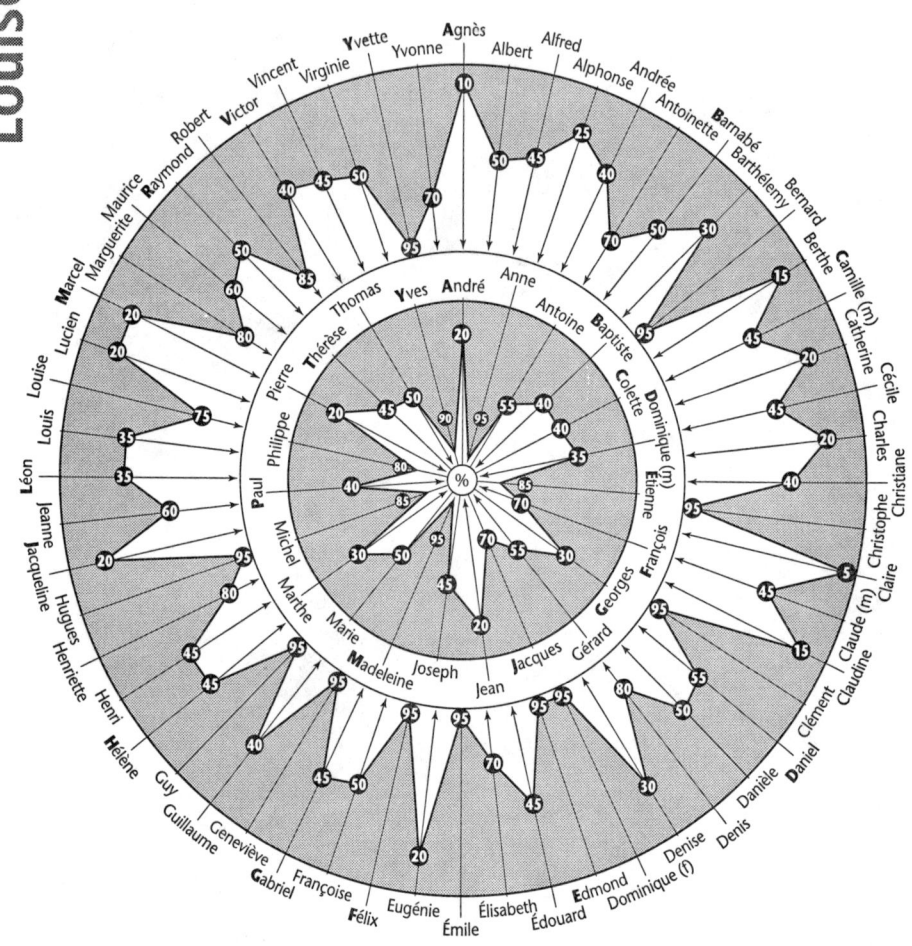

Comment Louise s'entend avec le signe des autres

Bélier	49 %	Balance	76 %	Ce tableau ne concerne pas le rapport prénom personnel/signe personnel. Il n'y a pas d'autocompatibilité entre Louise et son propre signe caractérologique.
Taureau	72 %	Scorpion	28 %	
Gémeaux	67 %	Sagittaire	61 %	
Cancer	80 %	Capricorne	73 %	
Lion	68 %	Verseau	58 %	
Vierge	83 %	Poissons	44 %	

Lucien   59

1 • Prénoms associés

Ce sont tous les prénoms, quelle que soit leur origine, qui partagent les mêmes constantes caractérologiques et que vous découvrirez dans l'index de ce volume (p. 451), dont :

Alford	Lucinien	Oriano
Aurélien	Maxence	Rufin
Authier	Maxime	Séverin
Colomban	Maxwell	Sixte
Gauthier	Modeste	Winny
Germer	Murray	...

2 • Célébrités

Pour vous sentir moins seul, ce trop bref aperçu des personnalités de tous les temps et de tous les lieux qui dépendent de ce type de caractère :

– BODARD Lucien (1914-1998) Journaliste, romancier — *Il avait tout vu, tout compris.*

– DU CAMP Maxime (1822-1894) Mémorialiste — *Des mémoires d'éléphant en porcelaine.*

– FAVALLELI Max (1905-1989) Journaliste, producteur — *Descendait des mots par les croisés.*

– LÉVY-BRUHL Lucien (1857-1939) Philosophe — *Spécialiste des mentalités primitives, il aimait beaucoup la France.*

– LINDER Max (1883-1925) Acteur, réalisateur — *Du temps où le rire voulait dire gaieté.*

3 • Symboles

– L'élément de base des Lucien est un **feu** secret, un feu de crypte, de terre profonde où se réfugient les connaissances fragiles de l'homme à la recherche de miraculeux. Très souvent les Lucien se retrouvent dans des sociétés discrètes détentrices de rites ésotériques.

– L'**orangé** est leur couleur, symbole du mariage de l'esprit et de l'énergie psychique, de la tempérance et de la sobriété. Cette couleur correspond aussi, chez les Lucien, à une grande fidélité.

– Leurs nombres **5-48-14** indiquent une nette tendance à se sous-évaluer. Il semblerait que ces hommes riches de qualités efficaces n'aillent pas jusqu'au bout de certaines de leurs intuitions. Ils se méfient plus d'eux-mêmes que des autres et laissent ainsi passer d'excellentes occasions.

4 • Devise

Ce que nous venons de dire explique et justifie avant la lettre la nature de leur devise : **L'homme sobre.** Que dire de plus ?

5 • Totems

– J'entends d'ici les ricanements qui vont accompagner la révélation de l'animal totem des Lucien, le **chameau** ! Allez-y, rigolez donc un bon coup et puis interrogez-vous pour savoir si, derrière cette bestiole caricaturale, ne se cache pas le symbole d'un centre caché au cœur du désert de la vie et que l'on ne peut atteindre que par la patience tranquille de ce véhicule blatérant !

– Leur végétal, le **pin**, représente, en Extrême-Orient, l'immortalité, porte du Cercle du Ciel et de la Terre. Il figure donc la vie sous sa forme impérissable ainsi que le bonheur conjugal.

– Le minéral est un métal complexe et fabuleux, le **bronze** dont la sonorité attire les esprits, réveille les âmes, alerte les corps. Il représente la puissance énergétique qui sommeille dans la matière.

6 • Vibrations

Économes comme le sont habituellement nos Lucien, ils disposent de **91 000 v/s**, soit d'un taux de **59 %** ce qui leur permet d'atteindre leur « Atlantide » rêvée... Si ce n'est pas demander la lune !

7 • Le Jeu de la Vie

Justement, parlons-en de cette **Lune** qui figure sur la lame **numéro 18** et qui éclaire en demi-teintes la destinée des Lucien. En reflétant la lumière reçue du Soleil, elle nous plonge symboliquement dans la pénombre de l'inconscient. La Lune apporte alors l'instinct de conservation, la prudence, l'amour du calme. Quelles possibilités confère notre satellite à ceux qui veulent partir à la conquête du monde et suivre le sentier dangereux qui s'amorce au milieu de ce petit tableau ? Je doute que les Lucien aient tellement envie de le prendre ni de vous répondre car leur but n'est pas de découvrir mais bien de retrouver !

Volonté : 87 %

Intuition	74 %	Études	90 %
Réussite	80 %	Associations	75 %

Les prénoms, c'est comme les voitures ! Il y a les bombes avec un gros moteur et une carrosserie légère, il y a aussi le lourd « bahut » avec son petit « teuf-teuf » ! Les Lucien seraient plutôt de ce genre-là ! La volonté s'essouffle vite et, souvent, les hoquets remplacent les explosions motrices. Leur intuition se montre méfiante : ils préfèrent « Michelin » à « Madame Soleil » pour diriger leur véhicule. Les études, elles aussi, vont vers le pratique et l'utile, tout cela aboutissant à une réussite moyenne mais sans surprise qui rassure quelques associés frileux détestant les excès de vitesse !

Activité : 90 %

Dynamisme	86 %	Affaires	75 %
Voyages	76 %	Sociabilité	82 %

Une activité pondérée qui prend son temps et qui ne se déclenche qu'après mûres réflexions. N'essayez donc pas de bousculer ces hommes sympathiques, pas plus qu'il ne convient de pousser en régime un engin encore froid ! Leur dynamisme perd souvent une grande partie de son efficacité en luttant contre lui-même ! Toujours ce fameux retard à l'allumage ! Les affaires sont calmes mais bénéficient de l'incroyable résistance de ces « chameaux » de Lucien – au sens technique du terme ! – qui résistent à tous les voyages et traversent les salons grâce à une sociabilité faite de sobriété et de discrétion.

Portrait prospectif

Caractère : 62 %   Psychisme : 57 %   Personnalité : 68 %   Destinée : 73 %   Devenir : 70 %

La caractérologie prospective des Lucien se base sur une constatation d'une simplicité convaincante : « Les gens éternels n'ont pas besoin d'avenir puisqu'ils y sont déjà ! » Effectivement, on ne voit pas très bien ce qu'un ange, par exemple, ferait du futur dans la mesure où rien ne peut entamer sa certitude d'être demain ce qu'il est aujourd'hui, de même qu'hier il ne pouvait pas être autrement que demain ! Ce raisonnement d'une lumineuse transparence ne peut que nous conduire à donner des Lucien une image révélatrice de leur personnalité temporelle. Ils s'installent dans la durée comme d'autres campent dans le provisoire. Donc, si vous êtes associé à ces hommes calmes et réfléchis, évitez à tout prix de piquer des crises du genre : « Ça ne peut pas continuer comme ça ! » ou « Il faut faire quelque chose ! », etc. Vous perdez votre temps et pour les Lucien cela s'entend ainsi : « Faisons remonter le fleuve à sa source ! » ou « Inventons d'urgence ce que nous n'avons pas su trouver ! » Les épouses de ces êtres flegmatiques devront mettre un frein à leurs impatiences sur tous les plans y compris celui des passions précipitantes qui ne sauraient conduire leur bonhomme, même poussé par les lois de l'espèce, à aller plus vite que la musique.

Cela établi, nous constaterons que le caractère a la solidité tranquille des demeures bâties sur le roc et le psychisme, encombré de sentiments mal définis et d'intuitions douteuses, ne pourra ralentir vraiment leur bel et raisonnable élan créateur. C'est alors que leur personnalité attachante et bien charpentée les fera entrer de plain-pied dans une destinée sur laquelle nous nous arrêterons un instant car elle représente en réalité la raison d'être des Lucien qui ont besoin d'appartenir à une histoire cohérente. Ils sont persuadés de vivre, jour après jour, le roman de leur vie qui s'inscrit tout naturellement dans la grande saga du Livre de la Création dont ils sont les collaborateurs dévoués. Leur existence n'en étant qu'un volume et l'avenir leur table des matières !

Émotivité : 44 %

| Affectivité | 85 % | Amour | 91 % |
| Famille | 87 % | Enfants | 75 % |

Cette émotivité prend également ses aises avant de se manifester et il ne faut pas compter sur ces hommes tranquilles pour épater la galerie par des carabistouilles fusantes ou par des répliques à brûle-pourpoint ! Ils font souvent les frais d'histoires à la mode suisse, l'accent en moins : « Ça va trop vite ! J'ai pas fini de comprendre ! » L'affectivité est bien présente et l'amour, sans la précipitation, a des allures de passion bien dressée. La famille revêtira l'aspect lénifiant du petit enclos verdoyant où il fait bon brouter l'herbe tranquille au milieu des petits agneaux bêlant d'admiration paternelle !

Réactivité : 34 %

| Santé | 85 % | Sensorialité | 92 % |
| Argent | 80 % | Profession | 85 % |

C'est juste à ce moment que se coince la pédale d'accélérateur et que l'on assiste à un blocage semblant tout remettre en question. Cette réactivité en retrait ne doit pas affoler l'entourage de nos Lucien. Il faut la laisser se dégripper à son rythme et redonner confiance à ces hommes de grande valeur qui cachent sous un amour réel de leur profession, de l'argent aussi, de grandes possibilités d'entreprise. La santé bénéficie de cette cadence de croisière. Leur sensorialité est forte mais il leur manque souvent ce rapide coup de poignet qui permet de ferrer la belle ondine qui passe !

Lucien et les autres prénoms

Moyenne : 69 %
Classement : 23/79

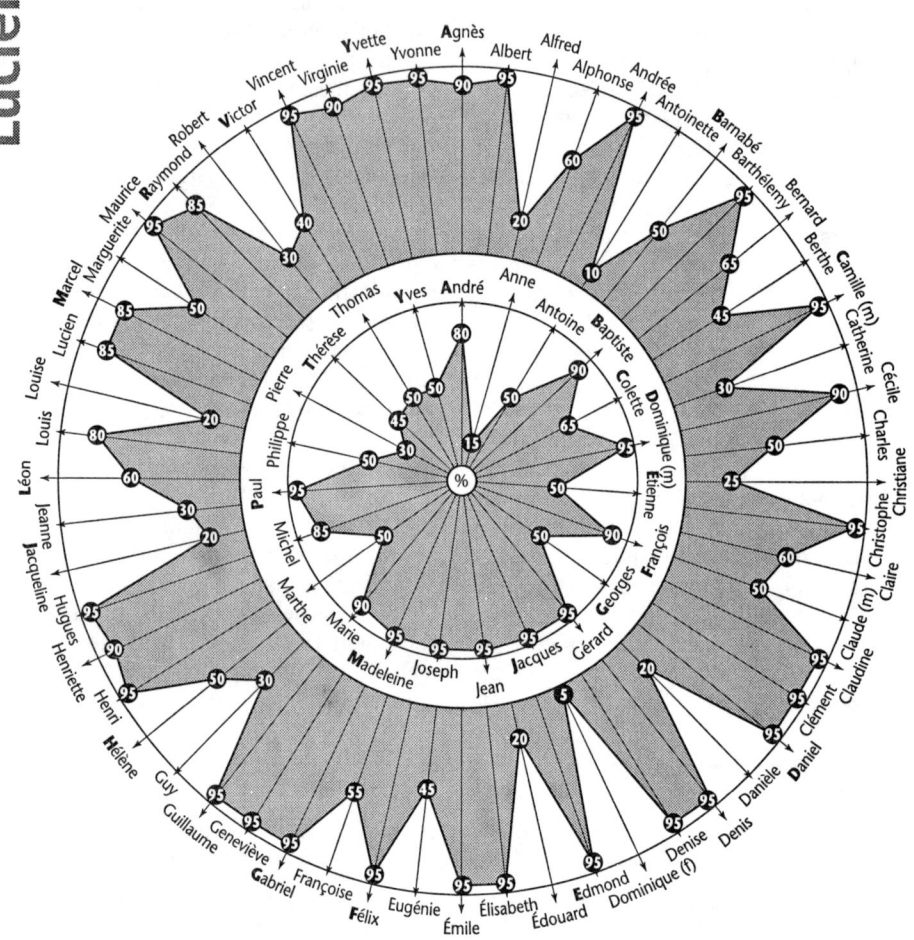

Les roues de compatibilités

Les Lucien sont donc des partenaires rassurants que les situations délicates valorisent et que les catastrophes couronnent. Cela établi, il est facile d'imaginer que l'accueil réservé à ces pèlerins de l'avenir sera des plus compréhensifs. C'est ainsi que nos amis sont appréciés à 72 % par leur entourage, ce qui les place au 22e rang d'un classement sur 79. Mais, dans l'autre sens, les Lucien se rétractent quelque peu au contact de leurs contemporains dans la crainte qu'ils ont d'être mal jugés par ceux qu'ils redoutent de voir envahir leur jardin secret. Et nous obtenons la moyenne de 69 % de compréhension vis-à-vis de leurs relations de toutes sortes, soit la place de 23e sur 79. Pas mal !

Les autres prénoms et Lucien

Moyenne : 72 %
Classement : 22/79

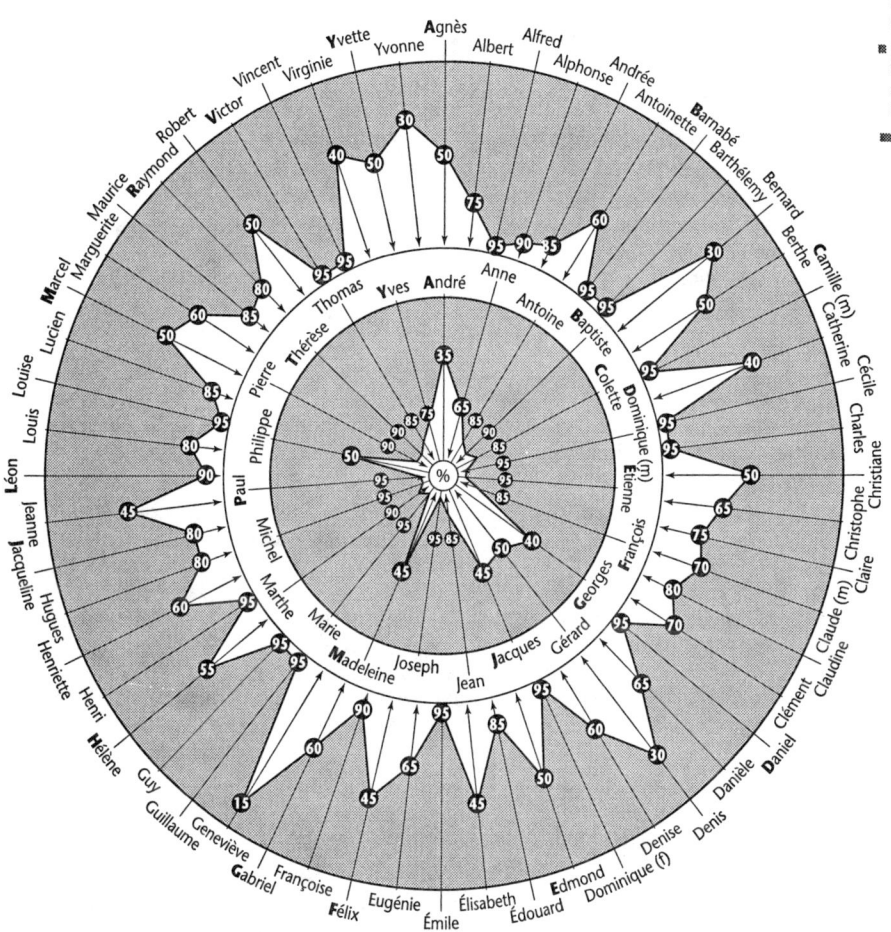

Comment Lucien s'entend avec le signe des autres

Bélier	64 %	Balance	64 %
Taureau	48 %	Scorpion	47 %
Gémeaux	61 %	Sagittaire	76 %
Cancer	49 %	Capricorne	54 %
Lion	76 %	Verseau	61 %
Vierge	78 %	Poissons	70 %

Ce tableau ne concerne pas le rapport prénom personnel/signe personnel. Il n'y a pas d'autocompatibilité entre Lucien et son propre signe caractérologique.

60 Madeleine

1 • Prénoms associés

Ce sont tous les prénoms, quelle que soit leur origine, qui partagent les mêmes constantes caractérologiques et que vous découvrirez dans l'index de ce volume (p. 451), dont :

Alphonsine	Huguette	Mauricette
Bérangère	Ludmilla	Sue
Bernardine	Mado	Suzanne
Connie	Malina	Thelma
Dahlia	Malou	Ugoline
Gatienne	Marvella	...

2 • Célébrités

Exceptionnellement nous ne caractériserons pas la carrière de ces Madeleine et autres prénoms associés qui, tous, appartiennent au monde du théâtre ou du cinéma. Cette convergence de destinées artistiques est vraiment étonnante et méritait d'être soulignée.

BEAUMONT Susan (1936) Actrice ; BERRY Maddy (1887-1965) Actrice ; BROHAN Madeleine (1833-1900) Actrice ; CARRIER Suzy (1922) Actrice ; CARROLL Madeleine (1906-1987) Actrice ; DAUTUN Bérangère (1939) Actrice ; DEHELLY Suzanne (1902-1988) Actrice ; DELAIR Suzy (1916) Actrice-chanteuse ; DESPRES Suzanne (1873-1951) Actrice ; FLON Suzanne (1918) Actrice ; GABRIELLO Suzanne (1932-1992) Actrice ; HAYWARD Susan (1917-1975) Actrice ; PRIM Suzy (1895-1991) Actrice ; RENAUD Madeleine (1900-1994) Actrice ; ROBINSON Madeleine (1917) Actrice ; SARANDON Susan (1946) Actrice ; SOLIDOR Suzy (1906-1983) Actrice- chanteuse ; SOLOGNE Madeleine (1912-1995) Actrice ; VERNON Suzy (1900-1997) Actrice.

3 • Symboles

– L'élément de base des Madeleine est cet **air** de feu que les Chinois nommaient : l'« haleine du dragon ». Ce souffle incandescent symbolisait les forces cachées et contenues, à l'image du moi de ces femmes débridées.
– Leur couleur étant le rouge mêlé à des degrés divers de bleu pour donner ce **violet**, traduisant un besoin furieux d'union et d'approbation.
– Leurs nombres **6-11-35** laisseraient planer sur elles la menace de donner trop d'importance à leur propre aventure et de laisser ainsi passer des opportunités majeures aussi bien au plan des affaires qu'au niveau des sentiments.

4 • Devise

Nous trouvons, dans cette devise en apparence très simple, **Celle qui mesure, qui pèse**, un avertissement plus complexe : ces femmes très douées disposent de pouvoirs d'évaluation et de jugement qu'elles doivent absolument mettre en pratique. Danger !

5 • Totems

– Leur animal totem, le **coq**, correspond bien à ce caractère dont la masculinité surprend et qui ne laisse rien au hasard. Le coq est fidèle à ses rendez-vous solaires mais beaucoup moins à ceux de son poulailler d'amour. C'est l'animal de la vigilance et de la combativité. De la fierté, aussi !

– Quant au **gui**, le végétal de ces passionnantes Madeleine, c'est le symbole du principe créateur que le druide Panoramix ne manquait pas de couper, avec sa serpe d'or, sur les chênes centenaires. En insistant un peu, on trouve à ce gui une signification phallique de vigueur et de régénération.

– Le minéral, la **météorite**, tombant du ciel, représente l'irruption du monde extraterrestre dans l'existence de ces mortels turbulents.

6 • Vibrations

Beau pourcentage de **61 %** pour **93 000 v/s**. De quoi soutenir nombre d'actions aventureuses et surtout, cela offre à nos Madeleine des potentialités dialectiques des plus convaincantes.

7 • Le Jeu de la Vie

C'est ainsi qu'au travers du graphisme de la **lame 8** de notre jeu caractérologique, la **Justice**, l'épée d'une main, la balance de l'autre, nous retrouvons l'essence de notre devise qui ne réclame qu'un poids et qu'une mesure pour justifier le monde. Or les Madeleine, qu'elles le veuillent ou non, portent au fond d'elles-mêmes un sens inné de la justice. Il n'est rien qui ne les mette plus hors d'elles-mêmes que la sensation d'être privées d'un dû, accusées d'une faute imaginaire ou d'un complot fabriqué. Veillez donc à ce que toute critique de leur conduite ne vienne pas les provoquer bêtement. Elles ne vous le pardonneraient jamais !

Volonté : 91 %

| Intuition | 95 % | Études | 88 % |
| Réussite | 75 % | Associations | 30 % |

Ma grand-mère me disait toujours : « Méfie-toi des femmes qui ont des noms de fleurs ou de gâteaux ! » Une opinion d'un siècle lointain qui ne résiste pas à la culture électronique de notre époque… quoique ! Je ne veux pas dire que les Madeleine en sont un exemple typique mais il se trouve que leur volonté fortement installée est souvent agressive, que leur intuition débordante donne à leur vie un aspect magique. Leurs colères au verbe bousculant, leurs études percutantes, leurs amours « cannibales » font d'elles des êtres passablement encombrants à la réussite compromise, aux associés transis !

Activité : 88 %

| Dynamisme | 95 % | Affaires | 100 % |
| Voyages | 80 % | Sociabilité | 92 % |

Une activité en pointillé qui explique cette réussite en forme de point d'interrogation et la vie professionnelle marquée au coin de la contestation et de la déréglementation. Le dynamisme pour le dynamisme peut conduire nos chères Madeleine à des coups de tête assez ravageurs ! On comprend après cela qu'il soit indispensable de canaliser leurs impulsions car elles sont capables, en un tour de main, de mettre un projet sur pied, si cela ne dure pas trop longtemps ! Les voyages sont souvent passionnants et toujours cahotiques. La délicieuse sociabilité réserve plein de surprises renversantes !

Portrait prospectif

Caractère : 60 %   Psychisme : 52 %   Personnalité : 71 %   Destinée : 48 %   Devenir : 55 %

Si l'on commence à nous dire que les Madeleine, « c'est pas du gâteau », nous répondrons vertement que la caractérologie n'a que faire des calembours de bas étage que des « vilipendeurs » sournois utilisent pour masquer leur incompétence ! Nous répéterons à qui veut l'entendre et même aux autres que ces femmes admirables, pour bousculantes qu'elles soient, n'ont pas le monopole d'un « exclusivisme » qui toucherait à l'agressivité permanente. Il y a pire… ou presque ! De toute manière, nous devons reconnaître aux Madeleine, en dehors des mérites de leur sensualité incontestable, une façon claire et nette d'envisager l'avenir : elles s'en contrefichent éperdument ! N'essayez pas d'entamer quelque grand discours sur le thème rapiécé des « lendemains qui chantent ». Pour elles, l'avenir c'est ce qui reste à faire quand on n'a plus de présent sous la main. Ce n'est pas du nouveau, c'est du passé décomposé qu'on met à une sauce nouvelle comme ces vieux rogatons politiques que l'on ressort à chaque banquet républicain. Décidément, les Madeleine attendent autre chose de vous ! Prenez donc le temps de bien étudier leur caractère avant de vous lancer à l'assaut de ces belles incomprises. Elles disposent en effet d'une telle puissance brisante, elles se montrent si coléreuses, si excessives en leurs sentiments, qu'elles arrivent à affaiblir dangereusement leur psychisme, ce qui finit de les rendre imprévisibles. Elles sont alors prêtes à mettre votre art de vivre à la poubelle avant de vous proposer de les suivre en quelque aventure flibustière, vous submergeant de leur personnalité un tantinet tyrannique. Vous aurez sans doute l'impression que ces femmes fulminantes n'ont aucun complexe à l'égard de leur destinée qui sera ce qu'elle sera, aux hasards de la fortune de mer ! Et si par malheur vous ouvrez la bouche pour les mettre en garde contre un avenir incertain, voire compromis, vous êtes perdu. Le nœud coulant pend déjà à la grand-vergue et les mouettes assassines claquent gaiement du bec ! Vous voilà donc prévenu !

Émotivité : 67 %

Affectivité	90 %	Amour	72 %
Famille	60 %	Enfants	79 %

Ce qui était à craindre s'est produit ! L'émotivité a noyé littéralement la volonté et l'activité. C'est ainsi qu'il arrive aux Madeleine de se présenter sous l'aspect d'une véritable boule de nerfs aux réactions plus ou moins bien contrôlées. D'où l'expression : « Pleurer comme… » Or, elles sont affectueuses, mais par secousses ! Un jour elles aiment, le lendemain pas du tout ! Les véritables amours s'enlisent, le charme réel de ces Madeleine se disperse, s'évapore. La famille s'épuise à pédaler derrière sa championne enragée et les enfants hésitent à se confier trop souvent à ce kaléidoscope agité et bruyant !

Réactivité : 67 %

Santé	97 %	Sensorialité	95 %
Argent	95 %	Profession	70 %

Ces femmes chatoyantes savent vous offrir une douce vie de « dingue » que vous ne serez pas prêt d'oublier ! La santé est ordinairement à la base d'une résistance « bétonnière » qui leur permettra, contre vents et marées, de se faire une place enviable dans les entreprises de luxe ou de communication et l'argent viendra alors leur manger dans la main. Mais… car il y a toujours un « mais », la sensorialité reste un chapitre délicat à aborder ! Prendre, jeter, se passionner, haïr à mort pendant dix minutes, se donner follement, se faire enlever, tout cela, c'est le sujet d'un roman-feuilleton intitulé : *Les Caprices de Madeleine*.

Madeleine et les autres prénoms

Moyenne : 62 %
Classement : 54/79

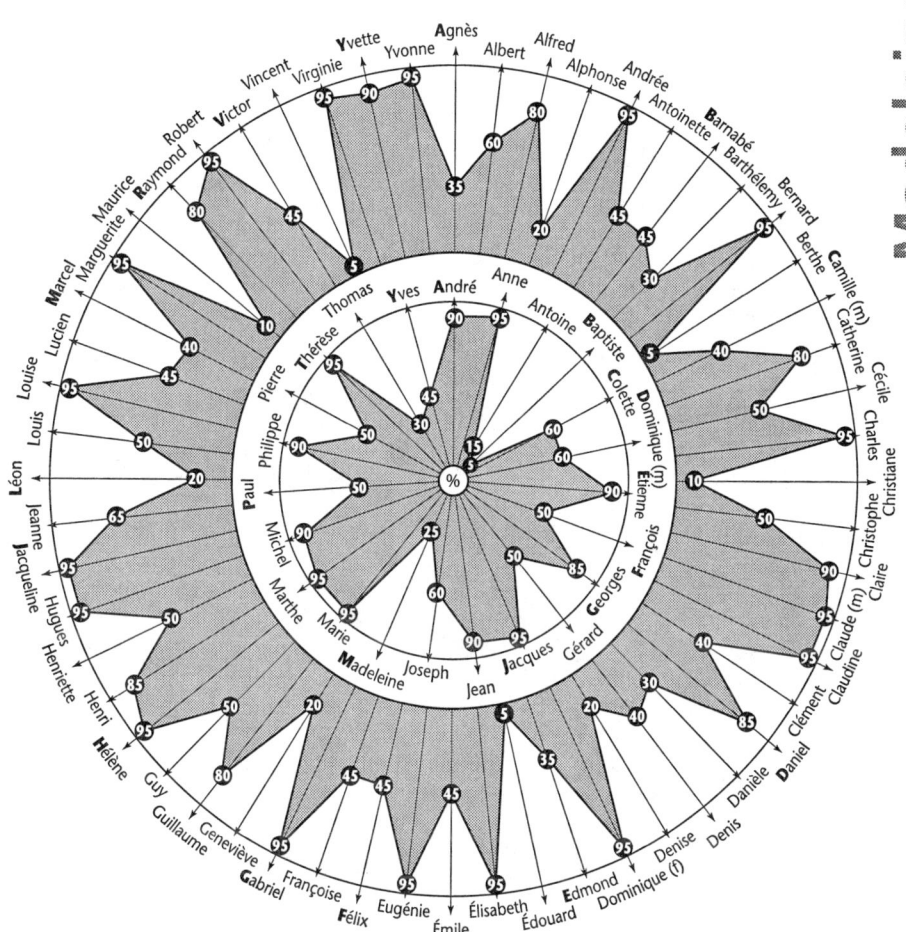

Les roues de compatibilités

Comment aborder ce paragraphe sans mettre le feu aux poudres ? Tout d'abord rappelons que les Madeleine ont une âme de comédiennes, faisant un sort à la moindre réplique et transformant le plus petit acte en un drame à tiroirs. Cela dit avec la prudence d'usage ! Toujours est-il que les contemporains de ces femmes hyperboliques s'en méfient d'une manière presque offensante : 41 % de moyenne pour une abominable 78e place sur 79 ! Pitié pour moi ! Quant aux Madeleine, sans en faire une maladie, elles enregistrent un 62 % d'appréciation de la présence des autres, soit un classement de 54e sur 79. Oserions-nous affirmer, poétiquement, que les Madeleine, finalement, ce n'est pas de la tarte !

Les autres prénoms et Madeleine

Moyenne : 41 %
Classement : 78/79

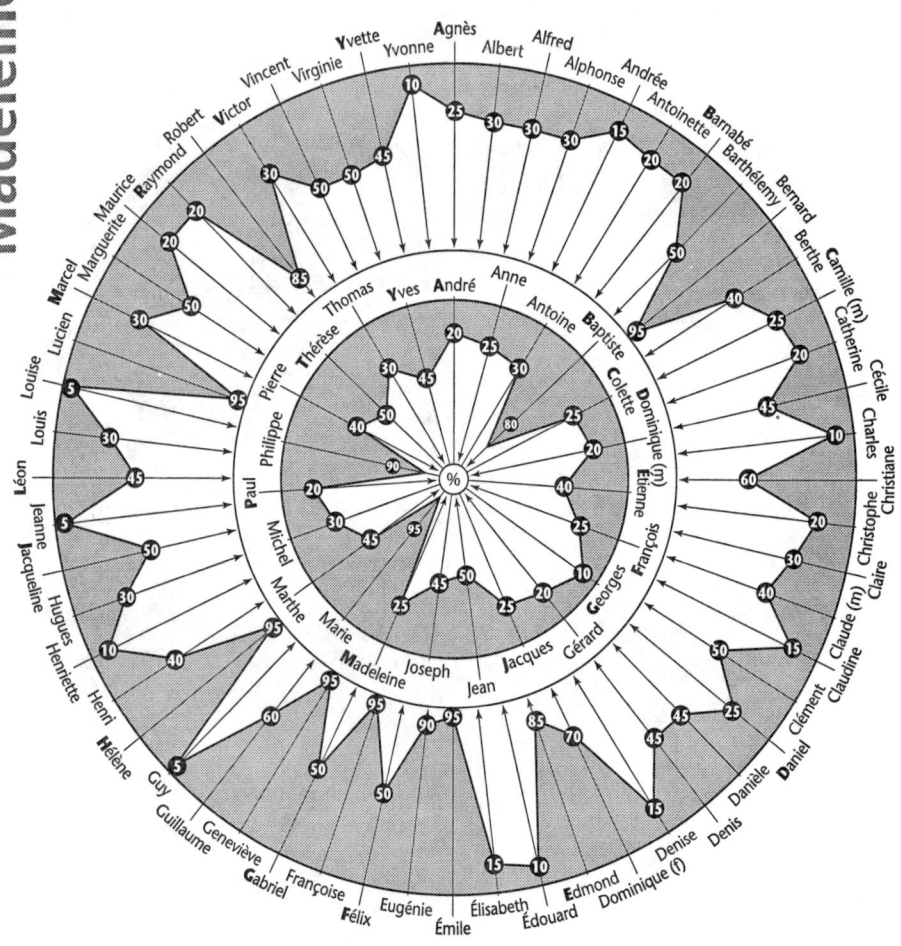

Comment Madeleine s'entend avec le signe des autres

Bélier	53 %	Balance	78 %
Taureau	48 %	Scorpion	57 %
Gémeaux	73 %	Sagittaire	84 %
Cancer	58 %	Capricorne	62 %
Lion	69 %	Verseau	58 %
Vierge	52 %	Poissons	66 %

Ce tableau ne concerne pas le rapport prénom personnel/signe personnel.
Il n'y a pas d'autocompatibilité entre Madeleine et son propre signe caractérologique.

Marcel 61

1 • Prénoms associés

Ce sont tous les prénoms, quelle que soit leur origine, qui partagent les mêmes constantes caractérologiques et que vous découvrirez dans l'index de ce volume (p. 451), dont :

Bénéad	Doug	Kenzo
Benoît	Douglas	Marceau
Crawford	Isarn	Marcellin
Damon	Jarod	Megan
Dauphin	Jude	Rhett
Delphin	Kenelm	...

2 • Célébrités

Pour vous sentir moins seul, ce trop bref aperçu des personnalités de tous les temps et de tous les lieux qui dépendent de ce type de caractère :

- ACHARD Marcel (1899-1974) Dramaturge *Il prenait le soleil pour la lune et l'amour pour le bonheur !*
- BOUSSAC Marcel (1889-1980) Industriel *Il avait l'étoffe d'un grand patron.*
- CARNÉ Marcel (1906-1996) Réalisateur *Il donnait à l'image une intention secrète.*
- PAGNOL Marcel (1895-1974) Écrivain, réalisateur *Il arrivait à mettre l'accent sur le moindre silence.*
- PROUST Marcel (1871-1922) Romancier *Des phrases comme des chapitres, des passions comme des remords...*

3 • Symboles

– L'élément de base du caractère des Marcel est un **feu** d'air, réchauffant mais aussi desséchant lorsqu'il véhicule trop de calories. Il est souvent figuré par un serpent aux écailles de flammes qui ramperait le long de la colonne vertébrale, dynamisant l'être parfois dangereusement.
– La couleur des Marcel est l'**orangé** qui symbolisait jadis la tempérance et la sobriété du roi. Toutes qualités aidant à combattre l'excès de passions terrestres.
– Leurs nombres **29-10-40** impliquent qu'on ne perçoive pas toujours les réelles motivations de ces êtres qui jouent volontiers sur deux claviers à la fois, peignent sur deux tableaux et, souvent, se retrouvent assis entre deux chaises !

4 • Devise

De toute manière, ne vous attendez pas à les voir se planter sur place pour délibérer en eux-mêmes d'une décision urgente à prendre ! Leur devise est claire et nette : **L'homme qui marche, qui avance.** Le tout est de pouvoir suivre ces coureurs de prairies et autres proies juponnées...

5 • Totems

– Un animal totem vraiment « au poil », le **vison**, petite bête sauvage et confortable qui a compris, mais la leçon n'est pas perdue, que le mieux est de vivre sur le dos des femmes riches.
– Le végétal des Marcel, le **frêne**, est fait de souplesse et de résistance. Il conjugue l'exquis et la dureté, met en fuite les serpents. Premier arbre, paraît-il, de la Création, il ignore quand vient le printemps et reste longtemps sans feuilles quitte à les perdre d'un seul coup avant même l'automne.
– Quant au minéral, il est représenté par le **molybdène**, métal apportant une extrême résistance à l'acier et dont le nom, en grec, veut dire « veine d'argent mêlée de plomb ». Formule de poids !

6 • Vibrations

Suffisantes à condition de ne pas faire de folies : **76 000 v/s** soit un taux de **43 %**. Mais attention, un Marcel en panne des sens ne met pas toujours ces dames en appétit !

7 • Le Jeu de la Vie

Nos chers Marcel héritent, symboliquement, d'une lame assez ambiguë : le **numéro 20**, le **Jugement**. Un ange joue de la trompette apocalyptique, un couple en très petite tenue se réveille, leur gamin qui sort de sa tombe regarde les nues, le tout sous une pluie de feu. Hors cadre, des Marcel grelottant de peur dans l'attente du Jugement dernier. Car il y a dans un coin le plus sombre de l'âme « marceline » une sonorité de peur, comme un cri de sirène paniqué qui leur fera craindre qu'une divinité portée sur un point d'honneur ne leur demande, un beau matin, des comptes à rebours, ceux qu'il faut payer « cash » avec une intéressante indemnité de retard !

Volonté : 87 %

Intuition	87 %	Études	85 %
Réussite	70 %	Associations	60 %

En regardant vivre un Marcel, on croit avoir affaire à une « volonté », mais on s'aperçoit rapidement qu'il s'agit d'une façade ! Ils tapent sur la table, parlent haut et fort, on les écoute en tremblant puis on découvre quelques fausses notes qui démontrent que ces don Quichottes ont aussi dans les veines du Sancho Pança ! Ne vous laissez donc pas abuser et ne leur permettez pas de jouer les prophètes en se servant d'une intuition surévaluée. De bonnes études sur deux plans : autodidacte et officiel ! Une réussite discutable créant un malaise chez des associés sur le bord de l'épilepsie mordante !

Activité : 86 %

Dynamisme	82 %	Affaires	65 %
Voyages	70 %	Sociabilité	86 %

L'activité des Marcel a ceci de particulier qu'elle est « privatisée » au plus haut point et qu'à travers elle, nos amis ne cherchent qu'un profit, le plus immédiat possible ! Leur dynamisme est sur commande et obéit aux lois du marché ! Les affaires souffrent d'un manque de suivi. On s'engage puis on s'ennuie, on repart sur un autre plan qu'un repas d'affaires gourmand réduira à la portion congrue car leurs idées brillantes ne dépassent que rarement le stade du « pousse-café ». Les voyages sont laborieux et volubiles. La sociabilité, pleine de cordialité, est une pépinière de copinage et un cimetière de projets !

Portrait prospectif

Caractère : 66 %   Psychisme : 55 %   Personnalité : 73 %   Destinée : 51 %   Devenir : 78 %

À en croire les Marcel, ils auraient besoin, les chers petits, qu'on leur livre l'avenir tout frais tout beau, sur un plateau accompagné d'un raisonnement justificateur du style : « Pourquoi rester chez soi quant on est si bien chez les autres ? » Partant de ces principes hautement philanthropiques, nos Marcel ne tarderont pas à vous persuader que l'amitié n'est qu'un immense partage des biens de ce monde et que le futur appartient à ceux qui savent en débarrasser les autres. Oui, il s'agit bien d'une prospective de « pique-assiette », d'un devenir à la sauvette qu'on grappille de droite et de gauche en faisant de la politique ou de haut en bas dans le domaine de la galanterie. Regardez-les donc vivre, ces Marcel, et vous comprendrez qu'il existe chez eux un sixième sens, un virus « caractérogène » provoquant des « intuitions opportunistes » leur permettant d'appréhender en une fraction de seconde toute la stratégie de l'adversaire pour en faire leur propre système d'attaque et de conquête. Leur jeu avec les dames ne connaît pratiquement pas d'échecs car ils ont compris, très jeunes, que seul le futur peut provoquer chez eux ces délicieux frissons d'indécision épidermique qui fait les extases métaphysiques.

D'après leur caractère, on peut déduire la nature de leur système de séduction. Pour eux, et la confidence vaut son pesant d'or, une femme a toujours horreur de son passé, n'est jamais satisfaite de son présent, même couverte de cadeaux et ne rêve que d'avenir fou, truffé d'épisodes « sadico-romantiques », genre délicat où excellent nos bons Marcel ! Le psychisme y mettra un grain de sel discret et fugace permettant à la personnalité de monter sur son escabeau médiatique et de jouer enfin le grand air de la séduction en fat majeur ! Qu'importe alors pour les Marcel que leur destinée chavire du moment que leur devenir maintient pavillon haut ! Ils tiennent enfin ce qu'ils voulaient : disposer des personnes et des biens qui feront de demain un jour de fête où ils pourront récolter ce qu'ils n'ont pas semé... Amen !

Émotivité : 58 %

Affectivité	82 %	Amour	76 %
Famille	80 %	Enfants	65 %

Les Marcel ont besoin de cette émotivité d'où provient une part importante de leur force de conviction. Ils sentent très bien d'où vient le vent et ce sont des navigateurs suprêmement « entoilés » ! Ils y ajoutent de l'affectivité au point de verser une larme sur un épisode parfaitement « bidonné » de leur vie aventureuse. Leurs amours procèdent souvent de la même amplification et sautillent en cadence ! Ils révèrent leur famille qui, elle, a parfois du mal à digérer toujours les mêmes discours hyperboliques. Les enfants se demandent généralement qui est en réalité ce père quelque peu exhibitionniste !

Réactivité : 67 %

Santé	95 %	Sensorialité	90 %
Argent	85 %	Profession	73 %

Susceptibles comme un petit marquis du siècle des Lumières, insolents comme un mousquetaire du roy, chatouilleux sur des points d'honneur très personnels, les Marcel sont assez méfiants et près de leurs gros sous ! Donc, une réactivité de caméléon heureusement soutenue par une santé ferrugineuse ! L'argent se fait tirer l'oreille et certaines fins de mois ont des allures de marche au supplice tandis que la profession, vaille que vaille, leur donne l'impression rassurante d'être utiles. Quant à la sensorialité, c'est la corrida ! Gloutons, sensuels, possessifs, jouisseurs... Rabelais n'est pas loin !

Marcel et les autres prénoms

Moyenne : 67 %
Classement : 28/79

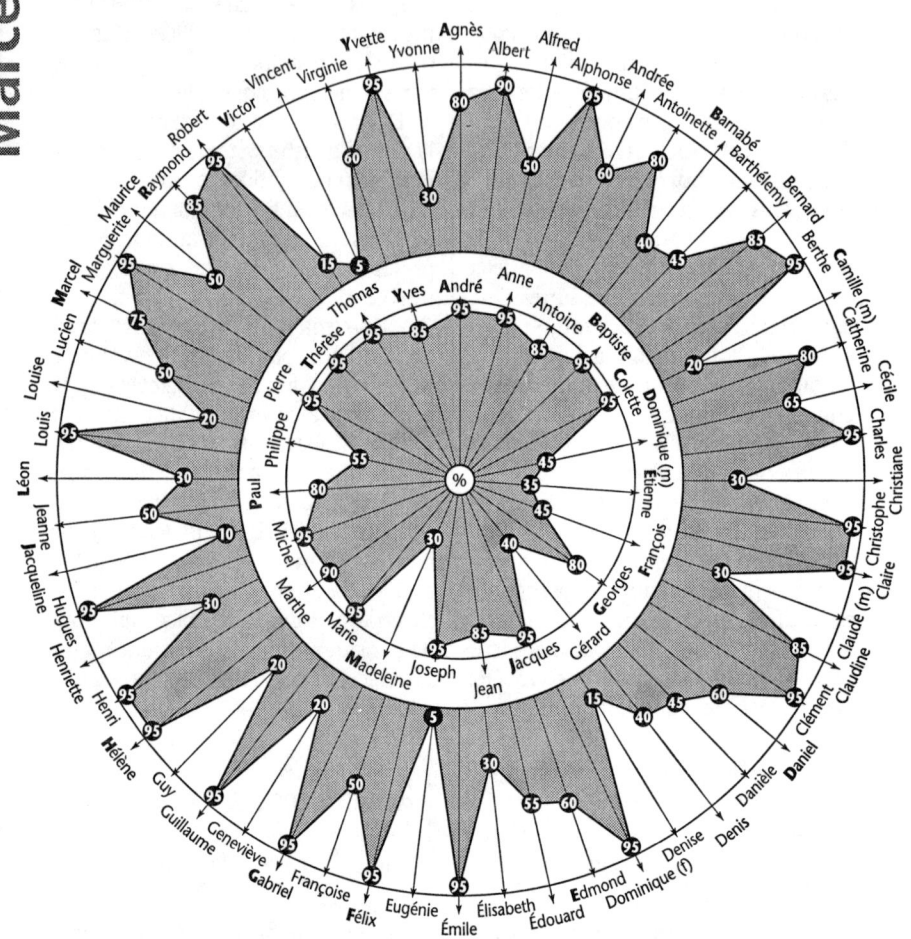

Les roues de compatibilités

Tout le monde connaît le principe de la prestidigitation qui consiste à détourner l'attention du public d'un « geste opératif » efficace en lui proposant un « geste dérivatif » bidon, créant ainsi le brouillard mental masquant le trucage en question. Alors les spectateurs tombent dans le panneau comme un seul homme, applaudissant à tout rompre leur propre « gogotisme ». Les Marcel endorment ainsi leurs témoins qui les apprécient sans retenue à 82 %, soit la 5e place sur 79 ! Ce n'est plus de la prestidigitation, c'est de la magie ! Quant à nos illustres illusionnistes, ils considèrent leurs « victimes » avec une condescendance amusée de 67 % pour une place de 28e sur 79. On est vedette ou on ne l'est pas !

Les autres prénoms et Marcel

Moyenne : 82 %
Classement : 5/79

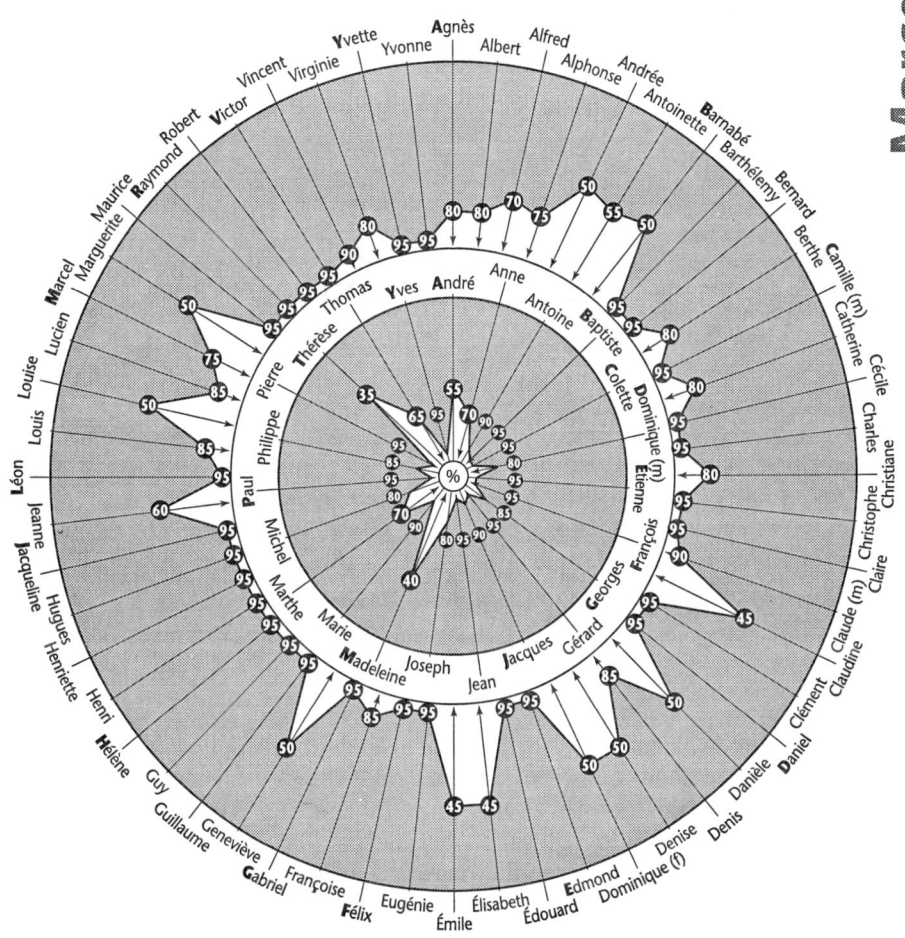

Comment Marcel s'entend avec le signe des autres				
Bélier	83 %	Balance	72 %	Ce tableau ne concerne pas le rapport prénom personnel/signe personnel. Il n'y a pas d'autocompatibilité entre Marcel et son propre signe caractérologique.
Taureau	42 %	Scorpion	54 %	
Gémeaux	63 %	Sagittaire	70 %	
Cancer	40 %	Capricorne	49 %	
Lion	91 %	Verseau	66 %	
Vierge	65 %	Poissons	45 %	

62 Marguerite

1 • Prénoms associés

Ce sont tous les prénoms, quelle que soit leur origine, qui partagent les mêmes constantes caractérologiques et que vous découvrirez dans l'index de ce volume (p. 451), dont :

Cindy	Léonie	Mina
Constance	Lorrie	Morvane
Daisy	Lorrine	Ondine
Guillemette	Magali	Orlane
Laure	Margaux	Pearl
Laurence	Mégane	...

2 • Célébrités

Pour vous sentir moins seul, ce trop bref aperçu des personnalités de tous les temps et de tous les lieux qui dépendent de ce type de caractère :

- BUCK Pearl (1892-1973) Romancière *Des chinoiseries d'un autre temps.*
- DURAS Marguerite (1914-1996) Écrivain *Par elle l'amour arrive à pied de la Chine.*
- FONTEYN Margot (1919-1991) Danseuse *Une danse qui coule de source !*
- MATA HARI Margarita (1876-1917) Danseuse *En espionnage le ridicule tue !*
- MONNOT Marguerite (1903-1961) Compositeur *Elle a subi le fameux complexe d'Édith !*

3 • Symboles

– L'élément de base des Marguerite est une **eau** doublement liquide, « l'onde qui lutte avec l'onde » du poète, donnant à cette liquidité une mobilité tout à fait déconcertante. Une « eau légère » comme il existe une « eau lourde ». Elle est alors le symbole de la purification du caractère.

– La couleur, le **vert**, ajoute encore au pouvoir régénérateur de cette eau lustrale. C'est l'espérance d'un monde nouveau, la joie du printemps retrouvé sous un soleil amical et généreux.

– Leurs nombres **42-39-38** se trouvent chargés d'une mystérieuse signification touchant à un escalier qu'il conviendrait de gravir avant que ne se produisent des changements prodigieux.

4 • Devise

Oui, cette petite Marguerite, à la beauté si parlante, est bien **Celle qui détient le secret de la vie** ! En effet, nous verrons peu à peu se dessiner la silhouette d'une femme délicate, passionnée par tout ce qui touche à l'existence des êtres, riche de possibilités de contacts humains allant bien au-delà de la simple pitié.

5 • Totems

– Leur animal totem, la **truite**, petit trait de couleur dans le torrent agité de la vie, trouble par la fugacité de ses apparitions. Elle détient la chair délicieuse que nous connaissons et représente effectivement le symbole de la lutte farouche pour l'existence, que l'on chante son aventure ou non...
– L'**érable** est leur végétal. Il est la divine surprise du miel inattendu, le tremblement féerique de son feuillage automnal dans un beau pays de rêve, un arbre de tendresse, d'amour.
– Leur minéral est la **calcédoine**, pierre se rattachant à la sagesse cachée au fond de l'âme de chaque être mais qui ne réserve le chatoiement de sa lumière qu'aux découvreurs courageux et obstinés.

6 • Vibrations

De belles potentialités : 102 000 v/s, soit à un taux de **71 %**, permettant à ces gentilles Marguerite de consacrer une grande partie de leur énergie à soulager les souffrances d'autrui.

7 • Le Jeu de la Vie

Tout naturellement, la lame **numéro 14** s'insère dans le tableau des délicates petites Marguerite et cette carte est celle de la **Tempérance**. Un ange aux ailes déployées versant le liquide mystérieux d'une urne d'argent dans une autre d'or. Cette figurine représente la libre circulation des énergies vitales et l'on comprend que ces femmes à la personnalité complexe soient bien « celles qui détiennent le secret de la vie ». Incontestablement, les Marguerite disposent d'un pouvoir de conciliation et de réconciliation qu'elles ne devront jamais oublier d'appliquer dans leur existence quotidienne. Ce n'est pas tous les jours qu'une femme se présente à nous sous l'aspect d'une vertu cardinale !

Volonté : 82 %

Intuition	95 %	Études	70 %
Réussite	87 %	Associations	60 %

Il existe des prénoms « secrets » qui associent le mystère à l'incommunicabilité. Les Marguerite appartiennent à ce genre de personnalités discrètes dont le monde intérieur est le séjour privilégié. Une volonté « bivalve » qui ravit ou bien déconcerte selon le cas ! Une intuition qui submerge le paysage psychique et ne supporte que difficilement des études trop sèches tout en apportant une réussite fort honorable. Négliger la résonance de cette prodigieuse intuition reviendrait à jeter des « perles » aux pourceaux. Mais que dire des associés excités par l'idée d'effeuiller la Marguerite ?

Activité : 85 %

Dynamisme	79 %	Affaires	55 %
Voyages	100 %	Sociabilité	95 %

L'activité n'est pas des plus « secouantes » et réclame le dopage de l'émotivité et de la réactivité pour aller jusqu'au bout de son propos, alors tout devient possible, toute réussite étant plus ou moins le fruit d'une compromission. Cependant, il arrive que le dynamisme s'empêtre dans des rêveries mal digérées, des enthousiasmes sans lendemains, des timidités soudaines. Les affaires vont donc se traîner au fond des tiroirs, n'attendant que la première occasion de fuite, offerte par de merveilleux voyages, pour évacuer le devant de la scène. Reste une sociabilité captatrice où se réfugient bien des sentiments bousculés !

Portrait prospectif

Caractère : 70 %   Psychisme : 78 %   Personnalité : 72 %   Destinée : 67 %   Devenir : 67 %

Les êtres équilibrés, au sens le plus fort du terme, ne se préoccupent pas de la manière dont ils effectueront le pas suivant d'une marche normale. Mais il est évident que la moindre rupture d'assiette remettra en cause la poursuite de la trajectoire fixée. En appliquant cette remarque au comportement des Marguerite, nous voulons souligner la difficulté que peuvent rencontrer ces femmes fort intéressantes dans l'évaluation de leur progression psychique, en particulier au plan de l'avenir. Or, à propos de futur, on se sert souvent de l'expression « franchir le pas » qui indique bien que le passage de l'« aujourd'hui » au « demain » réclame une certaine décision volontaire dont les Marguerite ne sont pas toujours capables, leur volonté s'avérant parfois hésitante et presque toujours encline à remettre à jamais ce qu'elles n'ont pas pu s'imposer de faire le jour même ! Mais attention ! Nous ne vous disons pas cela pour que vous preniez à l'instant la mine comédienne de l'instituteur bafoué en son accord des participes et qui veut se venger méchamment d'une conjugaison avortée ! Au contact de ces chères petites Marguerite, il faut agir avec calme et sensibilité et ne pas replacer une fois de plus sur le tapis l'éternel refrain des promesses non tenues. Elles attendent que vous cessiez de leur parler de leur caractère pour évoquer enfin le monde plus flou et plus rassurant pour elles des sentiments, du psychisme qui est, justement, le « poumon » de leur âme. « Mais qu'est-ce que cette attitude compréhensive, affectueuse, pourra bien changer au comportement de ces femmes plutôt fragiles ? » Réponse : cela leur permettra, à terme, de réaliser que leur destinée et leur devenir sont sur le même plan et que l'« histoire de leur vie » passe nécessairement par l'union du présent et du futur. Une histoire bien racontée entraîne ordinairement une conclusion logique au niveau de l'existence quotidienne. Elles découvriront donc qu'il n'y a pas de rupture entre l'un et l'autre et que c'est là que commence la sagesse de vivre !

Émotivité : 70 %

| Affectivité | 93 % | Amour | 90 % |
| Famille | 80 % | Enfants | 75 % |

Elles ont beaucoup de charme, ces Marguerite, un charme que l'on accorde poétiquement à ces vieilles « girouettes » qui, au coucher du jour, appellent les vents de demain. Cette émotivité très présente rend leur affectivité plutôt exigeante. L'amour lui-même aura besoin de toutes ses forces pour résister aux turbulences de la vie sentimentale de ces femmes émouvantes dont le regard ne cesse de vous interroger sans toujours attendre de réponse ! La famille a un rôle protecteur. C'est le refuge sans condition ! Les enfants savent aussi jouer les complices, mais sans trop de conviction !

Réactivité : 62 %

| Santé | 88 % | Sensorialité | 84 % |
| Argent | 65 % | Profession | 95 % |

Étrange réactivité ! À certains moments, les Marguerite font feu des quatre fers puis, sans raison, une espèce d'absence de vivre s'installe. C'est alors qu'il faut les refouiller car ce n'est pas le moment de perdre les pétales et, patiemment, vous recollerez les « Je t'aime... Un peu... Beaucoup... À la folie » ! La santé est bonne même si cette vitalité s'exprime par des « bof » ou des « ouais » ! L'argent n'est que le valet d'une profession passionnée et souvent de caractère altruiste tandis que la sensorialité, complexe et lancinante, les conduit à des abandons pas toujours voulus et à des retrouvailles forcées !

Marguerite et les autres prénoms

Moyenne : 74 %
Classement : 7/79

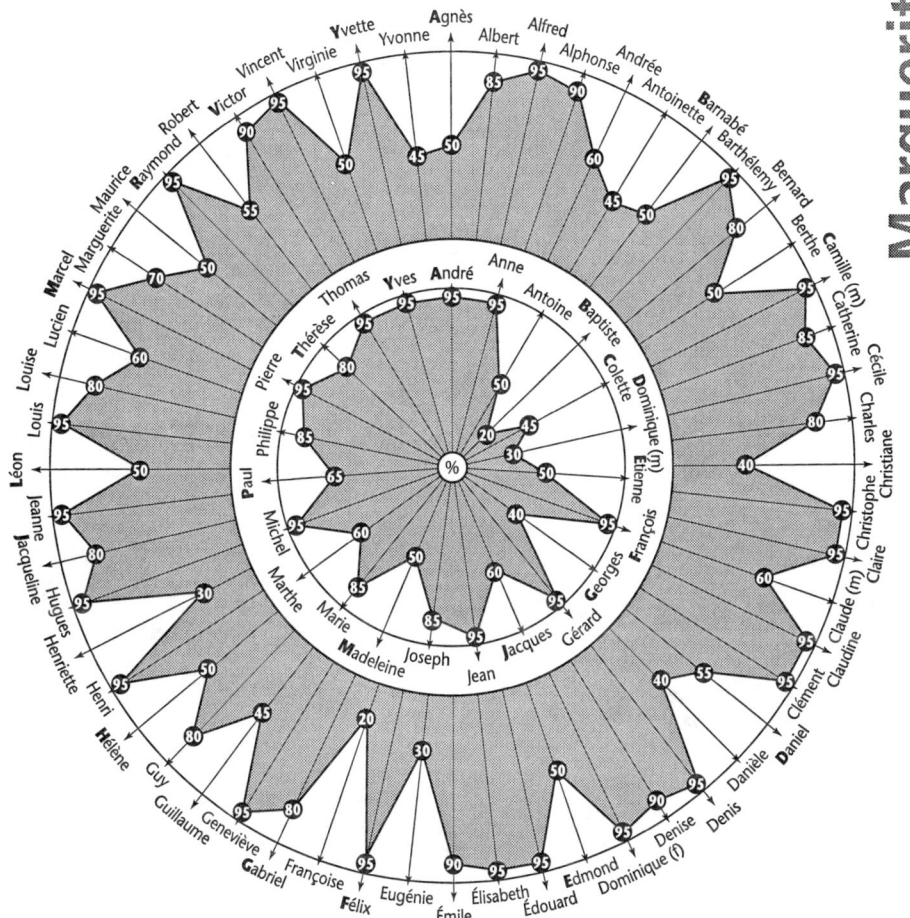

Les roues de compatibilités

Nous savons combien il est délicat de convaincre un individu de sa continuité propre, ce fameux *legato*, cette science de l'enchaînement que les professeurs de musique ont tant de mal à inculquer à leurs élèves. Pourtant la réussite est à ce prix ! Hélas, on ne sait pas apprendre assez aux enfants cette continuité dans l'effort et dans la pensée ! Alors, il ne leur restera plus qu'à se lamenter inutilement sur l'incohérence de ce monde ! C'est un peu ce que va faire l'entourage des Marguerite qui ne les comprendra qu'à 57 %, les plaçant à la 60e place sur 79. Et pourtant, ces mêmes Marguerite espèrent en ceux qui les entourent à 74 % avec un classement de 7e sur 79. Vous sentez le danger ?

Les autres prénoms et Marguerite

Moyenne : 57 %
Classement : 60/79

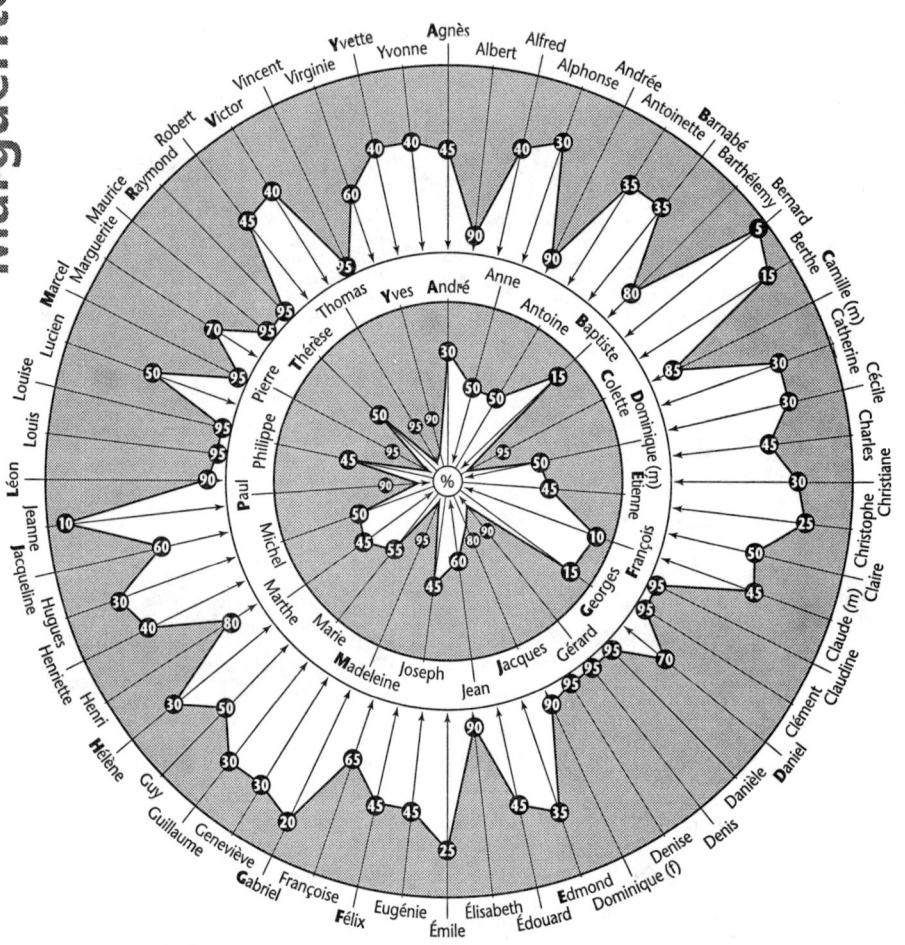

Comment Marguerite s'entend avec le signe des autres

Bélier	56 %	Balance	89 %	Ce tableau ne concerne pas le rapport prénom personnel/signe personnel. Il n'y a pas d'autocompatibilité entre Marguerite et son propre signe caractérologique.
Taureau	64 %	Scorpion	62 %	
Gémeaux	80 %	Sagittaire	77 %	
Cancer	86 %	Capricorne	70 %	
Lion	73 %	Verseau	80 %	
Vierge	59 %	Poissons	93 %	

Marie 63

1 • Prénoms associés

Ce sont tous les prénoms, quelle que soit leur origine, qui partagent les mêmes constantes caractérologiques et que vous découvrirez dans l'index de ce volume (p. 451), dont :

Astrid	Manon	Muriel
Béatrice	Marianne	Noémie
Élodie	Marina	Valentine
Evelyne	Marlène	Vanessa
Grâce	Maryse	Véronique
Gwennaëlle	Morgane	...

2 • Célébrités

Pour vous sentir moins seul, ce trop bref aperçu des personnalités de tous les temps et de tous les lieux qui dépendent de ce type de caractère :

- CALLAS Maria (1923-1977) Cantatrice — *Une voix d'ange qui passe.*
- CURIE Marie (1867-1934) Physicienne — *Elle a libéré la « bête » qui monte de la Terre.*
- DELORME Marion (1611-1650) Courtisane — *Du temps où la galanterie était un art de gouverner.*
- PORTINARI Béatrice (1265-1290) Égérie — *Ou les vers vous bouffent, ou les vers vous immortalisent.*
- SÉVIGNÉ Marie (Marquise de) (1626-1696) Écrivain — *De nos jours, les « psy » la soigneraient pour graphomanie aiguë !*

3 • Symboles

– Chez Marie et chez les autres prénoms associés, l'élément de base est une **terre** se rapportant à la fonction maternelle et formant un couple avec une eau animique, signe de fécondité et porte de l'inconscient.
– Le **bleu**, leur couleur caractérologique, correspond à des tendances à la générosité et à la bonté.
– Leurs nombres **4-25-22** déclenchent chez les Marie certaines réactions jalouses et une nette propension à juger sévèrement ceux qui leur manquent de respect ou les tricheurs.

4 • Devise

Celle qui règne sur le Ciel et sur la Terre. Cette devise peut se traduire ainsi : les Marie disposent d'un éventail de réactions existentielles qui leur permet de faire face à d'innombrables situations de toutes sortes. Elles ne paraissent jamais déconcertées devant des circonstances inattendues.

5 • Totems

– L'animal totem des Marie est cette **colombe** dont tout le monde ou presque se réclame depuis le Saint-Esprit jusqu'à Picasso en passant par Noé, partisans de la paix, UNESCO, que sais-je encore! Elle indique une participation à la nature divine, à la beauté de l'âme.

– Leur végétal est le **lys** qui double un peu la colombe au plan de la pureté, s'ajoute à la symbolique de l'eau, donc de la Lune et demeure cette fleur d'amour et de noblesse de sentiments quand elle n'est pas comparée au Soleil dont elle reflète la splendeur. Pour tous les goûts!

– Le minéral des Marie mériterait une page de commentaires : l'**émeraude** tombée du front de Lucifer, la table d'émeraude où se joue le sort alchimique du monde, le Graal taillé dans une de ces énormes pierres, etc. Bref, tout le Seigneur et son train...

6 • Vibrations

Le «bouquet» final, l'embrasement sublime : **120 000 v/s, 89%**! Les Marie, correspondantes universelles!

7 • Le Jeu de la Vie

L'inévitable **Impératrice**, lame **numéro 3** de notre jeu caractérologique, apporte aux Marie le cautionnement de sa souveraineté céleste : les ailes d'un ange, le Soleil sur la tête, la Lune sous le pied, le sceptre terrestre en main, l'aigle de l'esprit et le lys de sa foi complétant le tableau. Ainsi les Marie prennent la dimension d'une personnalité véritablement cosmique. Elles se montrent capables de mener le Jeu de la Vie avec une autorité dont l'efficacité apparaîtra à chaque instant de leur existence, mais elles savent aussi tenir leur place au soleil et ne sont pas les dernières à en profiter!

Volonté : 96%

Intuition	87%	Études	90%
Réussite	97%	Associations	100%

C'est sous l'aile de Marie que se regroupent le plus de prénoms associés à cette appellation venue du fond des âges. Il s'agit là d'une «sonorité» résistant aussi bien au temps qu'à l'espace. Une volonté puissante et prolongée qui ne laisse rien passer, s'accrochant à la situation qui se présente avec une furieuse rage de réussir, marque d'un caractère peu maniable. L'intuition est forte mais reste à sa place de «consultante» un peu timide. Les études, elles, se montrent efficaces sinon tranquilles et les associés se sentent à l'aise avec ces «gagneuses» à la cravache pourtant facile et à l'air soupçonneux!

Activité : 98%

Dynamisme	99%	Affaires	89%
Voyages	60%	Sociabilité	85%

L'activité des Marie est proprement «termitière»! Elles organisent leur petit monde avec un dynamisme rayonnant, éblouissant, qui entraîne l'adhésion. D'ailleurs, on n'a pas le choix avec ces femmes prenantes! Ça passe ou ça casse, des pieds à la tête! Car on ne manie pas une Marie... elle se manie! Évitez donc de leur faire le coup du pot de terre contre le pot de fer, sinon vous vous retrouverez au sol sur le champ! Les affaires vont un train d'enfer, si j'ose dire et seuls les voyages jettent une ombre ralentie sur ce portrait de femmes passionnantes dont la sociabilité, assez «maternelle», énerve plus d'un candidat à la «bricole»!

Portrait prospectif

Caractère : 89 %   Psychisme : 94 %   Personnalité : 98 %   Destinée : 85 %   Devenir : 93 %

Jadis on disait : « L'avenir appartient à Dieu, le présent aux hommes et le passé au diable ! » Autrement dit, le passé nous rejoint toujours, le présent nous fuit et le futur nous attend au tournant ! Or l'Église attribue bien à Marie une mission de « psychopompe », de passeur d'âmes, en la plaçant en vigile « à l'heure de notre mort » ! Mais en dehors de ce moment crucial, ces femmes jouent à chaque instant de notre vie un rôle d'« interface » mettant en contact d'une manière valable le présent et son devenir. Cela donne au caractère des Marie une dimension exceptionnelle car elles sont très souvent, au propre comme au figuré, des « agents de liaison » entre différents facteurs de notre existence quotidienne. Vous entendrez forcément une de ces femmes vous dire : « Laissez-moi faire, je vais tout arranger ! » Réflexion à la base de toute action maternelle, cela va de soi mais, à jouer ainsi les intercesseurs, les « paraclets », en quelque sorte, elles vont créer autour d'elles une aura de protection qui les accompagnera sans cesse, faite de dévouement, de générosité, de tendresse et, disons-le en un mot, d'amour !

Les pourcentages exprimés ci-dessus ont déjà dû vous frapper car ils se montrent remarquables en leur cohésion et en leur « altitude » ! La force de caractère des Marie va éclater à tous les niveaux : volonté, dynamisme, activité… et la liste est longue ! Le psychisme y joindra la puissance de ses sentiments, tous orientés vers le secours que ces femmes étonnantes pourront apporter à autrui. Et c'est alors que la personnalité déploiera véritablement ses ailes, donnant à ces êtres une dimension presque intimidante. Très souvent, la familiarité, parfois un peu leste, qu'on voulait leur manifester se bloque en une hésitation soudaine car cela paraît comme une faute de goût et presque une grossièreté ! La destinée suit naturellement le cours des choses pour s'épanouir en un devenir souverain. Elles y sont chez elles et il semblerait que ce futur ait comme un arrière petit goût d'éternité qui ne manquera pas d'être troublant !

Émotivité : 57 %

| Affectivité | 95 % | Amour | 98 % |
| Famille | 100 % | Enfants | 100 % |

L'émotivité se met au service de l'affectivité et renonce à jouer un rôle trop personnel, trop égoïste. Large ouverture sur les autres avec une tendance certaine à intervenir dans leur vie privée. L'amour des Marie est légendaire mais leur passion réclame une exclusivité à la fois flatteuse et tyrannique. Susceptibles, elles se vexent facilement et manient fort bien la « vendetta » lorsque la situation se corse ! Enfin, la famille et les enfants sont les deux mamelles de leurs affections partagées. Mais ne vous y fiez pas ! Derrière les Marie se cache la lionne, bondissante et griffue qui ne rate jamais sa proie !

Réactivité : 52 %

| Santé | 95 % | Sensorialité | 90 % |
| Argent | 90 % | Profession | 85 % |

Chapitre à rallonge car il touche à tout ce qui fait la valeur, la présence mais aussi le poids de ces personnalités assez secrètes. Les Marie se braquent assez souvent et ne supportent pas d'être trompées, au propre comme au figuré ! Dotées d'une santé inoxydable, elles vous tueront à la tâche et la profession leur apportera la consécration de leur pugnacité avec l'argent qui n'est pour elles qu'un passant anonyme. La sensorialité, la sexualité sont impressionnantes ! Elles savent pourtant se dominer mais au prix de renoncements dont vous risquez de faire les frais ! De grandes bonnes femmes !

Marie et les autres prénoms

Moyenne : 74 %
Classement : 6/79

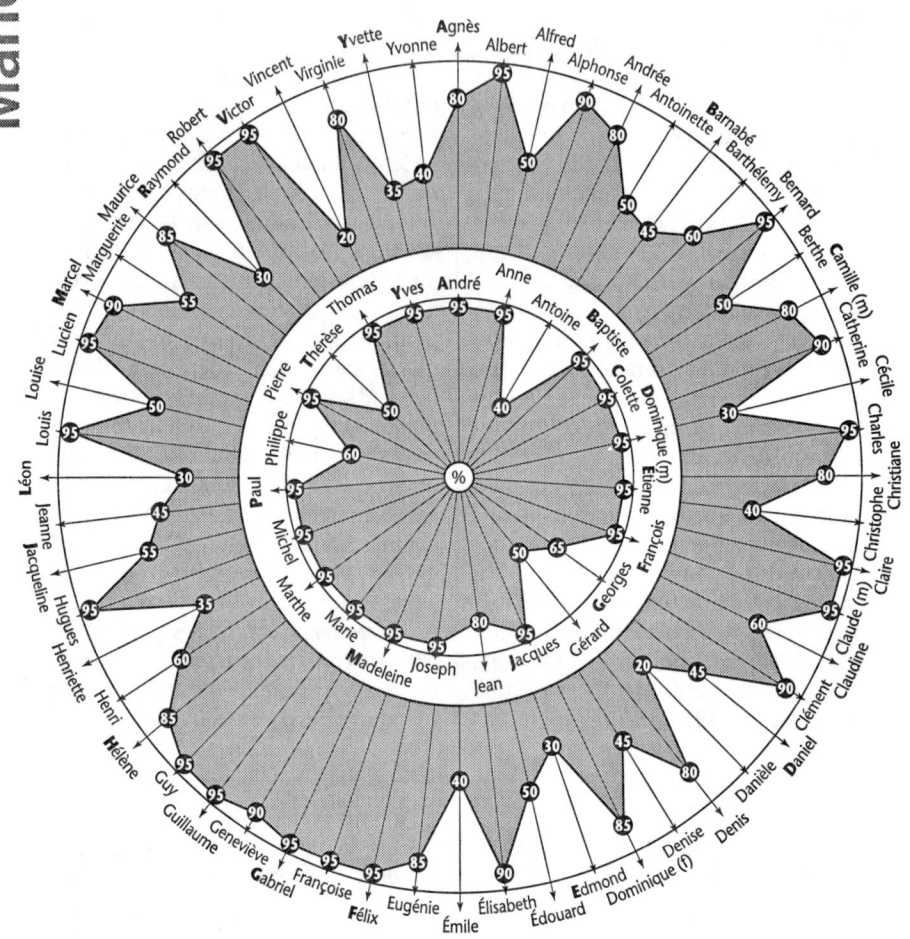

Les roues de compatibilités

« Bobo, Maman ! » Ce cri n'a pas qu'une simple résonance enfantine et il existe, au plus profond de chaque être vivant sur cette terre, un besoin de protection qui nous ramènera toujours vers la mère. Dans ces conditions, on voit mal comment ces femmes dont la disponibilité n'est plus à prouver pourraient ne pas être littéralement plébiscitées par ceux qui les entourent. Et c'est ainsi que nous pouvons évaluer à 88 % le taux d'appréciation de leurs contemporains, les situant ainsi à la divine place de 1re sur 79. Que dire de plus ? Quant aux Marie, leur compréhension à l'égard de leurs proches se montre presque aussi éclatante : 74 % de moyenne, les installant à la 6e place sur 79. Tout le reste est silence !

Les autres prénoms et Marie

Moyenne : 88 %
Classement : 1/79

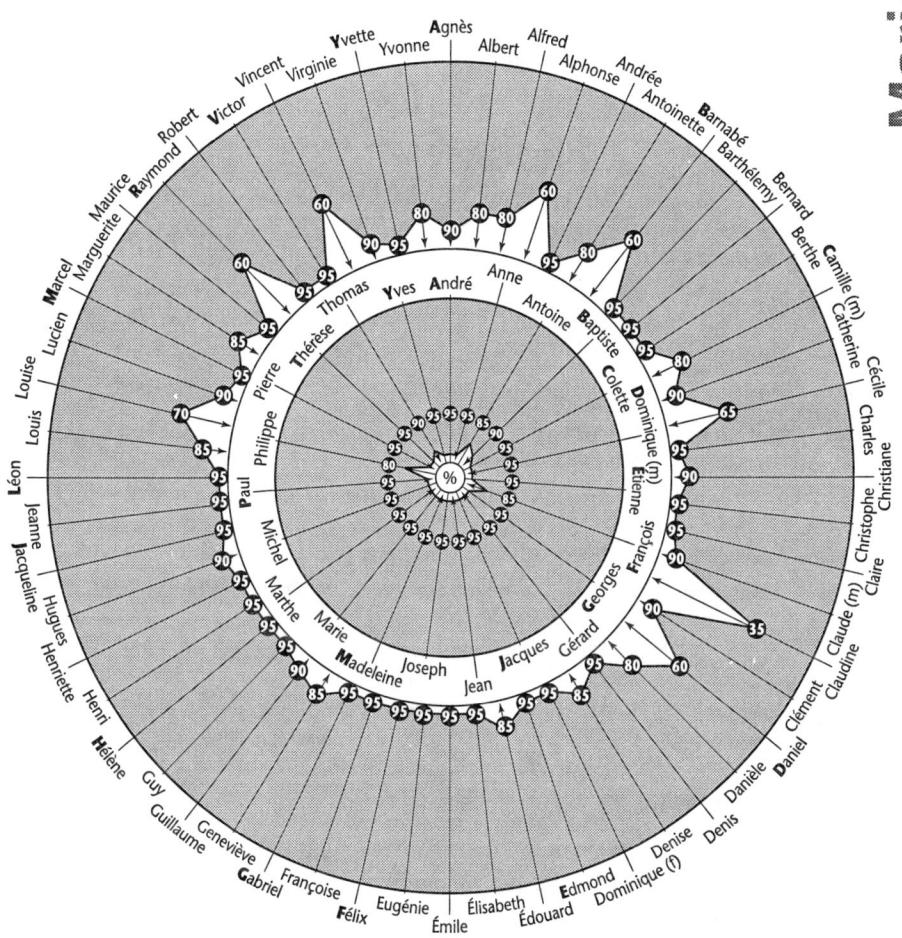

Comment Marie s'entend avec le signe des autres

Signe	%	Signe	%	
Bélier	77 %	Balance	60 %	Ce tableau ne concerne pas le rapport prénom personnel/signe personnel. Il n'y a pas d'autocompatibilité entre Marie et son propre signe caractérologique.
Taureau	64 %	Scorpion	15 %	
Gémeaux	80 %	Sagittaire	86 %	
Cancer	60 %	Capricorne	90 %	
Lion	82 %	Verseau	70 %	
Vierge	98 %	Poissons	75 %	

64 Marthe

1 • Prénoms associés

Ce sont tous les prénoms, quelle que soit leur origine, qui partagent les mêmes constantes caractérologiques et que vous découvrirez dans l'index de ce volume (p. 451), dont :

Alima	Judy	Nymphéa
Baldwina	Martie	Rénata
Bernadette	Mélusine	Renée
Jodie	Mona	Rinalda
Judette	Monique	Ursula
Judith	Nathanaëlle	...

2 • Célébrités

Pour vous sentir moins seul, ce trop bref aperçu des personnalités de tous les temps et de tous les lieux qui dépendent de ce type de caractère :

- BARBARA (1930-1997) Chanteuse *Une voix qui avait peur de la lumière.*
  (Monique Serf)
- GARLAND Judy (1922-1969) Actrice *Se perdre pour exister.*
- GRAHAM Martha (1893-1991) Danseuse, chorégraphe *Avec elle la danse commençait son cirque.*
- RICHARD Marthe (1889-1980) Espionne *Fermer des maison closes... quel pléonasme fâcheux !*
- ROBIN Marthe (1902-1981) Mystique *Être sainte, laïque et vivante ! L'Église ne pardonnait pas !*

3 • Symboles

– Quand le **feu** mange le feu, on découvre l'élément de base des Marthe, un « plasma » ravageur, symbole de vie bouillonnante, principe énergétique battant la campagne, etc.
– Leur couleur est ce **bleu** des nuits sans lune où l'on se demande si l'on est en présence d'un vide effrayant ou d'un rideau lourd de promesses spatiales.
– Les nombres **11-23-49** donnent aux Marthe une vision assez « cartésienne » des êtres et des choses. Leur logique se méfiant en particulier de tout ce qui est imagination ou intuition.

4 • Devise

Une devise plus prometteuse qu'explicative : **Celle qui détient la force cosmique.** En plaçant ces femmes débordantes sur un plan universel, cette devise nous conduit à nous interroger sur ce qui fait qu'elles possèdent effectivement une dimension déconcertante. Se fichent-elles de nous ou viennent-elles d'ailleurs ? À délibérer !

5 • Totems

– L'animal totem des Marthe est cette **alouette**, oiseau plein d'allégresse dont les montées fulgurantes vers le ciel marquent bien un désir d'unir les deux pôles de l'existence. Écoutons-le donc attentivement cet oiseau couleur d'infini, cri de la matière sublimée.
– Leur végétal appelle aussi le printemps, la **tulipe** qui fait, en troupe légère, briller ses mille couleurs au premier soleil de l'année et qui, l'éclat lancé, se replie dans le mystère de son bulbe souterrain.
– Le **jais** est leur minéral dont l'amulette protège du mauvais œil, écarte les tempêtes, les démons, les poisons, les maladies de sorcières, les maris infidèles, etc. Autrement dit, cette pierre magique d'un noir luisant sera très utile à nos chères Marthe quelque peu superstitieuses.

6 • Vibrations

À **108 000 v/s** soit un taux de 77%, les Marthe disposent d'une puissance de « décollage » très intéressante. Dire qu'elles n'en abuseront pas... est une autre histoire !

7 • Le Jeu de la Vie

La lame **numéro 11**, la **Force**, ne manque pas de fond puisqu'elle met en scène une dompteuse étrangement chapeautée qui, d'un geste décidé, terrasse un lion en lui ouvrant la gueule sans effort manifeste. Que cette figurine symbolise la volonté dominatrice de ces femmes au dynamisme prenant, aucun problème. Là où les choses se compliquent sensiblement, c'est lorsque l'on envisage la possibilité inverse ! Et si la vierge en question lui fermait le bec pour l'empêcher de révéler à l'humanité la véritable nature du feu qui l'habite ? Il y a là, effectivement, une vérité qui n'est peut-être pas bonne à dire !

Volonté : 95%

Intuition	68%	Études	95%
Réussite	90%	Associations	60%

Il existait, aux environs de 1900, une femme qui défrayait la chronique parisienne et qui se prénommait Marthe. C'était la fameuse Femme à Barbe ! Or, il se trouve – charmante galanterie ! – que cette créature à la pilosité extravagante avait bien un caractère tarabiscoté, une volonté submergeante qui dévorait à la fois son support féminin et ses supporters masculins ! À sa suite, les Marthe cachent sous leur camouflage caractérologique une intuition amortie, des études resplendissantes, une réussite de « barbouze » et un sens de l'association confinant au colonialisme le plus anthropophage !

Activité : 98%

Dynamisme	98%	Affaires	100%
Voyages	40%	Sociabilité	77%

L'activité des Marthe ne peut être que grandiose ! Ses ondes de choc sont à la source de raz-de-marée qu'un dynamisme virulant transforme souvent en « ras-le-bol » pour des maris exsangues. Leur sens des affaires appartient au ciel des légendes où la moindre occasion d'agir est le signe d'une mobilisation générale, où la plus petite discussion devient un conflit sanglant et où les coups fourrés se bousculent ! Mis à part les voyages, très anémiés, la sociabilité de ces femmes excitantes les conduit à transformer leur salon en bureau de recrutement et leur chambre en conseil de révision ! Repos !

Portrait prospectif

Caractère : 71 %   Psychisme : 64 %   Personnalité : 77 %   Destinée : 80 %   Devenir : 89 %

« La vie commence demain ! » Telle est l'autre devise que nous proposons à la réflexion de ces femmes « fléchées » qui filent vers leur but lointain avec une force, une conviction entraînantes ! Fixons-nous maintenant sur les pourcentages annoncés par ce petit portrait prospectif et profitons-en pour contempler l'escalier qui va conduire les Marthe et autres prénoms associés du psychisme au devenir. D'entrée, le caractère prend la dimension de ses bases, avec une volonté et une activité qui vont donner à ce tempérament des réactions d'une efficacité touchante... Rédaction polie d'un principe agitant qui ne cessera de faire de ces Marthe de véritables « Cocotte-Minute » toujours prêtes à vous exploser à la figure et dont les entêtements célèbres feront de leur mari, entre autres, des êtres hautement distingués par la « tyrannite » ! Quelle que soit votre situation adoptive vis-à-vis de ces femmes d'exception, gardez-vous bien de les provoquer par des réflexions du genre : « Si tu y mettais un peu du tien... » Instantanément se lève le cyclone tropical, glougloute le « tsunami », trépigne El Niño ! À cela, un seul remède, la fuite car faire appel à leurs sentiments ne sert à rien, leur psychisme, dans ce cas, jouant les abonnés absents. La personnalité se gonfle de sa propre importance : « Me faire ça à moi ! » « Pour qui me prend-on ? » La destinée revêt soudainement l'allure d'un torrent furieux charriant des cadavres de passé et des troncs de présent pour se briser sur le barrage de l'avenir qu'il emportera à tous les diables ! Et c'est là, en cet instant létal, que renaît l'espoir par ces mots : « Je sais ce que je vais faire ! » Ça y est ! Nous touchons aux rives ensoleillées de l'avenir, la glace est brisée et nous sommes de l'autre côté du miroir ! Les yeux de nos chères Marthe s'écarquillent d'admiration devant la lumière nouvelle, la tempête s'éloigne et les vents sont calmés, il ne vous reste plus qu'à vous prosterner devant la déesse « recolorisée » qui, d'un geste magnanime, va vous flanquer la plus belle « baffe » de votre existence. Vous êtes sauvé !

Émotivité : 55 %

| Affectivité | 79 % | Amour | 70 % |
| Famille | 88 % | Enfants | 70 % |

Déroutante, cette émotivité ! C'est l'hyperbolisme à la portée de toutes les bourses ! C'est l'occasion d'ajouter de l'excès à la violence, de l'acide à la vinaigrette, du cannibalisme à l'amour d'autrui ! L'affectivité essaye bien de mettre de l'huile dans les rouages mais comme ils sont en feu... Bref, Cupidon s'y brûle les ailes et leur sens de la passion est empreint d'une prudence inhabituelle qui les conduit souvent à un mariage solide et rentable. La famille émarge à leur société d'exploitation et n'a pas à rouspéter ! La présence des enfants est surtout photographique ! Ils font partie du cadre de vie !

Réactivité : 50 %

| Santé | 90 % | Sensorialité | 80 % |
| Argent | 100 % | Profession | 95 % |

Chose curieuse, la réactivité n'abuse pas des armes qu'auraient pu lui fournir la redoutable volonté et l'activité frénétique déjà entrevues. Cette réactivité est d'une santé florissante et permet à nos chères Marthe d'acquérir de bonne heure un embonpoint séduisant ! En réalité, elles disposent d'une humanité discrète qu'il fait bon découvrir. L'argent se doit d'être au garde-à-vous et la profession prend des allures de foire d'empoigne tandis que la sensorialité se fend d'une gourmandise jouisseuse et d'une sexualité méfiante ! Le septième ciel, oui ! Mais à condition que l'ascenseur fonctionne !

Marthe et les autres prénoms

Moyenne : 66 %
Classement : 33/79

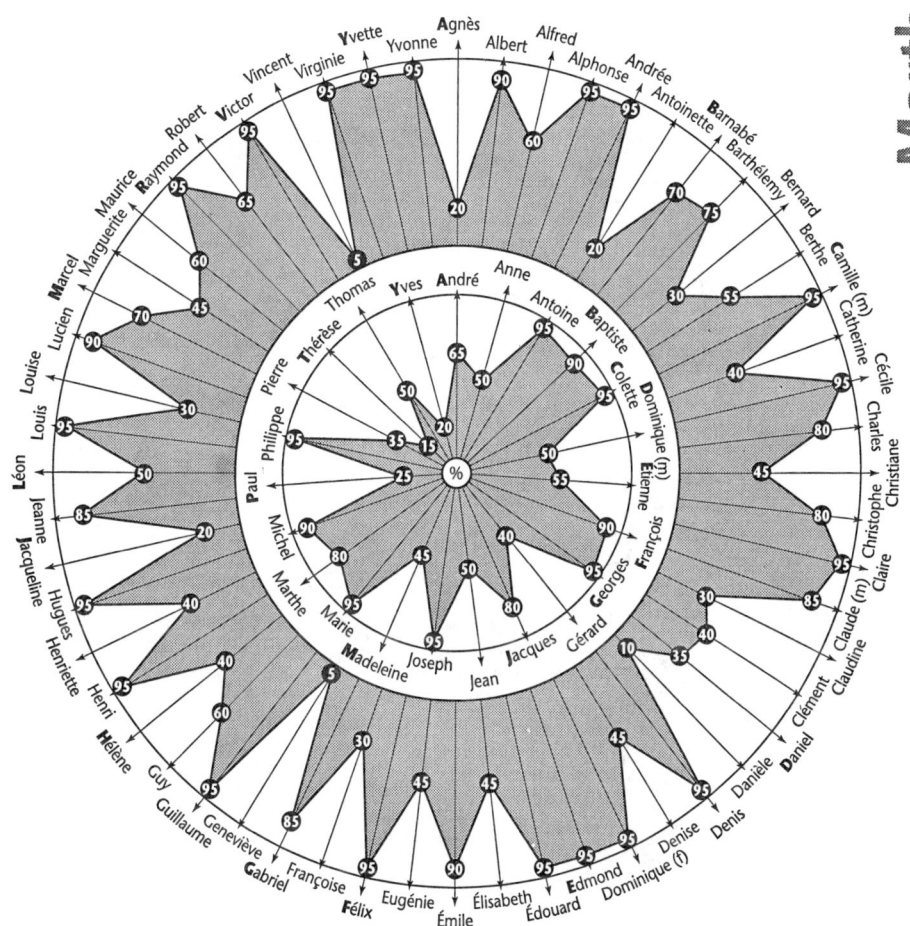

Les roues de compatibilités

Ce n'est pas ce petit portrait sous-évalué qui risque de troubler votre jugement car il y a déjà beau temps que vous avez pris le taureau par les cornes et « engueulé » ce lion dévorant ! La question est maintenant de savoir comment le message de ces Marthe sera reçu par leur entourage. Sans frénésie particulière : moyenne de 60 %, classement de 47e sur 79. Ces belles enfants, elles, réagiront beaucoup mieux en appréciant leurs contacts humains à 66 %, atteignant une honorable place de 33e sur 79. Donc, rien n'est perdu, le dialogue se poursuit, tout va bien, le temps est clair… Quoique, là-bas, au bord de l'horizon, un petit nuage noir zigzaguant méchamment… Ainsi va le monde !

Les autres prénoms et Marthe

Moyenne : 60 %
Classement : 47/79

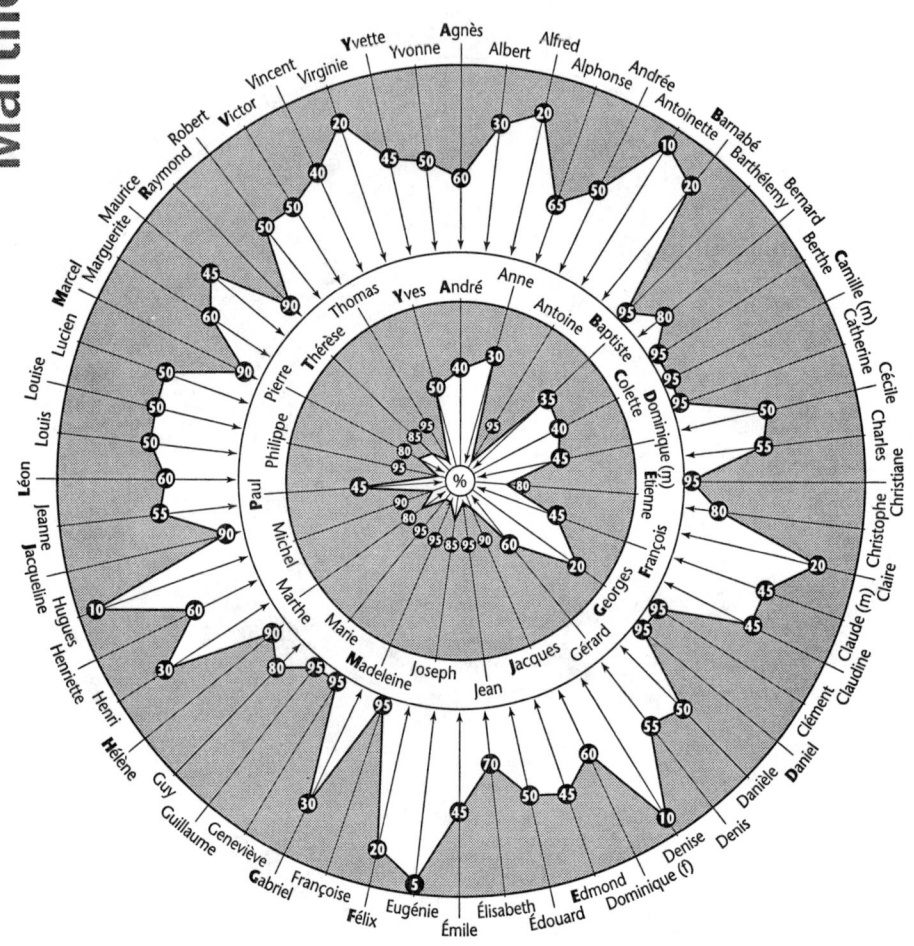

Comment Marthe s'entend avec le signe des autres

Signe	%	Signe	%
Bélier	67 %	Balance	73 %
Taureau	72 %	Scorpion	58 %
Gémeaux	58 %	Sagittaire	88 %
Cancer	50 %	Capricorne	64 %
Lion	76 %	Verseau	70 %
Vierge	69 %	Poissons	59 %

Ce tableau ne concerne pas le rapport prénom personnel/signe personnel. Il n'y a pas d'autocompatibilité entre Marthe et son propre signe caractérologique.

Maurice 65

1 • Prénoms associés

Ce sont tous les prénoms, quelle que soit leur origine, qui partagent les mêmes constantes caractérologiques et que vous découvrirez dans l'index de ce volume (p. 451), dont :

Amaury	Kendal	Morrel
Conrad	Kurt	Saturnin
Ébrard	Maury	Sernin
Everett	Mériadec	Volodia
Evermond	Meurisse	Wladimir
Javier	Moric	...

2 • Célébrités

Pour vous sentir moins seul, ce trop bref aperçu des personnalités de tous les temps et de tous les lieux qui dépendent de ce type de caractère :

- BARRÈS Maurice (1862-1923) Écrivain *Ce que l'Esprit dit aux nations !*
- CHEVALIER Maurice (1888-1972) Chanteur, acteur *Le succès passe toujours par la caricature.*
- HOROWITZ Vladimir (1894-1989) Pianiste *La musique endurcit les mœurs.*
- RAVEL Maurice (1875-1937) Compositeur *Le rare est beau quand il est volontaire.*
- UTRILLO Maurice (1883-1955) Peintre *La neige pour apporter la couleur !*

3 • Symboles

— Certains Maurice, leur entourage encore plus, risquent d'être fort étonnés en apprenant que leur élément de base est le **feu** car, véritablement, ils ne voient pas où le mettre ! Rassurons-les, c'est un feu d'eau à l'existence incertaine qui brûle entre deux clapotis comme une veine volcanique égarée dans la mer.
— Leur couleur, le **violet**, a cette onctuosité apostolique qui traduit un besoin d'union, d'approbation mais également de soumission avec parfois une nuance mélancolique attachante.
— Les nombres **5-46-10** laissent une curieuse impression de choses perdues, comme ces enfants qui, ayant laissé tomber leur bonbon, gardent dans la bouche un goût d'absence.

4 • Devise

Et là, nous touchons déjà au cœur du problème par cette devise qui interpelle : **L'homme qui attend, qui espère.** Il ne faudra jamais l'oublier au cours de ce petit voyage en pays « mauricien ».

5 • Totems

– Le **vautour**! C'est l'animal totem des Maurice mais à bien entendre car, au-delà du nettoyeur de décharges publiques, il symbolise la purification, l'eau lustrale, l'amour rédempteur et la transmutation du plomb vil en or admirable. Il est également signe de vieillesse heureuse et donc de longévité maîtrisée. Étonnant, non?

– Le **bouleau**, leur végétal, représente la porte par laquelle on sort du cosmos pour atteindre le Royaume, c'est l'eau céleste qui nettoie les écuries terrestres. C'est l'espoir en la lumière!

– Leur minéral, la **cornaline**, donne du courage, réjouit l'esprit, préserve des maléfices. Bon à prendre!

6 • Vibrations

À 83 000 v/s soit un taux de 51 %, ces vibrations laissent aux Maurice un volume d'«oxygène» suffisant pour franchir certains «siphons» du torrent de la vie. Ils en auront besoin!

7 • Le Jeu de la Vie

Leur **lame 10**, la **Roue-de-Fortune**, revêt pour les Maurice un symbolisme réconfortant car elle leur promet une survie qui, aussi hasardeuse qu'elle paraisse, n'en est pas moins la certitude de pouvoir s'en tirer à bon compte. La description de cette vignette est un véritable casse-tête, aussi ne retiendrons-nous que cette image hiératique du sphinx en majesté qui préside au tourbillon de la vie, maître des courants serpentins de l'énergie universelle, garant d'une stabilité provisoire que la mise en mouvement de la Roue compromettrait irrémédiablement. Conclusion que tirent les Maurice de cette méditation transcendantale: «Évitons de faire des vagues et laissons-nous porter par le courant!»

Volonté : 83 %

Intuition	90 %	Études	76 %
Réussite	75 %	Associations	95 %

Les Anciens, dont on ne veut plus qu'ils soient nos ancêtres, avaient coutume de dire qu'il existait trois types d'hommes: ceux qui donnent, ceux qui prennent, ceux qui attendent! On n'a pas fait mieux depuis! Les Maurice appartiendraient plutôt à la troisième catégorie. Leur volonté fait les «yoyos» dans l'espoir de discerner d'où vient la chance, l'intuition ajoute du mystère à l'imprévu mais les études portent en elles la déception des avenirs usés par trop de devoirs et pas assez de droits. La réussite joue à pile ou face et fait des associés une garantie indispensable à des entreprises hésitantes!

Activité : 87 %

Dynamisme	75 %	Affaires	45 %
Voyages	80 %	Sociabilité	97 %

Les Maurice sont actifs mais à leur manière! Ils organisent leur travail en fonction d'un double paramètre: l'intérêt que l'on porte à une action déterminée et l'intérêt que rapporte un placement, en temps compté, pour obtenir un résultat flatteur. Ils font un peu commerce du vent qui les pousse comme certaines femmes font commerce de la bêtise des hommes qui les épousent! Leur dynamisme se fatigue à attendre l'occasion de rencontrer une affaire qui ne viendra jamais. Quant aux voyages, ils sont un des ruisseaux bénis qui inondent la sociabilité, amicale et fraternelle, où l'on aime pour être aimé!

Portrait prospectif

Caractère : 48 %   Psychisme : 55 %   Personnalité : 63 %   Destinée : 42 %   Devenir : 50 %

Il arrive, souvent, lorsque vous entrez dans un de ces lieux où souffle l'esprit, comme un monastère, par exemple, ou une perception d'impôts, qu'une étrange impression de vide actif s'empare de vous. C'est une ambiance dissolvante qui détruit le présent sans entamer le passé ni compromettre l'avenir. On se sent capable sans but précis, tranquille sans raison, vulnérable sans crainte fondée. C'est ainsi qu'habituellement nos chers Maurice sont véritablement en proie à un inconscient au mille visages qui les enserre et les bouscule sans qu'ils sachent pourquoi ils se trouvent là et ce que peut bien signifier ce rêve flou où rien ne reste pareil à soi, où les sentiments n'arrivent jamais à devenir des passions ni les impressions des pensées ! En proie à cette société turbulente, à ce psychisme dubitatif, les Maurice jouent les bouchons ballottants de droite et de gauche, de haut et de bas avec toutefois la certitude obscure qu'ils sont incapables de couler.

Dans ces conditions, vous imaginez facilement combien il sera difficile de dresser d'eux un portrait caractérologique stable et combien leur futur sera conditionné par des « variables aléatoires », comme disent les mathématiciens. Les chiffres que nous vous proposons s'avèrent d'une discrétion inquiétante ! C'est à peine si nous distinguons, au-dessus du degré moyen, un psychisme et une personnalité émergentes. La destinée s'effondre au quatrième dessous dans la mesure où elle n'arrive pas à déterminer sa trajectoire exacte. Elle avance dans le brouillard sans repères passés et sans buts proposés. Nous ne voulons pas signifier par là que les Maurice sont des aveugles à qui l'on a bandé les yeux mais bien que leur déplacement se trouve plus motivé par les courants qui les poussent que par les hélices qui les propulsent. Cela ne veut pas dire non plus que leur réussite soit nulle ! Chacun sait maintenant que la terre a été ensemencée par des graines venues du cosmos et que, finalement, l'homme n'est peut-être que le fruit du hasard et de la probabilité. À voir !

Émotivité : 67 %

Affectivité	95 %	Amour	89 %
Famille	95 %	Enfants	100 %

C'est une émotivité intérieure dont le soin principal est de fermer portes et fenêtres pour que la joie ou l'inquiétude ne prenne pas jour ! Évitez de dire à un Maurice, l'œil malin : « Je devine à quoi tu penses ! » C'est le meilleur moyen de se faire envoyer penser ailleurs ! Car leur affectivité est immense, car leur amour est prenant à condition, toutefois, que cela ne devienne jamais une monnaie d'échange avec d'autres êtres ! Ne vous prévalez pas d'un sentiment que vous croyez acquis et laissez à la famille et aux enfants le soin de tester, sur la durée, la solidité de ce genre d'engagement fragile et émouvant.

Réactivité : 40 %

Santé	90 %	Sensorialité	83 %
Argent	70 %	Profession	60 %

C'est au niveau de la réactivité que l'on juge le plus sûrement des lacunes de ce caractère qui sombre parfois dans le désespoir de lui-même pour mieux reporter sur autrui les causes de cette baisse de régime. Mais ne croyez pas pour autant que ces Maurice soient privés de toute réaction efficace ! D'une part, ils disposent d'une santé d'orang-outan se déversant sur une sensorialité souvent décalée dans ses buts mais qui se retrouve au point d'orgue. D'autre part, et curieusement, ils se servent également de certaines insuffisances économiques propres pour transformer leur profession en prébende organisée !

Maurice et les autres prénoms

Moyenne : **66 %**
Classement : **31/79**

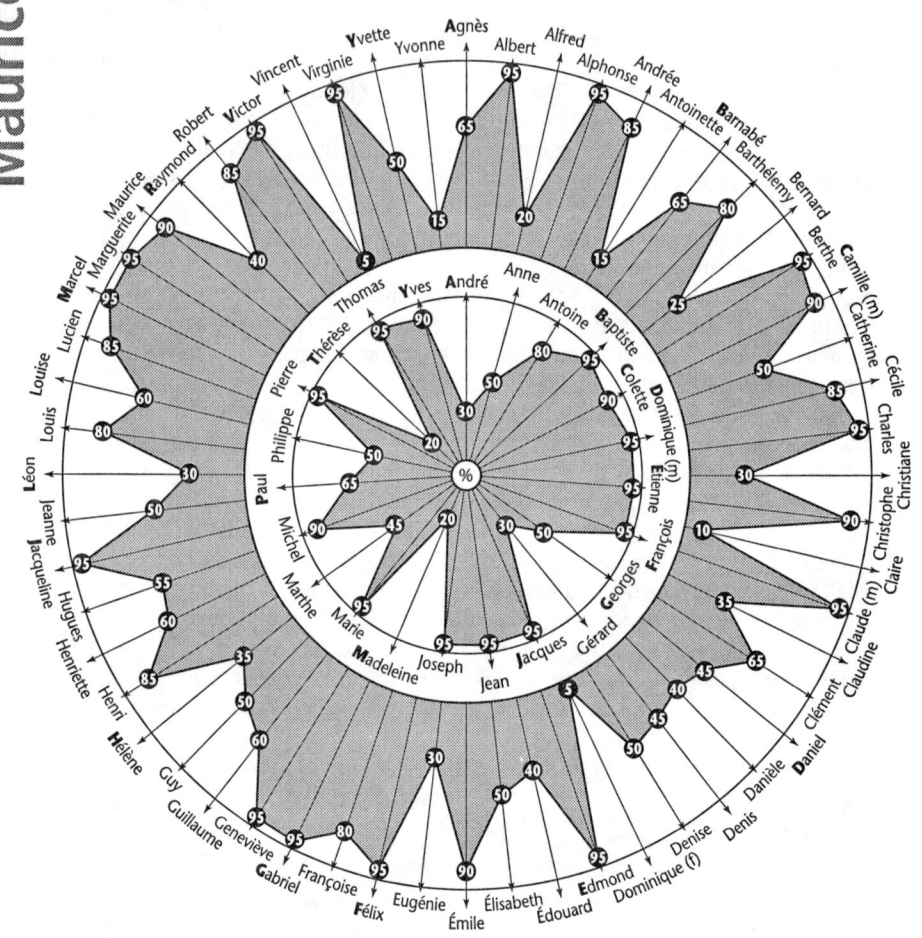

Les roues de compatibilités

Mais à faire dans le vague on finit par être submergé et pour retrouver un sol porteur il nous faut échapper à un jugement personnel et interroger l'opinion publique. C'est comme cela que nos dirigeants se prennent les pieds dans les sondages ! Or, la majorité des observateurs se sent complètement « paumée » et n'attribue qu'une faible confiance à nos Maurice évanescents : 54 % aboutissant à une 64e place sur 79. Sans surprise ! La réponse des Maurice, en se tournant vers leur entourage, manifeste beaucoup plus d'appétence : 66 % de moyenne soit un classement de 31e sur 79. Moralité : quand les temps sont durs et qu'on est plutôt mou, on doit compter sur les autres !

Les autres prénoms et Maurice

Moyenne : 54 %
Classement : 64/79

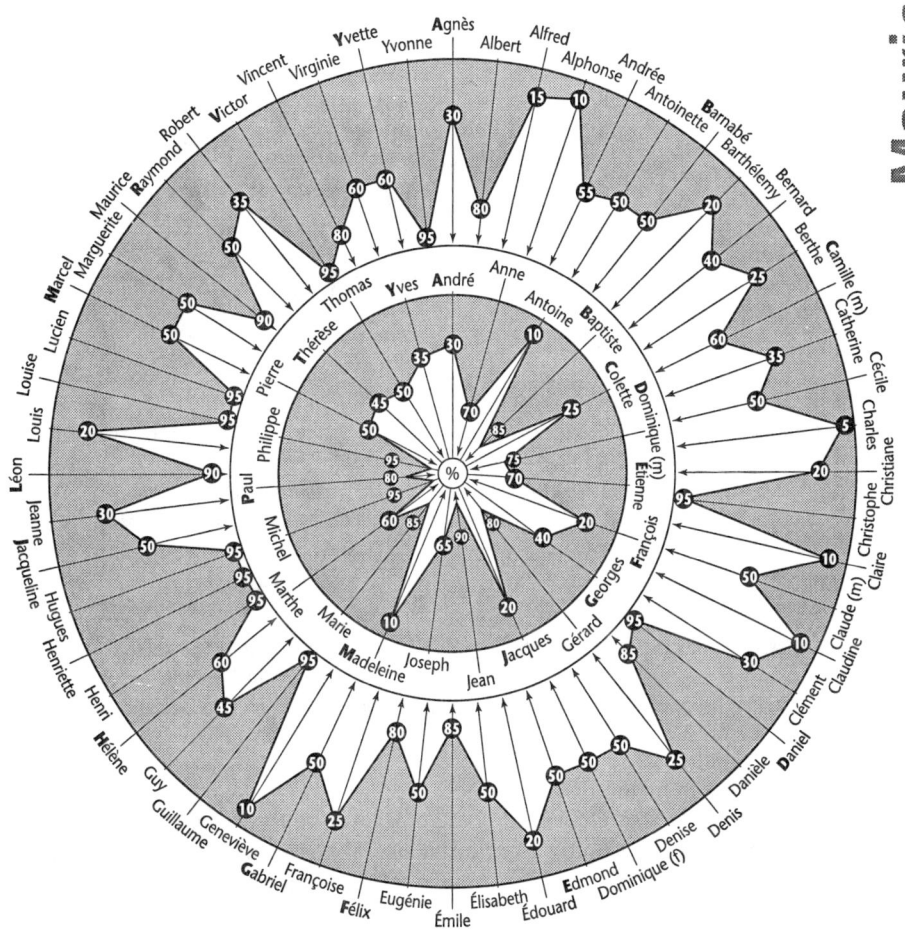

Comment Maurice s'entend avec le signe des autres

Signe	%	Signe	%
Bélier	74 %	Balance	67 %
Taureau	39 %	Scorpion	35 %
Gémeaux	64 %	Sagittaire	91 %
Cancer	72 %	Capricorne	69 %
Lion	84 %	Verseau	70 %
Vierge	58 %	Poissons	67 %

Ce tableau ne concerne pas le rapport prénom personnel/signe personnel. Il n'y a pas d'autocompatibilité entre Maurice et son propre signe caractérologique.

66 Michel

1 • Prénoms associés

Ce sont tous les prénoms, quelle que soit leur origine, qui partagent les mêmes constantes caractérologiques et que vous découvrirez dans l'index de ce volume (p. 451), dont :

Adam	Fox	Napoléon
Carmichael	Gamaliel	Richard
Cyprien	Junien	Ricky
Dicky	Kélig	Titouan
Dimitri	Mariel	Valbert
Egan	Mickaël	...

2 • Célébrités

Pour vous sentir moins seul, ce trop bref aperçu des personnalités de tous les temps et de tous les lieux qui dépendent de ce type de caractère :

– AUDIARD Michel (1920-1985) Écrivain, dialoguiste *Un vrai tremblement de terre qui ne manquait pas de répliques.*

– BONAPARTE Napoléon (1769-1821) Empereur *Un raccourci de l'histoire de France.*

– BURTON Richard (1925-1984) Acteur *A connu toutes les ivresses, dont celle du succès !*

– MONTAIGNE Michel (1533-1592) Écrivain *Un homme de caractère qui n'en était pas à son premier essai.*

– NOSTRADAMUS Michel (1503-1566) Astrologue *Qu'est-ce qu'on ne lui a pas fait prédire ?*

3 • Symboles

– Les Michel ont pour élément de base une **terre** imprégnée de feu qui correspond bien à l'image que l'on se fait d'eux, ange triomphant d'un démon au rougeoiement sinistre, s'agrippant à la terre de sa longue queue fourchue. C'est la domination des énergies incontrôlées.

– Justement, ce **rouge** qui prend la teinte un peu sombre d'un feu souterrain exprime la vaillance, la vigueur, le besoin de conquête d'un côté et, de l'autre, l'amour infernal, la fureur, la cruauté.

– Les nombres **46-7-25** délimitent un véritable «triangle des Bermudes» où s'engloutissent prétentions humaines et trésors que l'on croyait acquis à jamais !

4 • Devise

C'est une devise à double détente car si elle fait des Michel les arbitres d'un conflit éternel entre Dieu et le diable, elle sous-entend aussi que le malin, le délateur, le prince du mensonge, fait partie, comme accusateur, du tribunal divin, de **Celui qui juge**.

5 • Totems

– Pas étonnant que l'animal totem des Michel soit le **tigre**, symbole de destruction car, de même que Michel a chassé Lucifer, l'ange rebelle, du paradis, de même à la fin des temps, la tradition biblique veut que Satan, l'adversaire, soit jeté dans le feu éternel. Pas facile à porter, tout ça !
– Leur végétal est l'**orme**, arbre magique et prophétique que l'on disait jadis voué au diable. C'est sous l'orme que se rendait la mauvaise justice des hommes, l'orme maudit car ne produisant pas de fruit !
– Quant au **soufre**, leur minéral, il est la chaleur de la terre, l'esprit emprisonné dans la matière, symbole à la fois de culpabilité mais aussi de purification. Toute l'alchimie est là !

6 • Vibrations

Splendide pourcentage de vibrations : **83 %** correspondant à un niveau de **114 000 v/s**. Le second après celui de Marie. Décidément, tout se tient au royaume des correspondances secrètes !

7 • Le Jeu de la Vie

Ici, le caractérologue de service a l'impression qu'il vient de s'asseoir sur un lit d'oursins en train de caresser un hérisson chatouilleux. Oui, la **lame 15** de notre petit jeu correspond à celle du **Diable** orgueilleusement statufié sur un socle magistral, tenant en laisse deux diablotins en situation de luxure prochaine et muni de tous les accessoires qui font le Satan professionnel ! C'est le symbole de la chute de l'Esprit, le triomphe des forces désintégrantes de la personnalité, c'est le maître de la dépendance sous toutes ses formes, sexuelle, économique, religieuse, scientifique, politique, etc. Heureusement que Zorromichel ne va pas tarder à arriver !

Volonté : 99 %

Intuition	75 %	Études	92 %
Réussite	95 %	Associations	35 %

Alerte ! Comment discuter avec un bonhomme qui tient une épée d'une main, un bouclier pointu de l'autre et qui piétine d'un air sauvage un malheureux dragon qui n'en peut mais ! Étonnez-vous après cela qu'on relègue les statues des Michel au plus haut de nos clochers inquiets ! La volonté de ces hommes fulgurants est « tigresque » et, si elle les dévore, elle les met aussi en appétit ! Une intuition comme une lampe votive, toute tremblante, des études comme des commandos prometteurs de réussite éclatante et un bruit de castagnettes qui, pour les associés, n'est pas sans fondement !

Activité : 99 %

Dynamisme	99 %	Affaires	80 %
Voyages	100 %	Sociabilité	73 %

Une activité en forme d'activisme féroce qui « concubine », si j'ose dire, avec un dynamisme outrancier que l'on retrouve chez ces sergents de légende des films américains bouffant de l'Indien à longueur de pellicules et torturant les jeunes recrues boutonneuses. Les affaires sont traitées au pas de charge et les voyages prennent des allures de ruée vers l'or où véhicules et passagers connaissent le même terrible sort ! Enfin, la sociabilité est un petit mot qu'ils ignorent. Les vacheries succèdent aux gaffes, les coups de gueule crépitent, les portes claquent et les claques ne sont pas loin !

Portrait prospectif

Caractère : 93 %   Psychisme : 86 %   Personnalité : 99 %   Destinée : 90 %   Devenir : 97 %

« L'avenir nous appartient ! » C'est le cri de guerre des Michel qui vont mettre tout le poids de leur volonté et de leur activité dans la balance pour être sûrs d'emporter l'enjeu. Cela devient rapidement une obsession chez ces jeunes tigres dont la principale raison de vivre est de s'assurer pour demain des parts de marché, si l'on peut dire, qui leur permettront de voir venir. La difficulté majeure, lorsqu'il s'agit de s'adresser à ces hommes peu maniables, c'est de trouver un bon équilibre entre la fermeté du propos et l'astuce de la tactique employée. Si vous jouez les adjudants ronchonnants, ils vous ridiculiseront à tout coup et si vous vous croyez malin en leur proposant une combine tordue, vous allez vous retrouver en caleçon au milieu de la place de la Concorde ! Intelligents et pointus, ils ne vous feront aucun cadeau, particulièrement si vous leur présentez un projet insuffisamment étudié qui pourrait mettre en péril l'image qu'ils se font de leur entrée dans le futur. Le conseil vaut aussi pour leurs jeunes conquêtes qui se laisseraient mettre la bague au doigt. Ne les prenez pas, chères demoiselles, pour des minets qu'une simple caresse fait ronronner. Ils vous attendent au virage et si vous n'êtes pas totalement convaincues par votre fonction de « futures », vous allez connaître bien des déceptions pénalisantes !

Les chiffres sont d'ailleurs parlants ! Des pourcentages plafonnants qui mettent sur le même plan un caractère secouant, un psychisme riche mais ne faisant que peu de concessions aux sentiments, une personnalité envahissante qui cherchera à tout prix à faire de la destinée cette voie triomphale qui la placera au sommet d'un devenir lumineux. Mais, ne vous faites pas d'illusions, tout cela vous coûtera très cher, que vous soyez épouse, associé ou parent. Les Michel ont l'art de vous pomper l'air ainsi que votre temps, votre argent, votre affectivité car tout va disparaître dans le « trou noir » de leur ambition ! Il n'y a qu'une seule chose dont vous puissiez être sûr, sublime consolation, c'est de leur ingratitude !

Émotivité : 38 %

Affectivité	90 %	Amour	86 %
Famille	80 %	Enfants	98 %

N'attendez donc pas de ces merveilleux fous « voulants » des timidités rougissantes de pucelles en représentation ! Prise en sandwich entre la volonté et la réactivité, cette émotivité se réfugie dans une affectivité plus ouverte et l'amour est également présent, même s'il se teinte d'une certaine méfiance à l'égard des partenaires trop expansifs. N'en faites pas des tonnes, cela a le don de les énerver et de leur donner envie de vous croquer aussi sec ! Quant à la famille, elle n'a qu'à bien se tenir ! Il faut que ça marche droit et, si les enfants sont rois, ce n'est pas une raison, pour eux, de rester à la traîne !

Réactivité : 63 %

Santé	97 %	Sensorialité	95 %
Argent	85 %	Profession	100 %

Ne faisons pas des Michel de grands méchants loups ! Cela leur ferait trop plaisir, d'autant plus que, derrière cette façade agressive, se cache une maîtrise de soi d'une grande efficacité. Quand ils le veulent bien ! Une santé à en redonner une à la pauvre Sécurité sociale... Une domestication de l'argent qui va de l'emprunt amical obligatoire aux projets faramineux qui font trépigner les banquiers ! Une prise en main de la profession digne des conquêtes d'Alexandre ! Quant à la sensorialité, à la sexualité... Rideau ! Une séduction d'homme des cavernes ! Des nuits d'apocalypse... Maman !

Michel et les autres prénoms

Moyenne : 71 %
Classement : 14/79

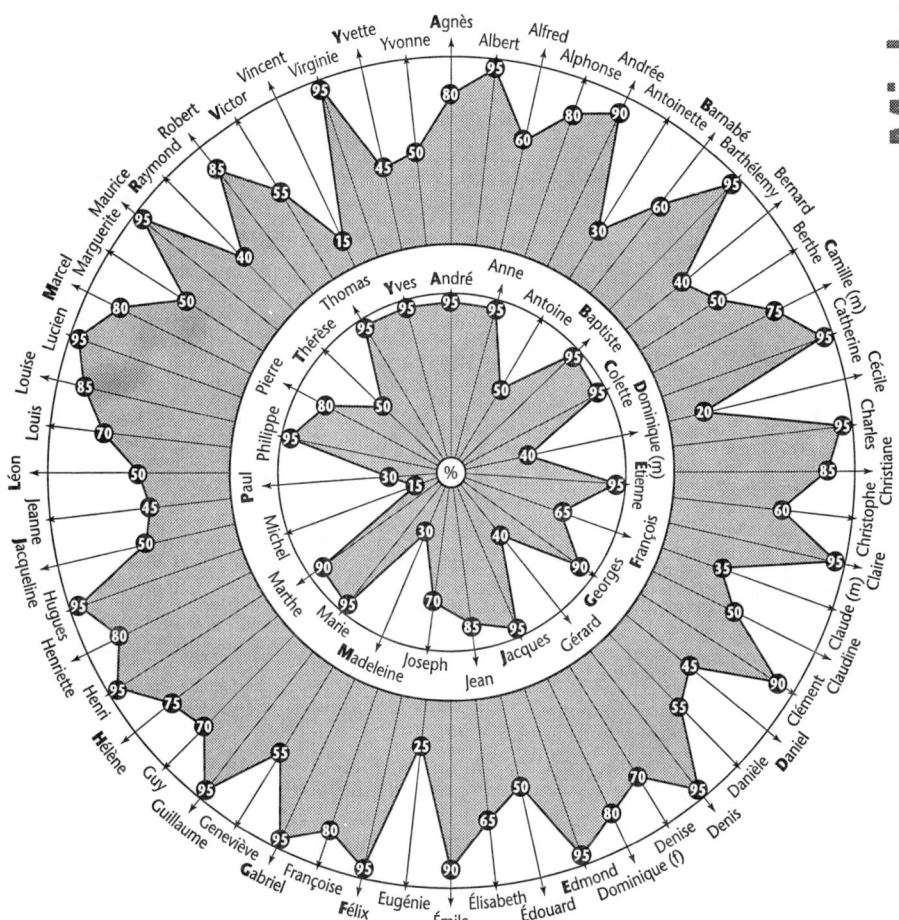

Les roues de compatibilités

Constatons, une fois de plus, qu'un certain cynisme fait partie de la panoplie du parfait dirigeant ! En effet, les Michel auront beau traiter leur entourage affectif ou professionnel avec cette désinvolture parfois insupportable qui est leur marque de fabrique, ils seront toujours fort bien appréciés et engrangeront des pourcentages flatteurs de considération : 81 % de moyenne, les plaçant au 6e rang sur 79. Effarant ! Alors les Michel, sans aucun complexe, se pencheront vers leurs sujets envoûtés avec un pourcentage de condescendance de 71 %, soit un classement de 14e sur 79. Décidément, on ne voit pas pourquoi ces hommes pleins de ressources captatrices se gêneraient pour faire d'autres esclaves !

Les autres prénoms et Michel

Moyenne : 81 %
Classement : 6/79

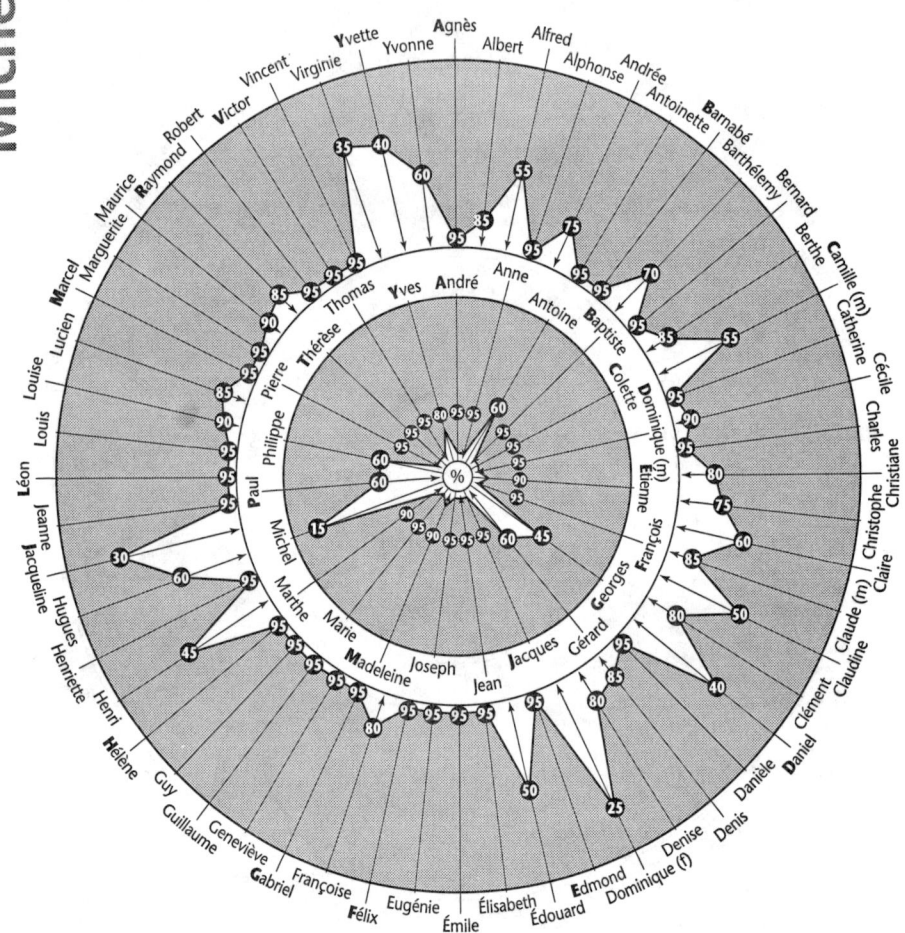

Comment Michel s'entend avec le signe des autres				
Bélier	80 %	Balance	50 %	Ce tableau ne concerne pas le rapport prénom personnel/signe personnel. Il n'y a pas d'autocompatibilité entre Michel et son propre signe caractérologique.
Taureau	75 %	Scorpion	30 %	
Gémeaux	42 %	Sagittaire	91 %	
Cancer	54 %	Capricorne	79 %	
Lion	77 %	Verseau	64 %	
Vierge	74 %	Poissons	58 %	

Paul 67

1 • Prénoms associés

Ce sont tous les prénoms, quelle que soit leur origine, qui partagent les mêmes constantes caractérologiques et que vous découvrirez dans l'index de ce volume (p. 451), dont :

Aaron	Haroun	Pablo
Achille	Hartford	Paolig
Brice	Kay	Polly
Erminio	Kenrick	Powell
Errol	Nello	Sigismond
Fulvien	Noël	...

2 • Célébrités

Pour vous sentir moins seul, ce trop bref aperçu des personnalités de tous les temps et de tous les lieux qui dépendent de ce type de caractère :

- DUKAS Paul (1865-1935) Compositeur *Une œuvre d'autant plus rare qu'elle était parfaite.*
- FLYNN Errol (1909-1959) Acteur *Il se regardait séduire en voyeur complaisant !*
- PICASSO Pablo (1881-1973) Peintre *L'art difficile et profitable de contrarier son génie !*
- VALÉRY Paul (1871-1945) Poète *Il y a des poésies qui nourrissent une époque...*
- VERLAINE Paul (1844-1896) Poète *« ... comme d'autres poésies se nourrissent d'éternité ! »*

3 • Symboles

– L'élément de base des Paul est un **feu** dévorant porté par un air tempétueux, cet aimable mélange donnant naissance à une poussée tout particulièrement dévastatrice. On détruit pour régénérer, on purifie pour mieux établir un ordre nouveau. Beau et dangereux !

– Leur couleur, le **rouge**, n'est plus alors qu'un accélérateur cataclysmique qui fait que l'on s'interroge sur la véritable nature de ces hommes. Et déjà s'installe une indécision sournoise !

– Les nombres **4-27-26** ajoutent à ce tableau guerrier une pointe de fanatisme qui, dans certains cas, peut conduire ces Paul incandescents à se fabriquer leur propre foi, leur propre royaume.

4 • Devise

Ces hommes sont tellement persuadés de la justesse de leurs vues qu'ils seront **Celui qui triomphe** dans la splendeur du midi romain ou ceux qui appellent le crépuscule des dieux pour finir dans un embrasement général.

5 • Totems

– Et c'est là où nous nous heurtons, de nouveau, à un double symbole s'exprimant au niveau de l'animal totem des Paul par la vision du **castor**, bâtisseur passionné et obstiné qui passe sa vie à détruire la forêt pour faire barrage aux eaux traditionnelles et se construire un abri secret.

– Le plan du végétal fait intervenir la notion ambiguë et très inquiétante de **ciguë**, ce poison dont se servit Socrate pour cacher sa divine sagesse aux hommes de mauvaise volonté.

– Leur minéral, le **grès**, est cette roche sédimentaire formée de nombreux petits éléments soudés entre eux et dont le conglomérat donne ce matériau d'un beau poli avec lequel on construit les temples.

6 • Vibrations

Elles se situent à la hauteur de ce désir farouche de projection dans un futur entièrement préfabriqué : **104 000 v/s** soit un taux de **73 %**. Largement de quoi mettre le feu à la « baraque » !

7 • Le Jeu de la Vie

Leur lame **numéro 7** se présente sous l'aspect du jeune triomphateur, debout sur son **Chariot**, incarnant les principes supérieurs de l'humanité, maître des contraires qu'il domine en la personne de cet étrange attelage qu'il maintient de sa main de fer dans le droit chemin. La situation est d'une simplicité biblique et sa haute portée prophétique n'échappera à personne. « Ôte-toi de là que je m'y mette ! » résume en quelques mots la philosophie prenante de ces Paul qui ne perdent jamais le nord ! Que faire devant ces forces de la nature toujours en manœuvres belliqueuses ? Attendre ! Attendre que ces hommes, après leur chemin de Damas, trouvent, comme tout le monde, celui des tombeaux ! R.I.P. !

Volonté : 91 %

Intuition	90 %	Études	95 %
Réussite	80 %	Associations	50 %

Un caractère au pilotage délicat et ce ne sont pas les bons apôtres, saint Pierre en tête, qui diront le contraire. Ces hommes passionnés et encombrants disposent d'une volonté à étages. On les croit au bout du rouleau et puis crac, c'est reparti ! Ils ont une belle intuition qu'ils mettent au service d'une curiosité presque policière à l'égard des autres. Les études sont de longs fleuves pas tranquilles du tout conduisant à des réussites tapageuses et flatteuses mais avec un goût limité pour les associés empailleurs de mouches ! Attention, ils ne pardonnent jamais les coups fourrés et autres « vacheries » !

Activité : 97 %

Dynamisme	90 %	Affaires	85 %
Voyages	100 %	Sociabilité	88 %

L'activité s'étale en un brouillard glorieux qui estompe les lignes crues des initiatives pauliniennes pas toujours très catholiques ! Ils se servent de leur dynamisme comme d'une menace à destination de leur entourage amical, professionnel. D'où des réflexions parfois peu aimables sur l'efficacité de leurs collaborateurs et une vision harcelante des affaires. Pas faciles, les chers petits ! Les voyages se transforment volontiers en « missions » prêchi-prêchantes où chacun en prend pour son grade ! La sociabilité alimente aussi le tableau de chasse de ces Paul qui ne perdent jamais la trace gourmande de leur gibier préféré.

Portrait prospectif

Caractère : 72 %   Psychisme : 80 %   Personnalité : 88 %   Destinée : 84 %   Devenir : 92 %

Quand on construit, c'est pour l'avenir, bien évidemment ! Or les Paul sont non seulement des architectes doués mais aussi des « arrangeurs » au sens que l'on donne en matière de musique à ceux qui, partant d'un thème donné, lui assurent un développement, une amplification aussi bien au plan de la mélodie qu'à celui de l'orchestration. Suivez attentivement notre raisonnement car nous avons toutes les raisons de croire que vous y trouverez, sinon le secret, tout au moins la clef du caractère des Paul et des prénoms associés. Ils se montrent capables, partant d'une idée acceptée, de la triturer d'une manière telle qu'ils arrivent à en faire une œuvre presque originale. En cours de construction, l'édifice, d'ajouts en repentirs, en vient à prendre une telle dimension que, très rapidement, le projet initial se trouve détourné de son but primordial au point que la simple maison d'habitation glisse vers un immeuble de rapport pour déraper en direction d'un palais vénitien. C'est alors que, si vous vous avisez de manifester une surprise chagrine à la vue de ce tour de passe-passe, le Paul en question va fulminer en vous accusant des pires forfaitures, se présentant lui-même comme seul et véritable détenteur de la pensée créatrice qui fut à la base de cette entreprise. Inutile de pousser de hauts cris, vous ne feriez que jeter de l'huile sur le feu car ces hommes convaincus de leur mission universelle ne rêvent que de dresser des bûchers purificateurs.

Cela étant fixé, vous comprendrez facilement que les Paul, ajoutant couches sur couches, feront de ce caractère malin un psychisme composé pour aboutir finalement à une personnalité envahissante et souveraine qui sera désormais seule maîtresse de sa destinée et, surtout, seule régente de l'avenir de cette « multinationale » tapageuse et jalouse de ses exclusivités. En fonction de tout cela, ne leur dites surtout pas qu'ils ont un profil de PDG ou un port de capitaine d'industrie alors qu'ils se sentent débordant d'une onction ecclésiastique aux relents de papauté à peine dissimulés.

Émotivité : 60 %

Affectivité	85 %	Amour	70 %
Famille	62 %	Enfants	70 %

Elle est ambiguë, cette émotivité car d'une part elle « colorise » tous les vieux schémas relationnels et, d'autre part, elle est aussi à la base de méchantes échauffourées domestiques ou sociales avec des moments paroxystiques qui éclatent en expressions souvent peu châtiées ou même peu châtrées ! Ils savent se servir de leur affectivité plus qu'ils ne l'acceptent et leurs amours privées ont bien des fois ce parfum de bataille, cette odeur de poudre qui peut faire plaisir à certaines mais déconcerte bigrement la famille en alerte permanente et les enfants envieux d'un père qui serait plus tranquille !

Réactivité : 65 %

Santé	88 %	Sensorialité	92 %
Argent	95 %	Profession	100 %

Si vous êtes lié à l'un de ces personnages facilement hors du commun, vous allez vous faire de la bile, des cheveux, en un mot du souci car ce sont, notamment, des patrons qui mélangent la psychologie de groupe au baratin serpentin, les promesses les plus ahurissantes à des expressions « cambronnesques » d'un bel effet ! Bref, comme dit le poète : « C'est pas du tout cuit ! » Une sensorialité qui fourre son nez un peu partout, une santé qui joue bêtement à saute-mouton, un besoin d'argent institutionnel et, surtout, une profession qui se situe toujours entre le hold-up et la croisade ! Pas de quartier !

Paul et les autres prénoms

Moyenne : 68 %
Classement : 24/79

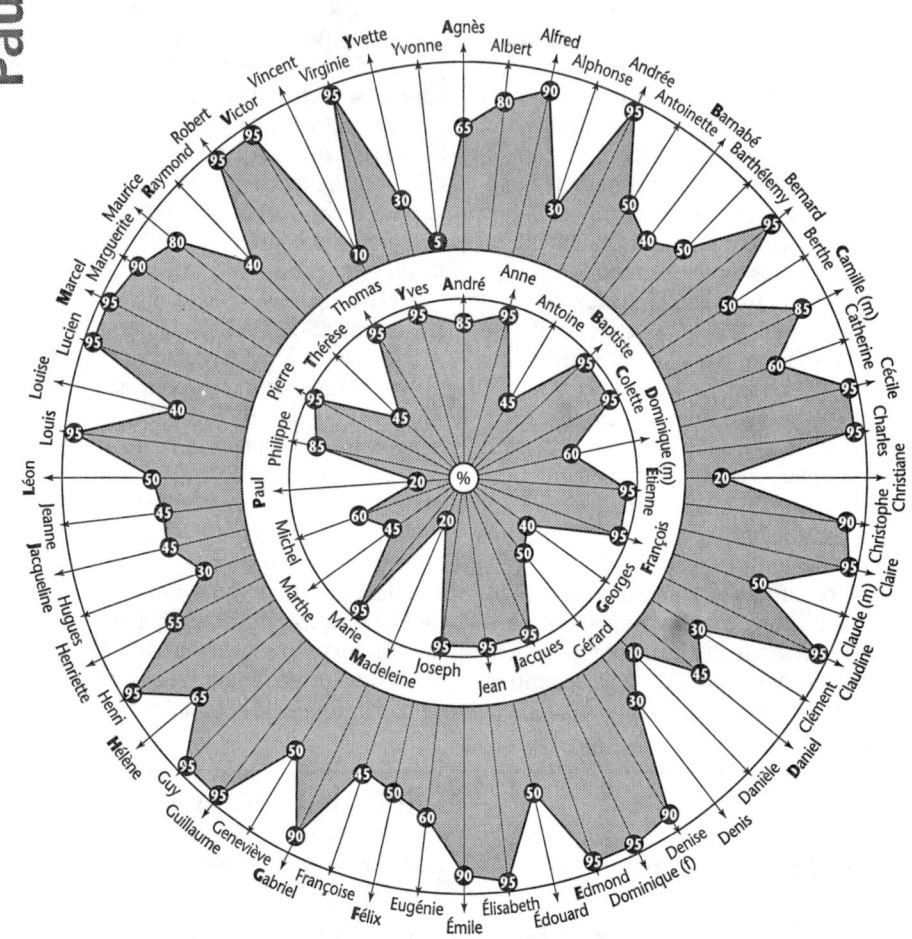

Les roues de compatibilités

Malgré votre impatience à dépouiller les bulletins de vote, il faut rappeler avant toute chose que les Paul sont des enjôleurs patentés de grande classe et qu'ils ne vont pas manquer de faire leur numéro devant ce que nous appellerons leur clientèle. Mais celle-ci ne les appréciera qu'à une moyenne de 59 %, soit un classement de 53e sur 79. Modeste résultat ! Les Paul ne se laisseront pas abattre pour autant et s'intéresseront à leurs partenaires, quels qu'ils soient, au taux de 68 %, à la 24e place sur 79. Ils ne cesseront donc à aucun moment de faire leur propagande personnelle, répétant à longueur de temps : « Ne cherchez pas ailleurs, je suis bien le meilleur ! » Pub !

Les autres prénoms et Paul

Moyenne : 59 %
Classement : 53/79

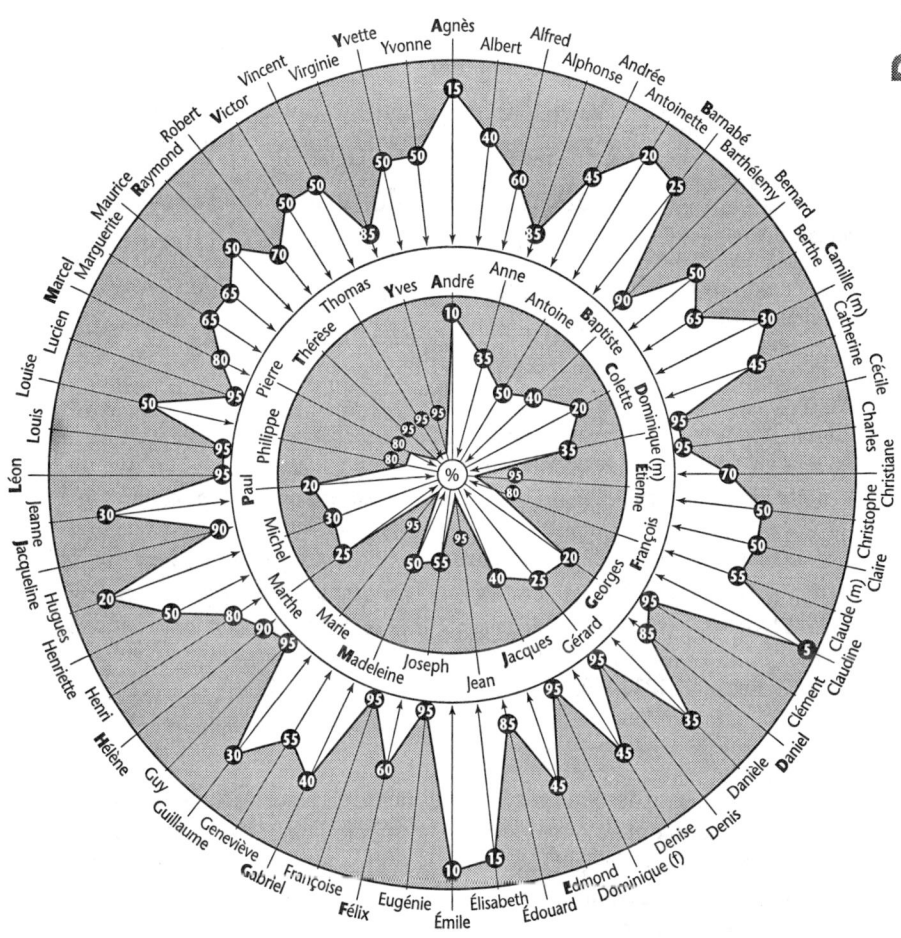

Comment Paul s'entend avec le signe des autres

Signe	%	Signe	%
Bélier	80 %	Balance	84 %
Taureau	57 %	Scorpion	72 %
Gémeaux	76 %	Sagittaire	89 %
Cancer	49 %	Capricorne	60 %
Lion	86 %	Verseau	68 %
Vierge	62 %	Poissons	59 %

Ce tableau ne concerne pas le rapport prénom personnel/signe personnel. Il n'y a pas d'autocompatibilité entre Paul et son propre signe caractérologique.

68 Philippe

1 • Prénoms associés

Ce sont tous les prénoms, quelle que soit leur origine, qui partagent les mêmes constantes caractérologiques et que vous découvrirez dans l'index de ce volume (p. 451), dont :

Adolphe	Kyle	Tadeg
Constantin	Léopold	Térence
Flobert	Ménandre	Terry
Gaston	Meynard	Théophile
Godefroy	Philibert	Wayne
Hector	Preston	...

2 • Célébrités

Pour vous sentir moins seul, ce trop bref aperçu des personnalités de tous les temps et de tous les lieux qui dépendent de ce type de caractère :

– ADAM Adolphe (1803-1856) Compositeur *Quand un athée se met à l'heure de Minuit Chrétien !*
– BERLIOZ Hector (1803-1869) Compositeur *Que de notes, que de bruit, chère musique !*
– DEFERRE Gaston (1910-1986) Politicien *Qui donc se cachait derrière le masque ?*
– FERRÉ Léo (1916-1993) Chanteur, compositeur *Ce petit rien d'amertume qui fait mousser la chanson !*
– MALOT Hector (1830-1907) Romancier *Des romans à pleurer !*

3 • Symboles

– L'élément de base des Philippe et autres prénoms associés est le **feu**, mais un feu qui se dédouble et s'ajoute à la fois à lui-même en un éclat prodigieux, véritable phare qui perce la nuit des temps et donne à ces hommes une présence rayonnante très impressionnante.
– Leur couleur, le **vert**, représente la nature capable de se régénérer en captant l'énergie solaire. Joie et vigueur sensuelle, annonce du sacre du printemps.
– Les nombres **31-10-22** apportent une touche de mystère à ces personnalités d'une efficacité certaine qui entraînent tous les êtres les approchant.

4 • Devise

Philippe, c'est **Celui qui brille** et qui ne cessera, de par sa vocation profonde, de délivrer sa lumière à tous ceux qui ont soif de vérité et de compréhension. Les Philippe, en grec « amateurs de chevaux », se veulent être des repères, des porteurs de clarté, de ces hommes qui, quoi qu'il arrive, seront toujours là pour secourir et protéger la veuve et l'orphelin. Le tout avec une touche d'humour fort sympathique.

5 • Totems

– L'animal totem des Philippe est cet **ibis** que les Grecs assimilaient au dieu Hermès, le « trois fois grand ». Cet oiseau était considéré par les Égyptiens comme doué d'une extraordinaire faculté de prévision que nous retrouverons parfaitement dans le caractérogramme de nos amis.

– Leur végétal est l'**acacia**, symbole de l'initiation et de la découverte des choses cachées. La portée héliaque de cet arbre sacré en fait un gage de résurrection et d'immortalité.

– L'**aluminium** est leur inattendu minéral totem, exprimant une résistance dans la légèreté, espèce de métal « aérien » puisque abondamment utilisé en aéronautique.

6 • Vibrations

Avec une moyenne vibratoire de **47 %** soit **80 000 v/s**, nous nous trouvons en présence d'un système de communications suffisant pour assurer la diffusion nécessaire des messages indispensables.

7 • Le Jeu de la Vie

C'est une lame rare qui s'applique aux Philippe, le **numéro 19**, celle du **Soleil**, représentant un jeune couple réchauffant son amour aux rayons bénis du maître du jour. Nous sommes évidemment en présence du symbole de la fraternité, de l'harmonie, du bonheur retrouvé. Mais la présence de ce soleil de midi, porteur de vie et d'abondance, est d'une telle richesse que l'on n'en finirait plus d'énumérer toutes ses correspondances possibles. C'est la vérité reconnue, l'illumination de la connaissance, la frontière du Royaume, le mur du feu que Dante traverse à grande peur pour entrer dans le paradis ! C'est le triomphe de l'alchimiste enfin couronné !

Volonté : 95 %

Intuition	87 %	Études	89 %
Réussite	95 %	Associations	60 %

Ah, que voilà donc des gens sérieux et intéressants ! Les Philippe sont habituellement des personnalités brillantes à propos de qui l'on s'interroge parfois car ils ont un aspect mystérieux qui fait les soupçonner de venir d'un autre monde. Une volonté droite et sans complication. Un sens du commandement qui ne dérape jamais en direction d'un défoulement personnel. Une belle intuition qu'ils utilisent avec à-propos et réussite car, au-delà des excellentes études qu'ils peuvent faire, ils possèdent un pouvoir de conviction qui entraîne la confiance et rassure la race volatile et susceptible des associés !

Activité : 95 %

Dynamisme	95 %	Affaires	90 %
Voyages	100 %	Sociabilité	93 %

Une activité dévorante qui ne dévore pas son support et n'emprunte pas à autrui un dynamisme qu'elle se procure facilement en elle-même. Les Philippe, vous l'avez compris, savent et aiment mettre la main à la pâte ! Objectifs, ils ne demandent pas plus qu'on ne peut leur donner. Subjectifs, ils marquent toutes leurs actions d'un sceau d'authenticité particulièrement rassurant. Les affaires restent dans leur cadre et se traitent en toute transparence. Les voyages sont une belle occasion de faire participer leur équipe à leur idéal sans provoquer de vagues inutiles. Une sociabilité avec de la classe. Rare !

Portrait prospectif

Caractère : 92 %   Psychisme : 97 %   Personnalité : 96 %   Destinée : 93 %   Devenir : 98 %

Un avenir entièrement tricoté à la main ! Les Philippe n'ont aucune crainte du futur qu'ils organisent habilement avec la tranquillité de ceux qui ont leur temps pour accomplir la mission qu'on leur a confiée. Cette grande certitude de bien se trouver à la bonne place représentera une constante de leur existence que rien ne pourra entamer. Très tôt, ils auront eu l'impression d'être mis sur des rails, ce sentiment demeurant vif jusqu'à leur extrême vieillesse et maintenant chez eux une jeunesse et une joie de vivre vraiment convaincantes. Aussi, ne perdez pas votre temps à tenter de persuader un Philippe qu'il doit engager telle mesure prospective ! Vous prêchez un convaincu qui enchaînera sur votre propos en vous décrivant avec un flair prodigieux ce qui peut se produire dans le type de situation imaginé. On comprend que des militaires célèbres aient pu porter un tel prénom dont la lucidité, le sens de l'anticipation, font merveille en stratégie. Que dire des hommes d'affaires qui, eux-aussi, semblent tenir les cordons de la « bourse » où ils subodorent des coups fumants au grand étonnement de leurs collègues constipés ! Mais il arrive que nos Philippe prennent le contre-pied de ce que leur conseille leur belle intuition et se retrouvent dans des situations imbuvables. Z'avaient qu'à pas !

Quoiqu'il en soit, leur magnifique caractère fait habituellement des merveilles et nos pourcentages vous prouveront que leur « plancher » plafonne à des altitudes confondantes. La force de leurs sentiments fait de leur psychisme un facteur de convivialité des plus touchants. On ne demande qu'à les suivre. Pourtant, le charisme de leur personnalité peut aussi les entraîner sur la pente savonneuse d'un culte d'eux-mêmes qui risquerait de les faire dévier de ce droit chemin auquel ils sont si courageusement attachés. Rare mais possible ! De toute manière, la destinée engagera tout son avenir dans un combat de chaque jour pour atteindre le but qui les animait depuis toujours : arriver à convaincre l'homme de son immense force intérieure !

Émotivité : 60 %

Affectivité	85 %	Amour	78 %
Famille	80 %	Enfants	97 %

Rare aussi, cette émotivité tournée vers ceux qui les sollicitent ou les accompagnent. Les Philippe n'attendent rien en retour de l'amitié qu'ils donnent, de la considération qu'ils engagent. À leur contact, on se prend à penser que l'on aurait aimé avoir un pareil père, un maître aussi valorisant. L'affectivité s'exprime largement dans cette approche de l'autre, peut-être un peu aux dépens d'un amour qui se refuse à s'enfermer dans une exclusivité égoïste. On s'allie à un Philippe, on ne le « phagocyte » pas ! La famille le comprend bien et les enfants plus encore qui raffolent de cet attachement partagé.

Réactivité : 38 %

Santé	95 %	Sensorialité	88 %
Argent	97 %	Profession	100 %

Quelles riches personnalités ! Leur sens du commandement libère ceux qui les suivent, surprend ceux qui les observent. Leur faculté d'anticiper le développement d'une situation donnée procure une sécurité à nulle autre pareille. Cette réactivité est donc discrète car, finalement, ce ne sont pas les Philippe qui réagissent mais ceux qui sont mêlés à leur activité ! Une sensorialité intégrée, très à l'aise dans ses limites conventionnelles. Une santé en or et un argent qui s'adapte bellement aux résultats d'une profession si bien acceptée qu'elle en devient une passion ! C'est pas beau, tout ça ?

Philippe et les autres prénoms

Moyenne : 74 %
Classement : 5/79

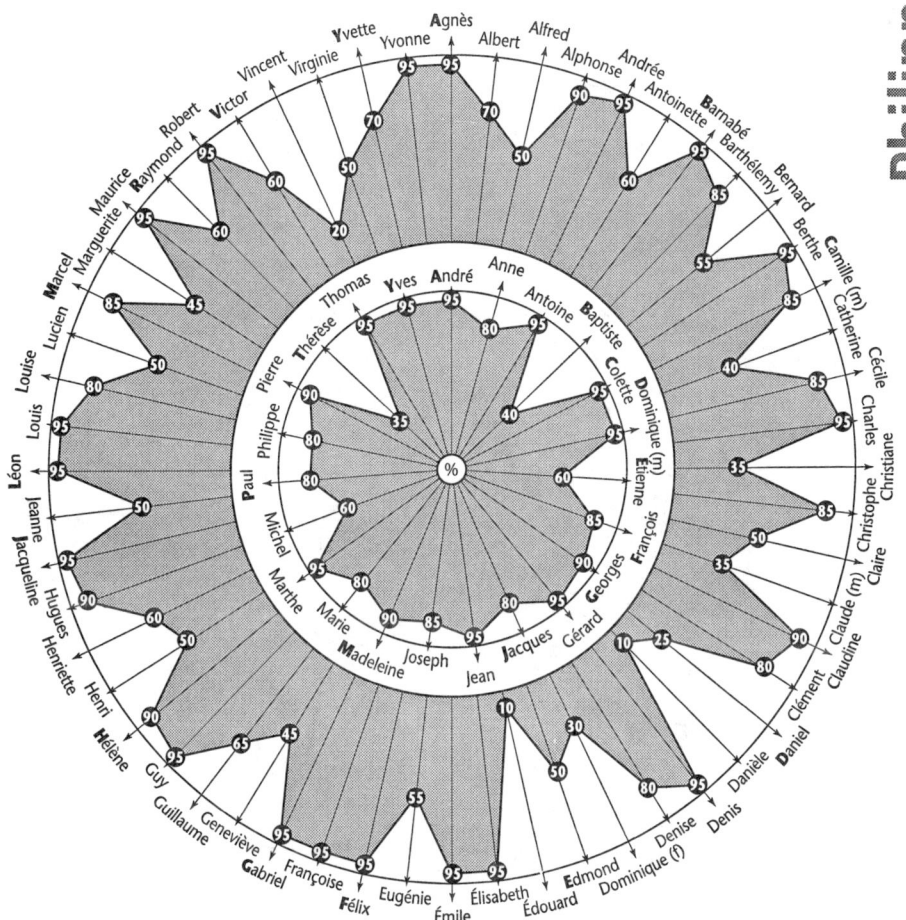

Les roues de compatibilités

On se demande si devant la complexité de ce portrait de personnalité, un simple observateur peut vraiment saisir toute la richesse de ce caractère aux tendances si prospectives qu'il semble, parfois et à tort, oublier le présent et ignorer le passé. C'est ainsi que l'entourage de ces êtres à la dimension impressionnante n'apprécie qu'à 69 % leur comportement, soit à la place de 30e sur 79. Assez surprenant ! D'autant plus étonnant que les Philippe, eux, se tournent résolument, forts de tout leur dévouement, vers leurs contemporains avec une moyenne de 74 %, soit un classement remarquable de 5e sur 79. Il y a, là aussi, un « sens du poil » qu'on ne saurait ignorer !

Les autres prénoms et Philippe

Moyenne : 69 %
Classement : 30/79

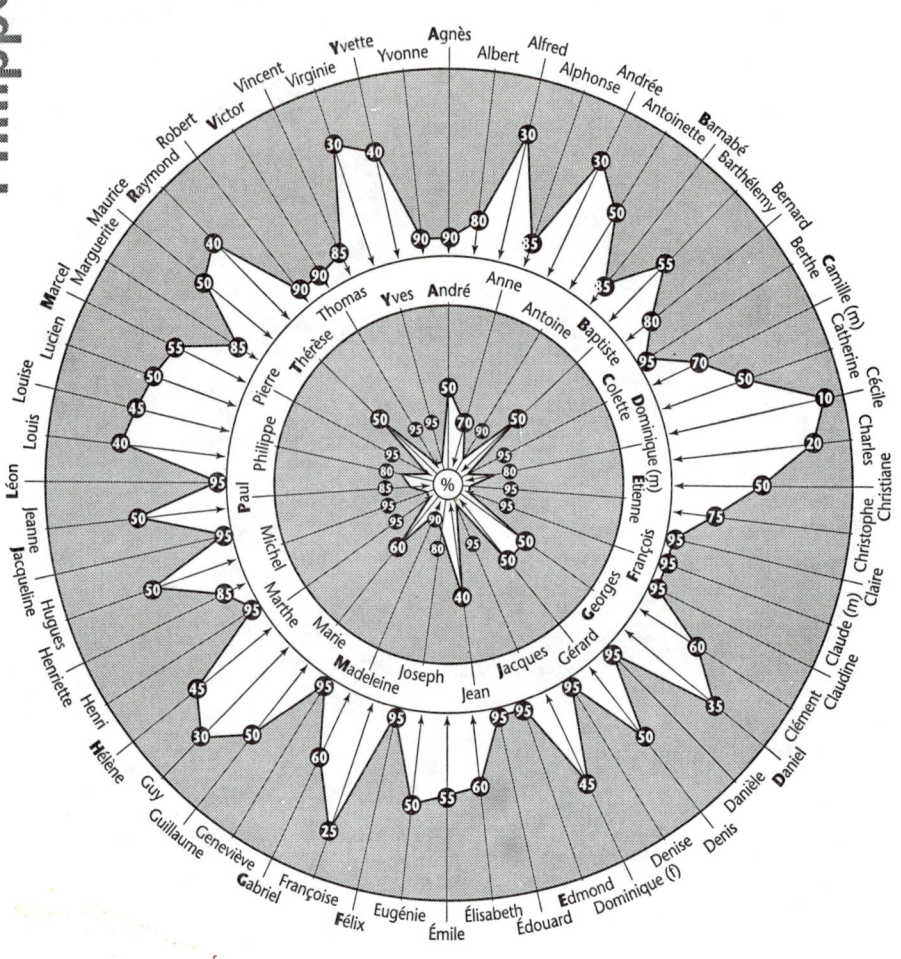

Comment Philippe s'entend avec le signe des autres

Signe	%	Signe	%
Bélier	75 %	Balance	72 %
Taureau	69 %	Scorpion	68 %
Gémeaux	73 %	Sagittaire	79 %
Cancer	64 %	Capricorne	74 %
Lion	94 %	Verseau	64 %
Vierge	76 %	Poissons	68 %

Ce tableau ne concerne pas le rapport prénom personnel/signe personnel. Il n'y a pas d'autocompatibilité entre Philippe et son propre signe caractérologique.

Pierre

69

1 • Prénoms associés

Ce sont tous les prénoms, quelle que soit leur origine, qui partagent les mêmes constantes caractérologiques et que vous découvrirez dans l'index de ce volume (p. 451), dont :

Amalric
Audric
Didier
Euxane
Frédéric
Frédien

Irénée
Ladislas
Manfred
Perrin
Piat
Pie

Ralph
Raphaël
Stancliff
Turner
Wladislas
...

2 • Célébrités

Pour vous sentir moins seul, ce trop bref aperçu des personnalités de tous les temps et de tous les lieux qui dépendent de ce type de caractère :

- BRASSEUR Pierre (1905-1972) Comédien — *L'insolence tranquille mise au service d'un talent ravageur.*
- CORNEILLE Pierre (1606-1684) Poète — *La poésie héroïque d'un siècle enrubanné et sauvage.*
- PÉRIGNON Pierre (Dom) (1639-1715) Bénédictin — *Le seul moine capable de faire des bulles sans être pape.*
- RONSARD (de) Pierre (1524-1585) Poète — *Il était sourd mais sa Muse était parlante.*
- TEILHARD de CHARDIN Pierre (1881-1955) Paléontologue — *Un génie cosmique aux allures iconoclastes.*

3 • Symboles

- Chez Pierre et autres prénoms associés, l'élément de base est le **feu** en son désir de purification, de renouvellement et de recherche de l'illumination mais un feu qui, curieusement, fait bon ménage avec l'eau à laquelle il apporte la passion bouillonnante des amours toujours recommencées.
- La couleur est le **jaune**, couleur intense, signe de rayonnement et d'intelligence, couleur mâle, de volonté, de lumière et de vie à l'exclusion de toute interprétation sournoise.
- Les nombres 30-10-44 indiquent une très forte capacité à se faire percevoir pleinement par les autres, belle souplesse d'adaptation, si les Pierre en ont décidé ainsi !

4 • Devise

L'homme de cœur, c'est-à-dire l'homme qui a découvert le Centre de Vie qui bat en chacun de nous. À partir de cela, tout devient possible car c'est là que gît le principe de la lumière qui est comme le « sang » de l'univers.

5 • Totems

– L'animal totem des Pierre est le **bélier** dont la vocation bousculante et astrologique n'est plus à démontrer. C'est la fougue, la vigueur, de méchants coups de tête, une vitalité reproductrice bien connue !
– Leur végétal est le **chêne** dont les ramifications symboliques sont légion. Signe d'endurance, de force et de sagesse lorsque l'âge apaise les passions. D'où le côté quelque peu druidique de certains Pierre dûment « branchés ».
– Quant à leur minéral, c'est le **cobalt** qui apporte de la résistance aux alliages et de la durée.

6 • Vibrations

Dans le cas du prénom Pierre, cet indice est de **114 000** v/s soit un taux de 83 %. Nous avons donc affaire à des hommes fort efficaces lorsqu'ils le veulent mais soumis néanmoins à des fluctuations d'intérêt ou de volonté qui peuvent fort bien les conduire à décrocher sans motif apparent.

7 • Le Jeu de la Vie

Le prénom Pierre est apparenté à la lame **numéro 1** du tarot des imagiers du Moyen Âge, c'est-à-dire à celle du **Bateleur** qui est comme le meneur de jeu de ces étonnants symboles graphiques qui correspondent à des états psychiques bien définis. Ce Bateleur n'ayant pas attendu la venue des coupeurs d'âme en quatre du début du siècle précédent pour découvrir l'inconscient qui nous agite. Voici donc l'homme de cœur mais aussi le jongleur, le magicien capable de tout car touchant à tout. Par lui, tout est possible ! En lui, tout s'accomplit car c'est le détenteur du secret du monde. Écoutez-le attentivement même au-delà de son ironie mordante.

Volonté : 93 %

Intuition	94 %	Études	87 %
Réussite	90 %	Associations	45 %

Avec les Pierre, il faut parler de « jeu » de la volonté. Pour eux, cet indice de base prend parfois l'allure d'un déguisement. Il existe chez ces hommes une simulation de la volonté comme chez d'autres une simulation de la vertu. Donc, première précaution, se poser le problème : « Tu joues ou tu ne joues pas ? » À d'autres moments, on découvre que ce n'est que de l'entêtement ! Mais alors, quelle intuition ! Ils sont proprement renversants et leur réussite tiendra toujours à leur don d'acrobates. Ils jonglent avec les mots, les idées. Ce sont de vrais « bateleurs », aux études insolites, aux associations catastrophiques.

Activité : 88 %

Dynamisme	98 %	Affaires	90 %
Voyages	100 %	Sociabilité	88 %

L'activité est pour les Pierre cette hydre dont ils ne cessent de couper les têtes « repoussantes ». Un projet chasse l'autre et ils ont un mal fou à tracer le point final d'une entreprise. La fureur de leur dynamisme transforme les affaires en autant de champs clos où ils font leur numéro. Ne les laissez pas déraper ! Exigez rigueur et ponctualité. Si vous riez de leurs facéties, vous êtes perdu. Et puis, il y a cette attirance des ailleurs qui fait des voyages la raison de leur existence. Ne pas être où l'on est ! Comment s'étonner après cela que leur sociabilité soit un cocktail grisant de rêves et d'amours en cavale ?

Portrait prospectif

Caractère : 88 %   Psychisme : 90 %   Personnalité : 95 %   Destinée : 91 %   Devenir : 93 %

Les Pierre sont de la race de ceux qui, à force de se tourner vers l'avenir, ne savent plus sur quoi s'asseoir ! Voici incontestablement le prototype de ces hommes du futur à qui il convient d'offrir une carrière d'existence aux développements audacieux. À eux les projets à long terme, à eux les vastes horizons et les larges ambitions où destinée et devenir sont pratiquement synonymes ! Ne privez pas les enfants porteurs de ce prénom d'une fenêtre ouverte sur le monde fascinant des possibles car c'est là qu'ils trouveront un jour leur réalité ! Soyez attentifs, pourtant, car ils ont une fâcheuse tendance à oublier d'où ils viennent et ce qu'ils sont venus faire pour ne plus se préoccuper que de leurs visions anticipantes. Au lieu de s'appuyer sur une inévitable hérédité physique et psychique, ils tentent d'échapper par tous les moyens à cette filiation pourtant bien révélatrice des capacités intellectuelles et instinctives de l'être. Le pourcentage de caractère, quoique bon, s'avère pourtant un peu flou et porteur d'une hésitation assez déséquilibrante avec des refoulements possibles. Mais cela, en principe, ne dure pas !

Pour eux, le mot psychisme sonne comme une parole perdue et ils abordent les problèmes du devenir de l'homme au travers de leur rayonnement convaincant qui donne à leur discours comme à leurs actions une teinte chaleureuse et vivante colorant merveilleusement leur ciel affectif. Plus ils vieillissent, plus ils prennent conscience que nombre de difficultés bloquantes de la vie sont dues au fait que l'on s'attache vraiment trop au côté « mécaniste » de l'aventure humaine. N'oubliez donc pas qu'ils attendent de vous une compréhension sympathique au sens le plus fort du terme.

Face à leur rutilante personnalité, placez donc, si vous le pouvez, une dose suffisante de ferveur en leur proposant une action prospective, cette fameuse foi en l'être humain et en sa personnalité future. Vous multiplierez par cent l'intérêt que ces hommes passionnants et passionnés porteront à vos propos !

Émotivité : 50 %

Affectivité	95 %	Amour	90 %
Famille	80 %	Enfants	90 %

Une émotivité volatile. Elle colore leur vie d'un sentiment d'instabilité estompant les lignes du caractère, jouant de la possibilité délicieuse de pouvoir tout remettre à zéro lorsque la vie se fait difficile. La fuite comme l'un des beaux-arts ! En réalité, ils sont secrètement influençables à condition de ne pas les brusquer. Ils ricanent de vos avertissements, mais ils les ruminent à l'aise. Le tout sur fond d'affectivité, d'amour et de famille pleine d'enfants. Enfants eux-mêmes, ils ne comprennent pas que les autres prennent pour du définitif ce qui n'est, à leurs yeux, que la fantaisie d'un instant.

Réactivité : 70 %

Santé	95 %	Sensorialité	95 %
Argent	72 %	Profession	95 %

Contester, c'est vivre ! Râler à propos de tout et de rien, c'est se sentir libre ! À moi les coups de tête, les séparations théâtrales, les situations extrêmes où l'héroïsme cède tout à coup la place à la course à pied ! La santé, heureusement, est là et même un peu là, à la hauteur de la sensorialité qui ajoute son grain de poivre dans chaque plat professionnel ou affectif. L'argent, lui, n'est qu'un bagage qui doit suivre ce qui, hélas, n'est pas toujours le cas. Enfin, la profession mettra la dernière touche au tableau de leur vie, une profession clinquante et pointillée, quand elle n'est pas fantomatique ou incongrue…

Pierre et les autres prénoms

Moyenne : 67 %
Classement : 27/79

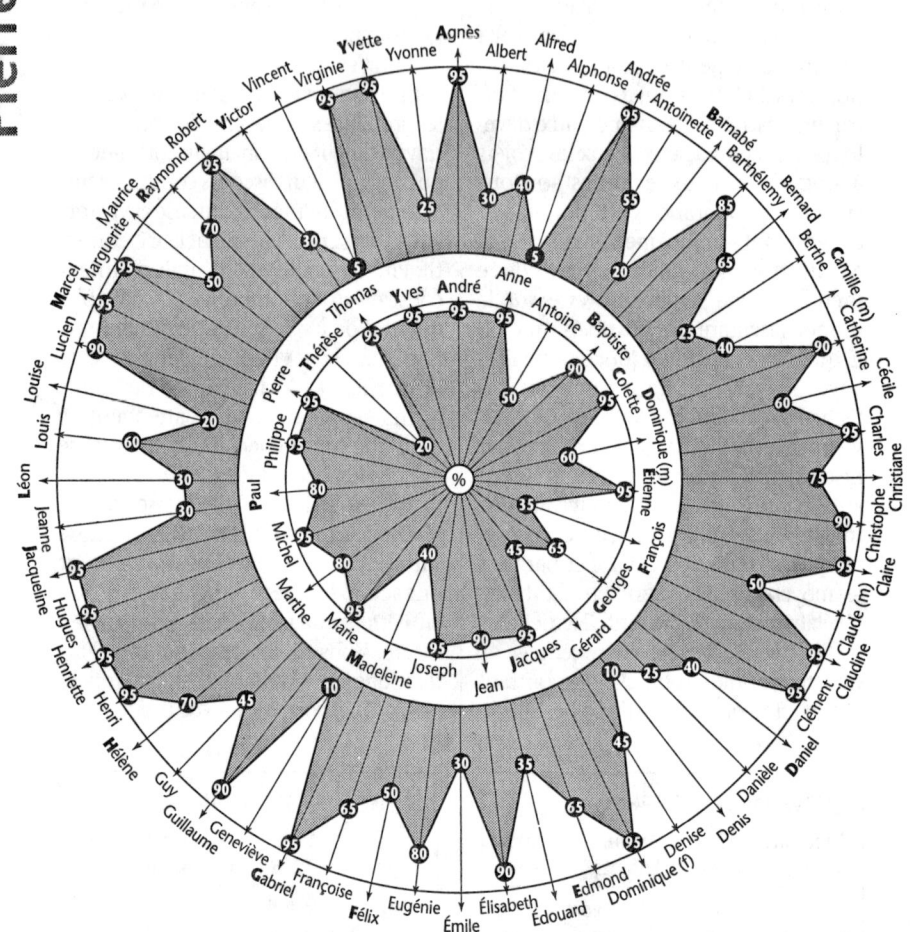

Les roues de compatibilités

Comment notre Pierre s'entend-il avec les autres prénoms ? Surprise, le pourcentage obtenu n'est que relativement modeste : 67 %, ce qui le situe au 27e rang de notre challenge. Il est donc prudent, sinon méfiant, à l'égard des autres et n'aime pas trop que l'on piétine ses fameuses « plates-bandes ». Pierre demande plus à être écouté que suivi et il est plus amateur de « ponctuel » que de « systématique ». C'est un sprinter et non un coureur de fond, les jupes mises à part ! D'un autre côté, les prénoms partenaires l'apprécient vraiment à 78 %, soit au 9e rang. Pierre a donc bien l'« oreille » du public mais quant à la garder longtemps... cela est un autre problème !

Les autres prénoms et Pierre

Moyenne : 78 %
Classement : 9/79

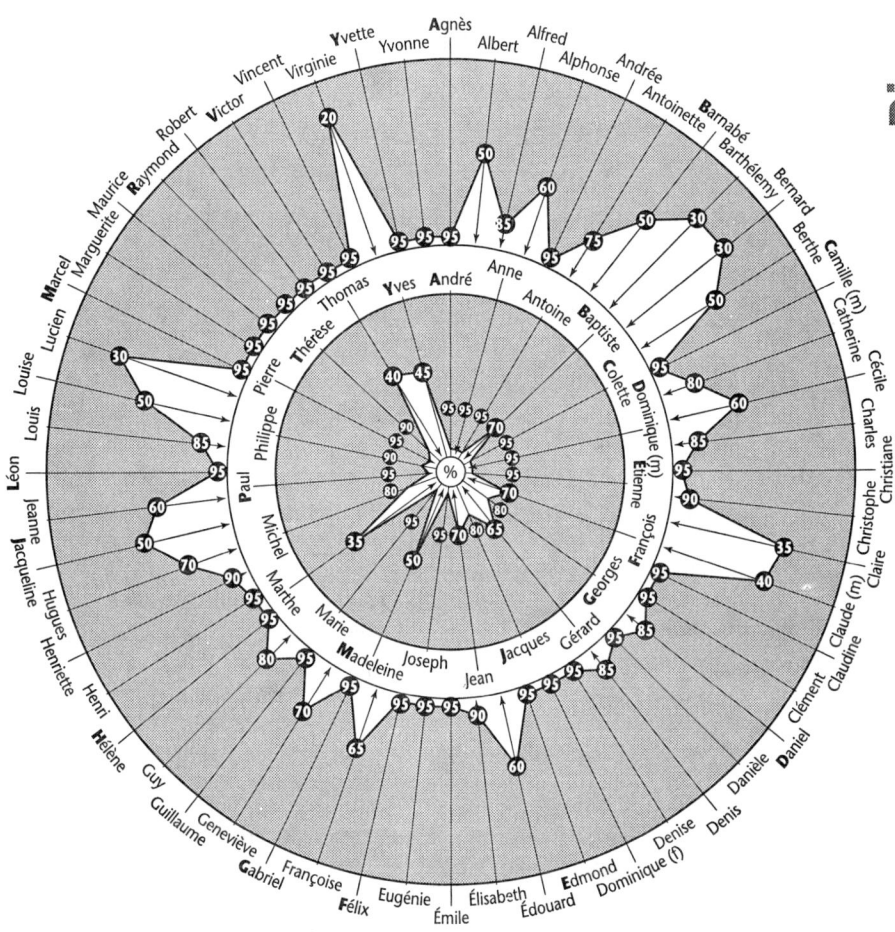

Comment Pierre s'entend avec le signe des autres

Bélier	70 %	Balance	79 %	Ce tableau ne concerne pas le rapport prénom personnel/signe personnel. Il n'y a pas d'autocompatibilité entre Pierre et son propre signe caractérologique.
Taureau	58 %	Scorpion	57 %	
Gémeaux	64 %	Sagittaire	88 %	
Cancer	80 %	Capricorne	62 %	
Lion	67 %	Verseau	67 %	
Vierge	75 %	Poissons	54 %	

70 Raymond

1 • Prénoms associés

Ce sont tous les prénoms, quelle que soit leur origine, qui partagent les mêmes constantes caractérologiques et que vous découvrirez dans l'index de ce volume (p. 451), dont :

Adrien	Mahé	Reynaud
Amaël	Ophélio	Salvador
Aymeric	Oswald	Salvian
Fiacre	Priscillien	Thierry
Gwendal	Quincy	Trévor
Maël	Ray	...

2 • Célébrités

Pour vous sentir moins seul, ce trop bref aperçu des personnalités de tous les temps et de tous les lieux qui dépendent de ce type de caractère :

– DALI Salvador (1904-1989) Peintre *Un pinceau sage au bout d'une main folle.*
– OLIVER Raymond (1909-1990) Restaurateur *On dégustait son amour de la cuisine avant même d'y goûter.*
– QUENEAU Raymond (1903-1976) Écrivain *Quel tableau : l'ineffable Zazie frappant à la porte de l'Académie !*
– RADIGUET Raymond (1903-1923) Écrivain *Pourquoi vivre quand on a tout dit ?*
– VENTURA Ray (1908-1979) Musicien *Quel collégien n'a pas rêvé d'un maître pareil ?*

3 • Symboles

– L'élément de base des Raymond est une **terre** baignée de vapeurs subtiles, une terre d'air se rattachant à la notion même de mère, de matrice. Ces hommes disposent d'un réel pouvoir fécondant.
– Leur couleur, le **bleu**, est liée à la féminité proliférante se mettant à leur pied, muette d'admiration craintive.
– Les nombres **1-39-41** font intervenir une espèce de « big-bang » en réduction. Les Raymond sauraient, instinctivement, déclencher une véritable explosion de vie à leur niveau, les dotant d'un dynamisme capable de provoquer à terme des mutations extraordinaires. Curieux !

4 • Devise

Considérons-la attentivement cette devise un peu « fourre-tout » : **Celui qui tire, celui qui entrouvre.** Il faut choisir, que diable ! À moins que l'on y trouve une recette diplomatique de réussite : si les Raymond tirent à eux la porte, c'est qu'ils sont chez eux ; s'ils l'entrouvrent, c'est qu'ils appliquent prudemment un système de sélection de ceux avec qui ils collaborent !

5 • Totems

– Il était bien difficile, en traitant de l'animal totem des Raymond, de ne pas évoquer le comportement du **bœuf** représentant le labeur paisible et régulier, le renoncement et le sacrifice. Le meilleur ami de l'homme !

– Leur végétal est le **chanvre**, plante au symbolisme équivoque puisqu'il peut aussi bien concerner le lien, le câble qui permet de tirer, que l'herbe stupéfiante qui entrouvre la porte des paradis artificiels. Il est bien entendu que nous restons ici au plan des pures spéculations psychologiques !

– Enfin, le minéral des Raymond est le **brome** qui entre, évidemment, dans la composition du bromure qui est, comme chacun sait, un sédatif puissant et un anaphrodisiaque dont la réputation, surtout militaire, n'est plus à faire ! « Et vous pensez que les Raymond en ont besoin ? » Silence dans les rangs !

6 • Vibrations

Dans le cas des Raymond, **76 000 v/s** soit un taux de **43 %** ! Ce n'est pas Sodome et Gomorrhe, mais ça leur suffit !

7 • Le Jeu de la Vie

Si on essaye de reproduire le cheminement existentiel d'un Raymond, on est toujours frappé par la somme incommensurable de patience et d'obstination dont ces hommes généreux s'arment pour atteindre enfin leur « oasis » espérée. Ils marchent littéralement sur des œufs et l'on comprend que leur lame soit ce **numéro 16**, la **Maison-Dieu** où la foudre divine frappe irrémédiablement tous ceux qui dépassent les bornes permises de leur action. Notre figurine représente bien la chute des grands de la planète, pape ou roi, qui dégringolent de leur tour de Babel en une fin de monde dont savent merveilleusement se protéger nos gentils Raymond.

Volonté : 93 %

| Intuition | 70 % | Études | 92 % |
| Réussite | 80 % | Associations | 95 % |

Il est des prénoms voués à la distance comme d'autres à la vitesse ! Des coureurs de fond comme les Raymond, des sprinters comme les Jacques ou les Michel. Ne cherchez donc pas à bousculer ces hommes sympathiques et flegmatiques, ces Raymond qui tracent leur sillon sans avoir besoin de micro pour faire connaître leur volonté souveraine, qui tirent vaillamment la charrue caractérologique. Des êtres à l'intuition assez soumise aux circonstances loin des improvisations brutales, capables d'études fouillées, riches d'une réussite qui brille par sa patine devant des associés en uniforme de gardiens de musée !

Activité : 89 %

| Dynamisme | 90 % | Affaires | 86 % |
| Voyages | 60 % | Sociabilité | 80 % |

Cette activité est l'humble mais courageuse servante de la volonté de puissance équilibrée que nous avons déjà rencontrée. Curieusement, le dynamisme est plus important que cette activité mais sans jamais conduire les Raymond à exagérer les traits de leur personnalité. Ils mettent tout au service d'un but reconnu et définitivement accepté que vous n'avez pas de raison de remettre en question. D'où des affaires à la respiration profonde, des voyages en forme d'expéditions minutées et vérifiées, sans oublier une sociabilité cordiale qui sait ne pas mettre l'intérêt à la place du capital ! Original, non ?

Portrait prospectif

Caractère : 83 %   Psychisme : 93 %   Personnalité : 80 %   Destinée : 88 %   Devenir : 91 %

On disait jadis que « la nature ne fait pas de saut », on le disait même en latin. Qu'importe, l'essentiel est que cette maxime colle parfaitement avec la philosophie prospective des Raymond et prénoms associés pour qui la vie en son principe est un long fleuve tranquille que l'on descend, jour après jour, vers le delta béni où se produira la rencontre océane. Les Raymond ne conçoivent donc que le « futur additionnel » alors que les autres pèlerins vivent l'angoisse des « futurs fractionnels ». Sachant cela, il vous sera plus aisé de freiner vos envies accélératrices en évitant ces monologues assez ridicules du genre : « Qu'est-ce qu'on attend ? », « On y va ou non ? », « Ça traîne, ça traîne ! » Arrêtez donc de jouer la mouche du coche et adaptez votre marche à celle des Raymond qui, de toute manière, se refuseront toujours à changer de vitesse. Les épouses, en particulier, devront admettre une fois pour toutes qu'elles ne se sont pas mariées avec la réincarnation de Ben Hur et que les jeux du cirque n'intéressent nullement ces « bovidés » caractérologiques dont la lenteur de vivre exprime la remarquable sagesse.

Si nous regardons d'un peu plus près nos pourcentages, nous serons bien obligés de constater que, derrière ce caractère bien structuré et efficace en sa pondération, se profile, le fait est assez rare pour être souligné, un psychisme culminant qui explique la part sans cesse plus importante que prennent les sentiments dans la conduite des Raymond. On a l'impression que les économies de moyens affectifs dont ils semblent faire preuve devant nous ne visent qu'à leur donner la possibilité d'aborder l'avenir avec une richesse de compréhension et d'amour vraiment convaincante. Alors, qu'importe que la personnalité offre prise à la critique ou à la dérision ? Quoique, paradoxalement, ils sont assez sensibles à la flatterie, même appuyée ! Mais la destinée de ces hommes et leur devenir, bien sûr, leur assurent une victoire finale en forme d'hosanna retrouvé !

Émotivité : 45 %

Affectivité	86 %	Amour	88 %
Famille	100 %	Enfants	95 %

Aux yeux de nombre de nos contemporains dopés par une existence caféinée, les Raymond seraient des ralentis tendant à prendre l'immobilité pour du mouvement et le moindre geste pour de la précipitation ! Or, elle est pourtant là, cette émotivité dont les paillettes discrètes mettent des points de lumière dans des affectivités, des amitiés splendides et émouvantes. L'amour est fidèle et nos Raymond ne se refusent pas à toute comparaison canine ! C'est si rare que la famille s'en montre éblouie et reconnaissante, laissant aux enfants la joie profonde de l'admiration !

Réactivité : 44 %

Santé	92 %	Sensorialité	94 %
Argent	77 %	Profession	100 %

Et c'est là où fleurissent les plaisanteries les plus douteuses s'appliquant à leur patience obstinée. On rigole de la tortue qui se prend pour un lièvre, du bœuf à la mode spaghetti dont la sieste est la qualité principale ! Mais cela n'altère en rien l'éclatante santé des Raymond qui en ont vu d'autres, qui sèment l'argent avec prudence et récoltent avec profit, qui font de leur profession un « fond de vie » sur lequel se greffent toutes œuvres utiles et qui manifestent une sensorialité fort efficace et très prenante qui tendrait à prouver que le bœuf n'est pas forcément démuni d'attributs convaincants !

Raymond et les autres prénoms

Moyenne : 75 %
Classement : 4/79

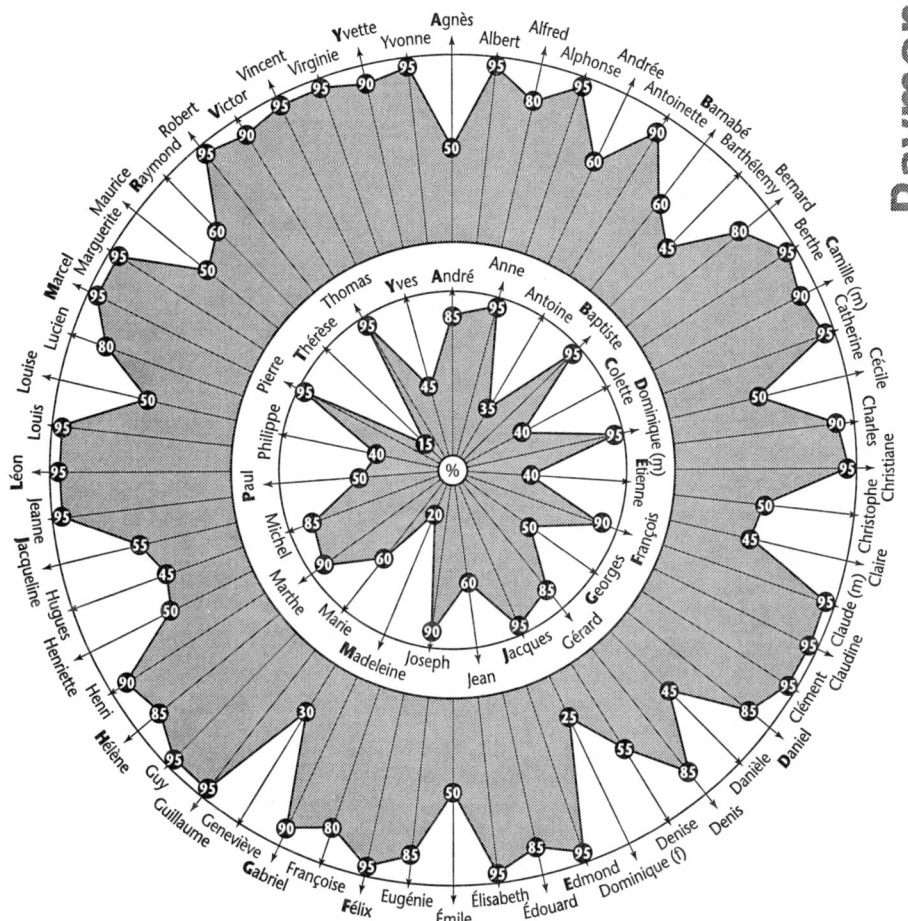

Les roues de compatibilités

Reconnaissons tout de suite que les Raymond ont besoin d'être entourés et que leur flegme légendaire ne correspond en aucun cas à de l'indifférence. D'autre part, leurs qualités de fidélité et de rigueur devraient leur attirer le respect et la considération. Reste à savoir si la mentalité actuelle se reconnaît dans ces êtres dévoués. Hélas ! Cette crainte se trouve en partie motivée par l'appréciation nuancée des contemporains de nos amis Raymond qui ne leur accordent que 63 % de sympathie, les plaçant au 41e rang sur 79. En revanche, les Raymond s'intéressent à 75 % à leur entourage, soit un classement superbe de 4e sur 79. Allons, la race des martyrs n'est pas encore éteinte !

Raymond • 70

Les autres prénoms et Raymond

Moyenne : 63 %
Classement : 41/79

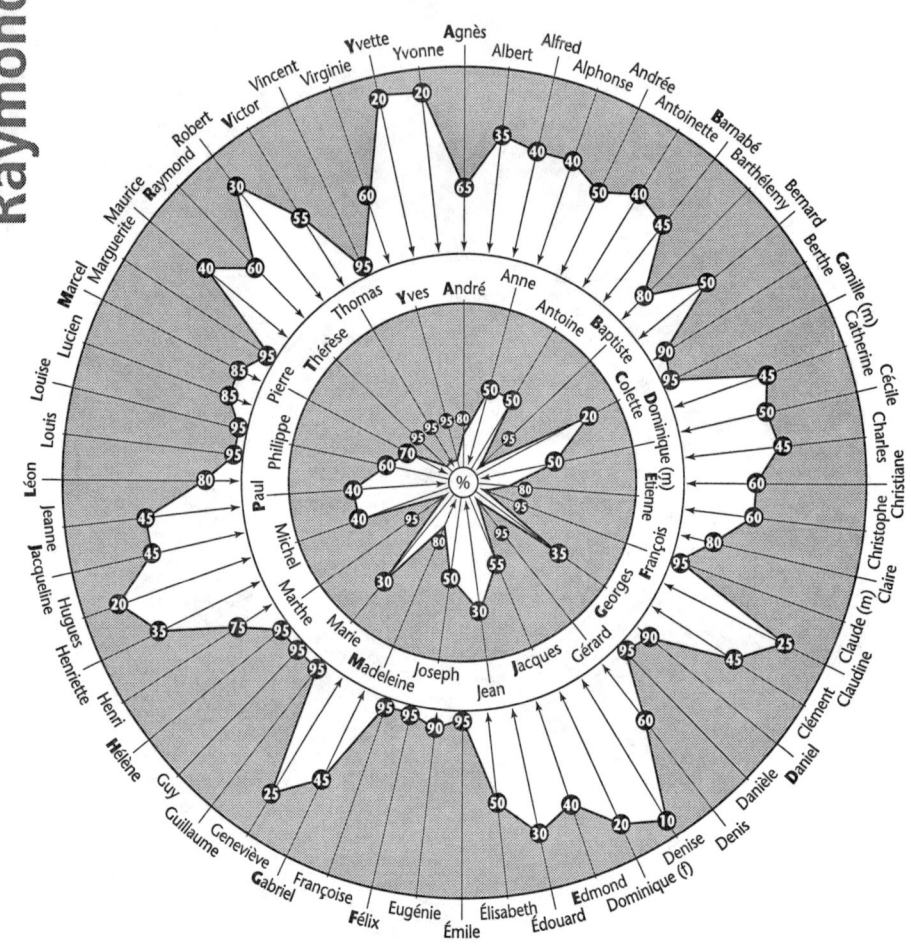

Comment Raymond s'entend avec le signe des autres

Bélier	61 %	Balance	84 %	Ce tableau ne concerne pas le rapport prénom personnel/signe personnel. Il n'y a pas d'autocompatibilité entre Raymond et son propre signe caractérologique.
Taureau	73 %	Scorpion	50 %	
Gémeaux	68 %	Sagittaire	73 %	
Cancer	73 %	Capricorne	88 %	
Lion	71 %	Verseau	73 %	
Vierge	80 %	Poissons	80 %	

Robert 71

1 • Prénoms associés

Ce sont tous les prénoms, quelle que soit leur origine, qui partagent les mêmes constantes caractérologiques et que vous découvrirez dans l'index de ce volume (p. 451), dont :

Ashley	Géry	Romuald
Ayrton	Goéric	Rupert
Bobby	Guérande	Septime
Clyde	Landeric	Tito
Éric	Rambert	Wallace
Géraud	Rigobert	...

2 • Célébrités

Pour vous sentir moins seul, ce trop bref aperçu des personnalités de tous les temps et de tous les lieux qui dépendent de ce type de caractère :

– DESNOS Robert (1900-1945) Poète — *La petite fleur bleue qui ne veut pas mourir.*

– OPPENHEIMER Robert (1904-1967) Physicien — *Et puis les équations se font chair et c'est Hiroshima !*

– SATIE Éric (1866-1925) Compositeur — *Et la musique devint folle de son corps !*

– SCHUMAN Robert (1888-1963) Politicien — *Il croyait fonder l'Europe, il a ouvert un supermarché.*

– STROHEIM (Von) Éric (1885-1957) Réalisateur, acteur — *Un beau jour, il s'est vraiment pris pour le Baron Von Stroheim !*

3 • Symboles

– L'élément de base des Robert est la **terre**, une terre frémissante d'un air léger mais insistant qui porte la parole et emporte la promesse, une terre riche de possibilités, merveilleuse « vache à lait » !

– Leur couleur, le **rouge**, est la force centrifuge irrésistible dont le langage atteint les cœurs et survolte les corps. C'est la passion pour la passion, la rage de vivre même dangereusement.

– Les nombres **18-43-1** soulignent l'étonnante mobilité des Robert qui passent d'un extrême à l'autre sans autre conviction que de suivre l'air du temps ou plus simplement encore de se rendre intéressants.

4 • Devise

Une devise percutante dans sa simplicité : **L'homme au bâton, celui qui frappe.** Il existe deux raisons de frapper : pour réduire à l'impuissance ou se venger ; dans l'espoir de voir s'ouvrir la porte de la connaissance ou de la reconnaissance.

5 • Totems

– Leur animal totem mérite le détour prudent puisqu'il s'agit de la **panthère**, carnassier redoutable ou femme violente et abusive, au choix! On sait que cet animal dangereux – nous parlons du fauve! – dispose d'une intelligence comportementale proprement époustouflante!

– Le **noyer**, le végétal des Robert, était chez les Grecs un arbre divinatoire provoquant des songes d'une telle force qu'ils pouvaient vous entraîner pour l'éternité dans un monde parallèle. C'est pourquoi il était déconseillé de s'endormir à l'ombre d'un noyer.

– Quant au minéral, la **pierre de lune**, elle ne provient pas, bien sûr, de notre satellite mais c'est un feldspath relativement commun qui se pare de lumière empruntée à l'astre des nuits. Du bluff!

6 • Vibrations

Un bon pourcentage : **60%** soit **92 000 v/s**, de quoi « baratiner » à longueur d'envie des auditeurs subjugués même s'ils n'obtiennent pas l'attention qu'ils espéraient en retour!

7 • Le Jeu de la Vie

Bien sûr, il y a **Pape** et pape! Pour les Robert, c'est moins d'un sentiment religieux dont il est question que d'un comportement dominateur et sûr de soi. Il faut reconnaître qu'ils jouent volontiers le rôle flatteur du maître à penser, ajoutant de l'onctuosité à leurs propos et du prophétisme à leurs prévisions. Cette lame **numéro 5**, celle du Pape donc, implique un contact efficace avec la foule puisqu'elle symbolise l'inconscient collectif, monde des archétypes, des traditions mais aussi des superstitions où les Robert puiseront bien des thèmes de leurs discours enveloppants.

Volonté : 90 %

Intuition	92 %	Études	75 %
Réussite	85 %	Associations	95 %

Attention! Prénom dangereux! Dangereux pour ceux qui ne savent pas résister à la furie boulimique de ces Robert qui veulent tout et tout de suite au risque de vous transformer en paillasson ou en esclave à tout faire! La volonté a des reflets d'acier inquiétants entre les mains de ces hommes dont le « culot » n'est pas à démontrer. L'intuition est grandiose et ces êtres, habituellement excessifs, auront tendance à se prendre pour des prophètes qui feront de leurs associés des complices ensorcelés par leur réussite brillante. Quant aux études, elles seront surtout un entraînement aux combats de rue!

Activité : 95 %

Dynamisme	99 %	Affaires	97 %
Voyages	100 %	Sociabilité	98 %

Débrouillards comme pas un, les Robert trouvent dans leur activité un exutoire indispensable à l'équilibre de leur vitalité sauvage! Ils en rajoutent en poussant le dynamisme à fond et en transformant les affaires en une véritable maison de jeu pour ne pas parler de celles qui sont moins ouvertes! Ces affaires revêtent cet aspect démocratique qui a toujours précédé les dictatures bien comprises. Les voyages font partie de la panoplie des mises en scène qui subjuguent les « gogos » et donnent à leur sociabilité ces allures de grand-messe où le révérend père Robert encense ses ouailles avant de les tondre!

Portrait prospectif

Caractère : 76 %   Psychisme : 72 %   Personnalité : 86 %   Destinée : 74 %   Devenir : 67 %

Toute politique, toute conquête a pour base une idée fixe qui, à force de se « neuroner » pendant des temps et des temps, finit par éclater en des actes parfois efficaces mais presque toujours explosifs. Or, les Robert ne ratent jamais une occasion de se mettre dans le crâne quelque projet fumant, voire fumeux, et qui doit à coup sûr révolutionner le monde. Ils vendent du futur au nom du progrès comme d'autres nous refilent leur passé à coup de prix littéraires ! Si un Robert cherche à vous placer n'importe quoi et à n'importe quel prix, fût-ce un dictionnaire, sachez que vous faites partie d'une stratégie de conquête aux buts lointains dont vous risquez de ne jamais apercevoir la silhouette mais dont vous êtes sûr de faire les frais. Petite mise en garde : si vous entamez une discussion avec ces hommes entraînants, vous avez toutes les chances de vous faire rouler dans la farine tant ils sont doués pour embobiner leur interlocuteur.

Sachez également qu'ils ne révèlent pratiquement jamais le fond de leur pensée pour au moins deux raisons : la première est que cette pensée s'avère souvent sans fondement, la seconde c'est qu'ils disposent ordinairement d'un véritable charme magique, presque « fakirique » qui vous laissera sans bras ni jambes. Si vous recourez un instant à nos pourcentages, vous constaterez que nous sommes face à un caractère moins tyrannique que nous ne pouvions l'imaginer. Donc, ne pas prendre leur audace pour du courage ni leur flair pour du raisonnement. Si on leur résiste avec un entêtement qu'ils peuvent comprendre, la partie est sauvée ! Le psychisme les pénalise quelque peu car ils sont vulnérables au plan des sentiments. Avec eux la flatterie marche à tous les coups ! Quant à leur personnalité, elle impressionne par sa verve et son brillant mais tout baisse de plusieurs crans lorsque l'on visualise la trajectoire de leur destinée et surtout lorsque l'on s'aperçoit que leur devenir, leur fameux sens du futur, se réduit pratiquement à une poignée de rêves mal digérés !

Émotivité : 65 %

Affectivité	97 %	Amour	90 %
Famille	100 %	Enfants	85 %

Pour les Robert, l'émotivité est à leur dialectique ce que le technicolor était aux vieux films des années 30. Elle ajoute de la violence à la couleur et du bruit à la parole ! L'affectivité sera donc publicitaire ou elle ne sera pas ! Les amours elles-mêmes prendront des allures de superproduction qu'emportera le vent de la passion. Aimer, pour les Robert, c'est prendre les foules à témoin, brûler ses vaisseaux, ajouter Sodome à Gomorrhe, sanctifier sa famille pour en faire un tabernacle et puis, prenant l'air inspiré d'un Moïse en manque de Décalogue, traiter leurs rejetons comme autant d'enfants de cœur !

Réactivité : 70 %

Santé	93 %	Sensorialité	98 %
Argent	100 %	Profession	95 %

Tout ce qui touche les Robert ou les obsède a valeur universelle ! À eux les colères spectaculaires auxquelles ils ne croient pas un instant, les susceptibilités outragées dont ils clament l'innocence empruntée ! N'essayez pas de leur casser leur numéro, ils ne vous le pardonneraient jamais car ils savent être vindicatifs. Ils abusent volontiers d'une santé antédiluvienne. L'argent les fascine, le leur mais également celui des autres ! La profession n'est qu'un long psychodrame aux cent actes divers et la sensorialité semble représenter, à certains moments, le but inavoué de leur existence ! Sauve qui peut !

Robert et les autres prénoms

Moyenne : 71 %
Classement : 11/79

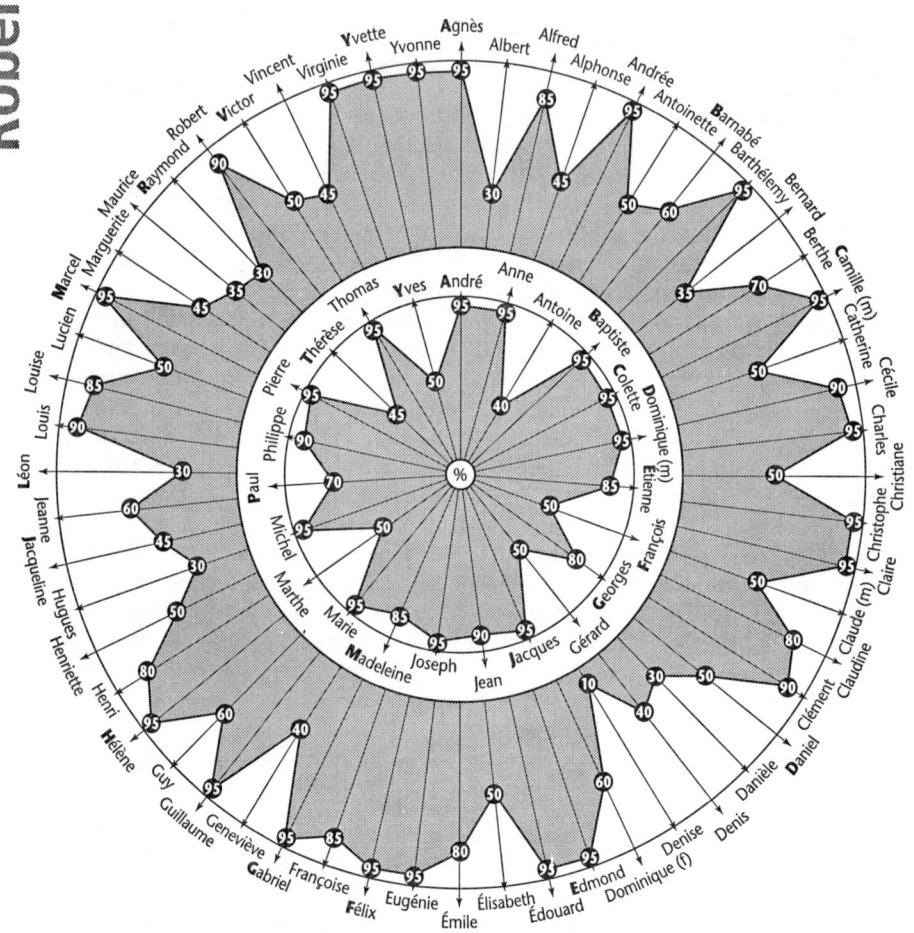

Les roues de compatibilités

Comme tous les agitateurs de foule, les Robert disposent de la faculté de dire à leur public ce qu'il veut entendre avec, en plus, l'autorité de la tribune et le pouvoir de la sonorisation. Et ils vont frapper si fort que leurs admirateurs ne cesseront de leur en redemander et eux d'en rajouter. En attendant, les spectateurs les plébiscitent à 79 % leur décernant une splendide 8e place sur 79. Pour ne pas être en reste, les Robert vont jeter un œil attendri sur leurs supporters et leur accorder, magnanimement, un bon 71 % d'appréciation favorable les mettant au 11e rang sur 79. Le « meeting » atteint alors son paroxysme ! Profitez-en donc pour sortir sur la pointe des pieds ! Ça va se gâter vite fait !

Les autres prénoms et Robert

Moyenne : 79 %
Classement : 8/79

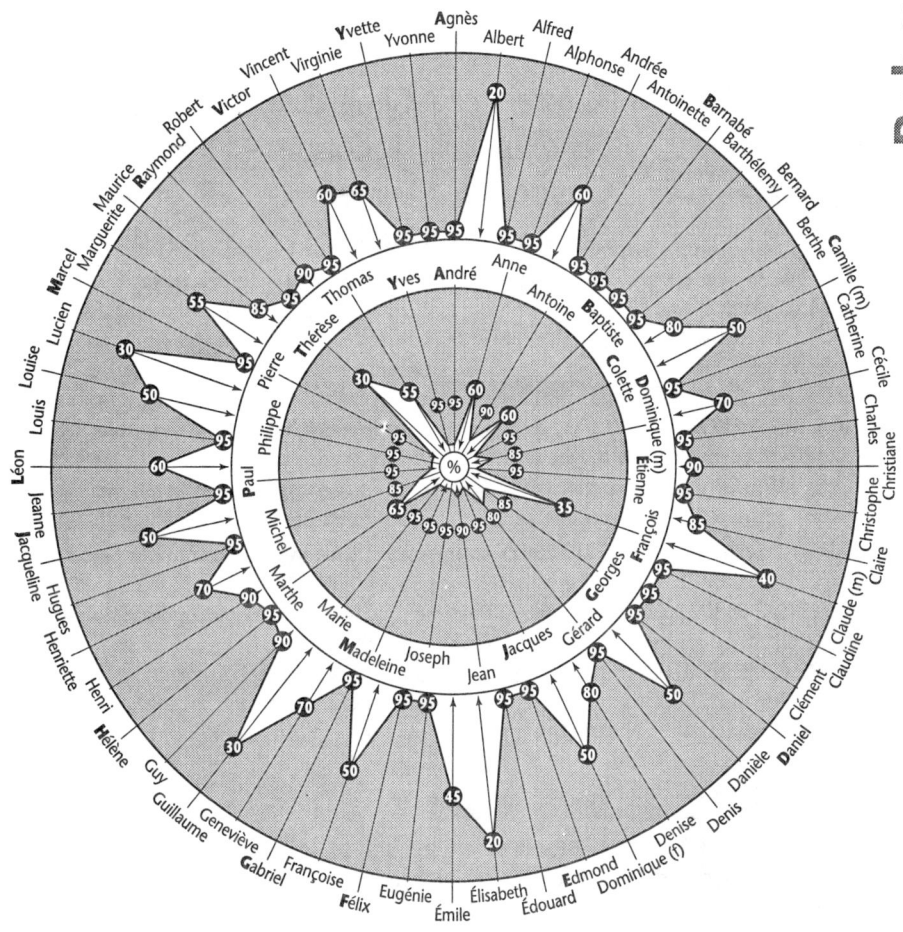

Comment Robert s'entend avec le signe des autres				
Bélier	84 %	Balance	94 %	Ce tableau ne concerne pas le rapport prénom personnel/signe personnel. Il n'y a pas d'autocompatibilité entre Robert et son propre signe caractérologique.
Taureau	67 %	Scorpion	70 %	
Gémeaux	76 %	Sagittaire	88 %	
Cancer	69 %	Capricorne	83 %	
Lion	90 %	Verseau	62 %	
Vierge	78 %	Poissons	59 %	

72 Thérèse

1 • Prénoms associés

Ce sont tous les prénoms, quelle que soit leur origine, qui partagent les mêmes constantes caractérologiques et que vous découvrirez dans l'index de ce volume (p. 451), dont :

Aurore
Benoîte
Claude
Éléonore
Emeline
Emmanuelle

Gilberte
Honorine
Liane
Lucie
Lucienne
Marcelle

Pascale
Rachel
Ségolène
Séverine
Terrie
...

2 • Célébrités

Pour vous sentir moins seul, ce trop bref aperçu des personnalités de tous les temps et de tous les lieux qui dépendent de ce type de caractère :

– AUCLAIR Marcelle (1899-1983) Écrivain — *Aucun sujet ne la rebutait, même pas la sainteté !*

– DELYLE Lucienne (1917-1962) Chanteuse — *Du temps où les cœurs avaient encore des oreilles.*

– DESBORDES-VALMORE Marceline (1786-1859) Poétesse — *Elle croyait voir partout des jeunes filles en fleurs.*

– MÔME MOINEAU (la) Lucienne (1905-1968) Chanteuse — *La Môme Moineau annonçant la venue de la Môme Piaf. Ça vole haut !*

– POUGY (de) Liane (1869-1950) Courtisane — *Elle faisait « industrie » de ses charmes.*

3 • Symboles

– L'élément de base des Thérèse est un **air** qui, malgré sa mobilité, a bien les pieds sur terre et donne à ce prénom et à ses associés un dynamisme dont la dimension sociale surprend.
– La couleur, l'**orangé**, dénote chez elles une certaine difficulté à s'exprimer au plan des sentiments. Le rouge de la passion se perd un peu dans le jaune d'une indécision pénalisante.
– Les nombres **18-3-24** soulignent leur besoin de se sentir comprises pour s'exprimer totalement. Mais la timidité sentimentale des Thérèse leur jouera souvent de mauvais tours et les amènera à agir parfois à contretemps !

4 • Devise

Celle qui porte la bonne étoile. Soyons clair ! Cela ne veut pas dire que les Thérèse ont une chance personnelle de niveau exceptionnel mais bien que les suivre, les écouter, peut conduire au succès. Ce sont des « porteuses de lumière » et la nuance doit être prise en considération !

5 • Totems

– Leur animal totem est la **biche** qui symbolise la douceur, la patience mais qui peut également représenter un environnement hostile ou des conditions d'existence pénibles. La biche, dans l'Antiquité, se rattachait à l'image de la «mère-nourrice» toujours inquiète pour ses petits.
– Le végétal des Thérèse est ce **tilleul** qui vient au secours de l'anxiété des humains grâce à ses vertus médicinales, adoucissantes et parfumées. Un grand ami des malheureux !
– Quant au **marbre**, leur minéral, c'est bien évidemment la pierre somptueuse des palais royaux, des églises intimidantes, c'est le poli sonore des tables grecques, c'est aussi le froid des tombeaux.

6 • Vibrations

Un niveau inquiétant de **64 000 v/s** soit **31 %** ! À ce taux, il est difficile d'imaginer que les bonnes intentions des Thérèse seront efficacement perçues par leur entourage !

7 • Le Jeu de la Vie

Que «celle qui porte la bonne étoile» ait pour lame caractérologique le **numéro 17**, les **Étoiles**, cela n'a rien d'extraordinaire ! Mais ce qu'il est intéressant de souligner, c'est que sur notre vignette apparaît une jeune femme nue qui, sous le grand ciel de la nuit, verse sur le sol et sur l'eau le contenu de deux vases d'or et d'argent. Or, ce geste peut sembler inexplicable si l'on ne sait pas que les fluides ainsi répandus sont reliés traditionnellement à la connaissance et à l'amour. La jeune femme personnifiant Sophia, la divine Sagesse dont Salomon fut le chantre inspiré. Tout cela est bien beau mais on peut se demander si, de nos jours, quelqu'un se soucie encore de la Sagesse !

Volonté : 97 %

Intuition	85 %	Études	80 %
Réussite	90 %	Associations	38 %

Les Thérèse sont comme autant de biches bondissantes, souvent anxieuses, toujours émues par le spectacle déconcertant, voire choquant, que leur propose le monde où elles sont jetées. Pour dominer ce trouble existentiel, elles disposent d'une volonté au large éventail qui leur permet d'œuvrer avec courage au bien d'autrui. Leur bonne intuition ne sombre jamais dans la superstition et les études, disciplinées et structurées, les conduisent à de belles réussites intellectuelles ou religieuses. Les associés ne sont guère attirés par ces êtres aux ailes trop grandes pour les mettre en cage ! Elles s'en méfient aussi !

Activité : 98 %

Dynamisme	88 %	Affaires	100 %
Voyages	40 %	Sociabilité	95 %

Une activité dotée d'une étonnante faculté d'adaptation. On est surpris de découvrir des Thérèse parfaitement à l'aise dans des situations sociales qu'on n'aurait jamais osé leur prêter ! Leur dynamisme se nourrit de conscience professionnelle et de dévouement ce qui donne à leur présence aux affaires une allure d'apostolat qui braque certaines personnes plus terre-à-terre. Les voyages ne sont pour elles qu'une dissipation de plus et la sociabilité se présente comme l'occasion de jouer les hôtesses d'un autre temps, affectueuses et presque maternelles ! Pourquoi pas comme «mères» auprès des Compagnons du Devoir ?

Portrait prospectif

Caractère : 92 %   Psychisme : 96 %   Personnalité : 90 %   Destinée : 85 %   Devenir : 93 %

Il existe une manière assez passive d'aborder l'avenir, c'est le « mektoub » oriental qui remet entre les mains d'une divinité tutélaire le soin de modeler le futur, qu'il soit individuel ou collectif. Nous rejoignons là le mythe éternel du « potier-créateur » qui façonne le vase où viendra se couler la destinée de l'homme et, par voie de conséquence, celle des nations. Sans atteindre à ce fatalisme, somme toute assez confortable, les Thérèse ne s'embarrassent pas de savoir quelle forme prendra leur lendemain et ne cherchent pas à évaluer leur degré de responsabilité dans la constitution de cet objet nouveau qu'est le futur. Certes, elles disposent d'une excellente intuition mais ne s'en servent pas sous l'aspect qui nous est habituel, à savoir la projection sur le présent d'une vue éventuelle de l'avenir. Pour les Thérèse, ce serait une démarche à contre-courant ! Ce qu'elles préfèrent c'est attendre, symboliquement, le « matin de Noël » et découvrir ce que le vieux Bonhomme a placé dans leur soulier ! En réalité, leur belle intuition s'appelle la foi et la foi fait bien partie des cadeaux de la Nativité !

On comprendra donc facilement que, dans ces conditions, les chiffres nous présentent des indices planant haut et fort. Le caractère est en parfait équilibre sur ses deux pieds, la volonté et l'activité. Le psychisme s'épanouit sous la chaleur des sentiments bien dessinés qui font des Thérèse de véritables « cornes d'abondance » affectives. Plus on sollicite leur altruisme, plus elles donnent d'un cœur généreux. Pourquoi faut-il que leur amour, ou l'expression de leur amour, soit embarrassé au point de les faire prendre pour des êtres distants ? Quel malentendu est-il donc en train de s'installer ? La personnalité reste à la place raisonnable d'un support de contact avec ce monde relationnel où elles évoluent pourtant facilement. Toujours sur le même plan, la destinée déroule son tapis rouge pour passer insensiblement du présent au futur sans heurt ni cahot, uniquement préoccupées que sont nos Thérèse de suivre leur bonne étoile !

Émotivité : 72 %

| Affectivité | 93 % | Amour | 65 % |
| Famille | 95 % | Enfants | 100 % |

Cette très forte émotivité pourrait, en temps ordinaire, être la cause d'une véritable panique endémique pour ces Thérèse trop susceptibles. Mais, il faudra en prendre l'habitude, le mode de vie de ces femmes séduisantes n'est pas forcément le vôtre. C'est l'affectivité qui s'alimente à cette source nerveuse. Elle a besoin de se partager pour rester supportable. Les amours, à côté, paraissent un peu riquiqui, un peu empruntées. La famille est là, tumultueuse et bigarrée, où les enfants, affamés de tendresse, jouent les petits nains toujours à la recherche d'une Blanche-Neige plus maternelle que princesse !

Réactivité : 67 %

| Santé | 91 % | Sensorialité | 80 % |
| Argent | 93 % | Profession | 100 % |

À la vue de tout cela, on comprend que leur indice de réactivité puisse paraître explosif ! Eh bien, pas tant que ça ! Les Thérèse restent assez maîtresses d'elles-mêmes et cela n'altère en rien une santé qui, pourtant, peut se compromettre dans des surmenages entêtés. La sensorialité est raisonnable et raisonnée, quoique secrète ! Des épouses compréhensives, des mères compatissantes mais souvent inquiètes pour qui l'argent, indispensable et assujetti, dépend tout naturellement d'une profession gratifiante et donc heureuse sur tous les plans. Comme on les voit bien à la tête d'une auberge heureuse !

Thérèse et les autres prénoms

Moyenne : 63 %
Classement : 45/79

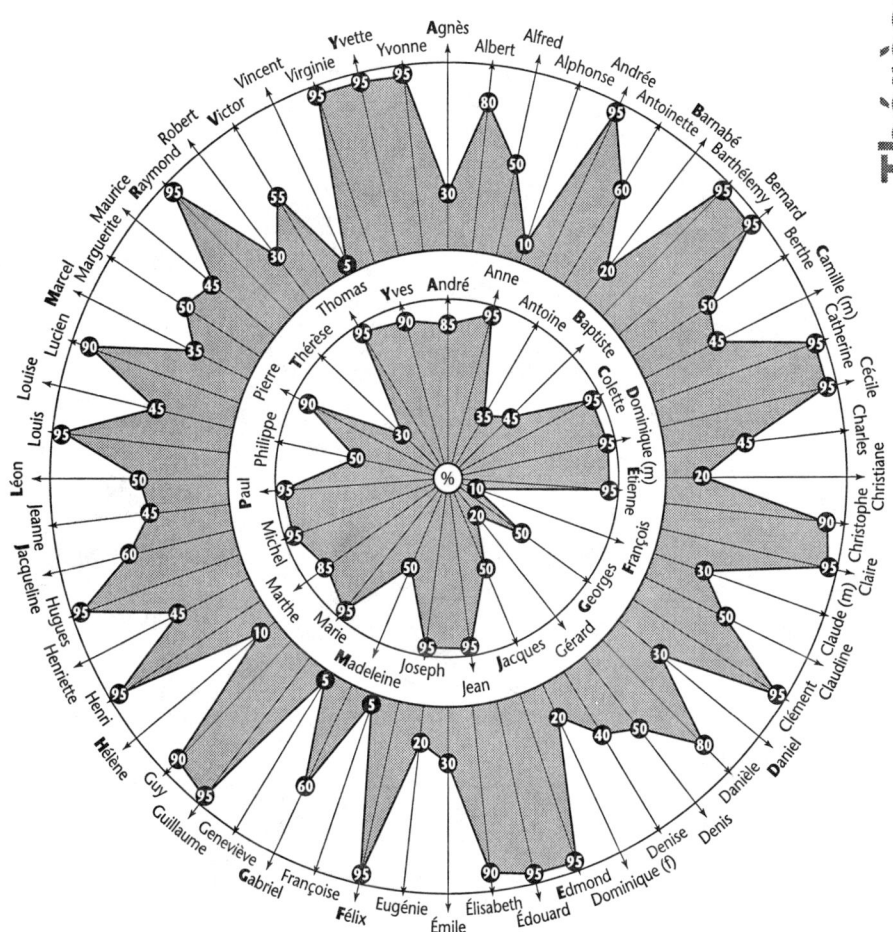

Les roues de compatibilités

Et c'est alors que se pose l'inévitable problème des compatibilités existant entre ces êtres participants que sont les Thérèse et leur entourage qui, normalement, devrait être attendri puis subjugué par tant de dévouement et tant de considération. Erreur ! Nous allons vérifier une fois de plus que la philanthropie paraît souvent douteuse et tyrannique. Aussi verrons-nous ces Thérèse ne recueillir qu'un 49 % d'approbation moyenne les plaçant à la 73e place sur 79 ! Tandis qu'isolées par cette méfiance générale, les Thérèse ne chercheront le « contact » qu'à 63 % soit au 45e rang sur 79. Ainsi va le monde ! À cause peut-être de cette petite mine que prend le visage de l'amour chez nos amies ?

Les autres prénoms et Thérèse

Moyenne : 49 %
Classement : 73/79

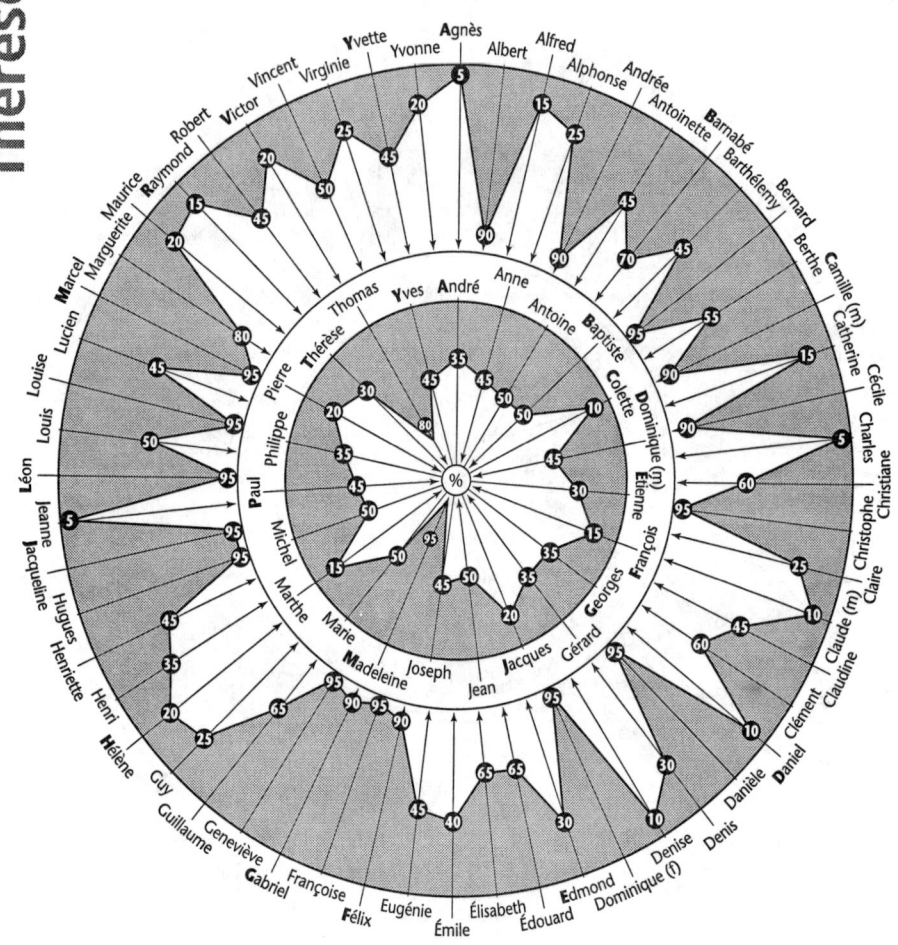

Comment Thérèse s'entend avec le signe des autres

Bélier	60 %	Balance	73 %	Ce tableau ne concerne pas le rapport prénom personnel/signe personnel. Il n'y a pas d'autocompatibilité entre Thérèse et son propre signe caractérologique.
Taureau	64 %	Scorpion	43 %	
Gémeaux	77 %	Sagittaire	65 %	
Cancer	68 %	Capricorne	60 %	
Lion	59 %	Verseau	80 %	
Vierge	75 %	Poissons	37 %	

Thomas   73

1 • Prénoms associés

Ce sont tous les prénoms, quelle que soit leur origine, qui partagent les mêmes constantes caractérologiques et que vous découvrirez dans l'index de ce volume (p. 451), dont :

Adémar	Graham	Rénald
Alain	Jasmin	René
Aubin	Jessy	Robin
Bruce	Lanig	Rodolphe
Cameron	Léandre	Rudy
Corentin	Mayeul	…

2 • Célébrités

Pour vous sentir moins seul, ce trop bref aperçu des personnalités de tous les temps et de tous les lieux qui dépendent de ce type de caractère :

- CLAIR René (1898-1981) Réalisateur — *L'Amérique lui a donné la hauteur qui lui manquait.*
- COTY René (1882-1962) Président de la République — *Il avait un défaut que la politique ne pardonne pas : il aimait les Français !*
- DESCARTES René (1596-1650) Mathématicien, philosophe — *Homme de raison, il vivait à l'étranger.*
- FLORIOT René (1902-1975) Avocat — *D'étonnantes plaidoiries en forme de commedia dell'arte !*
- GAINSBOROUGH Thomas (1727-1788) Peintre — *De merveilleux paysages baignés de soleils pluvieux.*

3 • Symboles

– L'élément de base des Thomas est un **air** chargé des senteurs de la terre. Il y a chez eux comme une force tellurique porteuse de vie qui va pousser la graine à installer des antennes aériennes à la rencontre du soleil souverain.

– Leur couleur, le **bleu**, est aussi un appel vivant de l'étage du dessus. Les Égyptiens considéraient le bleu comme la couleur de la vérité et, pour les Thomas, ce qui est vrai est ce qui vit.

– Leurs nombres, **13-25-33**, semblent apporter une nuance d'incrédulité à l'égard des hommes et des choses. Les Thomas ont besoin de preuves sur tous les plans : amour, science, profession, politique, etc.

4 • Devise

Une devise presque biblique : **Celui qui récolte**, qu'il convient de compléter car ces hommes prudents veulent aussi être ceux qui sèment pour s'assurer de l'authenticité de la culture entreprise.

5 • Totems

– Les Thomas sont des êtres essentiellement cartésiens, vivant près de la terre, avançant avec circonspection. Donc, aucune surprise à découvrir que leur animal totem est un serpent, le **python** dont le premier contact s'avère plutôt enveloppant et que l'on voit accourir dans l'ombre, ventre à terre !

– Leur végétal est le **genévrier** à l'abord piquant, aux fruits obscurs et décapants, qui ne craint ni Dieu ni diable au sein des hivers les plus rudes et des montagnes les moins accueillantes.

– Enfin, l'**onyx**, minéral attribué à ce type de prénoms est une pierre que les Anciens jugeaient inquiétante. Elle donnait des cauchemars, apportait des ennuis, provoquait des querelles. Charmant !

6 • Vibrations

Les Thomas disposent d'une belle puissance de communication : **98 000 v/s**, soit un taux de **66 %** qui ouvre la porte à des échanges musclés, ou tout simplement tendus mais efficaces.

7 • Le Jeu de la Vie

Une lame qui pose bien des problèmes, la **numéro 13** et elle est **sans nom** ! Si l'on joue sur ce nombre 13, on peut la regarder comme favorable, aussi bien que comme porteuse de malchance ! Le graphisme est troublant : un squelette au rictus « rigolard » coupe la tête à un roi et à une reine qui, émergeant à peine du sol, ont l'air de trouver la situation à leur goût. C'est la mort, disent les uns, ou la résurrection affirment les autres. Les Thomas, eux, ne cherchent pas à mettre une étiquette sur cette carte car ils n'y voient qu'un signe de transformation radicale d'un mode de vie qu'ils observeront de près car tout ce qui bouge engendre des forces nouvelles et cela est bon pour les affaires !

Volonté : 89 %

| Intuition | 68 % | Études | 95 % |
| Réussite | 77 % | Associations | 70 % |

Qui n'a entendu parler de ces fameux « geysers », ces sources d'eau chaude jaillissant à intervalles réguliers ? Eh bien, les Thomas ont une volonté qui se rattache à ce phénomène ! Tour à tour, elle inonde son entourage de décisions pressantes puis se contente de glouglouter en de paisibles borborygmes. L'intuition est de ce type rampant, les études expansives sont un combat furieux pour les premières places. La réussite, plus capricieuse, ne s'exprime, elle aussi, que par saccades, ce qui plonge les associés dans une partie de pile ou face où ils risquent de la perdre à chaque instant !

Activité : 91 %

| Dynamisme | 85 % | Affaires | 95 % |
| Voyages | 40 % | Sociabilité | 79 % |

Une activité plus forte que la volonté pouvant provoquer ainsi des emballements soudains, voire colériques. Le dynamisme se trouve à la remorque de cette activité et subit à son tour des contrecoups imprévisibles. Finalement, les affaires prospèrent car les Thomas ont les pieds sur terre et se méfient des autres comme d'eux-mêmes ! Les voyages ne sont que de simples formalités à peine dérangeantes. La sociabilité joue les girouettes. Il arrive à ces hommes d'avoir besoin d'un certain public un peu complice, comme, à d'autres moments, la société, c'est la corvée relationnelle à l'état pur. Il faut suivre !

Portrait prospectif

Caractère : 78 %   Psychisme : 71 %   Personnalité : 82 %   Destinée : 73 %   Devenir : 64 %

Nous avons déjà mis l'accent sur le côté quelque peu « agricole » du caractère des Thomas. Or, leur position à l'égard de l'avenir se trouve parfaitement explicitée par leur devise : « Celui qui récolte. » Autrement dit, pour eux, le futur est tout simplement le temps des moissons ! Chez ces gens pratiques et matérialistes par certains côtés, le lendemain est déjà présent dans la graine que l'on sème, dans l'arbre que l'on plante, dans l'enfant qui s'annonce. Donc, selon eux, à partir d'un certain moment proprement actuel, on découvre que les jeux sont faits et que l'avenir est engagé d'une manière irrémédiable à un niveau chromosomique intouchable. Il ne s'agit pas là d'un fatalisme paralysant, mais bien d'une participation consciente à l'effort de la Nature accomplissant totalement le contrat qu'elle a souscrit. En conséquence, que vous soyez associé en affaires avec ces hommes dérangeants ou que vous vous apprêtiez, mademoiselle, à partager leur existence, ne remettez jamais en doute le bien-fondé de leur engagement. Ils préféreront toujours respecter le processus de développement d'une entreprise, même si elle est mal engagée, que de procéder à quelque sorte d'« interruption de grossesse » que ce soit. Ce qui est dit est dit ! On appelle aussi cela une parole d'honneur !

Leur caractère possède une fixité de nature qui leur interdit tout vagabondage imaginatif. Les Thomas ont horreur des repentirs, ne s'excusent que rarement et se méfient des sentiments dérivants qui déséquilibrent le psychisme en exploitant des complexes d'infériorité qu'ils veulent ignorer à tout prix. Ils aiment à se reconnaître dans leur personnalité en action et pourraient facilement adopter ce mot admirable d'un grand d'Espagne qui, il y a quelques siècles, répondait à la question : « Comment vous trouvez-vous, monseigneur ? » par cette réflexion percutante : « Comment je me trouve ? Mais "beaucoup" quand je me compare et "peu" quand je me considère ! » De la prétention, chez les Thomas ? Non pas, de la clairvoyance, tout au plus !

Émotivité : 43 %

Affectivité	93 %	Amour	60 %
Famille	75 %	Enfants	60 %

Cette émotivité est très relative ! N'essayez donc pas de les faire changer d'avis par des discours pathétiques ! Montrez-vous au contraire d'une logique un peu froide et vous serez alors écouté, sinon entendu. L'affectivité s'avère très monolithique. Ça marche ou ça ne marche pas ! Dans le premier cas, vous trouverez là un partenaire dévoué et généreux mais s'il s'estime trahi, l'enfer est à vous ! Les amours obéissent à la même loi avec une certaine défiance envers la psychologie féminine. La famille se tient dans des limites conventionnelles, les enfants ont intérêt à obéir au doigt et à l'œil !

Réactivité : 37 %

Santé	91 %	Sensorialité	80 %
Argent	85 %	Profession	100 %

Elle est d'autant plus discrète que les Thomas subissent le fameux « esprit d'escalier » ! Ils ne réagissent pas immédiatement et perdent ainsi le bénéfice du « tac au tac » ! La santé vit aussi aux rythmes que nous avons évoqués. L'argent est la pierre de touche de la réussite professionnelle, ce fameux métier qui consomme les trois quarts de leur existence... Quant à la sensorialité, elle est difficile à définir en fonction des éclipses hasardeuses qui viennent bouleverser le paysage amoureux. Ne vous en mêlez donc pas et laissez leur gentil soleil se débrouiller avec la lune fuyante en vous éclipsant à votre tour !

Thomas et les autres prénoms

Moyenne : 70 %
Classement : 20/79

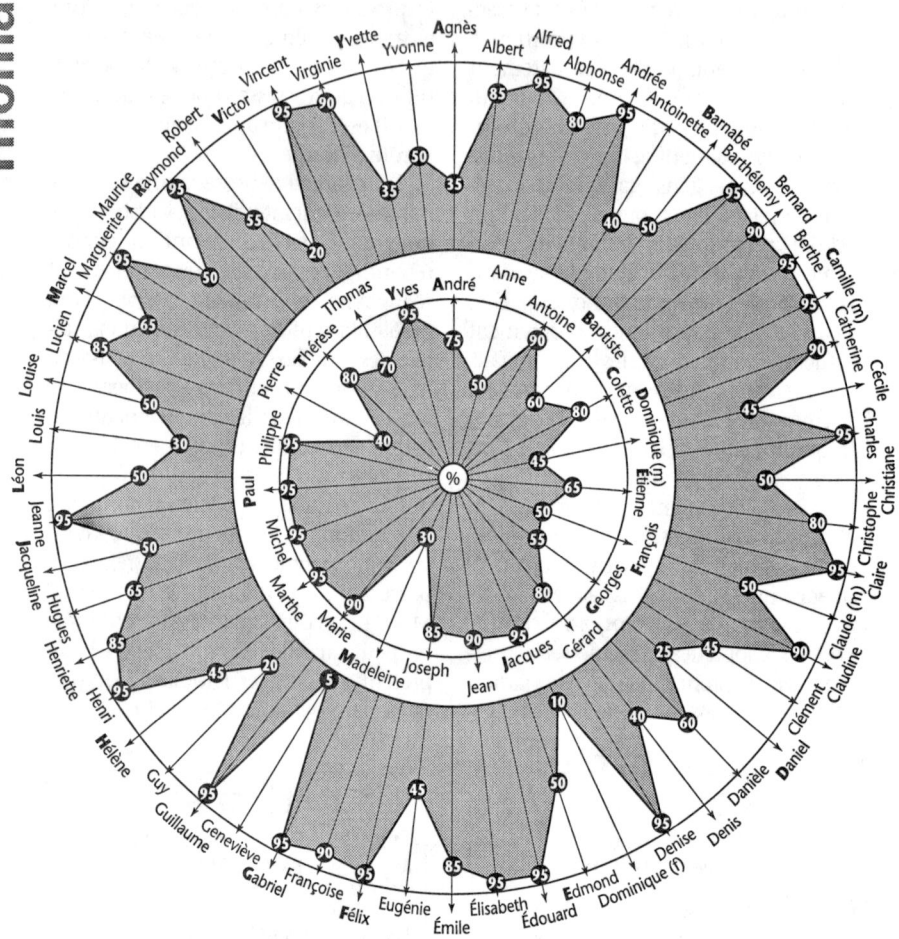

Les roues de compatibilités

Comment vont réagir ceux qui côtoient les Thomas à cette ligne de conduite dont ne sont exclues ni la rigueur ni même une certaine rudesse ? Fort bien, rassurez-vous ! Ils voient dans ces êtres sinon un modèle de chef, tout au moins un homme responsable et courageux, pas toujours facile à suivre mais humain, néanmoins, par la considération qu'ils apportent à l'effort d'autrui. C'est ainsi que l'entourage des Thomas leur accordera une excellente moyenne de 78 %, les plaçant au 12e rang sur 79. De leur côté, ces mêmes Thomas apprécient ceux qui les approchent au taux de 70 %, soit 20e sur 79. Qui donc disait qu'ils étaient les champions du doute et de l'incrédulité ?

Les autres prénoms et Thomas

Moyenne : 78 %
Classement : 12/79

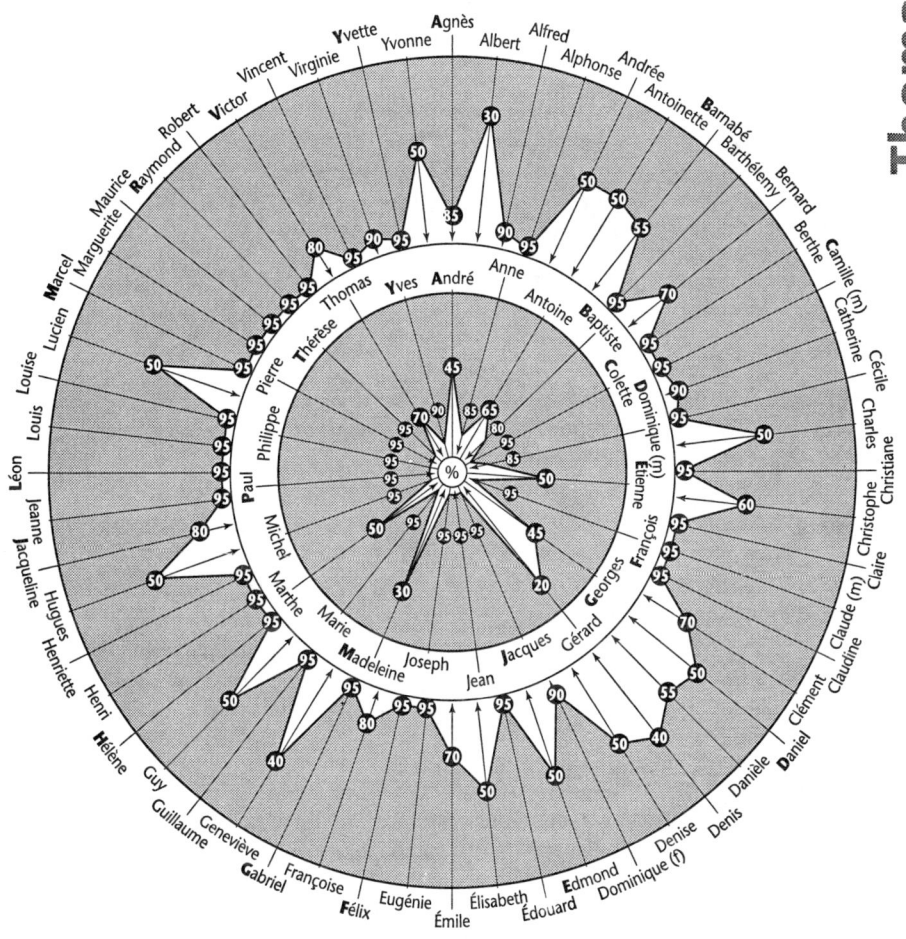

Comment Thomas s'entend avec le signe des autres

Bélier	62 %	Balance	66 %	Ce tableau ne concerne pas le rapport prénom personnel/signe personnel. Il n'y a pas d'autocompatibilité entre Thomas et son propre signe caractérologique.
Taureau	58 %	Scorpion	40 %	
Gémeaux	74 %	Sagittaire	68 %	
Cancer	66 %	Capricorne	73 %	
Lion	70 %	Verseau	83 %	
Vierge	59 %	Poissons	74 %	

74 Victor

1 • Prénoms associés

Ce sont tous les prénoms, quelle que soit leur origine, qui partagent les mêmes constantes caractérologiques et que vous découvrirez dans l'index de ce volume (p. 451), dont :

Christian	Lorry	Rodéric
Denovane	Odelin	Rodrigue
Hippolyte	Odilon	Roland
Isidore	Odon	Sean
Kelvin	Orlando	Victorien
Laurent	Othello	...

2 • Célébrités

Pour vous sentir moins seul, ce trop bref aperçu des personnalités de tous les temps et de tous les lieux qui dépendent de ce type de caractère :

- BALTARD Victor (1805-1874) Architecte — *Ses bâtiments ont sombré pavillon haut !*
- COUSIN Victor (1792-1867) Philosophe — *Il se demandait si Dieu est aussi philosophe qu'on le dit !*
- DORGELÈS Roland (1885-1973) Romancier — *La guerre comme on n'avait jamais osé l'écrire !*
- GARROS Roland (1888-1918) Aviateur — *Atteint d'une balle en pleine jeunesse ! Mais, à ce stade, ce n'est pas l'explication !*
- HUGO Victor (1802-1885) Écrivain — *Une imagination frappante en forme de table tournante.*

3 • Symboles

— L'élément de base du caractère des Victor est une **terre** qui partage avec l'air et l'eau une petite brume de printemps qui appelle l'optimisme et invite « aux ris et aux jeux ».
— Leur couleur, le **vert**, ajoute au tableau la fraîcheur d'une fin d'hiver pleine d'espérance. C'est le symbole de la courtoisie, de la joie et de la vigueur, une panoplie qui sied bien aux Victor.
— Quant à leurs nombres, **5-7-42**, c'est presque la moitié d'une grille de loto ! Plus sérieusement, ils apportent à ces hommes très attachants un sens ludique particulièrement présent. Le casino n'est pas loin !

4 • Devise

Une devise en forme d'« ancre » qui permettra aux Victor de sécuriser leur navire en cas de coup dur : **L'homme qui s'attache, l'homme au foyer.** Elle jouera un grand rôle dans la compréhension de la destinée des Victor représentant, en quelque sorte, le filet de sauvegarde de ces funambules d'occasion.

5 • Totems

– Un animal totem touchant : le **grillon** considéré, chez les Chinois, comme le protecteur du foyer, insecte familier qui stridule gaiement à l'approche du bonheur tranquille de la famille réunie.
– Ne sortons pas du foyer avec leur végétal, le **chardon** qui, contrairement à ce que l'on pense, n'a pas seulement pour devise « Qui s'y frotte s'y pique » mais possède aussi un aspect rayonnant, réchauffant.
– Leur minéral, la **silice**, constituant principal de la croûte terrestre, plus de la moitié, représente, par sa dureté et sa stabilité, un facteur d'équilibre et de durée.

6 • Vibrations

Fort intéressantes, **95 000 v/s** soit un taux de **63 %** dont l'intensité permet toutes les opérations dépendant de cette « électro-caractérologie » aux multiples moyens de communication.

7 • Le Jeu de la Vie

Dépassons le stade des plaisanteries faciles accompagnant leur lame **numéro 5**, le **Pape**, pour constater, finalement, qu'être « souverain pontife » suppose, chez celui qui est investi de cette charge, un sens du jeu cosmique assez poussé. Chef d'un État dont la surface ne couvre que le temps de son histoire, il se réclame d'une armée céleste que la terre n'a jamais vue et dirige une nation dont la légitimité ne dépend que d'un peu d'eau versée sur la tête d'un nourrisson. Dérisoire royauté que comprennent fort bien les Victor, eux aussi vivant volontiers dans un monde virtuel où l'avenir n'est qu'un coup de dés heureux, le présent la joie indicible de la gloire métallique des « bandits manchots » et le passé ce merveilleux souvenir d'une soirée princière à la roulette de Monte-Carlo ! Le bonheur est affaire de perspective... ou de prospective !

Volonté : 87 %

Intuition	82 %	Études	82 %
Réussite	90 %	Associations	100 %

Avoir un prénom de guerrier triomphant et se retrouver dans la peau de ces Victor au tempérament sympathique et à l'abord tranquille, voilà qui pourrait déstabiliser tout autre personnage que ces hommes sensibles et débordants d'urbanité ! Une volonté épanouie qui ne cherche pas la publicité, une intuition que les Victor prennent pour de la chance et qui fait d'eux des joueurs passionnés. Des études valorisantes, une réussite flatteuse qu'ils savent se faire pardonner et, enfin, une entente inégalée avec les associés qui connaissent l'ineffable bonheur de vivre une grande aventure financière !

Activité : 95 %

Dynamisme	97 %	Affaires	85 %
Voyages	65 %	Sociabilité	94 %

D'où peuvent-ils bien tirer cette activité stupéfiante qui correspond si peu à leur paisible nature de conquérants du hasard ? Mystère ! Toujours est-il que cette activité s'appuie sur un dynamisme bousculant capable de leur fournir un pouvoir d'entreprise ne pouvant que déboucher sur des affaires brillantes. Tout serait donc parfait s'ils n'avaient pas l'imaginative titillée par le petit démon du jeu qui les pousse à courir des risques disproportionnés ! Les voyages prennent alors des allures de fuite ! Reste la sociabilité qui est un modèle de séduction au service d'une boulimie mondaine ! Le syndicalisme en dentelles !

Portrait prospectif

Caractère : 82 %   Psychisme : 67 %   Personnalité : 73 %   Destinée : 59 %   Devenir : 47 %

On dit que chacun voit midi à sa porte ! Les Victor ont une manière bien à eux de se projeter dans le futur en en faisant un jeu car ces hommes sont des joueurs-nés ! Oui, à force d'échafauder des théories prévisionnelles, ils arrivent à gommer littéralement le présent au profit d'un état prospectif où ils ne vivent plus que dans l'attente des résultats d'un tirage, de la sortie d'une carte, de l'arrêt d'une balle. Très souvent, vous adressant à eux, vous aurez la désagréable impression de parler dans le vide tant votre interlocuteur semble pris par ses supputations, ses martingales et autres «pile ou face» ! Et comme ces caractères pratiquent un devenir sélectif, vous serez à chaque fois déconcerté par un nouveau mode d'analyse selon que vous aborderez tel ou tel sujet de vie ! Sachant cela, évitez donc les grands discours moralisateurs du genre : «Tu te rends compte de ce que tu fais ?» Pour les Victor, ce sont des comptes à dormir debout et vous n'arriverez jamais à recoller les morceaux d'un puzzle caractérologique issu du mélange de plusieurs boîtes. Le propre de cette petite étude est de vous aider à retrouver les emballages pour savoir si l'on a affaire aux jeux du simple hasard ou de l'insaisissable amour !

Pourtant, le caractère des Victor se trouve bien installé au départ et notre petit portrait nous montre qu'il domine aisément la situation. Puis, l'introduction de la vie relationnelle sous forme de psychisme marque l'intervention des sentiments désordonnés qui provoquent une certaine baisse de régime. La personnalité essaye alors de s'affirmer davantage mais un manque réel d'agressivité les conduit à adopter une vitesse de croisière, abandonnant le plus souvent la passerelle de commandement pour la salle de jeu ! La destinée alors plongera et le devenir sombrera, toutes proportions gardées, dans une criante confusion rappelant de fâcheux événements nautiques. Certes, tout n'est pas perdu mais bien des choses et des êtres seront égarés dans cette pagaille !

Émotivité : 52 %

Affectivité	95 %	Amour	72 %
Famille	90 %	Enfants	80 %

C'est alors qu'une autre contradiction nous saute à la figure et c'est, une nouvelle fois, l'incompatibilité apparente entre le côté «père tranquille» et la présence d'une nervosité intérieure qui conduit les Victor à poursuivre des chimères ludiques jusque dans des lieux infâmes, Bourses ou casinos ! Tout cela teinté, malgré les apparences, d'une forte affectivité dont les excès nuisent à la prise de conscience d'un véritable amour. La famille revêt l'aspect d'un monument historique où les enfants s'interrogent parfois sur le véritable caractère de ces papas séduisants qui roucoulent si joliment devant les dames !

Réactivité : 47 %

Santé	89 %	Sensorialité	93 %
Argent	100 %	Profession	100 %

De là à imaginer que les Victor sont assez susceptibles, il n'y a qu'un pas très vite franchi ! Méfiez-vous des plaisanteries douteuses qui mettent en scène leur gourmandise, base d'une sensorialité associant bellement le solide, le liquide et le vaporeux ! Évitez donc à tout prix de parler bêtement de régime et de kilos superflus. Un autre mot les fait frémir d'horreur : l'argent ! L'argent qui plafonne en compagnie de la profession, elle-même survoltée, un argent qui ne connaît que trop bien le chemin des «tables vertes» où souvent, hélas, il finit sa brève carrière... Rien ne va plus !

Victor et les autres prénoms

Moyenne : 71 %
Classement : 13/79

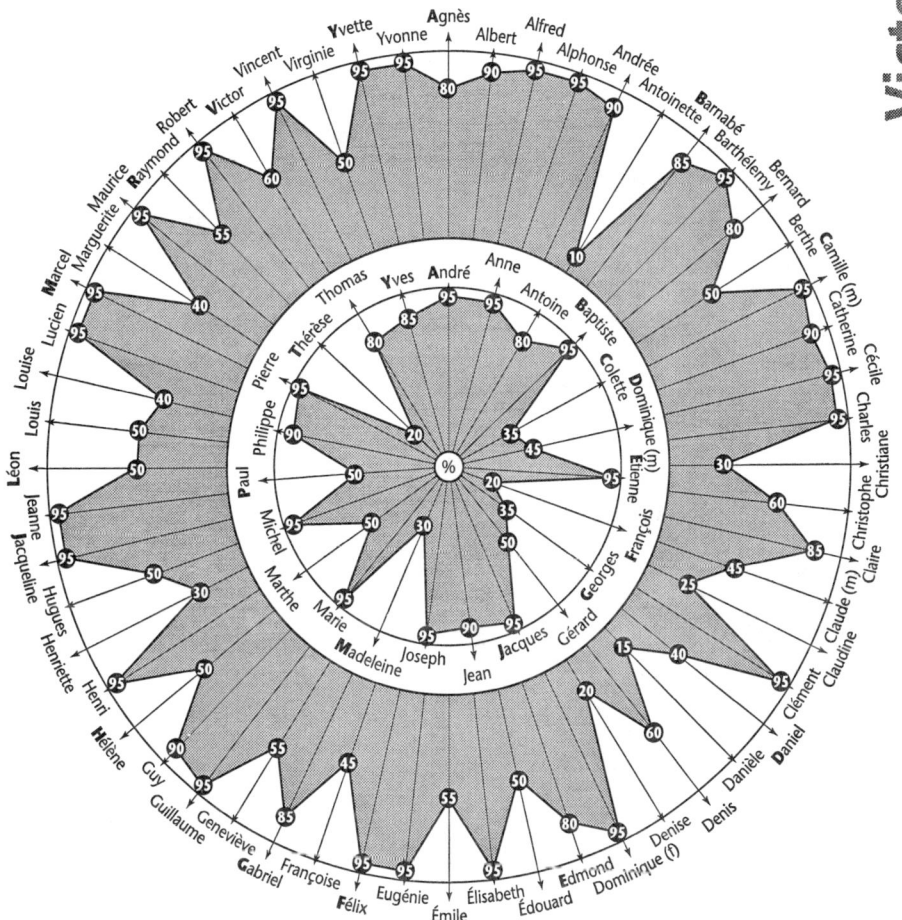

Les roues de compatibilités

Les Victor ont besoin des autres, il leur faut à tout prix un partenaire pour jouer le jeu ! On comprend donc que ces hommes dont le caractère est des plus faciles à aborder se lancent dans une quête constante de relations nouvelles. C'est ainsi qu'ils apprécieront leur entourage à une moyenne de 71 % soit un classement de 13e sur 79. Voilà qui est éclairant au regard de l'excellente sociabilité de nos amis. Mais tous ceux qui approchent les Victor semblent assez inquiets de la manière dont ils mènent leur barque et n'approuvent qu'à 53 % leur mode de vie, soit une place très modeste de 66e sur 79. Cela saura-t-il alerter ces hommes pourtant fort attachants en l'instant ? À suivre !

Les autres prénoms et Victor

Moyenne : 53 %
Classement : 66/79

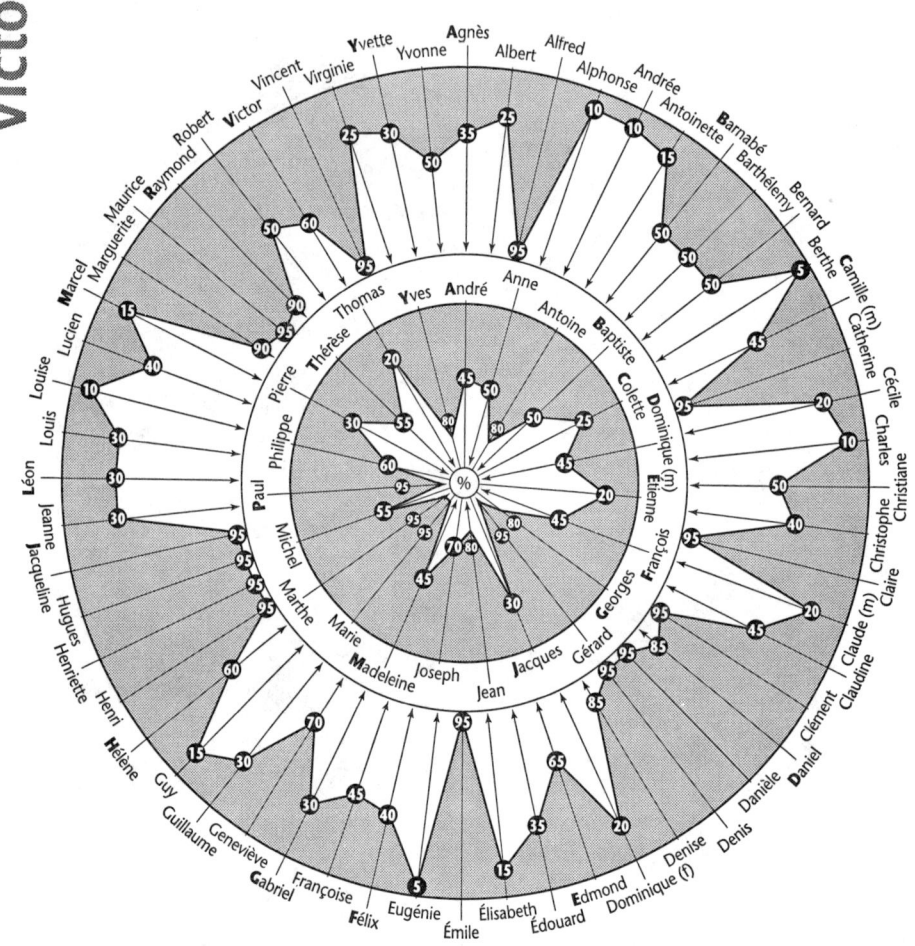

Comment Victor s'entend avec le signe des autres

Bélier	75 %	Balance	82 %		
Taureau	42 %	Scorpion	57 %		
Gémeaux	60 %	Sagittaire	64 %		
Cancer	58 %	Capricorne	79 %		
Lion	67 %	Verseau	66 %		
Vierge	86 %	Poissons	73 %		

Ce tableau ne concerne pas le rapport prénom personnel/signe personnel. Il n'y a pas d'autocompatibilité entre Victor et son propre signe caractérologique.

Vincent 75

1 • Prénoms associés

Ce sont tous les prénoms, quelle que soit leur origine, qui partagent les mêmes constantes caractérologiques et que vous découvrirez dans l'index de ce volume (p. 451), dont :

Faust	Milton	Vincien
Faustinien	Morton	Walter
Gence	Romain	Wandrille
Genséric	Sim	Wandy
Gentien	Simon	Yehudi
Hannibal	Vince	…

2 • Célébrités

Pour vous sentir moins seul, ce trop bref aperçu des personnalités de tous les temps et de tous les lieux qui dépendent de ce type de caractère :

- GOGH (Van) Vincent (1853-1890) Peintre — *Il y a des folies colorées comme il y a des sagesses d'ombre.*
- MENUHIN (Sir) Yehudi (1916-1999) Violoniste — *La sonorité d'une âme…*
- ROLLAND Romain (1866-1944) Écrivain — *Avec lui le roman laissait entrer l'Esprit.*
- SCOTT (Sir) Walter (1771-1832) Avocat, écrivain — *Il a osé ouvrir le tombeau de la Chevalerie !*
- SCOTTO Vincent (1876-1952) Compositeur — *Deux ou trois notes lui suffisaient pour chanter l'amour.*

3 • Symboles

— L'élément de base du caractère des Vincent est cette **terre** nocturne, imbibée d'eau, qui entrave la marche à certains moments lorsqu'elle se résout en boue collante et qui, en d'autres temps, va donner naissance à mille petits filets d'eau qui seront bientôt rivière ou torrent.
— La couleur, le **rouge**, sous-entend une menace tellurique s'apparentant aux feux souterrains.
— Leurs nombres, **40-46-22**, font intervenir des notions obscures de périls informulés et pourtant présents. Tout cela laisse une impression de puissances secrètes qu'animeraient des centres de décision cachés dont on ne peut dévoiler la nature. Inquiétant !

4 • Devise

Celui qui tient les eaux de la terre. Cette devise rejoint ce que nous avons déjà entrevu à savoir que l'eau est cet élément protéiforme, source de toute vie mais aussi débordement catastrophique. La meilleure et la pire des choses !

5 • Totems

– L'animal totem des Vincent est le **daim**, espèce de cervidé symbolisant la concupiscence, ce désir furieux des biens terrestres mais aussi cet instinct de possession sexuelle difficilement contrôlable fait, dans le cas du daim, d'une attitude complexe mêlant timidité et hardiesse.
– Le végétal, le **cyprès**, est lié, lui aussi, à des sentiments obscurs. C'est un arbre magique dont on disait qu'il suffisait de se frotter les talons avec sa résine pour pouvoir marcher sur les eaux. On l'appelait aussi : « arbre de résurrection » et l'on ajoutait : « Cyprès au cimetière éloigne de l'enfer ! »
– Le minéral des Vincent, le **plomb**, étant la première marche qui conduisait à la vie, à l'or sacré ! Symbole également de la lourdeur, il représente l'individualité que l'on ne peut entamer.

6 • Vibrations

Pour les Vincent, importante réserve énergétique : **100 000 v/s** soit un taux de **68 %**, de quoi s'imposer dans bien des domaines et dans bien des circonstances.

7 • Le Jeu de la Vie

Le danger qui guette nos amis Vincent est justement la manière cloisonnée qu'ils ont de bâtir leur existence. À force de compartimenter leur navire à l'aide de parois étanches, les Vincent en arrivent à ne plus savoir comment dialoguer avec les autres et même, à la limite, avec eux-mêmes. Ils se construiront une véritable tour de Babel où la multiplicité des langues empêchera un jour toute communication, provoquant la catastrophe biblique que l'on sait. De là à supposer que leur lame caractérologique est le **numéro 16**, la **Maison-Dieu**, il n'y a qu'un pas ou plutôt qu'une chute. Nous ne reviendrons pas sur son symbolisme évident et nous nous contenterons de crier : « Casse-cou » !

Volonté : 97 %

Intuition	90 %	Études	90 %
Réussite	95 %	Associations	90 %

Si le nom de famille peut être comparé au Soleil, la Lune, elle, se rapporte tout naturellement au prénom. Prénoms clairs comme Jacques ou Hélène, plus sombres pour les Geneviève ou les Vincent. Ces derniers étant porteurs d'une volonté farouche aux reflets inquiétants, proche de l'obstination, qu'une intuition flambante durcit encore ! Études sérieuses et très spécialisées, réussite exemplaire, un sens presque souterrain de l'association, des collaborateurs occultes ! En résumé, des êtres quelque peu sauvages dont il n'est pas facile d'être l'ami… et moins encore l'épouse, car la solidité est toujours contraignante !

Activité : 98 %

Dynamisme	98 %	Affaires	100 %
Voyages	75 %	Sociabilité	75 %

L'activité domine manifestement ce type de caractère. Une personnalité qui ne se réalise pleinement que dans l'action à tout prix ! Le dynamisme, d'égale intensité, vient apporter la violence de son courant de fond. Les affaires affichent des dimensions hors du commun et peuvent, dans bien des cas, être appelées affaires d'État ! Les voyages sont liés à des démarches difficiles à préciser et la sociabilité des Vincent ne perd jamais de vue l'intérêt d'une rencontre, l'opportunité d'une confidence, la découverte d'un plan feutré ! Les manteaux couleur de muraille sont de rigueur ! Des manieurs de paradoxes déconcertants !

Portrait prospectif

Caractère : 93 %   Psychisme : 77 %   Personnalité : 80 %   Destinée : 89 %   Devenir : 95 %

D'une manière générale, les Vincent ont horreur de l'improvisation et pour eux l'avenir se prépare avec un soin jaloux. De mauvaises langues affirment sous le manteau que ces hommes ambitieux et secrets traitent de leur entrée dans le futur comme s'il s'agissait d'un complot, certains parlent même de « putsch ». Les Vincent sont incontestablement des coureurs de fond et ils ont besoin de temps et d'espace pour atteindre cette vitesse de croisière qui pourra d'ailleurs les mener très loin. Si vous avez affaire à l'un de ces êtres déconcertants par bien des côtés, n'oubliez jamais qu'ils ont un sens aiguisé de la ruse, de la combine, et qu'ils évoluent dans le cadre de clans qui leur donnent parfois un petit air mafieux. Loin de nous l'intention de faire des Vincent des individus caricaturaux en mal de coups fourrés mais il faut reconnaître que chez ces êtres de passions souvent brutales, il convient de faire la part du feu qui les habite et qui peut les pousser vers des solutions extrêmes. Un petit conseil donc : évitez à tout prix de leur faire le moindre affront car ils ne l'oublieraient jamais et vous le feraient payer avec d'énormes indemnités de retard. Nos amis Vincent ont un caractère qui ne déparerait pas l'île de Beauté !

Ces nuances observées, déclarons benoîtement que ce sont habituellement des hommes d'une qualité, d'une solidité exceptionnelles. Certes leur psychisme ne s'encombre pas de considérations sentimentales exagérées. Pour eux qui veut la fin prend les moyens. Chose rare, leur personnalité se tient apparemment en retrait comme s'il s'agissait de s'envelopper d'un brouillard protecteur. Pas de bluff, pas de rodomontades, un langage mesuré et prudent. Par compensation, la destinée prendra des aspects « carriéristes » affirmés. Les Vincent ont un sens inné des échelons hiérarchiques à gravir et se trouvent fort à l'aise dans des entreprises à l'allure quelque peu « paramilitaire » et, pourquoi pas, dans des services de sécurité ou de renseignements. James Bond n'est pas loin !

Émotivité : 55 %

Affectivité	75 %	Amour	60 %
Famille	40 %	Enfants	37 %

Cette émotivité apparaît en traits épais dans le portrait caractérologique des Vincent comme la pâte tourmentée d'un Van Gogh. Mais là se cachent mille nuances déconcertantes qui dotent ces hommes d'une force de jugement redoutable. L'affectivité n'encombre pas le tableau proposé et l'on ne sait jamais comment ces hommes conçoivent leurs amitiés ou leurs amours. De toute manière, les Vincent ne se laissent pas dévier de leur trajectoire par des sentiments adventices, famille et enfants compris ! Leur condition de réussite se nomme « liberté » et elle commence par la soumission des autres !

Réactivité : 60 %

Santé	89 %	Sensorialité	95 %
Argent	100 %	Profession	100 %

Elle se montre souvent brutale, cette réactivité, et cela ressort bien des indices déjà étudiés : volonté brisante, activité tyrannique, émotivité liée à l'ambition ! Mais il ne faudrait pas tomber dans la sinistrose et faire des Vincent de vulgaires « loups-garous » ! La vérité est plus complexe et plus passionnante ! Munis d'une excellente santé, ils vénèrent une trinité souveraine : l'argent, la profession, la sensorialité ! Mais ne cherchez pas à entrer dans les détails car nul profane n'accède à ce saint des saints où trône une divinité jalouse dont seuls ces hommes de l'ombre connaissent le terrible nom !

Vincent et les autres prénoms

Moyenne : 70 %
Classement : 15/79

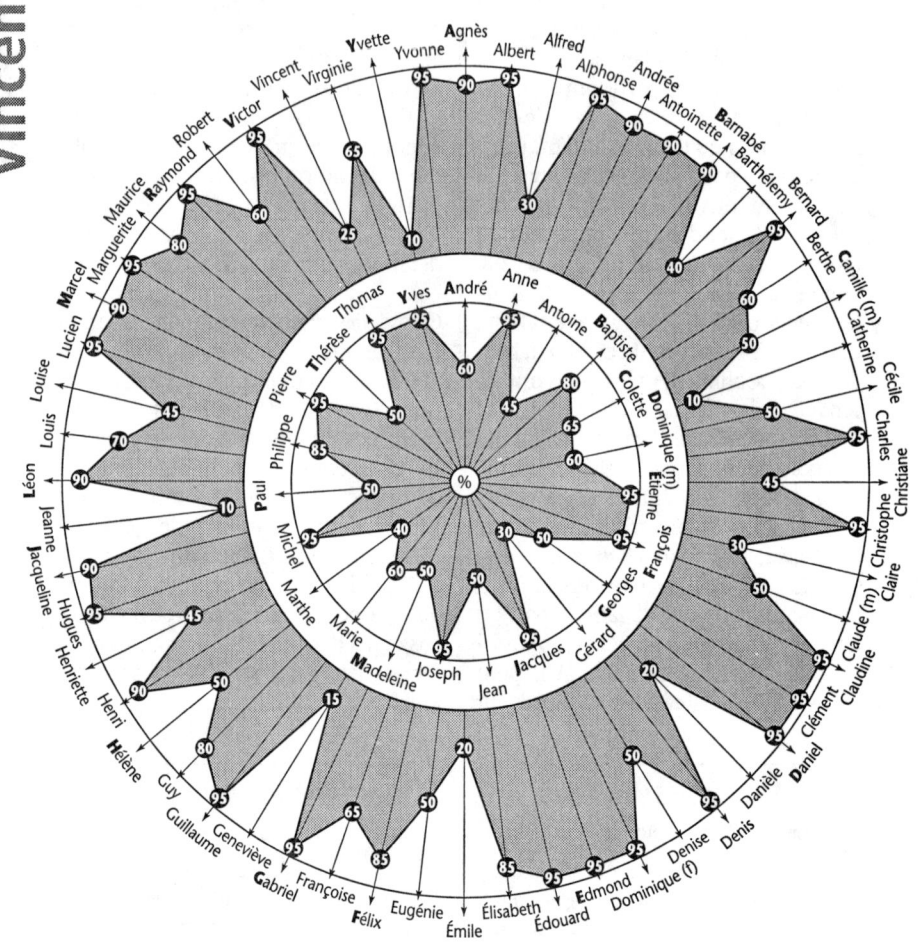

Les roues de compatibilités

Compte tenu de tout cela, comment allons-nous pouvoir qualifier l'attitude de celles et ceux qui entourent les Vincent ? On peut hésiter sur les termes à employer car le mot « inquiet » est un peu fort et « curieux » ne suffit pas. Alors laissons les mots et cherchons le remède dans les chiffres très parlants. Les Vincent sont appréciés à 51 %, ce qui n'a rien de bien brillant et les amène à la 70e place sur 79. Pas de quoi se vanter ! La situation inverse est remarquable puisque ces mêmes Vincent accordent 70 % d'intérêt à leurs concitoyens, atteignant le rang des plus honorables de 15e sur 79. Moralité : et si vous faisiez, amis Vincent, un petit effort de transparence, tout n'irait-il pas mieux ?

Les autres prénoms et Vincent

Moyenne : 51 %
Classement : 70/79

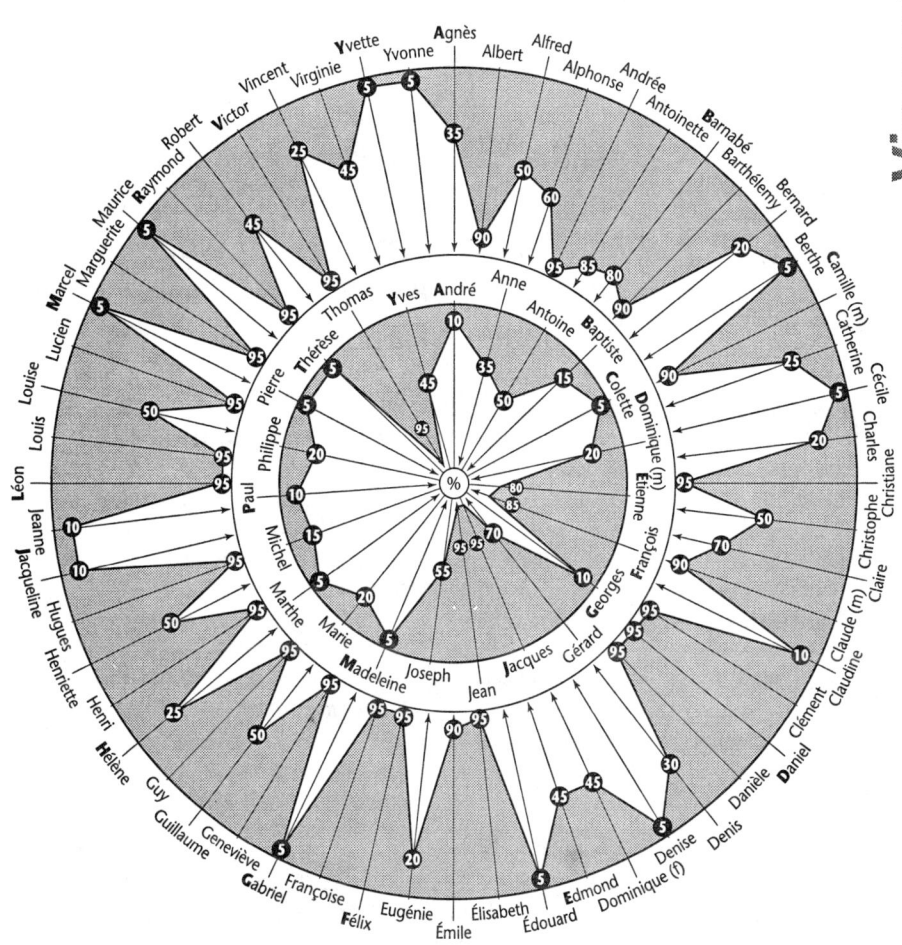

Comment Vincent s'entend avec le signe des autres				
Bélier	70 %	Balance	57 %	Ce tableau ne concerne pas le rapport prénom personnel/signe personnel. Il n'y a pas d'autocompatibilité entre Vincent et son propre signe caractérologique.
Taureau	84 %	Scorpion	79 %	
Gémeaux	61 %	Sagittaire	80 %	
Cancer	53 %	Capricorne	73 %	
Lion	74 %	Verseau	66 %	
Vierge	66 %	Poissons	60 %	

76 Virginie

1 • Prénoms associés

Ce sont tous les prénoms, quelle que soit leur origine, qui partagent les mêmes constantes caractérologiques et que vous découvrirez dans l'index de ce volume (p. 451), dont :

Aëla	Ginger	Sheba
Agathe	Ginnie	Sidonia
Angèle	Grégoria	Svetlana
Angélique	Pénélope	Sydney
Angie	Penny	Vitiana
Edmonde	Placidie	…

2 • Célébrités

Pour vous sentir moins seul, ce trop bref aperçu des personnalités de tous les temps et de tous les lieux qui dépendent de ce type de caractère :

- CHRISTIE Agatha (1891-1976) Écrivain — *Une femme au-dessous de tous soupçons.*
- DUCHEMIN Angélique (1772-1859) Première Légion d'honneur — *Elles n'étaient pas légion à connaître cet honneur.*
- KAUFFMANN Angelica (1741-1807) Peintre helvétique — *Elle faisait son beurre en peignant des petits Suisses.*
- PÉNÉLOPE Mythologie — *Sa vie n'a été longtemps qu'un tissu de mensonges.*
- ROGERS Ginger (1911-1995) Actrice — *La victoire en dansant… dans les bras d'Austerlitz.*

3 • Symboles

- L'élément de base des Virginie est l'**eau**, essence du pouvoir féminin qui, alliée à l'air, donne soit la brume légère des matins de printemps, soit l'épais brouillard du soir des automnes redoutés.
- Le **violet**, couleur vouée, en principe, à la tempérance, ne cesse en réalité de balancer entre le rouge et le bleu, entre la Terre et le Ciel.
- Les nombres **40-7-32** se réfèrent à une intuition qui, trop souvent, débouche sur une espèce de voyance qui n'ose pas dire son nom. Que les parents et éventuellement les maris ne laissent pas leur Virginie jouer les inspirées à jet continu.

4 • Devise

Celle sur qui s'appuie le monde. Cette devise semble, de prime abord, dégager une impression de prétention insupportable. Puis, réflexion faite, on s'aperçoit que les Virginie sont porteuses d'une autorité impériale qui veut que tout, symboliquement, passe par elles.

5 • Totems

– C'est au niveau des correspondances subtiles qui s'établissent entre ces femmes étonnantes et la structure de la planète que l'on arrivera à reconnaître en elles les traits quelque peu affadis des déesses anciennes qui détenaient le merveilleux pouvoir de régenter le monde, assimilé à l'époque au dos d'un énorme **lézard**, leur animal totem, dont les remuements provoquaient les tremblements de terre.
– Le **muguet**, leur végétal, est la fleur d'un jour de bonheur et joue bien sur la fragilité des temps.
– L'**obsidienne**, minéral précieux et fort, est cette pierre d'une splendide beauté qui ouvre les cœurs.

6 • Vibrations

D'une moyenne discrète : **75 000** v/s soit un taux de **42 %**. Permet d'attendre et de voir !

7 • Le Jeu de la Vie

Après cela, on serait tenté de croire que les Virginie ne seraient que l'affiche publicitaire d'un produit magique dont elles n'auraient, finalement, aucune conscience. Erreur ! Il y a chez elles la discrétion muette de cette **Impératrice** qui figure sur la lame **numéro 3** de notre petit jeu prénominal. Cette femme au visage fermé ne parle pas car elle dispose de toute une panoplie de symboles sur lesquels nous ne reviendrons pas et où se distingue notamment sa prétention à faire le bonheur du monde au travers d'un amour maternel retrouvé. On a dit en effet que le troisième millénaire serait celui de la femme et aussi que cette femme était l'avenir de l'homme. On a omis tout simplement un léger détail, c'est que cette fameuse femme était la Mère cosmique !

Volonté : 77 %

Intuition	95 %	Études	90 %
Réussite	75 %	Associations	60 %

Le visage un peu mélancolique d'une jeune femme du Second Empire, un parfum oublié de bergamote, et c'est le portrait rêvé d'une Virginie ! Un prénom qui réussit le tour de force de proposer trois indices majeurs de même intensité moyenne : volonté, activité, émotivité. C'est ce qui donne à ce caractère un aspect évanescent où la très présente intuition va jouer un grand rôle ! Les études sont capricieuses mais réussies dans leur spécialité comme la littérature, la musique ou la psychologie. Les associés se défient souvent de ces femmes aux inspirations mystérieuses, à l'instabilité romantique.

Activité : 78 %

Dynamisme	68 %	Affaires	98 %
Voyages	85 %	Sociabilité	80 %

Une activité de fuite ! De fait, l'engagement dans l'action des Virginie dépend d'un tel nombre de conditions que, finalement, elles sont saisies de panique devant ce qui aurait dû n'être qu'une simple prise de responsabilités. Paradoxalement, les affaires marchent bien grâce au flair suralimenté de ces êtres déconcertants. Elles ont de la chance et s'en servent, même inconsciemment ! Les voyages prennent des allures de déplacements royaux et rejoignent une sociabilité de grande classe, plutôt versatile et très lunatique. Les Virginie se méfient des hommes et craignent les femmes. Le bonheur, quoi !

Portrait prospectif

Caractère : 52 %   Psychisme : 43 %   Personnalité : 67 %   Destinée : 40 %   Devenir : 39 %

Voici sans doute le prénom le plus «antiprospectif» que l'on puisse imaginer. Les Virginie se refusent à intégrer à leur plan de vie la moindre trace de ce que l'on appelle l'avenir. Que ce soit sous la forme de projet ou de réalisation concrète comme l'édification d'une demeure, elles n'acceptent pas de s'impliquer dans un processus évolutif qui les conduirait à traiter de ce qu'elles feront demain! Muni de cette précieuse indication, vous éviterez les improvisations engageantes du genre: «Une fois réalisée telle chose, nous mettrons telle autre en chantier...» Rideau! Le chantier est gommé, la «chose» flanquée aux oubliettes et votre crédit en pleine débâcle! Tout se complique un peu plus si, ayant des vues nuptiales sur une de ces belles enfants, vous essayez de la convaincre que la vie avec vous lui apportera ce bonheur tranquille que procure nécessairement l'accès aux joies du mariage! Bref, les Virginie sont à manier avec précaution car tout les incline à rester sur leur réserve et à n'accorder de crédit qu'à leur imagination débordante soutenue par une intuition inondante.

Si vous jetez un bref coup d'œil sur nos chiffres, vous serez frappé par la modestie des indices mis en place. Le caractère reste flou en ses options principales, la volonté et l'activité jouant les «bras-cassés»! La complexité des sentiments engagés ne fait qu'affaiblir le psychisme et seule l'originalité intellectuelle de ces belles incomprises sera capable de donner à leur personnalité une présence valorisante. Les Virginie sont des femmes délicieuses à qui il ne faut pas demander l'impossible, c'est-à-dire d'être autre chose qu'une inspiratrice plasmatique, un amour lunaire aux désirs indécis, une image aux contours hésitants, bientôt effacés. En attendant, vous pouvez en rêver avec toutefois cette précaution logique qui veut que les visages les plus innocents, les attitudes les plus sereines, cachent souvent des pulsions vitales dont l'irruption brutale brouille soudainement les cartes. Il n'est pas de pire eau que celle qui dort!

Émotivité : 75 %

| Affectivité | 95 % | Amour | 94 % |
| Famille | 92 % | Enfants | 100 % |

Voici une émotivité qui dépasse nettement la cote d'alerte qui est de 70 %! Dans le cas des Virginie, elle est d'autant plus gênante qu'un véritable précipice la sépare de la réactivité. Cette émotivité va donc, à certains moments, tourner à vide car elle aura du mal à embrayer sur un projet efficace. Il ne faudrait pas alors que ces femmes troublantes en viennent à se réfugier dans des rêveries incontrôlables ou dans des «paradis» artificiels! Seuls les secteurs de l'affectivité, de l'amour, de la famille et des enfants, d'une intensité remarquable, peuvent offrir des portes de sortie rassurantes.

Réactivité : 43 %

| Santé | 86 % | Sensorialité | 67 % |
| Argent | 95 % | Profession | 70 % |

Et c'est ici que l'entourage des Virginie doit faire preuve de tact et de compréhension. Les reproches à propos de tout et de rien sont à bannir ainsi que les prédictions catastrophiques. Elles ont besoin qu'on leur propose des actions brèves et variées. Elles perdent pied devant les engagements à long terme comme certaines études ou même... le mariage! La santé affichera une démarche quelque peu hésitante, l'argent sera un «agent» de sécurité et la profession aura été choisie avec beaucoup de précautions. Reste une sensorialité vulnérable, qui sera source de bien des blocages, petit univers secret et dangereux!

Virginie et les autres prénoms

Moyenne : 55 %
Classement : 75/79

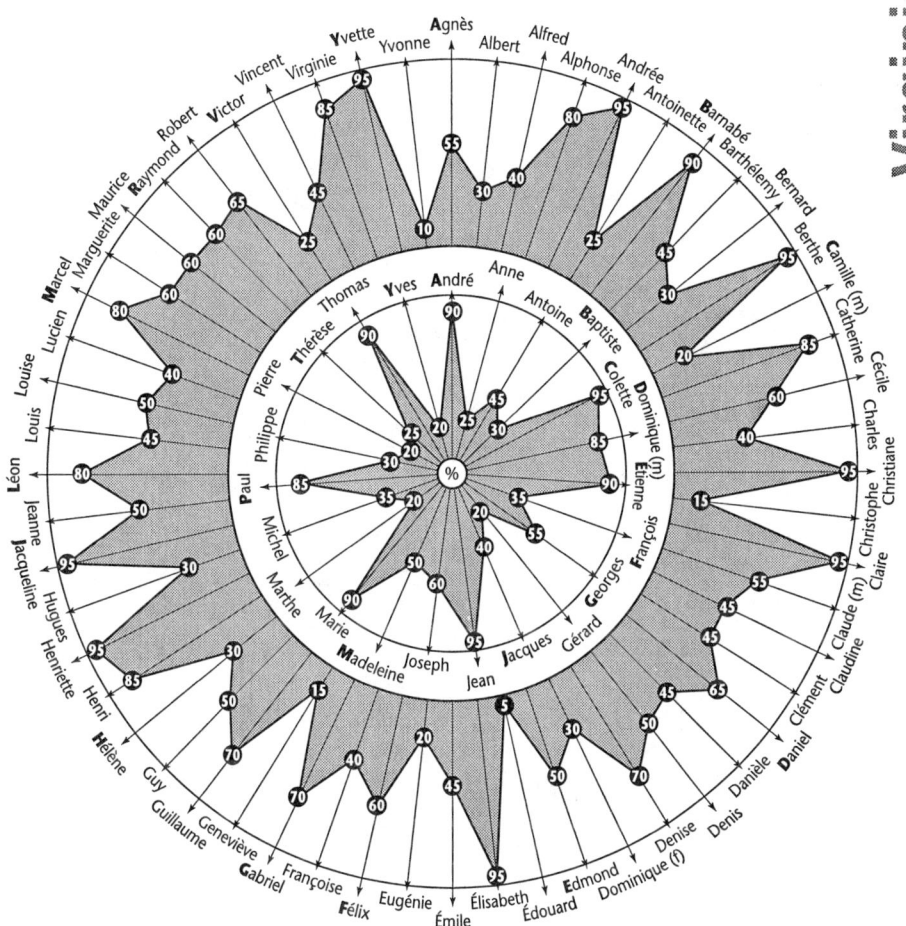

Les roues de compatibilités

Elles sont très appréciées, ces Virginie, même si elles apparaissent parfois comme de charmantes ballerines à l'inconcevable souplesse. La réalité est souvent tout autre, nous l'avons pressenti et derrière ce voile flatteur peut se dissimuler un être plus exigeant qu'on ne le croyait car nombre de Virginie ont connu des fortunes enviables, elles qui refusaient un petit gâteau d'un geste gracieux en attendant un « MacDo » roboratif accompagné d'un « Coke » grésillant ! Toujours est-il que ces femmes surprenantes apprécient à 55 % ceux qui les entourent, 75e place sur 79. Pas terrible ! Quant à leurs contemporains, ils estiment les Virginie au taux de 73 %, les mettant au 20e rang sur 79. Romantisme pas mort !

Les autres prénoms et Virginie

Moyenne : 73 %
Classement : 20/79

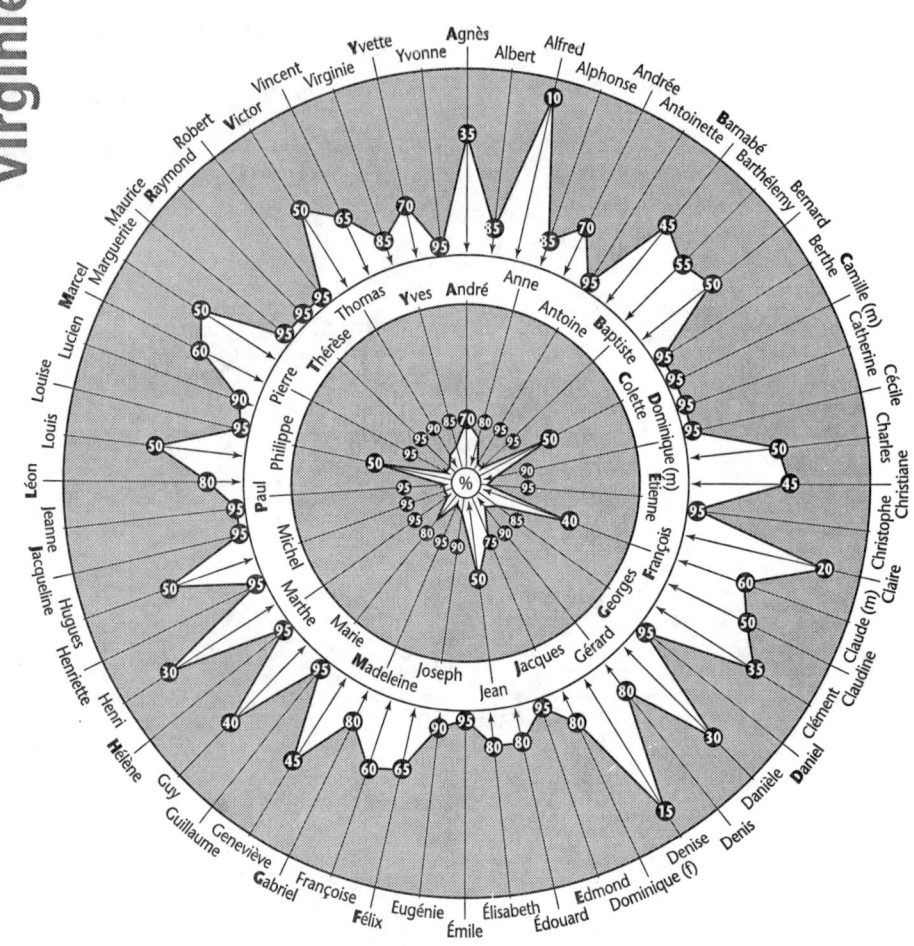

Comment Virginie s'entend avec le signe des autres

Signe	%	Signe	%
Bélier	49 %	Balance	58 %
Taureau	37 %	Scorpion	53 %
Gémeaux	66 %	Sagittaire	64 %
Cancer	87 %	Capricorne	48 %
Lion	45 %	Verseau	69 %
Vierge	69 %	Poissons	64 %

Ce tableau ne concerne pas le rapport prénom personnel/signe personnel. Il n'y a pas d'autocompatibilité entre Virginie et son propre signe caractérologique.

Yves 77

1 • Prénoms associés

Ce sont tous les prénoms, quelle que soit leur origine, qui partagent les mêmes constantes caractérologiques et que vous découvrirez dans l'index de ce volume (p. 451), dont :

Dustin	Luc	Patrick
Emmanuel	Luther	Télémaque
Erwan	Manoël	Tyler
Howard	Mendel	Yvain
Irvin	Owen	Yvonnick
Kenny	Patrice	...

2 • Célébrités

Pour vous sentir moins seul, ce trop bref aperçu des personnalités de tous les temps et de tous les lieux qui dépendent de ce type de caractère :

- ALLÉGRET Yves (1907-1987) Réalisateur *Il avait le secret du bon « ciné des familles ».*
- CHABRIER Emmanuel (1841-1894) Compositeur *Une musique qui ose rigoler.*
- DEWAERE Patrick (1947-1982) Acteur *Et puis vint le dernier dérapage !*
- LAS CASES Emmanuel (1766-1842) Historien *Le petit rapporteur à son Napo adoré.*
- MONTAND Yves (1921-1991) Chanteur, acteur *La chanson l'avait révélé, le cinéma l'a fait disparaître.*

3 • Symboles

– Les Yves et prénoms associés ont pour élément de base une **terre** que l'on aurait en quelque sorte semée dans la terre pour lui donner encore plus de puissance magnétique. D'où une volonté écrasante qui transforme leur étonnante activité en activisme féroce.
– Leur couleur, l'**orangé**, joue sur le mélange assez instable du rouge de l'amour absolu avec le jaune qui symbolise l'inconstance et même la jalousie, d'où une mixture assez inquiétante.
– Les nombres **12-22-27** apportent aux Yves une espèce de raideur de caractère que l'on peut prendre aussi bien pour de la fermeté que pour de la dureté et que leur entourage ressentira parfois comme un éloignement voulu sinon prétentieux.

4 • Devise

Durant toute leur vie, les Yves seront confrontés à des problèmes de décisions. Ils ressentiront parfois cruellement la dualité qui les habite et ils auront toujours peur du jugement d'autrui. « Que va-t-on penser de moi ? », « Est-ce bien ce qu'il fallait faire ? » D'où une devise presque simpliste : **L'homme du choix.**

5 • Totems

– Surprenant animal totem pour des hommes qui se présentent sous un aspect plutôt rude et c'est la **coccinelle**, la fameuse bête à bon Dieu, porte-chance bien connu. La démarche mentale des Yves s'en approche en ce sens que, comme cette charmante bestiole, ils ne savent pas très bien s'ils doivent marcher ou voler.
– Leur végétal, l'**églantier**, est ce rosier sauvage aux petites fleurs courageuses et aux épines acérées.
– Quant au **zinc**, leur minéral, en dehors des bistrots dont il résume toute la philosophie, il est ce métal dur aux multiples alliages pour son côté face, quant à son côté pile, vous le connaissez !

6 • Vibrations

Pour Yves, un excellent taux de vibrations de **71 %**, soit **102 000 v/s**, riche de potentialités de toutes sortes.

7 • Le Jeu de la Vie

Il y a des prénoms qui ont besoin d'expérience pour atteindre leur rendement optimal. Les Yves sont de ceux-là et l'âge leur apporte beaucoup qui calme en eux le premier geste brisant. Voici donc la lame qui leur convenait le mieux, le **numéro 5**, le **Pape**, symbole de la sagesse, personnage solennel et barbu qui, tel Salomon, trône entre les deux colonnes du Temple, rendant la justice et conciliant les antagonismes. C'est cet exemple que doivent suivre au plus tôt les Yves et consorts qui auront à maîtriser à tout prix leur côté « jeune-chien-tout-fou » qui inquiète leur partenaire, alarme leurs compagnes, effraie leurs rivaux amoureux, les uns et les autres craignant ce qu'ils appellent des mises au poing !

Volonté : 93 %

Intuition	75 %	Études	87 %
Réussite	85 %	Associations	60 %

Un prénom comme un appel… ou comme un coup de savate, au choix ! Les Yves sont des colériques suffisamment émotifs pour frapper avant de réfléchir et qui semblent exploser pour le plaisir ! Une volonté farouche se lit sur leur visage et ils ne tiennent aucun compte d'une intuition pourtant valable qui pourrait leur éviter bien des complications. Des études rageuses qui ne vivent que de défis et de compétitions. Une réussite basée sur une activité frénétique ! C'est d'ailleurs cette réussite qui convainc les associés de monter sur le ring. Le succès à tous les coups ! Quel programme !

Activité : 97 %

Dynamisme	92 %	Affaires	96 %
Voyages	93 %	Sociabilité	65 %

Ne vous faites pas d'illusion, vous serez jugé et, le cas échéant, accepté en raison de votre degré d'activité. C'est leur pierre de touche et ils en font presque un sacrement ! Le dynamisme se montre un honnête compagnon, une force de soutien qui apporte la durée à une activité qui, sans cela, s'essoufflerait vite. Les affaires volent haut et clair. Évitez donc à tout prix de parler de « combines » ou même de concessions, c'est le cimetière assuré ! Des voyages en forme d'expéditions punitives et une sociabilité versatile, grondeuse, toujours susceptible et même parfois grossière. Mais quels hommes !

Portrait prospectif

Caractère : 69 %   Psychisme : 83 %   Personnalité : 91 %   Destinée : 84 %   Devenir : 88 %

Lorsqu'un homme se prénommant Yves ou portant l'un des prénoms associés veut se pencher vers son avenir, il ressent une espèce de vertige, provoqué moins par la crainte d'imaginer des situations inédites que par l'angoisse de ne pas se reconnaître dans le visage que les circonstances nouvelles auront forcément modifié. Dans ce cas, les Yves se sentent en quelque sorte dépossédés d'eux-mêmes comme s'ils se réincarnaient dans un autre monde ayant subi une mutation déconcertante. Vous voilà prévenu ! Si vous devez présenter un projet considérable à l'un de ces êtres, vous aurez non seulement à développer l'aspect prospectif de l'entreprise au plan des affaires proprement dites, mais encore à le rassurer discrètement sur la continuité presque « morphologique » de cette aventure en ce qui concerne sa propre personnalité. Pour eux, l'avenir ne découle pas d'un passage mais bien d'une rupture ! Il existe chez eux une timidité de temps comme d'autres vivent dans la crainte d'un espace ! Et l'avertissement que nous venons de donner peut être « focalisé » à propos du mariage. Si vous êtes fiancée à un homme de ce caractère, n'entamez pas l'éternel et tonitruant cantique des « lendemains qui chantent ». Vous allez leur flanquer une frousse anticipatrice capable de les jeter tout de go sur les chemins de l'exode affectif. Prudence !

Pour éclairer, si besoin est, notre petit portrait, disons que le caractère des Yves est à fortes tendances passéistes. Ils parleront souvent de traditions, de coutumes. Leur psychisme, leurs sentiments présents, s'épanouiront bellement à la chaleur d'une amitié et plus encore d'un amour. Quant à leur personnalité, elle pourra atteindre une plénitude bouleversante si elle trouve autour d'elle et au fond de sa conviction la certitude que tout a été fait pour que demain soit aussi un jour « séquentiel », si l'on peut dire, bien dans la suite ordonnée des pensées et des rêves de ces hommes attachants. Une destinée qui aurait appris à devenir !

Émotivité : 44 %

| Affectivité | 95 % | Amour | 90 % |
| Famille | 85 % | Enfants | 97 % |

Et nous la retrouvons, cette émotivité, très présente sous le déluge de difficultés de toutes sortes qui assaillent les Yves ! En réalité, ils sont sensibles aux problèmes des autres et cachent, souvent bien mal, un réel amour de l'humanité. L'affectivité étant réellement l'oxygène de leur âme, on obtient beaucoup d'eux en les prenant par les sentiments. Leur amour est fait de tendresse raisonnée, d'élans secrets, et aboutit à une famille riche de joies partagées où les Yves s'épanouissent à la tête de toute une tribu de petits monstres prêts à abuser gaiement de leur gros « nounours » de papa ! Et ça plaît !

Réactivité : 69 %

| Santé | 97 % | Sensorialité | 92 % |
| Argent | 75 % | Profession | 90 % |

On ne sera pas étonné de découvrir également une réactivité à la courbe de réponse particulièrement pointue, si l'on peut dire ! Or, si l'on accuse souvent les Yves d'être agressifs, voire brutaux, c'est qu'en réalité ils ne font qu'obéir à une vision profonde de la justice que tout le monde ne partage pas. Au niveau de la santé, ils ont tendance à abuser de leurs forces. L'argent, pour eux, n'est que le produit du travail et la profession apparaît souveraine ! Quant à la sensorialité, elle se montre exigeante mais bien dominée par un sens aigu du devoir et de la fidélité. Des êtres loyaux, des modèles de maris !

Yves et les autres prénoms

Moyenne : 70 %
Classement : 16/79

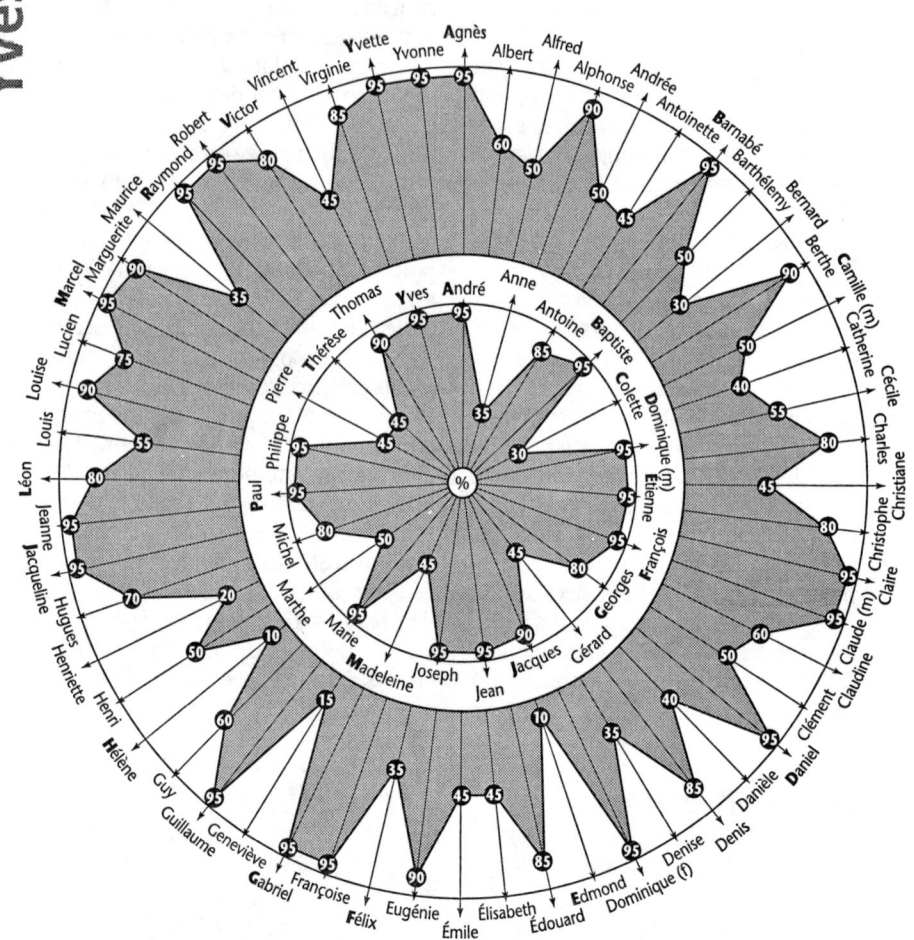

Les roues de compatibilités

La « présence », comme on dit au cinéma, de ces Yves, est particulièrement attirante. Il y a chez eux une honnêteté de vivre qui répand une aura de transparence des plus séduisantes. Elle gomme les faux décors, dissout les affections mensongères, redonne aux mots une authenticité trop rare à notre époque. Il n'est donc pas étonnant que l'entourage des Yves et consorts les apprécie à une moyenne de 74 %, leur réservant une belle 19e place sur 79. Rassurant ! Quant aux Yves, ils prendront leurs contemporains en considération au niveau de 70 % pour un classement de 16e sur 79. Deux résultats bien proches l'un de l'autre qui donneront à nos amis une raison de croire en leur étoile !

Les autres prénoms et Yves

Moyenne : 74 %
Classement : 19/79

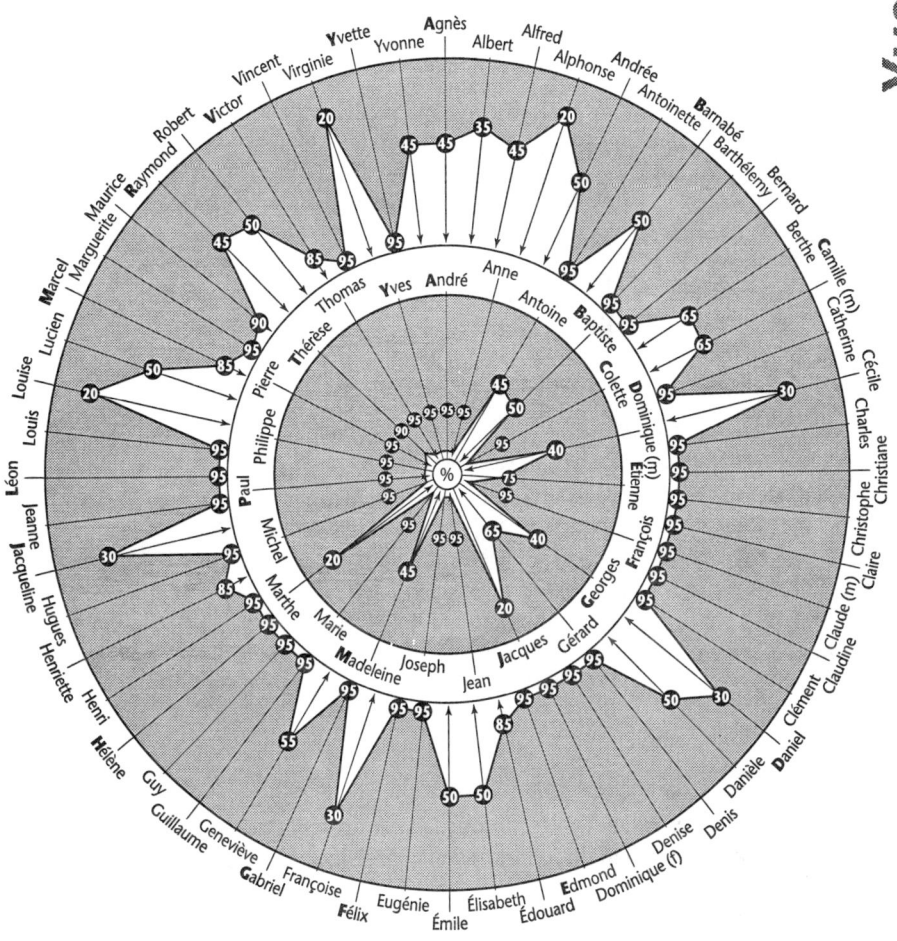

Comment Yves s'entend avec le signe des autres

Signe	%	Signe	%
Bélier	76 %	Balance	64 %
Taureau	89 %	Scorpion	32 %
Gémeaux	60 %	Sagittaire	71 %
Cancer	48 %	Capricorne	77 %
Lion	69 %	Verseau	56 %
Vierge	74 %	Poissons	62 %

Ce tableau ne concerne pas le rapport prénom personnel/signe personnel.
Il n'y a pas d'autocompatibilité entre Yves et son propre signe caractérologique.

78 Yvette

1 • Prénoms associés

Ce sont tous les prénoms, quelle que soit leur origine, qui partagent les mêmes constantes caractérologiques et que vous découvrirez dans l'index de ce volume (p. 451), dont :

Adeline	Fabiola	Malvina
Albine	Jade	Rose
Aline	Joëlle	Roseline
Dolly	Line	Yveline
Dolorès	Lola	Zoé
Erwina	Lynda	...

2 • Célébrités

Pour vous sentir moins seul, ce trop bref aperçu des personnalités de tous les temps et de tous les lieux qui dépendent de ce type de caractère :

– DUGAZON Rose (1755-1821) Cantatrice *Aimée de tout le monde, elle chantait comme personne.*

– GÉRARD Rosemonde (1871-1953) Poète *Lorsque la poésie est une affection familiale.*

– GUILBERT Yvette (1867-1944) Chanteuse *Des chansons de rêve, une silhouette de cauchemar.*

– MARGY Lina (1914-1973) Chanteuse *Un petit refrain que le cœur prend en notes.*

– MONTÈS Lola (1818-1861) Actrice, danseuse *La déchéance en beauté.*

3 • Symboles

– L'élément de base des Yvette et consorts est un **feu** du genre « follet », petit lutin chevauchant un malin courant d'air, insaisissable, amusant avant d'être, parfois, énervant.
– Leur couleur, le **bleu**, participe aussi par sa transparence de cette évanescence qui ne cessera de déconcerter tous ceux qui voudraient faire des Yvette la pierre de touche de leur réussite matrimoniale ou, plus simplement, sociale.
– Les nombres **18-46-28** semblent, avec ces femmes de rêve, échappés de quelque loto surréaliste où l'on jouerait à qui perd gagne et qui, dans ce cas, ne manquerait pas de jeter un froid léger.

4 • Devise

Elle est d'une simplicité grégorienne : **Celle qui chante** et marque bien le caractère ludique et artistique de ces créatures sublimes qui auront toujours l'air qui convient pour créer une ambiance conviviale, même dans les pires moments de la vie associative ou affective.

5 • Totems

– L'animal totem des Yvette prend des allures de fable : la **cigale** qui n'est pas seulement le symbole d'une existence imprévoyante mais aussi le rappel constant de la présence du couple « lumière-obscurité » par l'alternance de leur stridulation solaire le jour et de leur silence reposant la nuit !
– Un végétal tout de délicatesse extrême-orientale, le **cerisier**, cet arbre de beauté dont le parfum est sa plus belle couleur, fleur éphémère et fragile bientôt emportée par le vent. Petite émotion !
– Leur minéral est aussi de grande classe, c'est le **corail**, animal trompeur aux corolles troublantes, symbole, elles aussi, de la beauté féminine et que les Grecs reliaient au mythe de la Méduse dont le regard pétrifiait ceux qui la regardaient. Ô, dangereuses Yvette qui nous rendez enfin dignes de votre passion !

6 • Vibrations

Largement de quoi secouer le cocotier : 94 000 v/s soit un taux de 62 % de chatouillement. Elles ne sont pas loin du seuil d'intensité réclamé pour un « électrochoc » percutant et elles n'attendent que ça !

7 • Le Jeu de la Vie

« Oui, décidément les Yvette, c'est un monde ! » Belle et émouvante réflexion qui introduit fort bien notre propos concernant leur lame caractérologique, le **numéro 21** qui représente précisément le **Monde** en ses quatre coins avec, en « quinte essence », cette mystérieuse déesse en très petite tenue, serrant de ses doigts mignons les deux baguettes de l'autorité et du pouvoir menant, justement, notre univers. Quelles coïncidences illuminantes ! Oui, les voilà enfin arrivées, ces Yvette bellement dévoilées à nos propres yeux et entourées de leur petite ménagerie admirative et docile ! Hosanna !

Volonté : 94 %

Intuition	87 %	Études	83 %
Réussite	75 %	Associations	40 %

Sans savoir encore si les Yvette ont l'esprit d'escalier, il faut bien avouer que celui qu'elles nous proposent est vraiment spectaculaire ! De la volonté aux associations, c'est une cascade de marches glissantes. Tout commence par une volonté à casser la baraque ! On s'attend donc à découvrir un être bardé de certitudes et débordant d'assurance mais l'intuition introduit un premier bémol, se confondant avec la sensibilité. Études assez bonnes, réussite en perte de vitesse, relations avec les associés empreintes d'une méfiance réciproque : c'est l'atterrissage en catastrophe ! Secouées, mais bien vivantes !

Activité : 80 %

Dynamisme	88 %	Affaires	100 %
Voyages	90 %	Sociabilité	87 %

L'activité s'avère tout juste bonne, mais les Yvette sont plus intéressées par leur foyer, parental ou matrimonial, que par leur profession. Quant au dynamisme, il joue les montagnes russes ! Ces femmes charmantes et rieuses hurlent de joie au sommet de la course, puis s'effondrent dans les bas-fonds peureux ! Heureusement, les affaires bénéficieront de la prodigieuse puissance de contact de ces êtres curieux et imaginatifs. Les voyages se transforment en véritables parties de plaisir et la sociabilité déborde de décontraction, d'humour et de séduction. Le diable au corps ! Mais un bon petit diable amoureux !

Portrait prospectif

Caractère : 84 %   Psychisme : 79 %   Personnalité : 88 %   Destinée : 76 %   Devenir : 82 %

L'avenir est-il une question de temps ou d'espace ? Expliquons-nous. Pour la plupart d'entre nous, le futur succède au présent comme le jour à la nuit. Pour les Yvette et prénoms associés, cet enchaînement se produit à un autre niveau et presque dans un autre monde. À certains moments, on a l'impression que ces femmes surprenantes se représentent l'avenir comme une île où viendraient, peu à peu, échouer la profession, les études, le mariage, etc. Tout se figerait donc en surface en un temps indéterminé. Cela ne présente d'ailleurs pas que des avantages car tout ne va pas se produire dans l'euphorie permanente. Qu'importe, les Yvette disposent de possibilités syncrétiques qui feront merveille... pour elles tout au moins ! Il faut bien se rappeler que nos petites cigales sont, de par nature, assez insouciantes et que tout ce qui bouge, tout ce qui s'agite, est digne d'attention. Il ne vous servirait à rien d'essayer de les raisonner en leur parlant d'échéances, d'heures qui passent, d'occasions à saisir. Elles ne garderont de tout cela que l'image d'un vieux barbon jaloux de leur indépendance et de leur décontraction. Les parents ont de quoi s'inquiéter et les maris devront surveiller la valse des cartes bancaires qui risque fort de se transformer en bourrée auvergnate !

Nous sommes donc en présence d'un caractère du genre explosif et « tape-au-pied » car, avec les Yvette, on ne sait jamais si elles vont faire la « bombe » ou chanter ! Le psychisme reculera un peu sous la pression d'une affectivité débordante qui leur mettra la larme à l'œil au moindre chien écrasé. Mais la personnalité prendra son essor ! Émotive, sociable, rayonnante, elle donnera aux Yvette ce miroitement si cher aux alouettes qui, symboliquement, ne cesseront de virevolter autour d'elles, faisant de leur petit paradis cette gentille volière où trônera leur propre rossignol amoureux. Oui, mais se pose alors la terrible question : un amour mis en cage est-il toujours un véritable amour et l'avenir peut-il naître derrière des barreaux... même dorés ?

Émotivité : 65 %

Affectivité	91 %	Amour	80 %
Famille	90 %	Enfants	100 %

Bien entendu, l'émotivité – la force de l'instant, l'impatience de vivre – se retrouve en cet indice qui met également une note capricieuse dans cette belle symphonie. L'affectivité est encore plus présente qu'on ne peut le penser qui se cache sous l'ironie du propos, la « vacherie » amusée, la sauvagerie d'un moment. L'amour tient aussi sa place avec, toutefois, la légère crainte d'y perdre sa liberté. Mais ce sont la famille et les enfants qui vont fournir le terrain idéal pour y installer leur petit paradis terrestre. Toute leur vie, elles reviendront vers ces doux pâturages, au bord des eaux tranquilles !

Réactivité : 60 %

Santé	86 %	Sensorialité	83 %
Argent	100 %	Profession	70 %

Cette réactivité, nous la retrouvons au plan de leur famille, qu'elles sont prêtes à défendre de bec et d'ongles. Le métier n'est que modérément apprécié mais il n'est pas question qu'elles se laissent monter sur les pieds ! La santé « yoyotte » parfois en fonction des sautes d'humeur ou d'intérêt de ces belles dames. La sensorialité est forte mais toujours entachée d'une certaine méfiance à l'égard d'un partenaire qui n'a pas intérêt à jouer les machos ou les séducteurs paternalistes. De toute manière, ces messieurs doivent s'intéresser à l'argent car les Yvette sont de vrais trésors... à tempérament !

Yvette et les autres prénoms

Moyenne : 64 %
Classement : 39/79

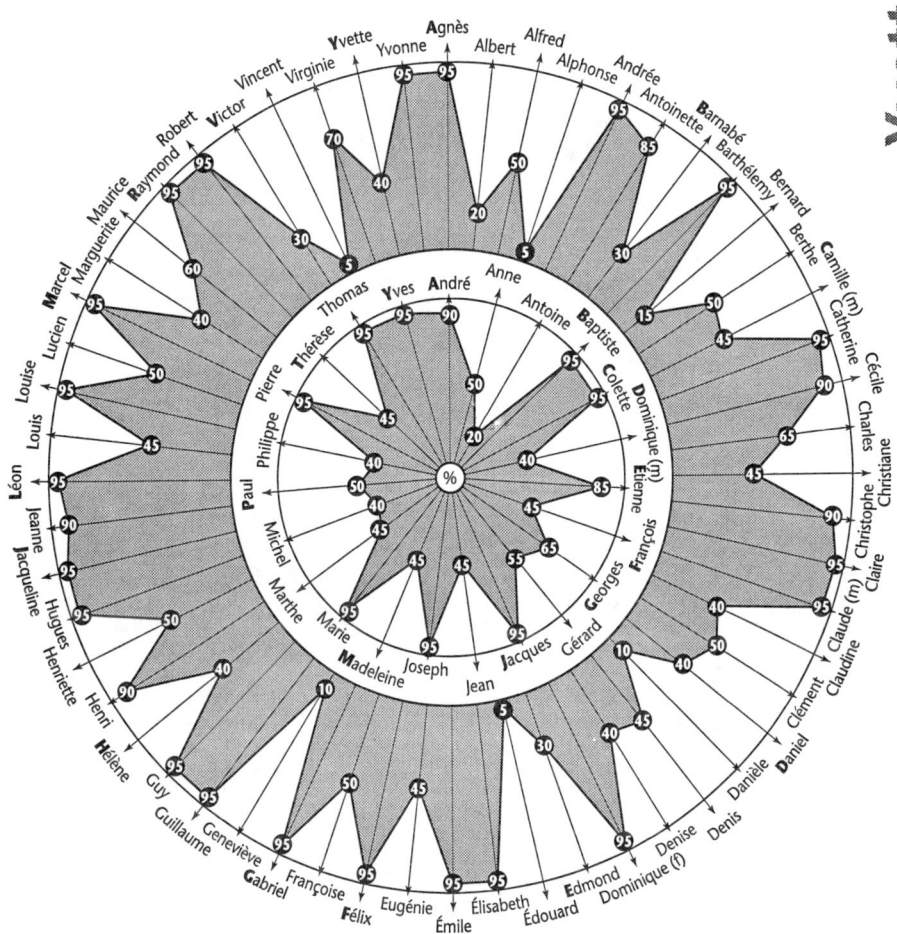

Les roues de compatibilités

Précisons que tout cela n'a rien de dramatique et que vivre en compagnie d'une de ces exquises créatures est à peine plus dangereux que de gravir la face nord des Grandes Jorasses en janvier par temps de brouillard. Pourtant les proches des Yvette se soucieront toujours un peu de leur caractère turbulent et fantasque. C'est ainsi qu'elles ne seront appréciées qu'à 62 %, ce qui leur réserve une place assez tristounette de 43e sur 79. Quant à elles, elles ne se sentiront concernées qu'à 64 % par leur entourage, soit un classement de 39e sur 79. Mais point d'alarme, car elles gardent, en leur petit cœur, un effaceur de mistoufles à nul autre pareil : le « je-m'en-fichisme » le plus total !

Les autres prénoms et Yvette

Moyenne : 62 %
Classement : 43/79

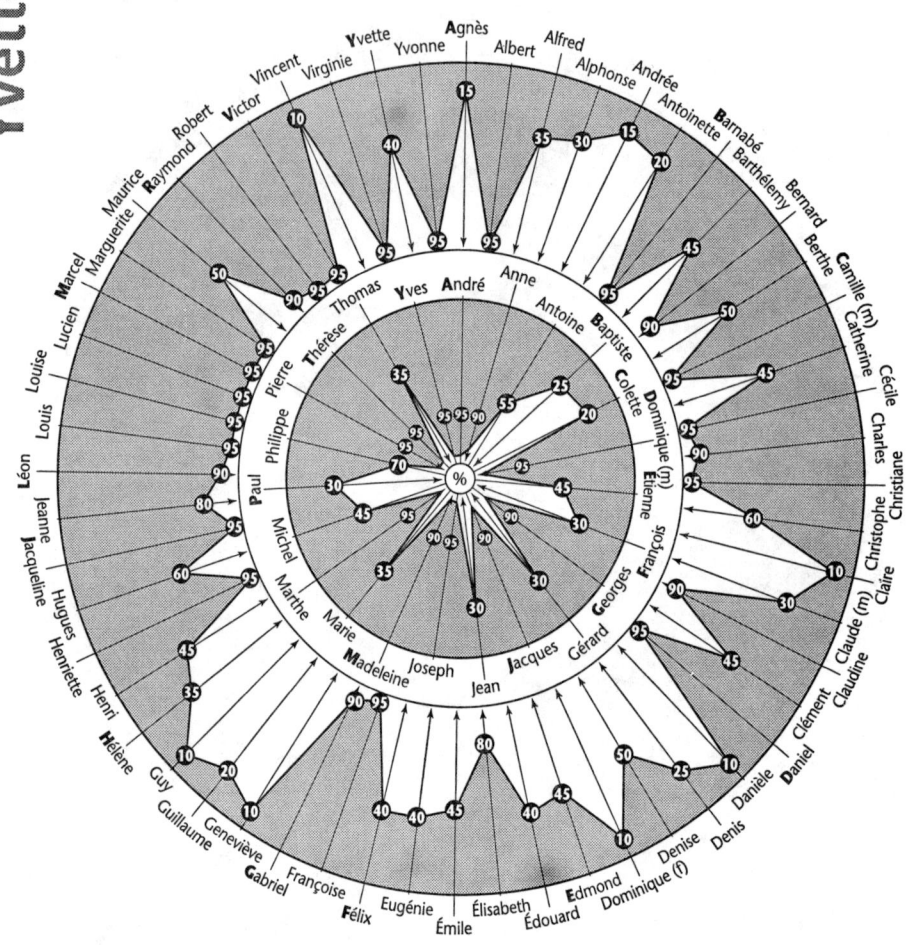

Comment Yvette s'entend avec le signe des autres

Bélier	80 %	Balance	78 %
Taureau	47 %	Scorpion	35 %
Gémeaux	71 %	Sagittaire	73 %
Cancer	68 %	Capricorne	50 %
Lion	86 %	Verseau	67 %
Vierge	57 %	Poissons	64 %

Ce tableau ne concerne pas le rapport prénom personnel/signe personnel. Il n'y a pas d'autocompatibilité entre Yvette et son propre signe caractérologique.

Yvonne 79

1 • Prénoms associés

Ce sont tous les prénoms, quelle que soit leur origine, qui partagent les mêmes constantes caractérologiques et que vous découvrirez dans l'index de ce volume (p. 451), dont :

Adrienne	Édith	Raïssa
Alida	Églantine	Sabine
Bélinda	Ella	Sabrina
Céline	Jasmine	Valérie
Chelsea	Nathalie	Yamina
Corentine	Prudence	...

2 • Célébrités

Pour vous sentir moins seul, ce trop bref aperçu des personnalités de tous les temps et de tous les lieux qui dépendent de ce type de caractère :

- BRÉMOND D'ARS Yvonne (1894-1976) Écrivain *Spécialiste des antiquités littéraires.*
- FITZGERALD Ella (1918-1996) Chanteuse *L'organe fondateur du jazz universel.*
- GAUDEAU Yvonne (1921-1991) Actrice *Un répertoire gros comme un bottin !*
- GORBATCHEV Raïssa (1934-1999) *Ces femmes qui finalement nous dirigent.*
- WOOD Nathalie (1938-1981) Actrice *Une bien belle vie, une vilaine fin !*

3 • Symboles

– L'élément de base des Yvonne est un **air** qui cache en sa mobilité toutes les pesanteurs effleurées de la terre. Autrement dit, les ailes symbolisent chez elles l'effort constant que fait leur âme pour dépasser, voire ignorer, toutes les lourdeurs de notre globe.
– La couleur **bleue** est celle de la pensée appliquée à la réalisation d'un projet à long terme. Ce n'est donc pas le bleu transparent des rêves mais celui, plus soutenu, qui engage l'avenir de l'être au nom d'une sagesse qui ose enfin dire son nom.
– Les nombres **31-7-35** soulignent les immenses potentialités de ces prénoms qui détiennent des trésors d'énergie patiente faisant de ces femmes de véritables accumulateurs d'avenir.

4 • Devise

Elle dit bien ce qu'elle veut dire, cette devise : **Celle qui pique.** Soyez sans crainte, les explications viennent qui vous préciseront l'étendue de votre douleur ! Mais le plaisir de s'y frotter est tel...

Yvonne • 79

5 • Totems

– Vous comprendrez bien des choses passées et présentes lorsqu'on vous aura appris que l'animal totem des Yvonne est le **hérisson** fort enclin à se hérisser, comme son nom l'indique et que les Anciens considéraient comme un « héros civilisateur ».

– Leur végétal est la **valériane**, un calmant qui, par le jeu des correspondances, apportera à leur personnalité cette note de sang-froid presque réfrigérante.

– Leur minéral, pour le moins curieux, est la **pechblende**, minerai contenant une forte proportion d'uranium, disposant donc des prémices d'une puissance atomique redoutable.

6 • Vibrations

Efficace taux de vibration à **58%** soit **90 000v/s**. Cela correspond tout à fait à la discrétion stratégique des Yvonne qui ne se servent que de ce qui leur est utile !

7 • Le Jeu de la Vie

Les Yvonne sont gâtées ! Leur lame caractérologique, la **numéro 3**, l'**Impératrice**, est cette figure resplendissante qui, dans le cas qui nous occupe, s'augmente d'une paire d'ailes angéliques qui leur donnerait le pouvoir de disposer d'une force spirituelle se dégageant de la matière, lui conférant ainsi une espèce d'« anti-gravitation ». D'ailleurs leurs moyens d'action se soumettent à une intelligence affective qui, chez elles, fait que la tête est bien la correspondance immédiate du cœur. D'où ce comportement noble et plein d'affabilité qui caractérise ces êtres captivants. Mais cela ne diminue en rien le fait que vivre avec les Yvonne exige un effort d'adaptation qui n'est pas à la portée de tous. Mais là encore, la persévérance est payante.

Volonté : 96%

Intuition	87%	Études	65%
Réussite	77%	Associations	45%

À l'occasion de cette dernière étude, je voudrais vous dire que j'ai découvert le caractère des prénoms en observant, au temps de ma jeunesse, le comportement d'une tante au tempérament difficile qui se prénommait Yvonne ! Dotée d'une volonté tyrannique, cette femme se servait d'une intuition diabolique pour terroriser la famille ! Elle manifestait un mépris total des études ! Sa réussite ne supportait pas l'idée de partager quoi que ce soit avec des associés débiles et sournois ! Sans le savoir encore, je venais de tomber sur l'archétype – un peu caricatural, certes ! – des Yvonne !

Activité : 92%

Dynamisme	99%	Affaires	100%
Voyages	100%	Sociabilité	95%

Je ne veux pas dire que toutes les femmes portant ce prénom piquant sont des êtres résolument machiavéliques, mais il se trouve que, chargées d'une activité féroce, elles deviennent, presque malgré elles, des bourreaux de travail implacables et obstinés. Les Yvonne trônent d'ailleurs sur un siège à quatre pieds ayant pour noms : dynamisme, affaires, voyages et sociabilité ! Et voilà en quatre mots planté le décor sulfureux d'un drame cosmique où les seuls rôles que vous serez admis à jouer seront ceux de balayeurs de rues ou de Monsieur Loyal au costume maculé de tartes à la crème usé au bas du dos !

Portrait prospectif

Caractère: 73%   Psychisme: 76%   Personnalité: 71%   Destinée: 82%   Devenir: 79%

Les Yvonne ont tendance à vivre leur avenir par personnes interposées. D'ailleurs, il suffit de penser à certaines célébrités portant ce prénom : des femmes qui ont été les égéries ou les compagnes actives de dirigeants mondiaux ! Sans oublier, bien sûr, une épouse célèbre qui a joué auprès de son grand homme le rôle d'une conjointe discrète, mais fort efficace lorsqu'il s'agissait de défendre tel projet ou de rectifier telle injustice. Nous avons vu qu'elles correspondaient bien à l'idée que l'on se fait d'une impératrice, sans pouvoir, mais non sans autorité. C'est tout au moins la représentation souveraine que l'on se faisait de ces êtres sublimes avant que la politique ne soit venue ternir le beau manteau d'hermine et que les lys ne se soient fanés. Il faut aussi reconnaître que les Yvonne ont une autre manière d'aborder le futur mais, cette fois-ci, à un titre plus personnel et moins solennel. Elles cultivent le désir passionné de lier leur passage sur terre à l'institution d'un organisme humanitaire, scientifique, artistique, peu importe, qui assurerait leur descendance morale. Sachant cela, évitez de tourner en dérision ce bel élan philanthropique, elles vous le pardonneraient d'autant moins que toute atteinte à leur honneur se paye très cher.

Nous savons que ces femmes autoritaires ne disposent pas d'un caractère très souple qui, sans manifestation tapageuse, poursuit à bas bruit son travail de sape, quitte à « se mettre en boule » à la première alerte. Un coup d'œil sur nos chiffres vous montrera clairement qu'il existe chez elles une grande cohérence d'action et de réaction. Tout se tient, caractère, psychisme, personnalité, aucune « tête » ne dépasse et la destinée et le devenir peuvent agir en toute continuité. Du reste, à la limite, on peut se demander – en plaisantant ! – si ces femmes pointues ne sont pas en définitive des « voleuses d'avenir » tant elles sont douées pour utiliser les énergies prospectives de ceux qui les entourent. Pauvre tante Yvonne qui va se retourner dans sa tombe !

Émotivité : 40%

| Affectivité | 78% | Amour | 66% |
| Famille | 60% | Enfants | 42% |

L'émotivité des Yvonne est à tiroirs ! Elle n'entre en fonction que lorsque ces belles amazones décident de se forger de toutes pièces une arme d'attaque empoisonnée en se « montant le bourrichon ». Elles s'imaginent alors une affectivité déçue, des amours contrariées, une famille déshonorée, des enfants à la rue pour vous faire un procès d'intention qui va transformer votre vie en succursale de l'Enfer de Dante ! Il y a chez elles la tentation de se servir des sentiments pour vous noyer dans vos propres complexes et, ce qui est grave, avec l'intention, assez ambiguë, de vous rendre votre véritable dimension !

Réactivité : 38%

| Santé | 95% | Sensorialité | 93% |
| Argent | 100% | Profession | 95% |

En dehors de cela, ce sont des femmes passionnantes à regarder vivre en prenant les précautions entomologiques indispensables. Connaissant leur pouvoir insinuant, vous apprécierez d'autant plus leur santé de mangouste, leur profession mobilisatrice, leur passion pour l'argent et sa cour des miracles sans oublier de décliner les trois S : sensorialité, sensualité, sexualité. Et là, si vous le permettez, je tirerai un voile pudique et prudent sur cette trilogie émouvante et recherchée qui a laissé plus d'un pauvre bonhomme sur le carreau... Rideau, donc, et merci encore pour votre aimable attention !

Yvonne et les autres prénoms

Moyenne : 55 %
Classement : 76/79

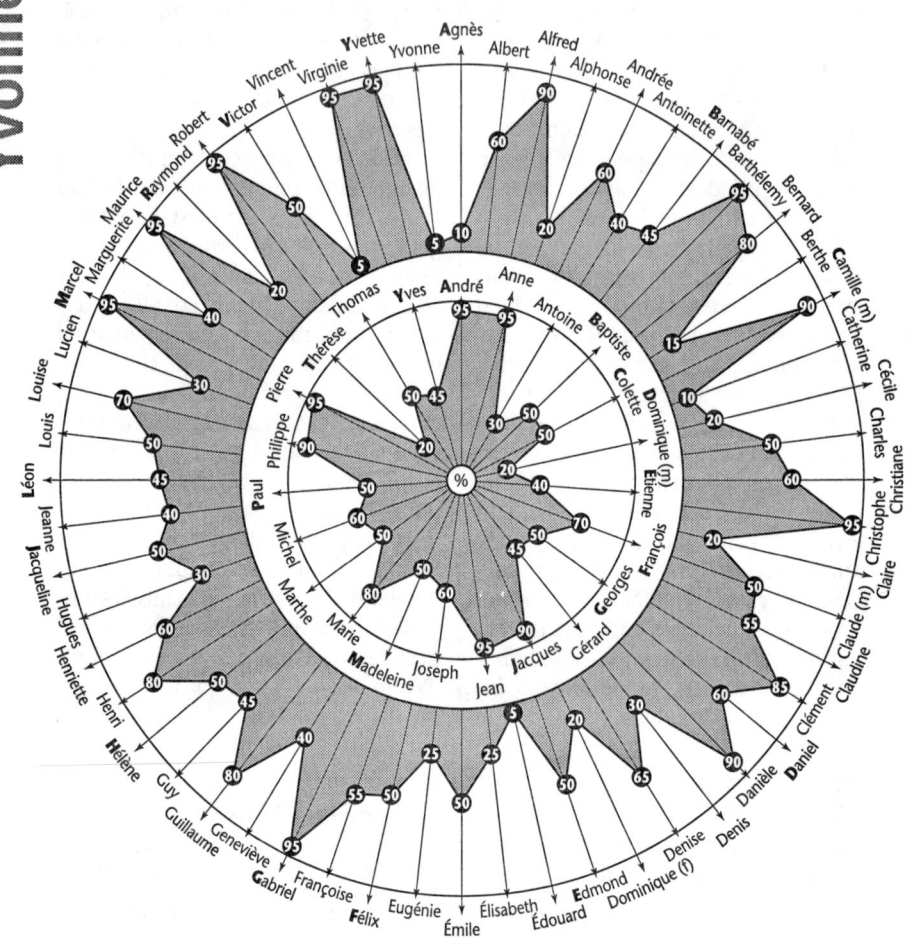

Les roues de compatibilités

En présence de personnages aussi volontaires et actifs, on est en droit de se demander comment leur entourage va réagir au contact de ces belles « tyrannes » qui n'ont pas l'habitude de se laisser faire ni de proposer la moindre mesure démagogique. La réponse ne nous surprendra pas ! C'est à la moyenne de 59 % que les Yvonne sont appréciées par leur cercle de vie, les plaçant à une modeste 54e place sur 79. Comment vont-elles réagir devant cette masse humaine plus ou moins poussée par des désirs de liberté et de jouissance ? C'est bien la catastrophe annoncée ! Les Yvonne et compagnie ne supportent ceux qui les approchent qu'à 55 %, soit un classement de 76e sur 79. Sauve qui peut !

Les autres prénoms et Yvonne

Moyenne : 59 %
Classement : 54/79

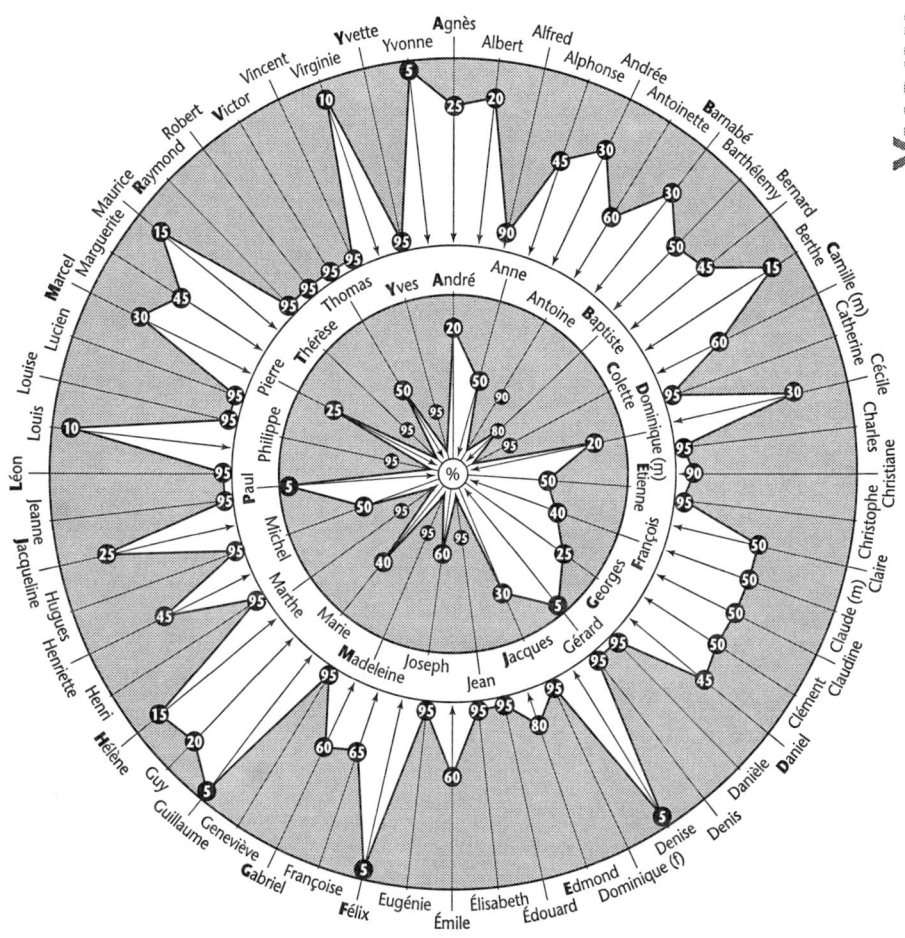

Comment Yvonne s'entend avec le signe des autres

Bélier	59 %	Balance	82 %
Taureau	48 %	Scorpion	49 %
Gémeaux	57 %	Sagittaire	71 %
Cancer	40 %	Capricorne	65 %
Lion	64 %	Verseau	54 %
Vierge	71 %	Poissons	52 %

Ce tableau ne concerne pas le rapport prénom personnel/signe personnel.
Il n'y a pas d'autocompatibilité entre Yvonne et son propre signe caractérologique.

ANNEXE

Le tarot des imagiers du Moyen Âge

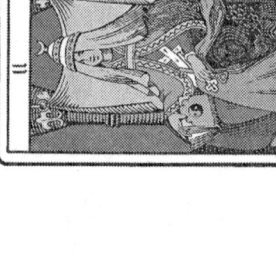
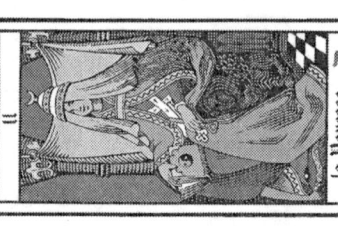

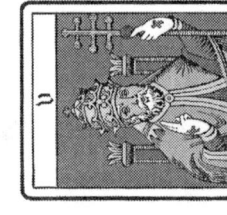
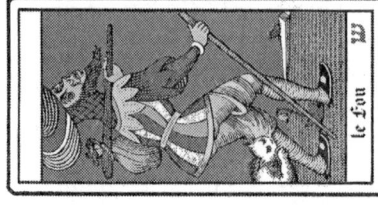

  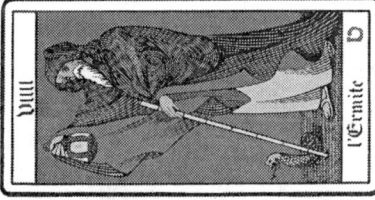 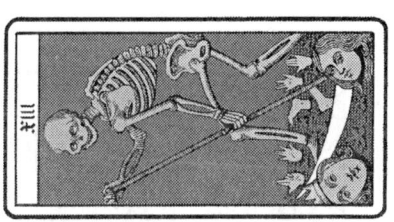 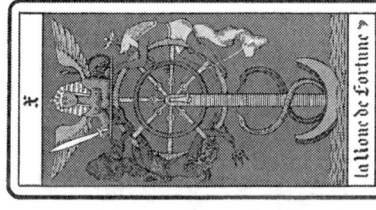 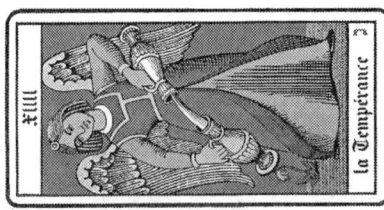  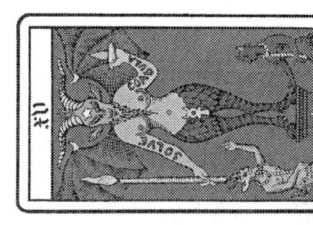

© D.R.

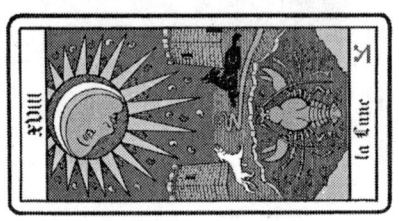

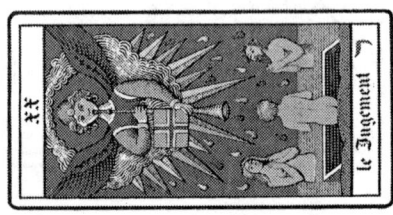
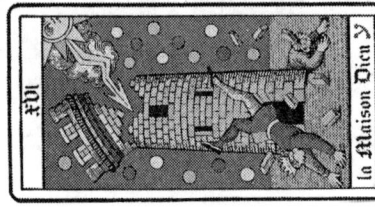
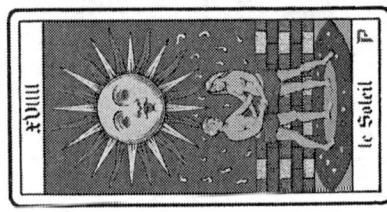

© D.R.

INDEX DES PRÉNOMS

Prénom	Sexe	N° prénom pilote	Prénom	Sexe	N° prénom pilote	Prénom	Sexe	N° prénom pilote
Aaron	M	67	Adriel	M	50	Albain	M	2
Abel	M	8	Adrien	M	70	Alban	M	2
Abélard	M	8	Adrienne	F	79	Albane	F	34
Abélia	F	47	Aël	M	32	Albaric	M	33
Abelin	M	8	Aëla	F	76	Albe	F	34
Abella	F	47	Aëlaïg	F	76	Albéric	M	33
Abellia	F	47	Aëlez	F	76	Albert	M	2
Abie	M	45	Aëlezig	M	32	Alberta	F	7
Abigaïl	M	45	Aëlia	F	76	Alberte	F	7
Abigaëlle	F	1	Aëlig	M	32	Albertina	F	7
Abondance	M	50	Aélis	F	76	Albertine	F	7
Abraham	M	45	Agapé	F	58	Alberto	M	2
Acace	M	26	Agatha	F	76	Albin	M	2
Acelin	M	48	Agathe	F	76	Albina	F	78
Achaire	M	15	Agathon	M	53	Albine	F	78
Achille	M	67	Agénor	M	13	Albinig	M	2
Ada	F	72	Agilbert	M	13	Albrecht	M	2
Adalbald	M	39	Aglaé	F	34	Alcibiade	M	55
Adalbert	M	48	Agnan	M	30	Alcide	M	55
Adalberte	F	60	Agnel	M	30	Alda	F	79
Adam	M	66	Agnelle	F	1	Aldebert	M	2
Adama	F	16	Agnès	F	1	Aldegonde	F	58
Adamo	M	66	Agnèsa	F	1	Aldemar	M	26
Adanet	M	66	Agobart	M	2	Aldo	M	69
Adéla	F	51	Agosto	M	36	Aldred	M	69
Adélaïde	F	51	Agrippine	F	49	Aldric	M	69
Adélard	M	45	Ahmed	M	66	Aldric	F	29
Adelberte	F	60	Aigline	F	40	Aldwin	M	12
Adèle	F	78	Aiglonne	F	40	Alec	M	73
Adelice	F	78	Aignan	M	30	Alec	F	21
Adélie	F	78	Aimable	M	12	Alégria	F	25
Adelin	M	2	Aimé	M	36	Aléna	F	21
Adélina	F	78	Aimée	F	1	Alène	F	21
Adelinda	F	78	Aimeric	M	70	Alessandro	M	35
Adelinde	F	78	Aimery	M	70	Alèthe	F	16
Adeline	F	78	Alain	M	73	Alèthe	M	52
Adelise	F	78	Alan	M	73	Aletta	F	16
Adelmar	M	73	Alana	F	21	Alette	F	16
Adolphe	M	12	Alanez	F	21	Alex	M	35
Adémar	M	73	Alanig	M	73	Alexandra	F	7
Adhémar	M	73	Alano	M	73	Alexandre	M	35
Adnet	M	66	Alar	M	43	Alexandrine	F	7
Adnette	F	72	Alara	F	31	Alexia	F	7
Adolphe	M	68	Alaric	M	43	Alexine	F	7
Adolphine	F	62	Alarig	M	43	Alexis	M	35
Adrian	M	70	Alary	M	43	Alexis	F	7
Adriana	F	79	Alastair	M	67	Aleyde	F	23
Adriane	F	79	Alaude	F	7	Alf	M	3
Adriano	M	70	Alba	F	34	Alfaric	M	33

Index des prénoms

Prénom	Sexe	N° prénom pilote	Prénom	Sexe	N° prénom pilote	Prénom	Sexe	N° prénom pilote
Alfie	F	27	Amable	M	12	Anatole	M	10
Alfonso	M	4	Amadeo	M	8	Anatolia	F	31
Alford	M	59	Amadis	M	8	Anatolie	F	31
Alfred	M	3	Amaël	M	70	Ancelin	M	12
Alfréda	F	27	Amaia	F	7	Andéol	M	4
Alfrède	F	27	Amalia	F	7	Andie	F	6
Alfrédine	F	27	Amalric	M	69	Andoche	M	38
Alfredo	M	3	Amance	M	28	André	M	5
Algiane	F	60	Amand	M	38	Andréa	F	6
Algie	F	60	Amanda	F	14	Andrée	F	6
Algis	M	4	Amandine	F	14	Andrew	M	5
Algise	F	60	Amarante	F	14	Andrien	M	5
Aliaume	M	12	Amaryllis	F	14	Andrieu	M	5
Alice	F	31	Amata	F	1	Andy	M	5
Alicia	F	31	Amaury	M	65	Anémone	F	7
Alick	M	73	Amazone	F	54	Ange	M	32
Alida	F	79	Ambra	F	49	Angel	M	32
Aliénor	F	72	Ambre	F	49	Angéla	F	76
Aliette	F	16	Ambroise	M	32	Angèle	F	76
Alima	F	63	Ambroisine	F	49	Angélica	F	76
Alin	M	73	Ambrose	M	32	Angélina	F	76
Aline	F	78	Ambrosio	M	32	Angéline	F	76
Alison	F	31	Amé	M	36	Angélique	F	76
Alissa	F	31	Amédée	M	8	Angelo	M	32
Alistair	M	35	Amédée	F	47	Angelram	M	46
Aliste	F	34	Amélia	F	7	Angéran	M	46
Alix	M	41	Amélie	F	7	Angie	F	76
Alix	F	17	Amélien	M	38	Angilran	M	46
Alizée	F	31	Amelin	M	20	Anglebert	M	32
Alizon	M	26	Ameline	F	7	Anicet	M	20
Allaire	M	30	Amicie	F	1	Anita	F	7
Allan	M	73	Amilcar	M	26	Anna	F	7
Allissia	F	31	Amina	F	37	Annabella	F	7
Alma	F	78	Amory	M	65	Annabelle	F	7
Almanzor	M	59	Amos	M	18	Annaëg	M	20
Aloha	F	37	Amour	M	38	Annaïc	F	7
Aloïs	M	57	Amy	M	36	Annaïg	F	7
Aloïsa	F	58	Amy	F	1	Anne	M	20
Aloïsia	F	58	Ana	F	7	Anne	F	7
Aloïsius	M	57	Anaël	M	55	Annelyse	F	7
Alonzo	M	4	Anaëlle	F	7	Annet	M	20
Alphonse	M	4	Anaïck	M	20	Annette	F	7
Alphonsin	M	4	Anaïs	F	7	Annibal	M	75
Alphonsine	F	60	Ananie	F	7	Annick	F	7
Alrick	M	69	Anastase	M	45	Annie	F	7
Althéa	F	78	Anastasia	F	1	Anniel	F	1
Altric	M	69	Anastasie	F	1	Annig	F	7
Alvise	F	58	Anasthase	M	45	Annonciade	F	47
Amabella	F	42	Anasthasie	F	1	Annonciation	F	47

453

Prénom	Sexe	N° prénom pilote	Prénom	Sexe	N° prénom pilote	Prénom	Sexe	N° prénom pilote
Annouck	F	7	Ariane	F	37	Assomption	F	47
Annouk	F	7	Arianna	F	37	Astier	M	2
Anouchka	F	7	Arianne	F	37	Astrebert	M	45
Anouck	F	7	Aribert	M	11	Astreberte	F	1
Anouk	F	7	Ariel	M	41	Astrid	F	63
Anseaume	M	12	Arielle	F	17	Atalanta	F	27
Anselma	F	63	Arina	F	37	Athanase	M	46
Anselme	M	12	Aristarque	M	8	Athanasie	F	60
Anserme	M	12	Ariste	M	8	Athéna	F	42
Anthelme	M	45	Aristide	M	8	Athénaïs	F	42
Anthère	M	24	Ariston	M	8	Atis	M	2
Anthime	M	44	Aristote	M	8	Attalia	F	14
Anthony	M	8	Aristotèle	M	8	Attila	M	44
Antinéa	F	9	Arlène	F	9	Aubaine	F	7
Antoine	M	8	Arléta	F	9	Auban	M	73
Antoinet	M	8	Arlette	F	9	Aubane	F	7
Antoinette	F	9	Arletty	F	9	Aube	F	7
Antoinon	F	9	Arline	F	9	Aubert	M	3
Anton	M	8	Armaël	M	38	Aubierge	F	60
Antonella	F	9	Armaëlle	F	14	Aubin	M	73
Antoni	M	8	Armance	F	54	Aubry	M	12
Antonia	F	9	Armand	M	15	Auda	F	7
Antonien	M	8	Armanda	F	54	Aude	F	7
Antonienne	F	9	Armande	F	54	Audran	M	5
Antonin	M	8	Armandin	M	15	Audren	M	5
Antonine	F	9	Armandine	F	54	Audrey	F	16
Antonio	M	8	Armel	M	38	Audric	M	69
Anzo	M	12	Armela	F	14	Audrie	F	16
Aoda	F	7	Armelin	M	38	Audrina	F	16
Aodren	M	5	Armeline	F	14	Auffray	M	3
Aodrena	F	16	Armelle	F	14	Aufray	M	3
Aphrodite	F	40	Arminie	F	14	Aufroy	M	3
Apollinaire	M	20	Arnaud	M	4	Augias	M	10
Apolline	F	17	Arnold	M	48	Augier	M	10
Apollon	M	20	Arnoul	M	48	Augusta	F	21
Apollonius	M	20	Arnould	M	48	Auguste	M	36
Apollos	M	20	Arsène	M	43	Augustin	M	36
Arabelle	F	23	Artémise	F	62	Augustine	F	21
Arcade	M	24	Arthaud	M	13	Aura	F	6
Arcadius	M	24	Arthur	M	13	Aure	F	6
Arcady	M	24	Arthus	M	13	Aurea	F	6
Archambaud	M	41	Arzel	M	13	Auréane	F	6
Archibald	M	10	Arzela	F	60	Aurèle	M	59
Archie	M	10	Ascelin	M	48	Aurélia	F	14
Archimbaud	M	41	Asceline	F	27	Auréliane	F	14
Ardoin	M	56	Ashley	M	71	Aurélie	F	14
Ardouin	M	56	Asmodée	M	75	Aurélien	M	59
Aretta	F	51	Asselin	M	48	Aurélienne	F	14
Arian	M	41	Asseline	F	27	Aurian	M	44

Index des prénoms

Prénom	Sexe	N° prénom pilote	Prénom	Sexe	N° prénom pilote	Prénom	Sexe	N° prénom pilote
Auriane	F	14	Barney	M	13	Benjamine	F	21
Aurora	F	72	Barry	M	43	Benny	M	11
Aurore	F	72	Bart	M	12	Benoist	M	61
Austin	M	36	Barthélemy	M	12	Benoît	M	61
Authier	M	59	Bartholomé	M	12	Benoîte	F	72
Autric	M	69	Bartholomée	F	78	Benson	M	11
Auxane	F	16	Bartolo	M	12	Benton	M	26
Auxence	M	33	Bartolomé	M	12	Benvenida	F	72
Avel	M	8	Bartolomée	F	78	Benvenuto	M	38
Avela	F	63	Basil	M	10	Béranger	M	4
Avelaine	F	63	Basile	M	10	Bérangère	F	60
Avit	M	52	Bastian	M	41	Bérard	M	26
Avold	M	52	Bastiana	F	14	Bérardine	F	54
Avoye	F	7	Bastiane	F	14	Bérenger	M	4
Avreliane	F	14	Bastien	M	41	Bérengère	F	60
Axel	M	53	Bastienne	F	14	Bérénice	F	58
Axelle	F	31	Bathilda	F	51	Berger	M	4
Aymar	M	57	Bathilde	F	51	Bernadette	F	64
Aymard	M	57	Bathylle	F	51	Bernard	M	13
Aymé	M	36	Baud	M	12	Bernarde	F	60
Aymée	F	1	Baudoin	M	12	Bernardin	M	13
Aymeric	M	70	Baudoine	F	17	Bernardine	F	60
Aymon	M	70	Baudouin	M	12	Bernardo	M	13
Aymone	F	37	Baudouine	F	17	Bernez	M	13
Ayrton	M	71	Baxter	M	30	Bernice	F	58
Azélie	F	27	Béatrice	F	63	Bernie	F	58
Azeline	F	27	Béatrix	F	63	Berny	F	58
Azemar	M	73	Beau	M	12	Bert	M	2
			Beaudoin	M	12	Bert	M	12
Babette	F	34	Beaudoine	F	17	Bert	M	22
Babylas	M	13	Beaudouin	M	12	Berta	F	14
Bailey	M	20	Beaudouine	F	17	Berteline	F	14
Balbine	F	37	Becky	F	6	Bertha	F	14
Baldric	M	12	Belin	M	8	Berthe	F	14
Baldwin	M	12	Bélina	F	79	Berthélemy	M	12
Baldwina	F	64	Bélinda	F	79	Berthilde	F	14
Balthazar	M	18	Béline	F	79	Berthold	M	12
Baptista	F	31	Bella	F	54	Bertie	F	14
Baptiste	M	10	Belle	F	54	Bertile	F	14
Baptistin	M	10	Ben	M	11	Bertilie	F	14
Baptistine	F	31	Bénéad	M	61	Bertille	F	14
Barbara	F	47	Bénédetto	M	15	Bertillon	M	22
Barbe	F	47	Bénédict	M	15	Bertin	M	22
Barberine	F	47	Bénédicte	F	31	Bertram	M	22
Barclay	M	10	Bénigne	F	19	Bertran	M	22
Barnabas	M	11	Bénigno	M	36	Bertrand	M	22
Barnabé	M	11	Benita	F	72	Bertrande	F	14
Barnard	M	13	Benito	M	61	Bertrane	F	14
Barnet	M	13	Benjamin	M	11	Bertus	M	22

Prénom	Sexe	N° prénom pilote	Prénom	Sexe	N° prénom pilote	Prénom	Sexe	N° prénom pilote
Bertyl	M	22	Boniface	M	39	Cadine	F	34
Béryl	F	16	Bonne	F	47	Cado	M	52
Béryl	M	52	Bonnie	F	47	Calais	M	43
Bess	F	34	Boris	M	13	Callia	F	34
Besse	F	34	Bosco	M	74	Calliope	F	34
Bessie	F	34	Bouchaïb	M	5	Callista	F	19
Beth	F	34	Bradford	M	24	Calliste	M	45
Béthsabée	F	34	Bradley	M	56	Callixte	M	45
Betsy	F	34	Brahim	M	52	Calvina	F	9
Bette	F	34	Bram	M	52	Calypso	F	49
Bettelin	M	28	Brandon	M	28	Camden	M	4
Bettina	F	34	Brann	M	45	Cameron	M	73
Betty	F	34	Brenda	F	14	Camilla	F	31
Beverley	M	52	Brendan	M	28	Camille	M	15
Beverley	F	16	Brendana	F	14	Camille	F	31
Bianca	F	47	Brent	M	57	Campbell	M	10
Bibian	M	52	Brett	M	56	Candice	F	58
Bibiana	F	58	Briac	M	56	Candida	F	58
Bibiane	F	58	Briag	M	56	Candide	M	11
Biche	F	63	Briaga	F	1	Candide	F	58
Bienvenu	M	38	Brian	M	56	Candy	F	58
Bienvenue	F	72	Brice	M	67	Cannelle	F	21
Bill	M	45	Briec	M	56	Canut	M	41
Billie	M	45	Brieg	M	56	Capucine	F	49
Billy	M	45	Brieuc	M	56	Cara	F	40
Binig	M	15	Brieux	M	56	Caradec	M	69
Blair	M	39	Brigitte	F	49	Caren	F	40
Blaise	M	15	Brion	M	56	Carina	F	40
Blaisiane	F	47	Britt	F	49	Carine	F	40
Blanca	F	47	Britta	F	49	Carita	F	40
Blanche	F	47	Brivel	M	36	Carl	M	18
Blanchette	F	47	Brivela	F	1	Carla	F	49
Blanda	F	47	Broderic	M	5	Carline	F	49
Blandin	M	53	Bruce	M	73	Carlo	M	18
Blandina	F	47	Bruna	F	37	Carlos	M	18
Blandine	F	47	Brune	F	37	Carlotta	F	49
Blas	M	15	Brunehaut	F	37	Carlyne	F	49
Bleiz	M	15	Brunehilde	F	37	Carmela	F	31
Bleiza	F	47	Brunella	F	37	Carmen	F	31
Bleuen	F	60	Brunetta	F	37	Carmencita	F	31
Bluette	F	78	Brunette	F	37	Carmichael	M	66
Bob	M	71	Brunetto	M	35	Carmina	F	31
Bobbette	F	40	Bruno	M	35	Carmine	F	31
Bobbie	M	71	Brutus	M	74	Carol	M	18
Bobby	M	71	Bryan	M	56	Carola	F	49
Bogart	M	38	Bryant	M	56	Carole	F	49
Bonaventura	F	54	Bryce	M	67	Carolina	F	49
Bonaventure	M	69	Bunny	F	63	Caroline	F	49
Bonfils	M	46				Carter	M	41

Index des prénoms

Prénom	Sexe	N° prénom pilote	Prénom	Sexe	N° prénom pilote	Prénom	Sexe	N° prénom pilote
Cary	M	38	Célien	M	3	Chrislaine	F	47
Casandra	F	34	Célimène	F	31	Chrissy	F	19
Casey	M	33	Célina	F	79	Christ	M	74
Casimir	M	12	Céline	F	79	Christa	F	19
Casimira	F	25	Célinia	F	79	Christabelle	F	19
Caspar	M	18	Célinie	F	79	Christel	F	19
Caspara	F	42	Célosia	F	27	Christelle	F	19
Cassandra	F	34	Celsa	F	23	Christen	M	74
Cassandre	F	34	Celse	M	5	Christian	M	74
Cassiano	M	15	Celsin	M	5	Christiana	F	19
Cassie	F	29	Celsina	F	23	Christiane	F	19
Cassien	M	15	Cendrillon	F	31	Christie	F	19
Cassienne	F	29	Cerise	F	63	Christilla	F	19
Cassio	M	15	Cerisette	F	63	Christina	F	19
Cassiopée	F	42	Césaire	M	36	Christine	F	19
Cassius	M	15	César	M	36	Christobal	M	20
Cassy	F	29	Césarie	F	19	Christodule	M	20
Cast	M	73	Césarine	F	19	Christophe	M	20
Caste	M	73	Césario	M	36	Christopher	M	20
Catalina	F	16	Cévole	M	44	Chuck	M	18
Caterina	F	16	Chandler	M	39	Cindie	F	62
Cathel	F	16	Chanelle	F	58	Cindy	F	62
Cathelle	F	16	Chani	F	58	Cinnie	F	7
Catherine	F	16	Chantal	F	54	Clair	M	56
Cathia	F	16	Charlaine	F	49	Claire	F	21
Cathie	F	16	Charlemagne	M	18	Clairette	F	21
Cathleen	F	16	Charlène	F	49	Clara	F	21
Cathy	F	16	Charles	M	18	Clarence	M	56
Catia	F	16	Charletta	F	49	Clarence	F	21
Catie	F	16	Charley	M	18	Clarette	F	21
Caty	F	16	Charlie	M	18	Clarie	F	21
Cécil	M	39	Charline	F	49	Clarinda	F	21
Cécile	F	17	Charlot	M	18	Clarine	F	21
Cécilia	F	17	Charlotte	F	49	Clarissa	F	21
Céciliane	F	17	Charly	M	18	Clarisse	F	21
Cécilie	F	17	Charmaine	F	31	Clarita	F	21
Cécilio	M	39	Chelsea	F	79	Clark	M	52
Cécily	F	17	Chérie	F	40	Claud	M	22
Cédric	M	41	Cherry	F	40	Claude	M	22
Cédrine	F	7	Chéryl	F	49	Claude	F	72
Célandine	F	19	Cheston	M	55	Claudel	M	22
Célesta	F	54	Chiara	F	21	Claudette	F	72
Céleste	M	53	Chimène	F	1	Claudia	F	72
Céleste	F	54	Chloé	F	37	Claudie	F	72
Célestin	M	53	Chloris	F	23	Claudien	M	22
Célestina	F	54	Chokri	M	10	Claudienne	F	72
Célestine	F	54	Chrétien	M	18	Claudine	F	23
Célia	F	17	Chrétienne	F	49	Claudio	M	22
Célie	F	17	Chris	F	19	Claudius	M	22

Prénom	Sexe	N° prénom pilote	Prénom	Sexe	N° prénom pilote	Prénom	Sexe	N° prénom pilote
Claudy	F	72	Coline	F	25	Coryse	F	16
Claus	M	18	Colinette	F	25	Cosette	F	25
Clayton	M	35	Colinot	M	18	Cosima	F	25
Cléa	F	37	Collette	F	25	Cosimette	F	25
Cléda	F	37	Collie	F	14	Cosme	M	46
Clélia	F	37	Colly	F	14	Courtney	M	75
Clélie	F	37	Colomba	F	14	Crawford	M	61
Clémence	F	42	Colomban	M	59	Crépin	M	41
Clémenceau	M	24	Colombe	F	14	Crépinien	M	41
Clément	M	24	Colombine	F	14	Crescence	M	70
Clémente	F	42	Côme	M	46	Crescent	M	70
Clémentia	F	42	Conception	F	16	Crescentia	F	79
Clémentin	M	24	Conchita	F	16	Cristian	M	74
Clémentine	F	42	Connie	F	60	Cristiane	F	19
Clémenza	F	42	Connor	M	24	Cristina	F	19
Cléo	F	47	Conrad	M	65	Cristobal	M	20
Cléopatre	F	47	Conradin	M	65	Cristoforo	M	20
Cler	M	56	Conradine	F	60	Cromwell	M	32
Clère	M	56	Constance	F	62	Crystiala	F	19
Clervie	F	7	Constancia	F	62	Cunégonde	F	54
Clet	M	50	Constant	M	68	Curd	M	65
Cleveland	M	38	Constanta	F	62	Curt	M	65
Climène	F	29	Constante	F	62	Cybard	M	57
Clio	F	37	Constantin	M	68	Cydalise	F	34
Clo	M	45	Constantina	F	62	Cynthia	F	51
Cloclo	M	22	Constantine	F	62	Cyprian	M	66
Clodette	F	72	Constanza	F	62	Cypriane	F	40
Clodomir	M	45	Consuela	F	62	Cyprien	M	66
Cloé	F	37	Contesse	F	76	Cyprienne	F	40
Cloélia	F	37	Cora	F	16	Cyprille	F	40
Clorinda	F	54	Coralie	F	16	Cypris	F	40
Clorinde	F	54	Coraline	F	16	Cyr	M	5
Clos	M	18	Coralise	F	16	Cyrano	M	5
Clotaire	M	68	Cordélia	F	42	Cyriaque	M	5
Clothilde	F	14	Corella	F	16	Cyrielle	F	9
Clotilda	F	14	Corentin	M	73	Cyril	M	5
Clotilde	F	14	Corentine	F	79	Cyrilla	F	9
Cloud	M	67	Corine	F	7	Cyrille	M	5
Clovis	M	22	Corinna	F	7	Cyrillus	M	5
Clovisse	M	22	Corinne	F	7	Cyrus	M	5
Cluny	M	22	Corneille	M	10			
Clyde	M	71	Cornélia	F	54	Dagobert	M	38
Cody	M	46	Cornélie	F	54	Dagoberta	F	6
Colas	M	18	Cornélien	M	10	Dagoberte	F	6
Colbert	M	2	Cornélienne	F	54	Dagomar	M	20
Cole	F	25	Cornélio	M	10	Dahlia	F	60
Coletta	F	25	Cornélius	M	10	Daisy	F	62
Colette	F	25	Cornély	M	10	Dalbert	M	2
Colin	M	18	Cornille	M	10	Dalhia	F	60

Prénom	Sexe	N° prénom pilote	Prénom	Sexe	N° prénom pilote	Prénom	Sexe	N° prénom pilote
Dalila	F	17	Déborah	F	14	Dié	M	66
Damase	M	57	Deïrdre	F	40	Diego	M	66
Damia	F	40	Delf	M	61	Dietrich	M	74
Damian	M	52	Delfin	M	61	Dietter	M	74
Damiana	F	40	Delfina	F	14	Dieudonné	M	30
Damiane	F	40	Delfine	F	14	Dimitri	M	66
Damien	M	52	Délia	F	42	Dina	F	31
Damienne	F	40	Délinda	F	25	Dinan	M	69
Damiette	F	40	Delorès	F	78	Dine	F	31
Damon	M	61	Delphin	M	61	Diomède	M	56
Dan	M	26	Delphina	F	14	Dion	M	28
Dana	F	27	Delphine	F	14	Dionysa	F	29
Danaé	F	27	Déméter	F	23	Dionyse	F	29
Danéric	M	68	Démètre	M	66	Dionysius	M	28
Dania	F	27	Démétrio	M	66	Dionysos	M	28
Danie	F	27	Démétrius	M	66	Dirk	M	5
Daniel	M	26	Deniel	M	26	Dirkie	M	5
Daniéla	F	27	Deniela	F	27	Diva	F	63
Danièle	F	27	Denielez	F	27	Dive	F	63
Danielle	F	27	Denis	M	28	Divine	F	63
Daniélou	M	26	Denise	F	29	Dixon	M	15
Danila	F	27	Dennis	M	28	Djamel	M	71
Danitza	F	27	Denny	M	28	Dogmaël	M	70
Danny	F	27	Denovane	M	74	Dogmaëla	F	17
Dante	M	41	Denton	M	50	Dolène	F	78
Dany	F	27	Denver	M	50	Dolf	M	73
Daphné	F	19	Denys	M	28	Dolfi	M	73
Daria	F	9	Denyse	F	29	Dolly	F	78
Darius	M	52	Déodat	M	36	Dolorès	F	78
Darlanne	F	31	Derek	M	5	Dolorita	F	78
Darryl	M	26	Déric	M	5	Domenica	F	31
Dauphin	M	61	Dérien	M	33	Domenico	M	30
Dauphine	F	14	Desdémone	F	21	Dustin	M	77
Dave	M	41	Désidéria	F	60	Domien	M	52
Daviane	F	37	Désidério	M	50	Dominga	F	31
David	M	41	Désiré	M	50	Domingo	M	30
Davida	F	37	Désirée	F	60	Domini	M	30
Davidou	M	41	Dévote	F	63	Dominica	F	31
Davie	M	41	Diana	F	42	Dominig	M	30
Davina	F	37	Diandra	F	62	Dominique	M	30
Davinia	F	37	Diane	F	42	Dominique	F	31
Davis	M	41	Dianna	F	42	Domitia	F	19
Davit	M	41	Dianne	F	42	Domitian	M	26
Davy	M	41	Dick	M	66	Domitiane	F	19
Dayana	F	42	Dickie	M	66	Domitie	F	19
Dean	M	57	Dicky	M	66	Domitien	M	26
Debbie	F	14	Didiane	F	31	Domitienne	F	19
Debby	F	14	Didier	M	69	Domitille	F	19
Débora	F	14	Didyme	M	24	Domnin	M	52

459

Prénom	Sexe	N° prénom pilote	Prénom	Sexe	N° prénom pilote	Prénom	Sexe	N° prénom pilote
Donald	M	24	Edé	F	14	Élénore	F	72
Donat	M	10	Edeline	F	78	Éléonore	F	72
Donata	F	31	Edern	M	18	Elfie	F	27
Donatella	F	31	Ederna	F	42	Elfreda	F	27
Donatian	M	10	Edernez	F	42	Elfrid	F	27
Donatiane	F	31	Edernig	M	18	Elfrida	F	27
Donatien	M	10	Edgar	M	53	Elfried	F	27
Donatienne	F	31	Edgard	M	53	Elfrieda	F	27
Donatio	M	10	Edina	F	23	Elfriede	F	27
Donato	M	10	Edita	F	79	Elga	F	42
Donella	F	31	Edite	F	79	Élia	F	17
Donelle	F	31	Edith	F	79	Éliacin	M	41
Donetta	F	31	Editha	F	79	Élian	M	41
Donna	F	31	Editta	F	79	Éliane	F	17
Dora	F	16	Edma	F	58	Elias	M	41
Doralicia	F	16	Edmé	M	32	Eliaz	M	41
Dorée	F	54	Edméa	F	58	Élie	M	41
Doretta	F	54	Edmée	F	58	Éliette	F	17
Doria	F	9	Edmond	M	32	Élina	F	17
Dorian	M	5	Edmonda	F	76	Éline	F	17
Doriane	F	9	Edmonde	F	76	Éliot	M	41
Dorice	F	54	Edna	F	23	Élioussa	F	17
Dorinda	F	16	Édouard	M	33	Élisa	F	34
Dorine	F	16	Édouardine	F	40	Élisabeth	F	34
Doris	F	54	Édric	M	56	Élisabetha	F	34
Dorise	F	54	Eduin	M	55	Élise	F	34
Dorothée	F	54	Eduina	F	23	Élisée	M	38
Dorris	F	54	Eduine	F	23	Élissa	F	34
Doryse	F	54	Edvige	F	1	Éliza	F	34
Douce	F	47	Edwige	F	1	Élizabet	F	34
Doug	M	61	Edwin	M	55	Élizabeth	F	34
Dougan	M	2	Edwina	F	23	Ella	F	79
Douglas	M	61	Effie	F	54	Ellen	F	47
Doyle	M	46	Eflamm	M	44	Ellene	F	47
Drenig	M	5	Egan	M	66	Ellénita	F	47
Druon	M	5	Égide	F	21	Ellie	F	17
Duke	M	12	Égidia	F	21	Ellina	F	17
Duncan	M	2	Égidius	M	45	Elly	F	17
Dustin	M	77	Églantine	F	79	Ellyn	F	17
Dylan	M	48	Egmond	M	13	Elma	F	79
			Egmonde	F	27	Elme	M	35
Eaton	M	56	Egmont	M	13	Elmie	F	79
Ebermond	M	41	Egmund	M	13	Elna	F	79
Ebermonde	F	78	Egmunt	M	13	Élodia	F	63
Ebrard	M	65	Éléa	F	47	Élodie	F	63
Eda	F	79	Éleanor	F	72	Éloi	M	43
Edard	M	33	Éléazar	M	39	Éloïsa	F	17
Edda	F	79	Élen	F	47	Éloïse	F	17
Eddy	M	33	Éléna	F	47	Élora	F	62

Prénom	Sexe	N° prénom pilote	Prénom	Sexe	N° prénom pilote	Prénom	Sexe	N° prénom pilote
Élouan	M	20	Engelberta	F	60	Errol	M	67
Eloy	M	43	Engelberte	F	60	Ervan	M	77
Elphège	M	59	Engelmond	M	44	Erven	M	77
Elred	M	69	Engérand	M	46	Erwan	M	77
Elric	M	69	Engilram	M	46	Erwan	F	78
Elsa	F	34	Englebert	M	32	Erwin	M	77
Else	F	34	Engracia	F	63	Erwina	F	78
Elseline	F	34	Enguerran	M	46	Esaïe	M	77
Elsie	F	34	Enguerrand	M	46	Esméralda	F	19
Elsy	F	34	Enguerrande	F	60	Espérance	F	79
Elvéra	F	29	Énide	F	23	Esteban	M	36
Elvie	F	29	Énimie	F	47	Esteffe	M	36
Elvine	F	29	Énogat	M	56	Estel	F	7
Elvira	F	29	Énola	F	78	Estéla	F	7
Elvire	F	29	Énora	F	72	Estella	F	7
Elyette	F	17	Enrico	M	48	Estelle	F	7
Elzéar	M	39	Enrique	M	48	Estélon	M	20
Emanuel	M	77	Envel	M	26	Estèphe	M	36
Emanuelle	F	72	Envela	F	31	Ester	F	49
Émela	F	72	Éphrem	M	68	Estevan	M	36
Émèle	M	35	Épiphane	M	12	Estève	M	36
Émeline	F	72	Épiphanie	F	78	Esther	F	49
Émeraude	F	19	Éponine	F	42	Estienne	M	36
Émeric	M	70	Érasme	M	36	Estrella	F	7
Émerika	F	7	Erembert	M	35	Estrelle	F	7
Émil	M	35	Eréna	F	54	Estrellita	F	7
Émilda	F	7	Erentrude	F	72	Ethel	F	7
Émile	M	35	Ergat	M	74	Ethelbert	M	39
Émilia	F	7	Éric	M	71	Ethelda	F	7
Émilian	M	35	Érica	F	9	Etheline	F	7
Émiliane	F	7	Erich	M	71	Ethelle	F	7
Émilie	F	7	Erick	M	71	Ethelyn	F	7
Émilien	M	35	Ericka	F	9	Étienne	M	36
Émilienne	F	7	Erika	F	9	Étiennette	F	1
Émilio	M	35	Erinna	F	54	Étoile	F	7
Émilius	M	35	Erlé	M	32	Etta	F	49
Émily	F	7	Ermelinde	F	37	Eude	M	44
Emma	F	72	Ermengarde	F	58	Eudelin	M	44
Emmanuel	M	77	Erménilda	F	76	Eudeline	F	6
Emmanuella	F	72	Ermine	F	14	Eudes	M	44
Emmanuelle	F	72	Erminia	F	14	Eudiane	F	6
Emmeline	F	72	Erminie	F	14	Eudier	M	44
Emmeran	M	10	Erminio	M	67	Eudin	M	44
Emmeranne	F	54	Erna	F	34	Eudine	F	6
Emmet	M	33	Ernest	M	26	Eudora	F	6
Endora	F	14	Ernestina	F	34	Eudoxie	F	47
Engebert	M	32	Ernestine	F	34	Eugène	M	2
Engel	M	32	Ernie	M	26	Eugénia	F	37
Engelbert	M	32	Erny	M	26	Eugénie	F	37

461

Prénom	Sexe	N° prénom pilote	Prénom	Sexe	N° prénom pilote	Prénom	Sexe	N° prénom pilote
Eugénien	M	2	Évraud	M	65	Fata	F	16
Eulalia	F	63	Évremode	F	1	Fatima	F	63
Eulalie	F	63	Évremond	M	65	Fatzel	M	39
Euloge	M	20	Évremonde	F	1	Faust	M	75
Eunice	F	54	Évrerard	M	65	Fausta	F	16
Euphémie	F	29	Ewald	M	52	Fauste	F	16
Euphrasie	F	34	Ewen	M	77	Faustin	M	75
Euphrosine	F	23	Expédit	M	15	Faustina	F	16
Euriel	M	24	Exupère	M	57	Faustine	F	16
Eurielle	F	42	Exupérien	M	57	Faustinien	M	75
Europa	F	78	Exupéry	M	57	Fausto	M	75
Europe	F	78	Eymard	M	57	Fauvette	F	79
Eurosie	F	78	Ezaiaz	M	77	Fava	F	29
Euryalée	F	42	Ézéchiel	M	52	Favre	M	52
Eurydice	F	58	Ézéchielle	F	16	Fébé	M	43
Eusèbe	M	15				Fébo	M	43
Eusébie	F	31	Fabia	F	29	Fédan	M	36
Eustache	M	32	Fabian	M	8	Fédérica	F	31
Eustacia	F	27	Fabiane	F	29	Fédérico	M	69
Eustolie	F	47	Fabianne	F	29	Fédérigo	M	69
Euthyme	M	59	Fabie	F	29	Fédia	F	31
Euveline	F	63	Fabien	M	8	Fédor	M	69
Euvrard	M	65	Fabienne	F	29	Fédora	F	31
Euxane	M	69	Fabio	M	8	Fédoulia	F	31
Euxane	F	54	Fabiola	F	78	Fédoussia	F	31
Éva	F	63	Fabion	M	52	Félice	M	38
Évan	M	53	Fabri	M	52	Félicia	F	34
Évana	F	63	Fabrice	M	52	Félicidad	F	34
Évandre	M	53	Fabricia	F	42	Félicie	F	34
Évane	F	63	Fabricien	M	52	Félicien	M	38
Évangéline	F	54	Fabricio	M	52	Félicienne	F	34
Évanne	F	63	Fabricius	M	52	Félicité	F	34
Évariste	M	26	Fadilla	F	40	Félipa	F	19
Ève	F	63	Faila	F	29	Felipe	M	68
Évelina	F	63	Falia	F	29	Félis	M	38
Évelyne	F	63	Fanch	M	39	Félise	F	34
Éven	M	77	Fanchette	F	40	Félissia	F	34
Évena	F	63	Fanchon	F	40	Félix	M	38
Éverard	M	65	Fanélie	F	6	Fénella	F	47
Everett	M	65	Fanette	F	6	Féodor	M	69
Éverilde	F	34	Fannie	F	6	Féodora	F	31
Évermond	M	65	Fanny	F	6	Ferdie	M	15
Évermonde	F	1	Fantin	M	53	Ferdinand	M	15
Evette	F	63	Fantine	F	47	Ferdinanda	F	54
Evi	F	63	Farah	F	42	Ferdinande	F	54
Evie	F	63	Fargeau	M	36	Ferdinando	M	15
Evita	F	63	Farouk	M	74	Ferdinant	M	15
Évode	M	65	Farrell	M	48	Fergie	M	11
Évrard	M	65	Fassia	F	16	Fermin	M	28

Index des prénoms

Prénom	Sexe	N° prénom pilote	Prénom	Sexe	N° prénom pilote	Prénom	Sexe	N° prénom pilote
Fermine	F	6	Flaminia	F	23	Fortunia	F	64
Fernand	M	15	Flamm	M	55	Fortunio	M	20
Fernanda	F	54	Flammen	F	23	Foucaud	M	18
Fernande	F	54	Flavia	F	21	Foucault	M	18
Fernando	M	15	Flavian	M	36	Fougère	M	12
Férol	M	28	Flavie	F	21	Fougère	F	78
Férola	F	6	Flavien	M	36	Foulques	M	30
Ferrante	M	28	Flavienne	F	21	Fouqué	M	18
Ferréol	M	28	Flavière	F	21	Fouques	M	18
Ferréola	F	6	Flavius	M	36	Fouquet	M	18
Fescenia	F	17	Fleming	M	43	Fourier	M	56
Fia	F	19	Fleur	F	6	Fox	M	66
Fiacre	M	70	Fleurance	F	6	Foy	M	77
Fidel	M	10	Fleurette	F	6	Fragan	M	15
Fidela	F	31	Flint	M	50	Fran	M	39
Fidèle	M	10	Flippie	F	19	Franca	F	40
Fidélia	F	31	Flobert	M	68	France	F	40
Fidelin	M	10	Flor	F	6	Francelin	M	39
Fidélio	M	10	Flora	F	6	Franceline	F	40
Fidélius	M	10	Floran	M	44	Francès	M	39
Fidji	F	19	Flore	F	6	Francesca	F	40
Fifine	F	49	Florence	F	6	Francesco	M	39
Fila	F	63	Florenceau	M	44	Francette	F	40
Filia	F	19	Florencia	F	6	Francina	F	40
Filibert	M	68	Florent	M	44	Francine	F	40
Filiberta	F	1	Florentia	F	6	Francis	M	39
Filiberto	M	68	Florentin	M	44	Francisca	F	40
Filide	F	19	Florentina	F	6	Francisco	M	39
Filip	M	68	Florentine	F	6	Francisque	M	39
Filipa	F	1	Florestan	M	44	Franck	M	39
Filippina	F	1	Florette	F	6	François	M	39
Filippo	M	68	Florian	M	44	Françoise	F	40
Fille	F	19	Floriane	F	6	Franek	M	39
Fillipa	F	1	Floribert	M	44	Frank	M	39
Fina	F	49	Floride	F	6	Franka	F	40
Fine	F	49	Florie	F	6	Frankie	M	39
Finette	F	49	Florimond	M	44	Franklin	M	39
Finie	F	49	Florine	F	6	Franko	M	39
Finnian	M	41	Floris	F	6	Frannie	F	40
Fiodor	M	69	Flossie	F	6	Franny	F	40
Fiodora	F	31	Flour	M	44	Frans	M	39
Fiona	F	19	Foma	F	17	Fransez	M	39
Firmiane	F	6	Fomaïda	F	17	Frantz	M	39
Firmin	M	28	Fons	M	4	Frasquita	F	40
Fiminian	M	28	Foréannan	M	41	Fraya	F	54
Firminie	F	6	Fortunat	M	20	Fred	M	69
Firminien	M	28	Fortune	F	64	Freda	F	31
Firminienne	F	6	Fortuné	M	20	Freddy	M	69
Flamine	F	23	Fortunée	F	64	Frédégonde	F	31

463

Prénom	Sexe	N° prénom pilote	Prénom	Sexe	N° prénom pilote	Prénom	Sexe	N° prénom pilote
Frédéric	M	69	Gaëlla	F	47	Gaudeberte	F	31
Frédérica	F	31	Gaëlle	F	47	Gaudeline	F	31
Frédérick	M	69	Gaénor	M	44	Gaudence	M	43
Frédéricus	M	69	Gaétan	M	44	Gaudens	M	43
Frédérik	M	69	Gaétane	F	72	Gaudentia	F	29
Frédérika	F	31	Gaïa	F	21	Gauderic	M	10
Frédérique	F	31	Gaïane	F	21	Gaudérice	F	47
Frédien	M	69	Gaïétana	F	72	Gaudry	M	10
Freya	F	54	Gaïl	M	44	Gauthier	M	59
Frida	F	31	Gala	F	60	Gauthière	F	14
Fridolin	M	69	Galaad	M	55	Gautier	M	59
Frieda	F	31	Galactoire	M	32	Gauvain	M	33
Frika	F	31	Galane	F	60	Gauvin	M	33
Fronika	F	63	Galatée	F	78	Gavin	M	33
Frudestan	M	56	Galéran	M	11	Gaylord	M	18
Frumence	M	69	Galia	F	60	Gédéon	M	39
Fulbert	M	8	Gall	M	13	Gélase	M	38
Fulberte	F	31	Galla	F	60	Gellia	F	60
Fulcran	M	12	Gallia	F	60	Gelliane	F	60
Fulgence	M	15	Galliane	F	60	Gelsémina	F	79
Fulvia	F	16	Gallien	M	13	Gelsomina	F	79
Fulvian	M	67	Galmier	M	11	Gemma	F	7
Fulviane	F	16	Galmière	F	62	Gemmie	F	7
Fulvie	F	16	Galtier	M	15	Gence	M	75
Fulvien	M	67	Galtière	F	31	Gene	M	2
Fulvienne	F	16	Galvan	M	33	Gène	F	42
Fursy	M	67	Gamaliel	M	66	Genest	M	66
Fusciane	F	17	Ganet	M	44	Gèneva	F	42
Fuscien	M	12	Garance	F	54	Geneviève	F	42
Fuscienne	F	17	Garland	M	22	Gènevote	F	42
			Garnier	M	43	Genevrièvre	F	42
Gabel	M	41	Garrett	M	44	Génie	F	42
Gabia	F	25	Garrit	M	44	Gennara	F	60
Gabien	M	41	Gary	M	44	Gennaro	M	65
Gabin	M	41	Gaspar	M	18	Genny	F	54
Gabinia	F	25	Gaspard	M	18	Genséric	M	75
Gabinien	M	41	Gasparde	F	42	Gentiane	F	23
Gabriel	M	41	Gasparin	M	18	Gentien	M	75
Gabriela	F	25	Gasparine	F	42	Gentienne	F	23
Gabriella	F	25	Gaston	M	68	Geoffrey	M	43
Gabrielle	F	25	Gastone	F	19	Geoffroy	M	43
Gabriello	M	41	Gatiane	F	60	Geordie	M	43
Gabrielo	M	41	Gatien	M	46	Geordie	F	54
Gabrio	M	41	Gatienne	F	60	Georges	M	43
Gaby	M	41	Gaubert	M	10	Georgetta	F	54
Gaby	F	25	Gaucher	M	30	Georgette	F	54
Gaël	M	44	Gaud	M	10	Georgia	F	54
Gaëla	F	47	Gaud	F	31	Georgie	F	54
Gaëlig	M	44	Gaudebert	M	10	Georgina	F	54

464

Prénom	Sexe	N° prénom pilote	Prénom	Sexe	N° prénom pilote	Prénom	Sexe	N° prénom pilote
Georgine	F	54	Gian	M	53	Giuseppina	F	49
Georgio	M	43	Gianina	F	54	Glad	F	23
Georgius	M	43	Gianna	F	54	Gladez	F	23
Gérald	M	12	Gianni	M	53	Gladys	F	23
Géraldina	F	25	Gigi	F	72	Glenda	F	7
Géraldine	F	25	Gil	M	22	Glenn	M	66
Gérard	M	44	Gil	M	45	Glennie	F	42
Gérarda	F	34	Gilbert	M	22	Glenny	F	42
Gérarde	F	34	Gilberta	F	72	Gloria	F	58
Gérardin	M	44	Gilberte	F	72	Glwadys	F	23
Gérardine	F	34	Gilda	F	58	Goal	M	43
Géraud	M	71	Gildas	M	30	Goar	M	38
Gerbert	M	45	Gilia	F	21	Goberto	M	10
Gérémia	F	40	Gilian	M	45	Godard	M	20
Gerland	M	41	Gilleberte	F	72	Godeberte	F	40
Germain	M	53	Gilles	M	45	Godefroi	M	68
Germaine	F	31	Gillet	M	45	Godefroid	M	68
German	M	53	Gillette	F	21	Godefroy	M	68
Germana	F	31	Gillian	M	45	Godelaine	F	25
Germer	M	59	Gillie	F	21	Godeleine	F	25
Germier	M	59	Gillis	F	21	Godeliève	F	25
Germina	F	31	Gillo	M	45	Godeline	F	25
Germinie	F	31	Gillot	M	45	Godfred	M	68
Germond	M	53	Gina	F	42	Godiva	F	25
Gérold	M	12	Ginette	F	42	Goéric	M	71
Gérôme	M	52	Ginger	F	76	Goffert	M	68
Gérômina	F	42	Ginnie	F	76	Gohard	M	52
Géronima	F	42	Gino	M	53	Goliath	M	44
Géronimo	M	52	Ginou	F	76	Golven	M	20
Gersa	F	37	Gion	M	53	Gonnie	F	78
Gerse	F	37	Giordana	F	51	Gonthier	M	52
Gersende	F	37	Giordano	M	35	Gontram	M	39
Gertraud	M	12	Giorgia	F	54	Gontran	M	39
Gertrude	F	64	Giorgio	M	43	Gontrana	F	25
Gervais	M	52	Giovanna	F	54	Gontrane	F	25
Gervaise	F	16	Giovanni	M	53	Gonzague	M	57
Géry	M	71	Girard	M	44	Gonzaguette	F	16
Gésine	F	64	Giraud	M	12	Gonzalès	M	53
Geslain	M	39	Gireg	M	12	Gonzalve	M	53
Géva	F	42	Gisbert	M	22	Gora	F	54
Ghilain	M	39	Gisberte	F	72	Gordon	M	3
Ghilaine	F	25	Gisela	F	47	Gorgon	M	45
Ghislain	M	39	Gisèle	F	47	Gorgonie	F	62
Ghislaine	F	25	Gisella	F	47	Gorius	M	13
Ghislie	F	25	Giselle	F	47	Gosminde	F	62
Giacobo	M	52	Gisla	F	25	Gouénou	M	70
Giacomina	F	51	Gislain	M	39	Goulven	M	20
Giacomo	M	52	Gislaine	F	25	Goulvena	F	79
Giacopo	M	52	Giuseppe	M	55	Goulvenez	F	79

Prénom	Sexe	N° prénom pilote	Prénom	Sexe	N° prénom pilote	Prénom	Sexe	N° prénom pilote
Goulwen	M	20	Guérin	M	36	Gweltaz	M	30
Goulwena	F	79	Guerric	M	45	Gwenaël	M	20
Goulwenig	M	20	Guewen	M	20	Gwenaëlle	F	63
Gounia	F	16	Guibert	M	22	Gwenda	F	7
Grâce	F	63	Guido	M	46	Gwendal	M	70
Gracia	F	63	Guier	M	57	Gwendaline	F	7
Gracie	F	63	Guilain	M	39	Gwendolen	F	7
Gracieuse	F	63	Guilaine	F	25	Gwendoline	F	7
Gracieux	M	41	Guilbaut	M	22	Gwénel	M	20
Graham	M	73	Guilhem	M	45	Gwenn	F	63
Gralon	M	33	Guillain	M	39	Gwenna	F	63
Granier	M	55	Guillaine	F	25	Gwennaël	M	20
Grant	M	44	Guillaume	M	45	Gwennaëlle	F	63
Gratiane	F	63	Guillaumette	F	62	Gwennaïg	F	63
Gratianne	F	63	Guillemet	M	45	Gwennen	F	63
Gratien	M	41	Guillemette	F	62	Gwennez	F	63
Gratienne	F	63	Guillemin	M	45	Gwennie	F	63
Grazia	F	63	Guillerme	M	45	Gwennig	F	63
Graziella	F	63	Guillou	M	45	Gwennin	M	20
Greg	M	13	Guingalois	M	11	Gwennoal	M	20
Grégoire	M	13	Guinia	F	76	Gwennolé	M	20
Grégor	M	13	Guislain	M	39	Gwennoline	F	7
Grégori	M	13	Guislaine	F	25	Gwénola	F	63
Grégoria	F	76	Gunilda	F	64	Gwénolé	M	20
Grégorie	F	76	Gunilla	F	64	Gwénoléa	F	63
Grégorine	F	76	Gunther	M	52	Gwilhem	M	45
Grégorio	M	13	Gurvan	M	24	Gwilherm	M	45
Grégorius	M	13	Gurvana	F	49	Gwladys	F	23
Grégory	M	13	Gurvanez	F	49			
Gréta	F	62	Gurvanig	M	24	Habacus	M	26
Grétel	F	62	Gurvant	M	24	Habib	M	70
Gréten	F	62	Gus	M	46	Hadrien	M	70
Gréthel	F	62	Gusta	F	60	Hagan	M	3
Griffin	M	2	Gustan	M	46	Halford	M	38
Grimaud	M	69	Gustava	F	60	Halima	F	63
Gringoire	M	13	Gustave	M	46	Hamilcar	M	26
Grinia	F	76	Gustaviana	F	60	Hamon	M	52
Griselda	F	63	Gustavine	F	60	Hank	M	48
Griselidis	F	63	Gustavo	M	46	Hannibal	M	75
Gudule	F	64	Guthlac	M	77	Hans	M	53
Gudwal	M	68	Guy	M	46	Hansie	F	54
Guécha	F	37	Guyenne	F	27	Harald	M	39
Guénaël	M	20	Guyette	F	27	Harcourt	M	5
Guendolen	F	7	Guylain	M	39	Hardoin	M	56
Guénia	F	42	Guylaine	F	25	Hardouin	M	56
Guenièvre	F	42	Guyon	M	46	Harlette	F	9
Guénola	F	63	Guyonne	F	27	Harmonie	F	78
Guénolé	M	20	Guyot	M	46	Harold	M	39
Guérande	M	71	Guyotte	F	27	Haroun	M	67

Index des prénoms

Prénom	Sexe	N° prénom pilote	Prénom	Sexe	N° prénom pilote	Prénom	Sexe	N° prénom pilote
Harry	M	48	Héribert	M	11	Horace	M	13
Hartford	M	67	Herma	F	14	Horatio	M	13
Harvey	M	20	Herman	M	44	Hortense	F	17
Hazéka	F	72	Hermance	M	28	Hortensia	F	17
Hébé	F	49	Hermann	M	44	Howard	M	77
Hébert	M	11	Hermanne	F	14	Huberdine	F	17
Hector	M	68	Hermeland	M	12	Hubert	M	70
Hectorine	F	62	Hermelin	M	12	Huberta	F	17
Hedda	F	1	Hermelinde	F	37	Huberte	F	17
Hedi	F	1	Hermeline	F	37	Hubertine	F	17
Hedwige	F	1	Hermès	M	28	Hughy	M	50
Hégésippe	M	4	Hermien	M	28	Hugo	M	50
Heïdi	F	1	Hermiène	F	14	Hugolin	M	50
Hélaine	F	47	Hermine	F	14	Hugolina	F	60
Héléna	F	47	Herminia	F	14	Hugoline	F	60
Hélène	F	47	Herminie	F	14	Hugues	M	50
Helga	F	42	Hermione	F	14	Huguette	F	60
Héli	M	41	Hérold	M	39	Humbert	M	56
Hélia	F	47	Héron	M	52	Humphrey	M	53
Héliéna	F	47	Hersé	F	17	Huna	F	34
Héliette	F	47	Hersilia	F	17	Hyacinthe	M	10
Hélinie	F	47	Hervé	M	20	Hyacinthe	F	29
Héliodora	F	23	Hervéa	F	37	Hyacinthia	F	29
Héliodore	M	52	Herveline	F	37	Hyana	F	54
Hellé	F	47	Hervéva	F	37			
Hellen	M	53	Hervey	M	20	Ia	F	40
Hellen	F	47	Hidulphe	M	11	Iacovo	M	52
Helloïs	M	41	Hiéronymus	M	52	Iader	M	66
Helloïse	F	17	Hilaire	M	30	Iadine	F	40
Helma	F	62	Hilaria	F	21	Iaéra	F	40
Helmes	M	45	Hilaric	M	30	Iago	M	52
Helmet	M	45	Hilarie	F	21	Iakov	M	52
Helmina	F	62	Hilarion	M	30	Ialmène	M	40
Helmut	M	45	Hilbert	M	70	Ian	M	53
Héloïse	F	17	Hilda	F	40	Ingemar	M	4
Hélyette	F	17	Hildebert	M	18	Iana	F	54
Hénoc	M	41	Hildebrand	F	40	Iane	F	54
Henri	M	48	Hildegarde	F	23	Ianis	M	53
Henrielle	F	49	Hildegonde	F	78	Iba	F	7
Henrietta	F	49	Hildeman	M	18	Iban	M	53
Henriette	F	49	Hildevert	M	18	Ibrahim	M	45
Henrik	M	48	Hillary	M	30	Ida	F	7
Henry	M	48	Hinda	F	47	Idaïa	F	7
Héodez	F	7	Hippolyte	M	74	Idalia	F	7
Héra	F	42	Homère	M	35	Idalie	F	7
Herbert	M	11	Honorat	M	28	Idaline	F	7
Herberte	F	1	Honoré	M	28	Idora	F	54
Hercule	M	48	Honorin	M	28	Iérémie	M	18
Héribald	M	41	Honorine	F	72	Iéronim	M	52

467

Prénom	Sexe	N° prénom pilote	Prénom	Sexe	N° prénom pilote	Prénom	Sexe	N° prénom pilote
Iéva	F	63	Iphigénie	F	63	Isolde	F	34
Ignace	M	69	Ira	F	54	Israël	M	77
Ignacio	M	69	Iraïs	F	54	Issa	F	25
Ignatia	F	54	Irema	F	54	Issé	F	25
Igor	M	43	Iréna	F	54	Itta	F	7
Igora	F	47	Irène	F	54	Ivain	M	77
Ike	M	44	Irenea	F	54	Ivan	M	77
Ike	F	14	Irénée	M	69	Ivanne	F	78
Ilari	M	30	Iride	F	1	Iveline	F	78
Ilaria	F	21	Irina	F	54	Ivena	F	78
Ilarie	F	21	Iris	F	1	Iver	M	77
Ilario	M	30	Irma	F	51	Ivette	F	78
Ilarion	M	30	Irmela	F	51	Ivon	M	77
Ilarione	F	21	Irmeline	F	51	Ivona	F	79
Ilda	F	40	Irmengarde	F	51	Ivonig	M	77
Ildefonse	M	4	Irmine	F	51	Ivonne	F	79
Ildegarde	F	40	Irminie	F	51	Izabel	F	54
Ildegonde	F	40	Iroucha	F	54	Izold	F	34
Ilga	F	42	Irounia	F	54			
Ilia	F	17	Irvin	M	77	Jacinthe	F	29
Ilian	M	41	Irvina	F	78	Jack	M	52
Iliana	F	17	Irvine	F	78	Jackie	F	51
Iliane	F	17	Isa	F	54	Jacky	M	52
Illa	F	17	Isaac	M	55	Jacmé	M	52
Illec	M	4	Isabeau	F	54	Jacob	M	52
Illona	F	17	Isabelle	F	54	Jacoba	F	51
Iltuda	F	76	Isadora	F	54	Jacobien	M	52
Imela	F	51	Isaias	M	77	Jacobina	F	51
Imelda	F	51	Isaïe	M	77	Jacobine	F	51
Imma	F	51	Isalda	F	34	Jacotte	F	51
Immanuel	M	77	Isaline	F	54	Jacquelène	F	51
Immina	F	51	Isana	F	1	Jacqueline	F	51
Imré	M	73	Isarn	M	61	Jacquemin	M	52
Incarnation	F	78	Isaura	F	54	Jacquemine	F	51
India	F	42	Isaure	F	54	Jacques	M	52
Indiana	F	42	Iscia	F	63	Jacquetta	F	51
Inès	F	54	Isciane	F	63	Jacquette	F	51
Ingemar	M	4	Iseline	F	54	Jacquine	F	51
Ingrid	F	58	Iseult	F	34	Jacquot	M	52
Inina	F	49	Isidora	F	54	Jacquotte	F	51
Innocent	M	22	Isidore	M	74	Jacut	M	52
Inoulia	F	54	Isinda	F	63	Jacynthe	F	29
Inoussia	F	54	Isis	F	63	Jade	F	78
Io	F	49	Ismaël	M	52	Jaïl	M	68
Iolanda	F	31	Ismaëlle	F	42	Jakez	M	52
Iolande	F	31	Ismelda	F	51	Jakeza	F	51
Iole	F	31	Ismène	F	51	Jakob	M	52
Iona	F	40	Ismérie	F	51	Jamal	M	71
Iosep	M	55	Isolda	F	34	James	M	52

Prénom	Sexe	N° prénom pilote	Prénom	Sexe	N° prénom pilote	Prénom	Sexe	N° prénom pilote
Jamesa	F	51	Jeffrey	M	43	Joceline	F	17
Jamie	F	51	Jegu	M	52	Jocelyn	M	12
Jane	F	54	Jehan	M	53	Jocelyne	F	17
Janet	M	53	Jehanne	F	54	Jochim	M	41
Janetta	F	54	Jemmie	F	54	Jock	M	53
Janice	F	54	Jennifer	F	54	Jodie	F	64
Janick	F	54	Jenny	F	54	Jody	M	39
Janie	F	54	Jérémie	M	18	Joe	M	55
Janina	F	54	Jérémy	M	18	Joël	M	12
Janine	F	54	Jérôme	M	52	Joëla	F	78
Janique	F	54	Jéromia	F	42	Joëlle	F	78
Janis	M	53	Jéromin	M	52	Joëlliane	F	78
Janna	F	54	Jéromine	F	42	Joéva	F	78
Jannice	M	53	Jéronim	M	52	Joévin	M	41
Jannine	F	54	Jéronima	F	42	Joffre	M	43
Jannis	M	53	Jéronimo	M	52	Joffrey	M	43
Janos	M	53	Jerry	M	44	Johan	M	53
Jans	M	53	Jessamine	F	79	Johann	M	53
Janssen	M	53	Jessé	M	73	Johanna	F	54
Janvier	M	65	Jessica	F	17	Johanne	F	54
Janvière	F	27	Jessie	F	17	Johannes	M	53
Janyce	F	54	Jessy	M	73	John	M	53
Jacouen	M	41	Jésus	M	55	Johnny	M	53
Jaoven	M	41	Jézabel	F	54	Jonas	M	36
Jarod	M	61	Jézékaël	M	44	Jonathan	M	53
Jasmin	M	73	Jézékela	F	34	Joran	M	43
Jasmina	F	79	Jikaël	M	44	Jorane	F	54
Jasmine	F	79	Jil	M	45	Jorda	F	54
Jason	M	55	Jildaz	M	30	Jordan	M	43
Jasper	M	18	Jildaza	F	58	Jordane	F	54
Jassie	F	42	Jill	M	45	Jordi	M	43
Jaubert	M	10	Jillian	M	45	Jore	M	43
Javier	M	65	Jim	M	52	Jorick	M	43
Javiéra	F	27	Jimmie	M	52	Jorioz	M	43
Javière	F	27	Jimmy	M	52	Joris	M	43
Javotte	F	51	Jo	M	55	Jos	M	12
Jayme	M	52	Joachim	M	41	Josapha	F	49
Jayne	F	54	Joachima	F	25	Josaphat	M	55
Jean	M	53	Joachina	F	25	Joscelin	M	12
Jeanette	F	54	Joan	M	53	Josceline	F	17
Jeanie	F	54	Joanna	F	54	Joscelyn	M	12
Jeanine	F	54	Joanne	F	54	Joscelyne	F	17
Jeanna	F	54	Joannice	M	53	José	M	55
Jeanne	F	54	Joany	M	53	Josée	F	49
Jeannette	F	54	Joaquin	M	41	Joseph	M	55
Jeannice	F	54	Joaquina	F	25	Josépha	F	49
Jeannie	F	54	Joaquine	F	25	Josèphe	F	49
Jeannine	F	54	Joas	M	41	Joséphin	M	55
Jeff	M	43	Job	M	55	Joséphina	F	49

Prénom	Sexe	N° prénom pilote	Prénom	Sexe	N° prénom pilote	Prénom	Sexe	N° prénom pilote
Joséphine	F	49	Julius	M	24	Katerine	F	16
Josette	F	49	June	M	66	Kathe	F	16
Joshua	M	50	Junie	F	42	Katia	F	16
Josiane	F	49	Junien	M	66	Katou	F	16
Josie	F	49	Junon	F	42	Katrina	F	16
Josse	M	12	Justa	F	21	Katty	F	16
Josselin	M	12	Juste	M	30	Katy	F	16
Josseline	F	17	Justin	M	30	Kavan	M	33
Josserand	M	12	Justina	F	21	Kavanenn	F	40
Jossie	F	17	Justine	F	21	Kavanez	F	40
Josué	M	50	Justinien	M	30	Kay	M	67
Joubert	M	10	Justinienne	F	21	Kayla	F	27
Jouberte	F	31	Justino	M	30	Ké	M	67
Jourdain	M	43	Jutta	F	64	Keith	M	4
Jourdan	M	43	Juvénal	M	32	Kélig	M	66
Jova	F	78	Juvénale	F	60	Keller	M	50
Joviane	F	78	Juvence	M	32	Kelly	M	50
Jovien	M	41	Juventin	M	32	Kelly	F	16
Joy	M	12				Kelvin	M	74
Joy	F	17	Kadeg	M	52	Ken	M	61
Joyce	M	12	Kadog	M	52	Kendal	M	65
Joyce	F	17	Kadou	M	52	Kenelm	M	61
Juan	M	53	Kaëlig	F	34	Kennocha	F	79
Juana	F	54	Kalvine	F	54	Kenny	M	77
Juanita	F	54	Kamilka	M	15	Kenrick	M	67
Jude	M	61	Kaourantin	M	73	Kent	M	8
Judette	F	64	Kaourig	M	73	Kenzo	M	61
Judicaël	M	44	Kaourintin	M	73	Kerry	F	37
Judicaëlle	F	34	Karadeg	M	69	Ketty	F	16
Judie	F	64	Karadog	M	69	Kévin	M	33
Judith	F	64	Karanteg	M	69	Khristiane	F	19
Judoc	M	12	Karel	F	40	Kiéran	M	33
Judog	M	12	Karell	F	40	Kilian	M	43
Judy	M	44	Karelle	F	40	Kiliane	F	40
Judy	F	64	Karen	F	40	Killian	M	43
Jugon	M	28	Karim	M	52	Killien	M	43
Jules	M	24	Karina	F	40	Kim	M	26
Julia	F	49	Karine	F	40	Kim	F	31
Julian	M	24	Karl	M	18	Kimberley	F	14
Juliana	F	49	Karlota	F	49	Kineburge	F	40
Julianne	F	49	Karsten	M	74	Klara	F	21
Julie	F	49	Kassia	F	29	Klaudia	F	72
Julien	M	24	Katalina	F	16	Klaus	M	18
Julienne	F	49	Katarina	F	16	Kléber	M	39
Julietta	F	49	Kate	F	16	Klémantina	F	42
Juliette	F	49	Katel	F	16	Klervi	F	7
Julina	F	49	Kateline	F	16	Klothilde	F	14
Juline	F	49	Katell	F	16	Kolazic	M	18
Julio	M	24	Katellig	F	16	Konan	M	55

Index des prénoms

Prénom	Sexe	N° prénom pilote	Prénom	Sexe	N° prénom pilote	Prénom	Sexe	N° prénom pilote
Koneg	M	55	Laora	F	62	Léda	F	47
Konogan	M	55	Laou	M	57	Léger	M	36
Kora	F	16	Laouenan	M	57	Leïla	F	72
Koré	F	16	Laouïg	M	57	Lélia	F	72
Koulm	F	14	Laovenan	M	57	Léliane	F	72
Koulman	M	59	Lara	F	25	Léna	F	47
Kristell	F	19	Larie	F	25	Lénaïc	M	26
Kristen	M	74	Lariocha	F	25	Lénaïc	F	47
Kristian	M	74	Larissa	F	25	Lénaïg	F	47
Kristina	F	19	Larson	M	30	Lennie	F	47
Kristofer	M	20	Lary	M	46	Lennig	F	47
Kunz	M	65	Laude	F	7	Lénonie	F	47
Kurt	M	65	Laudie	F	7	Lénora	F	72
Kyle	M	68	Laumara	F	19	Lény	M	56
Kyra	F	14	Laur	M	74	Léo	M	68
			Laura	F	62	Léocadia	F	1
Laban	M	22	Laurana	F	62	Léocadie	F	1
Labériane	F	29	Laure	F	62	Léola	F	58
Lacinia	F	72	Laurel	M	74	Léon	M	56
Lacmé	F	29	Laureline	F	62	Léona	F	62
Ladislas	M	69	Laurelle	F	62	Léonard	M	56
Laélia	F	37	Lauréna	F	62	Léonarda	F	62
Laélien	M	20	Laurence	F	62	Léonarde	F	62
Laetitia	F	25	Laurène	F	62	Léonce	M	56
Laetizia	F	25	Laurens	M	74	Léone	F	62
Laetoria	M	20	Laurent	M	74	Léonel	M	56
Laïg	F	44	Laurentia	F	62	Léonella	F	62
Laïla	F	54	Laurentin	M	74	Léonello	M	56
Laïs	M	35	Laurentine	F	62	Léonia	F	62
Laïs	F	34	Lauretta	F	62	Léonide	M	56
Lalensia	F	63	Laurette	F	62	Léonie	F	62
Lallie	F	63	Lauriane	F	62	Léonila	F	62
Lalou	M	20	Laurianne	F	62	Léonilde	M	56
Lambert	M	26	Laurie	F	62	Léonilde	F	62
Lamberta	F	29	Laurine	F	62	Léonilla	F	62
Lamberte	F	29	Lavan	M	44	Léonille	F	62
Lamé	M	26	Lavéna	F	6	Léonine	F	62
Lamia	F	29	Lavinia	F	6	Léonora	F	72
Lana	F	47	Lavra	F	62	Léonore	F	72
Lanassa	F	47	Lavria	F	62	Léontia	F	62
Lancelot	M	12	Lavrissa	F	62	Léontin	M	56
Landelin	M	56	Lawrance	M	74	Léontine	F	62
Landeline	F	19	Lazare	M	46	Léopold	M	68
Landeric	M	71	Léa	F	72	Léopolda	F	1
Landoald	M	26	Léandra	F	17	Léopoldine	F	1
Landry	M	71	Léandre	M	73	Léopoldino	M	68
Lanig	M	73	Léane	F	72	Léopoldo	M	68
Laodamie	F	58	Léantier	M	73	Léora	F	47
Laodicée	F	58	Leccia	F	72	Leslie	M	4

471

Prénom	Sexe	N° prénom pilote	Prénom	Sexe	N° prénom pilote	Prénom	Sexe	N° prénom pilote
Leslie	F	34	Lindy	F	78	Lora	F	62
Léta	F	25	Line	F	78	Loraine	F	62
Létitia	F	25	Linford	M	28	Lorans	M	74
Lettie	F	25	Lino	M	32	Lore	F	62
Leu	M	43	Linoulia	F	78	Lorée	F	62
Leufroy	M	56	Lioba	F	42	Lorelen	F	62
Lévana	F	6	Liocha	F	42	Loren	F	62
Lévenez	F	25	Lionel	M	56	Loréna	F	62
Lévina	F	49	Lionella	F	62	Lorenz	M	74
Lévis	M	57	Lionia	F	62	Lorenza	F	62
Lévounia	F	62	Lionnel	M	56	Lorenzo	M	74
Léwis	M	57	Liriopé	F	49	Loretta	F	62
Léxane	F	7	Lisa	F	34	Lorette	F	62
Lia	F	72	Lisbeth	F	34	Loriane	F	62
Liana	F	72	Lise	F	34	Lorinda	F	62
Liane	F	72	Liselotte	F	34	Loritta	F	62
Lianna	F	72	Lisette	F	34	Lorna	F	62
Lianne	F	72	Lison	F	34	Lorraine	F	62
Libérata	F	47	Lissa	F	34	Lorrie	F	62
Libert	M	15	Lissounia	F	34	Lorrine	F	62
Lida	F	25	Livia	F	31	Lorris	M	74
Liddy	F	25	Livie	F	31	Lorry	M	74
Lidi	F	25	Livine	F	31	Lossa	F	58
Lidia	F	25	Liz	F	34	Loth	M	57
Lidonia	F	25	Liza	F	34	Lothaire	M	57
Lidwine	F	25	Lizbeth	F	34	Lothar	M	57
Lidy	F	25	Lizon	F	34	Lotte	F	49
Lie	F	25	Lizzie	F	34	Lottie	F	49
Liébaut	M	45	Lloyd	M	10	Lou	M	57
Liébert	M	45	Lô	M	35	Lou	F	58
Liède	F	25	Lodie	F	63	Louan	M	57
Liénard	M	56	Loélia	F	37	Louella	F	58
Liesse	F	17	Logan	M	33	Louen	M	57
Liévine	F	72	Loïc	M	57	Louis	M	57
Ligella	F	37	Loïg	M	57	Louisa	F	58
Lila	F	72	Loïs	M	57	Louise	F	58
Lili	F	34	Loïsa	F	58	Louisette	F	58
Lilian	F	34	Loïse	F	58	Louisiane	F	58
Liliana	F	34	Loïza	F	58	Louison	M	57
Liliane	F	34	Lola	F	78	Louka	F	72
Lilith	F	34	Lolita	F	78	Loukania	F	72
Lily	F	34	Loma	F	17	Louki	M	77
Lima	F	78	Loman	M	15	Loukia	F	72
Lin	M	39	Lomance	F	17	Loukiana	F	72
Lina	F	78	Lombard	M	3	Loukina	F	72
Linchen	F	78	Lomée	F	17	Loup	M	43
Lincoln	M	30	Loménie	F	17	Louve	F	47
Linda	F	78	Lona	F	42	Luana	F	54
Lindsey	M	8	Longin	M	48	Luc	M	77

Prénom	Sexe	N° prénom pilote	Prénom	Sexe	N° prénom pilote	Prénom	Sexe	N° prénom pilote
Lucain	M	77	Lux	M	77	Maé	M	70
Lucais	M	77	Luz	F	72	Maël	M	70
Lucas	M	77	Luzia	F	72	Maëla	F	17
Luce	F	72	Lya	F	72	Maëlig	M	70
Lucetta	F	72	Lyce	F	72	Maëliss	F	17
Lucette	F	72	Lydéric	M	33	Maëlle	F	17
Lucia	F	72	Lydérique	M	33	Maéna	F	63
Lucian	M	59	Lydia	F	25	Maéra	F	63
Luciana	F	72	Lydiane	F	25	Maéva	F	63
Lucida	F	72	Lydie	F	25	Maévane	F	63
Lucide	F	72	Lynda	F	78	Maévia	F	63
Lucie	F	72	Lyndon	M	24	Mafalda	F	54
Lucien	M	59	Lyne	F	78	Mag	F	62
Lucienne	F	72	Lyonel	M	56	Magali	F	62
Lucile	F	72	Lysa	F	34	Magane	F	62
Luciliane	F	72	Lysandre	M	28	Magda	F	60
Lucilla	F	72	Lysiane	F	34	Magdala	F	60
Lucille	F	72				Magdalen	F	60
Lucillien	M	59	Mabel	M	12	Magdaléna	F	60
Lucillienne	F	72	Mabelle	F	51	Magdalène	F	60
Lucin	M	59	Macaire	M	55	Magdeleine	F	60
Lucinda	F	72	Macella	F	72	Magdelène	F	60
Lucinien	M	59	Macey	M	73	Magel	F	60
Lucinne	F	72	Macha	F	63	Maggie	F	62
Lucio	M	59	Mackéo	M	33	Maggye	F	62
Lucky	M	77	Maclou	M	18	Magia	F	62
Lucrèce	F	64	Macrine	F	21	Magiane	F	62
Lucrècia	F	64	Mada	F	60	Magloire	M	61
Lucy	F	72	Madaléna	F	60	Magne	M	44
Ludel	M	57	Maddaléna	F	60	Magnéric	M	44
Ludéric	M	33	Maddie	F	60	Maguelonne	F	62
Ludivine	F	25	Maddy	F	60	Maharisha	F	63
Ludmilla	F	60	Made	F	60	Mahault	F	54
Ludolphe	M	36	Madec	M	13	Mahaut	F	54
Ludovic	M	57	Madeg	M	13	Mahé	M	70
Ludovica	F	58	Madel	F	60	Mahomet	M	36
Ludovique	M	57	Madelaine	F	60	Mai	F	63
Ludwig	M	57	Madeleine	F	60	Maïa	F	63
Luigi	M	57	Madelin	M	13	Maidie	F	62
Luis	M	57	Madeline	F	60	Maïlys	F	63
Luisa	F	58	Madella	F	60	Maina	F	63
Luiz	M	57	Madelle	F	60	Maisy	F	63
Lukas	M	77	Madelon	F	60	Maïté	F	63
Luke	M	77	Madelonnette	F	60	Maïténa	F	63
Lulu	M	59	Maden	M	13	Maixent	M	32
Lulu	F	72	Madge	F	62	Maja	F	63
Lusine	F	64	Madleen	F	60	Majoric	M	35
Lutgarde	F	76	Mado	F	60	Majorie	F	37
Luther	M	77	Madog	M	13	Malachie	M	30

Index des prénoms

473

Prénom	Sexe	N° prénom pilote	Prénom	Sexe	N° prénom pilote	Prénom	Sexe	N° prénom pilote
Malaine	F	60	Maralla	F	63	Margaux	F	62
Malania	F	60	Marc	M	33	Marge	F	62
Malaurie	F	23	Marceau	M	61	Margerie	F	62
Malaury	M	18	Marcel	M	61	Margery	F	62
Malaury	F	23	Marcélia	F	72	Marget	F	62
Malcolm	M	18	Marcelin	M	61	Margette	F	62
Malcome	M	18	Marcélina	F	72	Margie	F	62
Maleaume	M	18	Marceline	F	72	Margo	F	62
Maléna	F	60	Marcella	F	72	Margot	F	62
Malicia	F	60	Marcelle	F	72	Margotton	F	62
Malika	F	60	Marcellia	F	72	Margrit	F	62
Malina	F	60	Marcellien	M	61	Marguerie	F	62
Mallia	F	47	Marcellin	M	61	Marguerita	F	62
Mallien	M	18	Marcellina	F	72	Marguerite	F	62
Mallory	M	18	Marcelline	F	72	Maria	F	63
Mally	F	47	Marcello	M	61	Mariacha	F	63
Malo	M	18	Marchetto	M	33	Mariam	F	63
Malou	M	18	Marcia	F	62	Mariana	F	63
Malou	F	60	Marciana	F	62	Mariane	F	63
Malva	F	78	Marciane	F	62	Marianka	F	63
Malvane	F	78	Marciano	M	36	Marianna	F	63
Malvina	F	78	Marcie	F	62	Marianne	F	63
Malvy	F	78	Marcien	M	36	Mariannick	F	63
Mamert	M	26	Marcienne	F	62	Mariano	M	39
Manda	F	14	Marcille	F	62	Maric	F	63
Mandel	M	77	Marcio	M	36	Marica	F	63
Mandy	F	14	Marcion	M	36	Marie	F	63
Manfred	M	69	Marcius	M	36	Mariel	M	66
Manfréda	F	31	Marco	M	33	Mariella	F	63
Manfrédi	M	69	Marcos	M	33	Marielle	F	63
Mania	F	72	Marcus	M	33	Marien	M	39
Manioussa	F	72	Marec	M	33	Marietta	F	63
Manna	F	72	Mareg	M	33	Mariette	F	63
Manoël	M	77	Maréïa	F	63	Marig	F	63
Manolete	M	77	Marek	M	33	Marika	F	63
Manolita	F	72	Maréria	F	63	Marilyn	F	63
Manolo	M	77	Maréva	F	63	Marilyne	F	63
Manon	F	63	Marga	F	62	Marilyse	F	63
Manoubia	F	16	Margaïd	F	62	Marin	M	39
Mansour	M	41	Margaine	F	62	Marina	F	63
Manu	M	77	Margalide	F	62	Marine	F	63
Manuel	M	77	Marganne	F	62	Marinette	F	63
Manuela	F	72	Margaret	F	62	Marini	M	39
Manuelita	F	72	Margarètha	F	62	Mario	M	39
Manuella	F	72	Margarèthe	F	62	Mariola	F	63
Manuelle	F	72	Margaretta	F	62	Marion	F	63
Maodan	M	43	Margarette	F	62	Marisa	F	63
Maodana	F	54	Margaride	F	62	Marisca	F	63
Mara	F	63	Margarita	F	62	Marise	F	63

Prénom	Sexe	N° prénom pilote	Prénom	Sexe	N° prénom pilote	Prénom	Sexe	N° prénom pilote
Marita	F	63	Marylise	F	63	Maure	F	42
Marité	F	63	Maryse	F	63	Maureen	F	42
Marius	M	39	Maryvonne	F	63	Maurelle	F	42
Marivona	F	63	Marzel	M	61	Maurette	F	42
Marivonig	F	63	Marzella	F	72	Maurice	M	65
Marjo	F	37	Marzelline	F	72	Mauricette	F	60
Marjolaine	F	37	Marzial	M	45	Mauricia	F	60
Marjolie	F	37	Masha	F	63	Mauricio	M	65
Marjorie	F	37	Mashéva	F	63	Maurie	F	42
Mark	M	33	Mason	M	24	Maurin	M	55
Markel	M	61	Massia	F	62	Maurine	F	42
Markus	M	33	Mat	M	10	Maurino	M	55
Marlaine	F	63	Mata	F	54	Maurita	F	42
Marlène	F	63	Matelda	F	54	Maurizia	F	60
Marline	F	63	Matéo	M	10	Maurizio	M	65
Marlon	M	41	Materne	M	20	Maury	M	65
Marlyse	F	63	Materne	F	63	Mauve	F	78
Maroussia	F	63	Mathelin	M	10	Mavel	M	12
Marpessa	F	63	Matheline	F	54	Maveline	F	7
Marquita	F	62	Mathéna	F	54	Mavelle	F	7
Mars	M	36	Mathias	M	10	Mavis	M	12
Marsha	F	62	Mathie	F	54	Mavrick	M	53
Marsia	F	62	Mathieu	M	10	Max	M	59
Marsiane	F	62	Mathilda	F	54	Maxellende	F	6
Marsie	F	62	Mathilde	F	54	Maxence	M	59
Martha	F	64	Mathis	M	10	Maxence	F	6
Marthe	F	64	Mathurin	M	15	Maxie	F	6
Martial	M	45	Mathurine	F	47	Maxim	M	59
Martian	M	36	Matilda	F	54	Maxima	F	6
Martiane	F	62	Matilde	F	54	Maxime	M	59
Martianne	F	62	Matt	M	10	Maximiano	M	59
Martie	F	64	Mattéo	M	10	Maximianus	M	59
Martin	M	15	Matthew	M	10	Maximien	M	59
Martina	F	31	Matthias	M	10	Maximilian	M	59
Martine	F	31	Matthieu	M	10	Maximiliana	F	6
Martinian	M	15	Matthis	M	10	Maximiliane	F	6
Martiniana	F	31	Mattias	M	10	Maximiliano	M	59
Martinien	M	15	Mattie	F	54	Maximilianus	M	59
Martinienne	F	31	Mattis	M	10	Maximilien	M	59
Martius	M	36	Matty	F	54	Maximilienne	F	6
Martory	M	36	Matuta	F	54	Maximin	M	59
Marty	M	36	Maud	F	54	Maximina	F	6
Maruska	F	63	Maude	F	54	Maximino	M	59
Marvella	F	60	Maudez	M	43	Maximo	M	59
Marvin	M	43	Maudie	F	54	Maximus	M	59
Mary	F	63	Maughold	M	36	Maxwell	M	59
Marylène	F	63	Maulde	M	43	May	F	63
Marylin	F	63	Maur	M	55	Maya	F	63
Maryline	F	63	Maura	F	42	Maybelle	F	63

Index des prénoms

Prénom	Sexe	N° prénom pilote	Prénom	Sexe	N° prénom pilote	Prénom	Sexe	N° prénom pilote
Mayeul	M	73	Méric	M	52	Mildreda	F	79
Mazarine	F	16	Méril	M	52	Mildrède	F	79
Médard	M	55	Merk	M	33	Miléna	F	47
Médarine	F	16	Merkel	M	33	Milène	F	47
Médéric	M	55	Merlin	M	41	Milford	M	4
Médine	F	60	Merry	M	52	Milia	F	14
Meg	F	62	Meryl	F	40	Milicent	F	14
Megan	M	61	Meryll	M	52	Milina	F	14
Mégane	F	62	Messaline	F	72	Millian	M	35
Mehdi	M	43	Messaoud	M	65	Millicent	F	14
Meigge	F	62	Métella	F	54	Millie	F	14
Meinrad	M	68	Metge	F	62	Millisent	F	14
Mel	M	70	Méthode	F	42	Milou	M	35
Mélaine	M	70	Meurisse	M	65	Miloud	M	35
Mélania	F	14	Méven	M	36	Milton	M	75
Mélanie	F	14	Mévena	F	62	Mimi	F	40
Mélany	F	14	Mévenez	F	62	Mina	F	62
Mélarie	F	14	Meynard	M	68	Minella	F	62
Melchior	M	24	Mia	F	63	Mini	F	62
Mélessa	F	14	Micha	M	66	Minna	F	62
Mélia	F	14	Michaël	M	66	Minnie	F	62
Mélicent	F	14	Michaëla	F	42	Mira	F	63
Mélina	F	14	Michaëlina	F	42	Mirabelle	F	63
Mélinda	F	14	Michaëline	F	42	Miranda	F	63
Méline	F	14	Michaëlla	F	42	Mireille	F	40
Mélisande	F	14	Michée	M	66	Miriam	F	63
Mélisent	F	14	Michel	M	66	Miriella	F	40
Mélissa	F	14	Michéla	F	42	Miryam	F	63
Melle	F	14	Michèle	F	42	Mischa	M	66
Mellicent	F	14	Micheline	F	42	Misha	M	66
Mellie	F	14	Michelle	F	42	Mitzi	F	63
Mellit	M	70	Michou	M	66	Modan	M	43
Mélodie	F	58	Mick	M	66	Modana	F	54
Mélodine	F	58	Mickaël	M	66	Modanez	F	54
Mélonie	F	14	Mickey	M	66	Modesta	F	34
Mélusine	F	64	Mickie	F	42	Modeste	M	59
Melvin	M	45	Micky	M	66	Modestia	F	34
Melvina	F	14	Mleg	M	38	Modestie	F	34
Mémona	F	1	Mignon	F	34	Modestine	F	34
Ménandre	M	68	Miguel	M	66	Modesty	F	34
Mendel	M	77	Miguélina	F	42	Modez	F	54
Ménehould	F	63	Mikaël	M	66	Modoald	M	59
Mengold	M	73	Mikaëla	F	42	Mogan	M	26
Mérana	F	54	Mikaëlig	M	66	Moglie	F	21
Mérane	F	54	Mike	M	66	Mohamed	M	41
Mercédès	F	54	Mil	M	35	Mohammed	M	41
Mérédith	M	45	Mila	F	60	Moïra	F	42
Mériadec	M	65	Milan	M	35	Moïse	M	13
Mériadeg	M	65	Mildred	F	79	Molly	F	14

Prénom	Sexe	N° prénom pilote	Prénom	Sexe	N° prénom pilote	Prénom	Sexe	N° prénom pilote
Mona	F	64	Mylène	F	47	Nathalan	M	53
Monegonde	F	76	Myra	F	63	Nathalia	F	79
Moni	F	64	Myrèse	F	63	Nathalie	F	79
Monica	F	64	Myriam	F	63	Nathan	M	53
Monick	F	64	Myrrha	F	63	Nathanaël	M	12
Monie	F	64	Myrta	F	79	Nathanaële	F	64
Monika	F	64	Myrtia	F	79	Nathanaëlle	F	64
Monique	F	64	Myrtille	F	79	Nathy	M	53
Montaine	F	72				Nattie	F	64
Mora	F	42	Nabrissa	F	79	Nausicaa	F	7
Moran	M	57	Nabuchodonosor	M	55	Nazaire	M	68
Morana	F	42	Nacha	F	79	Neal	M	12
Morand	M	57	Nada	F	49	Ned	M	33
Morane	F	42	Nade	F	49	Nedeleg	M	67
Moré	M	57	Nadège	F	49	Nefertiti	F	79
Morée	F	42	Nadette	F	49	Néhémie	F	63
Morgain	M	35	Nadia	F	49	Neil	M	33
Morgaine	F	63	Nadina	F	49	Neïs	F	47
Morgan	M	35	Nadine	F	49	Nélia	F	47
Morgan	F	63	Naémia	F	63	Nell	M	47
Morgana	F	63	Naéva	F	63	Nella	F	47
Morgane	F	63	Nahum	M	77	Nellie	F	47
Moric	M	65	Naïg	F	7	Nello	M	67
Moris	M	65	Naïk	F	7	Nelly	F	47
Moritz	M	65	Naïla	F	21	Nelson	M	39
Morlane	F	47	Naïs	F	7	Néopole	M	66
Morna	F	42	Nalbert	M	3	Népomucène	M	43
Morrel	M	65	Nana	F	7	Nérée	M	18
Morrie	F	42	Nancy	F	7	Nérès	M	18
Morris	M	65	Nanda	F	49	Nersès	M	18
Mortimer	M	55	Nandina	F	49	Nessie	F	1
Morton	M	75	Nanette	F	7	Nestor	M	20
Morvan	M	56	Nanig	F	7	Nestora	F	25
Morvana	F	62	Nans	M	53	Nestorine	F	25
Morvane	F	62	Napoléon	M	66	Nettie	F	79
Morvéna	F	62	Napoléone	F	42	Netty	F	79
Moshé	M	13	Narcisse	M	45	Néven	M	44
Moune	F	64	Narcissus	M	45	Névena	F	14
Moyna	F	64	Narsès	M	45	Névenez	F	14
Moyra	F	42	Nastassia	F	1	Névenou	M	44
Muguet	M	22	Nat	F	79	Néventer	M	44
Muguette	F	72	Natacha	F	79	Newman	M	3
Murial	F	63	Natala	F	79	Newton	M	53
Muriel	F	63	Natalèna	F	79	Néza	F	42
Murielle	F	63	Natalène	F	79	Nicaise	M	69
Murphy	M	35	Natalia	F	79	Nicco	M	18
Murray	M	59	Natalie	F	79	Niccolo	M	18
Musette	F	49	Nataline	F	79	Nicéphore	M	26
Musidora	F	14	Natalis	F	79	Nicette	F	7

Index des prénoms

477

Prénom	Sexe	N° prénom pilote	Prénom	Sexe	N° prénom pilote	Prénom	Sexe	N° prénom pilote
Nick	M	18	Nolan	M	11	Octavienne	F	37
Nickie	F	42	Nolan	F	40	Octavio	M	12
Nicky	M	18	Nolwenn	F	17	Octavius	M	12
Niclaus	M	18	Nomen	M	52	Odalric	M	11
Nicodème	M	18	Nominoé	M	52	Odalrich	M	11
Nicolaï	M	18	Nonn	F	79	Odélia	F	58
Nicolas	M	18	Nonna	F	79	Odelin	M	74
Nicole	F	42	Nonne	F	79	Odeline	F	58
Nicoletta	F	42	Nonnita	F	79	Odell	F	58
Nicolette	F	42	Nora	F	72	Odella	F	58
Nicolina	F	42	Norbert	M	3	Odemar	M	52
Nicoline	F	42	Norberta	F	60	Odette	F	54
Nicolo	M	18	Norberte	F	60	Odiane	F	58
Nicomède	M	18	Nordine	M	67	Odile	F	58
Nicou	M	18	Nore	F	72	Odilia	F	58
Niels	M	18	Noreen	F	72	Odilie	F	58
Nikita	M	18	Noria	F	72	Odille	F	58
Nikki	M	18	Noriane	F	72	Odilon	M	74
Niklaus	M	18	Norig	F	72	Odin	M	55
Nikolaï	M	18	Norma	F	63	Odina	F	9
Nikolaz	M	18	Norman	M	2	Odinette	F	9
Nikolazig	M	18	Norton	M	20	Odita	F	54
Nina	F	49	Nouël	M	67	Odon	M	74
Nine	F	49	Nouëla	F	40	Odran	M	5
Ninette	F	49	Noura	F	72	Oger	M	57
Ninian	M	13	Nuvéla	F	40	Ogler	M	57
Ninie	F	49	Novélenn	F	40	Olaf	M	3
Ninn	M	13	Noyale	F	17	Olan	M	3
Nino	M	13	Nundina	F	79	Olav	M	3
Ninoga	F	49	Nymphe	F	64	Oleg	M	3
Ninon	F	49	Nymphéa	F	64	Olen	M	3
Ninou	F	49				Olga	F	42
Niobé	F	47	Oan	M	36	Olia	F	42
Niss	F	42	Oana	F	1	Oliacha	F	42
Nisse	F	42	Oanez	F	1	Oliana	F	42
Nita	F	7	Oanézig	F	1	Oliona	F	42
Noah	M	50	Obélia	F	31	Oliva	F	31
Noalig	M	50	Obéron	M	20	Olive	M	15
Noalig	F	17	Obert	M	71	Olive	F	31
Noami	F	63	Occia	F	37	Oliver	M	15
Nobel	M	11	Océana	F	7	Olivette	F	31
Noé	M	50	Océane	F	7	Olivia	F	31
Noël	M	67	Ocellina	F	37	Olivianne	F	31
Noëlie	F	40	Ocilia	F	37	Olivier	M	15
Noëlla	F	40	Octave	M	12	Ollier	M	15
Noëlle	F	40	Octavia	F	37	Ollivier	M	15
Noémie	F	63	Octavian	M	12	Olna	F	42
Noïra	F	72	Octavie	F	37	Olof	M	3
Nola	F	40	Octavien	M	12	Olva	F	42

Index des prénoms

Prénom	Sexe	N° prénom pilote	Prénom	Sexe	N° prénom pilote	Prénom	Sexe	N° prénom pilote
Olympe	F	21	Osée	M	46	Palma	F	14
Olympia	F	21	Osiris	M	46	Palmyre	F	63
Olympias	M	36	Osith	F	60	Paloma	F	14
Olympio	M	36	Osmin	M	24	Palome	F	14
Omar	M	52	Osmond	M	24	Palomia	F	14
Ombelline	F	79	Osmonde	F	23	Pam	F	25
Ombline	F	79	Osmont	M	24	Paméla	F	25
Ombredanne	F	79	Osmund	M	24	Pamphile	M	73
Omer	M	52	Oswald	M	70	Pancho	M	39
Ommar	M	52	Oswin	M	70	Pancrace	M	30
Ondina	F	62	Oswy	M	70	Pandore	F	47
Ondine	F	62	Otacilia	F	58	Paol	M	67
Onésime	M	11	Otello	M	74	Paola	F	23
Onnen	F	17	Othello	M	74	Paoli	M	67
Opaline	F	14	Othilie	F	58	Paolig	M	67
Ophélia	F	17	Otho	M	74	Paolina	F	23
Ophélie	F	17	Othon	M	74	Paolino	M	67
Ophélio	M	70	Otmar	M	52	Paolo	M	67
Opportun	M	69	Oton	M	74	Paquerette	F	79
Opportuna	F	54	Otonia	F	58	Paquette	F	79
Opportune	F	54	Ottavia	F	37	Paquita	F	40
Orane	F	54	Ottaviano	M	12	Paquiro	M	39
Oratio	M	13	Ottavio	M	12	Parcifal	M	52
Orchidée	F	63	Otto	M	74	Parfait	M	45
Orégan	M	35	Otton	M	74	Parfaite	F	23
Orégane	F	17	Ottonia	F	58	Parker	M	22
Orens	M	26	Ouen	M	77	Parsifal	M	52
Oreste	M	26	Owen	M	77	Parsival	M	52
Oretta	F	62				Parzifal	M	52
Oria	F	14	Pablito	M	67	Pascal	M	22
Oriane	F	14	Pablo	M	67	Pascala	F	72
Orianna	F	14	Paciane	F	1	Pascale	F	72
Orianne	F	14	Pacien	M	36	Pascalet	M	22
Oriano	M	59	Pacifique	M	39	Pascalin	M	22
Oringa	F	79	Paco	M	39	Pascaline	F	72
Orlanda	F	62	Pacôme	M	28	Pascasia	F	72
Orlando	M	74	Pacomette	F	17	Pascasio	M	22
Orlane	F	62	Pacomia	F	17	Pascual	M	22
Orna	F	14	Padern	M	57	Pascuala	F	72
Ornella	F	14	Paderna	F	49	Paskella	F	72
Orora	F	72	Padernez	F	49	Pasqua	F	72
Orphée	M	52	Padernic	M	57	Pasquale	F	72
Orséis	F	63	Padrig	M	77	Pasqualino	M	22
Orsola	F	64	Padriga	F	34	Pasteur	M	57
Orson	M	20	Padrigez	F	34	Patern	M	57
Ortolana	F	47	Pagan	M	66	Paterna	F	49
Osanna	F	7	Page	F	51	Patience	F	49
Osanne	F	7	Palamas	M	61	Patric	M	77
Oscar	M	8	Pallas	M	68	Patrice	M	77

479

Prénom	Sexe	N° prénom pilote	Prénom	Sexe	N° prénom pilote	Prénom	Sexe	N° prénom pilote
Patricia	F	6	Perce	M	52	Philipe	M	68
Patriciane	F	6	Perceval	M	52	Philipp	M	68
Patricio	M	77	Percival	M	52	Philippa	F	1
Patrick	M	77	Pèredur	M	69	Philippe	M	68
Patrig	M	77	Péreg	M	69	Philippine	F	1
Patrik	M	77	Pérégrin	M	69	Philippus	M	68
Patrika	F	6	Périg	M	69	Philis	F	1
Patrocle	M	44	Perle	F	62	Phillie	F	1
Patsy	F	6	Perlette	F	62	Phillis	F	1
Patty	F	6	Perline	F	62	Philomèle	F	47
Paul	M	67	Pernelle	F	54	Philomena	F	63
Paula	F	23	Pernette	F	54	Philomène	F	63
Paule	F	23	Perpétue	F	34	Phœbé	F	54
Paulette	F	23	Perrenotte	F	54	Phœbus	M	43
Paulia	F	23	Perrette	F	54	Phylis	F	1
Paulie	F	23	Perrin	M	69	Phyllida	F	1
Paulien	M	67	Perrine	F	54	Phyllis	M	68
Paulienne	F	23	Perrinette	F	54	Pia	F	54
Paulin	M	67	Perséphone	F	19	Piat	M	69
Paulina	F	23	Perseval	M	52	Pie	M	69
Pauline	F	23	Pervenche	F	25	Piérig	M	69
Paulita	F	23	Pète	M	69	Piéro	M	69
Paulot	M	67	Peter	M	69	Pierre	M	69
Paulus	M	67	Pétra	F	54	Pierrette	F	54
Pauly	M	67	Pétrone	M	69	Pierrick	M	69
Pauwel	M	67	Pétronella	F	54	Pierrot	M	69
Pearl	F	62	Pétronelle	F	54	Piétro	M	69
Pédern	M	57	Pétronia	F	54	Pieyre	M	69
Péderna	F	49	Pétronilla	F	54	Pincie	F	37
Pedro	M	69	Pétronille	F	54	Piotr	M	69
Peggie	F	62	Pétrouchka	M	69	Pippo	M	68
Peggy	F	62	Pétroussia	F	54	Placide	M	32
Pègue	F	62	Peyronne	F	54	Placidie	F	76
Pélage	M	68	Peyronnelle	F	54	Platon	M	74
Pélagie	F	58	Pharaïlda	F	47	Plutarque	M	41
Pélerin	M	20	Phébus	M	43	Pol	M	67
Pénela	F	76	Phèdre	F	42	Pola	F	23
Pénélope	F	76	Phil	M	68	Polig	M	67
Penny	F	76	Phila	F	1	Polla	F	23
Pépé	M	55	Philadelphe	M	68	Polly	M	67
Pépin	M	45	Philadelphie	F	1	Polly	F	23
Pépita	F	49	Philbert	M	68	Polycarpe	M	43
Pépito	M	55	Philberta	F	1	Polyeucte	M	50
Peppi	M	55	Philberte	F	1	Pomone	F	29
Peppo	M	55	Phile	F	1	Poncia	F	37
Peppone	M	55	Philémon	M	68	Pons	M	39
Per	M	69	Philibert	M	68	Porphyra	F	49
Péran	M	69	Philiberta	F	1	Porphyre	M	24
Péranig	M	69	Philiberte	F	1	Portune	F	64

Prénom	Sexe	N° prénom pilote	Prénom	Sexe	N° prénom pilote	Prénom	Sexe	N° prénom pilote
Pothin	M	18	Purdey	F	47	Raimondo	M	70
Powell	M	67				Raimund	M	70
Praxilla	F	7	Quasimodo	M	13	Raimunde	F	37
Prescilla	F	7	Queenie	F	16	Raimundo	M	70
Prescott	M	39	Quentin	M	20	Rainier	M	52
Preston	M	68	Quincy	M	70	Raïssa	F	79
Priam	M	55	Quint	M	20	Ralph	M	69
Prigent	M	73	Quintia	F	17	Ram	M	71
Primaël	M	24	Quintien	M	20	Rambert	M	71
Prime	M	24	Quintila	F	17	Ramberta	F	40
Primel	M	24	Quintiliano	M	20	Ramberte	F	40
Priméla	F	42	Quintilien	M	20	Ramon	M	70
Primélez	F	42	Quintilius	M	20	Ramona	F	37
Primerose	F	78	Quintilla	F	17	Ramuntcho	M	70
Prisca	F	7	Quintin	M	20	Rana	F	64
Prisciliano	M	70	Quintina	F	17	Ranger	M	22
Priscilla	F	7	Quirin	M	43	Raoul	M	28
Priscille	F	7	Quiterie	F	47	Raoulin	M	28
Priscillia	F	7				Raphaël	M	69
Priscillian	M	70	Rab	M	66	Raphaëla	F	29
Priscillien	M	70	Rabbie	M	66	Raphaëlle	F	29
Priscillienne	F	7	Rabéa	F	16	Raquel	F	72
Privaël	M	32	Rachael	F	72	Raul	M	28
Privat	M	32	Rachel	F	72	Rauline	F	72
Privel	M	32	Rachelle	F	72	Ravel	M	30
Privélig	M	32	Rachid	M	28	Ray	M	70
Privelin	M	32	Rachie	F	72	Raymond	M	70
Privelina	F	60	Rachilde	F	72	Raymonde	F	37
Prix	M	32	Rachile	F	72	Raynier	M	52
Procope	M	8	Racilia	F	72	Rébecca	F	6
Prosper	M	45	Radbert	M	2	Régilla	F	16
Prospéra	F	58	Radegonde	F	40	Régina	F	16
Prospéro	M	45	Radlof	M	73	Réginald	M	52
Protais	M	52	Radolf	M	73	Régine	F	16
Prudence	M	35	Radolphe	M	73	Régis	M	52
Prudence	F	79	Raël	M	69	Régnault	M	52
Prudent	M	35	Rafa	M	69	Régnier	M	52
Prudentia	F	79	Rafaël	M	69	Régula	F	58
Prudentius	M	35	Rafaëla	F	29	Reina	F	16
Prudie	F	79	Rafaëlla	F	29	Reinald	M	73
Prudy	F	79	Rafaëlle	F	29	Reinalda	F	16
Prue	F	79	Raff	M	69	Reine	F	16
Prune	F	78	Raffaël	M	69	Reinelda	F	16
Prunella	F	78	Ragenfrède	F	62	Reinhardt	M	73
Prunelle	F	78	Ragnebert	M	53	Réjane	F	16
Ptolémée	F	55	Raïa	F	79	Rémi	M	38
Psyché	F	54	Raïane	F	79	Rémy	M	38
Publia	F	14	Raimond	M	70	Réna	F	64
Pulchérie	F	54	Raimonda	F	37	Rénald	M	73

Index des prénoms

481

Prénom	Sexe	N° prénom pilote	Prénom	Sexe	N° prénom pilote	Prénom	Sexe	N° prénom pilote
Rénaldine	F	64	Rita	F	62	Romy	F	40
Renan	M	20	Ritza	F	40	Ronald	M	35
Renand	M	20	Riwal	M	15	Ronan	M	20
Rénata	F	64	Riwana	F	31	Ronana	F	63
Rénate	F	64	Roald	M	8	Ronia	F	63
Renaud	M	70	Robert	M	71	Ronnie	M	35
Renaude	F	37	Roberta	F	40	Ronny	M	35
Renault	M	70	Roberte	F	40	Roparz	M	71
Renaut	M	70	Robertina	F	40	Roque	M	66
René	M	73	Robertine	F	40	Rosa	F	78
Renée	F	64	Roberto	M	71	Rosalba	F	78
Rénier	M	52	Robin	M	73	Rosalbanne	F	78
Rénilda	F	58	Robine	F	7	Rosalia	F	78
Rénilde	F	58	Robinia	F	7	Rosalie	F	78
Réséda	F	25	Robinson	M	73	Rosalinde	F	78
Reunan	M	20	Roc	M	66	Rosalyne	F	78
Reunana	F	63	Roch	M	66	Rosamonde	F	78
Reynaldo	M	73	Rode	M	74	Rosanna	F	78
Reynaud	M	70	Rodéric	M	74	Rosco	M	5
Reynault	M	70	Rodin	M	73	Rose	F	78
Reynold	M	73	Rodolf	M	73	Rosée	F	78
Rhéa	F	64	Rodolphe	M	73	Roseline	F	78
Rhett	M	61	Rodrigo	M	74	Rosella	F	78
Rhoda	F	78	Rodrigue	M	74	Roselle	F	78
Rhodé	F	78	Rodriguez	M	74	Roselyne	F	78
Rhodia	F	78	Rogatlen	M	3	Rosemarie	F	78
Rhomé	F	78	Roger	M	57	Rosemonde	F	78
Riadeg	M	65	Roland	M	74	Rosetta	F	78
Riagat	M	28	Rolanda	F	62	Rosette	F	78
Richard	M	66	Rolande	F	62	Rosie	F	78
Richarde	F	23	Rolando	M	74	Rosina	F	78
Richardine	F	23	Roma	F	42	Rosine	F	78
Rick	M	66	Romain	M	75	Rosita	F	78
Rickie	M	66	Romaine	F	42	Ross	M	35
Rickie	F	23	Roman	M	75	Rosy	F	78
Ricky	M	66	Romana	F	42	Rowena	F	62
Rictrude	F	79	Romane	F	42	Roxana	F	7
Rieg	M	66	Romania	F	42	Roxane	F	7
Riener	M	52	Romanie	F	42	Roxie	F	7
Rienzo	M	74	Romaric	M	13	Roxine	F	7
Rieul	M	67	Romarin	M	13	Roy	M	52
Rigobert	M	71	Romary	M	13	Rozenn	F	78
Rika	F	23	Rombaud	M	33	Rubis	M	55
Rimma	F	14	Roméo	M	44	Ruby	M	55
Rina	F	16	Romuald	M	71	Rudolphe	M	73
Rinalda	F	64	Romualdine	F	40	Rudy	M	73
Rinaldo	M	73	Romualdo	M	71	Rufa	F	72
Riquier	M	32	Romula	F	47	Rufilla	F	72
Risette	F	78	Romulus	M	26	Rufin	M	59

482

Prénom	Sexe	N° prénom pilote	Prénom	Sexe	N° prénom pilote	Prénom	Sexe	N° prénom pilote
Rufina	F	72	Sam	M	55	Scholastique	F	31
Rufine	F	72	Samantha	F	40	Scipion	M	66
Rufus	M	59	Samanthy	F	40	Scott	M	45
Rumwald	M	71	Samir	M	55	Scotty	M	45
Rupert	M	71	Samira	F	40	Sean	M	74
Ruperta	F	40	Sammie	M	55	Sébald	M	69
Russell	M	8	Sammy	M	55	Sébastia	F	79
Rustica	F	60	Sampsa	F	49	Sébastian	M	41
Rustique	M	46	Sampsane	F	49	Sébastiana	F	79
Ruth	F	63	Sampson	M	33	Sébastiane	F	79
Rutley	M	3	Samson	M	33	Sébastiano	M	41
Ruvon	M	30	Samuel	M	55	Sébastien	M	41
Ruvona	F	19	Samy	M	55	Sébastienne	F	79
Ruy	M	73	Sanche	M	44	Ségal	M	38
Ryan	M	10	Sancho	M	44	Ségalen	F	72
			Sancia	F	14	Ségolène	F	72
Sabi	M	39	Sancie	F	14	Sélaven	M	20
Sabienne	F	79	Sander	M	35	Séléné	F	47
Sabin	M	39	Sandi	F	7	Sélim	M	20
Sabina	F	79	Sandie	F	7	Sélina	F	47
Sabine	F	79	Sandra	F	7	Selma	F	63
Sabinien	M	39	Sandrine	F	7	Senda	F	37
Sabrina	F	79	Sandy	F	7	Sendy	F	37
Saby	F	79	Sanga	F	7	Sénorina	F	37
Sacha	M	35	Sania	F	7	Sénorine	F	37
Sacha	F	1	Sanseviéra	F	51	Sentia	F	37
Saëns	M	45	Santoline	F	79	Septime	M	71
Saintin	M	10	Sanz	M	44	Sérafina	F	58
Salaberge	F	54	Saphia	F	19	Séraphia	F	58
Salama	F	17	Saphir	M	39	Séraphin	M	36
Salaun	M	20	Saphir	F	37	Séraphina	F	58
Salina	F	31	Sara	F	49	Séraphine	F	58
Sallie	F	31	Sarah	F	49	Séraphita	F	58
Sally	F	31	Sari	F	49	Sérapia	F	58
Salman	M	20	Sarine	F	49	Sérapie	F	58
Saloma	F	17	Saturnin	M	65	Séréna	F	23
Salomé	F	17	Saül	M	55	Sérène	M	18
Salomon	M	20	Saula	F	64	Sérénic	M	18
Salvador	M	70	Savannah	F	54	Serge	M	57
Salvator	M	70	Savéria	F	7	Sergia	F	16
Salvatore	M	70	Savério	M	20	Sergiana	F	16
Salvé	M	70	Savin	M	39	Sergiane	F	16
Salvia	F	17	Savina	F	79	Sergine	M	57
Salvian	M	70	Savine	F	79	Sergine	F	16
Salviana	F	17	Saviniane	F	79	Serna	F	76
Salviane	F	17	Savinien	M	39	Sernin	M	65
Salvina	F	17	Savino	M	39	Servais	M	45
Salvine	F	17	Savy	M	39	Servan	M	45
Salvy	M	70	Scarlet	F	31	Servana	F	62

483

Prénom	Sexe	N° prénom pilote	Prénom	Sexe	N° prénom pilote	Prénom	Sexe	N° prénom pilote
Servane	F	62	Sigmund	M	67	Soazic	F	40
Servine	F	62	Sigolaine	F	72	Sofia	F	19
Sève	M	59	Sigolène	F	72	Soizic	F	40
Séven	M	59	Sigrade	F	34	Soïzic	F	40
Sévéra	F	72	Sigrid	F	34	Soizig	F	40
Sévère	M	59	Silana	F	31	Solaine	F	31
Sévériana	F	72	Silane	F	31	Solana	F	31
Sévériane	F	72	Silva	F	1	Solange	F	7
Sévériano	M	59	Silvain	M	30	Solédad	F	42
Sévérien	M	59	Silvaine	F	1	Solen	F	31
Sévérienne	F	72	Silvana	F	1	Soléna	F	31
Séverilla	F	72	Silvane	F	1	Solène	M	8
Séverin	M	59	Silvère	M	30	Solène	F	31
Séverine	F	72	Silvester	M	30	Solènez	F	31
Sézaïg	F	40	Silvestre	M	30	Solenna	F	31
Shana	F	54	Silvia	F	1	Solenne	F	31
Shanley	M	2	Silviane	F	1	Soliman	M	20
Sharon	F	17	Silvie	F	1	Soline	F	31
Sheba	F	76	Silvin	M	30	Solomon	M	20
Sheila	F	17	Silvina	F	1	Solveig	F	31
Shelley	M	28	Silvine	F	1	Solweig	F	31
Shelton	M	4	Silvio	M	30	Sonia	F	19
Shère	F	17	Sim	M	75	Sophia	F	19
Sherry	F	17	Simbad	M	32	Sophiane	F	19
Shirley	F	17	Siméon	M	75	Sophie	F	19
Sibert	M	77	Siméone	F	16	Sophonie	F	19
Sibille	F	49	Simon	M	75	Sophora	F	19
Sibyl	F	49	Simona	F	16	Sophy	F	19
Sibylla	F	49	Simone	F	16	Soraya	F	47
Sibylle	F	49	Simonette	F	16	Sostène	M	41
Sibyllina	F	49	Simplice	M	35	Sosthène	M	41
Sibylline	F	49	Simplicie	F	37	Sôter	M	52
Sid	M	48	Simson	M	33	Souline	F	31
Sidaine	M	48	Sinclair	M	32	Soulle	M	45
Sidney	M	48	Sindonia	F	76	Spencer	M	53
Sido	F	76	Siran	M	5	Stan	M	13
Sidoine	M	48	Sirana	F	9	Stancliff	M	69
Sidonia	F	76	Sirène	F	9	Stanislas	M	13
Sidonie	F	76	Siriane	F	9	Stanley	M	13
Siégel	M	52	Sirice	F	9	Steeve	M	36
Siegfried	M	39	Sirida	F	9	Steeven	M	36
Siegmund	M	67	Sissi	F	34	Steffie	F	1
Siegmunda	F	16	Sixta	F	72	Stella	F	7
Siegrid	F	34	Sixte	M	59	Stéphan	M	36
Sigebert	M	77	Sixtina	F	72	Stéphana	F	1
Sigfried	M	39	Sixtine	F	72	Stéphane	M	36
Sigismond	M	67	Slimane	M	20	Stéphane	F	1
Sigismonda	F	16	Sloane	M	57	Stéphanette	F	1
Sigismonde	F	16	Soazic	M	39	Stéphania	F	1

Prénom	Sexe	N° prénom pilote	Prénom	Sexe	N° prénom pilote	Prénom	Sexe	N° prénom pilote
Stéphanie	F	1	Sylvette	F	1	Tégégnéta	F	31
Stéphen	M	36	Sylvia	F	1	Teïla	F	21
Stessie	F	29	Sylviane	F	1	Teïlo	M	68
Stessy	F	29	Sylvie	F	1	Telcide	F	16
Steve	M	36	Sylvin	M	30	Télémaque	M	77
Stéven	M	36	Sylvine	F	1	Telia	F	54
Stévena	F	1	Sylvius	M	30	Tella	F	54
Steward	M	32	Symphoriane	F	76	Telma	F	62
Stewart	M	32	Symphorien	M	48	Téodor	M	5
Sue	F	60	Symphorienne	F	76	Téodora	F	16
Suéva	F	60	Symphorine	F	76	Téodoro	M	5
Sullivan	M	52	Symphorose	F	76	Téophane	M	68
Sulpice	M	20	Symphorosie	F	76	Térence	M	68
Sumniva	F	19				Térentia	F	1
Sumnive	F	19				Térentiane	F	1
Sung	M	48	Tabatha	M	13	Térentien	M	68
Supéry	M	57	Tabatha	F	49	Térentienne	F	1
Susan	F	60	Tacie	F	49	Térentilla	F	1
Susana	F	60	Tadeg	M	68	Térentille	F	1
Susanna	F	60	Taïs	F	62	Térentin	M	68
Susette	F	60	Tallia	F	29	Térentine	F	1
Susie	F	60	Talna	F	7	Térésa	F	72
Susy	F	60	Tamar	F	19	Terrie	F	72
Suzanna	F	60	Tamara	F	19	Terry	M	68
Suzanne	F	60	Tamnar	F	19	Tertulla	F	29
Suzel	F	60	Tana	F	7	Tertullia	F	29
Suzette	F	60	Tanagra	F	7	Tescelin	M	12
Suzie	F	60	Tanaïs	F	7	Tesceline	F	63
Suzon	F	60	Tancelin	M	12	Tess	F	72
Suzy	F	60	Tancrède	M	70	Tessa	F	72
Svend	M	56	Tangi	M	46	Tessie	F	72
Svetlana	F	76	Tangou	M	46	Tessy	F	72
Swann	M	8	Tanguy	M	46	Thaddea	F	40
Swann	F	31	Tania	F	7	Thaddée	M	68
Swanny	M	8	Tanig	F	7	Thaïs	F	62
Swanny	F	31	Tany	F	7	Thalassa	F	27
Swein	M	8	Tara	F	72	Thalasse	M	13
Swein	F	31	Tarek	M	48	Thalia	F	79
Sybil	F	49	Tarsilla	F	49	Thalie	F	79
Sydney	F	76	Tatia	F	7	Thamar	F	19
Sylphide	F	1	Tatiana	F	7	Tharcisius	M	70
Sylvain	M	30	Tatiane	F	7	Théa	F	54
Sylvaine	F	1	Tatien	M	35	Théau	M	68
Sylvan	M	30	Tatienne	F	7	Thébault	M	13
Sylvana	F	1	Tavie	F	37	Thècle	F	76
Sylvélie	F	1	Taylor	M	8	Thed	M	5
Sylvère	M	30	Tea	F	54	Thée	F	16
Sylvester	M	30	Ted	M	5	Théïa	F	16
Sylvestre	M	30	Teddy	M	5	Théo	M	68
			Tégégné	M	30			

Index des prénoms

485

Prénom	Sexe	N° prénom pilote	Prénom	Sexe	N° prénom pilote	Prénom	Sexe	N° prénom pilote
Théobald	M	13	Tigre	M	68	Trestanig	M	48
Théodard	M	5	Tilda	F	54	Trévor	M	70
Théodechilde	F	16	Tilden	M	4	Tricia	F	6
Théodora	F	16	Tillansia	F	25	Trifina	F	16
Théodore	M	5	Tim	M	30	Trina	F	16
Théodoric	M	5	Tima	F	49	Trine	F	16
Théodorie	F	16	Timandra	F	49	Triskel	M	57
Théodorine	F	16	Timé	M	66	Triskelle	F	42
Théodose	M	44	Timmy	M	30	Tristan	M	48
Théodosie	F	6	Timon	M	66	Tristana	F	60
Théodule	M	35	Timotea	F	21	Tristane	F	60
Théodulphe	M	35	Timotéo	M	30	Truda	F	64
Théophane	M	68	Timothée	M	30	Trude	F	64
Théophanie	F	62	Timothy	M	30	Trudie	F	64
Théophila	F	62	Tina	F	19	Trudy	F	64
Théophile	M	68	Tino	M	8	Tudal	M	46
Théophilia	F	62	Tiphaine	F	25	Tudi	M	48
Théophraste	M	26	Tiphanie	F	25	Tudy	M	48
Théotime	M	41	Tiska	F	76	Tugdual	M	46
Théoxane	F	78	Titia	F	25	Tullia	F	29
Théoxena	F	78	Titiane	F	25	Tulliane	F	29
Thérésa	F	72	Tito	M	71	Turia	F	64
Thérèse	F	72	Titouan	M	66	Turner	M	69
Thérésia	F	72	Titus	M	28	Tusca	F	49
Théry	M	70	Tivizio	M	74	Tutia	F	25
Thétis	F	63	Tizia	F	25	Tyana	F	7
Thétys	F	63	Tobie	M	2	Tyler	M	77
Thibald	M	13	Todd	M	36	Tymélia	F	29
Thibaud	M	13	Toinette	F	9	Typhaine	F	25
Thibault	M	13	Toinon	F	9	Typhanie	F	25
Thibaut	M	13	Tom	M	73			
Thibert	M	13	Tommy	M	73	Ubald	M	45
Thiébaud	M	13	Toni	M	8	Udalric	M	11
Thierry	M	70	Toni	F	9	Ugo	M	50
Thiéry	M	70	Tonia	F	9	Ugolin	M	50
Thiven	M	36	Tonio	M	8	Ugolina	F	60
Thomas	M	73	Tony	M	8	Ugoline	F	60
Thomasin	M	73	Topaze	M	38	Ulcia	F	79
Thybald	M	13	Toussain	M	24	Ulciane	F	79
Thybalt	M	13	Toussaine	F	23	Ulcie	F	79
Tiana	F	7	Toussaint	M	24	Uldéric	M	11
Tiany	F	7	Toussainte	F	23	Ulisse	M	77
Tiara	F	37	Tracy	M	18	Ulla	F	42
Tiaré	F	37	Tracy	F	72	Ulmer	M	11
Tibald	M	13	Trajan	M	55	Ulphe	F	79
Tibalt	M	13	Travis	M	26	Ulric	M	11
Tiburce	M	2	Trémeur	M	32	Ulrica	F	19
Tiffanie	F	25	Trestan	M	48	Ulrich	M	11
Tiffany	F	25	Trestana	F	60	Ulrique	M	11

Prénom	Sexe	N° prénom pilote	Prénom	Sexe	N° prénom pilote	Prénom	Sexe	N° prénom pilote
Ultan	M	71	Valentine	F	63	Véria	F	63
Ultane	F	49	Valentino	M	20	Véridiane	F	63
Ulysse	M	77	Valère	M	41	Vernier	M	55
Umbria	F	79	Valéri	M	41	Véro	F	63
Umbrina	F	79	Valéria	F	79	Vérona	F	63
Una	F	76	Valériana	F	79	Véronica	F	63
Uno	M	66	Valériane	F	79	Véronique	F	63
Unxia	F	7	Valérie	F	79	Vesna	F	34
Unxiane	F	7	Valérien	M	41	Vianca	F	47
Urana	F	64	Valérienne	F	79	Viance	M	43
Urane	F	64	Valério	M	41	Vianney	M	24
Urania	F	64	Valéry	M	41	Vicenta	F	42
Uranie	F	64	Valière	F	79	Vicente	M	75
Urbain	M	22	Vallier	M	26	Vicenza	F	42
Urbaine	F	14	Vallonia	F	79	Vicenzo	M	75
Urban	M	22	Valtrude	F	72	Vick	F	19
Urbane	F	14	Valy	M	41	Vicki	F	19
Urbanilla	F	14	Vanda	F	16	Vicky	M	74
Uria	F	42	Vaneng	M	68	Vicky	F	19
Uriel	M	24	Vanesa	F	63	Victa	F	19
Urielle	F	42	Vanessa	F	63	Victoire	F	19
Ursa	F	40	Vania	M	53	Victor	M	74
Ursan	M	24	Vanille	F	49	Victoria	F	19
Ursanne	F	40	Vanina	F	54	Victoriane	F	19
Ursel	M	35	Vanna	F	54	Victoriano	M	74
Ursela	F	64	Vanni	F	54	Victoric	M	74
Ursilla	F	64	Vannie	F	54	Victorien	M	74
Ursillane	F	64	Vanny	F	54	Victorienne	F	19
Ursula	F	64	Varénilla	F	21	Victorilla	F	19
Ursule	F	64	Variana	F	21	Victorin	M	74
Ursulin	M	35	Varilla	F	21	Victorine	F	19
Ursuline	F	64	Varillane	F	21	Victorio	M	74
Urvan	M	24	Vassili	M	10	Vierge	F	76
Urvana	F	49	Vassilissa	F	31	Viki	F	19
			Vassily	M	10	Vilfrid	M	41
Vadim	M	46	Véïa	F	37	Vilfrida	F	17
Vaïk	M	36	Véïane	F	37	Vilma	F	62
Valbert	M	66	Veig	F	37	Vince	M	75
Valda	F	27	Venance	M	20	Vincent	M	75
Valdemar	M	46	Venceslas	M	33	Vincentia	F	42
Valence	M	20	Vénus	F	62	Vincentine	F	42
Valène	F	9	Véra	F	63	Vinciana	F	42
Valens	M	20	Véran	M	41	Vinciane	F	42
Valensia	F	63	Vérana	F	63	Vincien	M	75
Valent	M	20	Vérane	F	63	Viola	F	23
Valentia	F	63	Vérania	F	63	Violaine	F	23
Valentiane	F	63	Véraniane	F	63	Violante	F	23
Valentin	M	20	Véranina	F	63	Violantilla	F	23
Valentina	F	63	Véréna	F	63	Viole	F	23

Prénom	Sexe	N° prénom pilote	Prénom	Sexe	N° prénom pilote	Prénom	Sexe	N° prénom pilote
Violeta	F	23	Waldeberte	F	9	Xaviéra	F	7
Violetta	F	23	Waldemar	M	46	Xavière	F	7
Violette	F	23	Walder	M	66	Xénia	F	40
Virgila	F	7	Walfrid	M	41	Xénos	M	3
Virgile	M	41	Wallace	M	71	Xerxès	M	20
Virgilia	F	7	Wally	F	79	Xystra	F	62
Virgiliane	F	7	Walter	M	75			
Virgine	F	76	Walther	M	75	Yacine	F	29
Virginia	F	76	Wanda	F	16	Yacinthe	F	29
Virginie	F	76	Wandrille	M	75	Yamina	F	79
Virginien	M	13	Wandy	M	75	Yann	M	53
Viriane	F	25	Warren	M	53	Yanna	F	54
Viridiana	F	25	Wayne	M	68	Yannez	F	54
Viridienne	F	25	Webster	M	48	Yannick	M	53
Virina	F	63	Welda	F	27	Yannig	M	54
Virna	F	63	Wenceslas	M	33	Yannou	M	54
Vital	M	66	Wendy	F	16	Yasmine	F	79
Vitaliana	F	42	Werner	M	55	Yehudi	M	75
Vitalina	F	42	Wibert	M	69	Yoann	M	53
Vite	M	46	Wilfried	M	41	Yoanna	F	54
Vitiana	F	76	Wilhelm	M	45	Yola	F	31
Vivette	F	40	Wilhelmine	F	62	Yolaine	F	31
Vivi	F	40	Willard	M	45	Yolanda	F	31
Vivia	F	40	William	M	45	Yolande	F	31
Vivian	M	52	Williane	M	45	Yolène	F	31
Viviana	F	40	Willibald	M	45	Yolette	F	31
Viviane	F	40	Willie	M	45	Yoram	M	43
Vivianne	F	40	Willis	M	45	Yorick	M	43
Vivien	M	52	Willy	M	45	Youra	M	43
Vivienne	F	40	Wilson	M	45	Youri	M	43
Vivine	F	40	Wiltrud	F	47	Youssef	M	55
Vladimir	M	65	Winnie	M	59	Youssouf	M	55
Vladislas	M	69	Winnie	F	51	Ysabel	F	54
Voël	M	12	Winnoc	M	59	Yseult	F	34
Voëlle	F	78	Winny	M	59	Ysolde	F	34
Volbert	M	8	Wistan	M	56	Ysoline	F	34
Volberte	F	31	Wiston	M	56	Yvain	M	77
Volodia	M	65	Withney	M	75	Yvan	M	77
Vona	F	79	Withney	F	29	Yvanna	F	78
Vonig	M	77	Wladimir	M	65	Yvelin	M	77
Vonnie	F	79	Wladislas	M	69	Yveline	F	78
Vonny	F	79	Wolfgang	M	41	Yves	M	77
Vrain	M	15	Wolfram	M	77	Yvette	F	78
Vraine	F	58	Wylma	F	62	Yvon	M	77
						Yvonne	F	79
Walbert	M	66	Xant	M	20	Yvonnick	M	77
Walberte	F	9	Xantha	F	7			
Walburge	F	9	Xanthin	M	20	Zacharias	M	41
Waldebert	M	66	Xavier	M	20	Zacharie	M	41

Prénom	Sexe	N° prénom pilote	Prénom	Sexe	N° prénom pilote	Prénom	Sexe	N° prénom pilote
Zachary	M	41	Zénon	M	69	Zoé	F	78
Zachée	M	55	Zénonina	F	31	Zoël	M	12
Zaïg	F	58	Zéphir	M	10	Zoelie	F	78
Zéa	F	63	Zéphirin	M	10	Zoeline	F	78
Zedekiah	M	3	Zéphirine	F	31	Zoelle	F	78
Zéla	F	63	Zéphyr	M	10	Zoïs	M	12
Zéna	F	31	Zéphyrin	M	10	Zoltan	M	12
Zenaïde	F	31	Zéphyrine	F	31	Zozima	F	42
Zénobe	M	69	Zéra	F	63	Zozime	M	66
Zénobie	F	31	Zérane	F	63	Zozimène	F	42
Zénodora	F	31	Zita	F	63			
Zénodore	M	69	Zoa	F	78			

Index des prénoms

Conception graphique : Bleu T
Les « roues de compatibilités » ont
été réalisées par Alain Béthune.

La composition de cet ouvrage
a été réalisée par IGS-Charente Photogravure,
l'impression et le brochage ont été effectués
sur presse Cameron
dans les ateliers de **Bussière Camedan Imprimeries**
à Saint-Amand-Montrond (Cher),
pour le compte des Éditions Albin Michel.

Achevé d'imprimer en février 2001.
N° d'édition : 19198. N° d'impression : 010635/4.
Dépôt légal : avril 2001.